内 容 简 介

本年鉴较系统地记述了有关农产品加工业的方针、政策、法、法规和规划等贯彻执行情况，有关领导、专家对发展我国农品加工业的论述，本行业的发展综述；简介了农产品加工业驰名骨干企业、各行业经济运行情况及名、优、特、新产品；介绍了我国中、东部地区农产品加工业发展现状；登载了农产品加工业的国内外统计资料；记载了相关的国家标准、行业标准、专利以及本行业的大事记。本年鉴资料新颖、准确、科学、翔实，内容丰富，可供政府部门、协会、学会、生产企业、科研教学单位的管理人员和科技工作者参考。

2003

YEARBOOK OF CHINA AGRIC
PRODUCTS PROCESSING INDUS

中国农产品加工业年

科学技术部农村与社会发展司
中国农业机械化科学研究院
中国包装和食品机械总公司

中国农业出

地　　址：北京市德胜门外北沙滩 1 号 82 信箱

邮　　编：100083

电　　话：010－64882617

传　　真：010－64878271　64862459

E－mail：cpfmchy@caams．org．cn

编辑出版说明

一、为紧跟我国农产品加工业发展的时代脉搏和大力宣传主旋律，在各级领导和行业专家的支持与帮助下，我们组织编辑出版的《中国农产品加工业年鉴》（2003）与广大读者见面了，其宗旨是为我国农产品加工业的发展起到桥梁和促进作用。

二、《中国农产品加工业年鉴》由科学技术部、国家发展和改革委员会、农业部、国家林业局、国家粮食局、中华全国供销合作总社、中国机械工业联合会、中国轻工业联合会的有关主管部门及农产品加工业相关协会、学会、科研院所、大专院校等，与中国农业机械化科学研究院、中国包装和食品机械总公司联合编辑出版。

三、为保持《中国农产品加工业年鉴》编辑工作的连续性，2003年卷安排了9个部分的框架内容，仅在2002年卷8个部分的框架基础上将专题论述分解为领导讲话和专题论述。为使广大读者了解全国各省、自治区、直辖市农产品加工业的发展情况，这次利用第六部分专门对我国中、东部地区19个省、自治区、直辖市农产品加工业的发展情况作了简要介绍，以与2002年卷“农产品加工业西部大开发专题”相衔接。其余框架内容未变。

四、《中国农产品加工业年鉴》记述了相关方针、政策、法律、法规和规划等贯彻执行情况；记述了有关领导、专家对发展我国农产品加工业的论述；记述了本行业的发展概况；介绍了农产品加工业驰名骨干企业、各行业经济运行情况及名、优、特、新产品；介绍了我国中、东部地区农产品加工业发展现状；登载了农产品加工业国内外统计资料；记载了相关的国家标准、行业标准、专利以及本行业的大事记。年鉴既述事，也记人，每年编辑、出版一卷。若干年后，不但可以见证我国每年的农产品加工业发展情况，而且将是系统、全面、可靠、翔实的史册和工具书。由于年鉴的权威性和正式的连续出版发行，将有益于国内外各界了解和研究中国农产品加工业现状与发展等情况，促进相互交流与合作；有益于各部门借鉴现实和历史经验，掌握全局，运筹帷幄，制定政策和发展规划，指导本行业健康发展；有益于社会各界沟通行业信息、产品信息，互相学习，取长补短，推动我国农产品加工业的发展和国民经济的腾飞。

五、本年鉴各部分所列数据，因来源渠道不同，不尽一致。所有数据均以国家统计局提供的为准。本年鉴全国性统计数据均不包括香港、澳门两个特别行政区和台湾省。其相关数据，在年鉴的附录中列出。

六、为系统、准确、科学、翔实地反映我国农产品加工业现状，并力争办出本年鉴的特色，我们在编辑中继续突出综述文章以当年国家重点抓的农产品加工业中的有关行业为主；全书内容以推动产业发展为主；国家标准、行业标准与专利以加工工艺、设备和相应的产品为主；统计数据以国家统计局经济行业分类为主；国外的统计数据以特点显著的部分发达国家和少数发展中国家为主等。

七、本年鉴的编辑、出版、发行等工作，得到了中央及地方有关部门、协会、学会、科研院所、高等院校、生产企业、社会团体的大力支持和帮助，谨此表示衷心的感谢。

目　录

第五部分　国内综合统计资料

第六部分 中、东部地区农产品加工业发展情况

第七部分 农产品加工业标准、专利

第八部分 农产品加工业大事记

第九部分 附 录

Contents

Part Ⅳ Policies, Regulations and Important Documents With Regard to Agricultural Products Processing Industry

Part V Domestic Comprehensive Statistics

Part VI Development Situation of Agricultural Products Processing Industry in Central and Eastern Part

Part VII Standards and Patents of Agricultural Products Processing Industry

Part VIII Chronicle of Events of Agricultural Products Processing Industry

Part IX Appendix

1

第一部分

领导讲话

依靠科技创新 促进传统农业向现代农业转变

科学技术部副部长 李学勇

一、我国农业科技发展所面临的新形势

加入WTO后，我国农业的市场环境发生了巨大变化，农业将在更大范围内和更深的程度上参与国际化和全球化进程。与此同时，农业科技也由主要服务于农业和农产品国内市场转向直面国际市场。为了提高我国农产品的国际竞争力，必须依靠科技创新，把农产品的比较优势变成竞争优势，大幅度提高农产品的质量和生产效益。

我国人口众多，人均资源占有量少，耕地和水资源严重短缺，人均水资源占有量仅为世界平均水平的四分之一，人均耕地占有量只有世界平均水平的一半。要实现农业可持续发展，必须充分依靠科技进步。随着人民生活水平的不断提高，必然导致对食物需求的多样化和对食物安全的更高要求。食物安全问题已引起了全社会的普遍关注和重视。发展农产品的多元化、标准化，保障食品安全的关键在于依靠科技进步和创新。

当前，世界科学技术的发展突飞猛进，以农业生物技术、农业信息技术和新材料技术为代表的农业高新技术不断取得突破。高新技术在农业中的应用日趋广泛，已成为改造传统农业、发展现代农业的重要支撑，正深刻改变着农业的面貌。农业科技自身的新突破和新变化，同样迫切需要我们紧跟农业科技的最新发展，不断加快科技进步的步伐，更大程度地发挥科学技术对农业发展的导向和支撑作用。

二、我国农业科技发展方向和基本要求

进入新阶段后，我国农业的发展已经由主要追求数量增长向在保持供求平衡的基础上，更加注重质量和效益的方向转变。党的十六大提出了全面建设小康社会的宏伟目标，并把发展现代农业作为实现全面小康的一项重要任务。今年中央农村工作会议又明确提出了发展“优质、高产、高效、生态、安全”农业的“十字”方针。农业科技必须紧紧围绕现代农业发展的“十字”方针和要求进行战略性调整，为促进传统农业向现代农业转变提供强有力的科技支撑。具体来讲：

1．要为“优质”提供科技支撑　目前，农产品质量较差、生产规模小、缺乏统一的标准，已成为制约我国农产品市场竞争力的重要原因。因此，必须加快优质、高产、专用农业新品种的培育，发展无公害农产品和绿色食品，实现农业品种优质化、生产规模化和标准化，大幅度提高我国农产品的品质和国际竞争力。

2．要为“高产”提供科技支撑　保证农产品生产能力的稳步提高，保障国家粮食安全，始终是关系国家稳定和经济发展的大事。因此，必须依靠科技进步，以提高大面积农作物单产为目标，以提高粮食生产能力为核心，发展优质、高产农作物新品种和高产栽培等技术，大幅度提高土地生产率，实现农业生产优质基础上的高产，保障我国农产品的有效供给和粮食安全。

3．要为“高效”提供科技支撑　“高效”是优质、高产的经济体现，也是提高农业整体效益和农民收入的基本要求。因此，要依靠科技，优化农业产业结构，降低农业生产成本，大力发展优质、高效、专用农产品，大力发展农产品精深加工，加快畜禽、水产养殖、林果生产新品种和新技术的研究与推广，不断提高农业的整体效益，增加农民收入。

4．要为“生态”提供科技支撑　我国生态环境脆弱，水灾、旱灾和病虫害发生频繁，水土流失、土地荒漠化和农田环境污染问题还相当突出，严重制约着农业可持续发展。因此，要以改善生态环境、发展生态农业为目标，加快开发绿色农业技术，逐步形成与环境建设相协调的生态农业技术体系，促进农业可持续发展。

5．要为“安全”提供科技支撑　目前，我国农产品农药、化肥和重金属残留超标，质量安全性差的问题还较严重，对人民生活和健康构成了很大威胁。

因此，必须依靠科技进步和创新，尽快建立农产品生产标准，加强农产品质量检测，强化生产和加工过程中的质量控制，减少农产品污染，大力提高农产品质量，确保食品安全。

三、我国新阶段农业科技工作的重点任务

为适应新阶段农业发展的新要求，促进传统农业向现代农业转变，我国农业科技的发展必须以强化创新和农业科技成果转化为突破口，既注重农业科技自身水平的提高，更要重点解决农业发展中带有全局性、战略性和关键性的科技问题。

1. *加强农业高新技术研究开发与技术集成，提高综合竞争力* 要从我国农业的实际问题和需求出发，坚持“有所为、有所不为”，瞄准世界高科技发展前沿，以“863”、科技攻关和国家重大科技专项计划为依托，加强农业高新技术研究开发与技术集成。优先发展农业生物技术和信息技术等高新技术，获取一批自主知识产权，抢占国际农业高技术领域的制高点，提高我国农业的国际竞争力。

——要把高新技术与常规技术相结合，培育优质、高产、高效、抗逆动植物优良品种，开发生物疫苗、生物肥料、生物农药、生物调节物质等生物技术产品，促进农业向优质、高产和生态安全发展。

——要以促进信息技术在农业中的应用、发展智能化农业为重点，加强数字农业技术研究与示范，用信息化带动农业现代化。

——要以保障国家粮食安全为目标，加强粮食生产、收储、加工关键技术研究，进一步大幅度提高粮食单产和质量，提高粮食综合生产能力。

——要以优化农业结构、增加农民收入和促进农业可持续发展为重点，加强农产品深加工以及农产品质量标准、食品安全、节水农业、农业资源高效利用和环境保护技术的研发，着力解决一批制约我国农业发展的重大关键技术问题。

2. *加强农业基础研究，提高原始创新能力* 要围绕提高我国农业科技的原始创新能力和整体科技水平，以解决农业重大理论、重要过程和重要作用机理问题为目标，加强农业基础研究，为农业发展提供理论和技术储备，尽快缩短与世界发达国家的差距，实现农业科学研究从跟踪模仿为主向自主创新的战略转变。要支持生物基因图谱构建及克隆、分子遗传机理、优质高产生理、光合作用机理与生物固氮等研究。力争在种质资源创新、杂种优势利用、动植物重大病虫害灾变规律、动植物基因组学等方面取得重大突破，提高我国农业科技的原始性创新能力。

3. *加强农业科技成果的转化、应用与推广，提高科技对农业的贡献率* 要加强农业科技成果的熟化与转化，加大农业实用技术的组装集成与配套，强化一线科技力量。重点支持农业新产品、新技术、新工艺的应用与推广，促进科技成果尽快转化为现实生产力。

——要大力加强农业科研中试基地、农民培训基地、农业科技园区、专家大院、星火密集区建设，构筑高水平农业科技成果转化和示范平台，使其成为连接科研、生产与市场的纽带。

——要加强对农民和农业技术人员的培训，切实提高农民的科技文化素质，培养有文化、懂技术的新型农民。进一步加快科学文化知识普及，加速农民知识化进程。

——要大力推动形成多元化的农业科技成果转化新机制，充分发挥农村科技中介服务组织在发展农业产业化经营中的积极作用，促进成果转化与推广应用。引导和支持企业增强科技能力建设，孵化一批具有国际竞争力的龙头企业或产业集团，着力培育具有带动作用的主导产业。

4. *继续深化农业科技体制改革* 要以体制创新和机制创新为动力，加速构建现代农业科技创新体系。以推进农业科研机构的分类改革为核心，调整和完善现有农业研究开发体系；以增强产业竞争力为核心，建立以企业为主体，产、学、研结合的产业技术创新体系；以调动科研院所、农业推广机构、大学、企业科技人员的积极性为核心，加快建立多元化的新型农业科技推广体系。

5. *加强农业科技基础条件和平台建设，提高农业科技的持续创新能力* 要针对我国农业科研基础条件薄弱、整体水平不高的现状，加大科技投入，在保持农业科技工作相对稳定的基础上，进一步整合资源，重点支持农业科技发展中的基础性和公益性事业，加大农业大型科技设施、重点实验室、重大科学工程、工程技术研究中心等建设，改善农业科研条件。要加强农业生物种质资源的保护和开发利用，加快农业自然科技资源、科技文献和科学数据的有效重组和系统优化，形成以农业资源共享为核心的布局合理、功能齐全、开放高效的农业基础性公共科技平台，实现科技资源的优化配置，提高农业科技能力，保障我国农业的可持续发展。

全面实施“无公害食品行动计划”大力提高农产品质量安全水平和市场竞争力

农业部副部长 范小建

党中央、国务院把保护人民群众身体健康和生命安全放在第一位，高度重视农产品质量安全问题。2003年中央3号文件明确要求，要“在总结试点经验的基础上，全面实施‘无公害食品行动计划’”。在2003年5月21日召开的国务院第二次全体会议上，温家宝总理再次强调了积极发展无公害食品、绿色食品和有机食品，提高农产品质量安全水平，促进市场销售，扩大农产品出口工作的重要性。最近，回良玉副总理再次对加强农产品质量安全做出重要批示，指出：“从市场监测结果看，农产品质量安全状况有所改善，但问题仍然突出，任务依然艰巨，要坚持不懈地抓下去。实施‘无公害食品行动计划’，关口要前移，既要加强农产品质量的市场监测和管理，把好市场准入关，更要强化农业投入品的管理和生产环节的控制，大力推进农业标准化生产，把好投入品管理关和生产控制关，尽快让广大消费者吃上放心、健康食品，确保人民群众身体健康，并积极扩大农产品出口”。温家宝总理的重要讲话和回良玉副总理的重要批示，对于强化农产品质量安全工作，全面实施“无公害食品行动计划”，具有十分重要的指导意义。

一、“无公害食品行动计划”的实施情况

根据国务院领导的指示精神和农业发展新阶段的新形势，2001年4月，农业部决定，以解决农产品质量安全和治理“餐桌污染”为核心，实施“无公害食品行动计划”，整个计划实施分两步走。第一步选择试点：在征得北京、天津、上海和深圳四城市同意和支持的基础上，先行在这四个城市实施“无公害食品行动计划”试点，摸索经验。第二步全面推进：根据形势发展需要，在总结试点经验的基础上，2002年农业部决定在全国范围内全面推进“无公害食品行动计划”，提出了关于全面推进的实施意见，进一步明确了计划实施的目标、重点和工作措施。

在新时期、新阶段，“无公害食品行动计划”是加强农产品质量安全管理的一项重大举措，是抓好农产品质量安全工作的切入点，得到了中央的充分肯定和社会各界的广泛支持，各地区、各部门积极行动，加强领导，通力合作，狠抓各项措施落实，取得了阶段性成效，农产品质量安全水平有了大幅度提高。据2003年4月定点监测，北京、天津、上海、深圳四城市蔬菜农药残留合格率比试点之初提高了28.8个百分点，“瘦肉精”污染检出率下降了23.7个百分点。从全国情况看，37个省会城市及计划单列市蔬菜农药残留合格率比1月份提高了5.4个百分点，16个省会城市及计划单列市“瘦肉精”污染检出率下降了1.4个百分点。目前，济南、大连、杭州、郑州、石家庄、广州、上海等城市的蔬菜农药残留合格率明显高于全国平均水平；合肥、石家庄、沈阳、青岛、杭州、长沙、郑州等城市的“瘦肉精”检出率为零。两年来，因食用农药残留、兽药残留等有毒有害物质超标的农产品引发的急性中毒事件得到了有效遏止，出口农产品的质量安全水平有了进一步改善。取得目前的成效，来之不易，是党中央、国务院高度重视的结果，是上上下下、方方面面共同努力的结果。

（一）领导重视，制定规划和措施

“民以食为天”。让广大群众吃上“放心菜”、“放心肉”，保证人民群众的生命安全和身体健康，是各级政府实践“三个代表”、执政为民的基本要求。不论是京、津、沪和深圳四个试点城市，还是其他省、自治区、直辖市，对全面实施“无公害食品行动计划”工作高度重视，许多省都成立了由省（市）政府主管领导挂帅的工作领导小组，制定了工作规划、实施方案和推进办法，确定了工作目标和重点，采取多种有效措施，推动工作深入开展。北京市以猪肉和蔬菜为重点，启动和实施了“肉菜放心工程”，后来叫“食品放心工程”；天津市以无公害蔬菜认证和基地建

设为突破口，在全市范围内大力推行标准化生产，开展无公害农产品的连锁配送和直销、专卖；上海市从法制建设入手，发布政府令，对农产品的生产和流通管理施行了8项管理制度；深圳市以市场准入为切入点，积极推行上市检测和外埠基地管理联动机制；江苏省以开展市场速测为起点，积极推行农产品生产全程质量控制；浙江省充分利用资源优势，实施了“绿色农产品行动计划”；山东省以出口农产品质量安全管理为重点，大力推行标准化生产和全程质量安全追溯制度；广东、河南、四川、陕西、湖南、湖北、河北、吉林、黑龙江、贵州、重庆、广西等省（自治区、直辖市），也都根据本地的实际情况采取了切实有效的监管措施。

（二）夯实基础，强化保障

农产品质量安全标准、检验检测和认证体系建设，是重要的基础工作，对提高农产品质量安全水平具有关键性作用。现已制定发布农业国家标准400多项，农业行业标准1 400多项。为实施“无公害食品行动计划”，近两年新组织制定了195项无公害农产品行业标准，60多项绿色食品行业标准和4项有机食品行业标准。各地也都根据需要，适时制定补充了地方标准。现已有175个部级农产品质检中心通过机构检验授权认可和国家计量认证；根据需要，新规划筹建了89个部级农产品质检中心。全国大多数省份都建立了农产品质检中心，三分之一的地市和五分之一的县建立了服务于生产和市场监管的农产品检测机构，规模较大的农产品生产基地和批发市场建立了以速测为主的检测站点，开展了以自控为主的检测工作。农业部与国家认监委联合制定了一系列无公害农产品认证管理办法，成立了专门从事无公害农产品认证工作的农业部农产品质量安全中心，开展全国统一标识的无公害农产品认证和产地认定工作。全国已有62种鲜活农产品及初加工品列入首批认证的产品目录，155家单位的214个产品通过了第一批认证，1 756家企业的3 046个产品获得了绿色食品的标志专用权，12个企业的20个产品通过农业部所属机构的有机食品认证。各省认定的无公害农产品产地达到4 100多个。

（三）围绕难点，专项整治

提高农产品质量安全水平重在加强投入品监管。针对农产品质量安全存在的突出问题，2002年开始，农业部开展了以解决蔬菜中有机磷超标、畜产品中滥用违禁药物和氯霉素污染为重点的种植业产品、畜产品和水产品三个专项整治活动。从清洁源头把住农业投入品市场准入关入手，农业部先后对18种农药、29种兽药和39种渔药作出禁止使用规定，对19种农药、8种兽药和5种渔药作出限制使用规定，撤销甲胺磷等5种高毒有机磷农药的混配制剂登记。各地认真执行农兽药禁限用规定，加大农业投入品市场监管力度，对提高农产品质量安全合格率起到了较大作用。

（四）建好基地，推动专销

保证农产品质量安全要关口前移，从生产基地到批发市场进行系统化管理。近两年，农业部先后创建了100个无公害蔬菜果品茶叶生产基地、100个无公害农产品生产示范农场和26个全国农产品标准化生产综合示范区，建设了一批按照国际标准及进口国要求的农产品出口生产基地和无规定动物疫病区，创建了一批以净化农业生产环境为重点的农业生态县。各省、地、县将无公害农产品基地和标准化示范区建设列入重要议事日程，建设数量和规模迅速扩大，大力推行无公害农产品标准化生产，在基地普遍实行统一产品标准、统一技术规程、统一品牌、统一销售、分户管理的集约化生产经营模式。北京、上海等地采取“场厂挂钩”、“场地挂钩”方式，严防不合格农产品入市。许多省批发市场都设立了无公害农产品专销区或专柜，对经检测合格产品进行分区销售，带动了无公害农产品发展。

（五）部门配合，加强宣传

加强农产品质量安全管理，离不开各级地方政府的统一领导和相关部门的大力支持。统一领导，整合力量，相互配合，通力协作，齐抓共管，是四个试点城市的一条重要经验。两年多来，“无公害食品行动计划”的实施，在资金投入、技术措施、基础建设等方面，得到了国家发改委、财政部、科技部等部委的大力支持；在专项整治、规范市场等方面，得到了公安部、商务部、国家工商总局、质检总局、环保总局等部委局的大力支持；在安全标准、检验检测、认证体系建设等方面，得到了国家发改委、财政部、卫生部、国家认监委、标准委等部门的大力支持。国家食品药品监督管理局组织实施的“食品放心工程”也把实施“无公害食品行动计划”作为重要内容，予以支持和推动。中央和地方众多相关媒体积极宣传，内容丰富，形式多样，有声有色，收到了比较好的效果。无公害食品、绿色食品、有机食品等概念已成为一种时尚，成为家喻户晓的品牌，为广大生产者和消费者所认同。

二、认清形势，增强抓好农产品质量安全工作的责任感和紧迫感

近两年，我国农产品质量安全状况有了比较明显

的改善，但问题仍然突出。主要表现在：工作呈现出明显的阶段性，不合格农产品的比重在经历了大幅度下降后，开始转入缓慢下降，个别地区还有反弹；工作发展很不平衡，37个城市农产品质量安全状况差异很大，其中有几个省会城市超标率仍然很高，个别沿海城市“瘦肉精”问题还很严重；一些深层次问题亟待解决，使用禁用农药仍是影响农产品安全的主要因素，“瘦肉精”地下生产“黑窝点”没有彻底端掉，部分非法屠宰场还没有取缔，农产品市场准入制度不健全，出口农产品经常遭遇技术壁垒，实现依法管理任务仍很重。目前，农产品质量安全工作已经进入攻坚阶段。一方面，按照“无公害食品行动计划”，我们要力争用5年左右的时间，实现食用农产品的无公害生产和消费，任务艰巨；另一方面，我国农产品质量安全及管理工作基础差、起步晚，广大农民的组织化、规模化程度较低，增加了农产品质量安全管理上台阶、上水平的难度。尤其是这次非典疫情，警示我们加强农产品质量安全管理，确保生产发展和社会稳定，是一个需要认真思考又必须解决的重大课题。我们必须认清形势，切实增强工作的紧迫感和责任感。

1. *加强农产品质量安全工作是统筹城乡经济社会发展，建设农村小康社会的必然要求* 党的十六大明确指出，统筹城乡经济社会发展，建设现代农业，发展农村经济，增加农民收入，是全面建设小康社会的重大任务。农产品质量安全既关系农业生产、农民收入，也关系城乡人民的生活与健康。确保农产品安全生产和消费是建设小康社会的重大要求，是统筹城乡经济社会发展的重要结合点。没有消费就没有生产。健全农产品质量安全体系，实施“无公害食品行动计划”，使人民吃上放心食品，是贯彻落实十六大精神、实践“三个代表”的一项具体行动。各级农业部门要站在统筹城乡经济社会发展的高度，进一步增强做好农产品质量安全管理工作的紧迫感。

2. *加强农产品质量安全工作是新时期农业与农村工作的重大任务* 我国农业发展进入新的阶段，中央提出要发展“优质、高产、高效、生态、安全”农业，实现农业战略性结构调整，增加农民收入，提高农产品市场竞争力。这充分反映了现代化建设、人民生活水平提高对农业发展的基本要求，是摆在我们面前的重大任务。只有按照优势农产品区域布局，依靠科技，组织农民按标准化、规范化、清洁生产市场需要的优质安全农产品，才能实现农业增效、农民增收和农产品市场竞争力增强。

3. *加强农产品安全工作是适应经济全球化趋势，扩大农产品出口的当务之急* 我国入世后，对外开放步伐加快，农产品日益融入国际市场。与此同时，也遇到了越来越多的技术壁垒等障碍。2002年以来，欧盟对中国动物源性产品实行封关和限制出口政策，日本提高了对从中国进口农产品的质量要求，增加了检查批次和范围，一些国家纷纷效仿。非典疫情发生后，一些国家对我农产品的出口提出了新的要求和更加苛刻的条件。面对新的形势，我们在充分运用世贸规则、维护自身合法权益、把影响降到最低限度的同时，更要苦练内功，全面提高我国农产品质量安全水平。只有我们自己的水平确实提高了，才能最终攻克技术壁垒的封锁，使更多有竞争力的农产品“走出去”。

三、明确目标，突出重点，全面实施“无公害食品行动计划”

2002年7月，国务院“菜篮子”工作会议之后，农业部下发了《关于全面推进“无公害食品行动计划”的实施意见》，这是农业系统全面推动农产品质量安全的基本工作思路。2003年中央3号文件对全面实施“无公害食品行动计划”又提出具体要求。非典疫情的发生，也使我们进一步对加强农产品质量安全工作产生了共识。针对当前存在的突出问题，要进一步理清工作思路，突出工作重点，加快全面实施“无公害食品行动计划”的步伐。简单地说，就是目标不变，强化重点，狠抓环节，加大力度。目标不变，即“力争用5年左右时间，基本实现食用农产品无公害生产，保障消费安全，质量安全指标达到发达国家或地区的中等水平”的目标不能动摇。强化重点，即“进一步集中力量，下大力气解决好植物产品农药残留超标、动物源性产品兽药残留和药物滥用三个重大问题”。狠抓环节，即“要紧紧抓住污染源控制、标准化生产和市场准入三个关键环节，将各项措施落到实处，确保‘菜篮子’产品和出口农产品生产和消费安全”。加大力度，即“各级农业行政主管部门要把农产品质量安全放在突出位置，领导班子中要有专人负责，经常检查工作进度，分析存在问题，找准工作的切入点和突破口，细化工作目标，狠抓落实”。与此同时，要强化工作措施，保障“无公害食品行动计划”的全面实施。

1. *围绕加强组织领导，进一步明确责任，搞好配合协调* 要充分认识新时期农业和农村经济工作对农产品质量安全工作的新要求，加强领导，明确责任。各省（自治区）农业行政主管部门都要把省会城市作为本省推动“无公害食品行动计划”的试点。试点城市要有政府分管领导挂帅，以协调有关部门相互配合，通力协作。各级农业部门在当地党委、政府的统一领导下，要勇于担负重任，主动工作，积极争取有关部门的支持，密切配合新闻媒体做好宣传工作，努力营造一个全面实施“无公害食品行动计划”的良好氛围。

2. 围绕把住生产源头，加强动植物疫病、产地环境和农业投入品监控与管理　动植物病虫害、产地环境污染和农业投入品的不科学使用，是影响农产品质量安全的三个直接污染源。要坚持“预防为主、综合防治”的方针和“统筹规划、综合建设”的原则，切实加大对动植物保护工程的实施力度。产地环境控制要积极会同环保部门，突出加强城市近郊工业“三废”和城市生活垃圾的安全管理，有效防止废水、废气和固体废弃物中有毒有害物以及病源微生物对农业生态环境和农产品的污染。建立农产品产地环境背景值普查和定点监测制度，尽快开展基本农田质量普查监测计划，摸清现状，有针对性地加大农产品产地环境的整治和净化工作。

农业投入品管理，要严格按照《农业法》、《农药管理条例》、《兽药管理条例》、《饲料及饲料添加剂管理条例》等法律法规规定，建立健全市场准入制度，加大市场监管，整顿和规范市场秩序，严厉打击制售、使用假冒伪劣农资的违法行为。要加快高毒农药淘汰进度，大力推广高效低残毒农药品种。紧紧围绕生产过程控制，继续推进种植业产品、畜产品、水产品三个专项整治。确保突出问题能管住，关键措施能到位，整治有成效。在整治农资市场秩序过程中，当前还要继续突出抓好“毒鼠强”专项整治工作，深追源头，严查市场，杜绝使用，对违法行为要严厉惩处。

3. 围绕建设示范基地，大力推行农产品标准化生产　农业标准化是农业现代化的重要标志。按标准组织生产管理，是提高农产品质量、保证农产品安全最为有效的措施和手段。各地要根据实施《优势农产品区域布局规划》及扩大农产品出口的需要，大力推进农业标准化的工作。按标准创建无公害农产品、优势产品和出口产品生产基地。农业技术推广和培训，要着重解决滥用禁限用农业投入品的问题。要按照国际惯例和市场需求，在生产过程中推行档案记录和质量安全追溯制度。出口基地要严格按照进口国质量安全卫生标准，组织生产、加工和运输，对生产实施全程质量控制。要充分发挥产业化龙头企业的带动作用，企业带动基地、基地引导农户，从源头上把住农产品质量安全关。

4. 围绕严把市场准入关，健全农产品质量安全例行监测制度　把好市场准入关，是抓好农产品质量安全管理的关键。各地要结合实际，积极探索农产品质量安全市场准入管理的有效途径。加快安全、优质、无公害农产品专销区建设，健全产销合作机制，积极推行“场地挂钩”、“场厂挂钩”，大力发展农产品的连锁经营和直销配送。正确引导农产品生产基地和大型批发市场，建立以自检为主的农药残留速测体系。

实施农产品质量安全例行监测制度，是全面实施“无公害食品行动计划”和检验我们工作成效的重要环节。农业部要继续抓好四个试点城市和省会城市及计划单列市蔬菜农药残留和畜产品“瘦肉精”污染等定点监测。省级农业行政部门可根据当地实际，逐步建立和完善常规性监测制度，建立长效监督约束机制。

5. 围绕加快法制建设，完善农产品质量安全保障体系　依法管理农产品质量安全，是依法治国和依法治农的重要内容。要在认真贯彻执行已有法律法规的基础上，加快《农产品质量安全法》的起草进程。通过立法，将农产品产地环境、农业投入品使用、农产品生产经营管理及监督检查工作纳入法制轨道。尽快依法建立科学有效的农产品质量安全市场准入、质量认证、风险评估、消费投诉、责任追溯、质量公告及安全事故报告制度。

实践证明，建立健全统一、权威的农产品质量安全标准体系、检验检测体系和认证认可体系，是抓好农产品质量安全工作，全面实施“无公害食品行动计划”的重要技术保障。要按照“科学、规范、统一”的原则，加快制定农业标准制修订规划和制修订进程，积极采用国际标准。按照《农业部关于加强农产品质量安全检验检测体系建设的意见》和《全国农产品质量安全检验检测体系建设规划》，要尽快完善专业性和区域性部级质检中心，加紧健全省级综合性质检中心，合理规划和布局地市和县级农产品质量安全检测机构，防止重复建设。大力推行无公害农产品认证和产地认定工作，妥善解决好无公害农产品地方认证与全国统一认证的衔接问题，建立规范、科学、权威、统一的认证制度和认证体系。加大绿色食品和有机食品的开发力度，扩大认证的品种和范围，提高市场占有率，扩大出口。在加大产品认证同时，积极推行体系认证。

当前农业和农村经济工作任务十分繁重。最近一个时期，农业部在深入研究新阶段发展要求和农业发展规律的基础上，提出了在坚持农产品竞争力增强、农业增效和农民增收主攻方向的同时，明确了三个方面的工作任务。一要“推进改革”，主要是继续推进农村税费改革；推进粮食流通体制改革，积极探索对农民的直接补贴方式；推进农村土地流转政策的落实，保护农民的土地权益和维护农村稳定；推进农业产业化经营，扶持龙头企业、培育农民专业经济合作组织及中介组织，创新农村经营体系；二要“强化安全”，主要是在新形势下确保粮食安全、农产品质量安全、动物防疫安全和农业生态安全；三要“加快建设”，主要是加快种养业良种繁育体系、农业科技创新与应用体系、动植物保护体系、农产品质量安全体系、农产品市场信息体系、农业生态保护与建设体系和农业社会化服务体系等“七大体系”建设。同时，还提出了需要深入研究的12个重大问题。

（本文为作者于2003年在全面推进“无公害食品行动计划”电视电话会议上的讲话，略有删减）

积极推进农产品认证工作
为“无公害食品行动计划”提供质量保障

国家认证认可监督管理委员会 王凤清

在全国人民认真落实中央要求，一手抓防治“非典”不松劲，一手抓发展经济工作不动摇的关键时刻，农业部召开电视电话会议，全面推进“无公害食品行动计划”，这个会议非常及时，非常重要。国家认监委大力支持农业部的这项工作。无公害农产品认证是“无公害食品行动计划”的一个重要组成部分，积极推进和有效实施农产品认证，可以为落实“无公害食品行动计划”提供强有力的质量保障。下面，从三个方面谈农产品认证工作。

一、关于农产品认证工作的重要意义

农业是国民经济的基础，农业、农村、农民工作事关党和国家工作的全局。加强农业基础，做好农村工作，是党的十六大和十六届一中全会提出的“全面建设小康社会、加快推进社会主义现代化”的一项战略目标。

当前，我国农业和农村经济正处在全面推进结构战略性调整的新的发展阶段。加快农业和农村经济结构调整，加大实施科技兴农的力度，大力发展农业产业化经营，发展创汇农业，需要采用多种现代科学管理手段。认证认可就是其中一项国际通行的有效手段。朱镕基同志在十届全国人大一次会议上作的政府工作报告中，有这样一段话：“提高产品质量是兴国之道，也是提高经济效益和竞争力的根本之策。我们通过采用国际标准，推广先进技术，加强认证认可工作，强化质量管理，使各行各业产品和服务质量不断提高”。镕基同志这段话充分说明了认证认可工作在国民经济中的重要性。

农产品认证工作是认证认可工作的一个重要方面，对促进农业和农村产业结构调整，推动农业可持续发展，改善生态环境，保证农产品质量和提高农产品国际竞争力等方面，具有不可替代的作用。

（一）开展农产品认证适应了农业发展新阶段的需要

在当前的农业生产中，由于大量使用化肥、农药，使生态环境不断地恶化，自然生态系统遭到破坏，农产品受到不同程度污染，农产品安全质量下降。为了实现经济效益、生态效益、社会效益的最大化，促进人与自然协调和谐、共存发展，合理开发与利用资源，改善与保护生态环境，用科学的方法管理农业生产，实现农业可持续发展，将成为我国农业发展的重要内容。因此，有机农业、绿色农业、无公害农业等生态农业应运而生，在农业生产中大力推行认证工作，对促进农业可持续发展将起到积极的推动作用。

（二）通过认证能切实提高农产品质量安全

我国农业已经进入由解决温饱为主的数量型农业向质量型、效益型、出口型农业转变发展的新阶段，消费者对农产品质量安全越来越关注，要求也越来越高。农产品质量安全，不仅关系到人们的身体健康，也关系到农产品在国际市场的竞争力和贸易信誉。切实提高农产品质量安全，是我们当前和今后需要认真解决的突出问题。通过农产品认证，可以从源头上控制和科学管理农产品的生产，促进农业科学技术含量的增加和农产品质量的不断提高，保证农产品安全。

（三）通过认证能有效增强农产品的国际竞争力

加入世界贸易组织，使我国农业及农产品流通融入了国际农产品大市场之中。世界各国都在最大限度地优化资源配置，积极开拓农产品国际市场的同时，为了维护本国利益，利用世贸组织的规则，对国外农产品提出了许多变相的限制措施。近年来，我国出口的农产品不断地被国外以各种理由退货。最近，日本又以在我国一个企业两批出口禽肉中发现禽流感病毒为借口，全面禁止进口我国禽肉。日本还借口我国出口蔬菜个别农药残留超标而全面实施所谓“警示期”。韩国借口在我国出口的鸭肉中发现禽流感而准备实施更加严格的检疫措施。我国农业要积极应对挑战，实施贯彻“走出去”战略，发展创汇农业，就必须依靠现代科技和管理手段。实施农产品认证，使农业生产和加工过程按照国际规范和标准来运作，能切实提高产品质量，保证产品安全，增强产品的国际竞争力，从而有效突破技术贸易壁垒，促进出口。

（四）通过认证有利于实施农业标准化

随着我国农业由传统自然经济向现代市场经济的转化，农产品生产从源头到最终产品，都需要以标准为基础，实现全过程质量控制。即对农业产地环境、农业投入品、生产过程、标识、销售过程实行标准化管理。农产品认证是由可以充分信任的第三方来证实农产品是否符合特定标准和技术规范要求的活动，因此也可以说认证的过程也就是实施标准和技术规范的过程。它将标准和规范的实施贯穿于农产品生产、加工、销售的全部过程，用以规范生产、加工、销售的活动，有利于树立农产品生产者、经营者、管理者的标准意识和质量意识，规范生产者、经营者的行为，推动农业标准化的不断深入。

正因为如此，党和政府对这项工作非常重视。中央农村工作会议将发展优质、高产、高效、生态、安全农业，全面提高农产品质量，作为推进农业和农村经济结构战略性调整的重要内容。党的十六大提出要“健全农产品质量安全体系，增强农业的市场竞争力”。《国务院关于加强新阶段“菜篮子”工作的通知》中进一步明确，要将提高“菜篮子”产品质量卫生安全水平，作为新阶段“菜篮子”工作的任务。《通知》明确要求国家认监委要加强对与“菜篮子”产品有关的认证认可工作实行统一管理、监督和综合协调，加强对相关认证认可机构的监督检查，建立与“菜篮子”产品有关的认证和产品标识制度，规范“绿色食品”、“有机食品”及“无公害农产品”等认证工作和认证标识。这是我们做好今后工作的重要依据。

二、关于国家认监委的工作与农产品认证的关系

我国认证认可工作是在改革开放初期，在计划经济体制下各部门根据各自的职责建立起来的，对各部门的行政管理和行业管理确实产生过积极的作用。但也存在一个显著问题，就是分属于许多政府部门，各自为政。认证认可本来是一个互相融通的管理手段，在计划经济时期，却变成了互不共享、互不认可的工具，甚至形成了部门之间的壁垒。随着我国社会主义市场经济体制的建立和完善，政府职能必须转变。我国加入WTO后，各项工作应当进一步规范，认证认可工作也必须改变多头管理、多重标准、重复认证、重复收费的现状，按照国际规范建立新的工作机制。在这种形势下，国务院于2001年3月决定正式成立国家认监委，授权国家认监委统一管理、监督和综合协调全国的认证认可工作。

2002年，国务院办公厅下发了《国务院办公厅关于加强认证认可工作的通知》，提出认证认可工作的指导思想是：按照“三个代表”重要思想的要求，坚持统一规划、强化监管、规范市场、提高效能和与国际接轨的原则，建立在国家认监委统一管理、监督和综合协调下，各有关方面共同实施的工作机制，建立全国统一的国家认可制度和强制性认证与自愿性认证相结合的认证制度，积极推进认证机构及相关机构的改革，逐步实现认证机构的社会化。指导思想勾画出了认证认可工作的发展蓝图，也明确了国家认监委与各部门在认证认可方面的统一领导和相互协作、共同实施的关系。今后，各级政府及行业主管部门要转变对认证认可工作的管理方式，由把认证认可作为直接的行政管理手段转为充分利用认证认可的成果，实现政府对社会生活的管理。同时，也要充分发挥各行政部门和行业主管部门的工作积极性，共同推进认证认可工作。

为加强认证认可工作，国务院法制办今年计划出台《中华人民共和国认证认可管理条例》，对有关职能进行明确，对相关工作进行细化。《条例》草案已经征求了相关部门和单位的意见，农业部也就此提出了很多很好的意见和建议。对于各部门的意见和建议，我们正配合国务院法制办认真研究，充分汲取，力争使《条例》更加完善。同时也希望农业部等有关部门给予大力的支持。

为落实国务院“菜篮子”工作会议和中央农村工作会议精神，按照国办11号文件精神，国家认监委、农业部和标准委等九个部门于2003年2月联合下发

了《关于建立农产品认证认可工作体系实施意见》的通知，确定了农产品认证工作的重点和主要任务，为统一全国农产品认证认可工作提供了框架性实施方案，对推动农产品认证认可体系的发展和法制建设，维护消费者的权益具有重要意义。

在农产品认证认可体系的建立和实施上，必须坚持两个原则：第一，必须坚持统一领导。农产品认证认可体系是国家认证认可体系的一个重要组成部分，必须坚持统一管理和综合协调。在工作体系的建立、认可制度的实施、认证标准的制定、认证标志的管理和相关机构的管理方面，国家认监委要按照工作职能实施有效的管理。第二，必须坚持共同实施。农产品认证是服务于农业，促进农业现代化管理的手段和方式。充分依靠和发挥农业部门的作用，是开展农产品认证工作的基础和必要条件，国家认监委要加强和农业部门的协调，建立一种新的运行机制，共同做好这项工作。

三、关于无公害农产品认证工作

无公害农产品认证是我国农产品认证认可工作体系的一部分。农业部、质检总局和国家认监委为此发布了统一的管理办法和统一的标志管理办法，统一的产地认定和产品认证程序。制定这些管理规章的最终目的，就是要建立全国统一的管理秩序，提高认证的有效性，促进生产和流通。为实现无公害农产品认证工作的目标，要做好以下几方面的工作：

1. 加强配合，共同推进无公害农产品认证工作　无公害农产品认证是落实“无公害食品行动计划”的一项重要的保障措施，既涉及广大农民的利益，又关系城乡人民的安全健康，因此要充分依靠和发挥各级政府、认证机构和检测机构、企业与广大农民的积极性，共同合作，齐抓共管，上下一致，形成整体合力，开创无公害农产品认证工作的新局面。

2. 要强化统一管理，提高无公害农产品认证的有效性　统一管理，统一规则，统一标准，统一合格评定程序是提高农产品认证一致性和有效性的基础。农业部、国家认监委等部门发布的《无公害农产品管理办法》、《无公害农产品标志管理办法》、《无公害农产品产地认定程序》和《无公害农产品产品认证程序》为加强统一管理、统一合格评定程序提供了法规依据。各级政府和无公害农产品产地认定部门、认证机构、检测机构应当自觉维护无公害农产品认证工作的统一性，在统一框架内，按照国家有关法规严格自律，坚持诚信，客观、公正地对无公害农产品进行评价，切实提高认证质量。

3. 加强对获证无公害农产品的监管力度，确保无公害农产品质量　加强对获得认证的无公害农产品的监管力度，是确保认证有效性的重要手段。无公害农产品的质量安全直接关系到人体健康，无公害农产品是广大消费者十分关注的消费品。为此，国家认监委将会同农业部等有关行政执法部门，对获证的无公害农产品进行专项监督抽查，组织对生产和流通领域的获证产品质量进行跟踪检查，定期公布抽查结果。要通过完善法规建设，完善市场监管机制，依法强化市场监督，确保无公害农产品质量，使认证工作规范有序地进行，在公开、公平、透明的环境中健康发展。

4. 加大宣传力度，提高农民无公害生产意识　要通过各类新闻媒体广泛宣传无公害农产品认证、有机农产品认证等先进管理方法和技术，使农民改变思想观念和生产方式，了解产地环境、生产过程中科学使用各种生产资料对农产品质量安全的重要作用，从注重产量的提高转到注重质量上来，把无公害生产、有机生产、绿色农业变为农民的自觉行动，增强他们实施农产品认证的意识，引导他们积极地通过农产品认证。

5. 加强服务意识，创造良好农产品认证氛围　中央多次提出，各级政府要将注意力转到“引导、规范、监管、服务”上来，创造与维护一个统一、公平、竞争的市场环境，培养良好的竞争秩序。为此，国家认监委正在会同有关部门积极探索符合我国农业发展的农产品认证认可管理模式，对农产品认证工作在发展方向上予以引导，在政策上给予支持，在行为和秩序上加以规范，在有效性上加强监督管理，为农业发展和农产品出口服务。

我国改革开放和社会主义现代化建设已进入一个崭新的时期，农业和农村发展对农产品认证工作提出了迫切要求。希望我们几个部门在新一届党中央的领导下，以“三个代表”重要思想为指导，进一步加强团结协作，加强工作创新，共同开创农产品认证工作新局面，为推动我国农业和农村经济在新世纪迈上新台阶做出我们应有的贡献。

（本文摘自作者2003年在农业部“无公害食品行动计划”电视电话会议上的讲话）

努力做好食品安全工作 促进食品工业健康发展

中国食品工业协会会长　王文哲

一、食品安全的重要性

食品安全是关系人民生命健康和国计民生的重大问题。党中央、国务院历来高度重视与关注食品安全工作。2002年国务院发布了“国发2002年15号文件”，分析了当前我国食品质量安全存在的问题，对各方面监管做出明确的规定。2003年国务院发布了“食品药品放心工程的实施方案”，吴仪副总理在实施食品、药品放心工程电视电话会议上指出：“实施食品药品放心工程关系到广大人民群众的切身利益，关系到社会安定，关系到食品药品行业的健康发展，关系到我国对外贸易和国际形象。”吴仪副总理提出的四个关系，足以看出食品安全的重要性和我国政府对食品安全的高度重视，对人民高度负责的精神。我国是一个有13亿人口的大国，“民以食为天”，开门七件事，其中六件与食品有关，这充分说明食品安全关系每一个人的切身利益。前一阶段市场上出现毒大米、注水肉等，搞得人心惶惶，不知该购买什么食品才安全，每次发生食物中毒事件，从上到下，从地区到单位，直至有关家庭都不得安宁，这势必影响社会的稳定。另外，食品安全与食品工业健康发展，与食品企业的生存壮大密切相关，一个企业只要出现一次食品质量安全问题的曝光，就失信于民，人民不相信你，你的产品没人买，企业肯定站不住脚，就得倒闭。因此，食品工业的发展必须把食品安全放在首位，一定要深刻理解吴仪副总理提出的四个关系的重要性。通过普及食品安全知识，表彰食品安全示范企业等一系列活动，就是以行业管理、行业自律，贯彻落实党中央、国务院对食品安全方针政策的有效举措。达到提高食品行业从业人员的社会责任感、建立健全食品安全保障体系、推动食品工业健康快速发展的目的。

二、我国食品安全的现状与存在的问题

（一）我国食品安全的现状

食品质量安全总体水平不断提高，总体状况是好的。由于食品工业的发展，食品标准、标签的完善与健全，食品品种增加，质量提高，特别是规模以上的大、中型食品企业，基本上都建立了企业食品质量安全的保障体系，都能自觉严格按照标准，规范组织生产，并不断加大科技投入，加强企业的技术改造，尽可能选用当代国际先进水平的技术装备，运用新技术、新工艺，从而使食品质量安全水平不断提高。

近年来，国家监督机构连续抽查，食品的平均合格率，一直保持在76%这样一个水平。其中乳制品、液体奶卫生合格率达100%，食用植物油合格率达79.2%。人们极为关注的大米，在全国抽查的14 000多个样品中，合格率达85.1%，表明大米质量总体是好的，毒大米等事件仅仅是个例。被列为季节性高危食品的中秋月饼，2003年社会抽检卫生合格率也达100%。这充分说明食品质量安全的总体情况是好的。但是，近年来，食品质量安全问题确已成为全社会关注的热点问题。一方面是由于我国人民生活水平提高，由温饱型食物结构转向营养健康型食物结构，全民食品营养卫生知识的普及，人们的饮食消费需求观念改变，由数量型转向质量型，对食品的卫生质量标准要求更高了，使食品质量安全不适应市场需求显得日益突出。另一方面，由于我国国民经济工业化水平的发展，而治理和环保科技相对滞后，致使环境污染，水土流失，耕地质量下降，生态恶化及自然灾害增多，农业再生产能力降低（主要是农业资源、农业产品污染）。加之，我国工农业生产迅速发展和城市人口的加剧，工业三废、城市废弃物的大量排放，农业化肥、农药用量剧增，许多有毒、有害物质渗入土壤中，使土壤中农药及药物残留严重，饮用水中含菌量高、重金属含量高等屡见不鲜。另外，由于养殖、

种植过程中的人为原因，直接影响我国粮食、饲料作物、经济作物、畜产品和水产品的质量，加剧了食品工业原料的源头污染，食品安全便自然成为人们关注的热点问题。

（二）当前我国食品安全存在的主要问题

1. *食源性的中毒问题* 由食源性污染产生的疾病，已成为目前危害中国公民健康的最重要因素之一。就以2003年为例，截至6月20日，卫生部共收到重大食物中毒报告116起，中毒人数3 643人，死亡89人。其中微生物性食物中毒29起，中毒1 213人，死亡9人；化学性食物中毒42起，中毒977人，死亡52人；有毒动植物食物中毒24起，中毒855人，死亡21人；原因不明或尚未查明原因的食物中毒21起，中毒598人，死亡7人。

2. *食品污染的问题* 一是大量农药、化肥、兽药、生长调节剂等的使用，尤其是滥用国家已禁止的农药，从源头上给食品安全带来极大隐患。国家质检总局2002年第三季度，对23个大中城市的大型蔬菜批发市场的菜豆、番茄、黄瓜、茄子等10类181种蔬菜进行了抽检，其中有86种蔬菜农药残留量超出国家标准限量值，超标率达47.5%。二是药残问题严重影响我国食品出口，如畜禽肉（特别是冻鸡）长期因兽药残留问题而出口欧盟受阻，茶叶由于农药残留问题而出口多国受限。

（三）食品加工过程中存在的问题

1. *食品加工企业未能按照工艺要求操作* 如微生物杀灭不彻底，导致食品中残留病原微生物或在生产、贮运过程中发生微生物腐败。如2003年3月份发生的辽宁海城2 556名学生豆奶中毒事件，即是因为生产企业未严格按工艺要求操作，置换了生产配方，把原来的非活性豆粉换成活性豆粉，但技术参数和生产流程未做相应的修改，致使活性豆粉中的胰蛋白酶抑制素等抗营养因子未被彻底灭活造成的。

2. *超量使用、滥用食品添加剂、非法添加物而引起食品安全问题* 目前各地面粉加工企业普遍使用过氧化苯甲酰，其主要成分为增白剂，联合国粮农组织规定过氧化苯甲酰用量不得大于75毫克/千克（百万分之一），我国食品添加剂委员会1996年规定，过氧化苯甲酰在面粉中的用量不得大于60毫克/千克。但至今仍有许多厂家不按有关标准执行而任意添加增白剂，有些厂家面粉增白剂的最高用量竟达到100毫克/千克。国家有关部门曾抽检过94种面粉，结果只有13种没有添加过氧化苯甲酰。江西、山东、江苏、河南等地一些面粉生产企业无视国家强制性标准的规定，过量添加过氧化苯甲酰，在抽检的44批次面粉中，有19批次产品严重超标，合格率仅为43.2%。

3. *应用新技术、新工艺、新原料带来的问题* 随着科技的进步，食品工业中应用新工艺、新原料给食品安全带来了许多新问题，如转基因技术、辐照技术、现代生物技术、益生菌和酶制剂等技术在食品中的应用、食品新资源的开发等，这既是国际上共同关注的食品安全问题，也是我国亟待研究和重视的问题。

（四）食品流通环节的问题

目前在食品安全的保障体系中，流通领域是个薄弱的环节，仓储、储运、货柜达不到标准，致使许多出厂合格的产品，在流通环节变成不合格的，甚至成为腐败变质的食品。同时，由于管理不善，一些假冒伪劣产品堂而皇之地进入店堂放上柜台出售。

（五）违法生产经营存在的问题

由于生产经营者的法律意识淡薄，更有良知缺乏，违法生产经营造成的危害也相当严重。如用有毒甲醛发泡海产品；用化学品处理水果保鲜；往食用油中掺杂液体石蜡；用死鸡制作成熟鸡销售；大米被掺入工业用白蜡油、用有毒矿物油“抛光”；银耳用有毒的硫磺增白；黄鳝添饲避孕药速肥；用泔水油提炼加工冒充食用油；猪肉在注水的同时加入化学药品，以达到增稠和鲜艳的目的使消费者不易识别等。

三、努力做好食品安全工作，推动食品工业健康发展

为全面贯彻落实《国务院办公厅关于开展食品药品放心工程的通知》精神，根据2003年7月18日国务院办公厅召开的“全国食品药品放心工程电视电话会议”的部署，由国家食品药品监督管理局牵头，公安部、农业部、商务部、卫生部、国家工商总局、国家质检总局和海关总署共同制定了《食品药品放心工程实施方案》，这充分体现了党中央、国务院对人民群众身体健康和生命安全的极大关心，对食品监管工作的高度重视。在全国范围内开展实施食品放心工程，利国利民，意义重大。我们食品企业应当在贯彻落实放心食品工程中把工作做得更好，为食品安全做出更大贡献，显示出我们食品企业的示范作用。为此，应切实做好以下工作：

1. *提高认识，加强领导，落实责任* 各食品工业企业要认真学习和贯彻落实《国务院办公厅关于开展食品药品放心工程的通知》精神，加强领导和协调，结合本企业的实际，提出食品放心工程实施方案，确定工作重点，明确工作任务和目标，落实责任制，把任务和责任逐级分解到车间、班组和有关人

员，确保食品放心工程的实施落到实处。

2. *要严格地把好原料进厂关* 食品企业的原料基地应建立健全监管体制，完善检验监测体系。对进厂的原料必须经过严格的检测，合格后才能投入生产环节，使食品的质量安全从源头上得到有效控制。

3. *依靠科技进步，提高食品质量安全水平* 制定先进的工艺流程，调制营养卫生的配方，建立良好的技术装备规程，提高企业的检测装备和检测质量水平，特别要对那些关系产品质量安全的重点工序，加强防范，采取有力措施，提高食品安全水平。

4. *加强企业管理，严格执行产品标准* 加强生产和制作过程中的安全卫生管理，严格执行国家、行业有关食品生产和卫生标准，积极参加对假冒伪劣和有毒有害食品打击。对生产加工、流通销售环节的重大案件，应配合有关部门认真查处。

5. *规范食品检测，建立控制体系* 近年来，食物安全问题不仅引起我国政府和社会的普遍关注，而且也已成为全世界共同关注的重要课题。针对当前食源性疾病上升、食品污染事件以及因食品质量问题引发的贸易纠纷等问题不断发生的现状，从规范食品安全实验的检测入手，提出对该类实验室的质量管理要求，建立一个既符合国际规范又切合我国实验室特点的食品安全检测实验室质量控制国家管理体系，是十分必要和紧迫的。它不仅可以建立起我国食品安全检测实验室的质量管理体系，提高该类实验室的技术能力和管理水平，还可为社会和政府提供宝贵的资源信息。

6. *食品协会要为企业做好各方面的服务工作* 作为食品行业的组织——各级食品工业协会（食品办），为了维护全行业的利益，要加强自身建设，为食品企业提高食品质量安全水平，在产品标准化建设、质量认证、咨询等方面提供和做好各项服务。建立和完善保障食品安全的行业自律机制，强化对企业的指导，为树立和形成良好的行业风气，做好食品质量安全各方面的工作。

全面提高我国食品安全的整体水平，让老百姓购买和消费真正放心的食品，是我们实践“三个代表”重要思想具体行动，是为人民办实事、办好事，保障人民根本利益的真实体现。我相信，在党中央、国务院的正确领导和高度重视下，通过我们食品行业的广大干部、职工的不懈努力以及全社会的通力协作，我们一定能将食品安全工作提高到一个崭新的水平。为提高我国食品安全水平，确保广大人民群众的饮食安全与健康，推进食品工业的发展做出我们应有的贡献。

（本文为作者在首届中国食品安全年会开幕式上的讲话）

农产品加工业经济态势分析

中国农业机械化科学研究院院长　陈　志

进入新世纪，我国农产品加工业步入了新的发展时期，党中央、国务院以及各级政府、行业机构高度重视农产品加工业的发展，制定了一系列的扶持政策和有效措施，为农产品加工业创造了良好的发展环境。农产品加工企业抓住机遇，通过结构调整和技术创新，不断增加品种和提高质量，取得了新的成就。事实证明，农产品加工业在全部工业结构中占有重要位置，成为我国国民经济中最具有活力和发展后劲的重要产业之一，为我国国民经济和社会发展做出了新的重要贡献。本文试图通过对我国农产品加工业中不同行业分类、不同经济性质企业 2002 年经济运行情况的分析，总结我国农产品加工业发展表现出的新特点，供大家参考。

一、农产品加工业占全部工业的比重

2002 年我国农产品加工业在全部工业结构中，企业单位数占 33.36%，工业总产值占 24.55%，工业增加值占 24.77%，资产总计占 18.83%，产品销售收入占 23.39%。与 2001 年相比，各项主要经济指标占全部工业的比重相对稳定增长，结构性变化不大。其中，企业单位数减少了 0.06%，工业总产值减少了 0.92%，工业增加值增加了 1.98%，资产总计增加了 0.05%，产品销售收入增加了 0.93%。

2002 年农产品加工业 12 个行业的主要经济指标占全部工业的比重见表 1。从表 1 看出，纺织业的综合指标所占比重最大，第二位是食品加工业。

表 1 2002 年农产品加工业各行业主要经济指标占全部工业的比重（%）

行 业	企 业 单位数	工 业 总产值	工 业 增加值	资 产 总 计	产品销 售收入
食品加工业	5.74	4.31	3.37	2.34	4.12
食品制造业	2.54	1.78	1.68	1.42	1.67
饮料制造业	1.18	1.80	2.15	2.03	1.71
烟草加工业	0.16	1.84	4.12	1.76	1.82
纺织业	7.30	5.75	4.76	4.57	5.52
服装及其他纤维制品制造业	4.99	2.63	2.26	1.42	2.49
皮革毛皮羽绒及其制品业	2.17	1.63	1.39	0.78	1.53
木材加工及竹藤棕草制品业	1.67	0.75	0.65	0.55	0.70
家具制造业	0.97	0.47	0.42	0.31	0.45
造纸及纸制品业	2.91	1.88	1.73	2.01	1.80
印刷业记录媒介的复制	2.10	0.75	0.85	0.79	0.70
橡胶制品业	1.00	0.96	0.89	0.85	0.88
合 计	**33.36**	**24.55**	**24.27**	**18.83**	**23.39**

二、全部国有及规模以上非国有工业企业经济运行情况

与 2001 年相比，2002 年我国农产品加工业全部国有及规模以上（指年产品销售收入在 500 万元以上）非国有工业企业，企业单位数增加了 5.98%，工业总产值增加了 15.04%，工业增加值增加了 16.39%，产品销售收入增加了 15.72%，产品销售利润增加了 17.79%，利润总额增加了 25.61%。工业总产值增长最快的行业有食品制造业、烟草加工业和家具制造业，增幅分别为 20.8%、20.2% 和 20.5%；除饮料制造业增长率低于 10% 外，其余行业均超过 10%。利润总额增长较快的行业有造纸及纸制品业、橡胶制品业、纺织业、皮革毛皮羽绒及其制品业、食品制造业、烟草加工业、木材加工及竹藤棕草制品业，均超过 20%，增幅分别为 58.5%、55.4%、39.9%、39.6%、24.8%、20.2% 和 20.1%；除服装及其他纤维制品制造业、印刷业记录媒介的复制低于 10% 外，其余指标均高于 10%，其中食品加工业为 19.4%。

2002 年，全部国有及规模以上非国有工业企业各行业主要经济指标见表 2。从表 2 看出，纺织业的综合指标所占比重最大，第二位是食品加工业。应该指出，除其他经济指标外，烟草加工业的利润总额最高，占 18.90%；产品销售利润为第二，占 15.59%。

表 2 2002 年全部国有及规模以上非国有工业企业主要经济指标 单位：亿元

行 业	企业单 位数（个）	工 业 总产值	工 业 增加值	产品销 售收入	产品销 售利润	利 润 总 额
食品加工业	10 413	4 776.96	1 112.69	4 515.94	303.06	115.31
食品制造业	4 615	1 967.31	553.01	1 827.55	215.24	82.60
饮料制造业	3 287	1 996.26	709.64	1 872.69	262.4	120.24
烟草加工业	287	2 037.49	1 359.63	1 994.37	353.57	212.71
纺织业	13 248	6 370.79	1 569.10	6 038.59	487.88	184.71
服装及其他纤维制品制造业	9 061	2 914.91	746.08	2 725.50	252.94	111.19
皮革毛皮羽绒及其制品业	3 932	1 801.46	457.96	1 677.13	131.38	57.50
木材加工及竹藤棕草制品业	3 033	828.06	213.92	771.61	59.47	24.08
家具制造业	1 767	524.21	139.34	492.80	48.15	19.66
造纸及纸制品业	5 285	2 081.54	570.88	1 968.06	240.56	98.25
印刷业记录媒介的复制	3 806	825.56	279.53	771.61	130.28	58.95
橡胶制品业	1 822	1 064.60	292.55	961.84	116.42	40.37
合 计	**60 556**	**27 189.15**	**8 004.33**	**25 617.18**	**2 601.35**	**1 125.57**

三、全部大中型工业企业经济运行情况

与2001年相比，2002年我国农产品加工业大中型工业企业，企业单位数减少了1.4%，工业总产值增加了11.8%，工业增加值增加了15.8%，产品销售收入增加了11.9%，产品销售利润增加了14.5%，利润总额增加了17.7%。全部大中型工业企业工业总产值年增长率超过10%的行业有食品加工业、食品制造业、烟草加工业、家具制造业、造纸及纸制品业和橡胶制品业，增幅分别为12.6%、20.9%、21.6%、10.6%、14.0%和11.5%，全国大中型工业企业工业总产值的增长速度，主要靠这6个行业进行拉动；而工业总产值年增长率低于10%的行业也均为缓慢增长状态，没有负增长的情况。但是也应该看到，2002年全部大中型工业企业的利润总额呈负增长的行业有食品加工业、木材加工及竹藤棕草制品业、家具制造业、印刷业记录媒介的复制4个行业，增幅分别为-6.6%、-0.3%、-5.3%和-1.2%；而利润总额增长较快的行业有造纸及纸制品业、橡胶制品业和皮革毛皮羽绒及其制品业，年增长率分别接近和超过50%。

2002年，农产品加工业大中型工业企业各行业主要经济指标见表3。从表3看出，纺织业的工业总产值和产品销售收入所占比重最大，而烟草加工业的工业增加值、产品销售利润和利润总额所占比重最大。

表3　2002年全部大中型工业企业主要经济指标　　单位：亿元

行　业	企业单位数（个）	工　业总产值	工　业增加值	产品销售收入	产品销售利润	利润总额
食品加工业	1 100	1 918.27	444.93	1 898.12	137.07	46.06
食品制造业	596	988.12	292.63	931.33	125.05	45.97
饮料制造业	759	1 405.38	526.45	1 354.00	208.30	103.65
烟草加工业	138	1 910.92	1 308.80	1 894.25	338.99	208.23
纺织业	1 778	2 744.40	707.88	2 672.33	230.11	76.58
服装及其他纤维制品制造业	458	697.57	174.43	666.85	74.91	39.87
皮革毛皮羽绒及其制品业	231	432.11	123.55	390.86	33.10	12.04
木材加工及竹藤棕草制品业	184	220.07	57.96	209.37	17.02	3.80
家具制造业	88	79.59	22.23	78.56	11.47	4.33
造纸及纸制品业	612	1 008.79	291.47	972.04	150.30	58.95
印刷业记录媒介的复制	449	330.25	125.13	312.82	68.24	32.56
橡胶制品业	245	591.76	164.78	537.47	67.64	20.46
合　计	**6 638**	**12 327.23**	**4 240.24**	**11 918.00**	**1 462.20**	**652.50**

四、全部国有及国有控股工业企业经济运行情况

与2001年相比，2002年我国农产品加工业全部国有及国有控股工业企业，企业单位数减少了17.7%，工业总产值增加了1.6%，工业增加值增加了7.9%，产品销售收入增加了1.8%，产品销售利润增加了6.6%，利润总额增加了15.4%。工业总产值呈正增长的行业有5个，它们是食品制造业、饮料制造业、烟草加工业、造纸及纸制品业和橡胶制品业，增幅分别为4.6%、1.3%、20.2%、7.3%和4.3%，其中烟草加工业增长速度最快，其余行业增长比较缓慢；呈负增长的行业有7个，它们是食品加工业、纺织业、服装及其他纤维制品制造业、皮革毛皮羽绒及其制品业、木材加工及竹藤棕草制品业、家具制造业和印刷业记录媒介的复制，增幅分别为-7.1%、-9.3%、-18.6%、-47.5%、-5.7%、-1.3%和-1.5%，其中皮革毛皮羽绒及其制品业回落幅度最大，其次是服装及其他纤维制品制造业。2002年全部国有及国有控股工业企业利润总额的增长率反差最大，呈负增长的行业有5个，包括食品加工业、皮革毛皮羽绒及其制品业、木材加工及竹藤棕草制品业、印刷业记录媒介的复制和橡胶制品业，增幅分别为-39.3%、-593%、-52.8%、-4.5 %和-60.6%；除印刷业记录媒介的复制回落幅度较小外，

其余的回落情况均十分严重，特别是皮革毛皮羽绒及其制品业最为突出。2002 年全部国有及国有控股工业企业利润总额呈正增长的行业有 7 个，包括食品制造业、饮料制造业、烟草加工业、纺织业、服装及其他纤维制品制造业、家具制造业、造纸及纸制品业，增幅分别为 33.1%、0.9%、19.9%、311%、339%、7.1% 和 51.7%。利润总额增长最快的行业是纺织业和服装及其他纤维制品制造业，年增长率均超过了 300%；其次是造纸及纸制品业，年增长率超过了 50%。

2002 年，我国农产品加工业全部国有及国有控股工业企业各项主要经济指标见表 4。由表 4 看出，全部国有及国有控股工业企业主要经济指标最高的行业是烟草加工业，在国有及国有控股工业企业中占有重要位置；皮革毛皮羽绒及其制品业为亏损行业，是国有及国有控股工业企业中最困难的一个行业；而服装及其他纤维制品制造业、木材加工及竹藤棕草制品业、家具制造业和橡胶制品业也是步履比较艰难的行业，盈利甚微。

表 4　2002 年国有及国有控股工业企业主要经济指标　　单位：亿元

行　业	企业单位数（个）	工　业总产值	工　业增加值	产品销售收入	产品销售利润	利润总额
食品加工业	3 149	1 093.67	255.59	1 056.02	69.42	8.34
食品制造业	1 298	458.87	132.58	425.28	55.78	19.16
饮料制造业	1 146	866.82	347.58	832.49	135.36	66.22
烟草加工业	243	2 012.35	1 350.05	1 968.98	349.43	211.22
纺织业	1 812	1 343.60	365.70	1 344.91	115.52	11.48
服装及其他纤维制品制造业	452	117.72	31.72	122.95	11.63	0.86
皮革毛皮羽绒及其制品业	202	46.35	6.45	41.75	2.66	-2.08
木材加工及竹藤棕草制品业	427	104.26	31.32	100.51	8.62	0.68
家具制造业	165	22.49	6.35	23.23	2.08	0.15
造纸及纸制品业	708	486.70	142.42	462.54	68.43	19.12
印刷业记录媒介的复制	1 666	268.63	103.92	249.95	54.32	18.14
橡胶制品业	286	317.06	85.87	278.71	33.21	0.39
合　计	**11 554**	**7 138.52**	**2 859.55**	**6 907.32**	**906.46**	**353.79**

五、全部“三资”工业企业经济运行情况

与 2001 年相比，2002 年全部“三资”工业企业，企业单位数增加了 9.9%，工业总产值增加了 14.8%，工业增加值增加了 16.5%，产品销售收入增加了 15.4%，产品销售利润增加了 22.8%，利润总额增加了 31.4%。工业总产值呈正增长的行业有 10 个，它们是食品加工业、食品制造业、饮料制造业、纺织业、服装及其他纤维制品制造业、皮革毛皮羽绒及其制品业、家具制造业、造纸及纸制品业、印刷业记录媒介的复制和橡胶制品业，增幅分别为 20.7%、18.8%、10.3%、14.4%、10.6%、11.9%、24.6%、16.5%、14.4% 和 25.1%，其中年增长速度为 20% 以上的行业有 3 个，它们是食品加工业、家具制造业和橡胶制品业；其余行业年增长速度均在 10%～20% 之间。2002 年工业总产值呈负增长的行业有 2 个，它们是烟草加工业和木材加工及竹藤棕草制品业，增幅分别为 -21.4% 和 -2.3%。全部“三资”工业企业利润总额呈负增长的行业是烟草加工业，增幅为 -41.5%，回落幅度比较大。其余 11 个行业均呈正增长态势，其中食品加工业增幅为 36.5%，食品制造业为 5.1%，饮料制造业为 49.6%，纺织业为 32.1%，服装及其他纤维制品制造业为 5.49%，皮革毛皮羽绒及其制品业为 47.5%，木材加工及竹藤棕草制品业为 6.1%，家具制造业为 21.1%，造纸及纸制品业为 89.7%，印刷业记录媒介的复制为 5.3%，橡胶制品业为 84.3%。利润总额发展速度最快的 4 个行业依次是造纸及纸制品业、橡胶制品业、饮料制造业和皮革毛皮羽绒及其制品业。

2002 年，我国农产品加工业“三资”工业企业

各项主要经济指标见表5。由表5看出，“三资”工业企业中，纺织业、服装及其他纤维制品制造业的工业总产值、工业增加值、产品销售收入和产品销售利润分别名列前两位，而服装及其他纤维制品制造业、造纸及纸制品业的利润总额分别名列前两位。

表5　“三资”工业企业主要经济指标　　单位：亿元

行　业	企业单位数（个）	工　业总产值	工　业增加值	产品销售收入	产品销售利润	利润总额
食品加工业	1 394	1 179.65	265.11	1 168.75	74.65	27.03
食品制造业	1 005	778.56	236.69	744.32	96.98	35.19
饮料制造业	463	601.82	209.38	578.30	82.40	38.36
烟草加工业	5	9.21	5.62	9.34	1.93	0.93
纺织业	2 579	1 407.78	349.38	1 307.66	107.04	43.98
服装及其他纤维制品制造业	3 690	1 321.76	341.45	1 239.62	118.65	46.06
皮革毛皮羽绒及其制品业	1 597	958.96	243.91	891.63	64.31	23.11
木材加工及竹藤棕草制品业	631	208.06	51.21	199.21	16.11	3.48
家具制造业	533	248.10	67.08	232.66	23.79	9.19
造纸及纸制品业	760	662.58	189.61	645.15	98.54	46.05
印刷业记录媒介的复制	539	278.12	90.70	260.48	43.59	25.55
橡胶制品业	373	389.47	112.85	375.02	51.57	23.37
合　计	13 569	8 044.07	2 162.99	7 652.14	779.56	322.20

六、结 束 语

从以上对农产品加工行业不同经济性质企业2002年经济运行情况的分析，不难得出如下结论：

（1）全部国有及规模以上非国有工业企业的运行态势，代表了我国农产品加工业经济发展的基本情况，体现了我国农产品加工业的总体发展形势。从总体发展速度看，具有高速发展的经济特征。工业总产值、工业增加值、产品销售收入、产品销售利润等主要经济指标的年增长率均超过15%，利润总额年增长率超过了25%。

（2）大中型工业企业的经济发展也比较快，其工业总产值、工业增加值、产品销售收入、产品销售利润和利润总额等主要经济指标的年增长率均超过10%，呈快速发展态势，经济规模在拉动经济发展中发挥了重要作用。

（3）国有及国有控股工业企业的经济发展总体上比较缓慢，除利润总额年增长率超过15%外，工业总产值、工业增加值、产品销售收入、产品销售利润等年增长率均在10%以下，其中约有30%的行业处于年均负增长的状态，总体经济形势不容乐观。

（4）“三资”工业企业是近年来异军突起的企业门类，也是我国农产品加工业不同经济性质中发展最快的领域。除工业总产值、工业增加值、产品销售收入年增长率接近或超过15%以外，产品销售利润的年增长率超过了20%，利润总额的年增长率超过了30%。

农产品及其加工业的机遇和挑战

科技部农村与社会发展司副司长　贾敬敦
中国农业机械化科学研究院副院长　李树君

我国不仅是农产品的生产大国，而且也是农产品的消费大国。长期以来，我国农产品及其加工产品的进出口一直是国际贸易的重要组成部分，尤其是改革开放以来，随着重要农产品由长期短缺到总量平衡、丰年有余的历史性转变，农产品加工业得到了迅猛发展。2002年我国农产品加工业全部国有及规模以上非国有工业企业工业总产值为27 189.15亿元，工业增加值8 004.33亿元，占全部工业增加值的24.27%。2001年出口交货值为5 090亿元，占全部工业产品出口总额的31.3%。农产品加工业在全部工业产品结构中占有重要比重。

加入世界贸易组织，是我国改革开放和现代化建设的历史必然，也是进一步推动全方位、多层次、多领域对外开放的重要契机，对我国经济、特别是农产品及其加工业的发展具有深远的影响。如何面对加入WTO所带来的机遇和挑战；如何积极应对，趋利避害，推动我国农产品加工业的健康发展，我们就这个问题进行了探讨。

一、加入WTO为我国农产品出口和加工业的发展提供了广阔空间

加入WTO，世界农产品及其加工成品市场向我国更加开放，给我国农业和农产品加工业带来了发展的机遇，对我国农产品生产和加工实现规模化、现代化、科学化产生积极的影响。主要表现在以下几个方面：

（一）有利于改善对外贸易环境，增加农产品和加工品的出口

加入WTO可享受100多个成员的无条件贸易的最惠国待遇，特别是对发展中国家的优惠待遇，可以减少其他国家对我国农产品及加工品出口的非关税限制等不公平待遇，并且可以利用WTO有关机制解决贸易争端，改善我国农产品的贸易环境。据公布的统计数据显示，2002年我国农产品出口总额显著增长，进口总额微增，贸易顺差继续扩大。农产品进出口贸易总额305.9亿美元，比2001年增加26.8亿美元，增长9.6%。出口额181.4亿美元，比2001年增加20.8亿美元，增幅达12.9%；进口124.4亿美元，比2001年增加6亿美元，增长5%；农产品贸易顺差扩大到57亿美元，比2001年增加14.7亿美元，增幅35%。

我国主要农产品总量已位居世界之首，在劳动力价格上又具有比较优势，在国际农产品市场贸易中，在劳动密集型农产品上有一定优势。我国的水果价格要比国际市场价格低40%，肉类价格低50%，蔬菜价格低60%，花卉价格低80%。提高农产品的竞争力，利用我们价格的优势，就可以保持农产品出口的不断增长。

（二）有利于国内农产品生产、加工结构调整，加快农业科技创新和进步

我国耕地资源不足，但劳动力丰富，可以大力发展在国际市场有竞争力的劳动密集型、附加值高的产业，如蔬菜、果品、花卉、水产品、部分畜产品及其加工制品，利用好国际市场，大量组织出口，扬长避短，发挥优势，进行结构调整。

面对挑战，为抵御国外农产品的大量进口，扩大农产品的市场占有率，就必须依靠农业科技进步，加快农业科技创新步伐，增加农产品的科技含量。目前，我国财政支持农业科研的投入占农业总产值的比重为0.22%～0.23%，加上科研单位的创收和企业投入在内，我国总投入强度也只有0.44%左右，远低于发达国家3.29%的平均水平，也低于发展中国家0.5%～1.4%的水平。为突破国外的技术性贸易壁垒，必须加大科技投入，促进农产品加工业发展。

（三）有利于我国农产品加工业的发展

我国农产品加工业经过20世纪70、80年代的快速发展及90年代的高速增长，目前已进入结构调整、产品质量升级、提高创新能力的关键时期。存在的主要问题是：农产品原料生产与加工不能协调发展；加工总量不足，精深加工程度低；技术装备落后，企业规模不合理；农产品及其加工品出口比重低，国际竞争能力弱；利益机制不完善，产加销脱节等。面对挑战，必须尽快处理好这些问题，发展我国的农产品加工业，提高综合竞争能力。

（四）有利于扩大国际间的交流与合作

经济全球化的影响将在农产品生产、加工领域继续显现，特别是随着农产品生产、加工市场的全面开放，发达国家的资金、先进技术和管理经验会更直接进入我国，从而加快我国与世界各国的交流与合作，这将有利于缩小同发达国家之间的差距，也有利于我国农产品充分发挥比较优势，更为广泛地参与国际竞争。

二、我国农产品生产与加工业面临前所未有的冲击和挑战

（一）粮食、棉花、油料等大宗敏感性农产品所面对的国际竞争压力将长期存在

主要农作物由于生产规模小、生产成本高、经营分散、组织化程度低、产业化经营水平不高，增加了流通费用，使我国大宗农产品国内市场价格明显高于国际市场，没有比较优势。2000年国内市场小麦、玉米、大豆的批发价格分别比进口到岸价高15%、30%和40%，以致出现了在我国还要不要种大豆的争论。目前，国内棉花价格高于国际市场40%以上，

天然橡胶、油菜籽、糖料等也高于国际市场价格，只有稻谷价格与国际市场接近。

据海关统计，2001年我国农产品及其加工制品，只有牛肉产品（0.59万t）、蛋产品（67.31万t）、对虾（2.69万t）、鲜冷冻鱼（3.37万t）、加工鱼类（15.83万t）、蔬菜（311.83万t）、水果（31.8万t）七类产品为净出口（水果虽然出口了107.7万t，但进口为75.89万t；鲜冷冻鱼出口88.36万t，进口84.99万t，逼近出口）。其他农产品及其制品大多数进口大于出口。

我国优势农产品比重小，稻米、小麦、大豆、油菜、棉花等粮食与经济作物质量与国外发达国家相比存在不少差距，并且采后贮藏、加工较为落后，在非价格竞争中也处于劣势。

我国农业科技水平总体上与发达国家相比有10～15年的差距。存在的问题不会在短时期内克服，国际竞争的压力将长期存在。

（二）面对"技术性贸易壁垒"的严峻挑战

技术性贸易壁垒（Technical Barriers To Trade）简称TBT，来源于关税与贸易总协定（GATT）的《贸易技术壁垒协议》，是GATT对主要缔约国标准化工作的规定。实施TBT的主要作用是：保卫国家安全，防止欺诈行为，保护人类健康与安全，保护动物或植物的生命或健康，保护环境。即通过颁布法则、法令、条例、规定，建立技术标准、认证制度、检验制度等方式，对外国进口商品制定苛刻的技术、卫生检疫、商品保证和标签等标准，从而达到产品技术要求，保证安全。

虽然GATT与WTO对各国TBT设置进行了严格规定，但随着贸易保护的不断升级，有些TBT却成为发达国家限制发展中国家的工具，尤其是成为限制我国出口贸易的主要工具。

我国农产品生产和加工由于相关标准落后、检验手段不完善、管理不严格、技术装备无法保障等多方面原因，造成农产品出口的风波一个接一个。请看下列事例：

1．据商务部抽样调查，2002年，中国有71%的出口企业、39%的出口产品受到"技术性贸易壁垒"限制，造成损失170多亿美元，分别高于2000年66%、25%和110亿美元。

2．日本是我国农产品出口最多的国家，过去日本进口我国蔬菜仅需检测6项指标，从2003年1月份开始，检测的指标增加到40多项，而且批批检查。进口我国苹果汁检查80多项，进口我国的鸡肉要检查40多项。2003年5月12日，日本以从中国山东一家企业对日出口的一批鸭肉中分离出2例存在禽流感病毒，突然宣布停止进口我国所有的禽肉蛋产品。2003年以来，我国对日本出口禽肉9.2万t，其中鸡肉9万t，鸭肉740t。日方尽管实施了严格的检验，也只在鸭肉中查出2例病毒，也只仅是山东一家企业的产品，属于极个别的问题。

我国鳗鱼在日本市场占有率长期在80%以上，2002年日本政府开始将"数量限制"转为"技术壁垒"，逐渐扩大检验范围，对我国产品申报进口量的10%抽验，而对其他地区按5%抽验，致使我国鳗鱼和烤鳗对日本出口逐月下降。由于日本所采取的一系列措施，已经影响我国对日农产品出口额减少了23亿美元。

3．2002年1月30日，欧盟理事会以中国舟山地区的冻虾仁氯霉素含量超标为由，决定暂停进口动物源性产品，此后匈牙利、俄罗斯、沙特、日本、墨西哥、阿联酋迪拜酋长国纷纷以此为例，对我国的禽肉和蜂蜜实施技术限制。受此影响，2002年我国禽肉产品出口下降32.9%，畜产品下降4.1%，蜂蜜下降16.7%，对欧盟动物源性产品下降46.2%。

2001年底，欧盟对我国茶叶出口执行更为严格的检测标准，个别农药残留量指标比以前提高了200倍，而且检测项目增加了134个，由此造成我国对欧盟茶叶出口大幅度下降，2002年1～9月份出口量比2001年同期下降39.16%。

4.2002年我国出口美国产品被美国食品药品管理局（FDA）拒绝进口的达945批次，其中食品、饮料、农产品有416批次，占43.8%，位居各行业首位。美国以反恐为名，将于2003年12月开始执行食品注册汇报制度，将会进一步限制我国食品出口美国。

综上所述，技术性贸易壁垒已成为我国农产品生产、加工出口贸易最大障碍，我们如何应对入世后的挑战，已引起各界的关注。

三、促进我国农产品竞争力的思考

（一）实现一个转变，健全六大体系，促使农产品向多层次精深加工方向发展

农产品加工业是一项涉及多部门、多学科的系统工程，要使我国农产品加工业步入良性循环，获得更大的发展，应突破由"传统种什么加工什么到加工什么种什么"的转变；建立、健全原料体系、技术创新体系、工程化体系、检测及质量控制体系、产业信息体系和产业化体系六大体系，必须在各自的领域找准发展方向和重点，且协同作战，相互促进。

1．原料体系　我国丰富的农产品是农产品加工业的直接加工对象，缺少稳定可靠、优质高效的原料供给，势必会影响农产品加工业持续稳定的发展。因此，我们有必要建设农产品原料基地，调整和优化农产品结构。首先，重点发展大宗农产品的加工。从粗加工、单一品种加工向深加工、多品种加工转化；加强产地加工，减少农产品资源的损失；注重副产品的利用。第二，发展特色农产品的贮藏加工。突出其优质、高档的特点，向深加工转化。第三，急需培育和建立适合加工要求的优质原料基地，且与加工企业进行利益联结，实行贸、工、农的机制，使农产品加工业得到稳定持续的发展。

2. 技术创新体系　增加科技资金投入，加快科技成果转化，加大国外先进技术的引进，完善农产品生产加工技术创新体系，尽快提升科技对农产品生产与加工的支撑能力，提高我国农产品及加工品在国际市场的竞争力。技术创新体系是农产品加工业持续发展的保证，它的建立，有利于科研机构、教育机构、原料生产基地、加工企业以及设备制造企业之间的密切联系，紧密结合；有利于加快新知识、新技术和新装备在行业中的传播和运用；有利于缩短科学实验、科研成果以及理论探讨研究、试验研究、产品开发、产品中试到转化为商品及产业化的发展周期。是农产品加工业做到“生产一代、开发一代、研究一代”，加大技术储备，加快产品更新，利用高新技术，使农产品增值的保证。

3. 工程化体系　工程化体系可为农产品加工创造必要的支撑手段，必须结合技术创新体系研制高效、节能的新设备，为农产品加工企业服务。

4. 产业化体系　农产品加工业的产业化体系主要指农产品加工业中的产品加工企业和产品销售系统。只有在技术创新的基础上，大力推进产业化进程，形成具有一定规模的产业化体系，才能充分发挥市场对资源的调节作用和加工企业的主体作用，促进农产品加工业突破性发展。

5. 检测及质量控制体系　研究各类应用于农产品品质和加工产品质量方面精确、快捷的检测仪器和设备，以提高我国农产品加工质量；健全质量控制体系，使以最终产品检验为主的控制方式转变为生产过程中的全程质量控制；抓紧研究、制定国家和行业各类标准，以利于指导我国农产品加工业的发展。同时，不断跟踪与研究国际或国外先进标准，更新不适应我国农产品加工业发展的老标准并与国际接轨，加快制定我国的技术壁垒，以阻挡不利我国农产品加工业发展的国外产品的大宗进口。

6. 产业信息体系　建立农产品加工业的信息体系，有利于跟踪世界前沿发展动态，有利于开阔视野，协调行业发展。成立国家农产品加工业信息中心，以报刊、杂志、网络等形式定期发布农产品加工业信息；建立“国家农产品（食品）加工信息网”，以数据库的形式不断采集、更新我国农产品（食品）加工业的各类基础数据，以开放共享的形式为整个农产品加工业服务；加强行业管理工作，为农产品加工业提供国内外市场信息、行业信息、技术信息和产品信息等。

（二）走以市场为先导、以加工为龙头，加工与原料种植和种质繁育协同发展的道路

必须建立“加工带动基地，基地拉动繁育与原料种植”的全方位体系，使种质繁育与种植做到有的放矢，服务于加工。根据加工用品种的不同要求进行种子的繁育，缩小生产上可用品种与商品供应的差距，进而通过加工转化，使农产品繁育技术、耕种播收技术、植保管理技术和贮运技术得到发展，最终推动我国农业的技术进步和快速发展。

（三）加速农产品安全生产与加工全过程质量管理，尽快与国际接轨

国际上农产品安全控制领域，已从环节控制发展到全程保障的新阶段。以全程品质跟踪监控能力（traceability）建设为指导，全面摒弃了依赖最终产品检测的传统技术方法，相关体系、法规和标准在农产品生产、加工领域得到广泛应用。

入世后，我国农产品的贸易摩擦不断，在国外技术性贸易壁垒面前屡屡碰壁，问题都是出在质量上。抓住影响我国农产品安全生产和加工全过程的关键问题，紧紧围绕入世后急需突破发达国家的农产品贸易技术壁垒，使我国农产品全程安全生产和加工技术装备的标准与国际接轨，从农产品品种繁育、种植、化肥和农药施用、收获和干燥、储运、加工的全程技术装备入手，借鉴国外先进国家农产品安全生产和加工技术装备标准和技术性贸易措施，开展我国农产品安全生产、加工技术装备标准的研究，建立农产品安全生产加工的基础技术平台，建立起我国农产品安全生产和加工全过程技术装备标准体系。

（四）大力发展有机食品，积极开发绿色食品，优化出口产品结构

全面促进我国农产品结构的调整，应把劳动密集型优势与资本优势和技术优势有机结合起来，实施国家绿色产品出口战略，大力支持有机食品开发基地建设，促进绿色有机食品出口。

（五）巩固传统出口市场，积极开拓新市场

日本、北美洲、欧盟既是我国传统出口市场，又是对我国实施技术性贸易壁垒冲击大的国家和区域。对于不合理的技术壁垒我们应主动出击，利用 WTO 有关机制解决贸易争端，建立严格、公平合理的技术性贸易壁垒和动植物卫生检疫新规则。另外要积极开拓南美洲、大洋洲、东欧地区新市场，使农产品出口继续增长。

我国农产品的生产与加工将在更大范围和更深层次上参与国际竞争。我国面临的发展机遇是难得的、潜在的，而挑战是现实的、长期的。我们应有信心积极应对，趋利避害，以崭新的姿态迎接对外开放新阶段的到来。

2 第二部分

农产品加工业专题论述

我国食品加工与包装机械制造业的现状与展望

科学技术部农社司农业处处长　郭志伟
中国农业机械化科学研究院副院长　李树君

改革开放以来，我国的农业和农村经济发生了巨大变化，农产品的供求关系已从长期短缺转向供求平衡，丰年有余，主要农产品总产量已居世界首位。然而由于深加工不足，导致农民收入不高，农村经济发展缓慢，制约了国民经济的快速发展。加入WTO后，又面临农产品市场国际化的压力，为此国家及有关部委对加速农产品、食品工业的发展高度重视。

党的十六大报告将“全面繁荣农村经济，加快推进城镇化进程”列入“经济建设和经济体制改革”中的第二条，明确指出要“发展农产品加工业，壮大县域经济”。

温家宝总理曾经指出：“目前中国已经进入全面建设小康社会，加快社会主义现代化的新的发展阶段。中国食品工业发展面临新的形势和任务。要充分发挥中国农产品资源丰富、消费市场广阔的优势，积极实施农产品加工和食品工业发展战略”。温家宝还说：“中国有近13亿人口，应当成为食品工业大国。目前中国食品工业总体发展水平还比较低，农产品的加工率不高，产品结构不合理，生产水平有待继续提高。要把食品工业发展成为一个大的产业，带动机械制造、包装、运输和餐饮等多个行业，促进产业结构调整和经济发展。要发展农产品深加工特别是食品工业，实现农产品多层次、多环节的转化增值，带动农村种植业、养殖业和其他产业的发展”。

国家发改委、科技部、农业部等有关部委对农产品、食品工业给予了大力扶持，使我国农产品、食品工业进入快速发展的新阶段。随着我国国民经济的迅速发展和人民生活水平的不断提高，我国食品工业得到飞跃发展，已成为我国国民经济的支柱产业。2002年食品工业总产值已达到10 554亿元，占全国工业总产值的10%左右，食品工业的利税总额占全国工业部门总额的20%左右，居全国各产业部门之首。

食品和包装机械行业作为为食品工业提供技术装备的工业，形成于20世纪70年代末、80年代初，经过80年代的快速发展，90年代的高速增长，目前已进入结构调整，产品质量升级，提高创新能力的关键时期。2002年食品和包装机械全行业总产值近400亿元，已成为机械工业系统14大行业之一，初步满足了我国食品工业的发展需要。

一、我国已建立了具有一定规模和水平的食品和包装机械工业体系

1. *食品和包装机械制造业粗具规模*　我国目前食品和包装机械生产企业达6 000余家，其数量在世界各国中居第一位，产品品种3 000多种。2002年全行业工业总产值395.36亿元，其中年销售收入500万元以上生产企业有1 133家；2002年产品销售收入345.16亿元，其余4 000多家为小型企业，其中近一半为兼营企业。2002年食品加工和包装机械出口交货值2.61亿美元，其中食品加工机械出口交货值1.23亿美元，包装机械出口交货值1.38亿美元，这两类机械产品已开始走向世界。

2. *基本形成了为食品工业提供成套装备的能力*　食品工业的发展，促进了食品加工和包装装备制造业的发展。食品和包装机械的发展，又为食品工业的发展提供了重要的保障。通过国外技术的引进消化吸收，初步形成了以大学应用工艺基础研究、院所技术创新和工程转化应用技术开发、企业生产制造产品的分工协作发展体系，在诸多加工领域形成了以企业为主体的关键单机生产制造能力和以院所为主体的工程成套装备能力。如18万包/班方便面生产线、36 000瓶/h的啤酒灌装生产线、36 000瓶/h的无菌冷灌装生产线、2 000只/h鸡鸭屠宰生产线、年处理万吨马铃薯淀粉生产线、18m幅宽复合膜生产设备（6m复膜机并经粘结机拼接而成）、4.2m幅宽BOPP吹膜机组、2.8m宽的纸箱制板设备、230L大桶多层共挤设备等。

3. 在部分领域形成了大型关键单机生产制造能力　近10年，国内已有几百项较高技术水平的加工设备相继问世并投入生产，达到国外20世纪80年代末90年代初水平，个别机型达到世界先进水平。如10t/h处理量的高压均质机、三效蒸发浓缩设备、带式榨汁机、$100m^2$冷冻干燥设备、植物油制油预处理系列膨化设备与卧式振动排渣过滤机等。微波技术、速冻技术、真空技术、膨化技术、超微粉碎技术、微胶囊技术、二氧化碳超临界萃取技术等高新技术已逐步得到应用。

二、我国食品和包装机械制造业与发达国家的主要差距

我国食品与包装机械制造业起步晚、基础差，目前达到或接近世界先进水平的加工装备仅占装备总数的5%～10%，整个行业落后20～25年。每年还需要进口大量的食品和包装机械，以满足我国食品工业之需要。2002年从国外进口食品和包装机械15.38亿美元（其中包装机械10.23亿美元），占国内食品和包装机械市场份额的24.57%，高于国内机电产品的进口份额，而出口仅占该行业国内生产总值的5.48%，远低于国内机电产品的出口比例。这一高一低说明食品和包装机械行业总体水平与国内机电产品总体水平还有较大差距，与世界上制造业强国差距更大；同时也说明我国食品加工和包装机械制造业具有广阔的市场空间和发展潜力。

1. 技术创新和工程转化能力十分薄弱　我国绝大多数食品加工和包装机械制造企业属于中小企业，基本上不具备自主研发能力；由于科研投入不足，研究院所和高等院校的实验条件不完善，造成我国市场上的产品主要还是仿制、测绘或稍加改造的国产化，产业主体技术依靠国外，有自主知识产权的产品少，与世界上食品和包装机械制造业强国相比相差甚远。在工程转化和技术集成方面还没有形成产、学、研相结合的有效机制，在低水平上各自为战、重复引进、重复研发的现象相当普遍；工艺研究、装备开发、生产制造相互脱节，工程成套及工程转化能力弱。

2. 产品结构与质量、性能有待改善　我国食品和包装机械行业的产品结构存在五多五少：单机多，成套少；主机多，辅机少；技术含量低的产品多，高技术、高附加值、高生产率的产品少；初加工设备多，深加工设备少；通用机型多，特殊要求、特殊物料加工的机型少。产品性能与国外同类产品相比，生产能力低、能耗高。较好的产品小时生产能力仅为国外先进水平的1/2，能耗成倍地高于国外先进产品水平，尤其是大型设备性能差距更大，致使国内大型生产线基本都从国外引进。产品质量方面，工作稳定性、可靠性差，造型落伍，外观粗糙，基础件和配套件寿命短。只有少数产品制定了可靠性标准，无故障时间比国外先进水平的同类产品低得多，仅是它们的1/2～1/3。

3. 企业规模小、布局不合理　在企业规模方面，一是集中度不高，二是人均劳动生产率低。我国食品和包装机械制造业，从企业数量看比食品和包装机械制造业强国都多，其中有近2 000多家不够稳定，每年有近15%的企业转产或倒闭，但又有15%的企业加入这个行业。产值及销售额超过亿元的企业仅有十几家，最好的企业产值和销售额刚过10亿元，上市企业仅有1家；年销售额过3 000万元的企业仅有50家，这50家企业的总销售额仅有80亿元，只有20.66%的集中度。多数企业年产值在几百万元到1 000万元之间，低于100万元的企业为数不少。多数企业人均劳动生产率在10万元以下，比食品和包装机械制造业强国低得多。食品和包装机械制造业强国生产企业的年产值，如美国和意大利平均为0.5亿～0.7亿美元，德国仅有1 200名员工的海德保集团年销售收入为22亿～23亿美元。在布局上，我国食品和包装机械制造业生产企业主要集中在浙江、江苏、上海、山东、广东、辽宁、北京和河南等省（市），上述8省（市）生产企业占全国食品和包装机械制造业总数的64%，而西北地区的甘肃、宁夏、青海和新疆4个省（区）生产企业只占总数的0.8%，分布极不均衡。

三、展望与建议

随着我国全面建设小康社会，人民生活水平逐步提高，必将带动整个食品工业的全面发展，今后一段时期食品工业仍将以高于国民经济发展的速度向前发展，为食品和包装机械制造业带来巨大的市场空间和历史上难得的发展机遇。

（一）食品加工和包装机械近期发展重点领域和方向

以满足《全国食品工业“十五”发展规划》确定的我国食品工业“十五”发展目标为需求，加快发展食品加工与包装装备的技术创新速度，推动产品结构、企业结构和技术结构的调整。选择食品工业中主要行业的技术装备，重点突破，依靠技术创新，结合技术改造和关键技术引进，消化吸收，提高食品工业装备的自动化水平，向多品种、成套化、大型化方向

发展。

根据国家有关部门的要求，结合我们对该行业的了解和认识，特提出食品加工和包装机械重点发展领域和方向。

1. 大豆加工设备 ①大豆组织蛋白、浓缩蛋白、分离蛋白加工技术及关键设备；②大豆磷脂产品加工技术及关键设备。

2. 玉米加工设备 ①玉米淀粉深度加工技术和设备；②玉米专用粉及综合利用技术和设备；③玉米方便食品加工技术和设备。

3. 马铃薯加工设备 ①马铃薯精制淀粉生产设备；②速冻马铃薯条关键设备；③马铃薯变性淀粉生产技术及关键设备；④马铃薯复合（鲜）片生产技术及关键设备；⑤马铃薯食品及相关方便食品的生产技术及关键设备；⑥马铃薯产后废弃物的综合利用技术和加工设备。

4. 油料加工设备 ①油料挤压膨化直接浸出技术和关键设备；②油料加工大型关键设备的产业化；③大型低温脱溶技术和设备。

5. 乳品加工设备 ①牛奶预处理成套设备；②液态奶加工成套装备。

6. 肉类加工设备 ①大型畜禽屠宰成套设备；②低温肉制品加工关键技术及设备；③畜禽加工副产品综合利用技术及设备。

7. 果蔬保鲜与加工设备 ①采后预冷和冷链配送设备；②净菜加工关键设备；③坚果加工设备；④果蔬分级、检测控制设备；⑤大型高效浓缩果汁关键设备。

8. 饮料加工设备 ①饮料无菌冷灌装系列成套设备；②饮料在线检测及自动剔除系统（饮料检控机）。

9. 方便食品和功能性食品加工设备 ①非油炸方便面、休闲食品加工设备；②中式快餐设备。

10. 水产品深加工

11. 食品包装机械 ①制袋充填封口包装机械；②不规则物料全自动包装机。

12. 食品加工和包装机械共性技术和设备 ①品质在线检测技术和装置；②食品功能性成分提取技术和设备；③电磁微波加工技术和装置。

（二）建议与措施

食品和包装机械制造业是食品工业的基础，我国食品和包装机械制造业目前滞后于食品工业的发展需求。中国食品和包装机械制造业要跻身世界食品和包装机械制造大国行列，进一步成为制造业强国，还有很长一段路要走。这就要求我们制定好有关政策，采取有效措施加快我国食品和包装机械制造业的发展。

1. 对重点领域和方向给予政策扶持 没有先进的食品加工技术和装备，就没有现代化的食品工业。选择国内已经具备一定基础、市场前景广阔、技术含量较高、产业关联度高、见效快且能填补国内空白的食品和包装机械重点领域和关键装备，在资金和政策上给予扶持。①国家安排的各项资金，应将食品和包装机械制造业作为重点支持对象。②食品和包装机械加工对象主要是农产品，属于农产品加工装备，应享受国家对农产品加工业和农业机械的相关优惠政策。

2. 建立技术创新体系

（1）提高自主创新能力 我国食品和包装机械制造业始终没有摆脱“国外引进型”的技术发展模式，多数为测绘仿制，对引进技术的消化吸收和创新重视不够，忽视自主创新能力的形成和提高。在开放的环境中，我国食品和包装机械制造业必需努力实现向“自主创新”模式的转变和跨越。建立以科研院所、大专院校为主体，联合行业内大型制造企业共建技术创新平台，充分发挥大学工艺及基础理论研究优势、科研院所开发设计和工程成套能力及大型企业制造优势，加强具有自主知识产权产品技术的研发。

（2）实施专利战略 我国食品和包装机械多数为测绘仿制，目前对制造业强国还没造成威胁，进入WTO后随着我国食品和包装制造业的不断发展，围绕专利、知识产权的贸易纠纷就会随之而来。当前我国企业申请专利很少，对知识产权保护重视不够，应积极采取措施，推动行业专利技术发展，为技术创新创造良好的外部环境。

3. 建立产业化体系 大力扶持名优企业、名牌产品，打造中国食品和包装机械制造业的航空母舰，实现跨越式发展。

4. 建立信息化体系 实现企业内部研发设计、生产经营管理、售后服务网络运行的信息化，发挥行业学会、协会组织协调作用，建立食品加工与包装机械制造业的信息共享机制和信息网络共享平台，以信息化带动工业化，促进行业信息化建设，走新型工业化道路。

我们深信，在国家相关部委的大力支持下，行业内“三个体系”建设形成能力和规模后，必将促进我国食品和包装机械制造业的发展，从而推动我国农产品加工业和食品工业的持续快速发展。

努力把农产品加工业发展成为大产业

农业部乡镇企业局副局长　张步江

一、充分肯定当前我国农产品加工业发展的成就

“九五”以来，为适应市场经济规律的要求以及我国加入WTO的新形势，我们需要构建现代农业产业体系以增强农业国际竞争力。在人民生活水平和质量不断提高，农业和农村经济进入新阶段和国民经济进行战略性结构调整的大背景下，我国农产品加工业得到长足的发展，已经成为国民经济充满活力和后劲的增长亮点。

1．发展速度呈较快增长态势　“九五”以来，农产品加工业年均增长8.5%，到2002年底，规模以上农产品加工业实现增加值8 004亿元，比上年增长16.39%，占全国工业增加值的24.77%。

2．增加了农民的就业岗位和收入　到2002年底，全国规模以上农产品加工企业达到60 556家，从业人员904万人，占全部工业从业人员的24.2%，其中规模以上乡镇农产品加工企业安排农民就业580万人，占全部规模以上乡镇工业企业从业人员的25%。

3．农产品加工业与农户的关系日趋紧密　一些龙头企业把基地和农户作为“第一生产车间”，通过公司（企业）加农户、契约加服务、服务加农户、科农工贸一体化等经营模式与农户结成利益共同体，把一家一户的分散经营与大市场衔接起来，延长了农业产业链，龙头联基地，基地带农户，形成了相辅相成的良性循环，推动了农业产业化的发展。

4．区域特色初步形成　发展农产品加工业尤其是乡镇农产品加工企业植根于农村，与农业、农村、农民有着密切的联系，一些地方出现了农产品加工业专业乡、专业村，也有一些地方在一定区域内形成了由众多农产品加工企业组成的特色块状经济格局。

5．涌现出一大批上规模和上水平的农产品加工企业　全国年销售收入500万元以上的农产品加工企业平均年产值4 490万元，总体上看，这些企业都有一定的规模和水平。

6．农产品加工业正在形成具有一定竞争力的产业产品体系　涉及食品、饮料、纺织、服装和皮革业等12个行业，具有多层次、多特色、多样化的特点，在质量、档次、品种、功能等方面基本满足了市场需求。生物工程、超高温杀菌、冷冻速冻、分子蒸馏等一大批高新技术在加工企业中得到推广应用。饮料、乳品等行业中较先进的技术装备，已接近发达国家20世纪90年代中期的水平，大幅度地提升了企业的技术水平和竞争实力。

农产品加工业的发展，扩大和满足了农产品的市场需求，不断提高了城乡居民的生活水平；带动了优势农产品区域的形成和专业生产基地的建立，推动农产品资源的纵深开发，拓展农业结构调整的空间，引导农业为加工而种，为加工而养，使农业结构调整上升到战略层面；延长了农业的产业链条，形成完整的现代农业产业体系，增加了农业的综合效益和农民收入；利用和开发了丰富的农业资源和劳动力资源，发挥比较优势，提高了我国农业的国际竞争力。发展农产品加工业，对于调整乡镇企业结构，发展小城镇，安排农村富余劳动力就业等，也都产生了十分重要的作用。

二、认真分析当前我国农产品加工业存在的问题

相对于经济社会发展的要求以及发达国家农产品加工业水平，我国农产品加工业还有很大差距，仍处在起步阶段，加工水平和质量较低，产加销环节联结不紧密，加工专用农产品缺乏、质量安全标准体系和社会化服务体系不健全，宏观规划和指导滞后等问题比较突出，还存在一些亟待解决的问题。

1．企业的整体素质不高　加工水平和技术装备与国外先进水平比有较大差距，企业技术创新能力弱，管理水平较低。产业集中度不高，国际竞争力强的企业不多，年销售收入在1亿元以上的企业仅占4%左右。

2．产加销联结机制不完善　多数企业和农户之间是买断关系。订单农业履约率较低，只占1/3左

右。农业产业化龙头企业带动农户只占农户总数的1/4，农民受益有限。

3.*加工专用农产品原料不足* 目前在全国还没有形成专业化、标准化、优质化的大宗农产品原料基地体系。原料基地和加工企业、加工企业和销售市场之间还没有形成布局合理、畅通便捷的储藏运输网络。原料生产的品种品质结构不适应加工要求，分散生产与集中加工的矛盾突出。区域优势发挥不充分，发展水平低与结构趋同并存。原料保障能力差，成为我国农产品加工业发展的主要限制因素。

4.*对农产品加工业的政策扶持力度不够* 目前农产品加工业税赋重、贷款难、财政支持少等问题较为普遍。农产品精深加工产品进项税抵扣率为13%，销项税率为17%，还有4个百分点不能抵扣。企业一次性收购原料，占用资金时间长，一般商业贷款难以满足。很多农产品加工企业为农户提供资金、技术和各种服务，但却得不到财政等方面的扶持。

5.*农产品加工制品质量标准体系不健全* 一些产品的农药、兽药残留超标，个别地方畜牧业疫病突出，ISO9000、ISO14000等质量标准体系和GMP、HACCP的认证率较低，且没有建立有效的质量可追溯制度，难以与国际接轨，严重影响了我国农产品加工制品的出口。

6.*农产品加工业管理体制尚需进一步理顺* 由于部门多头管理，认识不一，发展规划难以统一，资金和项目难以集中使用，保障体系难以建立，一些地区仍存在低水平重复和无序发展现象。

对于这些问题，需要我们从促进农业产业化经营，推动农业和农村经济结构的战略性调整，增强农业的基础地位、整体素质和竞争实力，实现农业增效和农民增收的高度，认真加以研究，切实予以解决。

三、正确把握世界食品加工业发生的新变化

最近，从一些资料上看到，在世界货物贸易产品结构发生变化的同时，世界食品加工业结构也相应发生了一些变化，需要我们认真加以把握。

1.*动物性的食品加工急剧增加* 近20年来，随着世界畜牧业生产的迅速发展，世界肉类加工急剧增加。肉类的生产将受世界经济和饲料的供求状况影响而发展速度不会太快，近几年供过于求，贸易停滞，今后也不会出现根本好转。蛋类的生产近年来增加也不显著，惟有水产品、海产品今后仍将是世界动物类食品中的畅销货。

2.*蔬菜和水果加工制品正作为人类的重要食品* 目前，国际市场需求量大、发展快的水果主要有柑橘、橙、苹果、香蕉、葡萄原品和加工制品等；蔬菜主要有青刀豆、番茄、洋葱、食用菌等原品和加工制品。主要的问题是加工、储藏、运输、保鲜、包装等跟不上。

3.*饮料趋向多样化，果汁、保健型饮料急剧增加* 20世纪70年代以来，世界三大饮料的贸易增长缓慢，1970—1998年世界咖啡贸易量仅增加60万t，年增长率为1.1%；茶叶增加30万t，年增长率为2.1%；而可可1998年的贸易量几乎与1970年相同，基本上没有增加。但是，世界饮料的品种却向多样化发展，速溶咖啡、袋泡茶、冰茶、果味饮料茶、保健茶、特种茶等的出现，标志着世界三大饮的传统消费习惯正逐渐被新的流行趋势替代。90年代以后，国际市场上果汁、保健型饮料畅销，需求量不断扩大，尤其是橙汁、苹果汁和具有保健功能的天然饮料将有广阔的发展前途。

值得注意的是，世界酒类发展亦十分可观，特别是90年代以来，以啤酒、威士忌、葡萄酒等酒精含量低的品种增长速度最为显著。最近，世界酒类市场出现一种新情况，即传统消费国（包括法国、意大利）按人口平均消费量下降，而某些非传统消费国的进口却在增加。

4.*加工食品迅速发展，质量要求严格* 70年代以来，各种加工食品发展很快。这里所指的加工食品特指粮食制品、肉制品、乳制品、各种罐头、干腌果品、速冻蔬菜和脱水蔬菜、糕点、糖果、调味品等。国外对加工食品的销售要求和习惯是：各种食品要求保证质量，合乎卫生规定，对食品中含铅、含锌以及农药残留物的限制，各国都有严格的要求。目前，国际市场上加工食品更趋于现成、方便、多样化、规格化、标准化。值得注意的是，90年代以来，随着环保意识的加强，对食品质量的要求越来越严格，因食品卫生不合格而引发的贸易争端时有发生。

四、切实采取促进农产品加工业发展的思路与措施

发展农产品加工业是农业和农村工业带有全局性、方向性的一件大事，要坚持市场导向，统筹规划，合理布局，整体推进，重点突破，努力把农产品加工业提高到一个新水平，把食品工业发展成为一个大产业。

（一）确立农产品加工业发展的总体思路和目标

当前和今后一个时期，在指导农产品加工业发展上，要紧紧围绕农业和农村经济结构的战略性调整，遵循自然规律和经济规律，以提高农业效益和农民收入为着力点，以市场为导向，因地制宜，科学规划，合理布局，依靠科技进步，努力提高农产品综合加工能力，逐步实现由初级加工向高附加值精深加工转变，由传统加工工艺向先进适用技术和现代高新技术转变，由资源消耗型向高效利用型转变，实现农产品加工原料生产基地化，农产品及其加工制成品优质化，产加销经营一体化，兼顾经济效益、社会效益和生态效益的统一，促进农业和农村经济协调发展。

今后5～10年，农产品加工业增加值占国内生产总值、工业增加值、农村社会增加值的比重要有较大提高，主要农产品初加工转化率和二次以上的深加工转化率要有较大提高，逐步形成与优势产业带相适应的加工布局，形成符合农产品加工业发展规律和消费水平的加工体系，建成一批大型骨干企业和示范基地，健全重要农产品的生产和加工标准，形成完善的服务网络，形成在世界贸易组织规则下的扶持农产品加工业发展的政策体系。

（二）坚持发展农产品加工业的原则

1. *以市场为导向的原则* 政府和企业都要遵循市场经济规律，认真研究农产品加工业市场的多样性和多变性，不断满足优质、安全、方便、营养的市场需求。

2. *发挥区域比较优势的原则* 依托优势农产品自然分布形成的专业化生产区域，发挥传统特色加工优势，实现加工与原料基地结合和上下游产品的衔接。

3. *适度经营规模和先进适用技术的原则* 与原料基地的规模和销售市场辐射半径相适应确定加工规模，实行“大、中、小”企业相结合。保护和发扬具有特色风味的传统工艺，选用先进适用的技术装备，有条件的要积极引进和开发高新技术，实行“高、中、低”技术结合。

4. *发展和保护并重的原则* 注重环境保护和食品卫生，既要注意防止周边环境对产品的污染，又要防止加工企业对周边环境的污染。加强宏观指导的原则。通过制定政策、规划和质量标准等，引导农产品加工业合理布局，防止盲目铺新摊子和低水平重复建设，为企业创造良好的外部环境和市场秩序。对生产过剩、浪费资源、污染环境、安全没有保障的农产品加工企业予以关停并转。

（三）抓住农产品加工业发展的重点

大力发展粮、棉、油、肉等精深加工，其中粮食加工以小麦、玉米、薯类、大豆、稻米深加工为主，肉类加工以猪、牛、羊、鸡、鸭、兔等肉类深加工为主，不断开发皮毛（绒）系列产品；积极发展奶类加工，实施好国家“学生饮用奶计划”，发展有机蔬菜产品和绿色蔬菜产品，发展干鲜果品保鲜储藏及精深加工；巩固发展糖、茶、丝、麻等传统加工，发展优质鱼、虾、贝类、海珍品精深加工。在巩固和提高东部地区和城市农产品加工水平的同时，积极促进资金、技术、设备和人才等要素向中西部地区和小城镇流动。

（四）采取促进农产品加工业发展的保障措施

要认真组织实施农产品加工业发展规划。依托现有的农业商品基地建设，把优势产品及其生产基地布局在优势农产品产业带上，加强良种繁育、技术推广、基础设施、运销服务等方面的建设，尽快形成与加工业发展要求相配套的布局合理、专用、优质、稳定的大宗农产品的原料生产基地，为农产品加工业提供有力的原料保障。引导农产品加工企业和农民通过订单收购、提供种苗和生产技术服务、股份合作等多种形式建立稳定的紧密关系和利益联结机制，引导基地和农户建立保护自我利益的专业化中介服务组织，代表农户的利益与加工企业对接，促进农业产业化经营。努力推进科技进步和科技创新。加快建设农产品加工业的质量标准体系。建立健全社会化服务体系。做大做强优势农产品加工骨干企业，在WTO规则和我国有关承诺的框架下采取扶持措施，着重培植一批有自主知识产权、产业关联度大、带动能力强、有国际竞争力的大中型农产品加工骨干企业。积极发展外向型农产品加工企业，引进国外资金、技术和管理经验，参与国际农产品市场竞争。

（五）努力创造农产品加工业外部环境

要在基建、技改、财税、信贷、科技、出口、股票上市等政策方面继续给予更多的支持；构建农产品加工业原料保障、加工企业、质量安全标准、技术创新和政策扶持等五大体系；依据发展规划和有关政策制定指导目录并适时发布；提出促进农产品加工业发展的技术政策措施；积极促进农产品加工业示范园区建设；建立完善农产品加工业信息收集分析和发布制度；抓紧组建中国农产品加工业协会；努力构建农产品生产、加工和销售一体化的现代农业行政管理体制。

（本文为作者在全国食品工业与农业产业化发展论坛上的讲话，略有删节）

我国农产品加工业发展现状与特征

科学技术部农社司农业处副处长 魏勤芳
中国包装和食品机械总公司 李 惠

进入新世纪，在市场需求的拉动、政府的宏观引导和政策扶持下，我国主要农产品供求结构发生了根本变化，农产品加工业进入了新的发展时期，发展十分迅速，成为国民经济中最具有活力和发展后劲的重要产业之一，在全部工业结构中占有重要位置。2002年我国农产品加工业在全部工业结构中，企业单位数占33.36%，工业总产值占24.55%，工业增加值占24.77%，产品销售收入占23.39%。在全部国有及规模以上非国有工业企业中，2002年企业单位数为60 556个，同比增长5.98%；工业总产值27 189亿元，同比增长15.04%；实现工业增加值8 004亿元，同比增长16.39%；实现利润总额1 126亿元，同比增长25.61%。在全国范围内形成了一批特色鲜明的农产品加工产业带和名牌产品，成为我国农产品加工业中的主导产业和发展主流。

但是，也必须清醒地认识到，我国农产品加工业的总体水平还不高，发展中还存在一些亟待解决的问题。一是产业化组织竞争力弱。农民进入市场的组织化程度低，农村各类中介组织发展缓慢，农民受益无保障。二是企业自主研发能力低。分散而薄弱的科研力量，导致具有自主知识产权的产品少，低档的产品多，农产品加工深度不够，加工转化和增值率低。三是制度建设滞后于经济发展。软环境建设力量薄弱，加工标准和质量控制体系不健全，农产品安全监督管理的条件、手段不适应行业发展的需要。四是行业总体水平低。农产品加工企业规模化、集约化程度不高，科技水平和自身管理水平偏低；农产品加工技术储备不足，基础设施严重缺乏，品种繁育、农产品加工机械等相关产业水平较低。

为了促进我国农产品加工业持续健康发展，2002年11月6日，国务院办公厅印发了《关于促进农产品加工业发展的意见》。它的发布执行是我国农产品加工业发展史上的一个重要标志，指出了发展农产品加工业的重要意义和存在的主要问题，明确了发展农产品加工业的指导思想、发展目标、基本原则、重点领域、重点工作和政策措施，体现了党中央、国务院对农产品加工业的高度重视、大力支持和殷切希望。2003年，国家发改委、国家科技部、农业部、卫生部、国家质检总局等部委，从不同的职能和角度制定了一系列的举措，包括优势区域布局、优势产业带建设、质量安全、市场准入、监督管理、体系建设和技术创新等方面，为我国农产品加工业的发展提供了强有力的措施保证，使农产品加工业的时代特征更加明显。综观我国农产品加工业发展的宏观形势，主要呈现如下特征：

一、优势农产品区域布局进展加快，产品品牌特色突出

全国各地根据自然资源优势和经济区位优势，围绕本地优势产品、特色产业发展农产品加工业，形成了一批具有知名度的名牌产品。在发展品牌方面，涌现出了如光明、三元、华农、汇源、伊利、夏进、龙大、双鹿、双汇、蒙牛、旺旺、德大等一大批骨干企业和名牌产品。在发展优势农产品加工区域方面，形成了如河北、河南的优质专用小麦加工和肉类加工，吉林的玉米加工和牛肉加工，黑龙江的优质大米和大豆加工，湖南、四川等省的水稻和饲料加工，内蒙古的乳品加工和羊绒加工，河北的皮革加工和羊毛加工，江苏、浙江等省的羽绒制品，浙江、福建、广东的水产品加工，山东、陕西的果品贮藏与加工，安徽、江西、福建、浙江等省的茶叶加工，新疆的棉花、葡萄和番茄加工等等。

为加快我国优势农产品区域布局调整和增强农产品竞争力，促进农产品加工业持续健康发展，2003年1月20日，农业部发布了《优势农产品区域布局规划（2003—2007年）》，通过培育优势农产品和优势产区，做大做强一批具有国际竞争力的农产品产业带，形成合理的区域布局和专业分工，带动农产品加工、储藏、运输、营销等相关产业的发展。紧紧围绕《优势农产品区域布局规划》的实施，农业部分别于2003年2月27日、3月11日、4月1日发布了《优势农产品竞争力提升科技行动》、《关于建立全国农产品加工业示范园区的通知》和《优势农产品质量安全

推进计划》，均为《优势农产品区域布局规划》配套举措。一是围绕关键技术开展科技攻关，对优势区域进行技术集成，提升科技竞争力。二是通过农产品加工业集中连片发展，发挥集中聚集效应，建立全国农产品加工业示范园区，以实现农产品加工原料生产基地化，产加销一体化，加工制品优质化、安全化、标准化，提高农产品综合利用和转化增值水平。三是根据优势农产品“从产地到市场准入”全过程质量安全控制的需要，引入国际先进的农产品质量安全管理模式，加快与优势农产品质量安全相关的品种、产地环境、技术规范、产品质量与安全等标准的制定和完善，建立健全农产品质量安全认证认可体系，提升农产品质量安全水平和市场竞争力。

二、通过科技创新，提升了我国农产品加工业的核心竞争力

我国农产品加工业的快速发展和技术含量的提高，主要是科技创新在其技术支持中发挥了关键作用，并形成了不同效应的科技创新支撑体系。主要包括：

1. *政府和政策支持体系*　政府作为我国农产品加工业科技创新的引导者和支持者，支持的合理性和有效性主要体现在它制定的政策和措施以维护科技创新的公平竞争为前提，为农产品加工业的科技创新创造一个宽松的外部环境。其实施内容主要包括支持农产品加工业发展需要的技术标准、风险管理、知识产权制度、税收制度、科技攻关立项等等。

2. *中介服务体系*　通过建立有效的运行机制，整合社会科技资源，形成了社会化、开放式、网络化的科技创新服务网络。依据农产品加工业科技创新企业的相关需求，开展技术中介、技术孵化、技术集成、技术培训等服务工作，为科技创新提供有效的支撑和服务，使科技创新企业与国内外生产要素市场建立紧密联系，为科技创新发挥了桥梁和辅助作用。

3. *质量保证体系*　该体系辐射了农产品生产、加工、储运、市场营销等方面，实行全过程质量控制。包括实施指南、标准要求和审核监督等多方面的系统要素。有些企业在科技创新的质量控制过程中采用了ISO9000体系，还有些企业在生产管理、质量管理和过程控制中采用了GMP规范和HACCP体系，这是农产品加工业与国际接轨的重要内容。

4. *信息支撑和服务体系*　该体系是为农产品加工科技创新提供信息服务的重要手段，信息灵、信息准、信息及时是科技创新取得成功的必要条件。以市场机制引导农产品加工科技创新的信息化进程，建立健全以国际互联网为主体的农产品加工科技创新信息系统，以达到信息资源共享的科技创新信息化目标，进一步增强农产品加工业信息服务功能，促进了国际、国内科技创新信息的交流和有效的信息服务。

5. *人才培养体系*　该体系是农产品加工实施科技创新人才战略的重要内容，坚持“科技创新、以人为本”的观念，通过优化人才结构，适应创新工程的总体要求，引进和培养素质好、有发展潜力的青年优秀人才，在创新实践中培育人才，以事业、环境和条件吸引人、造就人，在人才培养体系中，对现有科技创新人员进行不断充电，不断提高他们的科技创新技能，提高科技创新的跨越能力。

以上创新体系的建立和不断完善，有效地提升了我国农产品加工业的核心竞争力。为推进农产品加工业的科技创新工作，国家科技部以“农产品加工科技创新体系”为中心，坚持以企业为创新主体、以科技为技术支撑、产业与科技发展并举的发展新思路，通过大幅度增加农产品加工业的科技投入，全面开展农产品加工技术研究与开发，使农产品加工业的科技创新不断取得新的成效。“十五”期间，国家科技部重点启动实施了“农产品深加工技术与设备研究开发”和“奶业重大关键技术研究与产业化示范”等项目，重点解决农产品加工科技发展的关键技术难题，增强农产品加工业的创新能力和核心竞争力，使我国农产品加工技术与设备在整体上实现跨越式发展。2002—2003年，国家科技部组织实施了《农产品加工技术创新体系与发展战略研究》软课题，主要内容包括大宗粮油加工、果蔬加工、农特产加工、畜产加工、林产品加工等5大类16项农产品加工业技术创新体系与发展战略研究。通过深入分析，提出了国家“十一五”和2010年我国农产品加工优先发展领域、发展方向、发展目标及相应保障措施；并探讨建立了适合我国农产品加工业快速发展的技术创新系统，提出了我国农产品加工业技术创新的战略和策略，初步确定了实现我国农产品加工业跨越式发展的战略及战略保障体系。

三、关注农产品质量安全，是加快与国际接轨的客观要求

我国加入WTO以后，农产品质量安全问题更加显露出来，它是农业、农产品加工业保证人民生活质量、与国际接轨的重要标志。由于农产品质量安全问题，我国每年有大批的出口农产品被退货或引起国际

贸易纠纷，使国家蒙受大量的经济损失；因农产品质量安全问题，导致我国每年出现多起中毒死亡事故。因此，党中央、国务院以及各级政府高度重视农产品质量安全问题，通过规范标准，建立体系，制定法律法规等一系列的有效措施，促进农产品质量安全的提高。

“十五”期间，国家科技部将《食品安全关键技术研究》项目列为国家科技攻关计划重大项目，主要包括《二恶英、多氯联苯和氯丙醇的痕量与超痕量检测技术的研究》、《生物毒素和中毒控制中常见毒物快速测定技术的研究》、《疯牛病、禽流感病原检测技术的研究》、《农兽药多残留系统检测方法和快速筛选方法的研究》等课题。2002 年 7 月，农业部做出全面推进《无公害食品行动计划》实施的决定，力争用 5 年左右时间，基本实现中国食用农产品无公害生产，保障消费安全，质量安全指标达到发达国家或地区的中等水平。从根本上解决食用农产品急性中毒问题；出口农产品的质量安全水平有大幅度提高，达到国际标准要求，并与贸易国实现对接。2003 年 5 月 19 日，农业部发布了《关于加强农产品质量安全检验检测体系建设的意见》，力争用 5 年左右的时间，初步建立起一套由部、省、县三级组成、布局合理、职能明确、专业齐全、运行高效、既符合我国国情又与国际接轨的农产品质量安全检验检测体系，实现农产品生产、加工、销售全程质量安全检验检测。2003 年 7 月 4 日和 7 月 18 日，国家质检总局分别发布了《食品质量安全市场准入审查通则》和《食品生产加工企业质量安全监督管理办法》，从事食品生产加工的企业必须从源头加强食品质量安全的监督管理，规范了食品企业生产加工过程，规定了具备保证食品质量安全必备的生产条件，食品生产加工企业全面实行食品质量安全市场准入制度和生产许可证制度，保证食品的质量安全。2003 年 9 月 10 日，卫生部发布了《食品安全行动计划》，明确了我国食品安全的行动目标、行动策略和保障措施。其核心是在保障食品安全水平的基础上，建立较完善的食品卫生法律法规与标准体系、建立和完善食品污染物监测与信息系统、建立和完善食源性疾病的预警与控制系统、建立加强食品生产经营企业自身管理的食品安全监管模式、建立有效保证食品安全的卫生监督体制和技术支撑体系。此外，我国一些农产品加工企业尤其是农产品出口企业，在设备选型、组织生产、质量管理和过程控制等方面积极探索与国际的方法和措施，有的企业按国际通用的 GMP 规范组织运营，有的企业按 HACCP 体系实施过程控制网络等等。通过采取有效措施，重点突破农产品质量安全问题，是我国农产品加工业加快与国际接轨的客观要求。

四、以农产品加工业为核心，带动农业产业化健康发展

产业化是我国农业、农产品加工业发展的有效模式和成功经验，它是伴随着农业、工业、市场化的发展逐步形成的，是在不断技术创新、经济规模发展和质量控制的前提下进行的。一个高质量的、稳定的、经济效益好的农产品加工制品的产生是与其产业化有着极其密切的关系，其核心是把种植业、加工业和销售行业等连接成一个完整的有机运营体系。其运营特点是按照现代化大生产的要求，在经营方式上实行产加销一体化；在做法上实行资金、技术、人才等要素的集约经营，形成生产专业化、产品市场化、服务社会化的经营格局。

20 世纪 80 年代中期开始，我国农村经济发展较快的东部地区和大城市郊区出现了“贸工农一体化”、“产加销一条龙”的农业产业化经营方式。以农产品加工业为核心，带动种植业、养殖业、服务业和流通业的全面发展。进入 90 年代以后，这种经营方式在全国逐步发展起来，并表现出广泛的适应性和强大的生命力。党中央、国务院对农业产业化的发展高度重视，提出要“积极发展农业产业化经营，形成生产、加工、销售有机结合和相互促进的机制，推进农业向商品化、专业化、现代化转变。”90 年代后期，随着农业和农村经济发展进入新阶段，农产品供求关系的历史性转变和市场经济的快速发展，客观上要求农业产业化有一个大的发展，党中央、国务院及时把推进农业产业化作为农业和农村经济发展的重大战略举措，把农业产业化经营作为实现农业现代化的现实途径之一。进入新世纪，党中央、国务院明确提出了“扶持农业产业化就是扶持农业，扶持龙头企业就是扶持农民”的重要论断，并对如何推进农业产业化做出了具体部署。农业部等八部委制定了《关于扶持农业产业化重点龙头企业的意见》，从财政、税收、信贷、外贸等方面制定了扶持政策。目前，我国农业产业化发展快、势头好，成效显著。截至 2002 年底，全国各类农业产业化组织总数已达到 9.4 万个。其中，国家级重点龙头企业 372 家，平均固定资产 2.5 亿元，平均销售收入 7.1 亿元；省级重点龙头企业目前达到 1 839 家。一个以国家级重点龙头企业为核心，省级重点龙头企业为骨干，数万个中介组织、专业市场为基础的农业产业化组织群已初步形成。我国 500 强工业企业中，有 70 多家是农产品加工业，更加突出了我国农产品加工企业成为经济骨干的必然趋

势。如北京燕京、四川希望、河南双汇、内蒙古伊利、河北三鹿等企业的发展，不仅极大地带动了农业增效和农民收入的提高，而且成为区域经济发展的支柱。各地在推进农产品加工产业化过程中，创造和积累了不少管理模式和典型经验，主要模式有龙头企业带动型、农业合作社连接型、专业农协服务型、信息引导型等等。

以上四种时代特征不是孤立存在的，而是互相联系、互相结合和互相制约的。一个农产品加工企业如果具备了以上四种特征的组合，那么这个企业就具备了核心竞争力。所谓核心竞争力，是指企业在竞争中比其他企业拥有更具有优势的关键资源、知识或能力，其管理、技术、文化等环节上明显优于竞争对手，它具有竞争对手难以模仿、不可移植和不随员工的离开而流失，能够满足顾客价值需要的独特能力。尤其是在市场瞬息万变、竞争空前激烈的知识经济时代，核心竞争力对企业竞争、市场地位和盈利能力起着至关重要的作用。企业只有在规模化扩张的同时，通过持续的学习和创新，不断增强核心竞争力，才能成为农产品加工业中真正强壮的巨人。

中国进出口食品安全现状与展望

国家质检总局进出口食品安全局　秦贞奎　唐光江

一、中国政府高度重视食品安全问题

食品安全是当今世界上人们所关注的焦点问题之一，每年食源性疾病因食用不安全的食品而致使数以几亿人患病，造成许多人死亡。因而，食品安全已成为全球公众健康优先考虑的问题。中国的改革开放给中国食品工业带来了大发展，尤其是在20世纪的最后10年，中国食品工业以年平均10.4%的增速获得了前所未有的快速发展。进入21世纪，中国食品工业的外部宏观环境和内部产业结构已经发生了很大的变化。其变化：一是来自于社会发展；二是来自于技术进步。其结果：既提高了人们的生活质量，也引发了一些需要进行积极探讨和研究的问题。在诸多问题中，我们首先要面对的就是食品安全这一世界性的问题。随着食品消费方式的变化向社会化转变，食品安全事件的影响也从个体、家庭向社会扩大；随着世界经济全球化，食品安全性问题也已超越了国界，变成了世界性问题。

中国由于在食品安全的管理方面与发达国家存在一定的差距，国内食品安全问题也时有发生，出口食品屡遭国外限制，困难重重。但是，中国的食品安全问题已经引起了中国政府的高度重视。在中国“十五”发展规划和纲要中明确提出“加快建立农产品市场信息、食品安全和质量标准体系”，首次把食品安全体系写进其中。九届全国人大五次会议所发表的政府工作报告中也特别提及“要狠狠打击严重危害人民生命健康的食品、药品、医疗器械等方面的制假、售假行为”，也将食品安全列为首位。在2002年的全国人大、政协两会期间，食品安全更成为代表们所广泛关注的问题。

为了适应形势发展的需要，保障进出口食品、化妆品的安全，国务院批准国家质检总局专门成立了进出口食品安全局，负责全国的进出口食品、化妆品安全的管理工作。其主要职能：一是研究拟定进出口食品和化妆品安全、质量监督和检验检疫的规章制度；二是组织实施进出口食品、化妆品的检验检疫和监督管理；三是组织实施相关食品卫生风险分析评估和紧急预防措施；四是调查处理重大进出口食品卫生质量事故等工作。进出口食品安全局的成立，体现了国家对进出口食品和化妆品安全工作的重视，也标志着中国进出口食品安全工作进入了一个新的历史时期。

二、中国进出口食品安全的法规和标准建设情况

健全的法律法规体系是我们开展进出口食品安全管理工作的基础，也是开展和做好工作的依据。我国非常重视法律法规、标准的建设。目前，进出口食品安全的管理主要依据《中华人民共和国食品卫生法》、《中华人民共和国进出境动植物检疫法》和《中华人民共和国进出口商品检验法》等法律以及配套法规。

现正在执行的共有配套法规（如：实施细则、局令、公告）100余件。国家质检总局已批准发布了与食品有关的国家标准991项，另外有关部门也批准发布了一批与食品加工有关的行业标准1 100多项。同时，质检总局还加快了食品质量安全、卫生标准的制修订步伐。到目前为止，质检总局已批准发布了食品卫生及其检验方法、食品质量及其检验方法、食品添加剂、食品包装、食品贮运、食品标签等方面的标准986项，其中约有大部分采用了国际标准（CAC等）。

根据我国的“入世”承诺，我们已组织对现有的食品安全法律法规体系进行研究、评估、调整，紧密结合SPS、TBT协议等原则要求，对已不适应的进行修改，对缺少的进行完善，进一步建立和完善了我国出口食品安全管理的法律法规体系。

三、中国进出口食品安全管理机构和技术建设情况

在出入境食品的检验检疫方面，质检总局在全国设有35个直属检验检疫局，280个隶属于直属局的分支局，163个检验检疫技术中心，300多个涉及食品检测的实验室，还有2个涉及食品检测、分析的研究所，即中国进出口商品检验技术研究所和国家质检总局动植物检疫实验所。这些实验室绝大多数拥有气相色谱、液相色谱、质谱、原子吸收光谱等先进的检测仪器，在用设备达10 000余套，直接从事该项工作的专业人员达6 000多人。近年来，根据形势发展的需要，还专门建立了疯牛病检测实验室和23个转基因产品检测实验室等，掌握了国际先进的检测方法并成功地运用于食品的检验检疫工作中。

经过多年的努力，质检总局已基本建立了进出口食品质量安全的实验室技术保障体系；配备了能够满足质检工作基本需要的常规仪器设备；通过国内外的技术培训和交流，培养了一支胜任工作的技术队伍，建立并完善了实验室质量保证体系，拥有了一大批通过国际认证机构认可的食品检测实验室。

四、中国进出口食品安全管理的成效

质检总局在食品安全管理方面参照国际惯例，依据我国的法律规定，结合国情实际，实施了有效的进出口管理模式。

在进口食品安全管理方面，根据国际惯例和信息资料情报，在风险分析和风险管理的基础上，制定了检验检疫和市场准入政策，加强了对进口食品的检测和监管，发现并处理了不合格食品，截获了大量动植物疫情，取得了严把国门、维护国家经济安全的成效。

1. *制定并实施了《中华人民共和国动物及动物源食品中残留物质监控计划》*　建立了相应的实验室，加强了对进出口食品残留的检测。

2. *充分发挥风险预警和快速反应措施作用*　发布了《出入境检验检疫风险预警和快速反应管理规定》，针对在进口食品中检出了大量有毒有害物质，为防止境外有害污染食品流入境内，质检总局先后发布了多个进出口食品风险警示通报或通告，将有问题的食品有效地抵御在国门之外。对国外从我国出口食品中发现的问题及对进口食品提出的新要求，总局也及时发出了警示通报，要求各地检验检疫局对出口食品的监督管理要从源头抓起，加强管理，确保出口产品的安全卫生质量。

3. *对进出口食品的加工厂实施了有效的卫生注册登记制度*　严格食品卫生注册登记标准，只有达到标准的，才有资格从事进出口食品生产和经营活动，产品才可进入市场。近两年，我国先后发布了《进口食品国外生产企业注册管理规定》、《进口食品国外生产企业注册管理规范》等规章，开展了对国外进口食品厂家卫生注册的工作。

在出口食品安全的检测与监管方面加强了食物链全过程监控，即从生产、加工、保藏、运输、销售、出口每一个环节的监控是出口食品安全的根本保障。强化管理，抓好关键环节的控制是根本措施。

1. *建立和完善出口农产品安全卫生质量管理体系*　要从源头抓起，推行从养殖场、农田、茶园等原产地到出口离境的全过程监管。规范农药、兽药的管理和使用，指导农场和饲养场能够科学用药，对养殖场、农田实行备案管理。明确对养殖场中饲料、饲料添加剂的使用规定，在生产过程中对农药、兽药污染和残留进行有效控制。建立健全责任兽医、植保员管理体系和责任追究制度，强化对兽药、农药、疫苗使用的管理，建立我国食品的安全卫生监控体系，保障养殖、种植环节的食品安全和质量。

2. *建设有规模的出口基地，使更多的农产品和食品打入国际市场*　我们结合地方政府的产业调整工作，建立具有一定规模、管理规范的出口基地，制定出口工作计划。全面实施农产品认证制度，加大对出口生产加工企业生产加工过程的监管力度，规范出口检验检疫工作秩序，确保检验检疫工作质量，严禁不符合安全卫生的食品出口。对于进口国检出问题或遭预警通报的农产品、食品，认真调查了解原因，帮助企业整改，提高企业自身的质量意

识和产品质量。

3. 加快进出口食品安全标准体系建设　建立在科学和风险分析基础上的食品安全标准体系，是实施进出口食品安全管理工作、促进国际食品贸易发展的技术基础和保障。目前我国要进一步健全食品质量安全标准体系，加快检验检疫、农兽药残留限量、食品卫生、食品添加剂、无公害农产品等方面的食品质量安全卫生标准的制、修订步伐，并结合我国国情，积极采用国际标准，特别是国际食品法典的标准、指南和有关技术文件，提高标准水平，满足我国食品加工业的发展和食品进出口贸易的发展需要。

4. 对出口食品实施有效的卫生注册登记制度和市场准入制度　对生产、卫生、检测等条件符合要求的企业，方允许注册，才有资格从事出口食品生产和经营活动，其生产的食品方可进入市场。到目前为止，全国已有8000多家食品企业获得了出口食品的卫生注册资格，其中有许多家符合国外的有关食品要求，达到了可以和国外先进食品企业媲美的水平，获得了国外官方卫生或兽医当局的注册资格。

5. 在出口食品企业积极推行HACCP和良好操作规范（GMP）质量管理模式　以利在生产加工过程中对食品安全进行有效控制。同时，采取积极有效的出口食品检验检疫措施，确保了出口农产品和食品符合相关的安全卫生要求。

五、存在问题与展望

中国是世界上最大的发展中国家，人口众多，区域发展不平衡，农产品与食品安全的现状与发达国家仍有差距，存在一定问题。一是食品污染情况时有发生，农药、兽药、化肥等使用、管理有待进一步完善，食品污染事件时有发生。二是食品安全卫生标准的国际标准采标率仍有差距。国际食品法典委员会（CAC）关于食品中农药、兽药、等有毒有害物质的标准达到8 000余项，一些发达国家如美国、欧盟、日本等也有数千项，采标率在80%以上。而我国的食品安全卫生国家标准和行业标准与之比较还有一定的差距。三是随着经济和贸易的发展，世界各国对食品安全卫生的要求越来越高，检测项目越来越多，检测技术指标和标准越来越高，需要加强投入。

总之，食品安全问题是人们关注的永久性课题。进出口食品的安全管理工作责任重大，从生产源头开始加以规范和控制，是最稳妥和有效的办法，为此当前要进一步完善源头监控方式，加强对食品安全管理工作各环节的管理工作，加大财政投入，积极开展国内外的技术合作，进一步建立和完善食品安全的法规建设和管理体系建设，以保障食品安全，更好地保障国家经济安全和国际贸易的发展，造福于世界人民。

农产品质量标准体系问题的探讨

《农业经济导刊》匡远配　曾福生　刘瑞涵

农业发展新阶段，农产品相对过剩，农产品市场有效需求不足，农民增收步履维艰，调整农业生产结构、提高农业整体效益、增加农民收入成为新阶段农业和农村经济发展的主要任务。同时，我国已于2001年11月10日正式加入WTO，融入了国际经济体系中，农产品的质量成为竞争的核心之一。标准是质量监督的依据。因此，只有建立一套既符合中国国情，又能与国际接轨的农产品质量标准体系，使农业生产全过程都有标准作为依据，真正做到用标准组织农产品生产，开拓和规范农产品市场，评价农产品质量，才能有效地指导农产品消费，引导优质农产品开发研究，拉动结构调整，增加农民收入，提高农业生产力水平；才能应对国际贸易中的“产品范围”、“市场准入”、“出口禁止与限制”等有关界定和承诺，提高农产品国际竞争力。

一、农产品质量标准化体系建设的现实意义

（一）农业现代化的应有之义

标准是科研、生产、交换的技术依据，标准化是组织专业化生产的技术纽带。农业标准化是农业现代化生产的重要手段，全面实施对农、林、牧、渔行业的产、供、销各环节进行标准化管理，是科学技术转化为生产力、提高农业最佳经济效益的有效途径。实现农业现代化也是农业标准化工作的根本目的。

（二）科学管理的重要组成部分

标准化是以科学为依据的，具有统一性、法律性、权威性，它为管理提供了目标和依据。农产品标准是管理目标在农产品质量、检验方法、包装等方面的具体化和定量化；各种期量标准是生产经营活动在时间和数量上的规律性反映；技术标准则是进行生产、技术、质量、物资、设备等管理的基本依据；应用电子计算机网络进行现代化管理要求统一名词、术语、符号、代号、编码、生产流程等。我国农业产前、产中、产后过程中，网络管理、网络销售已经出现，推行农产品标准化，可以使产业内部各环节有机的连为一体，大大规范了产业和市场行为。例如，在供需双方由于产品的贸易产生争议时，标准化主管部门可以根据合同规定的产品标准进行仲裁、检验。同时，标准化可以使相关产业协调获得合理资源配置，适应市场变化的能力，也有利于农业主管和涉农部门进行行业管理和监督。

（三）有利于提高农产品质量，树立品牌，开拓与规范农产品市场

质量是产业的生命，品牌是品质的标志，名牌更是产业的旗帜，谁拥有高知名度的牌子，谁就拥有广阔的市场。标准是质量监督的依据，农业质量标准是农产品品质方向的具体化、定量化和必须达到的目标，高质量的产品必须以高水平的技术标准为依据。若产品标准水平低，即使是全部符合标准也是落后的产品，没有标准的产品，质量更无法保证。因此，产品质量的竞争，实质上是标准水平的竞争。农业发展新阶段，消费结构和市场需求变化对农产品质量提出了越来越高的要求。农产品质量层次也日益丰富、具体，表现为物理、化学、营养、卫生以及消费者心理等方面特征。过去计划经济条件下制定的标准与现代市场经济条件下的生产经营相脱节，且缺乏配套性和完整性，大量的农产品处于无标生产、无标上市、无标流通的混乱状态，严重制约了农产品及其加工质量的提高，消费者吃不到“放心肉”、“安全菜”、“优质粮”，顾客采购和消费的农产品没有稳定的质量保证。为了防止不合格产品进入市场，保护消费者利益，以具有法律效力的标准化手段进行产品质量监督是必要的。按统一的标准划分农产品的质量等级和规范农产品标记、广告，是改善市场透明度、开拓和规范市场的前提条件之一。统一标准有利于对同种产品的价格进行比较，便于价格通报，方便了信息的传递和商品交易活动。农产品以包装形式与消费者见面，消费者不能再凭感官直接判断产品的质量状况，应该通过标准化对农产品各种包装做出统一规定使消费者了解产品，且避免企业浑水摸鱼，搞假冒伪劣。

（四）有利于调整农业结构，增加农民收入，实现农业可持续发展

目前我国农产品市场的结构性矛盾越来越突出，其中一个重要表现为优质、安全、标准农产品的量和质都不能满足广大消费者的多层次、多样化消费需求，主要原因就是因为我国农业生产缺乏一套科学规范的质量标准体系。标准化水平、内在质量方面的差距必然会推动农业结构调整和升级。我们应以标准化为基础，适应市场需求，提高质量，发展适销对路的优质专用农产品作为结构调整重点，下力气淘汰一批劣质产品，压缩一批大宗农产品，发展一批优质专用品种，培养一批竞争力强的名牌产品，高度重视绿色食品、无公害食品、有机食品，从而推动农业向结构优化、布局合理、管理规范的方向发展。

（五）发挥农业比较优势，参与国际竞争，实现出口创汇的有效途径

国际贸易中除了价格竞争外，主要是产品质量的竞争，高质量的产品才能打入国际市场，而高质量的农产品必须有高水平的标准保证。因此，国际贸易的游戏规则，其实质就是技术标准的规则，谁控制了技术标准，谁就掌握了进入市场的主动。长期以来，我们只注重数量增长，农产品质量没有放于主要地位，标准一直落后于发达国家。例如，就国际标准采标率而言，日本超过 90%，美、英、德在 80%以上，而我国只有 40%左右。

若按国际标准，我国诸多农产品的技术标准都不能达标。目前，在农产品贸易中，WTO 等国际组织正积极寻求国际标准化，组织 ISO 合作，要求各成员国在制定法规、标准时，以国际标准为基础，努力推进各国标准互认。我国农产品加工粗糙、包装简陋、保鲜和装潢水平落后，特别是检疫方面，至今还没有加入国际防疫组织，从而限制了农产品出口贸易和市场多元化。面对严峻形势，我国农产品要想改变现在的局面，必须借鉴国际标准和国外先进标准，加快建立和完善技术标准、认证、检验、检测体系，对农产品生产、销售实施全过程管理及检测，确保标准和质量，积极促进农产品向规范化、标准化、法制化发展，打通“农产品绿色通道”。

二、农产品质量标准体系构建的内容框架和发展方向

（一）农产品质量标准体系构建框架

农业标准化是指以农业科学成果和生产实践经验为基础，运用统一、简化、协调、选优的原理，对农业经济活动中的有关方面和有关环节制定标准，实施

标准，以及对标准的实施进行有效监督的过程。狭义的农业标准化可以说就是农产品质量标准化。标准内容按标准类型来划分有：产品质量标准、产品加工质量标准、配套的生产技术标准、产地环境标准。按行业来划分有：种植业产品标准、林产品标准、畜牧产品标准、水产品标准等等。其中，种植业产品又包括粮、油、棉、果、蔬、茶等产品标准。按标准实施属性划分有：强制性标准和推荐性标准。不同的分类方法会有不同的内容框架。我们在分析、研究国际通用标准（如 FAO/CAC，ISO/TC34 等）的基础上，依据我国政策、法规及标准现状，试图系统地提出适合我国国情、并与国际接轨的农产品质量标准体系，现设计了一个框架：

1. 主要农产品及其加工产品质量标准　①主要农产品（水稻、棉花、果、蔬、茶、畜产品、林产品、水产品）质量标准；②主要农产品加工产品标准（感官与理化标准、卫生标准等）。

2. 主要农产品加工产品生产与加工技术规程　①农产品生产技术规程；②农产品加工生产技术规范（GMP、HACCP 等）。

3. 农产品及其加工产品包装、贮运标准

4. 检验、检测技术与方法标准　①检验技术与方法标准；②检测技术与方法标准；③标准物质。

5. 环境质量标准（水、大气、土壤、投入品等）

6. 其他标准（食品添加剂等）

（二）农产品质量标准体系的发展

迄今为止，我国已组织制定农业国家标准 300 余项，农业行业标准 900 余项，农业地方标准 15 000余项。但由于农业生产管理技术推广方面普遍存在经营规模小，经营者和一线生产者素质偏低，且长期受传统观念束缚，现代化标准意识淡薄，农业标准地区、行业、品种间发展不平衡，在制定和使用过程中，与市场需求脱节，科技含量不高，对国际标准缺乏研究和利用，农产品质量标准处于低水平状态，因此无论从生产技术上还是从检查认证和管理制度上都不被国际所认同。若逐渐被国际所认同，则我国农产品质量标准体系应向以下几个方面发展：

1. 系统化　随着社会的发展和科技的进步，把握农产品品质已延伸到了农产品生产的产前、产中、产后环节。因此，依靠系统的农业标准化要从育种等基础工作入手，坚持品质至上，把标准贯穿在田间管理、收获、收购、加工、包装、运输、检验直到销售的整个过程，这是发展优质农产品的最佳保证。

2. 系列化　同一作物因品种不同、加工方式不同、食用和使用方式不同可成为不同的产品。所有产品都需要有标准对其品质加以监督控制，对市场加以规范，以引导新产品的发展、规范企业生产行为。产品的系列化要求标准的系列化。

3. 创新性（先进性）　我国的农产品标准技术内容落后、陈旧，有些重要的随国际贸易诞生的品质标准没有相应的标准内容加以规范；或指标界定虽然存在，却远远低于同类的国际要求，使产品失去竞争力。例如，我国只对 62 种农药在食品中的最高残留作了规定，而日本规定了 96 种，美国达到 115 种；在绿色食品中，我国只有 10%属于 AA 级绿色食品。而美国等发达国家的这类标准每 5 年就复审 1 次，以利不断保持先进性。

4. 实用性　我国现有农产品标准制定往往重科研，轻市场，不能满足国内外贸易需求，应用程度低，与国际接轨能力有限，实用性差。而加拿大、澳大利亚等国家，注重实用性，小麦标准以区域化种植为基础将小麦分类，然后各类小麦再制定不同等级，具有很强的实用性。

三、农产品质量标准化的措施

（一）进一步提高认识，统一思想

提高农业标准化意识，必须抓好教育、培训和宣传工作。我国农业标准化工作是一项新的内容和课题，基础薄弱，技术力量缺乏。因此，必须稳定并充实我们的标准化队伍，搞好农业标准化管理人员的培训和对专（兼）职人员进行专题的农业标准化培训，提高相关人员的标准化素质，加强对市场工作人员、经营大户、广大农民、农产品经营者进行广泛宣传，为农业标准化工作奠定良好的基础。

（二）加强质量标准化的领导，保证正确决策

农业标准化工作是一项涉及农业、卫生、工商、环保、质量技术监督等多层次、多领域的学科，综合性强，工作量大，管理难度大，技术性强，关系到国家、集体、个人三者的利益，只有加强领导，建立机构，才能保证农业标准化工作有计划、有步骤地开展。因此，建立健全质量标准体系的关键是领导的高度重视和正确决策。

首先，领导要先行一步，认真学习系列标准，明确实施标准的目的、意义、作用和方法，掌握标准的主要内容，领会标准的实质，结合实际情况进行对照，认清在质量方面存在的主要问题及通过实施标准解决这些问题的必要性、迫切性和可能性，从而产生实施标准、建立健全质量体系的强烈的责任心和紧迫感，形成思想上的统一和行动上的一致，保证质量标准体系的建立与有效运行。

其次，要成立层次与权责分明的领导机构：

(1) 中央由农业部成立农业标准化建设领导小组，成立工作办公室，分年度负责农产品标准化项目的组织申报、评估和执行。省级、市、县级也要分别成立由主管领导挂帅的组织机构。

(2) 建立由农业部、工商部门、卫生部门、质量技术监督部门等多家单位参加的联席会议制度，负责对农业生产体系建设、产品检测、行政执法等工作进行研究、组织、指导。

(3) 技术监督部门负责农产品质量检查和监督，科研院所和高校负责产品质量检测。

(4) 管理工作必须规范化、科学化。首先参照国标、部标，借鉴国外先进标准，制定《农业标准化暂行条例》。这个《条例》对农产品生产环境、生产投入品、产品质量三个方面的指标进行量化。领导搞好管理服务工作，如制定发展规划、科技攻关、人才培训、产品市场开发、经济技术交流与合作、标志管理、检测、宣传工作。建立农业标准化工作目标管理岗位责任制，开展标准化目标管理岗位责任制考核工作。其次，把农业标准化工作纳入国民经济计划，所需费用列入财政预算，增加投入，健全渠道，形成投入体系。农业资金投入要足额到位，用于农业标准化的推广应用资金不少于20%，同时逐步建立以政府投入为主体的多元化投资机制，鼓励农产品加工企业加大自身标准化管理的资金投入，逐步使农业企业成为标准化管理投入的主体，投入金额必须达到年销售额的3%，农业示范区和示范点要达到5%以上。

（三）加强农产品质量标准体系建设

农产品标准化，就是要以技术标准为基础，质量认证为形式，标志管理为手段，研究、引进国外先进标准，制定主要农产品及其加工产品质量标准，建立和完善以国家标准、行业标准为主、地方标准和农业规范为辅，既适合我国国情又与国际接轨的农产品标准体系，满足农业生产结构调整以及国内外市场对农产品及其加工产品质量标准的基本要求，做到各个环节有标准可循。制定标准应遵循以下原则：

1. *统筹规划、循序渐进* 对质量标准制定的近期、中期、长期计划要统筹规划，确保标准制定的科学性、先进性和超前性，逐步建立健全我国农产品质量标准体系。

2. *突出重点、分清主次* 当前应以关系到国计民生和人民生命安全的国家行业标准、强制性标准以及主导生活的产品、出口产品、效益附加值高的农产品质量标准的制定为重点。

3. *市场优先* 围绕生产者、经营者、消费者最关心的问题，重视研究采用高新技术，提高产品档次，开发一些质量高、安全性好的产品，量化其标准要求，推进标准制订和完善工作，通过标准协调消费、流通和生产之间的关系。同时，为参与国际竞争、开拓国际市场打下标准基础。

4. *创新和引进相结合* 在总结我国科技成果和先进的生产实践基础上，积极采用和引进国际标准和国外先进标准，使我国农产品标准逐步与国际接轨。

(1) 围绕农业结构战略性调整和农民增收，建立完善农产品质量体系。以提高农产品市场竞争为核心，以确保农产品安全为重点，以蔬菜、茶叶等产业为突破口，以标准化技术推广为支撑，以产业化经营为载体，抓紧制定产前、产中、产后的标准系列，建立质量跟踪体系，从产地和市场两个环节入手，建立健全农产品标准体系。

首先，要突出重点产品。围绕大宗农产品、名优新稀特产品、出口创汇产品、易受污染产品，实现“三个转变”：由注重生产向生产和产品分等分级并重转变；由注重技术标准向技术标准和质量标准并重转变；由注重品种标准向品种标准和保护农业生态环境标准并重转变。

其次，树立品牌意识。当前我国无品牌的农产品过剩和滞销，大量国外品牌涌入国门，这一严峻形势应引起我们的关注。参与竞争仅仅依靠商品本身是不够的，必须注重品牌实力、品牌形象和品牌认证建设，为此，我们要实现由商品经营向品牌经营的转变。

(2) 着力抓好种苗标准化工作。技术监督局和农业部要制定优良品种标准，全面实施良种的标志、包装、运输、贮存的标准化工作，规范良种质量标准检测体系，建立健全良种繁育、推广中心，建设农业园标准化管理示范区，推进制种育种科学化、基础化。要加大执法力度，严厉打击制售假冒伪劣种子、种苗、种畜的行为。

(3) 培育乡镇企业产品名牌。大力实施品牌战略，各级政府要引导生产、引导消费，积极培育市场，牵线搭桥，搞好产前、产中、产后质量跟踪服务，对达标的优质产品准许适当提高价格，对未达标的限期整改，多次检测不合格者予以取缔。培养企业强烈的名牌意识，专利意识，标准意识，及时依法办理商标注册，用商标来保护自己，用商标来启动名牌效应。

(4) 加快农产品质量体系的修订。我国过去制定的技术标准和质量标准已远不能满足当前规范市场流通、产品质量监控和提高产品质量的需要。表现为：大量农产品处于无标生产、无标上市、无标流通的混乱局面；市场对食品安全、卫生、营养、保健等，提出了强烈要求，绿色食品、无公害食品、有机食品颇受消费者青睐，过去制定的标准明显不能满足市场的需要；在农产品安全监督方面，茶叶、水果、蔬菜等在农药残留和有毒物质上，畜禽产品、水产品在兽药残留上还存在许多超标现象和违法行为，如粮油市场的“面粉增白剂”、“有毒色染大米”、“瘦肉精中毒”、植物油掺假、掺伪，都缺乏相应的质量标准和严格的监督机制；国内标准偏重了国内市场，引用国际标准和国外先进标准较少，加入WTO后，国际贸易结构越来越复杂，农业标准和国际接轨日益迫切。因此，我们应该根据国内市场和国际市场的要求，加快农业标准的修订，发挥优质农产品的市场潜力和竞争力。

（四）建立和完善农业标准化推广服务体系

为保证建立健全标准化体系工作的顺利进行，需要组建一个精干的贯彻标准系列的工作组，工作组由质量管理综合部门为主组成，建立稳定的专业的农业标准化队伍。

1. *逐步建立和完善农产品标准推广体系与网络，重点搞好“一个依托，三个结合”* 要依托现有农业技术推广体系，发挥各级农技推广人员作为农业标准推广主力军的作用，并以此为骨干，建立示范县（市）、示范区、示范乡（镇）、示范村、示范户的标准推广网络。要与农产品基地建设相结合，从源头上保证质量；要与农业产业化相结合，适应市场，以乡企为骨干，以个体联营企业为支点，扶持开发一批技术含量高、市场竞争力强、工艺技术标准和产品质量标准先进的新产品，发展一批农产品龙头企业，推动产业化和标准化；要与科研开发相结合。

2. *加强农产品质量管理体系建设* 要开发先进的技术与设备，推动主要农产品监测、检测。在农产品质量检测的基础上，加快建立各级以基地、加工、流通为主的农产品自我检测体系，对农产品产前、产中、产后实行有效的全程控制，全面禁止高毒、高残留农药、有害饲料添加剂和兽药的使用，重点放在生产基地、加工企业和上市交易三个环节。

（1）对生产基地的土壤进行普查，了解土壤质量现状及其发展趋势，建立土壤质量信息系统，搞综合开发—生态农业—绿色、无公害、有机食品“三位一体”的全程质量控制，并且有效减少高毒农药产品比例。鼓励研制和生产安全、高效、经济的新品种，积极发展有机肥和生物农药，进一步加强控制农药残留。

（2）重点扶持农产品生产基地和主导产业，全面实施农产品和基地认证制度，搞好基地标准化建设。由于市场农产品优质优价机制的形成有一个过程，小规模生产者暂时还不能树立标准化生产观念，政府有必要扶持一批标准农产品示范基地、示范项目，规范管理，按透明公开、优质优价的经营方式组织生产，销售产品。在申报审批工作中，规范化管理文件，加大管理。对积极申报农产品标准化生产基地和优质名牌农产品并经过资格认定的企业，在检测认证费上予以适当减免。鼓励建立标准化示范区，要把质量标准、商品基地、示范区建设有机结合起来，使项目一开始就纳入标准化和优质化轨道，龙头企业带头实施质量标准。

（3）建立全国性的或跨地区的质量监测检测协作网络、信用信息联络网络，统一标准体系，统一检测方法和手段，统一检验仪器，统一培训检验员，共同确定不同时期对相同品种进行重点检测和监测。

（4）发展以农户为主体的标准化管理协会和民间组织，逐步形成适应农业发展的以技术推广为主、商品生产为重点、生产和销售相衔接的各项服务相配套的农业标准化综合管理组织体系，建立农产品产量和进出口监视预警制度，防止产销失衡。

（五）加快市场体系建设，全面实施市场准入制度

目前，市场体系尚不能满足标准化工作的需求。市场上销售的农产品质量参差不齐，约有半数达不到质量标准，许多经营者为牟取暴利，故意抬高等级，任意自行定价；大部分商场、超市的专柜都以租赁柜台的形式由经销商直接经营，商场和超市对经营者在提高质量水平方面没有具体管理措施，部分产品没有经过任何检验就上柜台，无包装、无标识、无商标、无产地检疫证书上市现象较多。据对北京市果品市场调查显示，有近20%的产品包装上有“绿色食品”字样，而其中近80%的“绿色食品”为假冒产品，导致质量等级虚高，导致消费者对等级标准产生强烈的不信任。因此，必须开拓和规范市场，全面实施市场准入制度。形成以“标准体系—质量认证—市场准入—标志管理”为主线的运行模式。

1. *要高度重视农产品市场体系构建工作* （1）在优质农产品集中生产区，创办相应的专业产地批发市场，在该区大力实施农产品名牌战略，加大力度搞好商标注册和标识管理，营造一个良好的商业氛围、品牌形象和标准化意识，占领市场。（2）加强对先行的大型农产品市场和超市的标准农产品的销售和管理，设置标准农产品销售专区或专柜。运用现代营销理念，组建一批分区域的农产品销售中心、配送中心和专卖店，形成流通网络。(3) 涉农企业应该建立和完善信息体系，创造网上交易，促进农产品的销售和市场开拓。(4) 积极推动有经营进出口权的企业或公司，进行进出口业务代理工作。同时，适当下放进出口经营权。

2. *在市场交易这个环节推进农产品标准化，关键在于全面实施市场准入制度* 只有经过严格认证的符合标准的农产品才能进入市场。认证就是经过有关具有公信力的权威性机构，对农产品从生产到消费整个过程中的各个环节进行科学、严格的认可，包括对农产品的生产、加工、运输、销售及农产品生产基地、批发市场、集贸市场、大卖场、大超市等进行标准认证。对合格企业和农产品设立相应标识、标志、证书。认证中心、质量技术监督局、质量检测机构实行“三权分立”，以确保认证制度的权威性和可信度，从而有效地推进市场准入制度。认证不应该搞终身制，要根据生产力水平、消费水平及市场结构的发展向更高标准认证，这样，才能既保证产品的生命力，又推进标准化工作进一步发展。

3. *加大执法力度，严格依法办事* 加强对自发市场、非法市场、流动摊位的检查和管理，坚决打击出售“无证、无商标、无标识”产品的行为，对农药、饲料、兽药、鱼药、种苗、种子、农机等市场实施专项检查，确保质量。不能以罚代检，放松处罚标准。

4. *加强标志管理* 标志要注册和规范使用，使优质产品具有可识别性。在优质产品商标国内注册的同时，开展国际注册。在标志和防伪打假工作上，继续加大工作力度。逐步实施防伪标签印制和使用计划，结合抽样检测工作，探索全过程质量控制的有效途径。运用法律手段，持续坚决的开展打假工作。

5. *强化农产品市场信息网络* 向农民及时提供国内外市场行情信息，推进农产品市场标准化。

（六）扩大国际交流与合作，推行农产品的标准国际化

主动参与国际标准化活动，积极采用国际标准是发达国家占领和保护市场的共同做法。我们要通过多种形式，了解和掌握国外相关产业的先进生产技术、管理经验和贸易动态。同时，注意区域性的标准，如欧盟统一市场、美加墨自由贸易区和日本等地区的各种技术标准和认证制度。对于我国已有的技术、法规、标准，应逐步分类，研究哪些标准已有国际标准，我们与这些国际标准、技术条例有什么差别，确定逐步接纳和采用这些标准的时间和梯度层次。对已有国际标准、惯例、条例的农产品，应尽量以国际标准为基础，同时各地各级的标准应该尽可能统一，按统一标准进行认证，减少部门、地区差异。技术标准的制定和管理机构，应该积极把国际标准、法规和各种标准认证制度、纪律及时的通报给各生产企业和有关流通部门，为他们提供信息方面的指导，加快接轨步伐。

积极争取外国政府、国际组织援助和优惠贷款，建设基础技术体系和开发示范基地。可要求有关国家在技术标准机构的建立、规章的拟订、某项技术采用的最新方法、生产者接受标准的认定程序等方面提供各种技术性援助。可以多方寻求合作伙伴，如通过“三资企业”等开展多种形式的技术合作。我们要更好地理解国际标准制定的理论依据，借鉴国际机构的风险评估体系，建立自己的评估体系，切实提高我国农产品标准化管理系统水平。

我们不能只满足于采用已经制定的一些国际标准，而应积极参与国际标准化活动，使国际标准尽量反映我国的意见和要求，特别是争取把具有中国国情特色的文化、传统工艺品、名品等纳入国际标准，将我国在国际上处于领先地位的科研成果及重大技术创新及时转化为技术标准，并推荐为国际标准。我国已开始承担如（茶叶）标准等部分国际标准的起草工作，有些已经被纳入 ISO/IEC 正式标准体系当中。这样使我国农产品得到世界认可，扩大了市场。必要时，我国要联合发展中国家，一道请求磋商，增加谈判力量。

推进农产品标准国际化，对生产企业和加工企业来说，应积极争取得到权威标准机构对自己产品的合格认证标志，因为它是打开世界市场的钥匙。如我国的 AA 级绿色食品认证，国际有机食品 OCIA 标准认证，在农产品种植、养殖基地宣传推广良好的农业规范 GAP，在农产品出口加工企业推广实施良好的操作规范 GMP。

在技术认证结果上，本着相互信任的原则，既积极同有关国家磋商相互承认评定结果，又要坚持有理、有据的实施技术合格评定工作程序。对于涉及国家安全、防止欺诈行为、保护人类健康或安全、保护动植物生命及健康或保护环境等方面的技术法规与标准应该严格要求。对农产品卫生标准，对农产品进出口检疫检验标准，都可以根据我国作为发展中国家享有的差别待遇，根据经济发展需要，实施采用已规定的标准，实施自己的法规。但是，必须将该标准、法规提前先行公布。

壁垒是中国农产品出口的长期挑战

中国社会科学院农村发展研究所　翁　鸣

一、发达国家对我国农产品出口实施技术壁垒的特点

1. *技术壁垒的要求指标越来越严格*　为了削弱我国农产品的竞争力，一些发达国家不仅设置了技术壁垒，而且技术壁垒的指标也越来越高，甚至达到了苛刻的程度，对我国农产品构成的阻力也相应增大。例如，欧盟自2000年7月1日起实施茶叶农药残留新标准，部分新指标比原指标提高了100～200倍。欧盟对氯霉素残留量的标准规定为0.1～0.3，远超过日本标准（50）、美国标准（4～5），以至于欧盟国家自己的产品也常常达不到这一标准。日本为了阻止中国菠菜对其出口，在2002年4月公布菠菜中农药毒死蜱残留限量为0.01mg/kg，这项明显针对我国的技术壁垒措施，既远远严于日本蔬菜中其他有机磷农药的残留限量（其他有机磷农药残留限量比毒死蜱高10倍以上），又大大超出美国、欧盟及国际组织的有关标准（美国、欧盟和CAC标准为0.05mg/kg）。

2. *一些发达国家实施技术壁垒的范围不断增大*　发达国家实施技术壁垒的范围目前已包括粮食、水果、蔬菜、畜产品、水产品、禽产品、茶叶等大部分农产品。2002年1月，欧盟以我国出口的小龙虾所含氯霉素超标为由，宣布全面禁止我国动物源产品进口，这不仅使我国水产品、畜产品、禽产品难以出口欧盟国家，而且使像蜂蜜等与动物有关的产品也无法出口欧盟，我国共有10多亿美元的农产品无法进入欧盟市场。而日本对蔬菜、水果、稻米等农产品实施技术壁垒，对我国农产品出口影响较大的包括菠菜所含毒死蜱限量、水果病虫害（橘小实蝇疫区和瓜实蝇疫区）和水产品（氯霉素含量）等。

3. *技术壁垒的禁令往往会引起连锁反应*　一个发达国家或几个发达国家对我国实施技术壁垒，往往会引起其他一些国家对我国也实行技术壁垒。2002年1月，欧盟宣布全面禁止我国动物源产品进口后，瑞士、日本、韩国等国家相继采取措施，加强对我国动物源性产品的检测，德国、荷兰等国提出更高更严的要求，沙特暂停了对我国此类产品的进口。2002年1月，日本实施“中国蔬菜检测强化月”，对我国出口蔬菜实行每批检测，这些技术壁垒措施对我国农产品出口造成较大的不利影响。美国则始终保持着较高的技术壁垒，使我国农产品出口美国市场十分困难。

二、发达国家对我国实施技术壁垒的主要原因

一是发达国家设置技术壁垒，是为保护本国利益的需要。

二是WTO有关文件为技术壁垒的“借题发挥”提供了空间。

三是我国农产品质量存在提高的空间。

四是我国农产品出口贸易发展，容易引发外国设置技术壁垒。

我国是世界上最大的农产品生产国，也是发展中国家中最大的农产品出口国。随着我国经济较快增长，我国农产品生产能力得到较大提高。特别是我国加入世界贸易组织后，我国对外贸易的国际环境得到较大的改善，有利于推动农产品出口贸易进一步发展。但这将使得农产品国际市场竞争更加激烈，容易引发一些国家对我国实施技术壁垒。

从我国农产品出口市场结构来看，亚洲地区仍占我国全部农产品出口比重的70%以上，显然出口地区过于集中。从农产品出口品种和出口时间均衡性来看，我国农产品出口品种和出口时间比较集中，在短时间内容易造成进口国市场受冲击的现象。

三、破除国外技术壁垒提高我国农产品出口竞争力

1. *加强农产品出口基地建设，全面提高我国农产品质量*　从根本上讲，破除国外技术壁垒，主要依靠农产品质量的提高。从现阶段看，国内农产品消费水平与发达国家农产品消费水平仍存在一定差距，因此农产品质量也应根据不同消费者的要求，加以区别对待。首先，应加强农产品出口基地化、区域化建

设，结合无规定疫病区、质量认证体系、质量检测监控体系、质量分级分等体系等方面建设，从整个生产过程控制产品质量，提高我国农产品国际竞争力。

2. 积极参加新一轮WTO谈判，使技术壁垒的运用趋于合理化　针对目前国际农产品贸易中技术壁垒运用中不合理、不公平的现象，我国应积极参加新一轮WTO谈判，提出合理运用技术壁垒的条件，限制任意曲解技术壁垒的原意，使技术壁垒的应用更符合科学原理和公平合理规则，消除发达国家设置的不合理的技术壁垒，有利于促进国际农产品贸易发展，也使我国农产品国际贸易环境得到进一步改善。

3. 建立一批外向型农业生态示范区，大力发展绿色、有机农产品　国际农产品市场消费结构变化趋势表明，绿色、有机农产品正越来越受到消费者的欢迎，特别是发达国家对绿色、有机食品需求快速上升，体现了现代社会人们追求自然、纯净和健康的主题。发展绿色有机农产品出口，一是迎合国际市场消费趋势；二是发挥我国现有的资源优势；三是解决了现有农产品质量的主要问题。我国有发展绿色有机农产品的许多有利条件，如边远地区、不发达地区受化肥、农药污染程度很低，农业劳动力资源丰富。通过科学规划和技术指导，建立起一批外向型农业生态示范区，发展绿色有机农产品，从而提高我国农产品的出口竞争力。

4. 改进农产品出口策略，减少贸易摩擦和争端　从长期来看，我国农产品出口贸易应主动改变过于集中在东亚地区的格局，分散农产品出口流向。同时，我们还应实施农产品出口的品种多元化和时间均衡化，避免因产品品种少和出口时间集中给进口国带来的市场压力。这样有利于减少与进口国的农产品贸易摩擦和争端，也会减少我国遭遇进口国实施技术壁垒的可能性。

5. 加强与进口国的磋商、交涉和谈判，减少我国遭受技术壁垒的影响　技术壁垒的产生和作用受多方面因素的影响，既包括经济利益、政治利益，也包括科学评估、观念认同等。一些国家实施技术壁垒而又缺乏充分的科学依据，我国要加强与这些国家进行磋商、交涉和谈判，争取减少我国遭受国外技术壁垒的影响。同时，加快我国技术壁垒体系建设，使外国害怕我国报复而减少采取歧视性技术规定。

6. 鼓励出口企业提高产品质量，走发展品牌的道路

7. 充分利用商会、协会等行业组织，发挥其调研、协调、协商、服务等作用

关于大宗农产品地区农业结构调整应关注的问题

农业部信息中心

大宗农业产品地区是农业结构调整的重点地区，是属于国家对农业结构战略性调整的地区。这类地区农业结构调整，需要根据各地区农业资源优势进行农村生产力布局的调整；同时需要对农业和农村政策和制度结构的调整，并相应进行必要的改革和创新。一般来说，大宗农业产品地区提高了地区粮、棉、油、肉、糖等农业产品生产能力，农民解决了温饱问题。但是随着市场经济发展，迫使这类地区必须调整现有的农业结构体系、农业生产经营保障体系、农业产权制度和农业技术创新体系。如果不尽快进行相应的调整，就不能从根本上改变这类地区农业和农村经济发展落后的状况。

当前，大宗农业产品地区在组织进行农业结构调整时，一是应着重加强农业大中型基础设施建设，特别是水利设施建设及相关的生态环境建设，保障稳定增强农业综合生产能力；二是应确立农业主导产品和农业支柱产业，特别是龙头农业产业，以利于促进优势的农业产业健康发展。为此，大宗农业产品地区在这个基础上，还应关注以下几个问题：

一、坚持遵循农业结构调整的原则

农业结构调整，调整什么，如何进行调整？由于各大宗农业产品地区情况不同，不能统一采用一种方式、方法；否则就会发生用在南方地区成功，而用在北方地区就失败的情况。由此可见，如果全国各大宗

农业产品地区统一用某种方式、方法来组织进行农业结构调整，只能是削足适履，不能见效；反之，因为这样的实际情况，就对农业结构调整，各吹各的号，各唱各的调，没有原则，那也是不符合实际的。为此，对农业结构调整，必须坚持遵循以下原则：

1. *坚持本地实际的原则* 本地实际是农业产品结构调整的客观条件。本地农业结构需要调整的依据，就是必须符合本地实际。有些农业产品是市场上需要的，有的地区因为生产某种农业产品而发展了，但是如果不具备生产这种农业产品的客观条件，就不能满足市场需求，就不能发展。可以说，本地实际是农业结构调整的"起跑线"，只有在这个"线"上起步，才能前进，如果踩在别的线上起步，哪怕跑得再远、再快，也是不成功的。

2. *坚持市场需求的原则* 市场需求是农业结构调整的"土壤"。农业结构调整是否合理，农业和农村经济能不能发展，检验的重要标准就看农业结构调整是否符合市场需求。符合市场需求的农业结构调整，才能有生命力，才能发展壮大。反之，脱离开市场需求，根据少数人主观意识，确定调整农业结构，就可能是雾里看花，经不起检验，会遭到挫折。

3. *坚持预期变化的原则* 预期变化是农业结构调整中必须高度重视的原则。从市场变化预期的角度来看农业结构调整，有些像用弹弓打鸟。这是指弹弓打鸟的时候，必须把目标定在飞鸟前方的一个点上，而不是飞鸟本身。这样，当弹丸到达这个点时，才能打中飞过来的鸟。同样道理，在确定农业结构调整的方向时，必须计算这个"射程"，不能死盯住现实的市场。农民有句话说，宁种荒茬，不种丰茬，就是这个道理。今年农业丰收了，不等于明年农业还能丰收。别的地区农业结构调整成功了，这个地区照搬，正好就错过了"飞鸟"，致使预期落空。所以，农业结构调整中的市场预测是对市场需求变化的动态认识，而不是简单的"市场需要什么，就调整什么"。

二、坚持把握农业结构调整的方向

农业结构调整，往哪个方向调整，必须认真对待，深入调整，反复研究，慎重决定。要看到大宗农业产品地区面临的主要问题是过去具有优势的粮、棉、油、肉、糖等农业产品，在目前市场上面临过剩。因此在确定农业结构调整的方向时，必须把握市场变化，以市场变化作为农业结构调整方向的依据。当前我国农业和农村经济的发展进入了新的阶段，主要表现在：一是农业产品的供求关系已经由过去的数量制约为主转换成质量、品种制约为主；二是农业和农村经济发展由过去主要受自然资源制约转变为主要受市场需求制约。从当前市场需求状况看，追求农业产品品种、质量，提高农业综合效益，增加农民收入，是农业结构调整的方向。从目前国际国内市场状况分析，在确定农业结构调整时，必须注意做到以下几点：

1. *要科学确定发展劳动密集型的农业产品生产* 要认清劳动密集型的畜禽产品生产是我国在国际市场上具有竞争力的产品。所以，必须解决好畜禽产品品种、质量、检疫、防疫、进出口体制等方面的问题。同属劳动密集型的瓜果、蔬菜、花卉、盆景等园艺类产品，同样在国际市场上也具有一定的竞争优势。

2. *要充分发挥各地域各个领域比较优势* 要特别注重的是，凡是在土地资源稀缺的大宗农业产品地区，都应进行较大调整，在这些地区实行以粮、棉、油、肉、糖为主的农业结构，只能求得自给自足的温饱生活，不能为市场提供更多的大宗农业产品，因而导致农民无法在市场化进程中从温饱转向小康。

3. *要切实安排好各个地域三个层次的生产建设布局* 一是粮、棉、油、肉、糖等大宗农业产品主产区，尽快进行品种改良及加工转化；二是生态脆弱地区，逐步促使劣等耕地退出大宗农业产品生产，实行退耕还林还草，加强农业生态环境建设，提高社会效益和生态效益；三是中小城镇郊区，进行劳动密集型的畜禽、瓜果、蔬菜、花卉等园艺类产品生产，以利于适应市场需求，实现农业可持续发展的目标。

4. *要大力扶持乡镇企业，加快小城镇建设* 一般来说，大宗农业产品地区是垦殖历史长、人口密集的地区，农业人口多，耕地少。为此，必须促进产加销一条龙、农工贸一体化乡镇企业发展，组织开展城乡一体化的小城镇建设，为安排农村剩余劳动力就业开辟途径。

5. *要大力促进农业科学技术进步* 这是农业结构调整的依托。必须认真制定一系列的政策保障和激励体制，加快实施科教兴农战略，大力推广应用农业科学技术，注重应用农业高新技术，改造传统的、具有优势的农业生产技术，切实在农业产品生产、加工、包装、贮藏、运输、销售各环节提高科学技术水平。

三、坚持完善农业结构调整的体制

农业结构调整的目标是要加快发展壮大农业和农

村经济，加大农村经济体制和规章制度的改革力度，以促进农民增收致富。由于农村计划经济时期的规章制度，传统的农业和农村经济发展方式是制约农业结构调整的障碍。因此，在实施农业结构调整中，必须调整规章制度更新激励机制。主要有以下几方面：

1. 调整土地制度　大宗农业产品地区的耕地资源同资本资源一样都是相对稀缺的生产要素。通过科学手段、水利设施及生态措施提高现有耕地生产效率，是农业结构调整的一项重要内容。但是，在现行土地制度中，有约束耕地资源利用率提高的因素。如由于耕地使用权的不可交易、租赁、抵押等等，而阻碍了耕地承包经营者提高土地生产率。为此，应该通过调整土地规章制度，更新激励机制，在确保农民土地承包基本权益不受侵害的基础上，通过农民直接参与土地使用权交易的谈判、合约议定等途径，促进耕地资源的合理流转，以利于推动农业、农村经济持续、稳定、健康发展，促进农民增产、增效、增收。这是农业结构调整中必然会遇到的问题。

2. 建立协会制度　大宗农业产品地区应遵循市场经济规律，满足农民自觉增强市场竞争力的要求，突破农村现有的商业营销、技术推广等等带有计划经济色彩的体制束缚，在组织创立、信息服务、政策优惠、人员培训等方面，大力扶持农民自己组织、推广应用农业科学技术，提倡建立农业产品生产、销售、储藏、运输、加工等合作组织或专业协会，调整和改变农民在市场中的地位。

3. 改革产权制度　要注重改革乡镇企业产权制度，这对大宗型农业产品地区来说，是转移农村剩余劳动力，重新开创就业门路，是乡村人口迁移、促进小城镇发展的一个重要途径，是乡村经济发展的一个重大战略。无论对集体企业还是个体、私营企业，都要通过各种方式形成清晰而有效的产权制度，这是促进农业和农村经济快速发展的重要基础。

4. 改革融资制度　长期以来，政府包揽了农业和农村经济的投资活动，在资金筹集上主要是依靠上级政府财政资金和银行信贷资金。近年来，随着财政、金融等宏观管理体制改革，使得继续沿袭原有的融资模式已无法适应农业结构调整的需求。因此，必须改变过去的融资模式，拓宽筹资渠道，扩大筹资规模，采取各种方式筹集资金，充分利用现代金融工具，在国际国内的资本市场进行资金融通；必须通过各种政策手段和激励措施，鼓励农民进行农业投资。

四、坚持落实农业结构调整的重心

近年来，我国各大宗农业产品地区农业结构调整之后发生了一些重大变化，主要是大宗农业产品供需矛盾解决了，农业产品的品种丰富了、产量增多了，品质提高了，尤其是各种农业名、特、优、新产品应有尽有。但要看到，在我国农业产品的品种、产量处于平衡中，还存在供大于求或求大于供的问题。为此，我们要进一步分析问题发生的根源在哪里，要认清今后农业结构调整的重心放在何处。有些人认为，应侧重放在增强农民市场观念上，还有些人主张侧重放在政府组织指导农民调整什么上。虽说这些观点都有一定可取之处，但并没有抓住农业结构调整重心问题。而我们认为应该把重心放在切实加强市场营销中介组织建设上。这就是指：

1. 市场营销中介组织亟须完善问题　近年来，地方政府和农民对农业结构优化调整，已经做了艰苦努力，付出了巨大的代价，取得了显著成绩，但问题是集中表现在农业产品价格连续走低，粮棉压库较重，特别是特种种养业，几乎年年出现大热大冷现象。其结果是一二年内效益很好，但之后因供给过剩，难以出售，严重浪费，给农民带来重大损失。

要知道，在农业结构调整中，需要从各方面努力，例如从提高农业产品品质、更新农业产品品种、增强农民市场观念、加强政府组织引导等方面解决问题，但这解决不了目前农业产品供给过剩和大幅波动的问题。事实上最关键的是我国农业产品市场营销中介组织不健全的问题。在这种情况下，要促使2亿多农户去直接掌握运用市场信息是不现实的，地方政府也很难掌握市场信息变化情况。这里急需市场营销中介组织发挥更大的作用。

2. 要健全产加销一条龙的市场营销中介组织　我国农民大多从事小规模的农业生产，因而容易导致众多农民在市场信息引力下，形成生产同类型的农业产品倾向。由于为市场提供农业产品的农民人数多，竞争密度过大，进入市场过快而退出市场又过慢，供给量超出市场需求量。加之，农业产品市场主要面向城镇，城镇居民对农业产品需求是空前复杂的。由此可见，健全市场经销中介组织是非常必要的。

目前我国各地区农村出现了公司加农户联合体，农业产品专业协会、产供销一条龙社会服务组织，能有效地分解农民生产经营风险，降低农业产品生产经营成本，减少市场营销交易成本，为农民生产与销售开辟了有效途径，缓解了农民难以进入大市场、供求波动难以收敛的矛盾。为此，务必为农民健全产加销一条龙市场营销中介组织，这才是我国农业结构调整的重心问题。

3. 要改善农工商一体化的市场流通环节，健全

市场营销中介组织　必须由各地政府从自身做起，引导农民做到：①要扶持各种农业产品逐步形成相对较为集中的主产区，形成各地农业产品的品牌信誉和特色，避免产品之间的过度竞争；鼓励主产区农民成立自己的协会或合作社，以利于农业产品批量进入市场，降低农业产品的交易成本。②要减低农业产品营销交易费用。凡是具备条件的各类城乡商业、企业组织进入农业产品营销领域，在进入初期给予政策、程序及税收方面的优先、优惠待遇，引导他们与农民建立稳定的产销关系。③要将农林特产税，从生产环节征收改为从流通环节征收，或与流通环节的某一税种合并征收；要将农业产品集市贸易中有关税种留于地税部门征收，以涵养乡镇一级财源。④要尽快在主产区与主销区的各大批发市场之间，建立信息联网系统，无偿提供多变的市场信息。⑤要提高市场营销中介组织的信誉程度，政府应引导这类组织专门从事农业产品流通中介业务。金融部门应对这类组织的信用做出评估后，给予信贷支持。

前进中的我国饮料工业

中国饮料工业协会副理事长　赵亚利

中国饮料工业协会成立于1993年3月，至今已走过了10年的路程，中国饮料年产量已突破2000万t大关。中国饮料工业协会是在国家宏观经济管理方式的改革、市场经济的发展、政府职能的转变和我国饮料工业蓬勃发展的背景下成立的；中国饮料工业协会的成立，使我国饮料工业由单一的政府管理变为政府与行业的互补性管理、由轻工部门管理变为全行业管理，标志着我国饮料工业的发展掀开了新的一页。

一、中国饮料工业20年的发展

中国饮料工业是中国食品工业中起步较晚、发展较快的行业，与一些国家相比，饮料企业的总体规模偏小，数量较多。以1982年饮料列入国家计划管理产品为新起点，中国饮料在年产量44万t的基础上步入了快速发展阶段。20年中，中国饮料年产量保持了21.1%的年均增幅。在近10年中，中国饮料年产量基本保持了每五年翻一番，保持了17%的年均增长速度，在1997年和2002年实现了两次标志性突破，这两年分别达到1 069万t和2 025万t。但目前我国饮料人均年消费仅为15.8kg，仍不足世界平均水平的30%。

2002年，年销售收入在500万元以上的饮料生产企业数825家，完成饮料产量2 025万t，完成销售收入551亿元，实现利税总额67亿元，从业人员约15万人。

二、中国饮料的品种结构

各国对饮料的定义范围是不统一的，中国饮料的分类不同于欧美，共分为10大类：碳酸饮料（carbonated drinks）；果汁（浆）及果汁饮料（品）[fruit juices（pulps）and drinks]；蔬菜汁及蔬菜汁饮料（品）（vegetable juices and drinks）；含乳饮料（品）（drinks containing milk）；植物蛋白饮料（品）（vegetable protein drinks）；瓶装饮用水（bottled water）；茶饮料（品）（tea drinks）；固体饮料（品）（powdered drinks）；特殊用途饮料（品）（drinks for special use）；其他饮料（品）（other drinks）。

在中国饮料工业的发展初期，饮料的产品结构是以碳酸饮料为主。碳酸饮料产量长期维持在饮料总量的70%～80%。清凉解渴是人们喝饮料的主要需求。因此，在1989年中国制定的第一个饮料国家标准中，将饮料的学术名称确定为软饮料（soft drink）。随着中国饮料市场日益国际化，为适应消费者日益增长的消费需求，中国的饮料品种越来越丰富，目前饮料的品种范围已扩展为涵盖品种更广的饮料类（beverage），包含了：瓶装饮用水、碳酸饮料、果蔬类饮料、茶饮料、蛋白饮料、运动饮料、功能饮料、咖啡饮料等。

与10年前比较，中国饮料品种结构已彻底改变了碳酸饮料以60%的比例长时间一枝独秀的绝对主导地位，改以四大品种、以89%的比例主导饮料业，最大的品种不是碳酸饮料，而是瓶装饮用水，这是与美国及世界平均相比最大的区别所在，与日本和中国香港特区的情况比较接近。2002年瓶装饮用水以40%的比例连续保持了绝对的领先地位，人均消费6.3kg，是世界平均水平的42%；碳酸饮料的市场份额接近30%，目前市场份额下降趋势放缓，人均消费4.7kg，是世界平均水平的16%；果蔬类饮料的市场份额超出10%，是各类饮料中增长最快的品种，比上年增长45%，人均消费1.7kg，是世界平均水平的34%；茶饮料的市场份额为9%，由于果汁类饮料的快速发展，同时也由于碳酸型调味茶饮料在2002年末能恢复元气，茶饮料的市场份额未能恢复到2000年的第三位，但茶饮料是各类发展型的饮料品种中发展基础较好的品种，目前人均消费1.4kg，是日本人均消费水平的4%。由于一些有实力企业的相继进入，促进了果汁类饮料和茶饮料整体水平的提高。

三、中国饮料的品牌结构

中国饮料市场的品牌主要有以可口可乐和百事可乐（以下简称“两乐”）为代表的国际品牌和以中国饮料工业十强（以下简称“中国十强”）为代表的中国品牌，这些大品牌在市场中的主流地位基本确立，但扩张速度放缓，处于调整期。

前几年，“两乐”及“中国十强”的饮料产量稳定在中国饮料总量的60%左右。“中国十强”企业的饮料总产量在2001年达到中国总量的39.5%，但2002年各企业产量有升有降，总体下调，娃哈哈以323万t成为各饮料品牌的产量冠军，并保持了29%的同比增速；有部分企业产量下降。2002年“两乐”企业的饮料产量为400万t，占中国总量的比例为22.3%，也比上年略低；而“中国十强”的饮料产量为600万t，占中国总量的比例为33.45%；“两乐”和“中国十强”企业的饮料产量合计占中国总量的比例为55.75%。“统一”和“康师傅”的饮料产品在国内发展非常成功，在国内一直保持着旺盛的增长势头。

四、地区分布状况

饮料的前六名主产区为浙江省、广东省、上海市、江苏省、河北省、北京市，这六个产区的产量合计占全国总量的40%。生产和消费比较集中的省（市）有北京、上海、浙江和广东（简称四省、市）。2002年全国及四省市饮料主要指标及比重见表1。

表1 2002年全国、四省市饮料主要指标及比重

指标名称	单位	全国总计	四省市合计	占全国比重（%）
产 量	万t	2 024.97	1 083.28	53.50
企业数	个	825.00	208.00	25.21
工业总产值（1990年不变价）	亿元	591.98	254.41	42.98
出口交货值	亿元	21.58	8.06	37.35
销售收入	亿元	551.53	234.00	42.43
利税总额	亿元	67.15	32.81	48.86
利润	亿元	39.71	18.45	46.46
平均人数	人	148 911.00	47 500.00	31.90
亏损企业	个	196.00	53.00	27.04
亏损额	万元	75 852.00	35 959.00	47.41

五、生产技术水平

在1982年中国饮料发展起步时，就采用了引进外国技术装备与提高国产装备水平并举的策略，当时进口灌装设备较多的是民主德国、罗马尼亚设备，也适当的引进了美国、联邦德国、日本设备，在对国外进行技术合作的基础上，国产设备水平进步很快。中国饮料工业发展20年来，最大的特点是在生产技术方面瞄准世界的前沿，目前世界各国（德国、意大利、瑞典、瑞士、日本、美国、挪威、荷兰等国）最先进的各种饮料高速灌装技术、浓缩果汁生产技术、茶粉和茶浓缩液的生产技术、PET瓶热灌装技术、PET瓶冷无菌灌装技术、膜技术、酶处理技术、多种包装的无菌灌装技术都已被中国采用。

六、饮料用原辅料

饮料所用甜味料目前以甘蔗糖为主，但在最近几年，果糖、葡萄糖、甜味剂的使用量在增多，主要原因是近几年中国肥胖人群、糖尿病人增多、人们对饮料的口味需求发生改变，过甜、热值过高的饮料已不受市场欢迎，前几年中国蔗糖糖价过高也是原因之一。嘉吉等公司的果糖已开始被部分饮料厂使用。

加入WTO后，中国饮料业的直接受益是调低了浓缩果汁的进口关税，从75%先后降低至35%、7.5%，直接降低了果汁饮料的生产成本，扩大了果汁类饮料的消费量。

进口的浓缩果汁中，浓缩橙汁的比例由1993年的6%，发展到1997年的34%和2002年的80%；进口量由1993年的949t增加到2002年的37123t，特别是2002年进口量比上年增加了1倍。

浓缩苹果汁在中国的生产优势越来越突出。2002

年中国浓缩苹果汁的出口量已达30万t，占出口果汁总量的93%。目前中国的苹果以低酸偏多、正在进行高酸品种的引种和扩大种植。

七、结 束 语

10年来中国饮料工业协会的工作及行业的巨变，不仅仅凝聚了协会秘书处工作人员的辛勤劳动，更重要的是凝聚了政府的关心与支持，凝聚了企业家的厚爱与魄力，凝聚了科技工作者的智慧，凝聚了所有关心饮料业人士的心血。1999年全国20名饮料业工作者获得了协会颁发的中国饮料工业突出贡献奖。在总结协会10年工作时，在为年产量突破2 000万t欢呼时，感谢行业的真正主角，我们的企业、企业家、技术人员、地方饮料协会，以及为饮料企业配套服务的供应商、经销商。从2003年起，协会的工作力争出现新面貌，中国国际饮料节所包含的科技展、科技报告会、品牌文化活动将成为今后定期的行业活动平台，技术服务、信息服务、行业活动平台这三个支点将成为协会的主要工作基石，并努力担当好政府和企业的桥梁，为促进行业发展积极搞好协调工作。协会将进一步充实力量，提高各项工作的质量和效率。协会角色的最终目标是成为会员共同利益的代表。

我国水产品进出口贸易形势分析

农业部渔业局

据海关统计，2002年我国水产品进出口贸易总量457.6万t，贸易总额69.6亿美元。其中出口量208.5万t，出口额46.9亿美元，同比增长6.8%和12.1%（见表1、表2）；水产品出口额占全国农产品出口总额181.4亿美元的25.9%，与2001年基本持平；进口量249.1万t，进口额22.7亿美元，同比增长7.6%和21%。水产品实现贸易顺差24.2亿美元，占农产品贸易顺差57亿美元的42.5%，比2001年的54.6%下降12个百分点；占全国对外贸易顺差303.5亿美元的8%，比2001年的10.2%下降2.2个百分点。

一、水产品进出口贸易的主要特点

（一）水产品出口额继续居农产品首位

2002年全国农产品出口总额达到181.4亿美元，其中水产品46.9亿美元，占25.9%，连续3年居农产品首位。其他主要农产品出口情况为：畜产品28.3亿美元，同比下降3.7%；蔬菜26.3亿美元，同比增长13%；水果9.8亿美元，同比增长23.8%。

（二）养殖产品出口增势强劲，出口附加值提高

2001年水产品出口量和出口额增幅分别为27.3%和9.2%，而2002年则为6.8%和12.1%。主要原因是：2002年，我国对虾养殖生产得到恢复，产量大幅度提高，养殖对虾出口快速增长，出口额增长了60%，达到5.7亿美元。同时，罗非鱼是我国最具国际竞争实力的品种，也是具有产业化发展条件的品种。罗非鱼出口量已由1998年的473t提高到2002年的3.2万t，出口势头很猛。而冻鱼类产品出口额下降3%，捕捞虾类产品出口额下降了32%。

（三）开辟国际水产品市场的能力增强

2002年受欧盟禁令影响，我国对欧盟出口10.4万t，出口金额2.3亿美元，同比减少了2.2亿美元，下降了48%。但是美国市场虾类需求旺盛，我国企业能够把握机遇，积极开拓美国市场，对美出口25.8万t，出口金额8.1亿美元，同比增长了39%和43.4%，其中养殖对虾达到4万t，增长了114%。美国已超过韩国成为我国第二大水产品贸易市场。

对日本和韩国市场的水产品出口保持了2001年的增长势头，日本仍是我国水产品出口的最大市场。2002年，我对日出口达81.9万t，出口金额22.4亿美元，同比增长12.1%和10.7%，占我国水产品出口总量和出口金额的40%和47%；对韩出口48.6万t，出口金额7亿美元，同比下降3%和增长10.4%，韩国市场由上年的第二位降到美国之后成为第三位。可以看出，世界水产品消费市场需求的持续增长促进了我国水产品对外贸易的发展。

（四）一般贸易出口增长速度超过来进料加工贸易

2002年，一般贸易出口140万t，出口金额27.9

亿美元，分别占水产品出口贸易的65%和59%，出口额增长10%，比前5年5%的平均增长率提高5个百分点；来进料加工出口57.4万t，出口金额17亿美元，分别占水产品出口贸易的28%和36%，出口额增长9%，比前几年的12%略有减缓。

（五）国内水产品出口价格略降，来进料加工出口价格上升

我国以一般贸易出口的水产品平均价格下降了2%，比前两年16%的跌幅明显减弱。其中虾类产品由于产量的快速增长，出口价格平均下降了3.5%，贝类和蟹类价格降幅达到17%和11%。但烤鳗价格终于止跌回升，上涨4%。由于国际市场鳕鱼等原料价格的上扬，来进料加工出口价格平均上升了5%。

（六）进口产品仍以冻鱼、鱿鱼为主，对国内水产品市场起到了补充调剂作用

在进口的249.1万t水产品中，鱼粉为95.8万t、来进料93.6万t。扣除鱼粉、来进料和其他工业进口产品，可食用水产品实际进口50多万t，比上年增加了20多万t。主要进口品种为冻鱼类近30万t、鱿鱼6.5万t、其他头足类和贝类12万t，还有部分虾蟹产品。

（七）水产品出口贸易仍集中在沿海省份，内陆省份出口不同程度地出现了下降

有5个沿海省份的水产品出口总额超过5亿美元，分别是山东15.2亿美元、广东7.8亿美元、辽宁7.6亿美元、浙江6.4亿美元、福建5.7亿美元，同比分别增长9.2%、34.4%、25.4%、1.7%、2.9%，这5个沿海省占全国水产品出口总额的比重达到92%。山东和辽宁主要是来进料加工贸易的增长，而一般贸易出口均下降；广东、浙江和福建三省主要是一般贸易的增长。海南省水产品出口已连续三年保持快速增长，2002年出口2.5万t、出口金额8 000万美元，同比增长了29%和22%，其主要的出口品种是虾类、罗非鱼和带鱼。内陆省份只有江西、吉林、四川等少数省份出口有所增加，其他省份出口跌幅在10%～75%之间。

二、水产品出口贸易中存在的主要问题

（一）药物残留问题成为制约水产品出口的首要因素

出口水产品“氯霉素事件”不仅带来了欧盟对我国水产品进口的封关措施，也严重影响了国内外消费者的信心和我水产品的国际形象，这种影响在短期内很难消除。

（二）出口市场依然过于集中

2002年，我国水产品出口日、美、韩和欧盟四大市场，占我国水产品出口总额的85%，尽管比前两年的88%有所降低，但市场仍过于集中。出口市场过于集中是制约我国水产品出口贸易发展的一大障碍。当然，由于发展中国家水产品消费水平和能力的限制，开发广大发展中国家的市场有一定的难度，因此发展适销对路的水产品成为当务之急。

（三）加工技术薄弱，出口品种单一

多年来我国水产品出口主要集中在鳗鱼、对虾、低价值冻鱼和冰鲜鱼类，高附加值的养殖鱼类加工出口尚未形成拳头产品和规模优势。我国沿海大黄鱼养殖已得到突破，产量不断上升，但加工出口问题始终没有解决，尽管浙江省一些加工企业已进行了有益的尝试，但是没有形成规模。即使形成规模生产的罗非鱼也仅仅是原条鱼、鱼片等，附加值很低。应该说我国水产加工工艺的发展还跟不上渔业生产结构性调整的步伐，跟不上世界水产品市场需求的发展。

（四）水产品季节性生产和国际市场均衡需求的矛盾比较突出

罗非鱼是我国现代淡水养殖业的重要品种，2001年产量达到69万t，占世界总量的58%。由于气候、技术等问题，我国生产的大规格罗非鱼产品一般集中在5～7月，不能满足美国市场的常年需求。

（五）行业组织化程度低，恶性竞争没有得到有效遏制

目前，我国水产行业的组织化程度较低，行业内部规范化管理和协调机制不健全，有的地方甚至还没有这种机制，远远不能适应国际竞争的需要。最典型的例子就是鳗鱼出口，出口企业为争夺日本市场竞相压价，相互“残杀”，导致我国养鳗业经营比较效益明显下滑，增产不增收。对虾养殖前几年受病害影响产量和出口量很少，从2001年起我国养殖对虾产量达30万t，2002年对美出口创造了历史最高水平。但是，由于出口量的过快增长，导致出口价格下滑，美国8个州的对虾养殖业者已向本国政府提出对来自中国的进口虾类实行反倾销税。

三、水产品出口形势展望

中国作为世界渔业生产大国，养殖产量占世界养殖产量的70%以上，可养殖水资源和渔业劳动力资源丰富，水产品生产成本较低，在国际水产品市场中具有明显的价格优势，水产品出口贸易潜力巨大。但是，今后不可避免地会遇到两大贸易保护措施的限制，一是SPS/TBT壁垒，二是反倾销壁垒。因此，

一方面，要进一步加强对养殖和加工水产品的质量管理，抓好水产养殖出口基地建设，加强对国外水产品标准的研究，使我国的水产品卫生标准与国际接轨；另一方面政府部门应加强对渔业行业的组织化管理和政策引导，与行业协会和企业一道开拓国际市场，促进我国水产品国际贸易的健康发展。

表 1　2002 年我国水产品出口基本情况

品　种	出口量（万 t）	同比增长（%）	出口额（亿美元）	同比增长（%）	占出口总的额比重（%）	贸易方式
总　计	**208.5**	**6.8**	**46.9**	**12.1**		
1. 冻鱼及鱼片	96.2	-8.0	14.1	-3.0	30.0	40%一般，60%来料
其中：罗非鱼	3.2		0.5			一般
2. 头足类	37.7	32.0	7.7	24.0	16.4	55%一般，45%来料
3. 烤鳗	6.7	-8.6	5.9	-4.6	12.6	一般
4. 养殖虾	10.8	66.0	5.7	60.0	12.2	90%一般
5. 保藏鱼及罐头	12.1	7.0	2.8	16.0	6.0	30%一般，70%来料
6. 捕捞虾	5.1	-31.0	1.8	-32.0	3.8	一般
7. 活鱼	9.0	8.0	1.7	1.40	3.6	一般
8. 冰鲜鱼	7.5	12.5	1.6	12.0	3.4	一般
9. 干腌制品	3.4	46.0	1.3	30.0	2.8	一般
10. 蟹类	3.2	52.0	1.2	44.0	2.6	一般
11. 贝类	6.9	23.0	1.1	2.0	2.3	一般
12. 海藻类	6.3	11.0	1.0	11.0	2.1	一般
13. 其他	3.6		1.0			

表 2　我国水产品主要出口市场对比

项　目	2002 年				2001 年	
	出口量（万 t）	同比增长（%）	出口额（万美元）	同比增长（%）	出口量（万 t）	出口额（万美元）
总　计	**208.5**	**6.8**	**46.9**	**12.1**	**195.3**	**41.9**
1. 日本	81.9	12.1	22.4	10.7	73.1	20.3
2. 美国	25.8	39.0	8.1	43.4	18.5	5.6
3. 韩国	48.6	-3.0	7.0	10.4	50.0	6.3
4. 欧盟	10.4	-49.7	2.3	-48.0	20.8	4.5
四市场合计	166.7		39.8		162.4	36.8
四市场份额	80.0%		85.0%		83.0%	88.0%

我国纺织工业的现状及发展特征

中国纺织工业协会

一、我国纺织工业发展概况

2002 年，全年完成工业总产值首次突破 10 000 亿元大关，主要产品产量为：纱产量完成 801.75 万 t，增长 14.6%；化纤产量完成 991.2 万 t，增长 19.6%；纺织品服装出口迈上 600 亿美元的新台阶，达到 617.7 亿美元，同比增长 15.9%；全行业实现利润将超过 300 亿元。2002 年纺织工业能够取得这些佳绩，一方面得益于国家宏观经济的快速稳定发展、国家政策的支持和我国棉花流通体制的改革；另一方面与纺织行业近几年大规模的调整改造、创新提高以及入世的充分准备、积极应对分不开，更是全行业共同努力的成果。在主要经济指标全线飘红的同时，2002年我国纺织行业经济运行表现出以下主要特征：

1. *市场拉动，主要产品快速增长*　据国家统计局统计，2002年我国规模以上纺织企业完成工业产值10 644.4亿元，同比增长13.42%；实现产品销售收入10 024.24亿元，增长15.19%；纺织产成品占用资金906.56%亿元，同比下降0.12%；产销率97.6%，同比高出1个百分点。

2. *出口额再创历史新高，但出口价格下跌*　据海关统计，2002年我国纺织品服装出口额高达617.69亿美元，同比增长15.66%。值得注意的是，其中的数量拉动特征十分明显，出口数量增幅为18.38%，价格下降2.72%。有关数据表明，随着国际贸易和经济发展环境的变化，我国纺织产品低成本竞争特征进一步凸显，在数量增长的同时价格竞争日趋激烈。

3. *纺织经济运行质量改善，但东西部差距进一步扩大*　在国家统计局统计的23 600家规模以上的纺织企业中，2002年纺织工业实现利润336.6亿元，同比增长24.77%。根据统计，东部纺织经济在规模和效益上均处于绝对优势地位，以东部5省、直辖市（江苏、浙江、广东、山东和上海）为例，其纺织业销售收入占全国的75%，利润占86%，出口额占78%；而出现亏损的8个省市中6个属于西部地区。反映出东西部地区纺织经济差距进一步扩大的趋势。

二、毛纺行业经济运行特征

2002年不同类别的毛纺产品国内市场销售态势不尽相同。作为初级产品的毛条，其需求量完全取决于下游产品市场，而原料价格对企业效益的影响最为直接。2002年国际市场羊毛价格上涨到近10年来的最高价位，国内市场羊毛价格也随之攀升，而下游产品的市场价格反而呈现出下降的态势，对毛条的需求不旺，毛条生产企业普遍面临开工不足、产量下降的困境；毛线各品种中手编毛线主要以农村市场销售为主，目前农村居民也开始趋向购买成衣，传统手工自制服装已越来越少，导致2002年手编毛线市场销售清淡。随着人们生活方式的改变，穿着舒适、个性化的追求，毛针织服装销售看好，所以针织绒的需求较旺；毛针织服装丰富的品种和功能的不断完善，迎合了人们休闲和时尚的消费需求；人造毛皮适合做休闲服装的辅料，2002年休闲服装的热销，带动人造毛皮市场需求转旺。而呢绒则受到来自更适合做休闲服装的其他纤维面料的冲击，导致众多的企业纷纷转向职业装面料的生产，因此呢绒总量虽没有减少，但品种趋同的现象仍然比较严重，竞争更加激烈。

（一）主要生产经济形势

据中国纺织工业协会统计中心统计，2002年规模以上毛纺企业累计生产呢绒近2.7亿m，同比增长3.4%，预计全年全行业生产呢绒可达到3.5亿m左右。2002年毛线生产保持了稳定的低速增长，全年规模以上企业累计生产各类毛线43.6万t，同比增长2.4%，全年各类毛线实际产量可达到47万t左右。2002年规模以上毛针织企业产品销售收入同比增长17.1%，工业总产值（不变价）比上年同期增长17.5%，高于同期毛纺织行业产品销售收入，同比增长10.9%，工业总产值（不变价）同比增长10.3%，估计全年毛针织服装产量也高于去年同期水平，而且高于面料和毛线产量的年增长水平，全年毛针织服装产量可超过14亿件。全年各类毛毯的实际产量在7 000万条左右。

根据2002年统计数据显示，1 166户规模以上毛纺织企业完成工业总产值（现价）676.94亿元，同比增长9.7%；完成工业增加值（现价）163.21亿元，同比增长9.7%，完成销售产值（现价）656.37亿元，同比增长99%；完成出口交货值178.48亿元，同比增长10.1%；实现利润22.73亿元，同比增长3.6%。2002年毛针织行业经济运行情况好于毛纺织行业，876户规模以上毛针织企业完成工业总产值（现价）247.69亿元，同比增长16.9%；完成工业增加值（现价）70.76亿元，同比增长16.9%；完成销售产值（现价）239.86亿元，同比增长17.3%；完成出口交货值130.38亿元，同比增长17.1%；产成品资金22.15亿元，同比下降1.7%，实现利润7.25亿元，同比增长43.6%，国有毛针织行业实现了全行业盈利。

2002年各地毛纺行业经济运行情况存在较大的差异，全国30个省、自治区、直辖市规模以上企业全年实现利润超过亿元的省市有江苏、浙江、内蒙古、上海、河北、广东和山东，以上7个省市规模以上毛纺企业实现利润达到25.66亿元。但是同期还有17个省市毛纺全行业亏损，其中陕西、北京、甘肃、新疆等地最为严重；2002年国有毛纺织行业仍然全行业亏损，产销同比下降；2002年毛纺上市公司业绩显示，多数企业主营利润同比出现下滑，多种经营是这些企业规避风险取得效益的主要途径；2002年毛纺行业总体经济效益增长幅度低于纺织全行业平均水平，更低于棉纺、化纤等纺织其他行业，说明2002年毛纺行业经济运行遇到了比较大的压力和困难。

(二) 进出口情况

由于世界经济发展速度放慢，2002年毛纺产品出口没有大的起色，全年毛纺原料及制品出口34.92亿美元，同比增长1.3%。我国毛纺产品仍然主销日本、中国香港和美国，向上述3个国家和地区的出口额分别占主要毛纺产品（毛纱线、呢绒、毛针织服装、毛梭织服装和毛毯）出口总额的45%、19%和6%。2002年我国对日本、中国香港毛纺产品出口额同比减少了10%和5%，同期对美国和韩国出口有所增长。2002年主要产品出口除呢绒、毛毯外出口量均同比下降，而且各产品单价普遍走低。其中全年毛纱线出口59 230t，同比下降6.4%，金额同比下降11.6%；毛针织服装一直是毛纺出口的拳头产品，其出口额约占毛纺产品出口总额的1/3，2002年毛针织服装出口2.58亿件，同比下降0.8%，出口额同比下降2.7%。其中羊绒衫出口694万件，同比下降5.3%，出口额同比下降21.3%；羊毛衫出口12 774万件，同比减少3.3%，出口额同比增加2.9%；毛梭织服装出口5 347万件，同比减少7.9%，出口额同比减少1.9%。只有呢绒和毛毯出口继续呈现上升的趋势，全年呢绒出口5 030万m，同比增长21.6%，出口额同比增长12.8%；化纤毛毯出口5 766万条，同比增长80%，出口额同比增长46.6%，化纤毛毯出口数量的大幅度增加，主要是欧美取消了该产品的配额限制。

2002年毛纺原料和制品进口同比表现出下落的态势，主要产品进口数量下降幅度较大。2002年进口羊毛23.72万t，同比减少23.26%，而进口额同比下降1.1%。2001年羊毛进口超过30万t，是1996年以来进口羊毛数量最多的年份，因此2002年羊毛缺口压力相对较小，加上羊毛价格上涨、下游产品市场不旺等因素，导致全年进口数量大幅度下降；2002年毛纱线进口43 230t，同比减少5.6%，而进口金额同比上升4.4%，表明原料价格的上涨，已经影响到下游前道产品的价格；2002年进口呢绒7 118万m，同比增长0.5%，比2001年呢绒进口数量同比增加21.3%。

三、纺织染料发展情况

近年来我国纺织染料出口创汇年均超过5亿美元，2002年达到5.74亿美元，同比增长7.6。各类染料的出口创汇均比上年增长，增幅最大的是活性染料和直接染料，创汇最高的是分散染料，达到22814.2万美元。在1998年、1999年、2001年3年出现染料出口创汇负增长的情况下，2002年实现正增长，表明我国出口染料的品种和质量都有了很大的提高。目前出口染料品种共有370个，其中有染料索引号的品种为250个，以分散染料和酸性染料的出口品种最多，分别为105个和5个。出口品种按照色谱计算，以红色品种最多，有84个。其次是蓝色品种69个、黑色品种47个和黄色品种45个。

我国染料工业的迅猛发展还充分反映在主要生产基地的变化以及新基地的不断壮大。目前主要的染料生产基地是浙江、江苏和上海，这3省市的染料生产量占全国的80%～83%，染料出口量占全国的64%～68%，在染料产量超过万吨的重点企业中占据了6家（全国9家）。其中浙江省已经成为我国染料生产的第一大省，2002年染料产量达到24万t，占全国染料产量的57%。目前已经有染料生产企业100多家，都是民营企业。江苏省染料年产量占全国的15%～20%，染料生产企业超过百家，以民营企业为主。80%的企业集中在无锡、苏州、常州和泰州等地区，大多数企业的规模不大，以生产分散染料、活性染料和还原性染料为主。上海是我国染料生产的老基地，现有生产企业近30家，其中1/3为国有企业。上海染料有限公司是目前国内最大的染料生产国有企业，2002年的产量为1.51万t，占全国总产量的3.6%，以生产活性染料和还原染料为主，名列全国重点染料生产企业第七位。

我国染料工业已基本满足了国内纺织工业发展的需要，但是我国染料品种和产品质量与国外先进水平相比仍有一定差距，有的地方差距还很大；染料生产的技术水平还只相当于国外20世纪70年代中期到80年代初的水平，所以我国染料工业要进一步发展成为世界染料强国，仍然需要坚持不懈的努力。

四、纺织机械制造业及进出口分析

(一) 纺织机械制造业

2002年是我国纺织机械企业经济运行状况近年来最好的一年。据中国纺织机械器材工业协会对全国近200家主要骨干企业统计数据显示：该行业全年销售收入达到135.84亿元，利润总额达5.66亿元，实现总产值近270亿元。

我国的纺织机械制造企业，作为为整个纺织工业提供设备及器材的供应商，伴随我国纺织工业的成长，获得了长足的发展。近年来，我国纺机制造企业通过科技攻关、技术引进、消化吸收及合作生产，技术水平有了很大提高，量大面广的传统纺织纤维加工机械基本实现了自给，能够满足国内中低档和少部分高档产品的需要。据专家介绍，我国纺织机械企业的比较优势是生产规模大、产品品种全、制造成本相对较低。其中棉纺成套设备、涤纶长丝成套设备、部分丝绸设备均已接近世界先进水平，在零部件、元器件、毛坯件生产等方面也有较明显的优势。棉纺织设备、针织设备、麻纺织设备、丝绸机械设备等产量实现大幅增长，特别是国有企业发展形势非常好，基本实现扭亏。国产纺机设备国内市场份额保持在50%左右。由于产品技术水平的提高，产品出口量值大幅增长，企业产销形势良好，行业经济运行取得了历史最好业绩。目前，我国纺织机械制造业在整个机械制造业中已达较高水平，其中很多品种如无梭织机、自动落筒机及轻钢联设备等已可替代进口设备，价格又比进口同类产品平均低30%。

权威人士指出，我纺织机械制造水平与国际先进水平仍有相当差距。机械制造业作为一种综合的产业，其水平的提高还有赖于原材料、电子元器件等相关产业水平的提高。总体上，随着经济全球化趋势的发展和纺织工业外向型产业的转变，国产纺机器材还不能满足纺织工业结构调整的需要，每年仍然要从发达国家引进先进的纺织机械装备。在未来几年内，我国纺织企业对进口设备仍会有较大的现实需求。

（二）纺织机械进出口情况分析

据海关统计，2002年我国纺织机械进出口总额为38.76亿美元。其中纺织机械进口金额为35.19亿美元，与2001年同期相比上升39.99%；出口金额为3.57亿美元，同比上升28.45%。逆差31.62亿美元。

1. 纺织机械进口情况

（1）纺织机械进口大幅上升　2000年以来，国内纺织市场需求转旺，纺织行业赢利水平不断提高，国际纺织品市场回缓，我国纺织品出口强劲增长，以及加入世界贸易组织带来的纺织品出口前景影响，我国纺织企业开始大规模进口设备。进入2002年，上半年受到美国等经济增长乏力以及欧洲、日本市场的低迷，我国进口纺织机械增幅不断回落。但下半年以来，在我国宏观经济高速增长，行业效益显著提高，美国、日本等经济缓慢复苏，我国纺织品出口强劲增长下，2002年我国纺织机械进口同比上升39.99个百分点。

（2）进口纺织机械产品中以织机、印染和后整理机械、针织机械居多　2002年进口纺织机械产品中，从价值看，织机占26.19%，印染和后整理机械占19.37%，针织机械占17.61%，纺纱机械占16.00%，化纤机械占11.53%，其余9.30%属于其他设备和器材。其中化纤机械进口金额为40 564万美元，同比上升7.71%；进口数量为3 694台，同比下降15.59%。纺纱机械进口金额为56 307万美元，同比上升20.62%；数量为8 168台，同比上升1.55%。织机进口金额为92 166万美元，同比上升82.18%；进口数量为37 086台，同比上升77.95%。针织机械进口金额61 968万美元，同比上升66.41%；进口数量45 361台，同比上升42.88%。纺机零配件进口金额28 745万美元，同比上升12.37%。印染和后整理机进口金额68 152万美元，同比上升32.99%。

（3）主要进口纺织机械的国家和地区　2002年我国纺织设备主要从日本、德国、意大利、韩国等纺织机械强国和我国台湾省进口，仅这五个国家和地区就占整个纺织设备进口的78.42%。其中日本占27.41%，德国占19.93%，意大利占14.53%，台湾省占9.74%，韩国占6.82%。

（4）个体企业、集体企业进口同比增幅高　从我国纺织设备进口方式上看，以国有、集体、个体企业比三资企业所占份额略高。2002年进口纺织机械国有企业增幅比三资企业增幅低，集体企业、个体企业上升最高。各类企业进口纺织机械及所占比重为：国有企业金额103 916万美元，同比上升13.11%；中外合作企业金额10 099万美元，同比上升16.43%；中外合资企业金额62 339万美元，同比上升9.29%；外商独资企业金额93 078万美元，同比上升44.19%；集体企业金额57 544万美元，同比上升134.65%。个体企业金额24 747万美元，同比上升428.46%。

（5）纺织设备进口主要集中在我国纺织业发达地区　2002年国内纺织业发达地区进口纺织设备前五位的省份依次为浙江省、江苏省、广东省、山东省、北京市。其中浙江省金额为86 410万美元，同比上升69.73%；江苏省金额为79 269万美元，同比上升64.01%；广东省金额为59 260万美元，同比上升43.95%；山东省金额为31 309万美元，同比上升36.69%；北京市金额为18 821万美元，同比下降25.95%。

2. 纺织机械出口情况

（1）我国纺织机械出口一直呈增长趋势　从近几年我国纺织机械同期出口情况看，除2000年出口呈特殊高位，余年出口一直呈增长态势，近五年平均增长幅度为24.46%。2002年出口35 652万美元与进口额35.19亿美元相比，则显然差距还是很大的。

（2）印染机械、纺纱机械出口最多　2002年出口纺织机械产品中，纺纱机械占20.76%，针织机械占19.34%，化纤机械占1.95%，织机占3.52%，印染和后整理机占31.85%，其余22.58%属于其他设备和器材。其中化纤机械出口金额694万美元，同比上升230.60%；出口数量1 871台，同比上升168.44%。纺纱机械出口金额7 401万美元，同比下降6.91%；出口数量4 818台，同比上升10.76%。织机出口金额为1 254万美元，同比上升44.79%；出口数量为7 075台，同比上升17.39%。针织机械出口金额6 896万美元，同比上升72.80%；出口数量140 951台，同比增长21.02%。纺机零配件出口金额为7 947万美元，同比上升28.20%。印染和后整理机出口金额11 356万美元，同比上升34.22%。

（3）我国纺机出口香港特区最多，缅甸增幅最高　我国纺织机械主要向我国香港地区和巴基斯坦、缅甸、孟加拉国等发展中国家出口，仅这些国家和地区就占整个纺织设备出口的一半多。其中香港地区占29.84%，巴基斯坦占9.71%，缅甸占6.40%，孟加拉国占5.36%。

（4）主要纺机产品出口国家和地区　我国纺纱机械出口前五位国家和地区有巴基斯坦、缅甸、印度尼西亚、柬埔寨、孟加拉国；织机出口前五位国家和地区有缅甸、印度、越南、孟加拉国、印度尼西亚；针织机械出口前五位国家和地区有中国香港、印度、孟加拉国、土耳其、越南；纺机零配件出口前五位国家和地区有巴基斯坦、德国、中国台湾省、中国香港、日本；印染和后整理机出口前五位国家和地区有中国香港、泰国、美国、越南、印度尼西亚。

（5）纺机出口国有、三资企业比重相同　从我国纺机出口方式上看，国有企业占主导地位，略有上升；个体、集体企业同比不断增加。国有企业所占比重下降迅速，外商独资、集体、个体企业所占份额不断增长。各类企业2002年出口纺机及比重为：国有企业金额17 300万美元，同比上升11.44%；中外合作金额319万美元，同比下降55.70%；中外合资金额2 774万美元，同比上升21.16%；外商独资金额11 896万美元，同比上升45.77%；集体企业金额1 677万美元，同比上升113.66%；个体企业金额1 665万美元，同比上升581.05%。

（6）纺机出口前五位的地区　2002年出口纺织设备前五位的省份依次为广东省、江苏省、上海市、北京市、浙江省，具体情况为：广东省金额为10 614万美元，同比上升39.35%；江苏省金额为6 847万美元，同比上升35.58%；上海市金额为4 121万美元，同比下降27.12%；北京市金额为3 487万美元，同比下降16.77%；浙江省金额为2 833万美元，同比上升105.34%。

我国造纸工业的发展及面临的主要问题

中国造纸工业协会

当前，我国的纸包装业正处于良性发展时期，对纸和纸板的需求日益增大。我国的造纸能力充沛。但在高档、高强度的纸板生产上，由于我国长纤维原料的缺乏，还有相当大的一部分需要依赖进口。发展林纸一体化工程，对于这种状况应该是一个可行方案。

一、2002年主要经济指标完成情况

（一）纸及纸板生产消费情况

据中国造纸工业协会对综合信息资料调查，2002年全国纸及纸板生产企业约有3 500家，全国纸及纸板生产量3 780万t，较上年3 200万t增长18.13%；消费量4 332万t，较上年增长17.62%，人均消费量为33kg。

造纸工业的主要产品中，新闻纸生产量185万t，同比增长6.94%；消费量204万t，增长9.68%。印刷书写纸生产量920万t，增长37.31%；消费量937万t，增长40.90%。涂布纸生产量180万t，增长38.46%；消费量276万t，增长30.19%。生活用纸生产量310万t，增长14.81%；消费量297万t，增长13.97%。包装用纸生产量400万t，增长为零；消费量429万t，下降7.94%。白纸板生产量460万t，增长53.33%；消费量536万t，增长35.35%。其中涂布白纸板生产量430万t，增长72.0%；消费量504万t，增长49.11%。箱纸板生产量600万t，增长30.43%；消费量725万t，增长33.03%。瓦楞原纸生产量600万t，增长为零；消费量730万t，增长2.1%。其中高强瓦楞原纸生产量190万t，增长

5.56%；消费量320万t，增长8.47%。特种纸及纸板生产量70万t，增长7.69%；消费量108万t，增长27.06%。从2002年的生产形势分析来看，全年生产和消费均呈现逐步升高的走势，并保持了高速增长。生产量增幅较大的主要品种有：新闻纸、铜版纸、生活用纸、涂布白纸板、箱纸板等，消费量增幅较大的主要品种有：新闻纸、书写印刷纸、生活用纸、涂布白纸板、箱纸板、高强瓦楞原纸等。

（二）主要生产经济情况

据国家统计局统计，2002年销售收入500万元以上造纸工业企业2 587家，较上年减少33家；从业人员77.85万人，减少2.85万人；资产总计2 240亿元，增加4.3%。纸及纸板产量3 501万t，增长23.3%；工业总产值（当年价）1 398亿元，增长16.1%；产品销售收入1 318.56亿元，增长15.9%；产销率97.27%，下降0.5%；利税总额140.1亿元，增长34.1%。其中利润总额72.82亿元，增长50.5%；资产负债率64.1%，下降1.5%；负债总额1 436.13亿元，增加2.7%；在统计的2 587家造纸企业中，亏损企业有515家，占20%，比上年下降37个百分点。

从以上数据看，2002年全国造纸生产保持了较好的增长态势，总体经济效益较好。

（三）纸浆生产和消耗情况

根据中国造纸工业协会综合调查显示，2002年全国纸浆消耗总量3 470万t，较上年增长16.44%，其中木浆740万t，比例占21%，同比下降2个百分点；非木浆1 110万t，比例占32%，同比下降1个百分点；废纸浆1 620万t，比例占47%，同比增加3个百分点。木浆降幅中，进口木浆比例和国产木浆比例各减少1个百分点；废纸浆增幅中，进口废纸浆比例减少2个百分点，而国产废纸浆比例增加5个百分点。

以上数字表明，国内造纸原料结构非木浆比例在下降，废纸浆增幅在加大，原料结构有所改善。

二、主产品进出口情况

（一）纸及纸板、纸浆、废纸及纸制品进出口

2002年纸及纸板进口637万t，同比增加13.3%；出口85万t，增加6.9%。纸浆进口526万t，增加7.4%；出口1.9万t，增加52.4%。废纸进口687万t，增加7.1%；出口0.07万t，下降22.2%。纸制品进口24万t，下降2.5%；出口88万t，增加20.4%。

2002年进口纸及纸板、纸浆、废纸、纸制品合计1 874万t，较上年1 719万t增长9.0%；用汇70.37亿美元，较上年63.84亿美元增加10.2%。2002年纸及纸板平均价为573.2美元/t，比2001年平均上涨1.4%。纸浆平均价为411.7美元/t，同比平均下降2.8%；废纸平均价为106.5美元/t，平均下降3.9%。2002年进口用汇总额仍居国家主要进口商品用汇的第三位，仅次于石油和钢材。

2002年纸及纸板进出口总量中，进口增幅较大的主要品种有新闻纸、书写印刷纸、瓦楞原纸等，降幅较大的品种有铜版纸、卷烟纸等；出口量增幅较大的品种有铜版纸、涂布白纸板、卷烟纸和生活用纸等；而作为造纸原料的木浆、废纸进口量仍然加大。（注：这里需要说明，由于2002年国家对进出口商品税则进行了修订，与原有部分造纸产品的税则分类和定义有差别。因此在分类统计中，部分纸产品现在统计的2001年同比数与上年统计公布的有一定差异，主要有书写印刷纸、涂布纸和纸制品等。）

（二）新闻出版印刷用纸进出口

2002年我国新闻出版印刷用纸出口量和进口量分别为45.29万t和178.19万t，同比增长分别为－9.31%和26.74%。其出口量近10个百分点的大幅度降低和进口量近27个百分点的增长，主要是因为我国新闻出版印刷业的长足进步，导致国内市场需求迅速扩大，加之国产纸近年来质量水平和产品档次不断提高、产品品种不断增加，国内印刷业用纸国产化率不断提高，使得总生产量与市场需求之间出现缺口，国产纸供不应求，特别是新闻纸和未涂布纸进口量较大。

我国生产的新闻出版印刷用纸，在国际市场上不仅受到了发展中国家的欢迎，而且也获得了日本、美国和欧洲等一些发达国家的认可。2002年仅日本和美国这两个国家便进口了我国的新闻出版印刷用纸近10万t，占当年我国同类产品出口总量的22.24%。

我国新闻出版印刷用纸出口总量、总金额与进口总量、总金额之差距在缩小。进口与出口的比例，总量从上年的4.28倍缩小到2002年的3.91倍，总金额从上年的4.25倍缩小到2002年的3.96倍。

2002年我国新闻出版印刷用纸出口的国际市场主要是亚洲占78.80%，其次是北美洲和大洋洲分别占9.83%和7.22%；进口的国际市场主要是亚洲占70.73%，其次是欧洲和北美洲分别占21.23%和5.60%。

三、生产集中度与企业产权结构

（一）生产集中度

从全国范围看，2002年除有5个省份生产量有下降外，多数省份都有不同程度增长，2002年纸及纸板产量超过100万t的省份有山东、浙江、广东、河南、江苏、河北、福建和湖北8个省，纸及纸板产量合计已达2 756万t，占全国纸及纸板总产量的73%。从全国各省纸及纸板产量完成情况看，生产集中度已越来越高，东部地区已成为我国造纸工业生产的主要基地。

（二）企业产权结构

据对年销售收入500万元及以上造纸工业企业分析，在企业数量中，国有企业占17.8%，较上年减少4个百分点；“三资”企业占8.1%，较上年减少0.6个百分点；集体及其他企业占74.1%，较上年增加4.6个百分点。在产品销售收入中，国有企业占31.4%，较上年减少2.8个百分点；“三资”企业占30.3%，与上年持平；集体及其他企业占38.3%，较上年增加2.9个百分点。在利税总额中，国有企业占34.0%，较上年减少5.5个百分点；“三资”企业占36.6%，较上年增加5.5个百分点；集体及其他企业占29.4%，与上年持平。

以上数据表明，国内造纸工业产权结构格局及经济比重已发生明显变化，尤其是“三资”企业数量虽然仅占8.1%，但销售收入和利税总额已占到30%以上，这一现象也说明“三资”企业的生产规模和产品在市场的占有率已有较大的发展。

四、纸板机械的技术装备水平

在全国范围内，纸板总产量中近50%是由那些抄宽在2m以下的圆网纸机生产的。这些纸板机械设备陈旧，所采用的原材料一般也是以本地收购的废纸为主，有的也采用一些半化学、半机械方法生产的草浆。这些产品的品质一般都较差，在我国属于C级产品，这类包装纸板多用于区域内销售季节性比较强的生活消费品的包装。

对于另外近50%新增加的生产能力，其技术装备水平也有较大差别。一般可以分为三大类：一是技术装备达到当今世界领先水平的；二是国内领先和世界先进水平的；三是国内较先进水平的。为了提高造纸企业的国际竞争力，许多企业在进行着不断的技术升级和产品结构的调整。对于有实力的企业，在新建项目中，采用目前世界上一流的技术和装备是完全有必要的。另外，我国纤维原料的多样性和多变性也是影响这类设备稳定运行的一个不利因素。在操作方面，先进设备也需要有许多训练有素的人力资源，虽然单位产量的人数不多，但是要求十分严格。到目前为止，国内生产运行的这类设备在纸板厂是屈指可数的。

目前正在实施的和计划实施的项目中大多数是采用国际先进水平的技术装备，这类技术装备也可以说是最实用的或者是最具效益的。他们在具体设计上都采用了已经非常成熟的实用技术。当然目前也还有些企业正在实施的项目的技术含量低于以上大类，这也是适应中国国情的需要。

为了尽快地赶上国际水平，建议有可能的厂家，与国外一些专业设备厂家合作，采用引进技术、代销关键部件等多种形式，提高供应设备的技术装备水平。另外，能够尽快提高我国装备水平的途径是培育和发展国内的工程公司，通过这些工程公司，把造纸设备制造的国内外有效资源组合起来，为造纸企业提供价格诱人、技术装备先进、经过工程化了的项目服务。尽管目前中国已经开始拥有一些具有世界先进水平的纸板技术装备，但是真正能够和国际上的产品有竞争能力的所谓有效产能并不大。迄今为止，单机年产量在10万t以上的纸板生产能力在总产能中所占的比例仍然很低，因此提高我国有效产能是当务之急。

五、纸板工业的纤维供应问题

纸板是消耗纤维资源比例最大的纸种，因此它会对纸板工业产生重大的影响。长期来看，我国不可能在造纸用木材纤维上实现自给自足。目前，我国纸板工业的纤维资源主要来源于废纸。虽然我国的废纸回收率还有待于提高或有可能提高，但相当比例的纸和纸板都随着我国的消费商品出口到国外，而且数量相当可观。由此可见，国际市场的废纸价格将会对国内纸板生产厂家的经营状况产生十分重要的影响。

通常所说造纸工业有两个大的难题：一是建设的资金问题；二是纤维原料问题。近几年来，由于纸和纸板的市场增长较快，加上正好是国际市场的纤维原料处于多年来很低的价位，从而给造纸工业留下了一个较好的利润空间，所以引来许多国内外的投资者，使得造纸工业的投资显得非常活跃。可以说，建设资金的问题正在逐步得到缓解。但是纤维原料的问题，在过去的几年中并没有太多任何实质性的进展。因此对每个大企业来说，研究解决自己的长期纤维原料供应问题是当务之急。

根据统计，2002年全国纸浆的消耗总量为3 470万t。其中非木材浆1 110万t，木浆740万t，废纸浆1 620万t。在全球范围内，纸和纸板生产所消耗的原生纸浆和废纸浆所占的比例在过去几年相对稳定，2000年世界纸和纸板的总产量为3.2亿t，当年的原生浆产量为 1.89 亿 t。据预测，到 2005 年和 2010 年我国纸和纸板的总产量将会分别达到 4 000 万 t 和 6 500 万 t。届时，原生纸浆消耗量将会分别达到 1 960 万 t 和 3 190 万 t。废纸浆的消耗也将分别达到 1 720 万 t 和 2 790 万 t。

到 2010 年的 8 年后，我国的纤维需求量和目前产量之间的差距巨大。即使我国仍然能够从国际市场上采购到这部分，但是这种原料供应的风险不能不引起决策者的高度注意。因此目前有关部门提出的在我国大力推动和发展林纸一体化，加快造纸用木材纤维原料基地建设是十分重要的。同时也要更加科学合理地使用非木材纤维，加大废纸回收的力度，化解造纸工业的纤维原料供应风险。

六、我国造纸工业污染治理的现状和对策

（一）现状

据近年统计资料介绍，全国制浆造纸工业污水排放量约占全国污水排放总量的 10%～12%，居第三位；排放污水中化学耗氧量（CODcr）约占全国排放总量的 40%～45%，居第一位。因此，造纸工业是我国污染环境的主要行业之一。制浆造纸生产中的废水主要是蒸煮废液，中段废水和造纸白水三部分。蒸煮废液的污染负荷约占全部制浆造纸废水的 80%，是最主要的污染源，其次是中段废水。造纸白水回收技术，在我国已普遍推广。大型纸机一般都采用了多圆盘过滤机，中小企业则采用气浮池或多圆盘过滤机进行白水回收，使造纸白水得到了充分的回用，有的已实现封闭循环。造纸白水的污染治理在技术上已没有障碍。蒸煮废液和中段废水的污染治理是我国造纸工业污染防治的重点和难点。

我国造纸原料以非木材原料为主，非木材原料中又以麦草为主。制浆方法以碱法为主，其他还有很少量的酸法制浆和亚铵法制浆。非木材原料蒸煮废液的特性与木材原料相比有很大的不同，加上我国以非木材为原料的制浆造纸企业普遍存在着规模小，装备比较落后的问题。我国非木材原料制浆造纸废水的污染治理程度远远落后于世界平均水平，存在的问题、难题多，是最主要的污染源。据测算我国麦草碱法化学浆年产量约 340 万 t 左右，每年用碱量约 100 万 t。目前，大多数企业没有配套的碱回收系统。通过碱回收系统回收的碱不到 5%，95%以上的烧碱连同被溶解的有机物被排入水体。全国麦草浆（CODcr）的排放量约占整个造纸工业排放总量的 74%以上。非木材原料中的苇浆和蔗渣浆，由于其黑液碱回收系统较早地实现了正常运行，使用这些用料的企业多数建设了碱回收和配套的中段水处理系统，苇浆碱回收率达到 80%，蔗渣浆碱回收率达到 78%，综合废水能够达标排放。

（二）我国造纸工业污水治理技术研究进展

麦草碱法化学浆蒸煮黑液是我国造纸工业最主要的污染源。对蒸煮黑液进行传统的燃烧法碱回收，是用木材制浆造纸十分成熟的技术。碱回收既能治理蒸煮废液的污染，又能从黑液中回收碱和能源，降低制浆成本和污水处理成本，是碱法制浆厂不可缺少的组成部分。但是，麦草浆黑液碱回收在技术上仍存在不少难题。一是由于麦草原料中细小纤维组分多，浆料滤水性能差，黑液提取率低。目前最好的提取率水平可达 80%～85%。二是黑液黏度大，贮存和输送困难，入炉浓度低，黑液燃烧性能差。一般从蒸发站来的黑液浓度约 40%～43%，通过圆盘蒸发器后，浓度为 45%～48%，远低于木浆黑液的入炉浓度。三是原料中含硅量高，蒸发器易结垢，蒸发强度低。白泥由于含硅量高，过滤和沉降性能差，不能回收循环利用。

麦草原料的这些特性，使得其碱回收与木浆有很大的区别。我国早期的麦草浆碱回收设计，大都参照和沿用了木浆的设计参数，结果使得碱回收系统难以正常运行：油耗高，成本高，碱回收率很低，运行故障多。由于碱回收率低，部分污染负荷被转移到中段废水来处理，使得中段废水的处理费用居高难下，进而影响整个企业的经济效益。对麦草制浆废水还不能实现经济有效的治理，这是我国造纸工业污染防治面临的一大难题。近年来，我国造纸工业的技术人员和企业一道经过几年的攻关，已使麦草浆碱回收技术取得了很大的进步。目前，全国已有 19 条麦草浆碱回收系统实现正常运行，碱回收率最好的达到 72%，回收碱的油耗和综合成本有较大幅度地降低。配套建设的中段水处理系统，也实现了正常运行和达标排放。

针对麦草浆碱回收的问题和难点，国内曾有一些研究人员进行了其他污染治理技术的研究，方法达 10 多种。诸如通过超滤和电渗析法分别回收木素和碱，还有通过裂解法回收烧碱以及醋酸等多种裂解产品；还有的通过酸析木素，然后对澄清液进行生化处理等等。但时至今日均无工业规模成功的事例。这些探索和实践也使造纸工作者进一步认识到传统的碱回收方法仍然是治理麦草碱法化学浆蒸煮黑液污染问题比较适宜的方法。对麦草浆碱回收一些技术难题，如黑液的降黏、除硅、提高提取率和碱回收率，还需要继续进行攻关。

（三）我国造纸工业污染防治的对策

防治污染、保护环境，实施可持续发展战略，这是我国发展经济的一项基本政策。国务院明令要求，到2000年底以前，全国所有工业污染源都必须达标排放。更加严格的污水排放标准和限期达标的要求，对我国造纸企业无疑是一项严峻的挑战。解决我国造纸工业的污染防治问题已成为关系造纸企业生存的一项十分紧迫的任务。我国造纸工业较为严重的污染状况是多种原因造成的。非木材原料比例过大、企业规模过小、装备落后造成对污染较难实现经济有效的治理，这是最重要的原因。彻底解决中国造纸工业污染问题，必须结合造纸行业结构调整的整体要求，从原料结构、装备水平、企业规模等方面采取综合措施。

1. *调整原料结构* 扩大使用商品木浆和二次纤维，充分回收利用废纸，积极推进林纸一体化，加快发展造纸速生丰产林基地，努力提高木材原料比重。

2. *加快造纸工业技术改造的步伐* 支持一批重点企业通过技术改造达到比较合理的生产规模，实现装备技术水平的跨越，并彻底解决污染问题。

3. 支持3.4万t/a以上规模的麦草化学浆生产线通过建设碱回收和中段水处理系统，实现达标排放。

4. 对于1.7万t/a以下规模，且装备简陋、又没有发展条件，难以治污达标的小企业，实行关、停、并、转对于其他类型的中小企业，根据具体情况区别对待。支持改用二次纤维或商品浆，结合企业自身条件，发挥优势，开发适当的产品，发展造纸生产。

5. *总结、推广、应用麦草浆黑液碱回收已取得的成功经验* 改进和完善工程设计，进一步提高碱回收率，降低污染治理成本，改善企业经济效益。

6. *加强造纸工业环境保护领域新技术、新设备的研究与开发* 学习、借鉴、引进国际先进技术、装备，逐步提高造纸工业污染防治和环境保护的水平，实现我国造纸工业持续稳定发展。

我国印刷业的现状及其主要特点

中国印刷技术协会理事长　武文祥

进入新世纪，特别是加入WTO以后，中国政治稳定，社会安定，国民经济持续快速发展，2002年国内生产总值超过10万亿元人民币，比上年增长8%；进出口总额超过6 200亿美元，比上年增长21%；实际使用外商直接投资527亿美元，比上年增长12.5%；外汇储备达2 864亿美元，比上年增长724亿美元。人民生活水平进一步提高，综合国力大步跃升。中国科学院发布的《2003中国可持续发展战略报告》，首次披露中国可持续发展综合国力排序为世界第七位。

与印刷业密切相关的新闻出版业，2002年全国共出版图书17.8万种，总印张449亿印张，印张比上年增长13%；报纸2 137种，印刷总量1 067亿印张，其中省（市）级报纸985种，总印张644亿印张，印张增长20%；杂志9 002种，总印张104亿印张，印张增长4.8%，全系统共实现销售收入728亿元，利润49亿元，分别增长5.5%和6.5%。新闻出版总署将业内31家集团的2002年销售收入、资产总额、所有者权益、实现利润和从业人员等项指标，与《中国企业报告》公布的我国500强大企业进行对比研究，这些集团均可列入500强；从销售利润率看，家庭期刊和北京出版集团、沈阳日报和广州日报报业集团都可排进500强的前10位。随着我国经济、新闻出版、对外贸易的发展和人民生活水平的提高，为我国印刷业包括出版物印刷、包装印刷和其他印刷的发展提供了广阔的市场。

截至2002年12月底，全国有各类印刷企业90 021家，复印打字业72 506家，总计162 527家，从业人员近300万人。在各类印刷企业中，从事出版物印刷的企业8 567家，从事包装装潢印刷品印刷的企业29 018家，从事其他印刷品印刷的企业52 436家。在90 021家各类印刷企业中，国有和集体企业占34.5%；有限责任和股份有限公司、外资和中外合资公司占21%；个体、私营企业占39%；其他企业占5.55%。全国有外商投资印刷企业2 107家，其中2002年新批三资印刷企业98家（1999—2001年3年仅批43家），投资总额达5亿多美元。全国各类印刷企业年工业总产值约为2 000亿元人民币，为国民生产总值的2%。

近几年我国印刷业的高速发展，呈现如下9个特点：

一、长期计划经济的障碍正在逐步消除，促进了印刷业健康发展

自2001年7月国务院颁布新的《印刷业管理条例》，明确全行业由新闻出版总署统一监管后，新闻出版总署和外经贸部等相关部门相继制订了配套的若干规定，如2001年11月发布的《印刷业经营者资格条件暂行规定》、2002年1月发布的《设立外商投资印刷企业暂行规定》，中央有关部门会同各地主管部门对全国印刷市场进行了有力的整顿，打击非法出版物、假冒伪劣标识、包装、证件等不法印刷活动，初步规范了印刷市场，保证了合法经营。按《条例》规定，对从事包装装潢印刷品印刷的外商投资印刷企业适度开放，可以独资经营。2002年11月，公安部取消了“设立印刷企业特种行业许可”和“个人从事印刷活动特种行业许可”的行政审批项目。有关部门和地方把印刷列为都市型工业或支柱产业，相继出台了鼓励发展的政策。所有这些都将促进印刷业健康、有序地发展。

二、印刷业正在形成以区域为中心的产业链

印刷企业随着经济文化的发展而蓬勃发展。北京、上海已将印刷行业作为都市型工业列入发展规划，并制订了相应的政策；广东、浙江、江苏已成为印刷大省，并向印刷强省迈进。香港的印刷企业大举北上，近70%的印刷企业内迁或合资建厂（如鸿兴、星光、星州、中商、利丰雅高、伊诺尔等）。香港的印刷业是香港第三大制造工业，有4 800多家企业，4万多从业人员，2001年工业总产值达300多亿港元。最近香港贸发局指出，内地加入世贸组织有利香港其他生产厂商扩大出口生意，从而刺激对包装物印刷的需求，在全球经济一体化的环境下，海外出版社、文具进口商会更多从内地进货。为此，他们呼吁香港印刷业把握好内地逐步放宽对外资企业进入印刷业及取消市场限制的机遇，发展内地及海外两线印刷品和服务市场。此举必将进一步推动港地印刷企业到内地来。台湾的印刷业也正在加大西移步伐，据了解有近400家印刷企业在广东、福建、上海、江苏等地落户（如秋雨、正伟等）。

国际印刷巨头美国当纳利公司先在深圳、后到上海合资创建的大型印刷厂已经投产；德国的贝特斯曼公司也提出在上海投资建厂意向；日本凸版公司10年前在深圳独资建了大型印刷厂，最近正与合作伙伴在上海筹划兴建占地20多万m^2、预计投资9 000万美元的大型包装印刷和油墨制造企业；规划占地40hm^2的上海国际包装印刷城一期主体建筑已经封顶，建成后可为社会提供近万个就业机会，预计工业产值约达18亿元，包装物流年交易额约达30亿元，可为国家创利税近2亿元；世界包装组织、国家经贸委批准我国筹建的“亚洲包装中心”已花落杭州，这是我国包装印刷业走向国际市场、融入经济全球化的良好平台。海内外业界有识之士也将看中并涉足我国西部的印刷市场。

基于原有的基础，特别是改革开放、加入WTO后带来的发展机遇，全国正在形成四大区域印刷中心。即：中南地区，以广东（广州、深圳、中山、东莞、佛山、珠海）为重点（含鄂、湘、豫三省）的珠江三角洲印刷中心，年工业总产值约750亿元，占全国37.5%；华东地区，以上海、江苏、浙江为重点（含鲁、闽、皖、赣）的长江三角洲印刷中心，年印刷工业总产值约800亿元，占全国40%；华北、东北地区，以京、津、冀、辽为重点（含晋、吉、黑）的环渤海带印刷中心，年印刷工业总产值约250亿元，占全国12.5%；以陕西、四川、云南、甘肃、重庆、广西为重点（含内蒙古、宁夏、青海、新疆、西藏、贵州）的12省（区、市）西部大开发中崛起的西部印刷中心，年印刷工业总产值约200亿元，占全国10%。

三、印刷业以国有经济战略调整为重点的改革和资产重组的步伐明显加快

经过长期的策划准备，由中国印刷总公司与香港中华商务印刷公司合资的华联印刷公司，于2002年8月正式开业，这是内地国有大型印刷企业（人称印刷业的“国家队”）进行产权改革、优化资源配置的一个创举。经营半年多来的表现，正面效应已初现端倪，合资双方对发展前景充满乐观。最近，北京印刷业国有经济的改革改制又有一个大的动作，就是中国印刷集团公司成立。这是经国务院批准，在原来新闻出版总署主管的中国印刷总公司、中国印刷物资总公司、中国印刷科学技术研究所等单位基础上组建的国有大型企业。新组建的中国印刷集团公司的战略发展目标，是实现印刷生产、科研、物流一体化，逐步建成以印刷高科技为先导，科工贸一体，内外贸结合，跨媒体、跨地区、跨行业的现代化大型印刷集团，将成为中国印刷业的龙头企业。

在上海，国有印刷企业的产权制度改革也在加速。前不久，上海市经委对国有企业的产权制度改革

提出了三个目标：纵向收缩国资运行的层级；横向收缩国资管理的跨度；点上收缩国有股权的比重。同时提出大、中型企业适度控股、有效减持；小企业基本退出。参照这一精神，结合上海国有印刷企业的实际情况，上海市新闻出版局做出决策，将其所属印刷企业的资产整体与民营企业紫江集团进行嫁接。通过这样的产权制度改革，一是有利于增资扩股，做大做强；二是有利于转变经营机制、用人制度和分配制度；三是有利于优势互补，错位经营；四是有利于扩大市场份额，提高两个效益；五是有利于人员安置，平稳过渡。

这几年，国有印刷企业的产权制度改革，在江苏、陕西、湖南、山西、辽宁、湖北和温州等省市都在不同层面上进行，有的是几家国企联合，资产重组；有的是国企适度的控股、有效减持，有的企业（如温州新华印刷厂）则基本退出。这些企业通过不同形式的产权制度改革，都初步收到了发展生产力和提高职工生活水平的效果。

四、传统印刷技术改造步伐加大，采用数字网络新技术的势头旺盛

一是自2000年以来，内地印刷业结束了对CTP的观望徘徊状态，引进数量迅猛增长。根据有关跟踪调查，2001年，全国CTP保有量是61套，到2002年3月上升到86套，到2002年9月，又升到143套，一年时间内增长1.3倍，一改多年停滞不前的局面。这143套设备，分布在16个省（市）。按所在地域分，广东保有量最多，有87套，继续领先。北京、上海保有量各13套，位居第二。浙江、江苏、山东、福建四省保有量13套，同上海保有量加在一起共26套，初步改变了华东地区增长缓慢的面貌。陕西、四川、云南、广西四省（区）保有量共8套，这与当前中西部地区印刷业发展水平基本上是相适应的。按应用行业分，用于商业印刷的共117套，用于报纸印刷的共26套。由于商业印刷企业的数量大大多于报纸印刷工厂，因此它们CTP拥有的绝对数量处于主流地位是正常的。

二是引进商业轮转机的势头有增无减。据造纸行业的跟踪调查。到2002年1月上旬，已经投入使用的共有68台，分布在16个省市，其中北京、广东各21台（深圳20台），上海11台，其余分别在西安（3台）、成都、无锡（各2台）、南京、济南、太原、昆明、长沙、武汉、杭州（各1台）。当时已经定购或正在安装的共15台，买方分布在北京（5台）、深圳（3台）、上海（2台）、郑州、南京、南昌、福州和东北（各1台）。当时计划增定的9台，买方分布在北京（6台）、太原（2台）、武汉（1台）。三者加在一起，共计94台。另据调查，到2003年2月，上海7家印刷企业实际持有的商业轮转机共计17台。换言之，国内商业轮转机的数量已达100台，其中大部分是近2～3年引进的，势头之猛，前所未有。

五、随着印刷工业的持续发展，印刷教育也出现了新的繁荣

目前，全国有印刷及相关的高等院校（系）12所，在校的本专科学生近16 000名，硕士研究生380多名，是有史以来我国高等教育空前繁荣的时期，直接为我国印刷、印刷机械器材及相关行业培养输送了数万名各级各类人才，大大改善了印刷队伍的知识结构，提高了从业人员的素质，许多人员成为企业的管理、技术、营销骨干，或是学校、科研院所的教学、研究骨干，有的已经是业界颇有成就的知名企业家、学者和媒体的主编，受到人们的尊敬和关爱。

与此同时，多层次、多形式的印刷职业教育也在继续开展。北京印刷学院举办的大学本、专科函授（成人）教育，同上海出版印刷专科学校联办专科升本科函授教育，一直受到业界和社会的欢迎，最近又与深圳、温州规划合建印刷培训基地。早年北京印刷学院同台湾业界合办的函授教育，在两岸同行中间留下了良好的印象。

近年来，国内印刷教育还有两项新的举动。一是欧盟同中国印协、中国印刷研究所、《印刷技术》杂志社合作举办的印刷技术培训班。这是由欧洲共同体亚洲投资基金会首次对华印刷业援助的项目，资助12万欧元，以提高我国出版印刷、包装印刷图文质量为内容，对从业者进行短期培训。于2002年7～11月分别在北京、成都两地各办了4期，内容有“印刷标准化在质量控制方面的应用”、“质量管理与信息管理在印刷作业的实际应用”、“包装印刷技术及实际生产中的问题和解决办法”、“从传统印前作业向数字化印前作业的过渡”等4个专题，26个省市733名学员接受了以外国专家为主的共11名中外专家的面授。二是香港印艺学会名誉主席李春霖先生及家人，遵照其父李伟民先生遗愿，捐赠100万元港币，设立中国印刷技术协会印刷教育基金，这是中国印协成立20多年来首次得到这么多的教育基金，基金首选用于李春霖先生的故乡辽宁省。在辽宁省新闻出版学校内建立伟民印刷分校电脑实验中心，以55万元

（人民币）基金购置苹果电脑等设备 30 台（件），用于教学和实验。该中心已于 2002 年 8 月落成，正常开展印刷职业教育。

六、按照大印刷观和系统工程原则，建设中国特色的大印刷产业链

印刷机械行业采取多种形式进行资本运营，开发新产品，延伸产业链，取得了骄人的进展。在上海市政府的支持下，上海电气集团和美国晨兴公司再次联手，斥巨资收购曾经盛极一时、2001 年第二次申请再生的日本秋山印刷机械公司的优良资产，派员全权领导新的秋山国际公司。第一年度恢复性和开发性的运作取得初步成功，新产品单张纸对开双面多色胶印机在 2002 年上海工博会上获得金牌，在 2003 年 3 月东莞展示会上被更多用户和专家认可，市场前景看好。中国的印机企业收购一个发达国家的知名企业品牌，同时吸纳其技术、人员，以新的产品和优良的服务重新走进世界市场，是史无前例第一回，大长了中国人的志气。经过一年的磨合，逐渐赢得了秋山员工的真诚合作和日本舆论（包括一些主流媒体）的好感，也引起欧美媒体的关注。

国内印机龙头企业北人集团与日本黄晶公司采取 OEM 方式，将东京机械公司生产的印后设备用北人的品牌销售。北人还以承债方式、用巨额现金整体购并陕西黄工集团印机公司，成立了北人陕西印机公司。上海印包机公司也与美国方氏兄弟公司合作开发印前设备。这一连串延伸产业链的举措，对印机行业的产业扩张、市场扩张将带来正面效应。

近几年，国外印刷材料厂商纷纷实施本土化战略，相继在我国投资设厂。如爱克发公司在无锡、柯达宝丽光在天津建厂生产 CTP 等版材，日本富士同中国印刷研究所合作生产高档 PS 版并将在 2003 年生产 CTP 版材。加上一批外国纸业厂商在江苏、浙江、上海等地设厂，油墨厂商在天津、深圳、上海、杭州、广州等地设厂，橡皮布厂商在上海设厂等。几种国际名牌主要印刷材料的本土化已经形成相当规模，国内市场国际化的局面日渐显现。

七、印刷专业刊物和会展经济发展势头强劲

《印刷技术》、《中国印刷》、《印刷杂志》、《今日印刷》、《广东印刷》、《西部印刷》、《印刷世界》、《中国印刷物资商情》等专业印刷杂志，以及《中国包装报·印刷周刊》、《中国新闻出版报印务周刊》等专业印刷报纸，总体质量都有很大提高，信息量加大，社会、经济效益提高。

会展经济近几年也取得巨大发展，一年有大、小 100 多个印刷展。四年一度的北京国际印刷展，一年一度的上海国际印刷展，以及巡回在北京、广州、上海一年一度的中国国际网印及制像展已成品牌。

八、同海外业界的合作交流又有新发展

2001 年在北京召开的规模空前、规格很高的第七届世界印刷大会，已载入史册。世界印刷大会指导委员会在中国成立，2002 年 4 月赴葡萄牙里斯本出席指导委员会和国际印联大会，2003 年 1 月赴南非约翰内斯堡，出席参与策划第八届“世界印刷与传播论坛”（即世界印刷大会）的筹备工作。中国印刷代表团出席了在新加坡举行的第六届亚洲印刷技术论坛年会，北京印刷学院副院长蒲嘉陵教授在会上发表了“中国 CTP 的现状和未来”的演讲。应台湾区印刷暨机器材料工业同业公会邀请，中国印协代表团赴台湾参加了海峡两岸四地印刷业第一次交流联谊会，会议商定，今后交流联谊会每年举行一次，在四地轮流召开，第二次联谊活动于 2003 年 10 月 30 日在上海举行。近两年，国内印刷界组成多个代表团参观了 2001 年在美国芝加哥、2002 年在英国伯明翰举行的两个国际印刷展览会。国内印刷及机材行业人士，还多次出访国外和港台地区，接待来访的外国及港澳台地区的业界朋友。今后，随着中国入世日久，国内印刷界的对外交往将不断扩大，并将赋予新的内容。

九、随着政府改革的深入，有关部门对发展行业协会更为重视

国内统一管理印刷全行业的新闻出版总署多次指出，“要支持印刷及相关行业协会的工作，使行业协会实现自我管理、自我约束、自我服务、自我发展，成为印刷行业自律的重要力量”。最近，新闻出版总署在《印刷企业“十五”后三年总量、结构、布局宏观调控指导意见》中进一步提出：“印刷及相关行业协会应在审批设立、人员培训、职业道德、行业发展规划等多方面发挥作用”，更明确、更具体地赋予印刷社团该行使的行业功能。

随着印刷业法制环境不断完善，行业自律意识有所加强，中国印协等行业组织制订了《印刷行业公

约》，上海市组织印刷企业进行《诚信服务，守法经营宣言》活动，各地印协也因地制宜，为规范印刷者的经营行为，实行自律，使印刷业健康有序地发展，做了许多富有成效的工作。

以上说明，我国印刷业有了很大发展，当然还存在诸如结构性调整和市场秩序等问题，需要在发展过程中着力解决。我们要认真学习党的十六大精神，十六大报告指出："21 世纪头 20 年，对我国来说是一个必须紧紧抓住，并且可以大有作为的重要战略机遇期"。我们印刷业应该紧紧抓住这个历史机遇，用新的思路和新的举措加快发展。主要是深化印刷企业改革，运用现代企业制度推动发展；尊重市场经济规律，运用市场机制促进发展；坚持以信息化带动印刷产业化，大力提升印刷产业素质；加强宏观调控和微观监督，保证印刷产业快速发展。

3 第三部分

农产品加工业发展概况

小麦、稻谷生产及其制品业

一、我国小麦、稻谷生产与市场情况

（一）小麦生产与市场情况

1. 生产情况　2002 年我国小麦播种面积为 2 356 万 hm^2，比 2001 年减少 4.7%；总产量为 8 929 万 t，比 2001 年下降 4.89%。其中，由于农业产业结构的调整，优良品种的选育和推广，全国优质小麦播种面积和产量仍保持持续增长的态势；2002 年与 2001 年比较，播种面积增长 37%，产量增长 40%（见表 1）。

表 1　2002 年我国小麦播种面积及产量　单位：万 hm^2，万 t

名　称	播种面积			产　量		
	2002 年	2001 年	同比增长（%）	2002 年	2001 年	同比增长（%）
冬小麦	2 150	2 253	−4.57	8 305	8 765	−5.25
春小麦	200	213	−6	624	622	+0.32
优质小麦	535	392	+37	2 150	1 532	+40
总　计	**2 350**	**2 466**	**−4.7**	**8 929**	**9 388**	**−4.89**

目前我国年需面包粉专用小麦 360 万 t，饺子粉和方便面粉专用小麦 1 200 万 t，饼干糕点粉专用小麦 500 万 t，挂面粉专用小麦 200 万 t，合计专用小麦约 2 260 万 t，占小麦总产量的 24.4%。2002 年我国优质小麦预计产量达 2 150 万 t，从总量上看，供需基本达到平衡。但随着国民生活水平的提高以及制粉工艺的改进，面粉加工企业对优质小麦的需求还将日益增加。为了适应烘焙工业的需要，我国还需进口一定数量的优质高筋小麦，以供搭配加工面包专用粉。

2. 市场情况　由于受小麦出口国产量大幅度下降的影响，2002 年国际市场小麦价格大幅上扬，最高价达每蒲式耳 430 美分［最低价 256 美分，1 蒲式耳（bsh）=35.239L］，上涨幅度高达 68%。2002 年我国全年累计进口小麦 60.46 万 t，同比减少 12.4%。一些国内厂商开始用国内优质小麦替代进口的高筋优质小麦。2002 年全年累计出口小麦 68.76 万 t，同比增长 51%。特别是下半年我国制粉用小麦受到东南亚各国的青睐，其出口稳步增长。随着国民生活水平的不断提高，小麦副食消费不断增加，口粮消费比重呈下降趋势，我国小麦制粉业的消费比重已从 10 年前的 87%～88%，下降到近目前的 84%～85%。饲用小麦消费量逐年增加，目前已占到 5%～6%；工业消费主要涉及酿酒、酒精、调味品等领域，产量同比增加 30 万 t。按年度统计，小麦市场供需平衡情况见表 2。

表 2　小麦市场供需平衡情况

单位：万 t

年　度	2000/2001	2001/2002	2002/2003
生产量	9 963.6	9 387.6	8 933
进口量	42.3	91.1	90
年度供给量	10 005.9	9 478.7	9 023
制粉消费	9 300.0	9 200.0	9 000
面　粉	6 975.0	6 900.0	6 750
次　粉	465.0	460.0	450
麸　皮	1 860.0	1 840.0	1 800
饲用消费	400.0	550.0	650
工业消费	220.0	250.0	250
种用量	500.0	480.0	440
损耗量	500.0	350.0	350
年度国内消费	10 920.0	10 830.0	10 690
出口量	3.4	70.3	120
年度总需求量	10 923.4	10 900.3	10 810
年度结余量	−917.5	−1421.6	−1 787

（二）稻谷生产与市场情况

我国以不足世界 10% 的耕地养活了占世界 22% 的人口，其中水稻的增产为此做出了重要贡献。水稻在我国三大粮食品种（水稻、小麦、玉米）生产中居于首位，受退耕还林政策和稻谷种植比较效益降低等因素的影响，稻谷种植面积有所下降，但仍保持在 2 800万 hm^2 以上，其常年播种面积占粮食播种面积的 28%，产量占粮食总产量的 40%左右。

2002 年全国稻谷种植面积为 2 881 万 hm^2，产量为 1.778 亿 t（折合稻米 1.245 亿 t），分别比上年减少 3.9% 和 5.5%；2002/2003 年度，我国稻米总消费量为 1.348 亿 t，比 2001/2002 年度增加 22 万 t（见表 3）。

表 3 2002/2003 年度我国稻米消费结构变化情况　　单位：万 t

名　称	食用消费	饲料消费	种　子	出口	工业消费	损耗等	合　计
数　量	11 744	881	158	250	190	666	13 889
所占比重	84.6	6.3	1.1	1.8	1.4	4.8	
与上年比较	小幅增加	增加	持平	增加	减小	减小	小幅增加

从上表看出，我国稻米全国消费增长幅度小，食用消费仍然是我国稻米消费的主要形式，占全年稻米总消费量的 84.6%。随着小康社会的到来，我国农产品实现由长期短缺向丰年有余飞跃，我国水稻生产已经在由单一高产型逐步向高产与优质并重发展，在稻谷生产科技方面也在围绕优化品种结构和种植结构展开研究。

二、面粉、面制食品和稻米加工的发展趋势

（一）面粉工业与面制食品加工的走向

1. *按照原料来源与市场需求调整面粉加工行业* 目前我国已有日加工小麦能力达 50t 以上的面粉加工企业近万家。其中日加工小麦能力在 400t 以上的大型加工厂近 80 家，200～400t 的加工厂近 500 家，其余是中小型加工厂，这些加工厂加工小麦能力总和约为 2.5 亿 t。而中原地区日加工小麦能力在 50t 以下的小机组粗略估计约 4 万～6 万套，有 1 亿 t 的加工能力，因此全国小麦年加工能力已达 3.5 亿 t。目前全国平均小麦消费量只有 1.15 亿 t 左右。由此推算，面粉行业设备平均开工率仅为 32%，即使全部用正规的面粉加工企业来生产，开工率也仅达 46%，面粉行业加工能力严重过剩。

随着粮食购销市场化改革和国有企业的改制以及农业产业化的推进，重点实施优质小麦专用区域布局规划，面粉行业正在适应小麦种植区域市场的调整与市场对产品的需求，进行企业改革、改组和改造。具体调整情况如下：

（1）港口城市依托进口优质小麦和发达的食品工业及较高的消费水准，正在新建或利用原有面粉工业基础，收购、兼并或扩建改造，形成以生产高档食品专用粉为主、产业链延伸到面制食品以及饲料产品生产的集团企业，这类企业日处理小麦能力朝着1 000～2 000t 的规模发展。例如，海南省海发面粉公司、深圳南海粮食工业有限公司、南顺面粉公司、广州南方面粉公司、上海面粉公司、山东新亚洲食品制粉公司、大连三发面粉公司、天津的利达面粉公司等。

（2）小麦产区一批产业化龙头企业脱颖而出，依托当地优质原料，实行农工贸一体化，带动农村经济发展。例如：河南南街村食品集团、郑州金苑面粉厂、五得利面粉集团等，这些企业日处理小麦规模也达到 1000t 以上，以发展通用粉生产为主，面向城乡市场，并且向面制食品延伸。

（3）一些国有面粉企业，通过改制或重组，依托储备粮轮换和小麦进口配额或“公司＋农户”、“订单农业”采购，发展精深加工，以生产各种食品专用粉为主，占有一定城镇市场，一般规模日处理小麦在 200～800t 不等，例如：北京古船面粉公司、河北廊坊面粉公司等。

（4）随着小麦产地加工业的发展和国家对小麦粉等五类产品实行市场准入证制度的实施，在市场竞争和监管加强的形势下，一批小型面粉加工机组（或企业），有的通过技术改造向中型面粉厂（日处理小麦 200t 以上）发展；有的在竞争中走向关闭、停产。

2. *面制食品加工向新型工业化方向发展* “安全、营养、美味、方便”是 21 世纪食品工业发展的基本要求。全面建设小康社会，确保人民“一日三餐”的主食吃饱、吃好，有益人们身心健康，是食品工业肩负的重要任务。要做好这一点，则必须连接小麦种植、面粉加工及面制食品生产的产业链，加速主食品生产的新型工业化。具体做法为：

（1）制定符合面制食品生产需要的标准体系，以规范全国面粉行业的发展，达到食品专用粉的品质要求，为食品工业提供安全可靠的面粉。

（2）加强原料品质和制粉工艺的研究，做好通用粉品种细分化工作。主要是用好面粉添加剂，使一种或少数几种普通粉派生出多种不同用途的面粉，使“通用化的面粉实现专用化”。

（3）推动面粉品质改良剂的应用推广，进一步提高我国传统面食产品的质量。

（4）提高企业的技术装备水平，增强面制食品的竞争能力。

目前我国面粉的年产量为 6 900 万 t，而通过工业化加工成面制食品仅为 2 260 万 t，约占 30%。也就是说，约 70%的面粉加工成面制食品还是作坊式、家庭式手工加工。与发达国家相反，欧美国家 70%的主食品都是工业化生产。作为一个产业，设备技术水平高低，在很大程度上决定了这一产业的发展水平，没有高性能的设备，就没有高质量的产品。节能

降耗，提高劳动生产率，降低成本，就无从谈起。面制品产业的规模化、经营的网络化和联锁化、生产过程的自动化和营销管理的信息化，已成为提升企业市场竞争力的重要手段。总之，连接原料种植、面粉加工及面制食品生产的产业链，提升面制食品新型工业化水平，开拓面制食品新产品和国内外市场，是我们今后共同努力的方向。

（二）稻米生产与加工的发展趋势

1. 稻米生产、加工的发展走向

（1）水稻大面积高产综合配套技术研究开发与示范项目已取得成果，形成适合我国南方稻区大面积高产优质高效型综合配套技术体系，并大面积推广应用；攻克食用稻优质高产、饲料稻高产、高蛋白、双季稻超高产栽培、水稻抗灾减灾以及水稻技术经济产业化等技术难关，促进了我国南方水稻产业发展，为我国水稻产业优化升级提供了强有力的技术支撑。

（2）我国超级稻项目实施5年来，已育成新品种新组合37个，其中符合超级稻产量验收标准的新品种有8个，我国水稻研究所育成的新品种“协优9308”最高每公顷产量达到12.23t，被农业科技跨越计划中国超级稻试验示范项目确定为重点核心品种，分别在南方和北方两个地点实施百亩生产技术集成和示范。

（3）2001年，中国科学院成功地完成并公布了世界上第一张籼稻全基因组物理图谱后，为2002年及以后解决每种基因的功能问题迈出新的一步。

（4）发展稻谷的精深加工和资源的综合利用，建立了一批产业化示范工程。例如：黑龙江北大荒优质米（粳稻）深加工食品工业示范工程、湖南金健米业优质稻（籼稻）深加工食品工业示范工程、江西蒸谷米厂示范工程、广西桂平香米生产示范工程等一批大型产业化项目已投入建设，将为我国粮食加工业向新型工业化迈上一个新台阶。此外，适应人们营养、保健需要的“留胚米”、“发芽糙米”相继问世。

（5）精米加工副产品的综合利用。“九五”以来，一批综合利用重大科技攻关成果进入产业化。例如：稻壳作为生物能源在供气、采暖、发电上利用；作为环保材料，在可降解快餐盒等包装用具上应用；作为建筑材料制作板材，在制作家具、房屋装修上应用；利用碎米开发出淀粉糖、糊精、果葡糖、低聚糖、多孔淀粉、抗性淀粉产品；利用米蛋白生产婴儿食品；利用米糠开发膳食纤维、米糠营养素、米糠油；利用糠蜡开发二十八碳醇；利用米糠油精炼副产物，生产油酸、亚油酸、硬脂酸及其衍生物和V_E等，已取得产业化成果。

（6）大米主食新型工业化产品得到快速发展，“速冻米饭”工业化生产已形成规模，北京已建成日产20万份生产线；“冷藏米饭”在上海冠生和上海粮食储运公司引进日本生产线，成批量生产，已投放市场。方便米粉在广州、广西、湖南、江西、云南等省普遍推广，建成一批工业化生产的工厂，生产线规模由万包向10万包以上扩大。河南“三全汤丸”形成龙头企业，产品走向全国。米制食品工业化生产每年以15%～20%速度蓬勃发展。

2.“营养、安全、适口、方便”是稻米加工的主流和方向　随着我国主要食物生产能力的提高，居民生活水平迅速改善。一是我国膳食模式逐步向多元化方向发展；二是我国食物结构和食物消费中的不合理状况日益显露，营养过剩与营养不良并存的现象有增加趋势。不科学、不文明的食物消费习惯普遍存在。“食不厌精”，追求“精度”，使加工偏离了“营养”的要求。21世纪的人类，应该从“大饱口福”中警醒过来，讲究全面、均衡、优质营养要素的科学摄取。要以食物强化为我国全面改善公众营养状况的切入点，选择和制定适合我国国情的强化食物载体和营养强化组方，做好稻米的强化工作。

实践证明：在碾米过程中，随着皮层与胚芽的碾去，所含的营养成分也随之部分流失。大米精度越高，营养成分损失越多，所以高精度大米虽然味好，利于消化，但其营养价值要比一般低精度大米差。此外，大米在蒸煮过程中也将损失一定的营养成分。留胚米和精白米营养成分的变化对照情况见表4。

表4　留胚米和精白米营养成分对照情况（每100g）

项　目	留胚米	精白米	留胚米米饭	精白米米饭
能量（kJ）	1 481.14	1 489.50	615.05	619.23
水分（%）	15.50	15.50	65.00	65.00
蛋白质（g）	7.00	6.80	2.90	2.60
脂类（g）	2.00	1.30	0.80	0.50
糖类（g）	74.40	75.50	30.80	31.70
纤维（g）	0.40	0.30	0.20	0.10
灰分（g）	0.70	0.60	0.30	0.10
钙（mg）	7.00	6.00	3.00	2.00
磷（mg）	160.00	140.00	65.00	30.00
铁（mg）	0.50	0.50	0.20	0.10
钠（mg）	1.00	2.00	1.00	2.00
钾（mg）	140.00	110.00	35.00	27.00
维生素B_1（mg）	0.30	0.12	0.10	0.03
维生素B_2（mg）	0.05	0.03	0.01	0.01
维生素E（mg）	1.00	0.40	0.40	0.20
尼克酸（mg）	2.20	1.40	0.80	0.30
食物纤维				
水溶性（g）	0.10	痕量	痕量	痕量
不溶性（g）	1.20	0.80	0.60	0.40
总量（g）	1.30	0.80	0.60	0.40

日本、欧美等发达国家非常重视稻米中必需成分与生理活性成分的保存量，推崇食用糙米。近年日本开发出发芽糙米，并已产业化、商业化。晚籼米营养成分加工损失及蒸煮损失见表5。

表5 晚籼米营养成分加工损失及蒸煮损失（每100g）

营养成分	大米				大米饭			
	糙米	精白米	加工损失量	损失率（%）	糙米饭	白米饭	蒸煮损失量	损失率（%）
蛋白质（g）	8.69	8.43	0.28	3.00	5.04	4.35	4.34	49.90
赖氨酸（mg）	308.40	249.90	65.10	21.10	301.60	231.90	76.50	24.80
苏氨酸（mg）	316.20	289.70	26.50	8.40	304.80	281.10	35. 10	11.10
维生素 B_1（mg）	0.04	0.02	0.02	52.50	0.03	0.02	0.03	62.50
维生素 B_2（mg）	0.03	0.02	0.01	33.33	0.02	0.01	0.02	66.67
钙（mg）	20.00	10.00	10.00	50.00	20.00	10.00	10.00	50.00
磷（mg）	173.00	155.00	18.00	10.40	169.00	152.00	21.00	12.14
铁（mg）	3.00	2.80	0.20	6.70	2.60	2.50	0.50	16.67

在“中国食物与营养发展纲要（2001—2010年）”中，把今后10年食物与营养发展的基本原则概括为“五个坚持”，对于稻米的加工与新产品开发，应研究和贯彻这些原则精神。总之，我们要按照“营养”要求，更好地指导稻米的合理加工与消费。

3. 发芽糙米的发展前景广阔

(1) 糙米的发芽，实质上是一个生物化学反应的过程。当糙米的水分增加到一定程度时，使部分储藏物质变为溶胶；同时，酶由结合态转化为游离态而起酶解作用，籽粒中不溶于水的物质转化为供胚利用的物质。发芽糙米实质上是糙米活性化。

(2) 发芽糙米营养成分含量比糙米大大提高。糙米以水为介质，发芽3d以后，可溶性糖增加了3倍；可溶性蛋白质增加13.8%；维生素C由发芽前未检测出提高至每100g 1.78mg；维生素 B_2 每100g由0.056提高到0.19 mg；维生素E每100g由13.2提高到33.49 mg，GSH（谷胱甘肽）每100g由3.64提高到9.48 mg。日本的发芽糙米的GABA（γ-氨基丁酸）是糙米的2倍，约是大米10倍；膳食纤维比糙米多至15%，比大米多2.7倍。发芽糙米中的镁、磷、钙、锌、铁、硒等微量元素或痕量元素的含量也大大超过糙米。

(3) 糙米中各种必需成分的生理活性得到增强。糙米中的微量元素大部分与植酸结合在一起，食用糙米时，这些成分几乎不为人体所吸收；而发芽糙米这些与植酸结合的必需成分则是离解状态，成为游离态，从而易被人体所消化吸收。

(4) 糙米发芽过程中纤维素酶、半纤维素酶的活化作用于皮层中的纤维素、半纤维素，使其部分酶解皮层变软。因此炊煮方便，特别是与大米互配后煮饭，可作主食用。

北京华通康源科技有限公司研制开发的发芽糙米产业化项目，今年初通过专家评审，“发芽糙米一体化生产设备”在发芽糙米生理活性化、工艺与设备结构方面实现了多项技术创新，2003年7月11日被中国专利局授予“实用新型专利”，为发芽糙米的工业化生产提供了示范。据日本资料报道，经大量临床验证显示，长期食用发芽糙米，对人体机能和代谢的平衡、疏导、调节十分有益。总之，促进发芽糙米加工技术的转化，搞好这项新技术、新产品的市场开发，前景广阔。

（中国粮油学会 刘兴信 于衍霞）

棉花加工机械制造业

一、生产情况

我国棉花加工机械行业发展较快，主要表现在：企业数量增多，产值大幅度提高。据不完全统计，2002年全国棉花加工机械产品主辅机生产企业共有65家，其中主机生产企业40家，创历史新高。上报统计数据的主机生产企业有35家。这35家棉机制造企业现有职工9 197人，其中：工程技术人员1 103人。固定资产原值41 780万元，固定资产净值25 734万元。全年完成工业总产值82 070万元,实现利税8 296万元。2002年,这35家棉机企业,共生产锯齿轧花机4 624台,皮辊轧花机390台,打包机1 296台,皮棉清理机2 311台,籽棉清理机319台,剥绒机2 666台,清弹机204台,集棉机143台,烘干机68台。

二、体制改革

为了规范棉花加工机械产品生产和销售的市场秩序,国家质量监督检验检疫总局下发了国质检监函[2002]39号"关于对部分棉花加工机械产品实行生产许可证制度的通知"。这一制度的实施将对整顿我国棉机市场、清除非法棉机生产经营企业、保证棉机产品质量、打击伪劣假冒产品等方面起到积极的作用。被列入第一批实行生产许可证的棉花加工机械产品是:锯齿轧花机和液压棉花打包机。目前棉花加工机械产品生产许可证审查部门正在组织对申请生产许可证的棉花加工机械制造企业进行审查,今后将陆续对生产合格产品的企业发放棉花加工机械生产许可证。

2002年,为了把棉花加工企业建成自主经营、自负盈亏、自我发展、自我约束的独立法人,发展跨地区、跨所有制、贸工农一体化的棉花企业集团,促进建立适应社会主义市场经济要求的棉花流通体制,国务院办公厅下发了国办发[2002]51号《国务院办公厅转发国家经贸委等部门关于供销社与棉花企业实施意见的通知》。通知提出了社企分开的目标、原则、内容、主要措施以及完成期限等。该项改革措施的实施,对搞活棉花加工企业的经营活动,促进棉花加工企业向规模化发展起到了积极作用。

三、市场情况

(一)棉花加工市场的特点

2002年度,我国棉花加工企业的数量增长出现了"暴发"现象。在短短的一年间增加了几千家。据粗略统计,我国的轧花厂总数已近万家,这在我国棉花加工业发展史上是首次。棉花加工企业的结构也发生了巨大变化,棉花流通的新格局已经形成。供销社系统的棉花加工企业在数量上正在大幅缩小,农业系统、纺织系统以及私营、个体企业正在大量的介入棉花加工市场。这样发展的结果使原本已严重过剩的棉花加工能力更加过剩。无序竞争、过度竞争的局面在许多地方出现,从而引起棉花加工、棉花收购秩序混乱,严重破坏了棉花资源也影响了棉花加工质量,更会造成棉花加工设备的大量浪费。不过,这只是棉花加工业发展中的暂时现象,经过一段时间的混战之后,将有相当多的企业在竞争中被淘汰,我国的棉花加工市场最终会步入正常有序的发展之中。

(二)棉机制造市场的特点

1. *棉机制造企业的数量有了大幅增加* 据不完全统计,到2002年末,我国棉花制造企业已达65家,在原来的基础上翻了几倍。

2. *棉机制造企业的结构有了较大的变化* 过去,我国棉机制造主要是供销系统的企业,现在农机、纺机以及一些私营、个体机械制造企业也纷纷介入棉机制造业,形成了比较合理的竞争格局。

3. *棉机制造企业普遍收到了较好的效益* 由于棉花加工企业的大量增加,因此产生了对棉机产品的大量需求,使得棉机制造企业都收到了较好的效益。

4. *棉机的市场竞争达到了白炽化的程度* 主要竞争方式有价格竞争、质量竞争、服务竞争等,相信有不少的棉机制造企业依据市场经济"优胜劣汰"的原则,将会在竞争中站住脚跟、发展壮大或被淘汰。

四、科研与新产品开发

2002年,该行业一方面加强了对原有产品进行工艺和技术的改进和提升。如山东天鹅棉业机械股份有限公司在原121型锯齿轧花机的基础上推出了121(B)新型锯齿轧花机。另一方面又根据市场的变化开发研制新产品。如邯郸棉机公司新开发的MY-128、MY168大型锯齿轧花机,以适应大型加工企业的需要。同时,还向辅助机械产品的开发研制拓展,并获得了适用于断丝棉包的打包机实用新型专利(专利号:ZL02229029,X)。如江苏大丰供销机械厂新开发的清棉秆机;山东天鹅棉业机械股份有限公司研制的排僵籽棉清理机和不孕籽回收清理机,郑州棉麻工程设计研究所生产的MGZ-B型脉冲-搁板增热式籽棉烘干机等(见表1)。这些棉花加工机械的新主、辅机产品的不断投入生产,进一步提高了我国棉花加工产品的质量、效率和技术水平,有力地推动了我国棉花加工业的发展。

表1 中华全国供销合作总社2002年棉花加工机械新产品项目

新产品名称	型号	研制单位
滚刀皮辊轧花机	MYP-380×1300	山东天鹅棉业有限公司
锯齿轧花机	MY-121(B)	山东天鹅棉业有限公司

(续)

新产品名称	型号	研制单位
排僵籽棉清理机	MQZJ-5	山东天鹅棉业有限公司
不孕籽回收清理机	MQT400×1500	山东天鹅棉业有限公司
锯齿轧花机	MY-168	河北邯郸棉机公司
锯齿轧花机	MY-128	河北邯郸棉机公司
锯齿轧花机	MY-98	河北邯郸棉机公司
清棉秆机	MQHP3600	江苏大丰供销机械厂
皮棉清理机	MQP-400×1800	济南华棉机器有限公司
皮棉清理机	MQP-400×1500	济南华棉机器有限公司
籽棉清理机	MQZ180	济南华棉机器有限公司
籽棉清理机	MQZ120	济南华棉机器有限公司
气流皮清机	MQPQ	济南华棉机器有限公司
集棉机	1200	济南华棉机器有限公司
集棉机	800	济南华棉机器有限公司
锯齿轧花机	MY98-J	济南天辰棉麻机械制造有限公司
锯齿轧花机	MYJ-90	山东亚盛机械科技有限公司棉机厂
皮棉清理机	PMQ-400	河北供销机械厂
剥绒机	MBJ-141	河北供销机械厂
锯齿轧花机	MYJ－88－17	河北供销机械厂
皮棉清理机	MQP-400×2000	河北供销机械厂
清僵籽棉清理机	MZQJ-6T	郑州棉麻工程设计研究所
集棉机	集 MJ-1400	
脉冲-搁板增热式籽棉烘干机	MGZ-B	

(全国供销合作总社棉麻局加工处　康玉国)

五、行业管理

随着棉花流通体制的深化改革，我国棉花加工机械行业管理的职能，也逐步转变为为企业提供经济、技术、信息服务和行使一定的监督职能。为提高棉机产品质量，促进棉花加工机械的生产和棉花加工业向规范化标准化发展，我们行业管理的工作重心有一部分转向了制订相关的国家标准和行业标准上。据此，2002 年我们组织起草和制定了《小锯齿衣分试轧机》国家标准，并完成了送审稿，现已上报国家标准化技术委员会待批准发布。同时上报了《锯齿轧花机》、《液压棉花打包机》和《籽棉清理机》3 项国家标准的制定计划，这 3 项标准已由国家标准化技术委员会批准列入制定计划。

油料加工业

一、基本情况

(一) 资源概况

我国是世界油料生产大国，菜籽、花生产量居世界首位，芝麻产量居世界第二位，大豆产量居世界第四位。2002 年全国油料播种面积为 1 476.67 万 hm^2，总产量为 2 897 万 t，同比增长 0.93%、1.13%。其中花生播种面积为 492 万 hm^2，总产量为 1 482 万 t，同比增长－1.4%、2.79%；油菜籽播种面积为 714 万 hm^2，总产量为 1 055 万 t，同比增长 0.68%、－6.88%；芝麻播种面积为 76 万 hm^2，总产量为 90 万 t，同比增长 0.28%、11.33%；向日葵播种面积为 113 万 hm^2，总产量为 195 万 t，同比增长 11.24%、31.68%；胡麻籽播种面积为 45 万 hm^2，总产量为 41 万 t，同比增长 11.88%、61.85%。此外，大豆也大量用作油脂原料，2002 年我国大豆播种面积为 872 万 hm^2，总产量为 1 650 万 t，同比增长－8.03%、7.14%。除上述大宗油料外，还有小批量的特种油料(如红花、苏子、月见草、微孔草、沙棘等)，这些特种油料具有独特的脂肪酸组成和功能成分，含油率比较高，如苏子含油量45%，月见草种子含油量为20%～30%，红花籽的含油量为13%～45%，具有较好的开发利用价值。

（二）加工业概况

我国油脂工业依靠自主创新和研究开发，借鉴国外先进管理经验和消化吸收国外先进技术，使我国油料加工能力、生产过程机械化和自动化程度大大提高，植物油脂产品花色品种琳琅满目，质量不断提高。制油过程中副产物的综合利用不断发展，油料中具有高附加值的生物活性物质的研究开发初见成效。随着我国社会主义市场经济体制的建立和逐步完善，给我国的油脂工业带来了生机与活力。

目前我国油脂设备制造企业约400家左右，产品门类比较齐全，油脂加工设备包括了各种油料的干燥、清理、分选、储藏、输送以及油料的预处理、预榨、浸出、精炼、包装与副产品的精深加工等所需的设备，现在国内都能生产制造。到目前为止，我国的油脂加工装备企业已具备了为建设预榨浸出3 000 t/d、油脂精炼500 t/d及综合利用提供全套生产线的制造能力。由于技术装备的有效支撑，使我国油脂工业得到快速发展，2002年我国食用油脂产量达到1 440万t。

油料蛋白和资源综合利用也得到了较快发展。全国已有30多条大豆分离蛋白生产线，年产量为3万t。已能生产大豆浓缩蛋白、分离蛋白及组织蛋白。我国以生产非转基因大豆为主，在品质和质量方面，与美国、巴西等国的大豆相比具有较强的国际竞争优势，但在高含蛋白大豆品种的种植上没有形成规模经济优势，混种、混收、混储现象严重。

我国油脂工业的发展，已形成不同类型的企业优势。中粮集团控股经营的油脂企业主要有：北海粮油工业（天津）有限公司、黄海粮油工业（山东）有限公司、东海粮油工业（张家港）有限公司、东洲油脂工业（广州）有限公司、大海粮油工业（防城港）有限公司等。企业拥有先进的榨油、精炼设备及高素质的技术和管理人员，形成了从压榨、毛油、精炼、包装等完整的产业链，日处理油料能力超过1万t，中粮油脂产品以“福临门”、“四海”等品牌为主参与市场竞争，其中“福临门”品牌已经成为国内食用油行业的顶尖品牌。武汉烯王生物工程有限公司生产基地于2003年3月25日正式投入运行，其设计能力为年生产AA油脂60t，AA微胶囊200t；该基地按GMP规范设计，经试生产运行各项指标达到设计要求，是国内第一家专业化生产花生四烯酸微生物油脂及其系列产品的高新技术企业。山东鲁花浓香花生油有限公司年产花生油30万t，年需花生米75万t，实现销售收入30多亿元。哈尔滨艾森油脂有限公司投资总规模3.2亿元人民币，全套引进国外先进设备，以加工大豆为主，年加工量30万t，同时可加工油菜籽、葵花籽、玉米胚芽等多种油料；主要产品有色拉油、调和油、高级烹调油、高蛋白膨化豆粕以及大豆粗磷脂、脂肪酸等系列产品。浙江新市油脂股份有限公司由德清县新市油厂转制而成，已成长为农产品加工的龙头企业，年加工油菜籽或大豆60万t（其中从欧、美、澳进口40万t），年产菜油或色拉油24万t、菜粕33万t；年销售收入10.2亿元，主要产品“如意牌二级菜油”连年荣获国家粮食局、省、市优质产品称号。上海市油脂公司是集油料、购销、储运、加工为一体的内外贸结合的国有企业，主要产品在上海的市场占有率85%，销售网络1 011家，海狮牌精制油的销售量8万t以上；该公司采用国外先进技术，拥有年产12万t精炼油和8万t小包装精制油生产线，研制出食品专用油脂、粉末食品、大豆磷脂等高科技产品。开封正大有限公司大豆制油厂，采用先进的生产工艺和现代化管理，从原料接收、加工到产品，全过程自动化程度高，年加工大豆25万t、出品优质膨化豆粕20万t、油脂4.5万t，拥有“好理”、“鼎康”、“正大”等知名品牌，产品行销全国。

二、科研、新产品、新技术

（一）油脂科技与应用

在新的一年里，随着现代科学技术的进步，我国油脂科技与应用工作又取得新成绩。由武汉工业学院和湖北蕲春李时珍保健油有限公司共同完成的“紫（白）苏叶中黄酮类化合物及类胡萝卜素提取工艺研究”、由武汉金地食品有限公司和武汉工业学院共同完成的“玉米系列食品综合开发”、由山东莱阳鲁花浓香花生油有限公司承担完成的“5S物理压榨花生油和大豆油生产工艺及营养化配方食用油系列产品开发”、由中国包装和食品机械总公司承担完成的“SLJ-80型双螺杆挤压膨化机”、由湖北省安陆市碧山粮机设备有限公司和武汉工业学院共同完成的“大豆油制取复合亚油酸胶囊的研究”、由西安油脂科学研究设计院承担设计的黑龙江鹤岗市万源油脂有限责任公司“20 t/d米糠油物理精炼生产线”、由武汉祥龙科技发展有限公司和武汉工业学院共同完成的“亚麻籽油制取复合α-亚油酸胶囊的研究”、由江苏省洪泽苏康粮油工业有限责任公司和武汉工业学院共同完成的“菜籽制备复合菜籽多肽片的研制”、由江南大学承担完成的“凹凸棒土油脂脱色机理及其对油品品质影响”等一批油脂科技和推广项目，分别通过了由项目主管部门主持召开的鉴定会，这批项目有的填补了国内空白，有的达到了国外同类产品水平，有的处于国内领先水平，有的达到了国际先进水平。这批科技成果转化为生产力后，对创立我国油脂民族品牌，提高我国油脂工业的产品质量和水平，缩小我国与发达国家的差距，必将发挥重大的作用。

（二）油脂机械的研究开发

近年来，我国加大了油脂机械的研究开发力度，通过消化吸收和自主创新等方式，创造了许多新技术、新设备，无论是设备的技术水平、处理能力，还是成套性能、技术含量等方面都得到了很大提高，有代表性的产品有大型油料挤压膨化机、立式和卧式叶片过滤机、碟式离心分离机、大型液压紧辊轧胚机、大型螺旋榨油机、3 000 t/d 大型连续油料预榨浸出成套设备、600 t/d 大型连续油脂精炼成套设备等，有些设备的技术性能已接近和达到国际先进水平，有不少设备已出口到国外。

随着油脂加工业向国际化、大型化、自动化方向发展，我国油脂设备制造业围绕综合性、专业化、大型化发展方向进行调整，已研究开发的主要领域有：推广应用油料膨化直接浸出技术和设备、油料加工大型关键设备的产业化、低温脱溶技术装备的研发、开发以大豆蛋白为主的植物蛋白加工利用技术装备、开发功能性油脂产品的加工技术和成套设备、开发油脂加工综合利用技术装备等，以适应市场需求、发展和竞争需要。

（三）我国油脂研究开发的主攻方向

在油脂产品开发及生产中，利用膜分离、分子蒸馏、脲素包合法、超临界流体浸出、柱层析、微胶囊化、酯交换、挤压膨化、冷冻干燥、化学及生物改性、生物分离、高压、冷榨和现代生物工程等技术，使油脂加工的产品要达到为消费者提供“安全、营养、健康、方便”的目的。我国油脂研究开发的主攻方向为：建立油脂加工工艺过程动态变化数学模型、水酶法制油工艺的研究、生物技术在油脂改性或结构脂质制备中的研究、膜分离技术在油脂工业中的应用研究、可再生油脂浸出溶剂的开发研究、功能性油脂及脂肪代用品的研究、特种油料高效增值全价开发及产业化工程、利用生物技术制备特殊功能的微生物油脂、双低油菜籽加工技术的研究等。通过这些研究，可使油脂加工产品达到为消费者提供“安全、营养、健康、方便”的目的，同时也拓宽了油脂开发的领域，赶超世界先进水平。

（四）专利工作

2003年，油脂加工行业推出两项发明专利和两项实用新型专利，即何东平发明专利《用油脚制备肥皂粉的方法》，专利号：ZL 97101494.9；胡健华发明专利《油菜籽脱皮冷榨制纯天然油的方法》，公开号：CN1421517；张麟实用新型专利《YTPG型油菜籽脱皮机及仁皮分离机》；刘大川实用新型专利《LYZX系列低温螺旋轧油机》。

三、市场概况

（一）国内市场需求概况

虽然我国是油料和油脂生产大国，但由于人口众多，油脂消费年增长率为5.7%，人均年消费量仅为8kg，低于世界18.6kg的水平，更低于国际标准推荐量24kg的水平。近年来，随着我国国民生活水平的日益提高，油料和油脂的供需矛盾越来越突出。为满足国内市场的需求，我国每年需从国外进口相当数量的油料和油脂，包括大豆、菜籽、大豆油、棕榈油和菜油等。2002年，我国进口大豆1 132万t，进口额24.8亿美元；进口食用植物油319万t，进口额达13.1亿美元。随着世界油料进出口形势的变化，我国油料的加工也由原料生产国转向油料输入国。在此形势下，我国作为油料输入国，近年来油脂的加工量从13.6%上升到2002年的16.6%。近年来国内市场食用油产量稳定地维持在700万～750万t之间，而消费量大约是1 000万～1 100万t。

我国加入世贸组织，在油脂产业的承诺主要有两个方面：一是逐步放宽特定商品的配额限制；二是在对外贸易政策上做出适当的调整，撤销与WTO规则相悖的非关税措施。其中主要的配额分配指标如下：豆油：2003年281.8万t，2004年311.8万t，2005年358.7万t；菜籽油：2003年101.9万t，2004年112.7万t，2005年124.3万t；棕榈油：2003年260万t以上。三种油脂在全年的配额分配中均为国有公司占34%，私营企业占66%。在2006年以后，取消三大油脂品种的进口关税配额限制，统一征收9%的关税。在油脂、油料进出口贸易政策方面，我国政府同意对大豆进口不实行配额限制，保持目前3%的关税水平。取消对棉籽、向日葵、花生仁、玉米油的配额限制，代之以10%的关税措施。

（二）国内市场油脂品牌大战愈演愈烈

日益激烈的市场竞争使得国内食用油行业向规模化、品牌化方向发展，红灯、刀唛、金龙鱼、鲁花、福临门等知名品牌将继续引领行业发展潮流。企业的竞争格局逐步由“小而散”朝“大而集中”发展，市场份额正在不断地由内地往沿江沿海城市的优势品牌集中，因此以山东、河北、江苏、浙江、广东等省为代表，兴起了“金龙鱼”、“福临门”、“鲁花”、“鹰唛”、“骆驼唛”、“红灯”、“顺唛”、“刀唛”、“胡姬花”、“顺唛”、“厨宝”等十几个主要品牌，这些品牌在小包装油市场基本处于垄断地位，占市场份额超过85%。由此导致的结果是品牌之战愈演愈烈。中国央视的黄金广告时段也由“金龙鱼”、“福临门”和“鲁花”等几个食用油的大品牌占据。食用油市场的品牌集中度曲线非常陡峭，说明食用油市场已进入寡头垄断的竞争阶段。食用油的生产企业更加集中，一些无品牌不知名的小企业已经被市场所淘汰，市场份额表现得更加集中。近两年，食用油经历了前所未有的品牌之争，为抢占迅速膨胀中的小包装食用油市场份额，层出不穷的食用油品牌在市场上展开厮杀，铺天盖地的广告大战以及不断升级的价格比拼开始露出市场竞争原始而残酷的一面。很显然，古老行业的藩篱始终敌不过市场新理念的车轮，当价格战不再是市场的惟一、广告战让食用油企业感受到挥金撒银的痛苦和欢乐的时候，理念战的介入开始让众多企业认识了营销策略的威力，但市场利益终于使这个原先的共同阵营产生分化。

2003年，金龙鱼推出1:1:1第二代调和油，莱阳鲁花主打“绿色健康油”的理念，掀起了食用油行业对油的健康安全和营养的关注高潮。有需求就意味着有市场，如今，嘉里粮油、南顺油脂、番禺合兴、中山鹰唛等多家食用油企业都已推出了各种健康油。一些企业还特别针对特殊人群推出了各种高档的食用油，如玉米胚芽油、山茶油、葵花籽油、橄榄油、红花籽油等，今后中国食用油将出现各种健康的新油品种。金龙鱼今年将在巩固调和油市场的基础上，拿出几千万元资金力推高档食用油，如玉米胚芽油、山茶油、葵花籽油等。新疆德隆最近投资的食用油基地也瞄准了高档食用油（红花籽油）的市场。

近年来，人们走过了散装油、小包装食用油之后，对食用油的认识越来越深，要使食用油适应不同需求的消费者，就必须要进行市场细分。随着竞争加剧，中低档食用油如花生油、调和油、色拉油等食用油品种的利润空间越来越小，业内巨头急需寻找新的经济增长点，而利润空间较大的高档食用油品种就是最好的选择。新的食用油国家标准于2004年1月1日开始施行，食用油生产则开始采取市场准入制度。随着新标准的施行，会有一大批实力不足的食用油企业因质量问题不能达标而被淘汰。一些地区市场洗牌后造成的真空，是高档健康油占领市场的最佳时机。

四、学术活动与标准化工作

（一）学术活动

2003年，中国粮油学会油脂专业分会、西安油脂科学研究设计院、《中国油脂》杂志社以及相关油脂加工企业等单位，结合行业发展特点和急需解决的问题，组织召开了多次研讨会、交流会等。例如：由《中国油脂》杂志社主办，于1月21～22日在哈尔滨市召开了“大豆加工综合利用新技术及发展战略研讨会”，于4月17～19日在安徽省黄山市召开了“油菜籽加工利用新技术研讨会”；中国粮油学会组织，于7月16～20日在浙江省德清市召开了“2003年油脂专业分会常务理事扩大会议”，研究制定了“2020年我国植物油料加工和油脂加工技术研究发展规划意见”；由中国粮油学会油脂专业分会主持，于11月1～2日在无锡召开了“油脂加工建设和标准、油脂分离机生产和发展研讨会”；中国粮油学会油脂专业分会主持，于8月12日在山东省烟台市召开了“烟台嘉诚油脂学会研讨会”；由美国大豆协会北京办事处主办，于9月23日在上海市召开了“现代大豆浸出技术研讨会”等等。这些学术活动，为推动我国油脂工业的发展发挥了重要作用。

（二）标准化工作

2003年，备受行业关注的《棉籽油》、《葵花籽油》、《油茶籽油》、《玉米油》、《米糠油》五项食用植物油国家标准，经国家质量监督检验检疫总局批准，于当年10月1日起正式实施。这些国家标准的制定和实施，显现了油脂加工行业的标准化工作向前迈进了一步。

（武汉工业学院食品学院　何东平）

大豆加工业

一、基本情况

（一）资源概况

1．世界大豆生产情况　2002年世界大豆收获面积79 168khm^2，比2001年增长4.80%；单产2 273kg/hm^2，比2001年增长　2.78%；总产量为17 998万t，比2001年增长18.91%。大豆主产国有美国、巴西、阿根廷和中国等（见表1）。从表1可以看出，大豆主产国除美国、印度减产外，其余国家均有不同程度的增长。表1中6个国家的大豆总产量，占世界总产量的94.38%，构成世界大豆产量的主要市场份额。

表1　2002年世界大豆主产国生产情况

国　别	收获面积（khm^2）	单产（kg/hm^2）	总产量（万t）	比2001年增长（%）	占世界比例（%）
美　国	29 056	2 519	7 320	-6.95	40.67
巴　西	16 314	2 569	4 190	11.20	23.28
阿根廷	11 400	2 649	3 020	11.85	16.78
中　国*	8 720	1 893	1 650	7.10	9.39
印　度	5 550	973	540	-3.57	3.00
加拿大	971	2 323	226	10.78	1.26

注：表中数据来自于联合国粮农组织（FAO）；* 来自《2003年中国农村统计年鉴》。

2.我国大豆生产情况　2002年，我国大豆播种面积8 720khm^2，比2001年增长-8.0%；单位面积产量1 893 kg/hm^2，比2001年增长16.5%；总产量为1 650万t，比2001年增长7.1%。产量最多的省份为黑龙江、安徽、吉林、河南、内蒙古、山东、江苏、辽宁、河北等9个省（区），占全国76.6%，其中黑龙江的大豆产量居全国第一位（见表2）。产量增幅较大的省区有安徽、吉林和内蒙古，山东、河北、河南和辽宁均有不同程度的减产。

表2　2002年我国大豆主产区生产情况

主产省区	播种面积（khm^2）	单产（kg/hm^2）	总产量（万t）	比2001年增长（%）	占全国比例（%）
黑龙江	2 930.1	1 898.6	556.3	12.1	33.7
安　徽	747.4	1 865.1	139.4	55.9	8.4
吉　林	415.0	3 071.6	127.5	15.4	7.7
河　南	528.0	1 852.3	97.8	-9.1	5.9
内蒙古	596.1	1 616.3	96.4	15.6	5.8
山　东	322.0	2 293.4	73.8	-19.3	4.5
江　苏	243.4	2 888.6	70.3	4.8	4.3
辽　宁	285.4	1 864.1	53.2	-1.8	3.2
河　北	331.3	1 491.7	49.4	-12.3	3.0

注：表中数据来自于《2003年中国农村统计年鉴》。

（二）加工业概况

根据美国农业部2003年公布的2002/2003年度世界大豆供需平衡表，美国大豆压榨量为4 382万t，占世界总压榨量的26%，压榨量和产量的比率为59%；巴西大豆压榨量为2 807万t，占世界总压榨量的16.8%，压榨量和产量的比率为53%；阿根廷大豆压榨量为2 436万t，占世界总压榨量的14.6%，压榨量和产量的比率为68%；中国大豆压榨量为2 476万t，占世界总压榨量的15%，压榨量和产量比率为150%；欧盟十五国大豆压榨量为1 668万t，占世界总压榨量的10%，压榨量和产量的比率为2 059%。从上述数字可以看出，中国大豆产业的优势表现在压榨量上，而并不是在产量上。世界大豆主要进口国的压榨总量为5 309万t，中国几乎占据其中的半壁江山。国内大豆目前的压榨能力已经达到4 500万t以上，如果这些压榨能力能够在未来全部有效利用，则中国大豆压榨能力无疑将占据世界大豆总压榨量的1/3，甚至将会超过美国。

据不完全统计，截止到2002年末，我国大豆加工企业有4 400家左右，主要包括大豆油加工企业、豆粕加工企业和豆制品加工企业，其中豆制品业是国产食用大豆的消耗大户，年消耗量为700万～800万t，年均增速5%～6%。2002年，东北新建大型大豆榨油厂4家，日加工量达6 500t；拟建、在建的大型油厂5家，预计日加工大豆6 400t；河北的金海粮油公司、汇福粮油公司也分别将加工能力从2 500t和3 000t提高到6 000t和7 000t；江苏张家港的东海粮油公司的大豆日加工量已达7 000t；山东有大豆加工厂100多家，日加工能力达3万t以上；广东的大豆加工能力也在迅速扩张，仅东莞的一家在建的大豆加工厂日加工能力就将达到1万～2万t。到2002年底，全国日加工600t以上的大豆加工厂已达100多家，大豆日加工能力已达到15万t以上。全国大豆日加工能力1 000t以上的大型油厂有53家，其中外商投资企业占14家，加工量占市场份额近1/3；日加工能力在150t以上的精炼植物油厂有48家，其中38家为外资企业，其加工量已占总加工量的90%以上。2002年，全国有效的大豆油粕年加工能力为3 500万t，其中全国化的4大油粕加工集团拥有19家大豆油粕企业，榨力合计1 200万t，约占全国油粕总加工能力的1/5，占大豆油粕加工能力的1/3。最大的全国化油粕加工集团为一家外资企业，具有新加坡和美国背景，旗下9家工厂主要分布在沿海，日加工大豆15 000万t；第二位大连华农集团为民营企业，旗下4家工厂分布在辽宁大连、广东湛江、东莞和河北霸州，日加工大豆11 000t；中粮控股的两家企业在日照和张家港，日加工大豆9 000t，居第三位；第四位大连华良（金石）集团是民营企业，旗下4家工厂分布在辽宁大连、沈阳、福建漳州和四川眉山，日加工大豆5 800t。其余规模较大的地区大豆油粕加工企业包括：国有黑龙江九三集团、民营河北汇福、外资宁波金光、民营广东东凌、外资龙口新龙等。

经过2000—2002年南方的建厂高潮后，2002年华南地区进口大豆的份额从2000年的8%急增至2002年的31%，进口大豆目前已形成了北部、中部、南部三分天下的格局，这就是当今我国大豆油粕加工能力的新布局。目前，我国大豆加工企业布局方面呈现出的一个显著特点，就是由大豆主产区向豆粕和豆油的主消费区转移，如新增大豆加工能力基本上分布在沿海一带，大连、山东、江浙、广东、广西等地是新增大型大豆加工厂的主要分布地区，这一带主要是豆粕和豆油的消费地，也是良好的港口，以方便于进出口。

二、科研、新产品、新技术

2002年，我国大豆种植业、加工业发展较快，大豆及加工领域的科研、新产品和新技术取得了新进展。

在种植业方面：①2002年农垦九三管局鹤山农场应用合丰42号品种和“半矮秆大豆密植栽培技术”，密植种植20hm^{2}大豆示范田，平均每公顷产量达3 780kg，比常规种植技术大面积播种增产30%以上。专家一致认为，“半矮秆大豆密植栽培技术”技术先进，有重大创新，技术成熟，可操作性强。②到2002年底，我国大豆品种区域试验网已发展到115个试验点，分为3个试验协作区11个试验组，即北方春大豆试验协作区（早熟组、中早熟组、中熟组、晚熟组）、黄淮海试验协作区（北片、中片、南片）、西北春大豆试验组、南方春大豆试验组和鲜食大豆试验组。目前，全国大豆品种区域试验划分为4个大区（黄淮海夏大豆区、西北春大豆区、北方春大豆区、南方春大豆区），11个组。其中黄淮海夏大豆区4个组（北组1个，中组2个，南组1个），42个区试点；北方春大豆区4个组（早熟组1个，中早熟组1个，中熟组1个，晚熟组1个），39个区试点；南方春大豆区1个组，14个区试点；西北春大豆区1个组，7个区试点；鲜食大豆组1个，区试点12个。

在加工业方面：①科技部以国科发计字［2002］243号《关于“十五”国家重大科技专项“农产品深加工技术与设备研究开发”的批复》，原则同意该专项的目标和任务。专项包括筛选大豆加工专用品种，建立优质大豆原料生产示范基地；开展大豆质量快速检测技术的研究，初步建立与国际水平接轨的大豆品质和食品安全的快速检测技术体系；重点建立大豆分离蛋白全程质量控制体系示范线。②为推动农副产品深加工产业的发展，国家计委于2002年3月设立并启动了农副产品深加工食品工业专项工程，其中利用生物技术对大豆进行深加工生产大豆磷脂脂质体的高科技项目，被列入首批项目之一。这种大豆复合磷脂脂质体非常昂贵，是国际上公认的有效降脂物质，可有效降低人体胆固醇，降低血脂，增加高密度脂蛋白的活性。该项目是由深圳绿泰宝生物工程有限公司研制成功的，生产的终端产品是绿泰宝复合磷脂脂质体口服液，是一种优质保健食品。③2002年，“国家大豆深加工技术研究与推广中心”中试基地在姜浩奎博士领导下研制完成的“以高低温豆粕为原料，在一条生产线上连续提取大豆异黄酮、皂甙、核酸、低聚糖、浓缩蛋白”项目通过中试鉴定。

三、国内外市场概况

（一）国内市场

2002年我国大豆实际消耗量约为3 092万t，同比增长 11.2%，其中消耗国产大豆 1 780 万 t，其余全部进口，大豆进口来源国主要有巴西、美国、阿根廷和加拿大，从这些国家进口的大豆几乎占进口总量的99%。根据有关部门大豆进口数据统计，我国 2002 年 1～12 月从美国、巴西、阿根廷和加拿大的大豆进口总量为1 132万 t，同比增长 -18.8%。其中从美国进口 461.9 万 t，同比增长 -19.3%；从巴西进口 391.0 万 t，同比增长 23.7%；从阿根廷进口 277.5 万 t，同比增长 -44.7%；从加拿大进口 1.2 万 t，同比增长 -29.5%。2002 年我国大豆的销售价格为：以 6 月底的低价为例，国产大豆价格山东为 2 120元/t、黑龙江 2 020 元/t、大连 2 090 元/t；港口进口大豆分销价为 2 300～2 350 元/t。2002 年 6 月底国内豆粕、豆油价格：山东豆粕为 2 070～2 100 元/t，豆油为 5 050 元/t；广东豆粕为 2 050 元/t，豆油为 4 950 元/t。

随着我国养殖业的发展，国内豆粕年需求量已达 1 450 万 t，几乎没有进口产品。2002 年我国豆油进口 87 万 t，是 2001 年 6.9 万 t 的 12.6 倍。随着国内饮食结构的变化，国内食用大豆消费量也有所增加，预计为 860 万 t。如果按市场年度（为上年 10 月 1 日至当年 9 月 30 日）供需消费分类统计测算，则我国大豆、豆油和豆粕的市场年度供需消费情况分别见表 3、表 4 和表 5。由表 3 看出，2002/2003 年度与上年度同比增长的有食用和加工用大豆、种子用大豆；其余为同比减少，减少比重最大的是进口量，年度总供给量小于年度总消费量。由表 4 看出，2002/2003 年度与上年度相比，除豆油国内总产量同比减少外，其余项目均为增长态势，增幅较大的领域为进口量，年度总供给与年度总消费基本持平。由表 5 看出，2002/2003 年度与上年度相比，豆粕生产量和年度总供给均为减少状态，进口量与上年持平，其余项目均为增长态势，年度总供给小于年度总消费。

表 3　我国大豆市场年度供需消费情况

单位：万 t

项　目	2001/2002 年	2002/2003 年	同比增长（%）
进口量	1 039	900	-13.4
年度总供给	2 579	2 540	-1.5
榨油用豆	1 881	1 745	-7.2
食用、加工用豆	711	761	7.0
种子用豆	90	94	4.4
损耗及残差	19	17	-10.5
年度总消费	2 733	2 652	-3.0

表 4　我国豆油市场年度供需消费情况

单位：万 t

项　目	2001/2002 年	2002/2003 年	同比增长（%）
国内总产量	319	305	-4.4
进口量	37	60	62.2
年度总供给	356	365	2.5
国内消费量	335	355	6.0
直接食用	261	279	6.9
食品加工	55	57	3.6
工业、医药等	19	19	0.0
年度总消费	341	363	6.5

表 5　我国豆粕市场年度供需平衡情况

单位：万 t

项　目	2001/2002 年	2002/2003 年	同比增长（%）
生产量	1 485	1 377	-7.3
进口量	2	2	0.0
年度总供给	1 487	1 379	-7.3
饲料消费	1 362	1 443	5.9
其他消费量	51	55	7.8
年度总消费	1 518	1 598	5.3

（二）国际市场

1. 价格走势　2002 年国际市场大豆及其加工制品的价格一路攀升，呈稳步上升趋势。国际市场的变化，影响到国内市场大豆及其加工制品的价格，使其已走出前两年的低谷，呈大幅度上涨态势。

（1）大豆　芝加哥商品交易所大豆 2002 年 12 月合约收盘价 572.6 美分/蒲式耳，比 1 月份上涨 37%；美国黄大豆 2002 年 12 月船期 CNF（未完税到岸价）现货价格为 248 美元/t，比 1 月份上涨了 50 美元/t。

（2）豆油　受国际植物油市场供求紧张的影响，国际市场豆油价格大幅度上涨。美国产脱胶毛油离岸价由 2002 年 3 月份的 340 美元/t 上涨到 12 月份的 560 美元/t，涨幅达 60%以上。

（3）豆粕：价格总体水平大大高于上年同期。2002 年 12 月 23 日，芝加哥商品交易所豆粕 2002 年 12 月合约收盘价为 168.8 美元/t，比上年同期高出 12%。

2. 国际供求　2002/2003 年度全球大豆供求偏紧，库存减少。2002/2003 年度世界大豆总供给达到 2.8 亿 t，比去年度增加 867 万 t。其中当年生产 1.89 亿 t，比上年度增长 3.2%。世界大豆总需求 2.49 亿 t，比上年度增长 4.5%。其中压榨量 1.62 亿 t，比上年增长 3.6%；出口量 5 900 万 t，比上年增长 7.1%。期末库存 3 181 万 t，比上年下降 5.8%。

2002 年中国出口大豆 27.6 万 t，比上年增长

11%；出口豆粕 101.3 万 t，比上年增加 3.2 倍，创汇 1.9 亿美元；出口豆油 4.7 万 t，比上年减少 21%。如果按市场年度出口统计测算，则中国大豆、豆油、豆粕出口情况见表 6。

表 6　中国大豆、豆油、豆粕出口情况

单位：万 t

品　种	2001/2002 年	2002/2003 年	同比增长（%）
大　豆	33	35	6.1
豆　油	6	8	33.3
豆　粕	105	100	-4.8

据美国农业部报告，美国 2001/2002 年度的大豆出口销售总量已经达到 2 992 万 t，较上年的 2 774 万 t 高出 8%；累计装运 2 793.75 万 t，比上年同期的 2 582.87万 t 高出 8%。2001/2002 年度美国大豆压榨增加 175 万 t，出口增加 123 万 t，总用量增加 223 万 t，库存减少 102 万 t；2002/2003 年度压榨量稳定，出口减少 245 万 t，导致库存增加，美国大豆出口量的减少应与南美产量增加有关系。另外，2000/2001、2001/2002、2002/2003 年度美国库存消费比分别为：8.84%、7.16%、8.08%。2001/2002 年度，受经济危机及货币贬值影响，阿根廷、巴西大豆出口量缩减，库存相应提高。

在国际大豆市场上，巴西、美国和阿根廷所占的比重最大，产量约占世界总产量的 80%左右，而出口量约占世界出口量的 90%左右。巴西是国际市场上发展强劲的国家，2002 年巴西大豆产量创历史新高，国内大豆价格相对其他替代物更有吸引力。对于巴西大豆生产来说，生产融资依然是一个基本因素，尤其是大豆加工厂、出口商以及设备供应商为大量农民提供了绝大部分生产融资，而政府提供的生产资金仅仅在大豆行业扮演着微不足道的角色。2002 年巴西大豆加工业没有什么变化，主要原因是该国的税收政策依然有利于出口大豆，而不是出口豆粕和豆油，预期在未来该政策不会变化。在国际市场上，豆粕需求成为驱动加工行业的主要动力，而豆油仅仅成为副产品。国际市场豆粕需求显然刺激了巴西豆粕出口销售。值得一提的是，美国和南美国家大量生产转基因大豆，由于出现大豆转基因的国际性争议，这些国家有时将转基因大豆以非转基因产品自居。但是市场普遍认为，美国和南美洲的大豆有七成可能为转基因大豆。

四、质量管理与标准化工作

质量管理和标准化工作，依然是 2002 年我国大豆加工和产业化工作的重要方面，其目的是控制和提高产品质量。

国家卫生部于 2002 年发布了《食品企业 HACCP 实施指南》、国家认证认可监督管理委员会于 2002 年发布了《中国食品生产企业危害分析与关键控制点（HACCP）管理体系认证管理规定》等。这些标准的发布实施，无疑对食物生产、加工的安全方面发挥了积极的推动作用。2002 年，高蛋白速溶豆粉国家标准由“国家大豆深加工技术研究与推广中心”负责起草，并颁布实施。2002 年 5 月 28～29 日，由国家粮食局标准质量中心主办的食用植物油国家标准和方法标准审定会在莱阳鲁花集团召开。经过为期两天的积极研讨，专家们对各种食用油产品国家标准和方法标准进行了严格审定，最终审定了包括大豆油在内的 8 种食用油强制性国家标准和 5 个方法标准。2002 年，第一届国家农作物品种审定委员会成立以后，大豆专业委员会对大豆品种审定标准又进行了调整，规定新品种必须比对照品种增产 5%，并且达到显著水平才能通过审定，这样对大豆品种试验的精确度提出了更高的要求。因此，研究大豆品种试验精确度，提出提高大豆品种试验精确度的方法，意义十分重大。

由于近年来外国抵华的进口大豆数量庞大，中国担心进口供应过量和质量控制问题，因而加紧控制进口许可证的发放，进口许可证是大豆进口的关键性文件。一是中国质检总局已经向国内大豆压榨商发放大豆进口许可证，为更多的转基因大豆进口铺平道路。从 2002 年开始，发放进口许可证的总数得到有效控制，每个许可证允许一船大豆进口。不过许可证的发放工作进展很慢，这预示着尽管质检总局没有阻止大豆进口，但仍然尽力控制大豆的进口质量。收到大豆进口许可证的企业有东海粮油和黄海粮油公司、大连华农集团公司等单位，许可证保证了企业从任何大豆原产地的进口不会出现任何质量问题。二是从 2002 年初开始，我国推出一套严格的转基因安全条例。该条例规定，在国外转基因大豆进入中国之前，出口商必须持有安全证书，进口商则需提供标识证书和质检许可。原于 2002 年 12 月 20 日到期的转基因暂时安全条例已经延长到 2003 年 9 月 20 日。通过以上两点看出，为了加强大豆进口的质量控制，我国不仅对大豆进口企业进行严格控制，而且对出口商也要得到质量安全资质。

此外，2002 年我国大豆加工行业加强了标准化工作，据调查大部分大中型大豆加工企业实现了 ISO9000 体系认证，企业的建设、生产实行标准化管理，按照国际食物安全的基本要求不断高攀产品的质量门槛，加快与国际接轨的步伐。目前已有一些大豆食品加工企业已着手采用国外先进的标准体系和规范，对于加工企业的建设和管理满足 GMP（良好的操作规范）的有关要求，对于生产、加工过程质量控制采用 HACCP（危害分析及关键控制点）过程控制体系，对于生产卫生管理采用 SSOP（卫生标准操作程序）的要求。有的企业按照农业产业化理念组织大豆原料生产、工业化加工贮运和产品营销，实行贸、工、农一体化的全过程质量控制，使生产、加工等产业链中各环节有效衔接。由于全行业加大了质量管理力度和有效地开展了标准化工作，使不少大中型大豆加工企业总体技术水平、管理水平、产品质量、企业效益得到了进一步提高。

五、行业管理

2002 年国家出台了一系列扶持国内大豆产业的政策，如“大豆振兴发展计划”、转基因政策、大豆铁路运输建设基金的免征和豆粕出口全额退税等，实施这些政策的目的在于提高国产大豆的竞争力，加快国内大豆加工产业的发展。特别是转基因政策的实施，对大豆的进口数量、到货速度以及国内的大豆及其产品市场产生了重要的影响。

在促进大豆产业化发展和优势区域方面，2002 年农业部开始实施《高油大豆优势区域发展规划》，在东北地区安排了 66.7 万 hm^2 高油高产大豆示范区，平均每公顷产量达到了 2 620.5kg，比非示范区每公顷提高 460.5kg；含油率抽样检测为 20.65%，接近进口大豆，比非示范区大豆含油率高 1～1.5 个百分点；粗蛋白含量 39.68%，高于进口大豆；平均每公顷效益比非示范区增加 562.5 元。此外，2002 年我国按照世贸组织规则制定大豆产业政策，制定大豆产业发展战略和规划，在巩固发展东北大豆生产的基础上，加快黄淮海、南方等地区大豆生产发展步伐；以大豆品种改良和相应的栽培技术及其推广体系为核心大力发展我国大豆科学技术；以国家级龙头企业为中心，发展订单农业，加速加工业的产业化经营；建立社会化服务体系，为支援农户、加工龙头企业、银行联合利用期货市场进行保值业务，做到根据市场需要调整结构、安排生产与加工。通过采取以上得力措施，力求把我国大豆产业培育成为优势产业，使一个大豆生产大国逐步形成加工和出口强国。

在转基因大豆的管理方面，2002 年 1 月 5 日，农业部签发了三个农业法令——《农业转基因生物安全评价管理办法》、《农业转基因生物进口安全管理办法》和《农业转基因生物标识管理办法》。要求从 2002 年 3 月 20 日起，凡含有转基因成分的大豆及其产品（如大豆油等）需要标明转基因成分才能加工和销售。2002 年 3 月 11 日，农业部发布《转基因安全管理临时措施公告》，规定临时措施有效期截止到 2002 年 12 月 20 日，在到期日之前，对有关转基因大豆的贸易问题实行《临时措施》，保证贸易的持续性。2002 年 4 月 8 日，卫生部针对“转基因加工食品”的标识问题，出台了《转基因食品卫生管理办法》，要求对“以转基因动植物、微生物或者其直接加工品为原料生产的食品和食品添加剂”必须进行标识，大豆及其加工食品是其中被管理的重要领域。这一系列管理措施的出台，对转基因大豆的进口、加工及流通等方面造成了重要的影响，既有控制产品质量的一面，也有贸易壁垒和控制进口的一面。

在鼓励政策方面，2002 年国家有关部门制定了一系列鼓励大豆生产及加工业的优惠政策。如从 2002 年开始，我国开始实施大豆振兴发展计划，目的在于实现大豆供给的国产化，其中有许多有利于该行业发展的优惠政策。2002 年，国家税务总局调整了豆粕的出口退税政策，即按照国际惯例把我国豆粕从农产品范畴调整成为工业产品范畴，按照这一调整，豆粕出口增值税的退税率由 5% 自动提高到 13%，即对豆粕出口给予 100%退税优惠，调整后新的退税税率自 2002 年 1 月 1 日起报关出口的豆粕均将享受到该退税优惠政策。这一政策的出台，有力地激发了豆粕出口企业的积极性。

（中国包装和食品机械总公司行业办　王国扣）

淀粉加工业

党的“十六”大把解决“三农”问题摆在了国民经济和社会发展的重要位置，并提出国家要“加大对农业的投入和支持”。因此近年来农业生产和加工业新政策频频出台，为淀粉加工业的发展提供了政策上的保证，极大地推动了淀粉加工业的发展。

一、基本情况

（一）资源概况

2002 年我国玉米播种面积 2 4634khm^2，较 2001

年增加352khm^2；玉米总产量12 131万t，较2001年增产722万t，增幅6.33%。其中工业用玉米1 500万t，占玉米总产量的12.37%。2002年我国玉米主产区生产情况见表1。

表1　2002年我国玉米主产区生产情况

主产省区	播种面积(khm^2)	单产(kg/hm^2)	产量(万t)
吉　林	2 579.5	5 970.1	1 540.0
山　东	2 630.1	5 201.6	1 316.0
河　南	2 319.9	5 128.5	1 189.8
黑龙江	2 285.6	4 683.7	1 070.5
河　北	2 577.4	4 015.5	1 035.0
辽　宁	1 431.6	5 993.3	858.0
内蒙古	1 562.2	5 258.7	821.5

2002年世界玉米产量59 395万t，较2001年减少1 268万t，2001年和2002年世界玉米主产国的生产情况见表2。

表2　2001年和2002年玉米主产国（地区）生产情况

单位：万t

国家或地区	2001年	2002年
阿根廷	1 440	1 450
巴　西	3 550	3 700
中　国	11 408	12 500
印　度	1 351	1 057
墨西哥	2 040	1 900
欧　盟	3 968	3 944
美　国	24 148	22 880
世界总量	59 872	59 395

（二）加工业概况

据中国淀粉工业协会不完全统计，2002年我国淀粉总产量为629万t，比2001年增加61万t，增长了10.73%，超过行业“十五”规划年增长6.9%的指标，其中玉米淀粉545万t，增长7.12%；木薯淀粉由于进口量逐年增加，2002年创历史最高水平达32.9万t，因此国内产量下降了4.26%，为41.7万t；马铃薯淀粉增长21.72%，为14.8万t；小麦淀粉24.4万t，增长幅度最大，主要是因为河南莲花味精集团年产20万t小麦淀粉生产线投入了生产。

1. *我国淀粉及深加工品产量和品种情况*　2002年我国淀粉总产量的增幅保持在较高水平，为10.73%，预计2003年我国淀粉总产量会突破700万t。在深加工品种方面，变性淀粉增长幅度最大，为120.83%，这与相关行业发展对该品种需求的不断增加有直接关系（见表3、表4）。

表3　2002年我国淀粉产量及品种情况

品　种	产量(万t)	占总淀粉(%)	同比增长(%)
玉米淀粉	545.00	86.64	7.12
木薯淀粉	41.73	6.63	-4.26
马铃薯淀粉	14.80	2.35	21.72
甘薯淀粉	3.04	0.48	528.67
小麦淀粉	24.43	3.88	723.97
其他淀粉	0.10	0.02	-36.05
合　计	629.10	100.00	10.73

表4　2002年我国淀粉深加工品产量与品种情况

主要品种	产量(万t)	占深加工(%)	同比增长(%)
变性淀粉	37.68	13.50	120.83
结晶葡萄糖	45.13	16.17	22.55
其中：一水注射葡萄糖	(5.34)		137.98
无水注射葡萄糖	(3.97)		174.89
口服葡萄糖	(29.38)		15.39
液体淀粉糖	196.35	70.33	54.86
合　计	279.16	100.00	54.51

2. *淀粉产量分布及生产规模情况*　我国淀粉产量集中分布在山东、吉林和河北三省（见表5），这三省主要为玉米淀粉；2002年其淀粉总产量为464.61万t，占全国淀粉总产量的73.83%。全国淀粉总产量为10万～30万t的省（区）有河南、广西、甘肃、陕西、广东五省（区），这5省（区）淀粉总产量为125.84万t，占全国淀粉总产量的20%。尚有14个省（市、区）淀粉总产量不足10万t。广东省和广西壮族自治区主要为木薯淀粉，宁夏回族自治区和内蒙古自治区以马铃薯淀粉为主。

表5　2002年我国淀粉产量分布及生产规模情况

地　区	淀粉产量（万t）	占总产量（%）	生产规模情况	
			企业数（3万t/a）	企业最大淀粉产量（万t/a）
山　东	245.20	38.97	9	105
吉　林	128.22	20.38	4	80
河　北	91.17	14.49	10	30
河　南	31.80	5.05	3	20
广　西	29.00	4.61		
甘　肃	28.78	4.58	2	19
陕　西	21.43	3.41	2	13
广　东	14.83	2.36	1	4
其他14个	38.86	6.15	3	5
合　计	629.26	100.00	34	

注：其他14个省（市、区）为：北京、山西、内蒙古、辽宁、黑龙江、江苏、浙江、安徽、四川、贵州、云南、宁夏、新疆、海南。

二、市场及进出口情况

2002年我国淀粉及其深加工品市场仍保持较好态势。与2001年相比玉米淀粉售价稳中略有上升；木薯淀粉受进口量增加的冲击售价降幅在10%左右；质优的马铃薯淀粉售价比一般质量高出25%。变性淀粉和液体淀粉糖产量增幅虽大，但由于品种所限，价格受到一定的影响，因此企业经济效益增长幅度不大。

从淀粉及其深加工品的进出口情况看，进口量大于出口量，特别是木薯淀粉，进口量逐年增加（见表6），使国内木薯淀粉生产企业受到了不同程度的影响。虽然客观上有一定的原因（关税低），但更主要原因是我国木薯淀粉行业尚未形成规模化生产。由于原料、动力消耗高，以致生产成本均高于泰国、越南等国，产品缺乏竞争力。特别是2004年木薯淀粉将实行零关税，这是国内木薯淀粉企业需要面对的一个现实问题，只有创新、降耗、提高产品质量才能占领市场。2002年我国淀粉及部分深加工品进出口情况见表7。

表6 近几年我国木薯淀粉进口情况

年　份	进口量（万t）	占当年全国木薯淀粉产量（%）	同比增长（%）
1999	8.1	23	
2000	10.5	31	25.93
2001	17.9	41	70.48
2002	32.9	79	83.80

表7 2002年我国淀粉及部分深加工品进出口情况

品　种	进口量（t）	同比增长（%）	出口量（t）	同比增长（%）
玉米淀粉	1 772	－48.80	96 293	56.03
木薯淀粉	328 979	84.13	298	－24.75
马铃薯淀粉	20 035	24.53	5 560	27.23
小麦淀粉	2 629	5.71	7 528	39.10
化学纯果糖	404	－11.60	7 022	556.26
山梨醇	63 743	－21.12	2 699	－48.29
甘露糖醇	346	－17.81	1 872	23.56
肌　醇	3	持平	1 586	－17.05
糊精及变性淀粉	114 974	28.00	6 970	29.72

三、淀粉加工业生产技术发展情况

（一）生产规模和装备水平

近年来，我国淀粉工业中，无论是淀粉生产还是淀粉深加工均趋向于生产规模向大型化方向发展（见表8、表9），其目的是通过发展经济规模参与市场竞争，提高市场份额和市场竞争力，从而创造更大的经济效益，不少企业在这方面取得了成功的绩效。在发展大型规模化生产的同时，淀粉及深加工机械制造业也相应地得到了长足发展，技术装备的配套能力（除部分设备外）基本能够满足国内的生产需要。如折带式过滤机最大过滤面积达75m²/台，结晶罐最大容积为45m²/台，淀粉主分离机单台处理量比过去提高了1倍等等。

表8 2002年我国玉米淀粉生产规模

项　　目	2002年	2001年	同比增长（%）
年产10万t以上企业（个）	14	12	16.7
年产10万t以上企业总产量(万t)	434.84	351.45	23.7
占全国玉米淀粉总产量（%）	79.76	69.05	15.5
年产5万t以上企业（个）	20	19	5.3
年产5万t以上企业总产量(万t)	474.83	402.56	18.0
占全国玉米淀粉总产量（%）	87.10	79.09	10.1
年产3万t以上企业（个）	33	30	10.0
年产3万t以上企业总产量(万t)	521.63	442.65	17.8
占全国玉米淀粉总产量（%）	95.68	86.97	1.0

表 9 2002 年我国部分淀粉深加工品生产规模

项目		2002 年	2001 年	同比增长（%）
变性淀粉	年产 1 万 t 以上企业（个）	12	4	200.0
	年产 1 万 t 以上企业总产量（万 t）	31.24	10.91	186.3
	占全国总产量（%）	82.90	64.00	29.5
	年产 0.5 万 t 以上企业（个）	16	9	77.8
	年产 0.5 万 t 以上企业总产量（万 t）	34.00	14.10	141.1
	占全国总产量（%）	90.26	82.63	9.2
结晶葡萄糖	年产 3 万 t 以上企业（个）	5	5	持平
	年产 3 万 t 以上企业总产量（万 t）	27.86	18.72	48.8
	占全国总产量（%）	61.74	50.83	21.5
	年产 2 万 t 以上企业（个）	9	7	28.6
	年产 2 万 t 以上企业总产量（万 t）	37.10	22.82	62.6
	占全国总产量（%）	82.20	61.97	32.6
	年产 1 万 t 以上企业（个）	13	10	30.0
	年产 1 万 t 以上企业总产量（万 t）	43.16	27.72	55.7
	占全国总产量（%）	95.63	75.28	27.0
液体葡萄糖	年产 10 万 t 以上企业（个）	6	3	100.0
	年产 10 万 t 以上企业总产量（万 t）	133.20	78.24	70.2
	占全国总产量（%）	67.84	61.71	9.9
	年产 5 万 t 以上企业（个）	9	4	125.0
	年产 5 万 t 以上企业总产量（万 t）	152.43	85.79	66.6
	占全国总产量（%）	77.63	67.66	14.7

（二）科研、新产品与新技术

2002 年，长春大成实业集团有限公司、江南大学、吉林省轻工业设计研究所、郑州工程学院、河南莲花味精集团有限公司等单位正有组织、有计划、有成效的实施“十五”国家科研攻关计划重大项目“农产品深加工技术与设备研究开发”中有关淀粉加工业的两大项目：一是玉米变性淀粉与酒精深加工技术研究与产业化，主要内容有两部分：第一部分是以蜡质玉米和高直链玉米为原料，重点开发 α-化蜡质玉米变性淀粉（食品）、交联—醋酸酯蜡质玉米变性淀粉（食品）、交联—羟丙基预糊化蜡质玉米变性淀粉、羟烷基高直链玉米变性淀粉（医药）、高直链玉米醋酸酯变性淀粉（纺织）、高直链玉米交联—预糊化淀粉（食品）；第二部分是玉米燃料酒精的产业化开发。主要围绕降低酒精生产成本，进行高效节能发酵技术、半纤维素降解技术、半纤维素水解液的发酵技术、纤维素酶菌种选育、玉米颗粒吸附法生产无水酒精技术研究，确定高转化、低成本的生产工艺。二是小麦精深加工技术研究开发，主要内容有三大部分：第一部分是重点开展谷朊粉高效提取分离、干燥技术的研究与开发，并对高乳化性能谷朊粉等下游产品的生产降解、分离、精制等关键工艺进行攻关研究，突破产业化生产的关键工艺技术与设备；第二部分是在玉米生产味精技术和设备的基础上，对小麦淀粉制糖工艺、适宜小麦淀粉发酵的谷氨酸高产酸菌种的驯化和选育、小麦淀粉发酵生产谷氨酸关键工艺技术等进行攻关研究，实现小麦代替玉米生产味精产业化生产工艺技术与设备的改进；第三部分是重点对专用粉配麦配粉技术、添加剂修饰技术、日产千吨大型专用粉自动控制技术、在线监测技术、胚芽高效分离技术、胚芽油萃取技术、高活性胚芽蛋白提取与利用技术等进行研究，确定日产千吨大型专用粉厂产业化生产及胚芽综合利用的关键工艺技术参数。

2002 年，树脂代替活性炭脱色工业性试验获得成功并通过省级鉴定。活性炭因具有巨大的比表面积和吸附力，在国内外被广泛应用于脱色、脱臭以及水和气体的深度净化。我国结晶葡萄糖和淀粉糖生产年耗用活性炭近万吨，虽然活性炭脱色对提高和保证产品质量发挥了重要作用，但由于使用活性炭生产条件差，给环境造成污染，而且滤出的废活性炭，又成为固体废物，污染环境，不符合清洁生产法的要求。树脂代替活性炭这项新技术，既简化了流程，改善了劳动条件，又减轻和清除了环境污染，最终还降低了成本，这是值得行业推广的新技术。

全自动清扫器已开始和喷雾干燥塔配套使用，具有结构轻便、功能齐全、节能安全等特点，在干燥过程中即可将筒体和锥体内的黏附物质及时排出塔外，因而提高了产品的收率和质量，这也是干燥技术的一次重大突破。采用多种酶协同转苷、发酵分离提纯和蛋白质等大分子絮凝等新工艺在低聚异麦芽糖生产中的应用，也是很有创新性的一项新技术。

2002年淀粉深加工的新品种研发速度加快，如以蜡质玉米淀粉为主要原料研制生产的淀粉辛烯基琥珀酸酯，是国际上只有少数几个公司可以生产的变性淀粉中的一种顶级品种，此产品填补了国内空白，结束了我国淀粉辛烯基琥珀酸酯全部进口的历史。又如：用生物工程酶法转化木薯淀粉生产海藻糖，2002年已实现产业化。

四、值得关注的问题

（一）重复建设问题

淀粉行业在快速增长中，同时出现了盲目投资、低水平重复建设的现象，特别是玉米淀粉和淀粉糖问题比较突出。据不完全统计，我国玉米淀粉现有生产能力接近650万t，近期新建和扩建的企业40余家，新增生产能力400余万t。在这种情况下，年产玉米淀粉1万t的企业还在建设，这是典型的低水平重复建设，类似这样的企业建成后有的设备运行不行，有的没有流动资金和市场，导致设备时开时停甚至关门大吉。淀粉糖发展也不容乐观，由于该品种建设周期短，投资相对小，因此发展速度过快，2002年比2000年净增100万t，以致造成投资的浪费和行业的无序竞争，企业为了争夺有限的市场，不得不竞相降价，因而企业利润空间被大大压缩。

（二）环保治理问题

近年来，淀粉行业环保治理问题普遍受到重视，达标率年年有增，但还存在着两大问题：一是企业完善了环保治理措施后并可短时达标，但却不能常年运行，上级来检查就治理，检查一过就放弃环保治理工作，一些企业实际上是把环保治理作为“花架子”，只做应付上级“检查”的文章。二是中小企业因资金等原因未配套环保治理工程，有检查就停产，检查过后继续生产，污水照常排放。

（三）产品质量问题

我国淀粉的产品质量水平普遍有所提高，但从国家质量监督检验检疫总局对河北、吉林、江苏、山东、北京、天津等6个省市28家企业生产的31种玉米淀粉产品抽查结果看，淀粉抽样合格率为80.6%，抽查中反映出的主要质量问题为淀粉中二氧化硫、水分、蛋白质和灰分超标。

淀粉加工业是国民经济中重要的产业之一，它不仅对满足日益增长的人民生活质量的需要，而且对拉动农业和农村经济的发展以及帮助农民脱贫致富方面有着至关重要的作用，因此必须重视和解决淀粉行业存在的问题，走科技创新之路，争创优质品牌，发展比较优势，提升产品竞争力、企业竞争力和行业竞争力，以保证我国淀粉工业积极、稳妥、健康地发展。

（中国淀粉工业协会　董延丰）

制　糖　工　业

一、基本情况

1．资源概况　2002/2003年制糖期，全国糖料种植面积144.5万hm^2。其中甘蔗种植面积109.2万hm^2，甜菜种植面积32.3万hm^2。制糖期加工甘蔗8 456万t，加工甜菜930万t，甘蔗平均价格160元/t，甜菜平均价格230元/t，农民种植糖料毛收入为156.7亿元。其中甘蔗品种主要以台糖系列、桂糖系列和粤糖系列为主，三大系列品种占总种植面积的81%；其他品种约占总种植面积的19%。甜菜品种在各地区的种植情况差异较大，新疆维吾尔自治区以进口的德国KWS系列为主，约占全区种植总面积的75%，华丹等系列占25%；黑龙江省主要种植甜源系列品种，占全省种植面积的60%，双丰系列占30%，其他品种为10%；内蒙古自治区的主要种植品种为吉甜系列，种植面积占全区的 65%，包育系列为 25%，其他品种占 10%。初步统计，2003/2004 年制糖期全国糖料种植面积为 135.3 万 hm^2，其中甘蔗种植面积为 114 万 hm^2，甜菜种植面积为 21.3 万 hm^2。

2. 制糖期　我国的食糖生产销售年度为 10 月 1 日至翌年的 9 月 30 日，开榨时间由北向南各不相同。甜菜糖厂一般在 9 月底或 10 月初开机生产；甘蔗糖厂中江西、湖南 10 月底或 11 月初开榨，广西、广东、海南等 11 月底或 12 月初开榨，云南省 12 月底或次年 1 月初开榨。制糖期最迟结束时间一般为 6 月份。2002/03 年制糖期，从 2002 年 9 月 27 日新疆新源糖业有限公司开机生产开始至 2003 年 6 月 10 日云南勐阿糖厂停机结束生产，历时 256 天。

3. 行业布局　我国有 18 个省（区）产糖，主产糖区集中在中国的北部、西北部和西南部，沿中国边缘地区分布。其中甘蔗糖主要分布在广东、广西、云南、海南及邻近省（区）；甜菜糖主要分布在黑龙江、新疆、内蒙古及邻近省份。与糖料种植相关的人员近 4 000 万。我国糖业生产中，甘蔗糖占 88%，甜菜糖占 12%。

4. 食糖生产　随着中国糖业结构和区域布局的调整，一部分地区和企业相继退出制糖行业，截止到 2002 年底，全国共有制糖生产企业（集团）249 家，开工糖厂 327 家。其中：甜菜糖生产企业（集团）37 家，糖厂 44 家；甘蔗糖生产企业（集团）212 家，糖厂 283 家。此外，在广东、山东、江苏省还有 9 家专门的炼糖厂。2002/03 年制糖期，全国共收购糖料 9 228 万 t，生产食糖 1 063.7 万 t，首次突破 1 000 万 t，是历史上产糖量最高的制糖期，比 2001 跨 2002 年制糖期增长 25.2%。其中白砂糖 992.7 万 t，绵白糖 62 万 t，赤砂糖和红糖 5 万 t，原糖 4 万 t。

5. 食糖品种　我国甜菜糖厂生产的主要食糖品种为优级绵白糖、一级绵白糖、优级白砂糖、一级白砂糖和赤砂糖，少量有精制绵白糖和精制白砂糖。甘蔗糖厂生产的主要食糖品种为一级白砂糖、赤砂糖、少量优级白砂糖和精制糖。我国除 1 家糖厂生产原糖外，其余全部为一步法生产工艺。其中，甜菜糖厂全部为碳酸法，最大生产规模为日处理甜菜 3 000t；甘蔗糖厂大部分为亚硫酸法，少部分为碳酸法；少数有精炼糖生产的糖厂采用离子交换树脂、膜过滤等先进工艺。甘蔗糖厂最大生产规模为日处理甘蔗 10 000t。

二、技术进步与产品质量

2002/2003 年制糖期，全国糖业科技进步取得新进展。主要体现在：一是甘蔗良种推广工作加快，主产区广西、云南、广东湛江市等优良品种比例已占播种面积的 80%。二是制糖过程技术进步加快，由原国家经贸委组织有关科研部门进行的糖业共性技术攻关项目已经开始实施，项目包括：甘蔗压榨的自动化控制，采用磷酸上浮法改造现行亚硫酸法工艺以及三废治理等内容。

另外，2003 年一些高效糖机设备也在陆续投入使用，如云南瑞丽糖业公司引进澳大利亚的磷酸上浮澄清技术与设备已运行半个制糖期，该技术可显著降低食糖的 SO_2 含量和糖汁混浊度，对传统亚硫酸法的改造有重要意义。昆明克林轻工机械有限公司与英国布鲁班克公司合作生产的全自动分蜜机也已在广西、云南的部分糖厂成功使用；该公司生产的 1.2×2.4 大型压榨机于 2003 年 9 月下线，将在新制糖期安装使用，这将是国内最大规模的压榨机组。

在全国食糖大幅度增产，糖业技术进步取得成效的大背景下，食糖的产品质量却出现了令人担忧的问题。2002 跨 2003 年食糖生产销售年度，国家质量技术监督局对食糖的产品质量进行了两次抽检，全国甘蔗质量监督检测中心也对全国 200 多家制糖企业生产的 300 多个食糖产品质量进行了监督检测。结果发现：除了采用碳酸法生产的优、一级白砂糖产品质量继续保持 100%合格率外，亚硫酸法生产的一级白砂糖的合格率出现下降趋势，合格率为 97.1%。合格率降低的主要原因是色值、混浊度等理化指标下降。

继 2002 年卫生部牵头修订了食糖卫生标准以后，2003 年又对《白砂糖》和《原糖》两项食糖的国家标准进行了修订。新修订的食糖标准，卫生指标更为严格（见表 1、表 2），一些理化指标参照或采用了国际先进标准，能够适应中国加入 WTO 后的新形势。新标准的宣贯与实施，必将促进我国糖业生产技术水平和产品质量的提高。

表 1　《白砂糖》国标送审稿与 GB317—1998 标准指标对照表

项　目		《白砂糖》国标送审稿				GB317—1998 标准			
		精　制	优　级	一　级	二　级	精　制	优　级	一　级	二　级
蔗糖分，%	≥	99.80	99.70	99.60	99.50	99.80	99.70	99.60	99.50
还原糖分，%	≤	0.03	0.04	0.10	0.15	0.03	0.05	0.10	0.17
电导灰分，%	≤	0.02	0.04	0.10	0.13	0.03	0.05	0.10	0.15
干燥失重，%	≤	0.05	0.06	0.07	0.10	0.06	0.06	0.07	0.12

（续）

项目		《白砂糖》国标送审稿				GB317—1998 标准			
		精 制	优 级	一 级	二 级	精 制	优 级	一 级	二 级
色值，IU	≤	25	60	150	240	30	80	170	260
混浊度	≤	30MAU	80MAU	160MAU	220MAU	3 度	7 度	9 度	11 度
不溶于水杂质，mg/kg	≤	10	20	40	60	20	30	50	80
二氧化硫，mg/kg	≤	6	15	30	30	10	20	40	50
砷（以 As 计），mg/kg	≤	0.5	0.5	0.5	0.5	0.5	0.5	0.5	0.5
铅（以 Pb 计），mg/kg	≤	0.5	0.5	0.5	0.5	1.0	1.0	1.0	1.0
菌落总数 cfu/g	≤	100	100	100	100	200	350	350	350
大肠菌群，MPN/100g	≤	30	30	30	30	30	30	30	30
致病菌		不得检出	不得检出	不得检出	不得检出	不得检出	不得检出	不得检出	不得检出
酵母菌，cfu/g	≤	10	10	10	10				
霉菌，cfu/g	≤	25	25	25	25				
螨		不得检出	不得检出	不得检出	不得检出	不得检出	不得检出	不得检出	不得检出

表 2 《原糖》国标送审稿与 GB/T15108—1994 指标对照表

项目		《原糖》国标送审稿	GB/T15108—94	备 注
糖度，%	≥	97.50	97.00	
干燥失重，%	≤	0.60	0.90	
灰分，%	≤	0.50	0.50	GB/T15108—94 为“电导灰分”
色值，IU	≤	4 500	6 000	
葡聚糖，mg/kg	≤	400		新增指标
不溶于水杂质，mg/kg	≤	350	350	
砷（以 As 计），mg/kg	≤	0.50		新增指标
铅（以 Pb 计），mg/kg	≤	0.50		新增指标
二氧化硫，mg/kg	≤	20		新增指标
螨	≤	不得检出		新增指标

三、主要产糖省区情况

广西壮族自治区是我国最大的产糖省份。全区共有制糖企业（集团）44 家，有糖厂 95 家，日处理甘蔗能力 32 万 t。其中 15 家企业集团拥有糖厂 64 家，产糖能力占全区的 87%。2002/2003 年制糖期，全区开工糖厂 95 家，甘蔗糖产量 561 万 t，占全国总产量的 52.8%。全区甘蔗种植面积 65 万 hm^2，甘蔗平均单产 68t/ hm^2，甘蔗平均含糖量为 13.5%，甘蔗种植从业人口近 2 000 万人。

云南是仅次于广西的第二大产糖省。全省共有 74 家法人企业，有糖厂 85 家，日处理甘蔗能力为 14 万 t。2002/2003 年制糖期，全省开工糖厂 85 家，甘蔗糖产量 189 万 t，占全国总产量的 17.8%。全省甘蔗种植面积 26 万 hm^2，甘蔗平均单产 57t/ hm^2，甘蔗平均含糖量为 13.9%，甘蔗种植从业人口 600 多万人。

广东省从原来全国第一产糖大省退居第三位。全省共有制糖企业 39 家，有糖厂 48 家。其中原糖加工企业 3 家，食糖深加工企业 2 家；全省日处理甘蔗能力为 10.5 万 t。糖厂主要分布在湛江地区，共有 21 家糖厂，日处理甘蔗能力为 7.15 万 t，占全省总制糖能力的 73%。2002/2003 年制糖期，全省开工糖厂 43 家，甘蔗糖产量 116 万 t，占全国总产量的 11%。全省甘蔗种植面积 12.7 万 hm^2，甘蔗平均单产 75t/ hm^2，甘蔗平均含糖量为 12.3%。

新疆维吾尔自治区是全国最大的甜菜糖产区。全区共有糖厂 13 家，日处理甜菜能力 3.27 万 t。2002/2003 年制糖期，全区开工糖厂 13 家，生产食糖 52.4 万 t。全区甜菜种植面积 8 万 hm^2，甜菜平均单产 54t/ hm^2，甜菜平均含糖量为 15%。

四、食糖市场

1. 国际市场 2001 年世界食糖消费量为 13 094 万 t，年人均消费量 21kg。近 10 年来，世界食糖消费量的年平均增长速度为 1.2%。近 10 年内多数年份生产量大于消费量，全球食糖贸易量基本维持在3 900万 t 左右。现在结余糖量达 1 000 万 t 左右，超过了正常结余量 500 万 t 的水平，致使世界糖价低价位徘徊。若消化这些过多的结余糖，需要进一步扩大市场消费容量。

国际食糖市场是一个高度扭曲的市场，市场价格严重背离世界食糖的平均生产成本，绝大部分发达国家和大部分发展中国家，通过高关税贸易壁垒（WTO成员平均关税水平为95%，中国仅为15%）、国内支持（WTO成员的国内支持占糖业收入的比例最高达60%，中国则低得多）和出口补贴等形式保护本国的制糖行业。在WTO多轮农产品贸易自由化的谈判过程中，食糖贸易自由化一直是一个非常艰难的话题。据预测，2004年我国糖业将在低关税、高比例配额进口食糖以及国内供大于求的挤压下求生，国内食糖价格的上限可能还要降低。

2. 国内市场　2000年以前，我国食糖年消费量一直在750万t左右徘徊，但近两年来随着人民生活水平的提高和生活节奏的加快，城镇人口的增长和食品工业的快速发展，以及国家对糖精产销管理力度的加大，食糖消费量有了较大的提高。2001年全国食糖消费量接近850万t，2002年为915万t，2003年食糖消费量有望突破1 000万t。国内年人均消费为7.9kg。

食糖消费增长较快的是食品工业，特别是饮料、乳品、罐头、方便主食品的用糖量，随着其生产量的快速增长，带动了工业消费食糖量的显著增加，工业消费食糖比例已经超过全国食糖消费总量的60%，而居民直接消费食糖不足40%。

2002/2003年制糖期，国内食糖综合价格（食糖主要产销地区加权平均价格）整体处在下跌通道。2002年10月初到11月中旬，综合价格基本维持在2 750～2 850元/t之间；从11月下旬到2003年1月底，是制糖期产糖最集中的时期，综合价格从2 850元一直跌落至2 300元/t；受1月份广西部分地区霜冻和3月份国家启动国产食糖收储计划实施的影响，综合价格一度回升到2 550元/t，随后的几个月里，综合价格跌至2 150元/t；随着国家第二批收储计划的酝酿，综合价格在2 200元/t上下小幅震荡；“非典”疫情以后的2个月，食糖需求量增加，工商库存压力减轻，综合价格从8月28日开始回升至2 300元/t左右。在该制糖期，我国食糖产量占世界总产量的8.2%，消费量占世界消费量的7.9%。

2002/2003年制糖期，是近几年食糖价格波动最小的制糖期，全国制糖行业主要经济技术指标为：工业总产值280亿元（1990年不变价），实现税金总额27亿元，实现利润1.77亿元；甘蔗糖平均生产成本1 932元/t，甜菜糖平均生产成本2 197元/t，甘蔗糖平均完全成本2 317元/t，甜菜糖平均完全成本2 497元/t；甘蔗平均含糖13.52%，甜菜平均含糖17.30%；甘蔗平均单产69.3t/hm^2，甜菜平均单产29.7t/hm^2；甘蔗糖总回收率85.3%，甜菜糖总回收率82.25%；甘蔗糖产糖率11.49%，甜菜糖产糖率12.94%。

五、行业管理及政策

（一）糖业政策、措施

2002/2003年制糖期，全国食糖大幅度增产，国内食糖市场压力较大，国家有关宏观调控部门先后制定（公布）了若干政策措施，诸如控制产量、调控进口、增加出口、扩大内需等一系列措施，对稳定食糖市场、稳定糖价、保护糖农和糖厂的利益起了很大作用。

1. 控制产量　原国家经贸委连续两年下发了分省、区食糖产量的控制指标。2002年7月23日，国家计委、农业部联合印发了《关于合理调控糖料收购价格防止盲目增加糖料种植面积的通知》。通知强调，为保护农民和制糖企业的长远利益和根本利益，要求各主产糖省、区加强对糖料生产的引导，及时为农民提供市场信息，引导农民搞好农业生产结构调整，严格控制糖料种植面积，大力调减不适宜、次适宜区糖料种植面积，对坡度25度以上，海拔过高的蔗田坚决退耕还林；适当降低糖料收购价格，降低制糖成本，提高我国食糖的竞争力；积极推行食糖、糖料价格联动机制，建立农民与制糖企业利益共享、风险共担的机制；加快搞好制糖行业结构调整，实行强强联合、资产重组，走集团化、规模化生产经营的路子，提高规模效益。

2. 调控进口　在保护本国制糖工、农业生产者利益的基础上，国家根据国内、国际食糖生产、成本情况和糖价变化情况，合理确定了调控目标价位区间；使底限价格保证糖料的种植成本和糖厂的制糖成本，与进口糖比较有一定的竞争力；上限价格主要是防止糖料生产的盲目发展，引发大起大落。与此同时，国家还充分利用WTO规则允许的措施，通过储备、信贷、进出口等手段，对糖价进行调控，避免进口糖的冲击。其中主要有：大力降低国产糖生产成本，使国内糖价始终低于同期进口糖的价格（均含税、费）；调整经营进口糖与国产糖之间的比较效益，加大进口糖的风险；改进进口糖配额的分配方式，鼓励企业扩大加工复出口；按照“宁迟勿早、宁少勿多”的原则，掌握配额糖进口的时间与数量，错开国产糖生产销售的旺季等。

3. 鼓励出口　自2003年1月1日起，国家取消了食糖出口配额许可证管理（外经贸部、海关总署2002年第59号公告）。依据我国周边国境线长、接壤国家需要进口糖、与之毗邻的我国周边省、区恰好是食糖主产区的有利条件，鼓励周边省、区就近出口食糖，以缓解长途内调和销售的压力。同时，积极鼓励通过来料、进料加工贸易，扩大原糖加工复出口。

4. 扩大内需　按照市场需要增加食糖品种、提高质量，增加城市民用和精细食品加工需要的精炼糖，广大农村欢迎的红糖、赤砂糖和广大消费者有消费习惯的冰片糖、片糖、冰糖等；继续限产、限销、限用糖精等化学合成甜味剂。

2003年7月10日，国家发展改革委、财政部发出（发改运行［2003］672号）《关于对糖精生产企业违反国家有关规定超产、超销问题处理意见的通知》。“通知”根据原国家经贸委和财政部联合下发的(国经贸运行［2003］326号)《关于糖精生产企业违反国家有关规定、超产超销情况处理意见的通报》精神，决定对2001年违反国家有关规定，未采取有效措施及时关闭的企业和超产、超销的生产企业所在省市给予经济处罚。并要求有关省市经贸委加强对糖精企业的监管，严格按照国家下达的糖精生产计划均衡组织生产和销售，杜绝超产、超销现象。对继续违反国家有关规定的，国家将加倍进行处罚。

（二）管理机构及组织

我国政府对糖业问题十分关注和关心，食糖一直是国家宏观管理的重要商品之一。目前与糖业管理有关的主要政府部门及组织有：

国家发展和改革委员会：主要负责糖业长远期发展规划和战略目标及政策的制定；大型工业加工项目审批；食糖市场供求总量平衡和宏观调控；国家储备糖计划的总体协调和储备动用的建议；制糖行业整体运行分析和生产管理；行业结构及区域布局的调整；高倍化学合成甜味剂的产销管理等。

商务部：食糖流通领域的协调与管理；食糖市场供应状况的监控和分析；食糖进口配额的计划管理及发放；国家储备糖的管理；食糖加工贸易审批等。

农业部：糖料种植业的管理；良种基地建设；种植业机械化发展措施的制定；种植业产业化和社会化服务体系建设等。

中国糖业协会：是于1992年在民政部注册成立的社团法人组织。其宗旨是为制糖企业和糖料种植者服务，促进制糖企业结构调整，推进行业技术进步；扩大食糖消费，开拓食糖市场；加强国际交流与合作。中国糖业协会的会员单位包括制糖企业和主要的食糖经销商、国内权威的研究机构和大专院校等。中国糖业协会作为联系政府和企业的桥梁与纽带，代表广大会员企业的根本利益，积极反应行业的呼声，为国家制定有关食糖行业和市场的政策提供意见和建议，在政府对食糖市场实施宏观调控过程中发挥重要的作用；协调行业发展过程中出现的问题。2002年，中国糖业协会继续围绕“以扭亏增盈为目标，以提高经济效益为中心，以搞好制糖行业结构调整为主线，以深化企业改革和推进科技进步为动力”，主要做了糖业战略性结构调整、食糖市场调控、推进订单农业、改革糖汁清净工艺、推广糖膏分蜜新设备、控制糖精产量和内销量、扩大食糖消费、整顿和规范市场活动、加强国际糖业交流与合作、提供及时准确的信息服务等工作。

（中国糖业协会　胡志江　柳振　连学智）

林产品加工业

一、木材及林产品生产状况

（一）木材生产及林产工业

2002年全国木材产量4 436.07万m^3，比2001年下降2.55%。其中原木产量4 127.21万m^3，比2001年下降1.66%；薪材产量308.86万m^3，比2001年下降13.00%；锯材产量851.61万m^3，比2001年增长11.49%。

人造板产量增加，结构不断优化。2002年，全国人造板产量2 930.18万m^3，比2001年增长38.79%。其中，胶合板1 135.21万m^3，比2001年增长25.51%；纤维板767.42万m^3（90.56%为中密度纤维板），增长34.61%；刨花板369.31万m^3，增长7.19%。值得注意的是，以细木工板为主的其他人造板迅速增长，产量首次超过刨花板。2002年，其他人造板658.24万m^3（83.67%为细木工板），增长125.33%。

2002年，木地板产量稳步增长，全年木地板产量4 976.99万m^2，比2001年增长2.64%。其中实木地板2 248.47万m^2，占全部木地板产量的45.18%；实木复合地板592.74万m^2，占11.91%；强化木地板863.57万m^2，占17.35%；竹木复合地板622.77万m^2，占12.51%。

（二）家具、造纸及纸制品业

2002 年，家具产量 13 375.95 万件，比 2001 年增长 22.46%。其中木制家具 5 495.32 万件，比 2001 年增长 9.94 %。机制纸及纸板产量 3 501.34 万 t，比 2001 年增长 23.29%。其中，机制纸 2 053.65 万 t，机制纸板 1 447.69 万 t，分别比 2001 年增长 24.71%和 21.34%；国内纸浆产量 1 132.38 万 t，比 2001 年增长 11.69 %。其中木浆 214 万 t，比 2001 年增长 7.00%。

（三）主要林化产品

松香类产品产量 46.42 万 t，比 2001 年增长 5.52%。其中松香产量 39.53 万 t，比 2001 年增长 4.63%；松节油类产品产量 5.92 万 t，比 2001 年增长 52.58%；栲胶类产品产量 9 583t，比 2001 年增长 1.45%；紫胶类产品 561t，比 2001 年增长 30.16%；木炭 5.64 万 t，活性炭 5.65 万 t，分别比 2001 年增长 0.80%和 12.15%。

二、速生丰产林、经济林、花卉、竹藤及森林旅游等产业

（一）速生丰产林

2002 年，共营造速生丰产用材林面积 11.42 万 hm^2。其中荒山荒地造林面积 4.57 万 hm^2，迹地造林面积 5.19 万 hm^2，非林业用地造林面积 1.24 万 hm^2，改培面积 0.42 万 hm^2。按培育目的分，纸浆原料林面积 2.30 万 hm^2，人造板原料林面积 3.39 万 hm^2，大径级用材林面积 2.06 万 hm^2，其他工业原料林面积 3.67 万 hm^2，分别比 2001 年增长 7.62%、57.91%、31.74%和 20.75%，占全部速生丰产林造林面积比重分别为 20.14%、30.16%、18.04%和 32.65%。其树种包括桉树、相思树、松树、杉木、柳杉、杨树、泡桐、落叶松、红松、云杉、冷杉、樟子松、水曲柳、胡桃楸、黄波萝、椴树及竹类等。2002 年，各地纷纷出台商品林建设的优惠政策，广大林农对发展速生丰产林热情高涨，用材企业纷纷建立自己的原料林基地，林纸结合、林板结合得到了进一步发展。

（二）经济林

2002 年，经济林建设重点是以结构调整为主线，因地制宜，发展区域特色品种，在适当扩大规模的基础上，加大名特优新品种比重，提高产品质量，增加经济效益。全年新造经济林面积 96.42 万 hm^2，比 2001 年下降 9.76%；经济林产品总产量 6 923 万 t，比 2001 年增长 0.62%。茶、桑、果总产值 1 134.14 亿元，比 2001 年增长 6.17%。

（三）竹藤

2002 年，竹产业继续保持增长势头。全年新造竹林 12.85 万 hm^2，比 2001 年增长 20.21%；竹材产量 6.68 亿根，比 2001 年增长 14.97%；村及村以下毛竹篙竹采伐量 16.15 亿根，比 2001 年增长 168.27%；小杂竹 339.36 万 t，比 2001 年下降 3.76%；竹笋干产量 48.20 万 t，比 2001 年增长 111.87%；竹胶合板产量 88.98 万 m^3，比 2001 年增长 48.80%；竹木复合地板产量 622.77 万 m^2，比 2001 年下降 18.63%。

（四）花卉

2002 年，全国花卉生产仍呈现蓬勃发展势头。花卉种植面积已达 33.45 万 hm^2，比 2001 年增长 35.98%。其中，鲜切花（叶）面积 1.83 万 hm^2，同比增长 61.95%；盆栽植物面积 2.99 万 hm^2，同比下降 9.39%；观赏苗木 16.38 万 hm^2，同比增长 40.72%；药用花卉 2.85 万 hm^2，同比增长 39.02%；草坪 3.41 万 hm^2，同比增长 24.91%。销售鲜切花 94.65 亿支，同比增长 155.53%；盆栽植物 14.44 亿盆，同比增长 37.92%；观赏苗木 545 477.2 万株，同比增长 45.59%；药用花卉 46 181.80t，同比增长 34.00%；草坪 32 977.06 万 m^2，同比增长 4.28%。花卉销售额 293.99 亿元；出口创汇 8 283.17 万美元。

（五）森林旅游

2002 年，森林公园建设速度进一步加快，森林旅游业发展形势更加喜人。据不完全统计，截至 2002 年底，我国已建立各类森林公园 1 476 处，总经营面积 1 268.8 万 hm^2。其中国家森林公园 439 处，经营面积 874.96 万 hm^2。全国森林公园共接待游客 1.1 亿人次，以门票为主的直接旅游收入 37.03 亿元，为社会提供就业机会 26.52 万个。据测算，森林公园建设所带动的社会旅游收入约 850 亿元。

三、2002年木材市场与主要林产品价格分析

（一）木材供给

我国木材供给来源主要包括国产材和进口材（包括进口原木、进口各类木材制品）；国产木材包括商品材、农民自用材和农民烧材。

1. *商品材*　2002 年，我国商品材实际产量 4 436.07 万 m^3。其中原木产量 4 127.21 万 m^3，薪材（不符合原木标准的木材）产量 308.86 万 m^3，这部分基本上转化为工业用材。

2. *农民自用材和烧材*　根据我国 2002 年木材生

产量测算，农民自用材和烧材的蓄积消耗量，分别为 2 772.54 万 m^3 和 4 052.18 万 m^3，折合木材量分别约为 1 663.5 万 m^3 和 3 241.7 万 m^3，合计 4 905.2 万 m^3。这部分产量中的一部分已转化为人造板用材。

3. 进口材　2002 年，进口原木 2 433.29 万 m^3，进口锯材、单板、人造板、木浆、木片、纸和纸制品及其他木制品等折合木材 7 012.59 万 m^3，两项合计约为 9 445.88 万 m^3。

以上合计为 18 787.15 万 m^3，这基本上可以视为全国木材总供给量。

（二）木材消费

木材消耗总量主要包括工业与建筑业用材、农民自用材和农民烧材以及出口材。

1. 工业和建筑业用材　据国家统计局和有关部门统计和木材消耗系数推算，2002 年主要领域的木材消耗量为 12 376.85 万 m^3。其中建筑业 8 838.01 万 m^3，家具业 1 402.8 万 m^3，造纸业 963 万 m^3，煤炭业 734.9 万 m^3，车船制造业 269.2 万 m^3，化工业 77.2 万 m^3，铁路部门 44.34 万 m^3，化纤业 47.4 万 m^3。

2. 农民自用材和薪炭材　2002 年，鉴于农民自用材和烧材的特殊性，其供给与消耗基本一致，总供给视同为总消耗，合计 4 905.2 万 m^3。

3. 出口材　2002 年，出口原木、锯材、人造板、木片、木炭等折合木材消耗量为 1 058.53 万 m^3。

根据上述对相关行业的不完全统计和出口消耗测算，2002 年全社会实际木材总量消耗约为 18 340.43 万 m^3。

（三）2002 年木材市场特点

1. 我国木材市场日趋成熟　2002 年我国木材市场没有大的起伏波动，日益趋向成熟。木材产区、木材销区以及木材进出口，均依据市场变化主动调整经营方式，木材生产、木材加工、经营者更加理智地面对变化，积极开发适销对路的产品，通过提高产品质量、改善售后服务应对市场，广大消费者对林产品的选择更加理性化。

2. 进口木材承担着国内木材市场供给的半壁江山　2002 年，全国木材总供给量约为 18 787.15 万 m^3。其中进口木材及产品折合木材 9 445.88 万 m^3，占木材总供给量的 50.28%；国内商品材供给量为 4 436.07万 m^3，占木材总供给量的 23.61%。木材总消耗量约为 18 340.43 万 m^3。其中主要工业部门消费 12 376.7 万 m^3，农民用材及薪材消耗为 4 905.2 万 m^3，出口 1 058.53 万 m^3，分别占总消耗量的 67.48%，26.75%和 5.77%。

3. 结构性矛盾进一步缓解　由于林区改变观念，积极发展木材加工业，东北市场上多年不被看好的小材、次材、加工剩余材受到市场欢迎；大径针叶材的大量进口导致大径材供应相对充足，卖势不如优质中、小径材；家装用阔叶材需求依然旺盛，由于木质林产品进口大幅增加，生产、生活用材供应相对充裕。

4. 需求旺盛，价格相对稳定　国内木材市场总体需求旺盛，东北木材市场起价低，全年旺销，价格稳中有升；华东木材市场货源充足，木制品丰富，价格随市场波动变化；中原市场火爆，木材价格稳定；西部木材市场供应紧张，价格坚挺。

5. 地区性差别明显　上海木材市场家装类阔叶材热销，建筑用针叶材需求旺盛，东北地区的阔叶材需求和中、小径材需求渐旺，西部地区的木材市场主要以建筑用针叶材为主。区域性需求差异反映出不同地区的经济发展水平和需求特点，同时也反映出各地消费的主流。

（四）主要林产品价格分析

主要林产品全国平均价格

（1）原木　根据国家统计局城调队调查结果，2002 年原木价格稳中微降，基本平稳。原木每立方米平均出厂价为 488.5 元，比 2001 年上涨 1.3%。其中：红松原木平均出厂价 705.6 元，落叶松 422.6 元，马尾松 415.5 元，杉木 451.7 元，云南松 473.8 元，其他等内原木 462.1 元。东北国有林区主要原木每立方米平均售价：红松 1 375 元，落叶松 875 元，白松 1 000 元，水曲柳 1 600 元。2002 年竹材平均售价每根 5 元，比 2001 年下降 3.1%。

（2）锯材　全年平均出厂价格每立方米 1 087.9 元，比 2001 年下降 7.6%。全年价格变化除了前 4 个月有一定起伏外，基本平稳。普通锯材 1 月份平均每立方米售价为 866.4 元，2 月份骤升至 1941.1 元，之后逐渐下跌，4 月份回复到 878.2 元，下半年基本维持在 1 000 元上下起落。杉木锯材价格波动剧烈，2 月份每立方米价格曾最高达到 4 085.5 元，6 月份跌至全年最低价 795.5 元，9 月份价格再次升至 1 576.9元，12 月达到 999.7 元。马尾松锯材价格稳步上升，由年初的每立方米 460 元到年底升至 804.8 元。落叶松锯材价格由 4 月份的每立方米 741.1 元波动升至 12 月份的每立方米 1 003.4 元。

（3）人造板　根据国家林业局统计数据，2002 年全国胶合板、中密度纤维板和刨花板的平均销售价格分别为每立方米 1 854 元、1 173 元、939 元。与 2001 年相比，胶合板价格上升 79.6%，中密度纤维板上升 0.78%，刨花板价格下降 17.2%。2002 年胶合板价格除 3 月份出现低谷外，基本保持平稳上升趋势，刨花板价格稳中有降，呈一路平缓下滑的态势，纤维板的价格波动上升。

(4) 松香 2002 年，松香平均销售价格为每吨 3 366元，比 2001 年的 3 750 元下降 10.2%。年初出口离岸价为 420 美元，12 月份离岸价达到 530 美元，全年最低价为 390 美元。国内松香产品的价格基本遵循往年的规律，由 1 月份的每吨 3 800 元逐渐上涨到 4～5 月份的 4 000 元，快进入松香的生产季节 5～6 月份时，价格开始回落到 3 850 元，7～8 月份降到全年的最低点每吨 3 600 元，10 月份开始价格回升，每吨约 3 850～3 900 元，之后直线上升至全年最高价，12 月份的每吨 4 400～4 600 元，较之 2001 年最高价增长约 14.3%～19.5%，同比增长 15.8%～21.1%。2002 年松香价格变化之大，主要是受到了气候的影响，松香产地台风多，雨水多且持续时间长，导致松香生产季节没有形成很大的生产高峰，从而造成下半年的价格攀升较往年快且高。

(5) 木浆 全年平均出厂价格为每吨 4 165 元，比 2001 年下降了 2.2%。其中机械浆 5 314.6 元，同比增长了 0.71%；化学浆 3 015.4 元，同比下降了 6.87%。全年机械木浆价格波动较大，呈曲折上升趋势；化学木浆价格平稳，年底略有下降；受机械木浆价格波动影响，年内木浆价格有大幅波动，1 月份为每吨 3 330.6 元，12 月份为 4 019.9 元。

(6) 其他 2002 年，橡胶、椰子油平均购进价格为每吨 6 782.2 元和 4 583.2 元，分别比 2001 年增长 3.69%和 23.47%；柑橘价格持续下降平均购进价格为每吨 1 498 元，比 2001 年下降了 53.25%，苹果平均购进价格为每吨 1 975 元，比 2001 年上涨了 85.97%。

(国家林业局发展计划与资金管理司 刘建杰)

乳制品制造业

一、行业发展概况

2003 年我国乳制品行业取得了巨大成就，产量大幅度增加，经济效益明显提高。2002 年是我国入世的第一年，乳制品进口关税减让，国际市场乳制品大幅度降价，我国乳制品行业经受了考验。乳制品工业越来越受到各级政府和社会各界的重视，资本市场已从来没有过的兴趣关注着乳制品行业，乳品消费成为媒体竞相报道的重点。我国乳业正经历着黄金发展时期。

2002 年，全国奶类总产量达 1 400.4 万 t，其中牛奶产量 1 299.8t，分别比上年增长 24.7% 和 26.7%。奶类总产量前 6 位的省区市有：黑龙江占 17.1%、内蒙古占 12.1%、河北占 10.6%、山东占 8.3%、新疆占 7.2%、陕西占 5.9%。

2002 年，全国规模以上乳制品企业 499 家，共完成工业总产值 373.63 亿元，比上年增长 24.1%；销售收入 347.48 亿元，比上年增长 27.8%；利税总额完成 40.91 亿元，比上年增长 28.0%；利润总额完成 23.73 亿元，比上年增长 38.6%。乳制品产量 93.23 万 t，比上年增长 25.5%。其中乳粉产量约 75 万 t；液体乳产量 355.14 万 t，比上年增长 66.48%。2002 年乳制品工业产值前 5 位的省区市有：黑龙江占 17.3%、内蒙古占 14.8%、河北占 13.4%、上海占 10.9%、山东占 7.0%。2002 年乳制品产量前 5 位的省份有：黑龙江占 20.6%、河北占 15.3%、山东占 15.3%、内蒙古占 10.6%、陕西占 8.0% 。2002 年液体乳产量前 5 位的省份有：内蒙古占 20.7%、上海占 11.5%、河北占 9.8%、黑龙江占 7.6%、北京占 6.9%。

2002 年，全国共进口各种乳制品 25.7 万 t，金额 2.64 亿美元，分别比上年增长 40.5%和 26.2%。其中乳粉进口 11.1 万 t，金额 1.61 亿美元，分别比上年增长 89.4%和 40.4%。乳清粉进口 13.8 万 t，金额 0.9 亿美元，分别比上年增长 15.2%和 2.6%。在 2002 年的一段时间内，大量乳粉的进口对国内市场造成一定冲击，使一些以生产大包装乳粉为主的企业出现产品积压现象。到 2002 年底，国际市场乳粉价格上升，国内市场需求转旺，乳粉销售形势转好。2002 年，全国共出口各种乳制品 5.1 万 t，金额 5 524.4万美元。与上年的 4.3 万 t、3 961.8 万美元相比，分别增长 19.50%和 39.44%。其中出口鲜乳制品 27 786t，金额 2 076.03 万美元，同比分别增长 5.1%和 8.85%。乳粉出口 10 299.4t，金额 2 373.31 万美元，同比分别增长 104.2%和 129.1%。炼乳出口 11 339.5t，金额 822.61 万美元，同比分别增长 10.1%和 −4.2%。

近几年来，乳制品行业的产品结构调整成绩显著。过去我国的乳制品基本以乳粉为主，液体乳所比例很小，而且仅是一些都市型的乳制品企业在生产。2000年，乳粉同液体乳的比例仅为1:3.7；2002年乳粉同液体乳的比例达到了1:5.1。乳粉、液体乳的构成也在不断变化。据中国乳制品工业协会对160家重点企业的统计，2002年乳粉类产品中，全脂乳粉占25.7%，全脂加糖乳粉占18.0%，婴幼儿乳粉占28.3%，脱脂乳粉占1.5%，其他乳粉占26.4%。同2001年相比，全脂乳粉上升2个百分点，全脂加糖乳粉下降2个百分点，婴幼儿乳粉基本持平。2002年液体乳类产品中，杀菌乳占31.4%，灭菌乳占46.1%，酸乳占22.5%。同2001年相比，杀菌乳下降7个百分点，灭菌乳上升7个百分点，酸乳基本持平。

乳制品消费成为城市居民膳食调整的重点。近年来，由于协会和广大会员单位对乳制品营养知识进行广泛而富有成效地宣传，推动了乳制品消费。除大中城市外，沿海富裕的城镇、农村乳制品市场已开始启动。2001年全国城镇居民家庭平均每人全年消费乳及乳制品支出为80.06元，如果按每千克液体乳5元折算，人均消费液体乳16kg，与2000年人均乳制品消费支出68.57元相比提高了16.8%。在居民16类食品消费中，乳制品消费排在肉禽及制品、粮食、菜类、水产品类、干鲜瓜果类、酒和饮料之后，居第七位，超过了油脂类、蛋类、豆制品类、糖类的消费。在全国各省区中，人均消费支出前10位的有：西藏298.67元、上海230.57元、北京198.75元、重庆127.12元、福建125.04元、天津108.03元、山东106.58元、浙江96.60元、四川88.07元、江苏86.20元。

企业经济效益有所提高。2002年，全国规模以上企业中，国有及国有控股企业141家、集体企业36家、外商和港澳台投资企业58家；在全部规模以上企业中，亏损企业121家，占24.25%，与上年的25.35%相比降低了1个百分点。其中国有及国有控股企业亏损面占32.62%，外商和港澳台投资企业亏损面占39.66%。2002年全行业产品销售费用占销售收入的比重为14.03%，比上年的12.28%增长1.75个百分点；产品销售利润率为13.16%，比上年的12.71%增长0.45个百分点。收奶价格，总的来说是：南高北低，东高西低，城市高于农村。据协会对79家重点企业上半年的统计资料分析，收奶价在2.0元/kg以上的10家，最高的为4.33元/kg，1.7～2.0元/kg的有30家，1.5～1.7元/kg的有25家，1.5元/kg以下的14家，最低的为1.30元/kg。

二、质量管理情况

近年来，乳制品质量有了明显提高，但由于企业的规模、技术装备水平、管理水平等方面的差距，市场上的产品质量不能令消费者满意。2002年4月初，国家质检总局公布了2001年4季度对灭菌乳监督抽查的结果，此次抽查在哈尔滨、沈阳、北京、天津、石家庄、济南、南京、上海、杭州等9个城市19家经销企业销售的32家乳品企业生产的33个产品中，合格25个，抽样合格率为75.8%。其中有7家工厂生产的产品不合格，7家企业的名字被曝光，有的企业竟是知名的外资企业。从抽查结果表明：大型企业的产品质量稳定可靠，共抽查5个大型企业生产的5个产品，经检验全都合格。此次抽查了18家中型企业生产的18个产品，合格14个，抽样合格率为77.8%。在抽查的9家小型企业生产的10个产品中，合格仅有6个，抽样合格率为60%。造成不合格的主要原因是企业缺乏对生产标准的正确认识，特别是对产品名称的标注有错误，如将“××乳饮料”标成“××乳”。对配料控制和对原料奶的质量管理不重视，导致产品的理化指标达不到标准要求。有的企业生产工艺控制不严，产品不能达到商业无菌的要求。

国家质检总局于2002年2季度对酸牛乳产品质量进行了监督抽查，在北京、沈阳、长春、哈尔滨、天津、石家庄等6个城市抽查了39家乳制品企业生产的39个酸牛乳产品，合格28个，抽样合格率为71.8%。抽查结果表明：大中型企业的产品质量较好，抽查的15家大中型企业的15个产品全部合格，抽样合格率为100%，这些企业质量意识较强，生产设备较为先进，质量管理体系健全，能严格按标准组织生产。小型企业产品质量问题较为突出，抽查的24家小型企业的24个产品中，合格13种，抽样合格率仅为54.2%。这些企业管理混乱，设备简陋陈旧，不按规范操作，偷工减料现象严重，不合格的企业及产品被曝光。抽查中反映出的主要问题是：卫生指标超标，防腐剂山梨酸超标，脂肪、蛋白等营养素未达到标准要求。

2002年4～5月间，个别企业处于市场竞争的需要，打出了“100%无抗奶”的宣传概念，一些新闻媒体对此进行炒作。到7～8月份许多报刊刊登有关“有抗奶、无抗奶”的报道，曾出现了“奶牛吃药，人喝药奶”的标题文章，对我国乳制品生产、消费产生巨大影响。2002年11月18日卫生部向社会公布了对食品安全指标检查的结果。卫生部组织黑龙江、湖南、浙江、贵州、重庆、河北、天津、山东、广东、上海、安徽等省（市）对市售食品中的有机磷农药、抗生素残留、色素、甜蜜素、防腐剂、氯丙醇含量情况开展了专项检查，对乳制品主要进行了抗生素残留抽查。这次检查，通过对市售的82种杀菌乳、灭菌乳、乳粉等进行氯霉素残留检查，全部样品中均未检出，合格率为100%。此外，2002年由于某些进口乳粉出现质量问题，而被国家卫生部禁售、销毁。

2002年3月初，经北京检验检疫局检验发现，美国惠氏药厂于2001年10月在爱尔兰工厂生产的批号为IS192罐装400g“学儿乐”乳粉中亚硝酸盐含量达到6.06mg/kg，超过我国国家标准规定（≤2mg/kg）的3倍多。亚硝酸盐在自然界中极易与胺合成N－亚硝胺，而N－亚硝胺具有极强的致癌性，长期摄入体内能诱发肿瘤，一次较大剂量也可引起癌症发生。为此，2002年4月初在北京出入境检验检疫局官员的监督下，1 200罐总计480kg上述产品被全部销毁。2002年5月，国家卫生部组织部分省市对美国惠氏公司爱尔兰工厂生产的学儿乐乳粉、幼儿乐乳粉、金装幼儿乐乳粉、金装健儿乐乳粉、金装爱儿乐乳粉等5种产品进行抽检，结果表明“学儿乐乳粉”亚硝酸盐含量为2.25～3.83mg/kg，超过国家标准规定。为此，6月14日国家卫生部发出第4号公告：根据《中华人民共和国卫生法》第七条规定，美国惠氏药厂爱尔兰有限公司生产的“学儿乐奶粉”不符合国家标准，不得在市场上销售。《公告》同时要求，各级卫生行政部门和卫生监督机构应进一步加强监督检查。惠氏公司宣布收回适用于3～7岁儿童的“学儿乐”儿童成长配方乳粉132 077罐。2002年11月26日国家质检总局发布公告，因产品中被检出坂岐杆菌，在中国境内销售的美国惠氏公司费蒙特工厂在2002年7月12日～9月25日期间生产的以牛奶为主要原料的配方乳粉将被限令召回。坂岐杆菌是一种食源性致病菌，主要危害对象是早产儿等免疫力低下的新生儿。被限令召回的费蒙特工厂生产并出口到中国的产品是：爱儿乐妈妈（S－26MAMA）、孕产妇配方乳粉、爱儿素（NURSOY）婴儿豆基配方粉。《公告》说，自公告之日起，各地检验检疫机构暂停办理上述批号产品的报验通关和相关检疫检验手续；对已抵达上海、深圳等地的上述产品由当地的检验检疫局进行销毁处理；禁止邮寄或旅客携带上述产品入境，已经发现，一律做没收处理。

由优雅培制药有限公司进口到我国市场销售的部分培乐1婴儿配方乳粉和培乐2较大婴幼儿配方乳粉被怀疑受到污染。2002年7月12日，国家卫生部要求禁止进口和销售有关批次的雅培制药有限公司的婴儿乳粉，并责令这家公司立即发布公告收回相应批次的婴儿乳粉。《公告》说，据丹麦驻华使馆通报，丹麦Videbak的Arinco公司发现从2002年1月3日至6月28日生产的1 100t乳粉，被含细小铁质微粒的0.50～0.75L润滑油污染，7个批次的培乐1婴儿配方乳粉和培乐2婴幼儿配方乳粉为其中的一部分。被责令收回的共7个批次的袋装乳粉为：培乐1婴儿配方乳粉，批号为87635YX、87636YX；培乐2较大婴幼儿配方乳粉，批号为85601YX、85602YX、86631YX、86632YX、86633YX。

2002年8月14日国家质检总局对进口荷兰干酪发出警示通报。通报说，近日北京检验检疫局对来自荷兰K.H.DE JONGS公司生产的24个品种的干酪进行检查时，在其中2个品种中检出单核细胞增生李斯特氏菌，另有8个品种霉菌数超过了国家标准。不合格干酪有680箱，共计7 522kg。通报要求：请北京检验检疫局对不合格干酪实施退货处理；请全国各直属局加强对进口干酪卫生指标的检测，如发现问题及时报告总局。

2002年，由于国家各级质检部门加大了对进入我国市场的乳制品质检工作力度，先后杜绝了多批不合格产品流入我国市场，从而使我国乳制品的总体质量水平得到了显著提高。

三、行业重要工作

（一）“乳品评鉴师”考测选拔

由中国乳制品工业协会主办、农业部乳品质量监督检验测试中心承办的“乳品评鉴师”考测选拔工作于2002年7月2～4日在天津举行。报名参加本次考测选拔的有120余位乳制品生产企业的产品质量专业技术人员。经过初选，有60余名符合参考条件的参加了首批考试。乳制品是一种营养食品，不仅有严格的理化、卫生指标，感官指标也是产品质量的重要方面，广大消费者往往以感官指标作为购买产品的主要依据。20世纪80年代，国家有关部门开展产品质量评比，曾选拔了一批经验丰富的感官评鉴师，其后20余年没有再进行过评鉴师选拔。本次考评选拔，目的是引起企业对产品感官质量的重视。本次考评选拔，分乳制品专业知识考试，包括：法规标准、生产工艺、生产设备、检验仪器等方面；味觉、视觉、嗅觉等感官灵敏度测试；液体乳、乳粉、酸乳、乳酸菌饮料的质量评鉴；以及视力检查等。经过专家组综合评价后有31名人员获得“乳制品评价师”资格，并颁发了证书（见表1）。

表 1　国家级乳品评鉴师名单

姓　名	工作单位	技术职称
孙志海	天津中芬乳业有限公司	工程师
何　辉	天津中芬乳业有限公司	工程师
刘海燕	四川华西乳业有限责任公司	工程师
牛德强	泰安市泰山乳制品开发中心	兽医师
胡道静	湖北安琪生物集团宜昌春旺食品有限公司	高级工程师
朱立民	天津奶业集团有限公司	工程师
于景华	北京三元食品股份有限公司	高级工程师
刘保军	贵州山花乳业食品有限公司	工程师
杨　健	四川华西乳业有限责任公司	工程师
陈继柱	天津中芬乳业有限公司	助理工程师
佟成付	广东雅士利集团有限公司	工程师
那正阳	黑龙江摇篮乳业股份有限公司	高级工程师
滕国新	北京三元食品股份有限公司	工程师
刘大伟	天津津河乳业有限公司	工程师
郑　霞	济南佳宝乳业有限公司	工程师
葛春美	河北天香乳业有限公司	工程师
李　文	北京三元食品股份有限公司	高级工程师
邢新军	山东鹏程食品股份有限公司	工程师
沈天慧	浙江省宁波市牛奶公司	工程师
肖恩华	济南佳宝乳业有限公司	工程师
邱泉若	石家庄三鹿集团股份有限公司	工程师
赵　霞	济南佳宝乳业有限公司	工程师
董　涛	济南佳宝乳业有限公司	助理工程师
马锦延	黑龙江省飞鹤乳业有限公司	工程师
王志平	甘肃临泽雪莲乳品有限公司	总工程师
辛荷香	江西英雄乳业股份有限公司	工程师
凌自力	浙江省宁波市牛奶公司	工程师、经济师
杜国隆	内蒙古伊利集团奶粉事业部	工程师
夏元军	黑龙江完达山乳业股份有限公司	高级工程师
王与宝	山西古城乳业集团有限公司	工程师
胡　彦	呼伦贝尔三元乳业有限公司	工程师

（二）抓好名牌产品推荐工作

为推进名牌战略的实施，加强我国名牌产品的监督管理，规范我国名牌产品的评价，推动企业实施名牌战略，引导和支持企业创名牌，指导和监督企业提高质量水平，增强我国产品的市场竞争力，国家质检总局于2001年12月29日正式发布了《中国名牌产品管理办法》。当年开展了第一批“中国名牌”产品推荐工作。2002年，在中国乳制品工业协会的努力下，乳粉、液体乳被列入“中国名牌”产品推荐范围。在国家质检总局和中国名牌战略推进委员会的领导下，组成了“中国名牌战略推进委员会乳粉、液体乳专业委员会”，委员会的委员由中国乳制品工业协会以及农业、卫生、质检、消费者协会等有关单位推荐，经中国乳制品工业协会审定，报推进委员会批准后生效。乳粉、液体乳专业委员会根据《中国名牌产品评价管理办法》，结合我国乳制品工业的实际情况，制定了《乳粉、液体乳评价细则》和《乳粉、液体乳评分办法》。

企业申报中国名牌乳粉、液体乳的条件：一是符合国家法律、法规和国家产业政策发展方向；二是产品质量达到国际同类产品先进水平，在国内同类产品中处于领先地位；三是企业具有先进可靠的生产工艺和技术装备，并具有较强的新产品开发能力和技术创新能力；四是产品生产规模、年销售收入、创利税、总资产贡献率居同行业领先水平；五是产品的市场占有率、用户满意度居行业同类产品前列；六是近三年国家、行业、省级产品质量抽查（或质检）均为合格产品；七是企业质量保障体系健全并有效运行；八是产品商标必须在中国境内注册并使用。具体评价指标：2001年乳粉产量1万t以上，液体乳产量5万t以上，还有市场占有率、用户满意度、出口创汇、质量保障能力、产品质量抽检情况、工业成本费用利用率、企业实现利税、总资产贡献率、研发费用占销售收入的比重、企业总资产规模等。评价的范围包括：1999年、2000年、2001年的情况。

中国名牌乳粉、液体乳经各省、市、区的初选，中国名牌战略推进委员会乳粉、液体乳专业委员会的评价筛选，报中国名牌战略推进委员会、国家质检总局审核批准，被授予“中国名牌产品”称号的产品分别见表2、表3。

表 2　乳粉类中国名牌产品

品　牌	生 产 企 业
三　鹿	石家庄三鹿集团股份有限公司
龙　丹	黑龙江龙丹乳业科技股份有限公司
圣　元	青岛圣元乳业有限公司
古　城	山西古城乳业股份有限公司
伊　利	内蒙古伊利实业集团股份有限公司
完达山	黑龙江完达山乳业股份有限公司
金　星	哈尔滨金星乳业集团有限公司
秦　俑	西安银桥股份有限公司

表 3　液体乳类中国名牌产品

品　牌	生 产 企 业
三　元	北京三元食品股份有限公司
三　鹿	石家庄三鹿集团股份有限公司
光　明	上海光明乳业股份有限公司
伊　利	内蒙古伊利实业集团股份有限公司
蒙　牛	内蒙古蒙牛乳业股份有限公司

（中国乳制品工业协会　宋昆冈）

饲料加工业

2002年，我国饲料工业继续呈现良好的发展势头，饲料工业的发展速度和效益明显增长，饲料产品的质量及安全水平不断提高，产品结构进一步优化。

一、饲料工业保持稳步发展态势

2002年，全国饲料加工业发展速度加快，饲料总产量达8 319万t，比上年增长6.6%。其中配合饲料6 239万t，比上年增长2.5%；浓缩料1 764万t，比上年增长24.3%；添加剂预混料316万t，比上年增长5.2%。实现工业总产值1 906亿元，比上年增长15.9%。饲料工业的总体水平继续提高。

2002年，饲料原料工业保持较高发展水平。其中豆粕生产量比2001年增长15.6%；鱼粉产量50.2万t，同比增长9.5%；肉骨粉产量39.1万t，同比下降23%；磷酸氢钙产量170.1万t，同比增长28%；赖氨酸产量5.3万t，同比增长57%；其他类添加剂产量38.9万t，同比增长42.7%；维生素产量20万t，保持平稳的生产水平。

2002年，饲料机械工业稳步发展。全年共生产加工设备24 447台套。其中成套设备3 146台套，单机设备21 301台套。在成套设备中，时产10t以上的设备为259台套，占成套设备的8.2%；时产5～10t的设备466台套，占成套设备的14.8 %；时产1～5t的设备为2 421台套，占成套设备的77%。在单机设备中，粉碎机为3 969台，占单机设备的18.6%；混合机为3 157台，占单机设备的14.8%；制粒机为1 484台，占单机设备的7%。

2002年，全国饲料工业企业按经济类型统计总数为13 159家，比2001年增加19%。其中，国有954家，集体979家，私营7 459家，联营409家，股份2 119家，港澳台115家，外商239家，其他894家。与2001年相比，国有企业、集体企业、联营企业数均呈现明显下降趋势，共减少504家，降幅17.7%。私营、股份制企业数分别比2001年增加1 826家、574家，其增长率分别为32.5%、37.2%；港台及外商投资企业也有所增加。

2002年，饲料工业企业年末职工人数为46.3万人，比2001年增加1.3%；大专以上技术人员97 538人，占职工总数的21.1%。其中博士701人，占职工总人数的0.15%；硕士1 900人，占职工总人数的0.41%；大专本科34 860人，占职工总数的7.53%；大学专科60 077人，占职工总数的13%。

二、饲料安全水平明显提高

2002年，饲料行业管理部门和广大从业干部职工不断提高对加强饲料安全管理的认识，加大对饲料和饲料添加剂使用的管理力度，严肃查处违法违纪事件，使得饲料安全管理工作有了明显突破，同时加大了对饲料安全监管体系建设的投资力度，为建设安全、优质、高效的饲料生产体系提供了重要保障。

（一）饲料标准的制修订工作取得重要进展

2002年，重点加强了饲料卫生标准和饲料添加剂检测方法标准的制定工作，特别是药物饲料添加剂和违禁药品检测方法标准的制定。2002年制定饲料国家标准和行业新标准36项，其中国标19项。正在应用的饲料行业标准达到289项，饲料行业标准化工作进入一个新的历程。

一是重点制定颁布禁止在饲料和动物饮用水中使用的“瘦肉精”等违禁药品检测方法标准，研制开发了“瘦肉精”速测试剂条。2002年共完成饲料中沙门氏菌的测定等13项国家标准和饲料中呋喃唑酮测定等11项农业行业标准的起草和上报工作。

二是在制订《无公害食品 生猪饲养饲料使用准则》、《无公害食品 肉鸡饲养饲料使用准则》、《无公害食品 蛋鸡饲养饲料使用准则》、《无公害食品 奶牛饲养饲料使用准则》和《无公害食品 渔用配合饲料使用准则》的基础上，2002年组织制订了《无公害食品 肉牛饲养饲料使用准则》、《无公害食品 肉兔饲养饲料使用准则》和《无公害食品 肉羊饲养饲料使用准则》等标准。

三是组织有关科研单位，在科技部的支持下，对涉及饲料安全卫生的安全评价规程、安全质量标准、生物安全标准和生物安全使用标准等基础性工作进行了立项研究，并取得了一定进展。

（二）饲料安全监管工作得到强化

通过采取普查、统检、抽查、跟踪监测，督查大案要案，开展饲料行业打假以及生产许可证年审等措施，进一步加强了对饲料和饲料添加剂生产、经营和使用管理，促进了饲料安全工作。

一是集中打击养殖环节使用“瘦肉精”等违禁药

品的违法行为。2002年采取“拉网式”和跟踪监测等方式，检测浙江嘉兴、福建龙岩、湖北仙桃、河南西平、河北沧州和邯郸等重点地区生猪尿样6 000多批次，查处违规养猪场200多家。

二是依法开展饲料质量监督检测。组织全国饲料质量抽检和饲料添加剂质量统检，加强对进口饲用油脂和动物性饲料的跟踪检查，全年检测饲料和动物饮用水样品27 877批次，查处不合格企业2 459家，吊销、注销86家饲料添加剂和添加剂预混合饲料生产企业的生产许可证。

三是督察大案要案。先后组织公安等部门赴江苏、浙江和贵州联合督察，督促并协助地方做好大案要案的查处工作。

四是加强新闻宣传，正面引导。2002年先后在CCTV、人民日报、经济日报、农民日报等首都各大媒体宣传饲料安全工作10多次，赢得领导和社会公众对饲料安全工作的重视。

五是组织开展畜牧兽医饲料行业打假工作，研究起草打假方案，组织全国畜牧业生产资料打假行动，净化畜牧业生产资料市场。通过综合整治，滥制乱用违禁药品的势头进一步得到遏制，养殖环节“瘦肉精”检出率由2001年第四季度的6.6%降至2002年的2.8%，饲料产品中从0.66%降至0.1%。

六是做好饲料添加剂和添加剂预混合饲料生产许可证发放、进口饲料和饲料添加剂的登记以及新饲料和新饲料添加剂的审定工作，全年审发生产许可证512家，登记进口饲料添加剂280个品种，审定公布新饲料添加剂4个。

（三）饲料安全工程建设工作顺利开展

2002年，全国饲料工作办公室会同农业部发展计划司对饲料安全工程项目进行了批复，并完成了骨干检测机构和科研单位检测参数确定及检测仪器的选型，进行了设备公开招标，为项目建设单位全方位、多层次开展饲料安全检测工作提供了良好的设施保障；扶持有条件的骨干检测机构和科研单位，更新仪器设备，完善配套设施，建立饲料安全评价基地，承担起标准制定、饲料和饲料添加剂安全效果评定以及非安全性因素的评价工作。

三、饲料工业及产品结构进一步优化

我国饲料工业产业结构体系已初步形成包括饲料原料工业、饲料添加剂工业、饲料加工工业、饲料机械设备制造工业和饲料科技、教育、标准化、检测等支撑体系在内的较完备的饲料工业体系，其主导产业和相关产业的结构不断得到优化，已经成为我国国民经济中的重要支柱产业。此外，秸秆养畜工程项目的实施，一定程度地促进了畜牧业生产结构的优化调整。2002年，以加强项目管理为重点，认真做好项目的申报、筛选、立项、审批、抽检和验收工作，在充分吸收第一期秸秆养畜示范项目成功经验的基础上，加快了秸秆养畜示范区建设步伐，新建5个秸秆养畜示范区。全年共制作青贮饲料1.15亿t，氨化秸秆5 000万t，折算节约饲料粮4 000万t以上。

饲料加工业产品结构进一步优化。配合饲料比重继续呈现下降趋势，浓缩料和添加剂预混料的比重稳步上升，特别是2002年浓缩料增幅更快。配合饲料占全部饲料的比重，由2001年的78%下降到2002年的75%；浓缩料占全部饲料的比重，由2001年的18.2%上升到2002年的21.2%；添加剂预混料占全部饲料的比重为3.8%，与2001年基本相同。

通过按照畜禽种类分析饲料产品结构可以看出，饲料产品结构的变化趋势基本符合畜牧业产业结构的变化趋势。一是在配合饲料产品中，猪饲料占配合饲料的比重为31 %，比2001年下将5%；蛋禽饲料占配合饲料的比重为22.3%，比2001年提高0.3%；肉禽饲料占配合饲料的比重为30.2%，比2001年提高2.2%；水产饲料占配合料的比重为10.8%，比2001年提高0.8%；反刍动物精料补充料占配合饲料的比重为2.85%，比2001年提高0.9%；其他饲料占配合料的比重为2.4%，比2001年提高0.4%。二是在浓缩料产品中，猪浓缩饲料占浓缩饲料总产量的56%，比2001年下降6%；蛋禽浓缩饲料占浓缩饲料总产量的20%，比2001年下降1%；肉禽浓缩饲料占浓缩饲料总产量的16%，比2001年提高3%；反刍动物浓缩饲料占浓缩饲料总产量的4.9%，比2001年增长1.9%。三是在预混料产品中，猪预混料占预混料总产量的48.3%，比2001年下降2.7%；蛋禽预混料占预混料总量的20.1%，比2001年上升3.1%；肉禽预混料占预混料总产量的14.7%，比2001年提高1.7%；水产预混料占预混料总产量的5.7%，比2001年提高0.7%；反刍动物预混料占预混料的3.3%，比2001年提高2.3%。

四、饲料工业法规政策制定工作成绩突出

1. 于2002年，全国饲料工作办公室组织起草和颁布了《饲料业指导性文件》；2002年9月5日，国务院办公厅转发了农业部关于《促进饲料业持续健康发展意见的通知》（国办发［2002］42号）。为深入贯彻42号文件精神，农业部研究制定并下发了贯彻

42号文件的实施意见，指导各地全面开展饲料及畜产品中“瘦肉精”等“违禁药品专项整治、饲料质量监督检查和饲料安全生产检查”等三项行动，努力为饲料业持续稳定发展创造一个更好的发展环境。

2. 于2002年上半年，组织起草了《关于严厉打击“瘦肉精”等违禁药品的决定》，进一步明确“瘦肉精”等违禁药品的生产经营、饲料生产经营、养殖场户、屠宰企业和畜产品消费市场等五个环节的责任。

3. 组织修改了《饲料和饲料添加剂管理条例》的配套规章。

4. 积极协调司法机关就《饲料和饲料添加剂管理条例》中有关《刑法》量刑和“瘦肉精”等违禁药品等问题进行司法解释，2002年8月16日，最高人民法院、最高人民检察院联合发布了《关于办理非法生产、销售、使用禁止在饲料和动物饮用水中使用的药品等刑事案件具体应用法律若干问题的解释》，为打击“瘦肉精”等违禁药品等提供了锐利的法律武器。

（全国饲料工作办公室　李金祥）

水产品加工业

一、水产品生产状况

2002年我国水产品总产量为4 565.18万t，比上年增加183.08万t，增长4.18%。其中海水养殖1 212.84万t，增加81.34万t，增长7.19%，是渔业各产业中增长最快的一个产业；内陆养殖1 694.05万t，增加99.1万t，增长6.21%；海洋捕捞1 433.49万t，减少7.12万t，减幅为0.5%；内陆捕捞224.79万t，增长9.8万t，增幅为4.46%。实现了海洋捕捞产量连续几年的负增长，内陆捕捞产量略有增长，对渔业资源保护产生了积极的影响，同时又促进了海水养殖和内陆养殖渔业的发展。海洋捕捞产量的负增长幅度减少和内陆捕捞产量略有增长局面的出现，一方面说明我国多年的休渔、禁渔制度的执行，对渔业资源的保护已发挥了明显作用；另一方面，因海洋捕捞和内陆捕捞产量连续几年负增长，负增长的基数越来越小。此外，全国远洋渔业产量109.64万t，对外贸易总量457.6万t，进出口贸易总额69.6亿美元。其中出口量208.5万t，出口额46.9元美元，分别比2001年增长6.8%和12.1%；进口量249.1万t，进口额22.7亿美元，分别比2001年增长7.6%和21%。水产品实现贸易顺差24.2亿美元，占农产品贸易顺差57亿美元的42.5%，比2001年54.6%的比重下降12个百分点；占全国对外贸易顺差303.5亿美元的8%，比2001年10.2%的比重下降2.2个百分点。2002年全国商品交易市场水产品成交量为2 097万t。

据统计，我国海域面积为103.3万n $mile^2$。其中水深在200m以内的大陆架面积43.1万n $mile^2$，渔场面积81.8万n $mile^2$。按海域面积、水深在200m以内的大陆架面积、渔场面积3项数字统计，渤海的3项数字均为2.4万n $mile^2$；黄海分别为12.7万n $mile^2$、12.7万n $mile^2$、10.5万n $mile^2$；东海分别为25.2万n $mile^2$、15.1 n $mile^2$、16万n $mile^2$；南海分别为63万n $mile^2$、12.9万n $mile^2$、53.1万n $mile^2$。四个海区的捕捞产量：2002年为1 433.49万t。在大陆架内海水养殖面积：2002年为134.48万hm^2，总产量为1 212.84万t。

内陆淡水总水面为1 741.13万hm^2，捕捞产量224.79万t；内陆养殖面积546.99万hm^2，产量1 694.05万t。其中池塘养殖面积235.68万hm^2，产量1 215.01万t；湖泊养殖面积87.39万hm^2，产量98.29万t；水库养殖面积164.40万hm^2，产量168.73万t；河沟养殖面积38.25万hm^2，产量69.54万t；稻田养成鱼面积161.82万hm^2，产量104.81万t；其他养殖面积21.26万hm^2，产量37.67万t。

分品种统计，2002年海水产品：鱼类1 020.53万t、虾蟹类309.80万t、贝类1 132.43万t、藻类133.20万t、其他50.44万t；内陆产品：鱼类1 710.18万t、虾蟹类122.64万t、贝类55.10万t、其他30.92万t。

海水产品品种按产量分排位：①带鱼1 287 798t；②鳀鱼1 173 196t；③扇贝935 585t；④海带841 540t；⑤贻贝663 866t；⑥蓝圆鲹603 015t；⑦马鲛506 195t；⑧对虾483 609t；⑨鲐鱼415 364t；⑩鲳鱼386 317t；⑪小黄鱼260 457t；⑫远东拟沙丁鱼186 281t；⑬马面鲀158 661t；⑭鲷鱼118 576t；⑮鳓鱼94 509t；⑯大黄鱼83 087t；⑰紫菜67 062t；

⑱太平洋鲱 48 693t。

对虾品种中的排位为：①毛虾 578 634t；②养殖对虾 384 141t；③鹰爪虾 233 736t。

内陆产品分品种排位：①鲢鳙 5 102 895t；②草鱼 3 419 593t；③鲤鱼 2 235 634t；④其他 2 125 959t；⑤鲫鱼 1 697 217t；⑥罗非鱼 706 585t；⑦编鲂 564 086t；⑧河蟹 339 953t；⑨青鱼 224 529t；⑩鳗鱼 163 847t；⑪鳜鱼 130 016t；⑫鳖 116 436t；⑬罗氏沼虾 113 743t。

二、水产品加工业发展概况

在加工企业和加工能力方面，2002 年全国水产加工企业 8 140 个，其中水产加工厂中有冷库的企业 4 002 个，水产品加工能力为 1 224.68 万 t/a，水产冷库 5 607 座，冻结能力 16.91 万 t/d，冷藏能力 169.41 万 t/次，制冰能力 8.75 万 t/d，冷藏总量 11 206.51 万 t/d，制冰总量 722.71 万 t。

2002 年，我国水产加工品总产量为 704.46 万 t。其中冷冻水产品 447.82 万 t，干制品 54.25 万 t，腌腌熏制品 23.16 万 t，罐制品 4.25 万 t，鱼糜及鱼糜制品 10.24 万 t，动物蛋白饲料（鱼粉等）48.43 万 t，助剂和添加剂 1.84 万 t，水产动物内脏制品 4 174t,水产调制品 4.66 万 t，水产医药品 2.35 万 t，其他水产加工品 107.05 万 t。

从 1998 年到 2002 年的 5 年间，我国水产品加工业的发展速度较为平缓，或者说是增长速度还有很大空间。各分类产品产量所占当年水产加工品总产量的比重，冷冻制品维持在 53%，最高年份的 2002 年为 63.6%；干制品基本维持在 11%，最低年份的 2002 年为 7.7%；腌熏制品为 3%左右；罐制品一直未突破 1%，维持在 0.6%左右；鱼糜及鱼糜制品最高也未达到 1.5%。其他几类为动物蛋白饲料、助剂和添加剂、水产动物内脏制品、水产调味制品、水产医药品及其他水产加工品的比重变化也不大。按 2002 年的数字排序，前 3 位为：冷冻制品占 63.6%、其他水产加工品占 15.2%、干制品占 7.7%；第 4 位到第 11 位为：动物蛋白饲料占 6.88%、腌熏制品占 3.28%、鱼糜及鱼糜制品占 1.45%、水产调制品占 0.66%、罐制品占 0.6%、水产医药品占 0.33%、助剂和添加剂占 0.26%、水产动物内脏制品占 0.06%。

我国水产品加工业的区域布局主要集中在资源产区，因而沿海部分省份水产品加工产业比较发达（见表 1）。

表 1　我国水产品加工业主要区域布局

名　称	水产品总产量（万 t）	加工品产　量（万 t）	加工品折合原料（万 t）	加工原料占总产量比重（%）	加　工产　值（亿元）	加　工企业数（个）	企业平均产值（万元）
山　东	695.01	257.36	504.42	72.58	217.25	1 871	1 161.13
浙　江	480.68	109.63	214.87	44.70	146.33	1 763	829.98
福　建	558.71	50.77	99.52	17.81	136.69	1 326	1 030.84
广　东	628.06	94.67	185.55	29.54	95.68	1 107	864.30
辽　宁	374.83	88.53	173.52	46.29	61.23	528	1 159.62
江　苏	334.42	29.33	57.49	17.19	50.23	523	960.37
河　北	87.06	3.71	7.28	8.35	8.68	221	392.65
海　南	109.30	24.64	48.29	44.18	8.78	212	413.99
广　西	255.15	22.34	43.79	17.16	9.52	159	599.01
天　津	28.56	0.83	1.63	5.70	0.67	23	292.17
上　海	32.69	2.12	4.16	12.71	4.56	17	2684.12
全　国	**4 565.18**	**704.46**	**1 380.73**	**30.24**	**761.11**	**8 140**	**935.02**

此外：沿海 11 省（自治区、直辖市）总产量合计为3 584.47万 t，占全国的 78.52%；加工品产量 683.93 万 t，占全国的 97.09%；加工品折合成原料 1 340.50万 t，占全国的 97.09%；加工原料占 11 省（自治区、直辖市）水产品总产量的 37.40%，占全国水产品总产量比重的 29.35%；加工产值 739.61 亿元，占全国的 71.02%；加工企业 7 750 个，占全国的 95.21%；企业平均产值 954.34 万元，比全国平均产值多 2.07%。

内陆 20 个省（自治区、直辖市）总产量合计为 962.49 万 t，占全国的 21.08%；加工品产量 20.53 万 t，占全国的 2.91%；加工品折合成原料 40.23 万 t，占全国的 2.91%；加工原料占 11 省（自治区、直辖市）水产品总产量的 4.18%，占全国水产品总产量比重 0.88%；加工产值 21.50 亿元，占全国的 2.82%；加工企业 390 个，占全国的 4.79%；企业平均产值 551.2 万元，比全国平均产值少 69.63%。由以上统计看出，我国水产品加工业主要集中在沿海

11个省区市。这些地方的水产品加工业无论是总产量还是总产值，在全国均占有绝对优势。

我国水产品进出口品种结构基本稳定，2002年与前几年相比变化不大。出口额在5 000万美元以上的品种达15种，其中主要的有烤鳗、冻鱼片、冻虾仁、冻扇贝、冻章鱼、冻蟹、海藻制品以及活鱼等。

进口水产品中，饲料用鱼粉仍为首位，约100万t，占水产品进口总量的65%。进口额在1 000万美元以上的品种有12种，其中主要有冻鳕鱼、冻鲽鱼、冻墨鱼和鱿鱼、冻带壳小虾、鳗鱼苗等。在进口水产品中，2002年各小批量的鲜活虾蟹等有所增加。

（中国水产流通与加工协会　高永强）

蔬 菜 加 工 业

一、基本情况

1. *我国蔬菜生产发展较快*　经过多年的不断调整和发展，2002年我国蔬菜生产发生了新变化。一是区域布局基本形成。随着市场需求的拉动、科技的推动和农业生产结构调整，蔬菜基地已开始从城市郊区向农区转移，逐步形成了规模较大、具有各自特色的五大片农区商品菜生产基地（南菜北运基地、黄淮早春菜基地、西菜东调基地、冀鲁豫秋菜基地和京北夏秋淡季菜基地），农区商品蔬菜已占商品蔬菜总量的80%左右。二是品种结构不断优化。各地积极调整品种结构，发展名特优新品种，全国主要蔬菜的栽培品种实现了2～3次更新，良种覆盖率达80%以上。三是保持了较快的增长速度。2002年全国蔬菜生产继续保持增长趋势，播种面积为1 700多万hm^2，比上年增长5.7%；总产量为5.2亿t，比上年增长7.6%。再创历史新高。

2. *蔬菜加工业不断壮大、成熟*　2002年，我国具有一定规模以上的蔬菜加工企业12 000多家。其中，山东省是我国蔬菜生产和加工大户，仅蔬菜加工企业就有2 000多家。河北省蔬菜加工企业352家，其中出口企业101家，出口蔬菜36.9万t，创汇2.1亿美元，占全国出口总量的1/10；2002年上半年全省蔬菜销售额56.7亿元；省内广野物产集团公司，年加工蔬菜1.2万t，实现产值5 300万元。天津市有蔬菜加工企业228家，年加工能力114万t，加工基地1.13万hm^2，带动农户22万户；其中天津广洋土特产公司腌制和脱水蔬菜年产量为5万t，产值1.76亿元，产品100%出口。江苏省有蔬菜加工企业260多家，加工能力164万t，实际加工量73.5万t，出口创汇1.88亿美元。此外，我国辽宁、上海、浙江、福建、广东等东部沿海省、市，也都把蔬菜加工业作为支柱产业来发展，并建有大面积的蔬菜生产基地和出口基地，一方面满足国内市场的需求，另一方面积极拓宽国际市场，出口创汇。

二、国内外市场分析

（一）国内市场

2002年我国人均蔬菜占有量为311kg，为世界人均占有量的3倍；我国大中城市日上市蔬菜品种为50个以上，中小城市日上市品种也达到30个以上。2002年国内蔬菜总体价格平稳，比去年略有下降。其中批发价格下降10.6%，零售价格下降7.8%。蔬菜产业的蓬勃发展极大地丰富了我国居民的菜篮子，提高了人民的生活质量。

（二）进出口情况

2002年我国蔬菜出口量、出口额同比实现双增长，进口同比下降。2002年1～11月出口量为422万t，出口总额为23.7亿美元，与上年同期相比，分别增长18%和13%；进口量为8.4万t，进口额为0.7亿美元，同比分别下降6%和9%。

1. *出口情况*　从出口产品结构看，鲜冷冻蔬菜出口量大幅增加，1～11月达到227.8万t，同比增长30.2%；出口额为8.6亿美元，同比增长14%。加工保藏蔬菜出口128万t，同比增长4.3%；出口额为9亿美元，同比增长15%。干蔬菜出口22.4万t，同比增长0.8%；出口额为3.6亿美元，同比增长9.5%。山东、广东等主要蔬菜出口大省保持了较快增长，出口量居前五位的省、区是：山东135.2万t，同比增长31.6%；广东66.2万t，同比增长13.9%；福建43万t，同比下降8%；新疆20.9万t，同比增长8.3%；浙江17.6万t，与上年持平。从出口主要市场来看，除日本有所下降外，多数呈增长趋势，特别是俄罗斯和马来西亚，同比增长幅度较大。出口到达的国家或地区依次为：日本100.8万t，同比下降7.6%；中国香港特区39万t，同比增长12.8%；印度尼西亚25.8万t，同比增长24.4%；马来西亚21.5万t，同比增长52.9%；俄罗斯19.4万t，同比增长40.3%。根据美国农业部的统计资料，2002年在美国市场上消费的4.6万t大蒜中，有1.9万t来自中国，占了41.5%的市场。

2. *进口情况* 从进口产品的结构来看，鲜冷冻蔬菜1.9万t，同比下降20%；进口额为0.1亿美元，同比下降8.2%。加工保藏蔬菜5.3万t，同比下降1.2%；进口额为0.4亿美元，同比下降9%。干蔬菜0.5万t，同比增长44.3%；进口额为0.08亿美元，同比增长46.9%。进口蔬菜主要来自：美国4.9万t，同比下降6.6%；新西兰0.9万t，同比增长9.3%；比利时0.2万t，同比增长0.06%。蔬菜主要进口省区为：广东2.2万t，同比下降17.6%；上海1.3万t，同比下降18.6%；浙江0.9万t，同比增长57.2%；福建0.9万t，同比增长42.3%；北京0.8万t，同比下降30.7%。

3. *"绿色壁垒"已成为我国蔬菜出口的最大障碍* 近年来，一些发达国家以保护人类健康和环境的名义，向我国多种蔬菜实施更为苛刻的技术标准进行"绿色壁垒"。如日本厚生劳动省从2002年1月开始加强了对中国进口蔬菜的检查制度，3月下旬开始又加强了对冷冻蔬菜的检查。从2002年1～9月出口到日本的蔬菜品种来看，受影响最大的是菠菜，出口量比上年同期下降幅度超过了1/3。

蔬菜出口要突破国际市场的"绿色壁垒"，必须解决质量问题。目前我国的蔬菜生产还缺乏质量规范，无论外观和内在质量与国际市场的要求还存在一定差距。建立农产品安全质量法律法规体系、出口蔬菜产品监测体系和快速预警机制，研究国外的检验标准和安全卫生法规，对出口蔬菜的农药残留等加大监管力度，积极应对国外"绿色壁垒"，已是当务之急。农业部上年在京、津、沪和深圳四个城市，开展了"无公害食品行动计划"试点，2002年7月又根据全国"菜篮子"会议精神，决定在全国范围内全面推进这一行动计划。山东、河北等地积极发展无公害蔬菜生产。随着"无公害食品行动计划"的实施，蔬菜的质量将会逐步提高，在国际市场的竞争力也将进一步增强。

三、质量管理与标准化工作

我国加入WTO后，从中央到地方对蔬菜生产加工中的质量管理问题空前的重视，开始大力推进农业标准化及农产品质量管理体系。2002年上海在全国率先颁布农产品地方标准，实行市场准入制度，北京、广州等大城市也紧随其后出台农产品地方标准，山东省政府专门从省财政拿出2 000万元建立农产品检测体系并计划组织制定有关农业地方标准100～150项，加强从生产到市场整个过程的监控管理，逐步推行农产品市场准入制度。2002年8月国务院发出加强新阶段"菜篮子"工作的通知，针对蔬菜在种植、加工和流通过程中，由于农业投入品的不合理使用，产地环境污染及包装、储藏、运输等设施落后和管理不善、造成有的"菜篮子"产品"污染"等质量卫生安全问题，通知要求必须对"菜篮子"产品质量卫生安全实行"从农田到餐桌"的全过程管理。要加快"菜篮子"产品质量卫生安全标准和检验检测体系的建设，抓紧制（修）订与"菜篮子"产品相关的质量卫生安全标准，加大"菜篮子"产品检验检测工作力度，建立"菜篮子"产品质量卫生安全追溯制度，建立与"菜篮子"产品有关的认证认可和产品标识制度，对卫生安全不合格的"菜篮子"产品实行无害化处理或予以销毁，对造成危害或严重后果的，应以法予以处罚。要加强"菜篮子"产品进出口质量卫生安全管理，要加强科学技术研究、引进与推广，完善和落实各项扶持政策，加大投入力度，完善重要"菜篮子"产品储备制度。通知强调"菜篮子"工作是一项系统工程，必须加强领导，明确分工、落实责任、精心组织，统筹规划，加强配合，确保新阶段各项工作的顺利进行。

（山东省农业机械科学研究所 孙众沛）

茶叶加工业

茶叶是我国重要的经济作物，同时也是一种适于山区种植并利于农民增收和脱贫致富的作物。2002年我国的茶叶生产和加工，继续得到各级政府的重视和支持，产茶省、市、自治区都把茶叶生产作为支柱产业并作为农业结构调整的重点项目加以发展。为此，2002年全国的茶园面积基本稳定，产量上升，尤其是名优茶和乌龙茶产量的增加，茶叶生产和加工的经济效益继续获得提高，但因2002年我国茶区气候相对恶劣，各茶类产业的发展也不平衡。

一、全国茶叶生产情况

（一）茶园面积

2002年我国大部分产茶省都在发展新茶园。四川、云南等省还制订了详细的新茶园发展规划，前两年茶园面积相对稳定的华东地区也发展了不少茶园，浙江省茶园面积就比2001年增加近4khm²。由于部分产茶历史较久、茶园面积较大的省份如湖北、江西、广东、湖南、安徽等省，虽然也发展了一些新茶园，但因为老茶园淘汰面积较大，故茶园总面积减少较多，从而造成2002年的全国茶园面积同比保持在基本稳定和略有减少的水平（见表1）。

表1 2002年全国茶园面积

单位：khm²

地区	年末茶园面积		2002年比2001年增加（%）	其中采摘面积
	2001	2002		2002
全国总计	**1 140.7**	**1 134.2**	**−0.6**	**894.6**
江苏	20.7	21.0	1.5	15.6
浙江	131.0	134.8	2.9	119.7
安徽	111.9	110.1	−1.5	99.0
福建	130.6	133.4	2.1	113.0
江西	39.4	35.7	−9.5	28.0
山东	10.1	11.4	12.9	5.6
河南	21.0	22.7	8.0	18.9
湖北	155.6	115.2	−26.0	86.3
湖南	74.1	72.4	−2.4	61.3
广东	43.1	40.5	−5.9	32.6
广西	27.8	30.0	7.8	24.2
海南	3.0	3.0	0.0	3.0
重庆	23.2	24.1	4.0	17.9
四川	88.6	102.7	15.9	68.8
贵州	47.1	47.3	0.2	34.0
云南	173.7	184.9	6.4	143.2
西藏	0.1	0.2	15.4	0.1
陕西	38.2	43.3	13.2	23.0
甘肃	1.5	1.8	26.4	0.6

（二）茶叶产量

由于近几年新发展茶园的投产和名优茶产量的上升，2002年全国茶叶产量增加较显著（见表2、表3）。

表2 2002年全国茶叶产量

单位：t

地区	茶叶合计	红毛茶	绿毛茶	乌龙毛茶	紧压茶原料	其他茶
全国总计	**745 374**	**43 547**	**546 124**	**76 660**	**25 073**	**53 970**
江苏	11 949	1 986	9 464			499
浙江	138 478	5 151	126 639	524	122	6 042
安徽	48 262	2 027	45 256			979
福建	143 293	1 773	79 658	60 116	125	1 621
江西	13 236	2 067	10 394			775
山东	3 579		3 579			
河南	9 836		9 836			
湖北	67 178	2 494	53 848		8 590	2 246
湖南	61 012	11 794	29 935	302	9 630	9 351
广东	42 370	1 795	19 354	15 712	7	5 502
广西	19 598	190	15 388			4 020
海南	1 359	207	1 114			38
重庆	14 093	2 718	8 369	6	6 352	3 006

(续)

地　区	茶叶合计	红毛茶	绿毛茶	乌龙毛茶	紧压茶原料	其他茶
四　川	62 765	391	45 437		58	10 579
贵　州	17 399	121	10 288		189	6 932
云　南	83 594	10 833	70 193			2 379
西　藏	6		5			1
陕　西	7 003		7 003			
甘　肃	364		364			

表 3　2002 年全国茶叶产量

单位：万 t

项　目	2001 年	2002 年	2002 年比 2001 年增减
茶叶总产量	**70.17**	**74.54**	**6.23**
其中：绿茶	51.32	54.61	6.41
红茶	4.29	4.35	1.40
乌龙茶	7.01	7.67	9.42
紧压茶	2.50	2.51	0.40
其他茶	5.05	5.40	6.93
名优茶	15.50	18.00	16.00

由于茶叶消费有着向多元化发展的趋势，从而促进了其他茶类的增加。2002 年各地都在重视绿茶的发展，特别是名优绿茶促进了绿茶产量的上升。加上内销市场对低档花茶需求不旺，部分花茶原料产区也转向直接生产绿茶。同时，由中国向日本出口的蒸青绿茶数量减少，造成我国蒸青绿茶产量下降。但由于珠茶出口量增加的拉动，弥补了蒸青绿茶产量的减少。为此，2002 年我国绿茶生产继续增加。由于国际市场红茶价格低迷，我国红茶在国际市场上竞争力又不强，前几年我国红茶生产量持续下降。2002 年因国内市场对红茶的需求有所增加，使我国红茶产量趋于稳定并略有增加。乌龙茶是目前国内产量增长最快的茶类，主要是一些新发展的乌龙茶产区的产量增加很快，而乌龙茶老产区因用于茶园发展的土地不多，以及春茶季节福建南部和广东乌龙茶产地受到干旱影响，整体产量有所减少。2002 年我国边销茶的产量基本稳定，总体发展形势变化不大。

（三）名优茶生产和全国茶叶总产值

2002 年，名优茶的市场需求仍然推动着我国茶叶生产的整体发展，各茶区都把名优茶生产作为茶产业发展的重点。由于名优茶产量和产值的不断增加，推动了全国茶叶平均单价的上扬。2002 年全国名优茶产量达 18 万 t，比 2001 年的 15.5 万 t 增长 16%。据浙江省有关部门的统计，该省 2002 年茶园总面积 13.48 万 hm^2，产量 13.8 万 t，产值 33.8 亿元。其中名优茶产量和产值分别为 4.01 万 t 和 26.4 亿元，分别占全省总产量和总产值的 29.06% 和 78.11%。

2002 年全国茶叶总产值达 100 亿元，比 2001 年的 91.22 亿元增长 8.44%。2002 年全国茶叶平均单价为 14 元/kg，比 2001 年 13 元/kg 增长 7.69%。

二、茶叶销售

（一）国内销售

2002 年的国内茶叶销售，向多元化发展的趋势愈来愈明显。一些传统销区，茶叶消费结构变化很大。绿茶、乌龙茶销售比例上升，花茶下降。而茶叶消费档次的提高，特别是名优茶消费数量的增加，使国内茶叶销售金额的增长显著。

2002 年国内茶叶的销售特点是：绿茶的销售增长势头，在北方销区继续得到延续；由于新疆、内蒙等地消费习惯的转变，加上袋泡茶消费的增加，红茶销售有所增加；因市场需求旺盛，国内乌龙茶尤其是中高档乌龙茶销售量有所增加（见表 4）。

表 4　2002 年国内茶叶销售状况

项　　目	2001	2002	同比增长%
销售总量（万 t）	46.50	47.70	2.50
销售金额（亿元）	105.00	120.00	14.29
其中：绿茶销量（万 t）	26.00	27.50	5.77
红茶销量（万 t）	1.40	1.50	7.14
乌龙茶销量（万 t）	2.60	2.90	11.50
花茶销量（万 t）	10.50	10.00	-4.76
其他茶销量（万 t）	6.00	5.80	-3.30

（二）茶叶出口

2002 年我国茶叶出口的特点为：一是对欧盟出口跌幅较大，出口量和金额分别仅为 1.45 万 t 和 2 558万美元，分别比上年同期下降 32.18% 和 29.03%。原因是 2001 年底欧盟开始执行更为严格的农药残留检测标准，导致我国茶叶对其出口；二是绿茶在经历了多年持续增长后，仍保持增长，仅对日本出口下降；三是包括乌龙茶在内的特种茶出口数量和金额在经历了 2001 年的飙升后，2002 年出现大幅下降，跌幅近一成（见表 5）。

表 5　2002 年我国茶叶出口状况

茶　类	出口量（t）	同比增长%	出口金额（万美元）	同比增长%
绿　茶	170 356	4.41	20 293	1.70
红　茶	40 828	−0.24	3 881	−5.89
特种茶	41 094	−9.86	9 016	−10.97
乌龙茶	21 200	−2.17	4 843	−3.92
总　计	**252 279**	**1.04**	**33 189**	**−2.98**

（三）市场分析

我国茶叶市场建设日臻成熟，茶叶信息已能较快速有效地指导茶叶生产和流通，加之茶叶生产新技术的快速普及和茶文化活动的推进，进一步促进了茶叶市场的发展。2002 年我国茶叶除蒸青茶有库存和积压外，其他茶类库存基本正常，为今后的茶叶销售奠定了良好的基础。今后，只要我国茶叶行业能依据市场动向，及时调整产品结构，并继续发挥名优茶和特种茶生产优势，我国茶叶市场的潜力还是较大的。可以预计，近 1～2 年乌龙茶和名优茶将继续保持较快的发展速度，红茶生产将继续小幅回升，边销茶生产和销售将保持稳定，高档花茶市场看好，中低档花茶市场不乐观，普洱茶有可能成为市场上的一个新热点。

2003 年，将是我国茶叶出口继续保持良好势头的一年。从 2002 年 12 月国家对外经济贸易合作部下达的 2003 年茶叶出口配额分配方案中可以得到印证（表 6）。

表 6　2003 年我国茶叶出口配额分配方案

地区或企业	配额数量（t）			
	绿　茶	红　茶	乌龙茶	其他特种茶
总　计	**160 000**	**50 000**	**25 000**	**30 000**
安　徽	7 500	3 800		400
福　建	2 500	900	9 200	5 100
广　东	8 600	6 100	3 000	6 200
广　西	600	1 400		1 000
海　南	400	200		
河　南	100			
湖　北	800	500		100
湖　南	5 300	13 00	100	800
吉　林		100		
江　苏	300	2 100		500
江　西	3 800	500	300	800
宁　波	20 000	1 000		400
上　海	6 200	2 100		1 500
深　圳	100	200	3 000	2 200
四　川	300	100		100
厦　门	200	100	6 400	300
云　南	1 300	3 000		2 600
浙　江	83 800	5 700		7 000
重　庆	700	7 500		100
贵　州	100			50
新　疆				50
中茶股份有限公司	17 400	1 700	3 000	800

三、茶叶深加工与产品销售

（一）茶多酚加工与产品销售

茶多酚作为油脂抗氧化剂，近年来受到食品和医药等行业的重视。由于国际市场销售形势良好，促进了国内加工企业的生产积极性，我国现有茶多酚生产厂 30 余家。据有关专家估算，2002 年国内外的精品茶多酚销售量达 1 000t 左右。此外，国内一些地方的茶多酚生产厂在继续筹建、建设之中，例如江西绿康天然产物有限责任公司年产 20t 茶多酚生产线，已于 2002 年竣工投产，目前正在筹建第二条生产线；罗氏（上海）精细化工有限公司茶多酚工厂也于 2002 年开始筹建，该厂投资 3 800 万人民币，投产后年生产能力 40t，3～4 年内计划达到 100t；北京碧馥生物制品有限公司亦开始筹建年产 100t 茶多酚生产线；国内还有不少厂家也在进行茶多酚生产线的考察和计划筹建。因此，当前应该注意防止茶多酚生产企业发展过热。

（二）茶饮料加工和产品销售

2002 年是茶饮料发展速度较快的一年，全国茶饮料总产量达 405 万 t，比 2001 年的 300 万 t 增长 35%。现我国茶饮料产量已占全国软饮料总产量的 20%，在软饮料行业中产量位居第三位。2002 年我国共有茶饮料生产企业 108 家（2001 年 102 家），就业人数 22 740 人，其中国内大中型企业 10 余家，上市品牌 100 多个。其领导品牌为：康师傅占据霸主地位，统一市场占有率为第二，娃哈哈第三。2002 年全国茶饮料总产值为 90.31 亿元，同比增长 21.09%；销售收入 85.52 亿元，同比增长 22.18%；利润总额 8.30 亿元，同比增长 100.40%；销售费用（促销与广告）16.59 亿元，同比增长 14.31%，为销售收入的 19.40%。我国 2002 年茶饮料人均年消费量 0.3L，而日本则达到 30L，说明茶饮料在我国市场上的消费潜力还很大。

四、茶叶科研和行业有关活动

（一）茶叶科研进展情况

为了拓展和提高茶叶深加工的领域和水平，茶黄素产业化制备技术已由中国农业科学院茶叶研究所牵头开始进行中试；茶氨酸产业化制备技术已列题进行研究；低咖啡因绿茶的工业化中试生产线业已建成；无公害茶、有机茶生产技术已开始在茶区普遍推广。此外，福建安溪等地近1～2年乌龙茶加工新技术不断在生产中获得应用，如在夏茶采用空调乌龙茶做青技术所加工出的乌龙茶产品，价格从过去的6～8元/kg提高到目前的60～70元/kg，推动了茶产业的深入发展。与此同时，我国茶文化领域的科学研究和考察逐步深入，2002年6月，来自中国科学院、中国社会科学院、四川大学、云南大学、中山大学、西南民族大学、中国藏学研究中心等科研院所的专家学者，分别从云南迪庆藏族自治州和四川雅安出发，分两路对举世瞩目的茶马古道进行考察，据悉这是我国首次对茶马古道进行的综合科学考察。

（二）茶叶标准建设

2002年我国的茶叶标准化工作继续推进，如国家农业行业标准《有机茶》（NY5196—2002）于2002年9月1日实施；2002年国家社会劳动保障部公布了《茶艺师国家职业标准》，使全国各地的茶艺师培训开始火热。

（三）茶文化活动

2002年中国普洱茶国际学术会议在云南景洪市举行，来自海内外180多名代表参加会议。随着海内外品饮、研究、收藏普洱茶热的兴起，普洱茶成了2002年市场新热点。云南思茅于5月建成“普洱茶文化交流中心”；台湾大友普洱茶博物馆也于10月开馆，收藏1 000多种普洱茶。

由联合国技术信息促进系统中国国家分部、中国茶叶流通协会等单位主办的中华茶产业合作高峰会于2002年12月在福建省安溪县举办，来自联合国粮农组织、国际茶叶委员会、欧洲茶叶委员会等国际机构的茶叶官员分别就国际茶叶产销、欧盟农药残留标准等问题作了演讲交流。

同时，2002年茶题材的影视文艺节目纷纷推出，由张元导演、姜文等主演的电视剧《绿茶》及电视剧《月香》、《茶色飘香》已投拍；田壮壮导演的电视片《茶马古道》正在筹拍；6集电视片《国饮嘉茶》于9月底开始在中央电视台播出；谭盾创作的《茶经异闻》歌剧在日本公演。

（四）其他重要茶事

自20世纪90年代初期以来，我国蒸青茶生产获得快速发展，以浙江省为主的绿茶生产区，除向日本引进蒸青茶生产线以外，并由绍兴茶叶机械总厂和富阳茶叶机械总厂仿制日本的生产线，提供给有关企业使用。到2002年我国已有蒸青茶生产线122条，其中有国内仿制的生产线30余条，蒸青茶的生产能力已达2.0万～2.5万t。仅浙江省就装备了99条蒸青茶生产线，而引进蒸青茶生产最早的杭州市余杭区，拥有蒸青茶生产线36条。由于蒸青茶的销路只有出口日本，正常情况下，日本每年对中国蒸青茶的需求量约为1万t，而2001年我国出口日本的蒸青茶已高达1.66万t，故2002年中国蒸青茶供需矛盾凸现出来，造成供过于求。其结果不仅使我国厂家之间相互竞争与压价，造成2002年出口茶价比1998年前下降了50%，而且也造成日本本地茶价格下降30%～40%，影响了日本茶农的利益。于是日本茶农通过农协组织向政府施压，日本政府为阻止我国蒸青茶的大量出口日本，采取了标注原产地及出台食品卫生法修正案等措施，使我国蒸青茶对日本出口大幅下降。故造成我国国内库存大量增加，2002年尽管各蒸青茶生产企业普遍开工不足，到年底我国蒸青茶的库存量还是达到1万t以上。如不及时采取应对措施，蒸青茶行业将面临进一步的低价竞销、自相残杀，有些企业将面临破产的局面。

此外，2000年英国联合利华公司收购了我国著名的北京“京华茶叶”，在经营不到3年时间后，状况每况愈下，先是北京茶叶加工厂关闭，后市场销售又陷入危机，引起媒体和业界的纷纷关注。

（中国农业科学院茶叶研究所　权启爱）

食用菌加工业

一、我国食用菌产业发展概况

2002年在各级党委、政府和有关部门支持下，我国食用菌产业取得了持续、稳定地发展。据全国27个省、市自治区统计，2002年我国食用菌总产量已达876万t，比2001年增长11%；食用菌总产值达408亿元，比2001年增长13%。其中浙江省产量比上一年增长24%，产值增长33%；上海市产量比上一年增长50%，产值增长35%；山东省产量比上一年增长10%，产值增长16%；福建省产量比上一年增长2.9%，产值增长4%。从全国来看，年产量超过100万t的有福建、河南2个省；超过50万t的有山东、江苏和浙江3个省；超过30万t的有黑龙江、四川、河北、湖北、湖南和江西6个省；超过10万t的有辽宁、安徽、陕西和广西4个省、区。目前我国食用菌总产量已占世界总产量的65%，香菇出口额占世界香菇贸易额的80%。食用菌从业人员已发展到2 000万人。食用菌产业已成为我国农村经济中最具活力的新兴产业之一。我国已成为名副其实的世界食用菌生产大国。但是我们也应清醒地看到在食用菌科研、产品质量、档次、价位、产品安全以及深加工等领域，我们与世界先进水平还有不小的差距。仅从近几年我国食用菌出口不断下滑的状况，就可以看出我们的差距所在。反映了我国食用菌在科研、生产规模、产品质量、档次以及安全生产方面还不能很好地适应和满足国际市场的要求，为此，我们还需不断努力，继续拼搏。

2003年中国食用菌协会，为了把我国食用菌产业做大做强，已经做出了“食用菌向餐桌进军”和“积极建立我国食用菌标准化生产示范基地”两项能够推动全行业向深度和广度发展的战略部署，深信在新的一年里，我国食用菌产业将会取得新的辉煌。

二、我国食用菌科研、新产品、新技术开发状况

在国家科技部和地方政府主管部门支持下，2002年食用菌行业有20项科研、技术推广、产业化项目列入国家级星火项目计划，总投入26 983万元，可获总产值68 869万元。2003年与2002年相比分别增长60%、298%、403%。在众多研究、开发、推广项目中由卯晓岚研究员主编的《中国大型真菌》，是我国近年来出版的一部具有重要影响的有关真菌方面的巨著，荣获中国图书奖；由林占禧等15位老师历时5年完成的“菌草栽培食用菌综合技术研究”获教育部科技进步二等奖；由高级农艺师、食用菌专家吴克甸研制成功的“免割保水膜袋”解决了袋料栽培花菇繁琐的割袋工序，使花菇栽培技术有所突破；由浙江磐安县新艺食用菌研究所研究成功的“巴西菇袋料栽培技术”使巴西菇的成品率和产量实现了一次飞跃。这些项目都已通过专家评议鉴定并投入规模化生产和大面积推广。国内在食用菌科研事业上做出贡献比较大的要属福建省。2002年福建省、市、县开展的食用菌科研、开发、应用与推广项目近100项，通过省市科技部门验收或鉴定的项目多达19项，获省科技进步奖2项，发表研究论文100多篇。这方面取得的多项成果，有力地推动了福建省食用菌产业的发展。

2002年〗四川省绵阳市食用菌研究所与大连全禾菌业有限公司通过严格的专家评审已分别获得四川省和大连市高新技术企业的认证。此外，灰树花研制新产品已在我国南北方部分地区形成规模化生产。由庆元县组织制定的《原产地域产品——庆元菇》国家标准已由中国标准化委员会批准发布并实施。我国神州四号飞船搭载了237个食用菌菌株，其中有黑木耳、平菇常规品种和牛肝菌等珍稀品种驰向太空，为我国利用太空微重力、多种宇宙射线、重粒子、大交变磁场等外界条件诱发产生基因突变等进行育种研究工作创造了条件。福建古田食用菌批发市场营业采用现代电子信息技术，其配备的最先进的鉴控电子系统，使经营者的安全更有保障；由大型彩色电子滚动显示屏加上触摸式电脑组成的商品信息发布查询系统，为入场交易者提供了最直观、方便和及时的服务。在食用菌行业里，高新技术企业不断涌现、高新技术产品不断形成规模化生产、载人宇宙飞船搭载食用菌菌株进行育种研究、新产品标准的公布实施以及现代电子技术在食用菌营销工作中的应用等等，进一步提升了我国食用菌行业的科技水平。

三、我国食用菌出口情况

近年来，我国食用菌产业发展迅速，已成为世界食用菌生产和出口大国，食用菌产品已成为我国主要的出口农产品及加工食品品种之一。据国家海关总署统计，从1997年到2002年已累计出口食用菌产品247.08万t，出口额34.73亿元。另据海关总署统计，2002年我国食用菌产品出口量为38.21万t，出口额4.63亿美元，平均换汇1 213.03美元/t，与上年同比分别下降了16.11%、17.95%和2.19%。在与上年可比的15种产品中，出口量增长的产品有茯苓、干木耳、小白蘑菇罐头、非醋方法制作或保藏的菌块、干银耳和冷冻松茸等6种，出口量下降的产品有盐水小白蘑菇、其他干蘑菇及菌块、鲜或冷藏菌块、冬虫夏草、盐水松茸等9种。出口额增长的有其他伞菌属蘑菇罐头、茯苓、冬虫夏草、小白蘑菇罐头、干木耳、盐水松茸、干银耳等9种；出口额下降的有盐水小白蘑菇、鲜或冷藏菌块、其他干蘑菇及菌块、未列名主要用作药料的植物等6种，平均换汇除其他暂时保藏的蘑菇及菌块和非醋方法制作或保藏的块菌分别下降了8.03%和7.82%外，其他诸如冬虫

夏草、盐水松茸、冷冻松茸、小白蘑菇罐头等13种产品均有所提高。

2002年我国食用菌产品出口到119个国家或地区，出口量依次为亚洲、欧洲、北美洲、南美洲、大洋洲、非洲。出口量万吨以上的国家或地区有日本、中国香港、韩国、德国、加拿大、马来西亚、美国、意大利、荷兰、俄罗斯、爱沙尼亚和中国台湾省等12个。出口额在500万美元以上的有日本、中国香港、德国、韩国、意大利、美国、马来西亚、加拿大、荷兰、澳大利亚、俄罗斯、爱沙尼亚、中国台湾省、法国和印度等15个国家和地区。

总之，在与上年可比的15种出口食用菌产品中，其出口量、出口额以及出口国家和地区有增有减，但最终并没有遏制住自2001年以来总量下滑的趋势，下滑速度达16%～18%。究其原因，除我国食用菌生产规模小、生产技术不规范、菌种混杂、退化、质量差，缺乏新的菌种、产品档次低、市场缺乏有效的协调措施等问题尚未妥善解决外，由于我国加入WTO后，技术壁垒（绿色壁垒）明显增多；而食用菌产品的安全性对其出口的不利影响更加突出，这是继2001年食用菌产品出口量、出口额继续呈下降态势的主要原因之一。

由于我国食用菌资源丰富，正在生产和待开发的食用菌产品品种很多，而且这一产业对我国农业产业结构调整，安置农村剩余劳动力，增加农民收入，利用农作物秸秆等资源，开发蛋白质营养源，丰富中华饮食文化和中医药的交流与传播有着特殊意义。加之，食用菌的营养价值和保健作用越来越为人们所认识，因此这类产品有着巨大的潜在市场，只要我们积极有效地做好以下工作，就会逐步扭转当前的被动局面。

1. 加速建立我国食用菌生产安全体系（HACCP），有效应对发达国家对我国实施的“绿色壁垒”。

2. 加大食用菌生产安全性宣传力度，切实保证食用菌产品的安全性，使千千万万菇农增强食用菌安全生产意识，使食用菌生产HACCP得到有效实施。

3. 加速实施标准化生产的进程，从源头上解决食用菌产品的“农药残留”问题。

4. 建立标准、规范、稳定的原料基地，使企业生产加工所需原料在质量和数量上得到保证。

5. 发挥我国食用菌品种优势，不断发展珍稀食用菌品种，发展新的增长点。

6. 培育骨干企业，实施品牌战略，增强我国产品在国际市场的竞争力。

7. 加强食用菌行业协调管理，及时掌握国际市场信息，建立出口预警机制，及时应对进口国可能实施的反倾销等贸易保护措施，以保证我国产品出口的主动地位，使我国由食用菌生产大国发展成为食用菌强国。

四、2002年协会的主要工作

在民政部及中华供销合作总社的领导与支持下，一年来中国食用菌协会主要开展了以下工作：

1. *向党和国家领导人及政府有关部门汇报工作，争取重视、支持和帮助，推动食用菌产业快速发展* 2002年7月4日，邀请了中共中央政治局委员、全国人大常委会副委员长姜春云同志视察了北京食用菌生产基地，听取了协会工作汇报和专家发言。姜春云同志发表了重要讲话，充分肯定了中国食用菌产业的成绩，指出了今后的发展方向，要求协会充分发挥指导、协调和服务等作用。提请相关部门在资金、技术、人才等方面对这一产业给予支持，要求把食用菌产业做大做强。同年1月28日姜春云副委员长在视察福建工作时，听取了福建食用菌工作汇报后，又提出我国的食用菌产业要实现优质化、高效化、标准化、产业化，进一步指明了我国食用菌产业的发展方向。

为了落实姜春云副委员长讲话精神，争取有关部门支持和帮助，中国食用菌协会会长顾二熊率领协会有关人员先后向农业部、财政部、科技部、国家质检总局分别汇报了行业发展情况、潜力和目标及需要各部门帮助解决的实际问题。各部门有关领导热情地接待了协会领导，在听取汇报后，分别帮助解决了一些实实在在的问题。这项工作有力地推动了协会工作，促进了食用菌产业的进一步发展。

2. *会同国际蘑菇学会、河南省政府联合举办了2002（泌阳）国际香菇技术与营销研讨会。积极开展了国际交流活动* 经过紧张的筹备，2002年国际香菇研讨会于3月4～6日在河南驻马店市如期举行。中国食用菌协会会长顾二熊、国际蘑菇学会主席马克·沃克、国际蘑菇学会亚洲区主席张树庭、河南省人大常委会、省科技厅、农业厅、驻马店市、泌阳县负责同志出席大会并讲了话。到会代表有15个国家和地区外国专家和厂商50名，来自国内各省市450名代表参加了会议。会上有16名中国专家、8名外国专家做了学术报告，编辑出版论文及摘要62篇。通过这次技术与营销研讨会，开展了国际间交流，扩大了中国香菇的影响，寻求了商机，对我国食用菌走向世界具有重要意义。同年10月协会会同北京大学医学部，在上海浦东举办了"国际灵芝研讨会"，国内外专家150人到会，收到了与泌阳研讨会同样的效果。

为了推动中日间食用菌生产、开发、市场共建等交流活动，协会会长、副会长分别于2002年11月1日、12月8日、11月5日，会见了日本特用林产振兴会专务理事大冢洲弘一行；日本特用林产振兴会会长铃木重幸为团长的食用菌考察团一行；日本全国食用菌种协会事务局长西谷嘉寿夫一行，中日双方就共同开发食用菌消费市场、菌种交流等问题交换了意见，为今后进一步合作打下了良好基础。

应德国GAMV公司和蘑菇研究所所长Lelly博士、教授的邀请，华中农业大学罗信昌教授于2003年3～4月访问了德国波恩大学、GAMV公司和蘑菇研究所并参观访问了德国、荷兰等8个大型蘑菇场。访问期间罗信昌教授特邀在德国应用真菌学学会年会上做了报告，还就香菇、平菇、真姬菇等栽培技术与德国专家进行了技术咨询、学术、生产、市场问题的交流和研讨。通过这次参观、访问与交流活动，密切了中德在食用菌领域方面的合作关系。

3. 开展了香菇含有甲醛问题专项研究，为企业挽回了部分国际影响　自2002年1月中旬香港报纸刊登了内地香菇含有甲醛的报告后，一时间内地香菇在香港、新加坡、日本等国家和地区的销售严重受挫。对此，协会及时采取了非常措施：一方面紧急通知国内20个主产香菇县（市）认真对待甲醛问题，要求安排好春节前的收购和销售工作，尽量减少菇农损失。另一方面，为了摸清实际情况，协会组织了12个有代表性的香菇生产县的样品和日本、韩国的样品，委托卫生部、上海市、福建三个权威卫生监督、检验研究所对提出的样品进行对比检测和研究。通过一个多月的工作，得出三点明确的结论。第一，国内样品大部分在正常范围内（300mg/kg上下），但也有个别样品甲醛含量较高。第二，甲醛含量较高的原因：一是香菇生长发育中本身生理代谢的产物；二是有的地方、有的菇农为了消毒、除杂菌等在生产中使用了甲醛，造成超标；第三，香菇无论甲醛含量高与低，只要经过清水浸泡和热锅中煮或炒，绝大部分甲醛可以被浸出或蒸发，可以安全食用。随后协会主要领导在驻马店市召开了香菇含有甲醛问题的座谈会，广泛征求了与会专家、学者意见与建议并在泌阳国际香菇研讨会的信息发布会上，就我国香菇含有甲醛的外刊报道及对比检验分析结果作了澄清说明，宣布我国香菇食用是安全的，从而消除了一部分国际影响，引起国内外专家广泛注意和好评。

4. 举办全行业技术交流和展览、展销活动　2002年，协会分别在北京、上海、深圳等地举办了三次技术交流和展览、展销活动。这些活动对增进国内外企业相互交流，扩大商机，促进全行业的发展，发挥了积极作用。

当年6月下旬，协会在北京举办了"入世后中国食用菌产业发展战略报告会暨反季节产品营销洽谈会"，来自全国各地包括香港、台湾地区代表以及日本、韩国客商400多人到会。会上有10位中外专家作了专题报告；90多家企业推介产品、发布信息；30多家单位展示产品，进行贸易洽谈；参观了北京玉雪阿魏菇公司的白灵菇基地。中外参展客商积极为我国食用菌的健康持续发展共谋大计。

当年8月下旬，协会在上海举办了"首届中国食用菌新技术市场与流通研讨会"，同时举办了"第三届中国（上海）国际食品博览会食用菌专题博览会"。会上有9名专家、教授、总经理作了专题报告，有26家食用菌公司企业参加博览会，展出展品。还参观了上海市农业科学院食用菌研究所等有关企、事业单位，相互间作了广泛交流和贸易洽谈。

当年12月中旬，协会在深圳举办了"中国（深圳）第二届食用菌产品营销会暨流通市场及产业形势报告会"。来自全国各地代表及日本、韩国等采购商280多人参会。会上有关专家结合流通市场、产业形势、入世对策、技术交流等问题作了报告，同时举办了产品展览、贸易洽谈活动，促成交易额6 000万元，推动了深圳作为我国食用菌产品集散地的工作。

5. 安排重点联系单位，主动为他们提供力所能及的服务　协会为了落实第三届第三次常务理事会讨论通过的《关于建立中国食用菌协会重点联系单位的意见》和《关于推荐食用菌产业化示范工程的意见》，首先将两个意见发送各省市食用菌主管部门和相关企业；其次，按主产县的主管部门或食用菌办公室、有基础的专业研究所、重点公司、企业等类型选择重点支持，积极为他们介绍国内外合作伙伴，推介他们的产品，为他们排忧解难。对于推荐食用菌产业化示范工程项目工作，协会从各地申报的项目中择优重点给予支持，有的向当地主管部门推荐，有的向国家计委推荐，例如向河北省政府推荐了该省食用菌研究所开展的"食用菌菜肴加工项目"，建议省内列入计划给予资金支持；又如，向浙江省经贸委推荐了该省常山县宝新果蔬菌有限公司的猴头菇栽培加工项目列入当地技术改造计划；再如，向国家计委推荐了黑龙江省

嘉峰绿色食品有限公司现代化菌物农业生态园示范工程项目列入国家计划等。热心地为企、事业单位穿针引线，提供实实在在的帮助，充分发挥了协会的中介和桥梁作用。这项工作，仅仅是开始探索，以取得经验，今后将逐步得到加强，以利取得更多的成效。

（中国食用菌协会 林彩民）

蚕丝加工业

一、基本情况

（一）蚕茧生产情况

1．*生产概况* 受国际丝绸市场疲软、茧丝价格长期低迷和灾害性气候等因素的影响，2002年蚕茧产量、质量和收购综合均价都有不同程度的下降。据不完全统计，2002年我国20个省、市、区的桑园面积为75.43万hm^2，与上年相比增加4.61%。发种量为1 651.30万张，同比增长3.55%。其中春季增长11.25%，夏季增长5.44%，秋季减少2.01%（分季同比不含新疆、贵州、上海，下同）。产茧量为515 884.85t，同比减少0.90%。其中春季增长5.40%，夏季减少2.58%，秋季减少5.96%。收购量为423 486.38t，同比增长1.03%。其中春季增长8.66%，夏季增长6.71%，秋季减少1.46%。综合均价每50kg为535.96元，同比下降29.25%。其中春季下降29.02%，夏季下降23.88%，秋季下降31.45%。

2．*产地特点* 除广西、广东的蚕茧产量增幅较大（均在25%左右）以外，大部分产区的蚕茧产量和质量都有不同程度的下降。2002年我国部分蚕茧主产区的气候较为异常，春季低温多雨或发生严重冻害，秋季长期干旱或降温过早等，影响了桑叶的质量和产量，从而导致蚕茧的产量和质量都有所下降。山东、江苏等蚕业生产规模较大、优质优价的蚕茧收购政策执行情况较好及蚕业技术服务体系较稳定的部分地区，抗御灾害性气候的能力相对较强，受到的不利影响较小，个别地区的蚕茧产量和质量还有所提高。

因茧丝价格持续下滑，2002年各地的蚕茧收购价格一路走低，全国全年的综合均价下降29.25%，个别地区的早秋茧收购价每50kg在300元左右。其中浙江、安徽、陕西、广西、河南、湖北、山西等省、区全年综合均价的降幅超过30%，江苏、四川、重庆、山东、广东等省、市的综合均价降幅在20%左右。面对茧丝价格的持续下降，各地大都采取了一些措施保护蚕农利益和生产基础，但因蚕业产业化的程度不同，各地的蚕茧收购价格差异较大。其中，山东全年的综合均价每50kg为658.5元，湖北为445.50元，两者相差213元。

受蚕茧收购价格大幅下降的影响，部分地区蚕农的生产积极性受挫，浙江等部分地区还出现了弃养、弃管现象，导致桑、蚕病虫爆发。从全国的情况看，因经济发展水平的差异和收购价格下降的程度不同，各地蚕农的生产积极性受到影响的程度差异较大。山东、江苏等规模化、产业化程度较高，竞争力强、比较优势明显的地区抗市场风险的能力较强，能根据丝绸市场行情、当地的蚕业生产规模、蚕业发展前景及自身的经济承受能力等，出台了一些稳定蚕业的保护性政策，收购价格下降幅度较小，因此蚕茧生产受到的影响较小。而产业化程度低、竞争力较弱的零星产区收购价格下降幅度较大，蚕茧生产受到的影响较大并呈加速衰退之势。从全国来看，蚕茧生产的发展很不平衡，总体上向基础化建设、规模化生产、产业化经营等优势地区转移、集中的趋势较为明显。

（二）蚕丝加工业概况

据国家统计局对丝绸工业2 055家企业的统计，全年丝产量8.33万t，同比增长12.33%；丝织品产量为53.4万m，同比增长19.87%；印染丝织品产量为27.2万m，同比增长13.13%；全年产品销售收入为883.43亿元，同比增长16.03%；产品销售税金为4.7亿元，同比增长8.98%；盈亏相抵实现利润28.7亿元，比上年同期增加5.39亿元，增幅达23.12%。但亏损企业亏损额却在不断上升，上年亏损企业数为435个，亏损企业亏损总额为7.21亿元，比上年同期增亏了25.5%。其中缫丝企业亏损近3亿元，整个缫丝行业的利润盈亏相抵后为负7 328万元。

二、丝绸出口情况

（一）出口概况

据海关统计，2002年我国丝绸全商品（真丝产品）出口22.79亿美元，比上年减少7.10%。与

2001年相比，2002年蚕丝类、蚕丝织物类、蚕丝制成品类商品的出口额全面下降；主要品种的出口量增加，单价下降。其中，蚕丝类出口量为26 512 t，同比增长14.46%；出口额为4.27亿美元，同比减少11.06%。桑蚕丝出口量增长12.26%，出口金额减少13.40%，单价下降22.86%；蚕丝织物类出口额3.50亿美元，同比减少1.56%；蚕丝制成品出口额为15.02亿美元，同比减少7.14%。

（二）市场需求分析

在主销市场方面，我国向外国出口量有增加或增长较大的国家中，丝类主要有印度、意大利、日本、韩国、阿联酋、印尼和巴基斯坦等，绸缎主要有印度、意大利、日本、韩国、美国、新加坡、伊朗、阿联酋等。具体情况如下：

1. 美国　多年来，美国是我国丝绸出口的第一大市场。2002年占我国丝绸出口总额的37%左右，主要出口产品是服装，出口量为9 325万件套，出口额为8.29亿美元，同比分别减少11.03%和10.96%。

2. 日本　是我国丝类出口的第三大市场。2002年我国对日本出口丝类3 644t，同比增长5.79%（占我国丝类出口总量的13.9%）。其中捻丝出口841t，同比增长10.68%；绢纺纱线出口835t，同比增长22.07%；废丝出口344t，同比减少18.97%；坯绸出口1 561万m，同比增长23.44%。

3. 意大利　是我国丝类出口第二大市场。2002年我国对意大利的丝类出口为3 826t，占我国丝类出口总量的14.59%，同比增长7.6%。其中，双宫丝、其他桑蚕丝、捻丝和绢纺纱线的出口量增幅较大，如双宫丝出口548t，同比增加25.11%；其他桑蚕丝出口500t，同比增长1 255.82%；捻丝出口1 114t，同比增长15.04%；绢纺纱线出口484t，同比增长17.54%；坯绸出口1 295万m，同比增长29.63%；印染绸出口74万m，同比增长29.49%。

4. 德国　2002年，我国对德国丝类出口与上年基本持平，印染绸出口有较大增长，其他品种出口减幅较大。如丝类出口1 810t，同比减少0.26%。其中，捻丝出口702t，同比减少29.28%；绢纺纱线出口122t，同比减少23.32%；废丝出口增加较多，出口487t，同比增长35.78%。

5. 印度　是近年来我国丝类出口的第一大市场。2002年我国对印度出口丝类10 643t（占我国丝类出口总量的40.59%），出口额1.67亿美元，分别同比增长33.8%和2.44%。其中桑蚕丝出口7 801t，同比增长41.48%，占我国桑蚕丝出口总量的67.41%。主要是双宫丝、其他桑蚕丝、柞丝、绢纺纱线出口增长明显。如双宫丝出口5 261t，占全国双宫丝出口总量的83.55%，同比增长55.97%；其他桑蚕丝出口1 314t,同比增长623.65%；柞丝出口864t（占全国柞蚕丝出口总量的90.19%），同比增长48.89%；绢纺纱线出口1 217t，同比增长35.9%。2002年对印度的坯绸出口增幅巨大，出口3 425万m（占我国坯绸出口总量的26.98%），同比增长306.23%。印染绸出口63万m，同比增长22.24%。

6. 韩国　2002年，我国对韩国出口丝类1 884t，同比增长23.24%。其中，捻丝、绢纺纱线和废丝出口量有较大增幅，其他丝类均有不同幅度下降。如捻丝出口131t，同比增长89.61%，绢纺纱线出口237t，同比增长37.03%；废丝出口167t，同比增长310.01%；坯绸出口2 331万m，同比增长0.66%；印染绸出口159万m，同比减少12.7%。

据海关统计，在全国31个省、市、区中，2002年丝绸商品出口额比上年增长的地区有18个（2001年仅11个），其中出口量有增长且出口金额较大的地区有浙江、江苏、上海、四川、福建、北京、河南、辽宁、重庆等省市。在这18个省市中增幅较大的有浙江（同比增长32.55%）、河南（同比增长224.48%）、重庆（同比增长167.42%）、内蒙古(同比增长101.15%)、天津（同比增长31.51%）、陕西（同比增长47.87%）、黑龙江（同比增长138.06%）。

三、质量管理与标准化工作

（一）《茧丝质量监督管理办法》的实施

对于茧丝产品的质量监督管理，实际操作难度较大，致使市场上茧丝产品的质量问题日益突出，茧丝经营者以质量欺诈等手段进行的质量违法行为十分普遍。

2002年，国家质检总局为了加强对茧丝质量的监督管理，明确茧丝质量责任，促进茧丝质量的提高，维护茧丝市场秩序和茧丝交易各方的合法权益，特制定了《茧丝质量监督管理办法》。《办法》明确了包括收购、加工、销售、存储各环节的茧丝经营者的质量义务，确定了茧丝收购、加工者质量保证能力的审查认可制度，对国家储备茧丝的出库、入库以及干茧丝等要实行或逐步实行公证检验制度。《办法》还确定了茧丝产品的监督检查制度，由国家质检总局主管全国茧丝产品的质量监督工作，中国纤维检验局负责具体的组织实施。违反《办法》规定的经营者，有的要受到10万元的罚款，掺杂使假行为要处涉案货值金额2倍以上、5倍以下的罚款，并没收涉案茧丝和违法所得，情节严重的还要追究刑事责任。

（二）高档丝绸标志已获初步认可

推广使用高档丝绸标志是我国茧丝绸行业的一件大事，它标志着我国丝绸开始以最终产品和品牌推动行业发展。作为我国丝绸行业的一项新鲜事务，2002年丝绸行业开始推广使用高档丝绸标志。通过“国际跨国零售集团采购洽谈会”、“2002首届中国丝绸文化与形象宣传”、“第四届中国丝绸博览会”和美国纽约“2002中国纺织品服装展览会”等活动的基础上，高档丝绸标志证明商标已获国家商标局认可并已通过注册登记。

（三）《生丝试验方法》新国家标准的颁布

《生丝试验方法》新国家标准于2001年9月26日由国家质量技术监督局批准发布，已于2002年5月1日起正式实施。

新标准在适用范围、等级设置、评定项目、组批与抽样、试验方法、包装等方面进行了重大的调整与修改。

四、科研及新品开发

（一）功能性（改性）真丝的研制开发

真丝绸手感柔软爽滑、光泽柔和、色泽鲜艳、吸湿管气性强，具有保健功能和独特的丝鸣效果，是一种高贵典雅的传统服装、服饰面料。但是由于其本性功能性差，真丝绸易皱、起毛，色牢度差；洗后易缩易皱，身骨差，必须熨烫以后才能使用，而且洗涤、保管比较麻烦。近年来面临化纤仿真丝技术进步和棉织物后处理的突破性进展，真丝绸逐步丧失其国内外的市场份额。

“功能性（改性）真丝”项目已通过省级科技成果的鉴定。标志着我国真丝绸产品的开发研究取得了“革命性”的突破。该项目创新地采用生物、化学技术，运用经水解的蛋白质和多功能团交联剂对真丝纤维进行特殊处理，有效地改善了真丝制品易褪色、易缩易皱等缺点，平挺度、吸湿性明显提高，色牢度有所改善，并有抑制金葡菌的效果，所用助剂和加工工艺不含有甲醛和有毒芳香胺等有害物质，符合环保要求。该项成果的工艺技术和综合水平为国内领先，达到国际先进水平。

（二）“家蚕基因组”计划的研究

长期以来，我国蚕业科学研究依靠引进消化吸收，使传统家蚕的育种和相关技术虽有很大进步，但与日本等竞争对手相比仍处于严重滞后状态，并已危及到了产业的进一步发展。如何利用强有力的研究手段，推动蚕业技术突破性进步，是我国蚕业和丝绸业面临的紧迫性任务。

目前以“人类基因组计划”为龙头的基因组学研究正在向深度和广度发展，我国已将其扩展到家猪、水稻、血吸虫防治等领域。家蚕基因组有28条染色体，约4.8亿碱基对，估计有基因4万个，其研究工作量比人类基因组要小得多，支付的成本也会少得多，但对蚕丝业等行业的发展意义重大。专家预测，对茧丝业生产、鳞翅目作物害虫防治和蛋白质药物研究具有重要价值的家蚕基因组研究，将很快成为世界性竞争热点。

家蚕是茧丝业的生物基础。由于在蚕业科技方面特别是蚕学基础理论的研究水平不足，我国蚕茧虽然产量大，但蚕茧质量低，主要质量指标远远低于国际先进水平，直接影响到我国丝绸工业整体水平的提高。家蚕基因组和功能基因组研究的成果，可为培育新型、高产、优质家蚕品种提供新的思路及具体技术，有效解决蚕业技术进步的瓶颈问题，为我国蚕丝产业整体水平和效益实现飞跃式进步提供理论与技术支撑，为根本解决蚕丝易皱脱色等先天缺陷提供可行的技术方案，创造新型蚕丝，形成拥有自主知识产权的技术与产品，从而使我国继续保持在国际蚕丝业的优势地位。

开展家蚕基因组研究，还可以在非绢丝领域创造新型产业。通过家蚕基因组研究，可以解决蚕蛹存在的少量过敏性物质，创造含抗生素等高附加值的昆虫食品；利用蚕蛾和茧丝生产的保健食品和化妆品现已有一定市场规模，通过基因组和功能基因研究，将进一步创造高血压药品等系列高附加值产品；蚕丝蛋白质生产方面，在彻底解明茧丝生产的调控机理基础上，可任意将编码有用蛋白质的基因整合到家蚕的茧丝基因中，生产出高纯度的药用蛋白质；同时，家蚕遗传资源存在大量疾病模型，通过研究这些遗传模型，将在克隆人类疾病控制新基因、研究疾病机理和开发新型药物上发挥重大作用。

（三）采用大豆纤维替代部分蚕丝纤维制造丝绸，取得了良好效果

这种多元纤维组成的新品种既保持了真丝绸的质量和风格，又降低了原料价格，为丝绸行业升级换代闯出了捷径。

目前已开发的真丝大豆蛋白纤维交织产品有以下几种：

1. *真丝大豆纺* 经向采用真丝，纬向采用大豆纤维，采用平纹组织，再配以合适的经纬密度。这样的设计使织物表面平挺细腻而有光泽，既保持了真丝绸舒适性的特点，又增加了织物纤维的摩擦，使织物不易纰裂，织物制成成衣后，物感柔软、挺适，给人一种高贵典雅的视觉效应。

2. *真丝大豆缎* 该产品选用品质优秀的桑蚕丝原料作经线，选用大豆纤维作纬线，采用五枚缎再配以合理的经纬密度，使织物绸面缜密而有光泽，织物经面基本呈真丝绸的风格，而纬面则以大豆纤维为主。由于桑蚕丝与大豆纤维的吸湿速度不同，产品经染色加工后可呈现特殊的双色效果。

3. *真丝大豆吡叽* 该产品选用了桑蚕丝作经线，大豆纤维作纬线，选用斜纹组织及合适的经纬密度，使织物既保持大豆纤维原有的羊绒般柔软滑润的手感，又具有真丝织物的光泽和悬垂性。另外由于真丝与大豆纤维着色性能的差异使织物呈现特殊的闪光效果。

4. *真丝大豆提花绸* 该面料主要用于女工衬衣、裙子、礼服及高档装饰。面料经向采用桑蚕丝，纬向用大豆纤维以提花织机织造。该品种以五枚经面缎纹作地组织，假纱组织作花蕊的组织，花茎及花干则采用八枚经缎，花中的限影部分采用斜纹、平纹或纬面缎纹的设计方法。通过与大豆纤维不同的吸色效果，其光泽能充分体现立体感和层次感，使织物凹凸分明，雍容华贵。

五、行业管理

（一）产品结构调整取得了明显成效

尽管上年丝绸业经济效益不甚乐观，但全行业在加快发展、扭转困境方面做了大量工作。丝绸行业通过不断的结构调整，已形成了明显的丝绸生产区域分布，集群效应逐渐显现。如浙江嘉兴、湖州地区的缫丝业、绢纺业；江苏吴江盛泽镇的真丝绸与薄型合纤绸生产基地；浙江萧山、绍兴的合纤绸织造业；浙江嵊州的真丝领带和丝绸针织业以及浙江的杭、嘉、湖、绍和深圳的丝绸服装业等。出现了如浙江凯喜雅、嘉欣丝绸集团、万事利、丝得莉、西湖达利、诸暨神鹰、江苏苏豪、吴江丝绸集团、苏州丝绸集团、广东丝绸集团等一批年销售5亿元以上的大型丝绸企业，产业集群效应与骨干龙头综合性集团企业形成了新的丝绸产业结构特色。

（二）发布了《茧丝流通管理办法》

2002年，为建立适应社会主义市场经济发展要求的茧丝流通体制，改进茧丝价格管理，加强质量监督，维护市场秩序，制定并实施了《茧丝流通管理办法》。

《茧丝流通管理办法》对鲜茧收购实行资格认定制度。要求各省（自治区、直辖市）经贸委、经委（以下统称省级经贸委）在征求同级工商行政管理、质量技术监督等部门意见后，可认定或取消鲜茧收购单位及其收购站（点）的资格，并负责发放或收回《鲜茧收购资格证书》。

《办法》规定鲜茧收购单位及其收购站（点）应当在登记的收购区域范围内收购鲜茧。未取得鲜茧收购资格、未经登记注册的单位和个人不得从事鲜茧收购活动。桑蚕鲜茧和干茧实行省级政府定价或省级政府指导价。茧丝出厂价格由企业根据市场情况自主确定。国家主要通过运用茧丝储备调节等经济手段，调控茧丝市场，保持茧丝价格的基本稳定。

《办法》规定由国家质量监督检验检疫部门主管全国茧丝质量监督工作，由其所属的中国纤维检验局负责组织实施。省（自治区、直辖市）人民政府质量监督部门负责本行政区域内茧丝质量监督工作。茧丝质量监督机构在其管辖范围内对茧丝实施质量监督检查。

茧丝经营者加工、贮存、销售茧丝时，应当按照国家标准、地方标准和技术规范的要求，进行加工、贮存、销售。加工、贮存茧丝应按国家规定标注标识，标识主要包括茧丝的类别、质量、数量、加工者基本情况等，销售的茧丝应当附有质量凭证，茧丝的质量应当与标识、质量凭证相符。

（中国农业科学院蚕业研究所 梁培生）

蜂产品加工业

2002年，是我国蜂业发展史上遇到困难较大的一年。同时也是全国蜂业生产者、加工者、经营者、科研教学工作者、管理者在蜂产品质量安全、市场规范、科普宣传及职工素质提高等一些重大问题上认识较为统一、工作积极努力、成效比较显著的一年。这一年，蜂业界同仁大力推进蜂业产业化经营，提高蜂业市场化、规模化水平和组织化程度，龙头企业通过牵头举办培训班等培育，带动蜂农科学饲养，科学用药，从源头抓起，严把蜂产品质量安全关，涌现出南京老山药业股份有限公司等一批农业产业化国家重点龙头企业和地方农业产业化龙头企业。

一、蜂产品生产及出口概况

2002 年我国生产蜂蜜 25.7 万 t，蜂蜜出口总量为 76 450t，创汇金额为 7 794 万美元 。与 2001 年蜂蜜出口量 106 666t、创汇为 9 583.1 万美元相比，分别下降 28.3 %和 18.7%。2002 年蜂蜜主要出口国家和地区为日本、美国、德国和香港，分别占我国出口总量的 53%、13%、8%和 5%。我国蜂蜜出口国家和地区的基本情况见表 1，蜂蜜出口排名前 20 名的省（自治区、直辖市）出口情况见表 2。

表 1 我国蜂蜜出口国家和地区的基本情况

国别和地区	出口数量（kg）	出口金额（美元）	平均单价（美元/kg）
日 本	47 565 040	50 332 570	1.058
美国	7 613 532	8 087 054	1.062
德 国	3 840 470	3 472 959	0.904
中国香港	2 575 893	2 674 720	1.038
中国澳门	3 558	8 861	2.490
中国台湾省	200	925	4.625
马来西亚	2 157 992	2 032 129	0.942
印 度	2 099 600	1 535 140	0.731
新加坡	1 531 789	1 438 205	0.939
韩 国	1 001 250	1 356 651	1.355
英 国	1 230 180	1 138 835	0.926
加拿大	1 064 300	1 011 179	0.950
波 兰	1 227 860	988 078	0.805
墨西哥	1 028 920	809 224	0.786
比利时	865 070	773 064	0.894
越 南	608 420	506 590	0.833
西班牙	518 810	484 647	0.934
泰 国	260 832	254 481	0.976
俄罗斯	303 340	223 904	0.738
荷 兰	240 120	202 437	0.843
南 非	138 040	120 273	0.871
沙特阿拉伯	138 041	107 876	0.781
摩洛哥	138 040	89 891	0.651
瑞 士	40 600	48 862	1.203
澳大利亚	39 820	37 015	0.930
毛里求斯	41 760	34 520	0.827
印度尼西亚	39 630	33 680	0.850
捷 克	38 570	30 856	0.800
约 旦	15 810	23 715	1.500
阿拉伯联合酋长国	12 600	20 679	1.641
塞浦路斯	19 720	18 323	0.929
巴拿马	19 720	16 137	0.818
阿 曼	20 300	15 705	0.774
斯里兰卡	9 860	9 894	1.003
黎巴嫩	200	986	4.930
合 计	**76 449 886**	**77 940 051**	**1.019**

表 2 蜂蜜出口排名前 20 名地区出口情况

地 区	出口数量（kg）	占全国百分比（%）	出口金额（美元）	占全国百分比（%）	平均单价（美元/kg）
全国总计	**76 449 886**		**77 940 051**		
湖 北	16 184 159	21.17	15 849 726	20.34	0.979
河 南	14 053 250	18.38	15 509 642	19.90	1.104
安 徽	8 466 239	11.07	8 220 022	10.55	0.971
浙 江	7 689 628	10.06	7 828 868	10.04	1.018
辽 宁	6 148 292	8.04	5 966 533	7.66	0.970
江 苏	4 618 286	6.04	4 334 729	5.56	0.939
山 东	3 965 158	5.19	4 301 306	5.52	1.085
四 川	3 597 420	4.71	3 416 025	4.38	0.950
黑龙江	2 403 076	3.14	2 790 303	3.58	1.161
陕 西	2 050 300	2.68	2 302 181	2.95	1.123
北 京	1 905 880	2.49	1 613 777	2.07	0.847
上 海	1 058 233	1.38	1 409 336	1.81	1.332
内蒙古	930 900	1.22	902 121	1.16	0.969
吉 林	835 096	1.09	901 029	1.16	1.079
湖 南	656 093	0.86	600 993	0.77	1.007
广 东	310 652	0.41	431 126	0.55	1.388
江 西	357 420	0.47	386 716	0.50	1.082
天 津	386 600	0.51	360 279	0.46	0.932
河 北	354 380	0.46	317 320	0.41	0.895
福 建	320 360	0.42	257 180	0.33	0.803

2002 年初，欧盟调查组做出对华残留监控体系的考察报告，于 1 月 23 日提交给中方，25 日即做出暂停进口包括蜂蜜在内的中国动物源产品的决议。欧盟提出，蜂蜜中氯霉素检出量不得超过 0.1μg/kg，即 10 万 t 蜂蜜中含有 1g 氯霉素，这个标准比原先严格了 100 倍。随后，英国食品标准局在市场抽样检测中查出我国蜂蜜含欧盟禁用药物——氯霉素残留。2 月底，欧盟通知其各成员国，对所有工厂、仓库及已包装上市的中国蜂蜜进行强行检查。由此开始，美、日、加各国相继提高了对中国蜂产品进口的门槛，使我国蜂产品出口严重受阻。欧盟是我国蜂蜜出口的第一大市场，此决定对中国蜂蜜影响之严重是可想而知的。虽经多方努力，2002 年我国蜂蜜出口仍为 7.6 万 t，创汇约为 7 794 万美元，同比下降约 20%，出口量降到了近几年来的最低点。传统出口老大的地位也让给了阿根廷。随着中国产品被挡在主要蜂蜜消费市场的大门之外，国际蜂蜜价格却上涨了 90%以上，目前阿根廷蜂蜜的国际价格是中国蜂蜜的 2 倍多。

质量与国际市场不“接轨”是导致我国蜂产品屡遭退运的另一大原因。2002 年，大连口岸被退运蜂蜜近1 265t，而上年仅退运7.2t。据调查，造成蜂蜜退运的主要原因是我国的蜂蜜质量无法满足国际市场要求。目前，国际市场上需要的是浓度在41度以上的蜂蜜。而国内有些蜂农急功近利，蜂蜜尚未成熟时即提前提取，导致大连口岸出口的蜂蜜浓度大多在39度，属于不成熟蜂蜜。另外，有的企业在收购蜂蜜时，使用的铁制容器比较陈旧，容器内层脱落，造成蜂蜜中铁含量超标，加之加工厂设备简单，经营规模小，工艺水平不高，很难保证稳定的产品质量。

2002年下半年，美国商务部对包括安徽鸿汇食品公司在内的中国3家出口企业的蜂蜜采取了严厉的限制和高关税制裁措施，关税高达183%，制裁期限是5年。2002年11月16日，作为中国3家对美国蜂蜜出口商之一的安徽鸿汇食品公司已决定应诉美国关于中国蜂蜜的反倾销裁定，这意味着在今后5年内，该公司和所属的1 000多户蜂农将要花费500万元来打这场国际官司。在我国每年20万t的蜂蜜产量中，安徽省就占了10%，即2万t。尤其是鸿汇公司所在的肥东县作为全国10大油料强县更是为饲养蜜蜂创造了得天独厚的条件，每年该县蜂蜜出口创汇能够达到200万美元，鸿汇公司的蜂农收入也能达到每人每年5 000元。而贸易制裁导致鸿汇公司蜂蜜出口锐减，蜂农收入也大幅下降。同时，安徽省2002年蜂蜜出口额也跌至800多万元，比2001年下降了35%。鸿汇公司的应诉在我国蜂蜜界是头一例，对于中国的蜂蜜界来讲，挫折就是我们必上的一堂国际贸易课，是我国蜂业以崭新的形象重归国际贸易老大地位的极好机遇。

为此，我国蜂业企业积极调整产品结构和国别地区结构，利用两个市场、两种资源，在稳定国际市场的同时，大力开拓具有较大潜力的国内蜂产品市场，提高蜂产品国际、国内市场竞争力，满足国人日益增长的对天然营养保健品尤其是蜂产品的需要方面创出了新的业绩。在蜂蜜出口欧盟下降的情况下，呈现蜂蜜出口质量提高、单价上扬、王浆制成品出口增长、蜂产品内销转旺的可喜局面。

2002年我国蜂王浆的总产量在2 500t以上，其中王浆类产品出口总值达到2 355万美元，同比2 290万美元增长了2.8%。鲜蜂王浆及粉的出口总量折算为浆共计1 176t，同比1 098t增长了7.1%（见表3）。其中鲜蜂王浆的出口量为567t，出口额838万美元，同比增长4.9%，国内出口排名前6名的分别为成都市浦江制药厂、浙江惠灵对外贸易有限公司、浙江省医药保健品进出口公司、天津喜来益国际企业有限公司、江苏省医药保健品进出口（集团）公司、中化宁波进出口有限公司。干粉出口203t，出口额831万美元，同比下降2.6%，排名前6名的单位为杭州天地保健品有限公司、浙江省医药保健品进出口公司、中化宁波进出口有限公司、中国江苏国际经济技术合作公司、美康中药材进出口公司、浙江江山恒亮蜂产品有限公司。鲜王浆制剂出口889t，出口额685万美元，同比增长7.5%，制剂出口排名前6名的单位是哈尔滨医药股份有限公司、湖北扬子江蜂业公司、德州生达医药保健品有限公司、中国青年实业发展总公司、辽宁华曦集团公司、北京市医药保健品进出口公司。

表3　2002年鲜蜂王浆（粉）的出口统计表

名　　称	2002年	2001年	同比增减（%）
鲜蜂王浆（t）	567	519	9.25
蜂王浆冻干粉（t）	203	193	5.12
浆粉合计（t）	1 176	1 098	7.10
蜂王浆制剂（t）	889	902	−1.44
出口总额（万美元）	**2 355**	**2 290**	**2.84**

二、蜂产品加工业概况

2002年蜂产品加工业也有了较大的发展，各大企业纷纷按国际标准进行ISO9000标准认证，如杭州天地保健品有限公司兴建了杭州天地蜂业科技园，新建了GMP标准主厂房7 200m^2，室内空气是经过滤的洁净空气，生产用水是经过反渗透过滤的纯净水。主厂房由鲜王浆车间、冻干粉车间、蜂蜜车间、化验室、机房、冷库组成，是目前国内规模最大、设施最先进的蜂产品生产车间。

以武汉为例，武汉市年加工蜂蜜1.8万t，2002年销售收入1.8亿元，占全省的一半，占全国的9%。2002年，武汉市出口蜂蜜为750万美元，占全省的一半，占全国的10%。在蜂蜜年加工量和出口量上，武汉居全国各城市之首。扬子江、小蜜蜂位居全国蜂产品加工企业规模和出口量前10名。全市现有规模以上蜂产品加工企业4户，即：扬子江蜂业、小蜜蜂、硚口蜂产品、大兴蜂产品（见表4）；规模以下蜂产品加工企业18户。这22户企业中，除扬子江蜂业是国有企业外，其余都是民营企业，其中规模以上企业占55%；实现税收200万元，其中规模以上企业占50%；拥有固定资产6 000万元，其中规模以上企业占40%；现有职工2 000人，其中规模以上企业占30%；现有蜂农17 000人，其中安排下岗职工5 000人；有10户企业拥有自主商标品牌。

表 4　2002 年武汉市规模以上蜂产品加工企业情况

企业名称	销售收入（万元）	税收（万元）	蜂蜜加工量（t）	出口金额（万美元）
湖北省扬子江蜂业公司	4 000	33	4 500	190
武汉小蜜蜂食品有限公司	3 575	31	4 000	334
武汉市硚口蜂产品加工厂	2 560	27	2 800	238
武汉大兴蜂产品厂	1 163	18	1 500	70

但是，就全国来看，虽然从事蜂产品加工、经营的企业为数不少，但普遍规模较小，产值上亿元的可谓凤毛麟角，上千万元的已经算是大企业，与毗邻的保健品行业相差甚远。低水平重复生产现象仍然较为普遍。

三、质量管理、标准化工作

经过一个蜂蜜产季的阵痛和磨合，蜂蜜行业艰难而又历史性地完成了从被动的出口受阻，到在全国范围内进行源头整改的过程。企业在出口受阻的艰难局面中，逐步建立起质量管理和控制体系，推动了我国蜂业历史上的一个重大变革。

2002 年是历年来蜂产品国家标准、行业标准出台较多的一年，GB/T18796—2002《蜂蜜》国家标准，GB/T9697—2002《蜂王浆》国家标准先后颁布实施。12 项蜂产品检验方法国家标准也制定审批完成，将于近期颁布实施。同时，农业部 2002 年 7 月出台了无公害蜂产品行业标准 4 个，即《无公害食品　蜂花粉》、《无公害食品　蜂蜜》《无公害食品　蜂胶》和《无公害食品　蜂王浆与蜂王浆冻干粉》，并于 2002 年 9 月 1 日开始实施。这些蜂产品国家标准和行业的颁布实施，对蜂产品标准与国际同类产品标准接轨，提高我国蜂业企业标准化水平和质量管理水平，提高蜂产品质量和市场竞争能力具有重要作用。

在《蜂蜜 12 项安全卫生国家标准》中，仅抗生素的残留测定就达 5 条，此外就是重金属含量、化学物含量的测定以及判断真伪蜂蜜的某成分的标准。而抗生素、重金属、农药化学物残留超标，对人体健康的危害及对人生存环境的危害，近年来逐渐为国人所知，也是蜂产品出口加工业标准化的重点所在。

四、行业管理

2002 年中国养蜂学会、中国蜂产品协会在加强诚信建设、推动行业企业自律的同时，成立了全国蜂产品市场监督检查联合办公室，配合国家和各地质量监督检验、工商行政管理、卫生等执法部门和舆论监督部门，加大打击假冒伪劣产品和制假、售假、虚假广告宣传等不法行为的力度，在规范蜂产品市场秩序，优化、净化蜂产品市场环境等方面取得了一定成绩。

关于蜂业的发展，养蜂学会专家一致认为，努力提高蜂产品质量是当前蜂业工作的重点。当前应主要解决的制约问题：一是生产方式落后；二是质量监督体系不完善；三是市场竞争机制不健全；四是技术推广与服务工作滞后；五是加工水平低。针对以上问题，农业部畜牧兽医局提出当前要突出抓好以下几项工作：

1．*加强管理*　加快修改《养蜂管理办法》，使养蜂管理有法可依；同时鼓励各地积极制定相关管理政策，完善行业管理；充分发挥行业协会、学会的作用，形成行之有效的行业管理体制。

2．*大力推进产业化经营*　积极鼓励和扶持龙头企业建立“公司＋蜂农”的产业化经营模式，积极探索蜂农与企业间紧密型经济合作体的形式和机制，发挥龙头企业对生产的组织和技术服务功能，减少盲目生产。

3．*加强科研及技术推广工作*　要重点加强抗病虫害蜂种的选育，无公害蜂药的研制及新蜂具的开发。在技术推广方面，首先要制定并推广一套科学实用的养蜂生产技术规程。要积极开展技术培训，逐步实行蜂农职业资格认证制度。

4．*加强质量标准体系建设*　一方面要尽快制定和完善与国际标准接轨的蜂产品质量标准及有关技术规程；另一方面要继续完善监督检测机构，增强检测能力，建立市场抽检制度，加强市场管理。

5．*加强蜂业信息体系建设*　鼓励企业、协会或个人开展蜂业信息服务，通过及时收集、发布蜂业生产、加工、市场、贸易等国内外信息，引导蜂业健康发展。

6．*创造良好的发展环境*　由于蜂业生产流动频繁，需要各地为其健康发展创造良好的环境，在长途运输、检疫收费、税收等方面给予便利和优惠政策。

7．*加强宣传、扩大消费*　我国蜂产品人均消费量仅 0.1kg，而欧洲一些国家人均消费超过 1kg。因此，在不断提高质量、扩大出口的同时，还要加大国内市场的开发宣传力度，带动国内消费。

中国养蜂学会在 2002 年开始对蜂农进行免费培训，从基础做起，以期解决蜂蜜污染的源头问题，取得了很好的社会效益。学会将进一步加大工作力度，建立标准化网络体系，通过多种形式把标准技术推广到千家万户，把协会、基地、市场、合作社、农户、品牌结合起来，让蜂农真正掌握生产技术操作规程，做到有标可依，有标必依，一切按标准办事，最终达到规范养蜂技术水平。提升蜂产品质量与档次，实现最佳经济效益，巩固我国蜂业在国际上的领先地位。

（中国农业科学院蜜蜂研究所 闫继红 孙丽萍）

烟草加工业

2002年，烟草行业坚持“狠抓基础、稳中求进”的指导思想和“一要规范、二要改革、三要创新”的工作重点，围绕年初确定的中心工作，狠抓各项任务目标的落实，依靠全行业的团结拼搏，各方面工作都取得了新的进展，继续保持了稳定发展的良好势头。

一、基本情况

2002年产区各级烟草部门下大力气调整布局，适度集中，发展规模种植，烟叶生产布局进一步优化，烟叶生产集中度明显提高。2002年全国种烟地区129个，同比减少10个；种烟村1.8万个，同比减少1.3万个；种烟农户468万户，同比减少29万户。烤烟收购量为1.5万t以上的地区（分公司）共31个，占24%，收购量占75%。烟叶收购量在0.25万t以上的种植县206个，占38%，收购量占81%。收购量在250t以上的乡镇共2 175个，占44%，收购量占81%。全国种植在0.67hm^{2}以上的共32.8万户，其中0.67～1.33 hm^{2}的26万户，2～2.67hm^{2}的1.04万户，2.67～3.33 hm^{2}的5 000户。

烟叶生产在经过1997年的严重超种超收之后，坚持了“控制总量、提高质量、优化布局、优化结构”的工作重点，连续四年基本维持了总量的供需平衡，烟叶质量不断提高，生产布局和等级结构持续优化，整体经营状况得到了进一步改善。2002年烤烟实际种植面积96.33万hm^2，比国家指导面积92.87万hm^2，多种3.47万hm^2；比2001年实际种植面积95.27万hm^{2}多1.07万hm^2。截至12月底，累计收购烟叶153.1万t。其中上等烟占34.35%，同比增长4.87个百分点；中等烟占59.01%，同比减少1.32个百分点；下低等烟占6.65%，同比减少3.55个百分点。全国烤烟收购均价9.27元/kg，同比增加0.53元/kg。烟叶收购等级合格率平均为75%左右，占全球烟叶总产量的27.1%。在过去10年中（除1996、1997年例外），这一比例基本都在28%左右。

长江以南产区烟叶市场仍在稳步扩大，长江以北烟区市场呈萎缩趋势。西南烟区（云南、贵州、四川、重庆）调出量占全国的65%，比去年增加1个百分点。福建省的调出量占全国的8.3%。黄淮烟区（河南、山东、安徽、陕西）调出量占全国的11%，比去年调出比例减少2个百分点。东北烟区（黑龙江、吉林、辽宁、内蒙古）占5.7%。

2002年，各地通过大力推广品种更新换代技术，优良品种种植比例达到97.5%，品种布局进一步优化。老品种K326、NC89种植面积减少10个百分点，新品种云烟85、云烟87等占种植面积的65.5%。

2002年，卷烟生产经营继续坚持“控量、促销、稳价、增效”方针，适度从紧安排生产计划，加强限产压库工作力度，保持了产销协调发展和价格基本稳定。全年累计生产卷烟17 224.6亿支，比上年增长1.3%；累计批发销售卷烟17 492.6亿支，比上年增长2.9%；年末卷烟工商库存为1 354.7亿支，比上年同期的1 596.1亿支减少241.4亿支。

近几年，由于行业宏观调控政策到位，目前正处于第三个周期的上升阶段。据2002年底财务快报统计，全年共实现工商税利1 456.29亿元，比上年增长20.54%；实现工商利润406.41亿元，同比增长31.31%，其中工业利润同比增长32.01%，商业利润同比增长30.63%。全行业完成投资75.6亿元，其中基本建设投资23亿元，技术改造投资52.6亿元。

2002年又有11家工业企业实施了组织结构调整，其中停产的有5家、兼并重组的有4家、破产的有2家。目前，全国正常生产的卷烟工业企业已由1998年以前的185家减少到123家（不含非独立法人的生产点12个）。因为大力推进了烟叶复烤企业的技术升级换代和结构调整工作，全国原有挂杆复烤企业224户，目前已经关闭114户。对行业中36家重点卷烟工业企业引入竞争机制，实行动态管理，年内调整了3家工业企业。同时，积极调整卷烟产品结构，扶持名优卷烟发展，整合压缩卷烟牌号100余个，品牌集中度有所提高。结构调整较好地体现了“两个扶持”的原则，明显拉动了行业总体效益的增长。

全行业36家重点企业全年实现税利935.2亿元，占全国卷烟工业税利总额的80.3%；实现利润188.7

亿元，占全国卷烟工业利润总额的93.6%。行业36种名优卷烟全年累计生产3 842.9亿支（768.6万箱），比上年增长1.1%；累计销售3 876.6亿支（775.3万箱），同比增长3.1%。11个联动城市全年共销售卷烟1 457.23亿支（291.44万箱），比上年增长10.11%；实现卷烟经营利润18.15亿元，同比增长58.11%。

总之，2002年烟草加工行业反映了以下特点：一是坚持控制“两烟”总量，保持产销协调增长，实现了全行业经济运行的平稳发展；二是整顿规范工作，突出重点，不断加大整治力度，烟草市场经济秩序进一步好转；三是卷烟销售网络建设着重在提高服务质量和管理水平上下功夫，市场控制力和占有率进一步提高。年初提出的全国90%以上的省会城市达到或接近武汉、成都的网建水平，90%的地级城市达到或接近南通水平的网建工作，目标基本实现；四是继续推进结构调整，重点企业和名优卷烟的发展空间进一步扩大，市场竞争力不断增强；五是以提高产品质量和市场竞争力为目标，推进技术创新，加强企业管理；六是以确保行业稳定为前提，不断加强思想政治工作和党风廉政建设，促进了两个文明建设的协调发展。

二、科研、新产品、新技术

（一）以低焦油、低危害卷烟开发技术研究推广为主线，进一步推进卷烟降焦减害工作深入开展

1. *加大了卷烟降焦、减害、控害技术的开发和应用* 经过近3年的研究，各分项目已基本达到项目预定的各项指标，取得了技术的突破。其中，少数卷烟企业已成功地运用这些新技术开发出了低焦油、低危害卷烟产品，已初步研究证明中国卷烟烟气中亚硝胺含量较少，这一研究结果及测试分析方法有助于提高产品的市场竞争力，有助于建立技术壁垒。

2. *进一步促进了造纸法再造烟叶的开发和应用推广* 2002年，杭州造纸法再造烟叶已分别在芜湖、合肥、济南、深圳等烟厂推广使用，累计合同总量达1 800t（杭州烟厂自用的除外）；汕头造纸法再造烟叶已分别在常德、武汉、上海等烟厂推广试用，累计合同总量达1 440t。同时，还要进一步加大造纸法再造烟叶的技术开发力度。昆船公司和云南院承担的造纸法再造烟叶中试生产线项目，今年以来取得了较大的进展。目前，2 000t/年的中试生产线已安装完毕，正在调试运行当中。

3. *提高白肋烟质量及可用性技术研究取得重要进展* 2003年7月份，组织行业内工业、农业及科研单位专家对该项目进行了田间现场分析、技术讲座、技术交流和外观评价、感官评价的品质鉴定等，结论是：理论上有创新，技术上有进步，推广上有价值，质量上有提高，方法上有突破。该项科研成果被评为2002年度国家烟草专卖局科技进步一等奖，同时推荐申报国家科技进步奖。

（二）全面启动“卷烟制丝工艺技术水平分析及提高质量的集成技术研究推广”工作，行业掀起制丝工艺技术研究与改进的热潮

作为关系到企业长远发展的一项基础性工作，该项工作一经提出就受到企业普遍关注并很快形成共识。目前很多企业已分别在国家局、省级局、企业级层次开展工作并取得成效。以哈尔滨卷烟厂为例，该厂作为首批国家局试点企业之一，从2003年1月份开始逐步推广7项技术，目前企业形势明显好转：税利比去年同期增长近2亿元，利润比去年同期增长近4 000万元，产品开发水平和科技含量明显提高，新开发的软包“老仁义”上市不足1个月就销售9 142万箱，职工情绪高涨。

（三）以烟草育种和“无公害”烟叶生产为工作重点，加强优质烟叶生产技术开发与推广工作

1. *烟草育种工作全面启动* 第一批科研计划中已重点安排了以南、北育种中心分别牵头的大协作项目，经费资助共500万元，计划到“十五”期末完成5个优质烤烟新品种的育种目标，每个品种必须达到年推广种植面积3.33万hm^2。届时，我国烟草自育品种种植面积将大大增加。

2. *“无公害”烟叶生产技术研究逐步加强* 主要通过对全国烟草农药使用现状普查、对有代表性的烟区进行烟叶取样、对烟叶样品的农药残留进行检测，最终研究制订相关的建议标准。

3. *优质烟叶开发初见成效* 主要通过两个层次开展工作。第一个层次是建立烟叶科技示范基地。目前已在福建三明和龙岩、山东省临沂、四川西昌、贵州遵义等烟区建立了科技示范基地，作为烟叶生产技术的科研开发基地。第二个层次是在县一级建立烟叶标准化示范县。主要推广规范的烟叶生产技术。目前已建立了云南弥勒、山东莒南等10个标准化示范县，并被国家质检总局列为全国第三批标准化示范100县之列。上半年会同烟叶公司组织召开了烟叶标准化示范县项目现场会并制定了该项工作的具体实施计划。

4. *烟草病虫害预测预报及综合防治体系逐步完善* 我国烟草病虫害造成的损失目前基本控制为10%～15%，烟草种植先进国家为3%～5%，差距还不小。从1996年起，我们开始在全国主要产烟省（自治区、直辖市）建立烟草病虫害预测预报和综合防治工作机构并逐渐发展成为“全国烟草病虫害预测预报和综合防治网”。截止到2001年底，全国共有16家省级局建立了相应的工作机构，各级站总数达到260多家。2002年6月底，我们在云南组织召开了“全国烟草病虫害预测预报专题学术研讨会”，进一步推动了该项工作的开展。下一步工作总体目标是：到2005年全国范围内烟草病虫害损失比目前降低5个百分点。

三、国内外市场概况

（一）世界烟叶生产与贸易

1. 世界烟叶生产总量与类型

（1）世界烟叶生产总量　2002年全球烟叶总产量为565.2万t，比上年增长3.6%。自1997年全球烟叶生产达到高峰值后，近几年总量基本在550万～580万t。

（2）烟叶类型结构　2002年，在全球烟叶总产量中，烤烟占61.4%、白肋烟占14.1%、香料烟占9.0%，晾烟、晒烟各占3.2%、4.2%，其他小种类烟叶约占8%左右。过去十几年中，总体上是烤烟、白肋烟比例在小幅增加，香料烟及其他小类烟叶产量及比例在逐渐减少。

2. 烤烟生产总量与分布

2002年全球烤烟生产总量为340.7万t，比上年的311.9万t增长9.2%。2002年国外烤烟总产量为190.9万t，比2001年增长11.8%，预计2003年180万t左右，比上年下降5%。其中：中国是世界上第一大烤烟生产国，1996、1997年产量出现了大幅度增加，近几年处于较为平稳的发展状态。2001年产量为141.1万t，2002年为149.8万t。巴西烤烟产量从1995年27.7万t低点逐步波浪式上升，2001年为40.8万t，2002年达到了51.3万t，目前是世界上第二大烤烟生产国。美国20世纪90年代初中期烤烟产量在40万t左右，1997年达46万t最高值，近几年逐渐下降，至2001年降到了24.7万t，2002年为25.6万t。津巴布韦近两年连续下降，2002仅为16.6万t，预计2003年将下降到8.5万t左右。印度正常情况年烤烟产量为18万t左右，2001年减少到6万t，2002年又恢复到18万t。加拿大烤烟年产量由以前7万t左右下降到目前的5.3万t左右。阿根廷近几年烤烟产量都在5.5万～8.2万t之间波动。

烤烟产量在5万t以下的国家中，欧盟的意大利、希腊、西班牙、法国、葡萄牙5国烤烟总产量基本上稳定在13万t左右；菲律宾、泰国、日本、韩国、澳大利亚、马拉维烤烟产量都有减少趋势；非洲的坦桑尼亚、乌干达等烤烟产量近年有较大增加。

3. 白肋烟生产

（1）白肋烟生产总量　全球白肋烟总产量较高年份曾达到100万t，近几年有所减少，基本在80万t左右。2001年为77.1万t，2002年为81.7万t，同比增长了6%。

（2）几个主要国家白肋烟生产变化情况　美国白肋烟产量已由20世纪90年代初中期的30万t左右下降到目前的15万t水平，但仍是世界第一大白肋烟生产国。2002年产量为14.5万t，比上年下降6.9%。马拉维产量一般在10万t左右，2001年为11.5万t，2002年为12.0万t。巴西2001年为8.9万t，2002年为11.5万t，同比增长了30.1%。意大利年产量基本在5万t左右，2001年为5.0万t，2002年为5.3万t。

4. 世界香料烟生产

（1）香料烟生产总量　全球香料烟产量总体上在逐渐减少，20世纪90年代初为70万～80万t，1997—2000年期间为60万t左右，2001年下降到52.8万t，2002年为46.1万t。

（2）主要几个国家香料烟生产变化情况　土耳其是香料烟生产大国，已从过去年产30万t以上减少到目前15万t左右。希腊的香料烟产量由以前的每年8万t以上减少到目前的7万t左右。俄罗斯及独联体地区从1993年的年产17.5万t减少到2002年的12.2万t。

5. 烟叶进出口

（1）烟叶出口总量及主要出口国家　2002年世界烟叶出口总量为209.6万t（干重），比2001年减少0.5%；目前烟叶出口第一大国是巴西，出口呈较快增长趋势。1997年巴西烟叶出口量为30.0万t，2002年已增加到44.8万t。第二是美国，烟叶出口呈现逐年下降趋势，1997年出口21.2万t，2002年已下降到了16.3万t。第三是津巴布韦，近几年出口大幅下降，已由1999年的19.9万t，下降到2002年的14.8万t，预计2003年将进一步减少。第四是中国，近几年出口量基本在12万～14万t。第五是印度，出口波动较大，2002年为10.5万t。第六是马拉维，近些年基本稳定在10万t左右。

（2）烟叶进口总量及主要进口国家　2002年世界烟叶进口总量为207.3万t，比上年减少0.5%。目前，烟叶进口第一大国是俄罗斯，由于其卷烟生产增长较快，烟叶进口量迅速上升，已由1997年的20.1万t增加到2002年的30.8万t。第二是美国，前几年美国烟叶进口一般在25万t左右，2002年增加到了30万t。第三是德国，2002年进口25.7万t，基本与前几年持平。第四是英国，烟叶进口量呈减少趋势，1997年为15.0万t，到2002年减少为11.9万t。第五是日本，进口烟叶总量基本上与其国内卷烟生产量同步小幅减少，1997年为10.1万t，2002年为9.1万t。第六是荷兰，2002年进口烟叶6.5万t，比以前年份有较大幅度的减少。

（二）世界卷烟生产与消费

1．卷烟消费市场

（1）卷烟消费量变化情况　全球卷烟消费总量目前仍处在小幅增长状态，但较20世纪90年代初中期有所减缓。2002年为55 543亿支（11 109万箱），比2001年增长0.9%。

（2）主要发达国家卷烟消费量变化情况　美国卷烟消费量从1991年开始就处于逐渐下降状态。2002年全美卷烟消费量为3 914亿支，比上年又下降了3.7%。日本卷烟消费量从1996年后呈现下降趋势。2001年消费量为3 245亿支，2002年为3 193亿支，下降了1.6%。英国、法国有小幅减少；西班牙、意大利有小幅增加。德国、韩国基本上保持稳定。

2．世界卷烟生产

（1）卷烟生产总量变化情况　世界卷烟生产总量与消费需求总量保持着一致的变化趋势。2000年生产总量为55 704亿支，2001年为56 431亿支（11 286万箱），增长了1.3%。

（2）几个主要发达国家卷烟产量变化情况　美国、日本、英国、西班牙等国因其国内卷烟消费量减少，卷烟产量总体上处于逐渐减少的状态。尤其是美国卷烟产量由1996年最高时的7 545亿支减少到2001年的5 700亿支，减少了24.5%。德国卷烟产量基本保持在5 700亿支左右。韩国产量基本在980亿支左右。荷兰作为一些国际烟草公司的欧洲加工地，卷烟产量也在逐渐增加。

（三）发展趋势预测

1．国内发展趋势预测

（1）卷烟消费市场总体上保持小幅上升态势，到2005年全社会消费需求总量约为18 500亿支；如果烟草系统能保持95%的市场占有率的话，其销售量为17 575亿支。

（2）价格将不断趋于上升，到2005年每盒卷烟（20支）零售均价有望达到4.1元，烟草系统对外销售额将达到3 000亿元左右。

（3）需求量大致保持在每年150万～170万t之间，但由于当前全国烟叶生产仍存在较大的反弹压力，如果再考虑烟叶进口关税的下降和进口配额的取消使得国外烟叶竞争优势进一步增强这一新的因素，供给过剩的压力仍将继续存在。

（4）工商税收将保持稳定增长势头，但利润增长可能面临较大压力。

2．国际发展形势预测

（1）混合型、低焦油型、淡香型卷烟将会逐步占据主流市场。

（2）向全球化、垄断化方向加快发展。

（3）烟草产业和主要烟草市场将加快向发展中国家转移。

（4）加速向公司化、自由化、民营化、市场化方向发展。

（5）烟草产业的发展越来越依赖于科技进步。

四、质量管理与标准化工作

（一）大力推广集约化育苗技术，漂浮育苗移栽面积16.4万hm^2，占种植面积的17%；托盘育苗16.53万hm^2，占17.2%。

（二）普及应用三段式烘烤工艺及配套技术达到91%以上。国际型优质烟开发和中外合作开发优质烟取得较好进展，示范面积达到5.33万hm^2。

（三）行业氟里昂整体淘汰工作进展顺利，2002年，制定了淘汰计划，拆除7家企业的8套氟里昂（CFC－11）烟丝膨胀装置。加强了本年度CFC－11消费配额的管理，完成了本年度淘汰120tCFC－11的目标，全年氟里昂消费总量控制在880t以下。同时，围绕淘汰工作，开展了降低CFC－11消耗、优化膨胀烟丝运输、信息管理系统等技术援助活动。

（四）进一步完善质量技术监督工作体系，不断加大卷烟产品和烟叶原料的质量监督工作力度，加强焦油量监督抽查。

1．国产卷烟的质量监督　组织了全国卷烟产品市场抽查和全国性统检，卷烟产品抽样平均合格率为98.43%，与2001年度平均合格率为99.0%相比基本持平。通过对124家卷烟生产企业610个牌号（规格）共1124牌次的卷烟产品进行检验，焦油量加权平均值为14.7mg，比上年降低0.6mg。

2．进口卷烟的质量监督　上半年在深圳、珠海、上海口岸，对在中国境内销售的国外卷烟品牌进行了一次质量监督抽查，共抽查到8个国家的13家国外卷烟制造商生产的26个国外品牌卷烟，卷烟标识、卷烟外观质量、卷烟焦油量、烟气烟碱量检验合格率分别为：30.7 %，88.46 %、100 %、100 %，而不合格项中免税烟不合格的比例占81%。总体上反映出进口卷烟标识不符问题突出，免税烟管理混乱，质量问题严重。

3．烟叶原料质量监督　行业烟叶质量监督工作已连续开展了3年，经过有关各方面的共同努力，行业烟叶质检体系已初步建立，烟叶工商交接质量监督工作初见成效，烟叶收购等级合格率有明显提高，1999—2001年烟叶工商交接等级合格率分别为：49%、52%、60%，2002年达到了最好的水平。2002年上半年，下发了2001年度工商贸易交接烟叶质量技术监督情况的通报，表彰了47个烟叶等级质量好的烟叶产区和5个烟叶质量把关严的卷烟企业，通报批评了9个烟叶等级合格率低和9个烟叶混等混级严重的烟叶产区，并加大了督查烟叶产区整改工作的力度。

4. *卷烟材料质量监督* 组织开展了对广东、云南和河南部分烟用香精香料生产企业和丝束、滤棒、卷烟纸等产品的质量监督检查。对存在质量问题，不符合生产要求的4家香精香料生产企业、3家滤棒生产企业和2家卷烟纸生产企业进行通报，在行业内外都产生了较大影响，效果良好。

（五）不断推进科技项目管理制度改革，科技项目管理进一步规范化

1. *科技项目立项制度更加规范* 经过近几年的改进，科技项目立项已形成目前的5个规范过程：资格形式审查、科技委论证、专家评审、国家局各有关部门征求意见、国家局办公会议审议，并实现了网上申报和管理的功能。

2. *建立科技项目招标立项制度* 为了优化科技资源配置，提高科技经费的使用效率，促进公平竞争，今年我们加强了科技项目招标立项工作，在促进科研立项机制改革上迈出了新步伐。

3. *建立项目经费配套制度和经费执行检查制度* 一是项目经费配套制度。自今年起，为加大企业对科技的投入力度，凡各省局在国家局立项的重大科研项目，均应给予相应额度的配套经费支持，并按照属地管理原则加强管理。二是经费执行检查制度：自去年起，逐步开展了对大额科技经费使用单位进行经费的跟踪检查，目前已完成对郑州院、郑州烟草职工技术培训中心和生理生化基地3个单位的项目经费执行情况的检查工作。

五、行业管理

（一）重大活动

1. 国家局与公安部联合开展历时7个月的卷烟打假专向行动，取得显著成效。在此基础上，双方建立了联合打假的长期协作机制，以保证卷烟打假的持续深入。

2. 全国烟草行业技术创新成果展览会于5月18～22日在北京成功举办，展览会以“科技创新、降焦减害、关注健康、奉献社会”为主题，全面展示了烟草行业20年来实施“科教兴烟”战略的显著成果。

3.2002年8月，烟草行业财经秩序专项整顿拉开序幕，标志整顿和规范烟草市场经济秩序工作的深入开展。

4.2002年9月，中华、红塔山、大红鹰、红河、芙蓉王、白沙、云烟等7个卷烟品牌入选“中国名牌”。

5. 全国11个省会城市和直辖市实施网建联动，有效地促进了全国网建工作的平衡发展和整体提高；以“电话定货、网上配货、电子结算、现代物流”为特征的上海卷烟销售网络展现了现代卷烟流通的新风貌，达到了“国内一流、国际先进”，代表了中国卷烟网建的发展方向。

（二）行业整顿

全行业共查处制售假烟违法案件32万起，收缴假烟49.7亿支，捣毁制假窝点2 476个，查获制假烟机设备1 375台、烟叶1.3万t，同时查获走私烟5.7亿支。在政法部门大力支持下，2001年抓捕了4 075个制售假烟犯罪嫌疑人，其中判刑1 076人，劳动教养281人。2002年全行业共受理信访举报3 080件，立案467件，结案430件，给予党纪政纪处分632人。

（三）重点企业

为促进重点卷烟工业企业的发展，2002年国家局组织对卷烟工业企业1999—2001年度主要经济技术指标进行了测评。国家局重新审核确定了36户重点卷烟工业企业。

（四）近期任务

采取综合措施，坚决打破地区封锁，努力形成全国统一的烟草市场，为企业提供平等竞争的市场环境；通过市场和政策引导，加快企业结构调整步伐，基本完成小烟厂和挂杆复烤厂关闭任务，大力推进企业联合兼并重组整合，培育具有国际竞争力的大企业集团；继续调整产品结构，做大名优卷烟品牌，适当提高中档卷烟比重，保证农村市场有效供给；坚持“科教兴烟”战略，进一步推进降焦减害，实现焦油量降低到12mg左右的目标，不断适应市场发展需要；大力推进信息化，加快电子商务发展步伐，用现代技术和管理手段改造工商企业，实现烟草产业结构优化升级；继续抓好整顿规范，提高依法行政能力和依法经营水平，有效遏制“假私非超”四种烟，基本消除内部各种不规范行为，建立良好的烟草市场秩序；认真贯彻“人才强国”战略，切实抓好教育培训，加强领导干部，经营管理人员，专业技术人员三支队伍建设，努力提高职工队伍整体素质；积极实施“走出去”战略，努力稳住国内市场份额，积极拓展国际市场，依靠自身竞争实力增强、核心竞争力提高，保持产销基本稳定，确保实现工商税利稳定增长。

（郑州烟草研究院　王英元　蔡宪杰）

酿 酒 工 业

一、概　况

用农产品酿酒、造酱、醋是我国的一大发明，早在西周时期（公元前11世纪至公元前771年）酿酒工业就已发展成为独立的具有一定规模的手工业行业。《古遗六法》记述了酿酒过程，是世界上最早的酿酒操作规程；《齐民要术》详细记载了制酒曲和酿酒的办法、原理；《本草纲目》记载了酒的种类有70多种。

我国酒类规模化工业生产的历史相对较短。葡萄酒的工业化生产始于1892年的烟台，啤酒和酒精生产则始于1900年的哈尔滨。1949年以前，我国传统的黄酒、白酒生产也基本停留在产量小、生产效率低的手工作坊水平。1949年我国的酒类产量约16万t。其中酒精不足1万t，白酒近11万t，黄酒2.5万t，啤酒0.7万t，葡萄酒0.26t。年人均饮料酒消费量只有约0.25L。

新中国成立以后，尤其是改革开放后的20年中，随着人民生活水平的不断提高，我国的酿酒工业取得了巨大发展。到2003年，年产饮料酒已超过3 000万t，啤酒产量居世界第一位，酒精产量居世界第三位，年人均饮料酒消费量已提高到24L。因此，我国已经成为世界上的酿酒大国。过去我国基本上没有酒类产品出口，现在除满足国内广大消费者的需求外，每年还有数量不小的饮料酒出口。2002年我国酒类产品出口量为：啤酒130 451.3t、黄酒26 390.1t、白酒和酒精16 123.6t以及葡萄酒3 590.5t。

我国的酿酒工业，2002年国有及年产品销售收入在500万元以上非国有工业企业1 954家、国有控股企业777家、集体工业企业153家、外资及港澳资本企业168家、大中型工业企业577家。2002年，我国饮料酒总产量3 306.97万t（不含黄酒、果露酒）。其中啤酒2 386.83万t，白酒378.47万t，葡萄酒28.81万t，酒精212.86万t。工业总产值1 234.55亿元，税利263.95亿元。我国酿酒业已形成从原料供应、生产销售到装备配套、专业教育、科研设计等，具备了较为完善的产业体系，在国民经济建设和社会生活中占有重要的地位。

二、我国饮料酒产量的发展

新中国成立后，随着经济的逐步发展和人民生活水平的提高，啤酒工业取得了一定发展，1958年产量超过5万t，1967年超过10万t，1979年超过50万t。1985年国家为发展我国的啤酒工业设立了专项贷款项目工程，推动我国啤酒高速度发展，1987年产量即达540万t。从1980—1987年的几年中，平均年增长速率达35%，从1988—2002年的15年中，啤酒年产量由662万t发展到2 386.83万t，占饮料酒总产量的72%。

白酒是我国传统酒中的主要酒种，在1986年以前其产量居酒类之首。20世纪70年代初年产量超过100万t，80年代进入高速发展阶段，1990年产量达514万t，1996年超过了800万t，达到白酒产量的顶峰。“九五”期间，国家实行政策调控，引导高度酒向低度酒转变，蒸馏酒向发酵酒转变，白酒产量开始下降，2002年我国国有及年销售收入500万元以上非国有工业企业白酒产量为378.47万t。

1965年我国的酒精产量超过10万t，1980年达50万t。在以后的十几年中，酒精生产以更快的速度发展，1987年超过100万t，1995年达227万t。此外尚有酒厂自产自用于白酒等生产的酒精约100万t。在1978—1994年期间，新工艺白酒的发展大大促进了酒精生产的发展，酒精的产量相应于白酒产量而增长。近几年来随着烈性酒比例降低，白酒减少，酒精也随之下降，2002年产量达212.86万t。

黄酒是我国独有酒种，营养丰富，对人体有健康滋补作用。1980年全国产量为43.15万t，到2002年达130万t左左。原主要产区和消费地区是浙、苏、皖、沪、闽等，现已遍布全国各地。

我国葡萄酒有着2000多年历史，但到了“八五”

以后才真正快速发展起来。产品结构逐步与国际接轨，技术装备向世界先进水平靠近。1979 年只有 6.51 万 t，而 2002 年已达到 28.81 万 t，其吨酒税金、利润和销售收入利润率均列于饮料酒之首。

果露酒也是我国的传统酒种，在世界各类饮料酒中以其特殊的品格独领风骚。由于停留在手工作坊式的作业，未形成产业化。虽然“七五”期间年产最高达到 114 万 t，但由于受小区域消费特征的限制，到 2002 年只有 20 万 t 左右。但它具有营养补益功能、深厚文化内涵及广阔发展空间，只要抓住时机设法开拓市场，定能重创佳绩。

三、行业结构与体制改革取得重大改进

新中国成立前，我国酒类产量很低，但厂家众多，规模大都只有几十吨到几百吨。工业化程度较高的酒精和啤酒厂也只是千吨级规模。20 世纪 70 年代末，出现了 3 万吨级的酒精厂和啤酒厂、万吨级的白酒厂和黄酒厂，以及几千吨级的葡萄酒厂。90 年代，出现了一批现代化的大中型酿酒企业。现在已有大型啤酒集团 30 家，大型白酒集团 20 家，大型葡萄酒集团 10 家，年产 20 万吨级的酒精企业 1～2 家、年产万吨以上的黄酒企业近十几家。股票已上市的酿酒企业（或与其他产业捆绑上市）有：青岛啤酒、燕京啤酒、重庆啤酒、拉萨啤酒、黄河啤酒、红河光明、惠泉啤酒、啤酒花、茅台酒、五粮液、泸州老窖、古井贡、沱牌曲酒、湘酒鬼、兰陵陈香、轻纺城、食品一店、宁城老窖、山西汾酒、金牛实业、成都华联、全兴股份、伊力特、皇台酒业、古越龙山、烟台张裕、顺鑫农业和大龙泉、通化葡萄酒等。

四、酒类产品的结构逐步趋于合理

由于受历史传统、经济和现代科学文化水平等诸多因素的影响，在 1982 年以前，我国酒类产品中白酒所占的比例都在 50%以上，有些年份高达 60%以上。这与发达国家烈性酒在饮料酒中所占比例一般在 10%以下相比较，我国白酒比例过高，是酒类产品结构上的一大问题。进入 80 年代，政府主管部门在总结多年来酿酒工业发展的经验和问题的基础上，提出了酒类产品结构“四个转变”的方针政策，即高度酒向低度酒转变、蒸馏酒向发酵酒转变、粮食酒向果类酒转变、普通酒向优质酒转变。从此，酒类产品的结构逐步向良性化发展。随着啤酒产量的大幅度增加，发酵酒的比例快速增长，白酒所占比例从占 60%逐步下降至目前的 20%左右。

在白酒产品中，白酒酒度低度化，传统固态白酒高档精品化已成为主流，液态酒，固液结合白酒成为主导产品，在市场上份额已超过 50%以上。低度白酒的比例不断扩大，40 度以下的白酒已占 40%左右，60 度以上的高度酒已不多见。

啤酒风味从单一的黄啤酒，先后发展了黑啤酒、淡爽型啤酒、干啤酒、各种果味啤酒，以及冰啤酒、扎啤、鲜啤和纯生啤酒等；啤酒包装形式多样化，除瓶装酒外，还有罐装酒、多种规格的桶装酒、小容量瓶装酒，异型瓶包装。在淡色贮藏啤酒的基础上，具有一定技术水平的纯生啤酒生产逐步扩大。

葡萄酒逐渐形成以全汁葡萄酒为主的产品结构，其中：干型、半干型葡萄酒已占总产量的 50%～60%。红白葡萄酒的比例为：红葡萄酒占 80%左右，白葡萄酒占 20%左右。高档次起泡酒、年份酒、产地命名酒相继出现，并得到国内外的关注和认可。

黄酒作为古老的酒种，破除了传统观念的约束，向兄弟酒种学习、取经，在产品、包装、质量上迈出系列化、风格化、高档次的新步伐。黄酒产品原先是清一色坛装和零星散卖的糯米酒，1982 年以来，发展了瓶装黄酒：玻璃、陶瓷瓶型和礼盒设计千姿百态。黄酒原料也实现了多样化，除糯米外还可用粳米、黑米、玉米等十几种原料生产出风格各异的新品种。在保持原甜、干式黄酒类型的基础上，出现了清凉饮料型的汽黄酒及话梅、黑糯米等保健黄酒，并推出不同年份的陈年老酒。

果露酒在艰难的条件下，坚持技术交流，勇于创新，在夹缝中闯生路，创名牌，焕发出新姿；果酒品种已由过去的苹果酒、梅子酒、橘子酒、山楂酒等发展到数十种水果酒。品种繁多的滋补保健型酒也得到很大发展。

酒精产品结构改善，优级和特级食用酒精比率增加，燃料酒精的开发和应用试点，为我国酒精工业开辟了新的途径。

五、酒类产品质量的提高

为检阅酒类产品的质量情况，新中国成立以来先后组织过 4 次（白酒 5 次）全国性酒类产品评比。按最后一次评比结果，评出国家名酒 30 种（白酒 17 种、葡萄酒 5 种、啤酒 3 种、黄酒 2 种、果露酒 3 种），国家优质酒 90 种。共计国家名、优酒 120 种。此外，尚有轻工、商业、农业等各部门评定的优质酒几百种。为了规范酒类生产和产品的质量，有关部门制订了各酒类产品及试验方法标准 34 个（国标 26

个、行标 8 个），专业性酿酒原辅材料国家标准 28 个，涉及酒类产品卫生要求、包装容器以及各类酿酒厂卫生规范等各方面的相关标准（国标）23 个。已建立起一套具有我国特色的酿酒工业标准化体系，并设立了国家级的酒类产品质量监督检测和标准化中心。产品质量经国家质量监督检验检疫总局及国家食品检测中心多次抽查，优质品率基本保持在 80% 以上。

六、酿酒工业的技术进步

1964 年总结出“青岛啤酒操作法”，推动了啤酒行业技术水平的提高；攻克了啤酒的非生物稳定性，延长了保质期；1982 年在济南白马山啤酒厂召开了全面推广啤酒露天大罐发酵技术的现场会；1985 年后直接从国外引进了许多现代化的啤酒生产技术。生产装备国产化的能力与水平也有了很大提高，同时启动了国家引进技术消化吸收重大项目之一——啤酒一条龙的研发实施，全面提高了我国啤酒业的设计、工艺、科研、装备、生产技术的整体水平。现 36 000 瓶/时灌酒机等新型设备均已能自己制造，微型啤酒生产及销售装置得到快速发展，滤酒器材等规格型号齐全，生产过程实现了较高水平的自动化控制。麦芽制造已从过去落后的地板式发芽发展到自动化的箱式制麦和塔式制麦，生产时间也大大缩短。

过去的黄酒生产完全靠手工操作，1957—1958 年轻工业部组织对绍兴酒、福建红曲黄酒传统技艺进行整理总结，推动了黄酒质量的普遍提高。现在，大中型黄酒厂从输米、浸米、蒸饭、制曲及酒母、发酵、压榨到杀菌、储存、灌装大都实现了机械化作业。通过对麦曲和小药曲微生物区系的研究，改进了制曲和酿造工艺。

20 世纪 60 年代组织开展了优良酿酒葡萄品种及制酒工艺研究，并进行了酿酒葡萄基地的建设。通过冷加工、热处理技术解决了葡萄酒的浑浊问题，通过干白、干红葡萄酒以及罐式发酵香槟酒的研制，掌握了使用良种葡萄、优良酵母、低温发酵、隔氧贮酒与灌装等工艺生产高档葡萄酒技术，为我国优质葡萄酒和起泡葡萄酒的大量生产创造了条件。通过优质白兰地、威士忌酒研制，填补了我国生产这类酒种的空白。“九五”期间，葡萄酒的技术进步在我国各类酒种中明显突出，引进、消化、吸收国外先进酿酒工艺设备，提高了我国葡萄酒行业的酿造水平，采用了浸提工艺、低温发酵、人工酵母、急速冷冻等工艺，使我国葡萄酒企业的装备和工艺达到国际水平。国内配套设备如大型发酵罐结构的改进更适合工艺要求；长城葡萄酒公司自行设计开发的 550m^3 葡萄酒不锈钢薄壁酒罐为我国首创，工艺技术先进合理，对酒质的稳定提供了保证。

1955 年总结出“烟台白酒操作法”，对规范量大面广的普通白酒生产，稳定质量，提高出酒率等起了很大的促进作用。1963—1965 年组织了对汾酒厂和茅台酒厂的现场写实、解剖、分析和总结整理，使传统名酒的技艺操作趋向科学化和系统化。毛细管色谱等现代分析技术和对数据进行微机处理技术的应用，为各种不同风格白酒的品格定型和质量的稳定以及对假酒的辨别创造了条件。白酒生产机械化和大容器贮酒的研究，大大促进了传统白酒生产的工业化程度。在白酒降度、黄水综合利用、多层窖泥运用、薄层恒压串蒸技术等方面均取得了较好的实际效果。

过去的酒精生产均为间歇式，以麦芽作糖化剂，原料不经粉碎，发酵醪酒度不过 5%，淀粉利用率只有 60%。现在，酒精生产基本上实现了连续化（部分企业实现了全连续化），生产过程大为简化（许多厂已不再自己制备糖化剂和酒母），发酵醪酒度 10% 左右，淀粉利用率达 90% 以上。中、低温蒸煮，双酶法糖化，浓醪发酵，差压蒸馏以及玉米酒精糟液制干全糟和薯类酒精糟液制沼气等综合处理技术正在逐步得到实施。随着食用酒精国家标准的制订和实施，我国酒精工业的生产技术水平得到普遍提高。具有高纯度酒精生产能力的企业已由少数几家发展到近 10 家，装备水平、蒸馏工艺和产品质量达到国际先进水平。

高温 a-淀粉酶、高转化率糖化酶、酿酒用活性干酵母（及鲜酵母）、固定化酵母等生物技术得到广泛应用，发酵装置也已大型化（600 m^3 的啤酒发酵罐、1 500 m^3 的酒精发酵罐、300 m^3 的黄酒发酵罐、60 m^3 的葡萄酒发酵罐），这些都在推动着酿酒工业生产技术的更新发展和现代化。

在科研和专业教育方面，20 世纪 50 年代就建立了从事酿酒和工业发酵研究的全国性研究所——轻工业部发酵工业科学研究所（现中国食品发酵工业研究所）；在高等教育中设立了食品发酵专业——起于南京工学院，到以后的无锡轻工业学院（现江南大学）。现在，设有酒类研究专业的省级科研所和设有发酵专业的大专院校及中等专业及技工学校已不计其数。

我国酿酒行业的产业政策是“控制（限制）高度酒的发展，鼓励低度酒、发酵酒和非食用粮酿酒的发展，支持水果酒的发展”；酿酒行业的指导思想是“控制总量、调整结构、技术进步、提高质量、治理污染、增加效益”；酿酒行业的发展方针是“优质、低度、多品种、低消耗、少污染、高效益”。

“九五”和“十五”期间，我国酿酒工业按照酿酒行业的产业政策、指导思想、发展方针逐步走向成熟。酿酒企业规模日益发展壮大，一批大型骨干企业在竞争中脱颖而出，企业结构和产品结构都得到了合理调整，科技进步和技术创新不断深入。特别是通过企业改制，使股份制、私营企业、国外合资、外商独资、内资合作与国有企业等不同经济成分在我国酿酒企业中并存与发展，并将污染治理和环境保护、节约资源和综合利用列上重要位置，促使我国酿酒工业走上可持续发展战略的轨道。我国酿酒工业已从产量稀少、产品单一、工业化程度低下而基本处于手工作坊式的小生产状态，发展成为产量巨大、酒质优良、花式品种丰富多彩，大中型酒厂林立并具有相应工程设计、装备制造、科技开发和人才培养能力的现代酿酒工业体系，酿酒工业正在沿着健康稳定的道路向前迈进，酒业经济正在国民经济建设中发挥着重要作用。广大酿酒工业的职工，正在向着生产的全面现代化，企业和产品结构的合理化，名牌国际化，资源综合利用化，环境无污染，经济效益好的更高目标继续奋进。

（中国酿酒工业协会　王延才　王耀荣）

菠萝加工业

菠萝（*Ananas comosus*）别名凤梨、王梨、黄梨，凤梨科（Bromeliaceae）凤梨属植物。原产南美的巴西，17世纪初传入我国种植，成为我国热带和亚热带地区四大名果之一，也是目前华南外销水果之一。我国目前栽培的区域，主要集中在海南、广东、广西、福建、台湾等省区。在这些产区中，海南省儋州市北部地区、广东省雷州半岛各县（市）及云南省南部是适宜区，其他地区为次适宜区。海南省的菠萝产地主要在儋州、万宁、琼海等地，万宁市组建了全省最大的菠萝生产基地，年产量多年居全省第一。广东省的产地主要在湛江、汕头等地。湛江的东部为主种区，中部为次种区，其中徐闻建有全国最大的菠萝生产基地，年总产量达40万t；广西以南宁市郊为主要产区，其次为玉林及钦州等地；福建省主要分布在龙溪、南靖、漳浦、平和、诏安、云霄等县市；云南省主要分布在西南地区的蒙自、蛮耗及河口市等；台湾省产地主要集中在台中、台南及高雄一带。菠萝品种总共约有60～70种，概括起来可分为三大类，即卡因类、皇后类、西班牙类。卡因类的代表品种有无刺卡因（Smooth Cayenne）、希路（Hilo）及沙劳越(Sarawak)等品种，皇后类代表品种有金皇后(Golden Queen)、皇后(Queen)、埃及种(Egyption)等；西班牙类(Spain)代表的品种有红西班牙（Red Spanish)、毛里求斯(Mauritius)、巴厘等品种。我国在广东、海南、广西、福建及云南等地均设有专门的菠萝果树研究机构，不断有适宜地方种植的新品种推出，如无眼菠萝、香水菠萝、甜蜜蜜菠萝、苹果香型菠萝、甘蔗型菠萝、台农16号、台农17号等新品种。

菠萝果肉富含各种养分，如还原糖（4%）、蔗糖（6.14%）、蛋白质（0.61%）、粗纤维（1.755%）、有机酸（0.63%），每100g果肉含维生素C 24mg、胡萝卜素0.08mg、硫胺素0.08mg、核黄素0.02mg。菠萝的果实色香味俱佳，是很好的鲜食品种，也是一种重要的罐头品种，它在制成罐头后仍能保持其鲜果风味，故它有“罐头之王”的美誉而畅销全球；菠萝果肉的出汁率高，约为70%，汁的色泽和风味均很好，是目前国际上较为畅销的饮料之一，浓缩菠萝果汁的年需求量为30万t，在全球果汁贸易中位居第三位。菠萝也是一种适合于综合利用的水果，菠萝大约只有40%左右的果肉进行加工，菠萝罐头的下脚料中可获取鲜菠萝汁、优质糖浆、菠萝蛋白酶、柠檬酸、菠萝酱、菠萝酒等；菠萝榨汁后的残渣，其蛋白质、碳水化合物和脂肪等含量与薯皮相近，可以作饲料；菠萝叶纤维可用于造纸、织布和作橡胶的补强材料；菠萝茎因含细淀粉粒，可用作实验用的细菌培养基，还可以提取菠萝蛋白酶。

一、菠萝生产、加工与贸易

2002世界菠萝的收获面积为76.8万hm^2，与2001年的75.9万hm^2相比，增长了1.19%。2002年我国菠萝收获面积为6.1万hm^2，居世界第二位，占世界菠萝收获总面积的7.94%；产量为133.9万t,占世界总产量的9.51%。2002年世界菠萝的单位面积产量为每公顷18 328kg，比2001年的18 100kg有所提高，我国的单产量为22 097kg/hm^2，国际排名居第十一位。

世界菠萝贸易以鲜菠萝、菠萝罐头、浓缩菠萝汁、普通菠萝汁为主。菠萝加工品出口国主要在亚洲国家,以泰国和菲律宾为主,世界进口菠萝产品的国家主要在欧美等发达国家。据联合国粮农组织(FAO)2002年统计,世界菠萝及主要加工制品进出口量、进出口金额情况分别见表1、表2;我国菠萝及主要加工制品进出口量、进出口金额分别见表3、表4。

表1 世界菠萝及主要加工制品进口量、进口金额情况

名 称	进口量(t)	同比增长(%)	进口金额(万美元)	同比增长(%)
菠 萝	1 311 286	13.6	86 503	20.0
菠萝罐头	972 224	0.8	63 103	2.3
浓缩菠萝汁	434 600	54.0	26 212	217.4
普通菠萝汁	246 259	-32.8	12 584	-30.9

表2 世界菠萝及主要加工制品出口量、出口金额

名 称	出口量(t)	同比增长(%)	出口金额(万美元)	同比增长(%)
菠 萝	1 401 395	16.7	64 653	32.1
菠萝罐头	1 005 314	54.0	57 073	8.6
浓缩菠萝汁	164 163	522.4	13 635	693.2
普通菠萝汁	245 720	-39.1	15 607	-30.9

表3 我国菠萝及主要加工制品进口量、进口金额情况

名 称	进口量(t)	同比增长(%)	进口金额(万美元)	同比增长(%)
菠 萝	701	-48.8	20	-42.9
菠萝罐头	8 895	7.5	586	-7.3
浓缩菠萝汁	785	37.2	70	72.5
普通菠萝汁	216	-2.3	17	52.1

表4 我国菠萝及主要加工制品出口量、出口金额

名 称	出口量(t)	同比增长(%)	出口金额(万美元)	同比增长(%)
菠 萝	2 826	24.1	95	-33.9
菠萝罐头	40 121	51.0	1 870	63.7
浓缩菠萝汁	71	54.3	11	52.1
普通菠萝汁	2 385	68.0	213	91.0

二、菠萝加工技术发展状况

目前，国内外的菠萝加工仍是以制菠萝罐头为主，菠萝罐头的年世界贸易量超过100万t。从20世纪50年代起，我国菠萝罐头就有出口，产品遍销5大洲40多个国家和地区。随着科学技术的不断发展，目前世界菠萝加工业的机械化程度已经较高，制菠萝罐头的生产线基本实现机械化和连续化。在果汁加工方面，从设备的先进性来看，国外的生产线仍有较大优势。我国目前引进国外的果汁生产线比较多，近年来福建、海南和广西先后引进4条浓缩果汁生产线，年产菠萝浓缩果汁约8 000t。云南西双版纳百果洲天然食品（集团）有限责任公司引进瑞典利乐—拉伐公司的热带水果浓缩汁生产线，是目前世界上较为先进的技术装备，此条生产线每小时加工菠萝鲜果6t。在食品加工机械方面，我国通过几十年的引进、消化和吸收，菠萝加工业在菠萝罐头到菠萝汁的生产也已基本上实现了机械化，如广东丰收集团收获罐头厂的国产菠萝加工生产线，日处理菠萝量可达150t，现年加工菠萝罐头1.5万t，浓缩菠萝汁1 000t，菠萝罐头的最大出口量曾经有近6 000t，是全国最大的菠萝罐头出口基地。该厂的菠萝罐头和浓缩汁加工，采用国产生产线，日处理鲜菠萝果150t，将罐头生产和浓缩菠萝汁生产相结合，即先生产菠萝罐头，再用果芯和边角果肉压榨生产浓缩汁。在菠萝的加工过程中，从洗果、分级、通心、去皮、切片、装罐、封罐、菠萝果汁的压榨、浓缩、罐装等全面实现机械化生产。近来深圳迪科实业有限公司和德国阿姆斯设备技术有限公司合资，计划在广东徐闻组建日压榨菠萝鲜果200t的全国最大的浓缩菠萝汁生产线，计划年产菠萝汁1万t，每年可消化菠萝鲜果9万t。浓缩菠萝汁的出口在海南最多的出口年份为1 000t以上，但近两年来由于国际市场竞争的日益激烈和主要进口国的要求不断提高，使这项出口贸易几乎处于中断状态。最近，海南田园热带果蔬加工有限公司生产的240t浓缩菠萝汁顺利进入意大利市场，这是海南省的浓缩菠萝汁中断一年多后再次打进欧洲市场，为我国浓缩菠萝汁行业的发展创造了一个良好的开端。

三、我国菠萝加工业存在的主要问题

近几年来，尽管我国菠萝的产量增长较快，但加工量仍很低，年加工量只占总产量的5%～7%。我国的菠萝加工产品的出口量少，价格偏低。如1999年我国的菠萝罐头出口交易价格为540美元/t，比世界平均价格低15.2%；普通菠萝汁出口交易价格为222美元/t，比世界平均价格低74.1%；浓缩菠萝汁出口交易价格为470美元/t，比世界平均价格低35.4%。主要原因有以下几点：

1. 原料菠萝质量低　我国农产品的生产在选地用药、栽培品种、成熟收获等方面不统一，使得品种质量和卫生安全质量均达不到国际市场的要求，大大地影响了我国菠萝的出口及其销售价格。由于不当的种植、管理和不当的使用植物生长调节剂，使得我国的菠萝品种退化劣变，品质下降。如我国的菠萝罐头肉色黄白，肉质疏松。农药残留方面，我国监控的农药是国外早已禁用的品种，且农药残留品种已不能和现在的情况相适应，无法满足国际贸易的需要。

2. *加工精度不够，产品品种和包装单一，质量卫生意识差* 我国主要的产品品种为糖水菠萝罐头，包装主要有玻璃罐和马口铁罐，产品感观及色、香、味等品质均欠佳，内销和出口的吸引力都不大。浓缩果汁中的农药残留、后混浊、涨包、变酸等现象时有发生，直接影响了出口。

3. *我国的菠萝加工产业尚未形成龙头企业，生产分散，规模小。*

4. *我国菠萝商品化生产起步晚* 世界市场多被先进生产国所瓜分，形成稳定销售网络与贸易伙伴，给我国开拓国际市场带来一定的难度。

因此，我国目前的菠萝及其加工产品的质量要提高，销售贸易要搞活，必需加强以下几方面的工作：

一是加强菠萝加工专用品种的选育、栽培技术及加工性能的研究。

二是规范菠萝种植业、加工业的管理，加强种植业标准和加工业标准体系的建设。

三是搞好菠萝种植基地的建设。

四是搞好菠萝加工企业的建设，改变加工企业只注重加工设备的引进，不重视加工技术的应用和专业技术人才的培训现象，创造名牌，产品按照具有国际先进水平的标准组织生产。

四、质量管理与标准化状况

我国于1992年公布了菠萝罐头国家标准GB13207—91，菠萝汁的国家标准由农业部华南热带农产品分析测试中心承担，目前还在制订中。对于进行菠萝贸易的鲜菠萝，我国于1992年公布了SB/T100063—1992《中华人民共和国商业行业标准—鲜菠萝》，规定了鲜菠萝果的质量指标、理化指标、卫生指标、检验规则、试验方法及包装要求，联合国粮农组织在1993年也公布了REVISED CODEX STANDARD FOR PINEAPPLES CODEX STAN182—1993（REV.1—1999）国际标准。国内标准与国外相关指标对比：在果柄指标方面，国内标准的切口为2.0～2.5cm，国外≤2cm。在包装要求方面，国内标准中的标志无产地，而国外要求有产地，且有绿色、有机食品明显的区分，贮运上要求必需装入集装箱，集装箱作相应的标志，才可进行运输。在农药残留方面，我国的具体规定虽详细，但监控的农药是国外早已禁用的品种，且农药残留品种已不能和现在的情况相适应。比较看来，国内的标准仅能满足国内的菠萝贸易，无法满足国际贸易的需要，直接限制了我国的鲜菠萝出口，同时也间接限制了我国菠萝加工产品的出口。在种植管理上，我国基本上能根据植株的长势和投产时间，运用生长调节剂进行人工操作，但不当使用植物生长调节剂的现象时有发生，严重地影响了菠萝的产品质量。主要原因在于我国菠萝生产还没有实现规范化、标准化生产，各种植户各自为战，在选地用药、栽培品种、成熟收获等方面不统一，使得我国菠萝商品的品质低下。

五、菠萝废弃物综合利用现状

菠萝果皮渣中的水分、柠檬酸和总糖等成分比例与果肉相差无几，粗蛋白和灰分的含量还高于果肉，分别是后者的2.5倍和3.0倍。国内外在菠萝叶及皮渣的综合利用方面做了大量的研究工作，并取得了很多成果，主要产品有菠萝蛋白酶、菠萝叶纤维、菠萝酒、单细胞蛋白、畜禽饲料、有机肥、动物蛋白、果胶和柠檬酸等。

1. *菠萝蛋白酶的提取* 菠萝蛋白酶（简称菠萝酶）是从菠萝果实、皮、茎等提取的一种天然蛋白质水解酶。八分成熟的菠萝果汁中含有0.3%左右的菠萝蛋白酶，茎汁中含8.7%的菠萝蛋白酶。菠萝蛋白酶在医药、食品、轻工化妆品等方面有广泛应用，在食品行业中用于肉类嫩化、蛋白质水解、营养口服液生产、啤酒澄清；在医药行业中用于治疗水肿、支气管炎、脑血栓、癌症、艾滋病、减肥药和助消化药；在工业上用于皮革脱毛、丝稠脱胶等。

菠萝除生产罐头外，原料果中约有50%的剩余部分为下脚料。这些下脚料中含有许多可供综合利用的成分，其中菠萝蛋白酶是最有利用价值的。国内外生产菠萝蛋白酶的传统方法主要有三种：即有机溶剂沉淀法、单宁沉淀法和高岭土吸附法。这三种方法生产的菠萝蛋白酶虽工艺简单、投资少、成本低，但工艺周期较长，菠萝榨汁易变质，单宁和有机溶剂易使酶变性，产品的比活力不高，如单宁沉淀法生产的酶活力在40万单位/g。近年来，华南热带农产品加工研究所用亲核过滤高新技术成功地从菠萝汁中提取高活性菠萝蛋白酶（活性达180万单位/g），其工艺及产品质量达到国际先进水平并已申请了专利。采用这种工艺生产的菠萝酶活力比传统的单宁酶活力高4倍，产品为浅黄色，水溶性好，适合于食品和医药行业使用，大大地拓展了应用市场。采用这种新工艺，提酶后的汁液还可生产菠萝汁饮料，菠萝渣可以制作饲料，大大提高了菠萝的利用价值。

2. *菠萝叶纤维的提取* 菠萝叶纤维（Pineapple leaf fiber）来自热带植物菠萝的叶子，习惯称菠萝麻，与黄麻纤维相似，含有多种纤维素和木质素成分，其强度比棉花高，外观洁白，柔软爽滑，手感如蚕丝似亚麻，可以和天然纤维或合成纤维混纺，织物容易印染，吸汗透气，挺括不起绉，适宜制作各种中高档衣服及各种装饰织物等。按目前的制麻技术，菠萝叶纤维的取得率在1%～2%。2002年我国菠萝收获面积为6.1万 hm^2，约有1 000万t菠萝叶。

我国于20世纪90年代末开始对菠萝叶纤维的提取和应用研究，中国纺织大学承担了原纺织工业部“菠萝纺纱工艺研究”项目，与铜陵华源麻业有限公司合作，成功研究制出菠萝叶纤维与棉、化纤的混纺面料，已生产菠萝纤维近4t，纺织出36公支纯菠萝纱、60公支混纺纱（菠萝叶纤维含量15%）。中国热带农业科学院农业机械研究所承担了“菠萝叶纤维生产性试验”项目，研制出小型刮麻机，生产的15台刮麻机分别在广东省徐闻和广西壮族自治区进行了生产性示范试验，2002年完成了35台刮麻机的制造。

3．菠萝酒的生产　菠萝果、皮渣均可为原料发酵生产白兰地酒，产品澄清、透明、色香味美。据报道，将破碎的菠萝果皮渣经 SO_2 灭菌，再配以适当的糖分，然后用果酒酵母63、64号在28～30℃条件下进行半固体发酵，再经15～25d的后发酵及陈化处理，即可酿制出口感较好的低度菠萝果酒。广东省湛江市已建有飘牌菠萝酒生产厂，采用意大利引进的当代先进的生产线，利用菠萝汁发酵、精酿，年产量达5000t，产值超千万元。

4．果胶的生产　利用加工后剩下的大量皮、渣为原料提取果胶，每500t原料可以提取1t果胶。其工艺流程包括清洗煮沸（除去杂质和果胶酶）、漂洗压榨（除去水分和溶解于其中的色素等物质）、水解提取和脱色沉析等。

（华南热带农产品加工研究所　潘江球）

农作物秸秆加工业

近年来，随着我国农村经济的快速发展和人民生活水平的提高，农民将农作物秸秆作为生活燃料的需求越来越少，导致大量剩余秸秆难以处理。尤其是农忙季节，秸秆比较集中时无处存放的问题更为突出。农民为了赶农时、图方便，许多地方往往一烧了之，不但严重污染了环境，而且造成生物质资源的大量浪费。由于农作物秸秆含有大量的有价值的物质，因而它的综合治理和资源化利用已越来越得到人们的高度关注。

党和国家领导人高度重视这项工作，并就禁止秸秆焚烧、综合利用等问题多次作出指示和批示。2002年，温家宝总理在《西安周边大量焚烧玉米秸秆　漫天浓烟威胁飞行安全》一文上批示：“此事强调多年，仍未得到解决。看来，关键要给秸秆找个出路。农业部要予以重视，在总结经验的基础上继续研究治本的措施。”国家环保总局、农业部、科技部、财政部、交通部、民航总局等部委相继发布了关于禁止秸秆焚烧、开发秸秆资源的管理办法，并通过行政、经济等手段支持秸秆产业的发展。目前，我国每年产生秸秆6亿t以上，其中秸秆总量的2/3已基本实现了初步利用，但每年还有1/3左右的秸秆剩余。目前不少地方树立秸秆经济的观念，大力发展秸秆产业，使我国的农作物秸秆综合利用工作取得显著实效。

陕西省高度关注秸秆焚烧事件，大力支持秸秆综合利用工作，充分发挥专业协会的重要作用。由省农机局发起，省民政厅批准，成立了由农机、环保、科技、财政、企业、大专院校参加的陕西省农作物秸秆综合利用协会，推动农作物秸秆的综合利用，使陕西省的秸秆利用特别是玉米秸秆产业开发取得了长足的进步。形成了一机（脱粒型玉米联合收割机）、一草（秸秆配合饲草）、五料（秸秆全价饲料、秸秆生物有机肥料、秸秆食用菌培养基料、秸秆燃料、秸秆工业原料）七大产业格局。

总之，全国除陕西省在农作物秸秆综合利用方面开始走向产业化以外，河北、浙江、广西、黑龙江、吉林、北京、四川、江西、上海等省、市、区，在秸秆还田、秸秆生物质能源、秸秆饲料、秸秆建材、绿色环保等方面，也开始走向产业化。

一、秸秆还田利用

在农作物收获时和收获后，使用秸秆粉碎还田机或其他粉碎装置，把秸秆就地粉碎（切断）、均匀抛撒，然后进行耕翻掩埋。秸秆腐烂后，可以改善土壤理化性状，增加有机质含量，有利于提高农作物产量，是处理农作物秸秆的主要途径之一。该技术包括保护性耕作技术，主要有地表秸秆残茬覆盖、免耕播种施肥、深松和控制杂草等四项技术内容。其特征是尽可能减少土壤耕作，在秸秆和残茬覆盖地表的情况下免耕播种，实现了对传统耕作方式的重大变革。

2002年，我国秸秆粉碎还田机拥有量达到33.45万台，比上年的31.86万台增加了1.59万台，同比增长4.99%。由于缺乏秸秆机械化还田的扶持政策，机械化秸秆还田面积略有减少，当年完成了14 408 khm^2，比上年的14 633.22khm^2减少了225.22khm^2。

各地农机部门是实施秸秆粉碎还田的组织部门，为此做了大量的工作。如河北省石家庄市农机局为搞好秋季秸秆综合利用工作，于2002年7月23～25日，组织召开了历年规模最大的第6次农机新机具演示推广会。大会共邀请了全国40多个农机厂家，参与现场演示和展示的机具有6大类70余台。经现场观测、专家评估、访问用户等形式，对机具性能和适应性做出了比较恰当的评价，确定了重点推广机型。石家庄市政府在资金紧张的情况下，仍然投入390万元资金用于秸秆综合利用工作，支持条件是：大型秸秆还田机每台补贴1 000元，草粉机每台补贴200元，中型青贮机每台补贴2 000元，小型青贮机每台补贴400元，小型还田机每台补贴400元等。同时，针对该市养殖业的发展实际，加大开发推广大中型青贮机的力度，充分发挥其加工秸秆效能高的优势，市政府投资100万元用于20台青贮机械的购机补贴，以促进畜牧业的发展。此外，还安排50万元用于旧式还田机具技术改造专项资金，每台补贴200元，将2 500台还田机具更新改造，确保作业质量，提高机械化秸秆还田的作业能力。

由天津市农业机械试验鉴定推广站等单位起草的《秸秆还田机作业质量》（中华人民共和国农业行业标准NY/T500—2002）标准，于2002年1月4日由农业部发布，该标准从2002年2月1日起实施。同年8月，由天津市农业机械局完成的小麦玉米秸秆粉碎还田机械化技术推广项目获得市科技进步三等奖。

二、秸秆饲料加工

通过秸秆青贮、氨化或揉丝微贮等方式，既解决了冬季牲畜饲料缺乏问题，同时也节省了粮食等饲料资源。秸秆经过青贮、氨化、微贮后，口感好、营养价值高；可通过牲畜粪便实现过腹还田，增加了土壤有机肥。此外，将秸秆加工成颗粒或块状饲料后，可使秸秆加大密度，缩小体积，便于贮藏和运输，是农牧区冬季饲养牲畜、防灾储备的有效办法。

2002年，全国机械化青贮秸秆3 828.47万t，比上年的3 294.85万t有了较大幅度的增长，增幅达到16.18%。秸秆饲料化加工在全国各地普遍开展，如石家庄市适度发展秸秆深加工技术，在平山和灵寿县新增压块饲料生产点，每个生产点补贴5万元，引导压块饲料秸秆深加工向规模化、产业化方向发展。陕西省对秸秆饲草加工机械按生产率给予补贴，生产率为2.5t以上的补1 000元，1.5～2.5t补600元，1.5t以下的补400元；秸秆饲草打捆机每台补2 000元。如果成套购买秸秆挤丝揉搓和打捆机符合秸秆产业化发展模式的，再加补500元。陕西开发的玉米秸秆挤丝揉搓加工饲草机械，2002年推广3 000多台，加工秸秆饲草40万t。该省在西安、咸阳、宝鸡和渭南建设了4个秸秆产业化基地，各市围绕集中养殖小区抓4个示范点，每个县围绕养殖大户抓4个示范户，共建立4个基地20个示范点50个示范户。“三秋”期间，加工秸秆饲草80万t，使秸秆机械化综合利用技术在免耕硬茬播种、秸秆直接粉碎还田基础上，又在秸秆加工饲草技术方面实现了新的突破。

陕西辰烁环保农业股份有限公司开发的秸秆挤丝机加工玉米秸秆变横切为纵切，攻克了玉米秸秆的挤压破碎难题；西安天维生态农业科技开发有限公司进一步成功研制了脱粒型玉米联合收割机，穗茎兼收，在产出纯净的玉米籽粒的同时，一次性将玉米秸秆加工成丝状原料，省时省力，实现了玉米和玉米秸秆收获的机械化、高效化。利用科学的加工调质技术，对秸秆实施碱化、氨化、生物化学工艺处理，生产出营养均衡、适口性好的全价配合饲草。

三、秸秆生物质能源利用

将秸秆在气化炉内缺氧的状态下进行不完全燃烧，其中的碳、氢元素就会变成含一氧化碳、氢气、甲烷等可燃气体，燃烧后无尘、无烟、无污染，是一种清洁燃料。多年的应用表明，每立方米燃气可替代0.25kg标煤。秸秆还可制造沼气。

全国科教系统稳步推进秸秆气化、炭化的试点示范工作，已在全国建设秸秆气化集中供气工程488处，年产优质秸秆气1.5亿m^3，消化利用秸秆10万t以上。既解决了农户生活燃料问题，又给农作物秸秆找到一条有效出路。

农业部围绕增加农民收入这一中心工作，在全国200个县的800个村示范“实施生态家园富民计划”。以农村户用沼气池建设为重点，并按实际需要，配套建设秸秆气化集中供气、省柴节煤等工程。目前已建成户用沼气池16万户，小型沼气工程86处，生活污水净化沼气池50处，秸秆气化集中供气工程50处，省柴节煤炕和灶2万户。通过该项目实施，使20多万农户受益。

2002年11月20日，一项沼气与秸秆气混合供气农村能源环保生态项目在浙江乐清市南塘镇欣欣种猪场建成，并正式投入试运行。该项目属省级农村能源示范项目，总投资150万元。年产沼气和秸秆气总计36万 m^3，相当于4 000瓶液化气，可作为300多户农户常年炊事用能。项目工程包括净化沼气和秸秆气化两个部分。净化沼气部分建立厌氧发酵罐（UASB）300 m^3，并配建利用太阳能加热的酸化水解池60 m^3、集水池30 m^3 等。日处理畜禽污水60t，出口水质达到《国家污水综合排放标准》（GB8978—1996）1类污染物三级标准，日产沼气280 m^3。秸秆气化部分安装IH-6-360型秸秆气化机组一套，并配置220 m^2 的机房和245 m^2 稻草前期处理间及料房各一座。日耗秸秆480 kg，日产秸秆气720 m^3。该项目把沼气净化和秸秆气化技术有机结合起来，既净化畜禽污水，又处理农作物秸秆，并且实现沼气和秸秆气混合供气，是一种适合于农村发展的能源技术创新。

2002年，广西第一座以农作物废料制造“绿色”燃气的秸秆气化集中供气站在恭城瑶族自治县栗木镇建成并投入使用。栗木镇秸秆气化集中供气站由国家投资50万元，业主投资10万元，气柜容积200 m^3，每小时产气350 m^3，可供应300户以上的农户用气。该项目是广西于2001年开始承担的原国家计委秸秆气化项目之一。项目共选择了浦北、田东、恭城、横县、临桂等地作为第一批试点。柳城、邕宁、玉州区、贺州等地为第二批试点。该项秸秆气化项目共获得原国家计委拨款200万元，自治区计委提供配套资金200万元。项目中秸秆气化技术及设备的引进，全部采用统一招标形式进行的“阳光采购”。

2002年，秸秆燃气已成为北大荒的新能源，黑龙江省跃进农场几百个小烟囱不冒烟了，房前屋后也不见柴草垛了，因为农场职工用上了秸秆燃气。从2001年起，农业部“秸秆燃气站工程”推广项目在黑龙江省农垦总局的跃进农场进行试点推广，项目总投资275万元，储气柜容量2 000 m^3，一期工程覆盖500户居民，2002年11月试炉成功，部分职工可以全天使用秸秆燃气做饭、洗浴和取暖。建设中的二期工程竣工后，将覆盖1 000余户职工家庭供气。据测算，1 000g豆秸可产生1.8～2.2 m^3 燃气。秸秆燃气成本低，每户每天用气6 m^3，气费还不到1元钱。另据估算，全省垦区职工聚居区如果都推广使用秸秆燃气，比用煤取暖做饭每年至少可节省资金1亿元。因此，黑龙江省农垦总局已把大面积推广秸秆燃气列入工作日程。

2002年4月30日，四川峨眉山市秸秆气化工程竣工，并投入正式运行。该站的成功点火，标志着该省农机部门承担的农业部2002年秸秆气化建设项目任务全部完成。其中绵竹市遵道镇的秸秆气化建设项目于1月16日竣工，乐至县金顺镇的秸秆气化建设项目于3月26日竣工。四川省农机研究院研制的“秸秆集中供气工程设备”，到2002年在全省已建成秸秆集中供气工程20处，为农户提供了安全清洁的生态环保能源，是秸秆综合利用切实可行的路子。

2002年3月2日，由中国科学院过程工程研究所、江西省生态工业技术研究中心联合承担的“秸秆生物量全利用新技术及其秸秆生态工业技术集成”项目，在北京通过鉴定。据悉，该项目部分内容已被列入国家“十五”863能源技术领域和科技部“十五”农业专项项目。为加速这一重大成果的推广，目前中国科学院过程工程研究所与江西省生态工业技术研究中心进行全面合作，开发秸秆生态工业园区示范工程建设。专家认为，秸秆生物量全利用创新技术体系具有集成化、系统化和工程化的特点，以秸秆分层多级利用的生态工业群模式，建立了以秸秆为原料的生态工业园区技术集成体系，为国内外首创。该体系针对我国丰富的秸秆资源，提出了“秸秆生物量全利用、秸秆生态工业、分层多级利用、变性秸秆和组分快速高效分离”的研究新思路。江西省已在吉安市征地33.33 hm^2，兴建我国第一个秸秆生态工业园。该工程计划投资1.1亿元，以秸秆为主要原料，形成5大秸秆生物量全利用生态生产系统，生产8个绿色产品，建设以10个主要车间及辅助配套车间、公用工程设施组合而成。预计投产后可达年耗秸秆5万t，可为农民增收2 000万元，解决近700余人就业，并为国家和地方增加税收6 500多万元。由于其技术含量、生态平衡、工程建设及其经济效益等都具有很强的示范作用，因此该项目已申报国家产业化示范工程。

四、秸秆建材利用

秸秆作为工业原材料，可用于制作板材、建筑材料等制品，经济价值较高。

2002年，上海康拜环保科技有限公司全面引进英国康拜系统的技术和专利设备，开始在上海南汇建立第一座康拜系统工厂，生产高强度农作物合成板，预计2003年5月全面投产。生产的秸秆板和普通人造板相比，它不含甲醛，其指标符合我国人造板甲醛释放标准和欧洲E-0标准，是100%的绿色环保产品。项目回报期3～4年。单条生产线需投资2 500万～3 000万元，年产秸秆板1.4万 m^3，一条生产线可消耗4 000 hm^2 的农作物残留物。

2002年12月，成都星河建材董事长周兴和应埃及环境部部长马木杜哈·里亚德的邀请，前往埃及帮助解决当地秸秆成灾的问题，因为他的秸秆建材专利以1 200万美元的价格卖给了埃及，埃及计划在3年内建成9个“成都造”秸秆轻体隔墙板生产基地。该公司自主研制的FGC五防秸秆轻体墙板（以稻草、麦草、锯末等为主原料）专利技术是我国星火计划向世界推荐的1 263个技术项目中的第一个出口技术项目，这表明我国秸秆利用技术已经开始走出国门，走向世界。

五、秸秆其他利用

种植业系统制定并下发了《全国有机肥料产业发展建设规划》和《国家重点地区秸秆快速腐熟还田项目方案》，指导各地充分利用农作物秸秆这一有机资源，进一步加大秸秆综合利用技术研发力度，坚持与科技创新相结合，运用生物技术，推进农作物秸秆在有机肥料方面的产业化开发。

玉米秸秆制成的环保覆盖剂在建筑领域中开始应用。由于建筑工地、拆迁场地等裸露地面、积土、沙堆和料堆产生的扬尘占到总悬浮颗粒物的60%以上，因此，控制扬尘污染已经成为改善空气质量的重要手段。但是，目前控制扬尘常采用的密目网和化学覆盖剂等方法，不仅控制扬尘效果不理想，而且会对土壤造成不良影响。2002年，北京市在市委党校道路、绿化工地和展览路医院拆迁工地等处面积近万 m^2 的施工工地，使用了绿色环保覆盖剂来治理工地的扬尘污染，其主要原料就是玉米秸秆，用秸秆制成的环保覆盖剂料不仅对环境没有影响，而且喷洒后覆盖扬尘效果好，有效弥补了上述两种方法的不足。据悉，这种用环保覆盖剂治理工地扬尘的方法在北京市还是首次采用。这种绿色环保扬尘覆盖剂能够在长达1个月左右的时间里，有效控制建筑工地、房屋拆迁场地和料场等处产生的扬尘。而且，这种扬尘覆盖剂不怕短时大风和雨水的冲刷，无需在使用后进行清理。

2002年四平市仿瓷制品厂获得“环保降解筷子”国家发明专利，该技术以秸秆为原料制造筷子，属国内首创。该厂与铁道部科学研究院铁科联（集团）有限公司达成投资合作，并签署合同确认书，计划投资8 000万元，在四平建成全国惟一的环保降解筷子生产基地，工厂建成后可解决500人就业。

（天津市农业机械学会　胡　伟）

机械工业系统农产品加工机械制造业

一、基本情况

2002年，机械工业系统农产品加工机械制造业有了新的发展。从总体来看，农产品加工机械行业走出了低谷下滑的局面；整个行业产品产量平均增长10.37%，行业产销有所回升，但各个小行业发展不平衡（见表1）。

表1　2002年机械工业系统农产品加工机械各行业产销量

产品名称	2002年（台套）	2001年（台套）	同比增长（%）
粮食加工机械	556 075	493 008	12.79
棉花加工机械	10 746	8 337	28.90
油料加工机械	10 056	8 825	13.95
茶叶加工机械	3 863	4 809	−19.67
薯类加工机械		20	
其他加工机械	503	11 651	−95.68
合　计	**581 243**	**526 650**	**10.37**

二、国内外市场情况

（一）国内市场情况

1．粮油加工机械　2002年末，粮油加工机械主要生产企业263家，全年从业人员平均人数为48 342人。资产总计为517 743万元，固定资产原值合计87 277.8万元。固定资产净值平均余额为192 886万元，流动资产平均余额258 987万元。粮油机械全年完成工业总产值为41.45亿元（现价），比去年同期增长3.09%；以不变价计算为39.42亿元，同比增长3.38%。完成工业销售产值为39.37亿元，同比增长4%；实现产品销售收入35.54亿元，同比增长2.86%；完成产品产量为566 131台套，同比增长12.81%。根据机械工业信息中心统计，2002年农产品加工机械工业经济综合指数为67.84%，比上年增长约1个百分点，粮油机械专用设备制造业工业综合指数为91.67%，比上年增长46.02%。

粮油加工机械行业产销出现了稳定回升的态势的原因，主要是由于我国粮食市场的进一步放开。从2002年开始，农业部在全国组织实施农产品加工业发展行动计划，国家对农业采取了一系列支持措施，从资金和政策上加大了对“三农”的扶持力度，提高了乡镇企业和农民个人进行农产品加工的积极性，从而使资金投入小、见效快的粮油加工机械成为农村、农民致富增加收入的有效途径。主要生产企业如山东同泰集团股份有限公司、山东精良机械有限公司、山东精华机械集团股份有限公司、江苏晶谷米机集团公司等企业生产的中小型碾米机械，2002年产销量都比2001年有一定的增长。面粉加工机械行业产销量仍然处于下降之中，面粉加工机械行业已经连续几年处于下降，主要原因是行业结构调整和产品结构调整不力，产品不能适应市场的需求。总的来看，粮油加工机械的单机产品正逐步被大中型加工成套设备所替代。2002年油料加工机械行业完成产品产量10 056台，同比增长13.95%。主要销售为95型、100型榨油机产品。这是油料加工机械行业连续几年下滑后出现良好的增长势头。一些企业针对近几年市场对产品调整的要求，对产品结构、产品技术进行了调整和升级换代；一些企业借鉴国外先进机型对95型、100型产品进行改造，增加了滤油装置，使用不锈钢材料替代了原来的普通钢板，使产品受到用户的欢迎。主要生产企业如四川青江机器有限公司、河南双象机械有限公司、辽宁本溪榨油机械厂等企业，产销形势都有所好转。

2. *棉花加工机械*　2002年全年完成棉花加工机械10 746台套，同比增长28.90%。继2001年棉花加工机械产量有较大的增长后，2002年棉花加工机械仍然出现了大幅增长的态势。主要是由于国家棉花收购经营权放开，棉花价格由市场形成，籽棉加工量大，国家允许一些棉纺厂等企业介入棉花的收购加工和经营，如民营企业、纺织企业、乡镇企业等介入了棉花的加工环节，增加了一定规模的棉花加工企业，形成了对棉花加工设备的新需求热潮，使棉机企业出现了近年来供不应求的局面。主要生产企业如河北邯郸棉机公司、山东棉花机械公司、江苏南通棉花机械公司等企业，近年的经济效益都有一定幅度的回升。

3. *茶叶加工机械*　2002年，茶叶加工机械产品产量为3 863台，比上年下降19.67%，但下滑的趋势有所减缓。从产量统计上看，产量呈现逐年下降的趋势，主要原因是传统的茶叶加工机械单机产品已经不能满足茶叶加工业的需要，茶叶加工成套设备逐步替代了原有的单机产品。如浙江富阳茶机总厂生产的蒸青绿茶加工技术及成套设备、浙江上洋机械有限公司生产的汽热杀青机组等茶叶加工成套设备的投产，改变了传统的加工方法。2002年茶叶加工机械成套设备产销形势仍然较好。主要表现为：国内生产成套茶叶加工机械的主要企业浙江衢州上洋机械有限公司、浙江富阳茶机厂等企业根据市场情况，开发了成套的茶叶加工机械新产品，受到市场的欢迎，这些成套设备的投入使用，克服了我国传统大宗绿茶普遍存在的烟焦味，提高了茶叶品质，增强了茶叶在市场上的竞争能力。从产量分析上看，虽然总量出现了下降，但产品结构却发生了变化。这正反映出2002年我国茶叶加工机械出现了成套设备产销两旺、单机产品销售减少的势头。

（二）国外市场情况

2002年粮油加工机械完成出口交货值2.99亿元，与2001年相比下降1.95%，出口下降的幅度有所减缓。农产品加工机械企业在国内市场低迷的形势下，积极开拓国际市场，大多数企业积极通过参加国际展览等方式，并利用拥有自营进出口权的有利条件，努力将产品推向国际市场，参与国际竞争。主要出口的市场有印度尼西亚、越南、菲律宾、泰国、马来西亚等东南亚国家及非洲、独联体国家。由于我国的农产品加工机械出口仍然以单机为主，产品自身科技含量不高，因此出口的增长仍然会受到一定程度的制约。今后，为了继续扩大我国农产品加工机械在国际市场中的份额，我们在增加出口数量的同时，更要注重提高产品自身的技术含量和质量。只有不断提高我国产品的质量和水平，才会在激烈的市场竞争中立于不败之地。

三、新产品开发情况

2002年粮油加工机械完成新产品产值总计为2.39亿元，比2001年增加21.87%。农产品加工机械全行业普遍增加了对新产品的投入，新产品产值在总产值中的比例正逐步提高。根据市场的需求，企业对产品结构进行了调整，使产品进一步适应了市场的需求。如山东同泰集团有限公司、山东精良机械有限公司等碾米机械企业，着重开发了细糠型喷风碾米机系列、大糠型砻碾组合米机系列、大米抛光机及中型碾米成套设备等；精良公司的6NF-11.5A细糠喷风碾米机被国家科技部等部门授予2002年度国家级重点新产品；2002年研制的6NLT36压砣紧辊砻谷机、6NF-13.6A细糠喷风碾米机等新产品通过了省级新产品鉴定。河北皇牌机械有限公司研制生产的面粉加工成套设备，采用多项拥有自主知识产权的专利技术，其系列面粉机获2002年度中国机械工业科技二等奖。浙江省富阳茶叶机械总厂研制生产的蒸青绿茶机械成套设备采用蒸汽杀青、热风脱水、强风冷却，通过粗揉、中揉、做型、干燥等先进的加工工艺和技术，实现了茶叶加工机电一体化流水作业，改变了传统的杀青方式，减少了茶叶中的烟焦味，使加工后茶叶品质大为提高；该项技术填补了国内空白，处于国内领先水平。浙江上洋机械有限公司研制生产的汽热杀青制茶机组也于2001年12月通过了省级鉴定，并被农业部门列为推广产品。总之，新产品开发对企业的贡献率正逐步提高，企业对加大科技投入力度的意识明显增强。

四、技术改造与基本建设

2002年，据国家统计局统计，农产品加工机械（含粮油机械制造专用设备）全行业完成基本建设投资额为872万元，完成技术改造2 341万元，比2001增长152.8%。我国农产品加工机械企业大部分为中小企业，经过了几年的体制改革，大部分已经转为民营企业，国家对这些企业的基本建设和技术改造没有更多的投入，还由于多数企业在农产品深加工等新产品开发上舍不得花钱，因而没有取得明显进展。这几年虽然国家加大了对农产品加工业的支持力度，但因资金投向不明确，资金总量比较小，所以造成了行业更新改造缓慢。这一现状，严重制约了这个行业的进一步发展。这个问题应引起有关部门的关注。

（中国农机工业协会农副产品加工机械分会　洪暹国）

食品与包装机械制造业

中国食品和包装机械是个新兴行业，由于连年的快速发展，现在已成为机械工业中门类齐全、品种基本配套的14个大行业之一。目前有食品和包装机械制造企业4 000余家，其中重点骨干企业40家。2002年继续稳定发展，经济运行情况好于上年。

一、行业发展情况

2002年国家经贸委统计了1 133家食品和包装机械企业，其中亏损企业258户，较2001年下降4.44%，流动资产平均余额245.68亿元，增长9.07%，固定资产平均余额149.11亿元，增长4.98%，资产合计455.58亿元，增长12.37%。但产品销售成本增长11.57%，销售费用增长6.455%，管理费用增长5.5%。统计中包括了行业年销售额500万元以上的企业，尚有2 000余户小型企业和一些兼营企业未被统计在内。全行业2002年实现工业总产值395.36亿元，较2001年增长12%，增量最大的为湖北京山轻工机械公司和广州达意隆公司，净增销售额均超过1亿元人民币；有的企业销售额翻了一番，有的出口额翻了一番。当然，也有些企业反映市场不好，销售不畅。主要是产品成本落后，不能适销对路。如有的企业以10年前的辉煌业绩坐观现在的市场，实际上他们的产品技术含量低，10年一贯制，本地的一批小企业都在生产他们易于仿制的“老产品”，几十家产企业的累计销售额都已大大超过了他们辉煌时的销售总额，而他们的产品由于缺乏技术创新，销售额已滑到了历史最低点。这样的企业不能责怪行业市场不好，而是他们技术上的固步自封造成的。

我们行业借助加入WTO的东风，已开始大踏步地走出国门参与国际市场竞争，初步了解，凡有设备出口的企业，2002年均有较好的业绩。加入WTO以后国外产品对本行业冲击不大，因为近几年本行业技术进步较快，已初步具备了抵御国外同类产品能力。2002年，我国食品机械出口交货值1.23亿美元，包装机械出口交货值1.38亿美元，分别比2001年增长7.9%和25.4%。食品和包装机械出口合计较2001年增长16.5%。出口部分，食品机械5.15亿美元，比2001年的5.29亿美元下降2.6%；包装机械10.23亿美元，比2001年的9.65亿美元增长7%，二者合计增长3.57%。2002年我国食品和包装机械出口占国内生产总值的5.28%，而进口部分占国内市场份额的24.75%。出口部分远低于国内机械产品出口13.36%的比例，进口部分所占市场份额却高于国内机电产品市场的进口份额。这一高一低说明我们行业总体水平不仅与发达国家有较大的差距，而且与国内机电产品总体水平也有较大差距。

二、又有一批重大装备投入市场

2002年全行业不仅经济运行情况良好，同时又有一批重大装备投放到国内市场。由汕头远东轻化装备公司研制的4.2m幅宽BOPP吹膜机组已于2002年7月自主开发研制成功，目前每套售价2 480万元，当年即售出3台。该机组目前国内只有汕头远东一家生产，国外也仅有法国、日本、德国能生产；广东金明塑胶设备公司引进德国莱芬豪舍尔技术，开发了使用最新膜泡技术的双泡吹膜机组，做到了亚洲最大；张家港美星顺峰集团已经研制成功3.6万瓶/h的无菌冷灌装生产线。还有2.8m宽的纸箱制板设备、230L大桶的多层共挤设备、3.6万瓶/h的热灌装设备等都是具有世界级水平的产品，均在2002年研制成功，上述设备代表着当前我国包装机械的最高水平。还有中温灌装技术及设备，中国包装和食品机械总公司开发的部分农产品深加工的技术和设备都具有较高的水平，2002年已初步研制成功，期待着上述设备的完善和进一步提高，希望这些企业能成为行业的龙头老大。

三、市场前景和2003年预测

行业前景主要看市场，看市场就是要看用户对我们行业的需求。我们食品和包装机械发展直接依赖于国内食品和包装工业的发展。

1. 食品工业　我国是农业大国，目前粮食年产近5亿t，肉类6 500万t，奶类1 400万t，蔬菜5亿t，居世界前列，但我们不是农业强国。我们农产品加工转化能力严重滞后，食品工业与农业产值比仅美等国家90%以上的蔬菜都是经过商品化处理以后进入流通领域，我国却仅为30%左右。德国的苹果加工量占总产量的75.2%以上，而我国仅为8%左右。美国、巴西的柑橘加工量占总产量的70%以上，我国还不到10%。我国玉米加工量仅占总产量的8%，肉类加工量仅占4%，豆类加工量仅占1%，远低于世界水平。我国农业和世界先进水平的差距主要表现在农产品深加工方面，其加工量小、质量差、档次低、资源综合利用率低，产品标准不健全，质量控制体系不完善，食品安全问题突出。以普通马铃薯为例，加工成淀粉可增值30%，加工成粉条可增值80%，加工成薯条可增值15倍，加工成糊精可增值20～30倍。我国农业要想赶上世界先进水平，首先要解决的就是加速开发先进的食品加工设备，随着食品工业的发展，这类设备的需求量将越来越大。

2. 包装工业　近20年，我国包装工业得到了飞速发展，年递增18%，到2001年销售额已达到2367亿元，包装工业的产值占国内生产总值之比由20世纪80年代初的0.4%上升到接近2%。通过20多年的努力，我国包装工业的整体水平也得到了较大的提高，缩小了与发达国家的差距，国际上通用的大部分包装设备、包装材料和包装制品我们都能够生产，包装企业已发展到2万余家。但是，我国包装企业大都规模小，产业集中度低，企业资金短缺，无力改造落后的生产工艺和老化的设备。受国外包装跨国公司的冲击和牵制，高技术含量的包装设备和原辅料我们还需要进口。由于包装制品成本较高，对商品的竞争力产生较大影响。落后的装备必然会影响包装制品的质量和增加成本，一方面影响质量，另一方面又增加消费者的负担。这些问题的存在，使我国目前还没有高质量的包装制品，充其量只能是包装大国而不是包装强国。要改变这种状况，首先是要有高质量、高水平的包装机械。在资金严重不足的情况下，2002年我国共进口包装设备价值10.23亿美元，超过80亿元人民币，而出口交货值仅为1.38亿美元，进口部分大多是国内不能制造或可以制造但技术水平不如国外的设备，而出口部分大都是技术含量不高的机械。我们自己的包装机械市场有近1/3被国外设备占据着，仅就这一点，就给我们流下了可以大发展的空间。

2002年我国食品和包装机械总产值395.36亿元，国内销售372亿元，国内市场总需求量为499亿元人民币，未来3年按上述分析计算应增加需求200亿元，即2005年国内市场总需求应为650亿元左右，只有每年保持12%以上的增长率才能满足市场需求。据2003年1～7月统计，食品和包装机械行业总产值较2002年同期增长19.75%，利润总额同比增长57.03%，运行情况良好。受SARS影响，5～6月份增幅有所下降，但7月份已恢复较快增长。但SARS期间，知名企业和知名品牌通过网上订货、传真订货，从而减少了这些企业的销售成本，行业累计出口12.03亿美元，同比增长343.59%。与进口设备相比，累计顺差1.99亿美元，出口情况达到历史最好水平。从以上市场情况分析和1～7月份经济运行情况看，2003年全行业工业总产值将超过450亿元人民币，出口将超过20亿美元，出口首次大于进口。

（中国食品和包装机械工业协会　岳书学）

4 第四部分

农产品加工业政策法规及重要文件

优势农产品区域布局规划（2003—2007年）

（农业部　农计发［2003］1号　2003年1月20日）

我国农业发展进入新的阶段，农产品供求关系发生了重大变化，农业的发展必须适应市场需求，调整生产结构，优化生产力布局。加入世界贸易组织，给我国农业带来了新的发展机遇，也使我国农业面临着前所未有的严峻挑战。进口农产品增加对我国农业的冲击不可低估，同时我国农产品出口形势也不容乐观。如果不能抵御进口农产品的冲击，扩大农产品的出口，势必加剧国内农产品的“卖难”，影响农业发展、农民增收和农村就业乃至国民经济发展的大局。要在国内、国际两个市场的激烈竞争中取得主动权，在入世后的新形势下继续保持农业的稳定发展，最根本、最关键的是要提高我国农业的国际竞争力。

国际市场上农产品竞争的核心是比较优势的竞争。我国是农业大国，农业资源和农产品丰富多样，农业生产具有多方面的优势，在国际竞争中的回旋余地较大。充分发挥比较优势，实施扶优扶强的非均衡发展战略，重点培育优势农产品和优势产区，是尽快提高我国农业的国际竞争力和生产力水平，促进新阶段农业发展的战略措施。

本规划提出的优势农产品，是指在我国的资源和生产条件较好、商品量大、市场前景广阔，在国内市场与国外产品竞争有优势，能够抵御进口冲击的农产品，或在国际市场上具有竞争优势，能够进一步扩大出口的农产品。根据当前形势需要，选择若干优势农产品和优势产区，采取一种产品，确定一个发展思路，明确主要目标市场，选择一批龙头企业，推广一套实用技术，制定一套扶持措施，实施项目带动的办法，集中力量进行重点培育，尽快形成一批具有国际竞争力的优势产业带区，辐射和带动全国农业整体竞争力的提高。

一、推进优势农产品区域布局的战略意义

（一）有利于推进农业结构战略性调整向纵深发展，形成科学合理的农业生产力布局

调整结构是新阶段我国农业发展的中心任务。农业结构战略性调整的一个重要内容就是优化农业区域布局。近几年，我国农业区域布局的调整取得了初步成效，但地区结构雷同的问题仍很突出，特别是优质专用农产品生产还比较分散，区域化布局、专业化生产格局还未形成，地区比较优势未能充分发挥。一些传统农产品产区，由于规模小，产业链短，营销服务跟不上，竞争优势还不明显。因此，大力推进优势农产品区域布局，加快培育优势产区，把各地的资源和区位优势发挥出来，做大做强各具特色的主导产业和优势农产品，是进一步深化农业结构战略性调整的重大步骤，对于形成科学合理的农业生产力布局，提高农业整体素质和效益具有重要意义。

（二）有利于尽快提高农业国际竞争力，积极主动地参与国际竞争与合作

实行农产品区域化和专业化生产，形成优势产区，是一些发达国家增强农业竞争力，扩大农产品出口的重要经验。如美国已经形成了有竞争力的专用小麦、专用玉米和柑橘产业带，法国形成了世界著名的酿酒葡萄优势产区。应对入世挑战，选择一些优势农产品，在一些最能够发挥自然资源和社会经济优势的地区，进行集中生产，能够达到较高的生产水平，形成较大的市场规模，降低生产成本，在较短的时间内提高我国农业的国际竞争力，对于有效抵御国外农产品冲击，扩大农产品出口，在国际竞争中争取主动权具有重大现实意义。

（三）有利于加快主产区农业的发展，增加农民收入

近几年来，农民收入增长速度减缓，成为当前农业和农村经济的突出问题，而增收最困难、最缓慢的是从事大宗农产品生产的农民。入世后，大宗农产品主产区受到国际市场冲击的可能性最大，这些产区农民增收面临的形势更加严峻。增加农民收入，关键是要增加农产品主产区农民的收入。优势产区大都处于农产品主产区。加快培育优势产区，发展优势农产品，扩大市场份额，带动加工、储藏、运输、营销等

相关产业的发展，可以开辟农民就业渠道，形成新的收入增长点。

（四）有利于提高农业生产和管理水平，加快农业现代化的进程

区域化布局、专业化生产、产业化经营是农业现代化的重要标志之一。在优势产区发展主导产品，能够最大限度地优化资源配置、挖掘资源潜力，释放和形成新的生产力。在优势产区相对集中投入，加强农业基础设施建设，提高农业生产和管理水平，可以促进优势产区率先基本实现农业现代化。通过优势产区的示范和带动，加快全国农业现代化的进程，是在我国现有国情和土地经营制度基础上推进农业现代化的有效途径。

二、指导思想、基本原则和发展目标

当前，推进优势农产品区域布局的条件具备，时机成熟，必须抓住机遇，因势利导，加快发展步伐。

（一）指导思想

推进优势农产品区域布局的指导思想是：从应对入世和促进新阶段农业结构战略性调整的要求出发，遵循自然规律和经济规律，着眼“两个市场、两种资源”，充分发挥比较优势，实施扶优扶强的非均衡发展战略，坚持以质取胜，在发挥市场配置资源的基础性作用的同时，加强宏观调控，实施政策倾斜，合理有效地配置农业生产要素，重点培育优势农产品和优势产区，做大做强一批具有国际竞争力的农产品产业带区，形成合理的区域布局和专业分工，力争在较短时期显著提高我国农业的国际竞争力。

（二）基本原则

1. 坚持以市场为导向的原则　既要考虑国内市场，更要着眼国际市场；既要瞄准现实需求，也要着眼潜在需求。要立足多样化、优质化市场需求，重点发展市场占有率高、国内或国际市场前景广阔的优势农产品。

2. 坚持发挥比较优势的原则　综合考虑资源条件、生产基础、市场环境以及资金、技术等方面的因素，扬长避短，优先发展具有一定基础和竞争力的产品和产区，尽快形成规模优势。

3. 坚持产业整体开发的原则　发展优势农产品，要着眼于提高产业的竞争力，立足开发整个产业，打造名牌产品，构建优势产业群体，延伸产业链条，提高产业的整体素质和效益。

4. 坚持以质取胜的原则　适应市场竞争和消费水平提高的要求，大力优化品种和品质结构，提高优势农产品内在品质，进一步提高产品的分级、包装、储藏、保鲜和加工水平。完善农产品质量安全标准、检测检验和监督体系，提高优势农产品质量安全水平。

5. 坚持突出重点的原则　选择优势农产品要根据入世后参与竞争的需要，扶优扶壮，不能面面俱到；选择优势产区要相对集中，优中选优，不能到处布点；投资建设要突出重点，分步实施，不能全面开花。

6. 坚持尊重农民意愿的原则　实行区域化布局、规模化生产，必须稳定家庭承包经营制度，切实尊重和保障农民的市场主体地位和生产经营自主权。要加强政策引导和信息服务，充分调动和发挥地方、企业和农民等各方面的积极性。

（三）发展目标

1. 近期目标　经过5年努力，优先培育11种在国内外市场上有较强竞争力的农产品，形成35个具有鲜明特色、世界知名的优势产业带区，建立一批规模较大、市场相对稳定的优势农产品出口基地，培育一批在国内外公认的知名品牌，抵御进口农产品的冲击，扩大优势农产品的出口。

2. 长远目标　构筑具有较强国际竞争力的农业产业体系，形成科学合理的农业生产力布局，提高农业的整体素质和效益，实现农民收入的持续稳定增长，加快优势产区农业现代化的步伐。

三、优势农产品区域布局重点

（一）确定优势农产品的主要原则

按照全面规划、分步实施、总体布局、重点建设的思路，近期选择一批优势农产品，优先规划布局，进行重点扶持。确定的主要原则：

一是国内消费需求量大，生产有潜力，通过扶持和发展，能够有效抵御进口产品冲击的农产品。主要包括专用小麦、专用玉米、高油大豆、棉花、“双低”油菜、甘蔗和牛奶等。这类农产品要实施数量与质量同步扩张，稳住国内存量市场，抢占增量市场的发展战略，立足国内市场需求，提高产品质量，降低生产和交易成本，搞好产销衔接，尽快占领国内市场。

二是在国际市场上具有明显价格竞争优势，扩大出口的潜力较大的农产品。主要包括苹果、柑橘、牛羊肉、水产品等。这类农产品要实施增强竞争优势，开拓多元化国际市场，积极扩大出口的发展战略，主攻产品质量安全、产后商品化处理和市场营销服务等关键环节，打造知名品牌，提高规模化生产和现代化管理水平，进一步扩大国际市场份额。

（二）确定优势产区的主要依据

一是资源条件好。自然生态条件为该种农产品的最适宜区或适宜区，具有生产传统、生产基础和技术条件。

二是生产规模大。能够集中连片生产，农产品商品率较高，区域内商品总量在全国占有重要份额。

三是市场区位优。市场目标明确，流通渠道畅通，运销便捷，对产业发展带动力强。

四是产业化基础强。科研、生产、人才、技术、市场等方面基础条件较好，有带动能力强的农业产业化龙头企业，具备创建农产品知名品牌的基础。

五是环境质量佳。具有保障农产品质量安全和生产可持续发展的良好生态环境。

（三）优先发展的11种优势农产品及其优势区域布局

根据上述主要原则和依据，近期确定专用小麦、专用玉米、高油大豆、棉花、“双低”油菜、“双高”甘蔗、柑橘、苹果、牛奶、牛羊肉和水产品等11种优势农产品，优先规划优势区域，重点予以扶持建设，尽快提高这些农产品的国际竞争力，实现抵御进口冲击，扩大出口的目标。

1．专用小麦　我国小麦总量基本能够满足国内消费需求，但小麦品质结构不合理，中间类型偏多，适宜加工面包用的强筋小麦和加工饼干、糕点用的弱筋小麦品种较少，不能满足国内食品加工业的需求。随着我国城镇居民生活水平的提高，对优质加工专用小麦的需求将逐步增长；同时，东亚和东南亚地区是世界小麦主销区之一，每年都有大量专用小麦输入。因此，专用小麦的市场需求潜力很大。近年来我国专用小麦的品种开发和生产有了显著进步，有了一些与美国、加拿大小麦品质相当的品种，形成了一些产业化生产基地，有进一步加快发展的良好基础。

（1）主攻方向　按照“抓两头、带中间”的思路，重点发展优质强筋小麦和弱筋小麦，稳定发展中筋小麦，确保国内市场需求，积极争取出口。实行统一提供优质专用品种，推广保优节本标准化生产技术，加强产销衔接，改变混种、混收、混储状况，提高专用小麦质量的稳定性和一致性。

（2）优势区域　重点建设黄淮海、长江下游和大兴安岭沿麓等3个专用小麦带。黄淮海优质强筋小麦带主要布局在河北、山东、河南、陕西、山西、江苏、安徽等7个省的39个地市82个县市。长江下游优质弱筋小麦带主要布局在江苏、安徽、河南、湖北等4个省的10个地市20个县市。大兴安岭沿麓优质强筋小麦带主要布局在黑龙江、内蒙古等2个省区的3个地市11个县旗（农场）及黑龙江垦区2个管理局。

（3）发展目标　到2007年，全国专用小麦面积占小麦总面积的比例达到40%左右，比2001年提高20个百分点左右；其中3个专用小麦带发展的优质强筋和弱筋小麦面积占全国专用小麦面积的比例达到40%以上，比2001年提高5个百分点以上。实现基本满足国内需求，力争向东亚国家或地区出口的目标。

2．专用玉米　我国是世界玉米的产销大国，总产量仅次于美国。与其他玉米主产国相比，我国专用玉米品种少，专用性能不强，产品成本较高，玉米加工业滞后，生产与消费市场区域不平衡。随着畜牧业的发展和玉米精深加工新技术的开发应用，我国玉米的需求量将会大量增加；同时，东亚地区是世界玉米主销区，年消费量达3 500万t以上，占全球玉米贸易量的50%左右，目前这个市场主要被美国的转基因玉米占领。我国有临近国际主要玉米消费市场的区位优势和非转基因的品种优势，主产区是世界三大黄金玉米带之一，目前已经培育和引进、推广了一批专用品种，初步形成了专用玉米栽培技术体系，专用玉米发展有了良好的基础。

（1）主攻方向　以提高玉米的商品质量和专用性能为突破口，大力发展饲用玉米和加工专用玉米，优化玉米品种结构；实施订单生产，搞好产销衔接，降低生产成本；增强主产区玉米转化加工能力，延长产业链条，提高综合效益。

（2）优势区域　重点建设东北—内蒙古专用玉米优势区和黄淮海专用玉米优势区。东北—内蒙古专用玉米优势区主要布局在黑龙江、内蒙古、吉林、辽宁等4个省区的26个地市102个县市（旗）；黄淮海专用玉米优势区主要布局在河北、山东、河南等3个省的33个地市98个县市。

（3）发展目标　到2007年，2个优势产区玉米单产、总产分别提高20%，专用玉米面积占玉米总面积的60%以上。在增强优势产区转化能力的基础上，扩大“北出”，抑制“南进”，形成有出有进、出大于进的贸易格局。

3．高油大豆　我国是大豆的原产地，曾经是世界上最大的大豆生产国和出口国。近年来，我国大豆产品消费迅猛增长，但国产大豆生产停滞，近一半的国内市场被进口大豆占领，成为世界最大的大豆进口国。主要问题是国产高油大豆缺乏竞争力。突出表现在“两低一高”，即单产低和含油率低，生产成本高。含油率低于国外高油大豆2～3个百分点。随着人们生活水平的提高和养殖业的发展，我国高油大豆的需求呈上升趋势，预计到2007年全国大豆消费量为3 300万t，其中高油大豆2 500万t，比2001年增加

700万 t。我国大豆品种资源丰富，近几年培育了20多个含油率接近国外高油大豆的品种，加上东北地区生产条件优越，发展高油大豆的潜力很大。

（1）主攻方向　以提高高油大豆单产和含油率为重点，努力降低成本，提高生产能力和经济效益，增强市场竞争力，尽快抢占国内增量市场，替代部分进口。加快选育高油大豆优良品种，推进专品种种植，实行高产模式栽培，推行深耕深松技术和玉米、大豆轮作制度，实行专收、专储，做好产销衔接。

（2）优势区域　重点建设东北高油大豆带，主要抓好松嫩平原、三江平原、吉林中部、辽河平原、内蒙古东四盟市等5个优势产区，把东北地区建设成为世界上最大的非转基因高油大豆生产区。主要布局在黑龙江、吉林、辽宁、内蒙古等4个省、区的30个地市（盟）127个县市（旗）。

（3）发展目标　到2007年，东北地区高油大豆总产量明显提高，单产和含油率达到世界平均水平，平均亩产达到150kg以上，含油率提高2个百分点。将我国高油大豆年进口量控制在合理水平。

4. 棉花　我国是世界上最大的棉花生产国和消费国，也是最大的纺织品和服装生产国和出口国。棉花总产量占世界棉花产量的25%左右。与国外棉花生产相比，我国棉花品种结构不合理，缺乏适合纺高支纱和低支纱的原棉，品质一致性差，“三丝”（异性、异形、异色纤维）含量高；棉花生产、收购、加工、销售、使用等诸环节脱节，中间费用高。目前，我国棉花已经形成了良好的生产基础，棉花单产水平是世界平均单产水平的1.78倍，单位成本比较低。随着我国人口的不断增加和消费水平的不断提高，入世后纺织品和服装出口形势看好，今后棉花需求将继续保持增长势头，为我国棉花生产提供了更大的发展空间。

（1）主攻方向　适应纺织工业多元化的需要，优化品种和品质结构，近期以提高棉花比强度为中心，重点发展目前市场短缺的陆地长绒棉和中短绒棉生产，大幅度减少“三丝”含量，提高棉花质量，推进棉花标准化生产、产业化经营，提高棉花效益。

（2）优势区域　在黄河流域棉区、长江流域棉区、西北内陆棉区重点建设120个棉花生产基地。其中，黄河流域棉区主要建设河北、山东、河南、江苏、安徽5个省的50个县，长江流域棉区主要建设江汉平原、洞庭湖、鄱阳湖、南襄盆地等地的40个县，西北内陆棉区主要建设新疆维吾尔自治区、新疆兵团和甘肃河西走廊地区的30个县、团场。

（3）发展目标　到2007年，3个棉区棉花单产达到1 125kg/hm^2，棉花品种结构进一步优化，长绒、中长绒和中短绒棉花比例力争由目前1:95:4调整为7:83:10，进一步提高棉花的一致性和整齐度，减少“三丝”含量，将长江流域棉区建设成为适纺50支纱以上和20支纱以下为主的原料生产基地，黄河流域棉区建设成为以适纺40支纱为主的原料生产基地，西北内陆棉区建设成为以适纺32支纱为主的原料生产基地，满足我国纺织工业发展的需要。

5. “双低”油菜　我国是世界油菜籽生产大国，目前产量占世界总产量的1/3左右。但由于消费需求不断增长、国产菜籽内在品质较差等原因，每年还需进口一定数量的油菜籽。与进口油菜籽相比，我国油菜籽含油率低2～3个百分点，芥酸和硫甙含量偏高；油菜籽混种、混收、混加工的状况比较严重。随着我国人口不断增加、人民生活水平提高以及养殖业的迅速发展，国内植物油和饼粕的消费量将大幅度增加。我国长江流域是世界最大的冬油菜集中产区，具有良好的生产基础，与加拿大、澳大利亚以及欧洲等油菜主产国相比，我国油菜生产具有上市早的优势，目前已经培育出高含油率的“双低”油菜品种，进一步发展的潜力很大。

（1）主攻方向　以提高“双低”油菜的含油率和单产水平、降低芥酸和硫甙含量为重点，加快新品种选育和种子产业化发展，大力推进专品种集中连片种植，搞好专收、专储、专加工，提高加工技术水平和产品档次。

（2）优势区域　重点建设长江上游区、中游区和下游区3个“双低”油菜优势区。长江上游优势区主要布局在四川、贵州、重庆、云南等4个省（市）的36个县（市、区）。长江中游优势区主要布局在湖北、湖南、江西、安徽和河南等5个省的92个县（市、区）。长江下游优势区主要布局在江苏、浙江等2个省的22个县（市、区）。

（3）发展目标　到2007年，长江流域油菜基本实现“双低”化，单产水平明显提高，新增油菜籽折油205万 t，满足国内植物油需求增量的60%，减少进口量。含油率提高2～3个百分点，商品油菜籽芥酸、硫甙含量基本达到部颁标准。

6. “双高”甘蔗　我国是世界第三大糖料生产国。我国蔗糖产量占食糖总产量的90%。与世界主要产糖强国相比，我国甘蔗单产低、含糖率低，加工业规模小、技术落后，加上国外实行高补贴政策，降低了我国食糖的国际竞争力。目前，我国食糖人均消费量仅6.8kg，而世界平均水平为21.66kg，随着人民生活水平不断提高和膳食结构的改善，国内食糖消费量有进一步增长的潜力。我国南方甘蔗已经形成了比较集中的优势产区，近年来引进、培育了一批高产高糖品种，涌现出了一批高产典型；随着国有糖厂经营机制的转变，企业竞争力逐步增强，产业化格局初步形成，具备了加快发展的条件。

(1) 主攻方向　以引进、培育和推广高产、高糖甘蔗良种为重点，大力提高甘蔗单产和含糖率；因地制宜地推广甘蔗机械化播种、收割技术，加快国有糖厂技术改造步伐，降低生产成本；推广多种形式的产业化经营模式，提高产业的整体效益。

(2) 优势区域　重点建设桂中南、滇西南、粤西3个“双高”甘蔗优势产区，主要布局在广西、云南、广东等3个省区的18个地市48个县市。

(3) 发展目标　到2007年，3个“双高”甘蔗优势区平均单产由目前的60t/hm^{2}提高到75t/hm^2；含糖率由13.3%提高到14.5%，达到甘蔗生产发达国家的平均水平；甘蔗种植面积、总产量和食糖产量分别占全国的54%、60%和65%；国内食糖基本自给，并能够抵御进口食糖冲击。

7. 柑橘　我国是柑橘的原产地和生产大国，面积居世界第一位，产量居世界第三位。但柑橘品种结构不合理，宽皮柑橘多、橙类少，鲜食品种多、加工品种少，中熟品种多、早晚熟品种少，采后商品化处理环节十分薄弱，橙汁加工业滞后。全国柑橘类产品出口仅为总产量的2%，橘瓣罐头出口数量较大，而澄汁几乎全部依赖进口。随着城市居民生活水平的提高，国内市场对优质脐橙等鲜食柑橘和橙汁消费的需求将呈快速增长的趋势，同时宽皮柑橘、橘瓣罐头的竞争优势明显，出口潜力巨大。

(1) 主攻方向　按照鲜食加工并举、突出产后加工的发展思路，巩固宽皮柑橘、橘瓣罐头的竞争优势，扩大出口；主攻脐橙、橙汁加工用等甜橙品种，积极稳妥地发展橙汁加工业，提高橙汁加工水平，减缓进口冲击；扩大早、晚熟鲜食品种种植，压缩中熟品种面积，延长上市期，提高均衡上市水平。重点加强无病毒苗木繁育体系建设，扩大柑橘良种供应能力，建设一批高标准、无公害、规模化的出口和加工基地，提高橙汁加工、罐头加工以及鲜果产后商品化处理水平。

(2) 优势区域　重点建设长江上中游、赣南湘南桂北和浙南闽西粤东三大优势产区，近期集中抓好长江上中游和赣南湘南桂北2个柑橘优势区的建设。主要布局在四川、重庆、湖北、江西、湖南、广西等6个省市区的13个地市46个县市及8个国有柑橘农场。浙南闽西粤东柑橘优势区近期作示范性启动。

(3) 发展目标　到2012年，柑橘优势区优果率力争由目前的35%提高到50%以上，平均公顷产量由10 500kg提高到22 500kg以上，其中加工用品种公顷产量达到30 000kg以上；早、晚熟品种的比重由目前的20%提高到35%以上，鲜果上市期由4个月延长到8个月以上。把长江上中游柑橘优势区建设成为亚洲最大的橙汁加工基地，把赣南湘南桂北柑橘优势区建设成为亚洲最大的优质脐橙生产基地，把浙南闽西粤东柑橘优势区建设成为具有较强竞争力的宽皮柑橘出口基地。

8. 苹果　我国苹果面积和产量分别占世界的40%和33%，均居世界首位。近年来，我国苹果汁发展迅速，已成为世界第一大出口国，出口额占世界的1/4。目前鲜食苹果出口价格比国际市场价格低40%左右，但由于优果率低、一致性差、产后处理能力弱等原因，出口量仅占国际贸易总量的6%。我国苹果生产集中在渤海湾、西北黄土高原、黄河故道和西南冷凉高地等区域，拥有世界上最大最好的适宜产区，这些产区生态条件好、品种资源多、生产成本低，国内消费和扩大出口的潜力巨大。

(1) 主攻方向　加强苹果无病毒良种苗木繁育体系建设，发展早、中熟品种，建设优质苹果出口基地和加工专用苹果原料生产基地，整合加工能力，提高加工技术水平，巩固果汁竞争优势；强化鲜果生产管理和产后处理，提高鲜果商品质量，努力扩大出口。

(2) 优势区域　重点扶持和发展渤海湾、西北黄土高原2个苹果优势区。渤海湾苹果优势区主要布局在山东、辽宁、河北等3个省的12个地市28个县市。西北黄土高原苹果优势区主要布局在陕西、山西、河南、甘肃等4个省的11个地市27个县市。

(3) 发展目标　到2007年，2个苹果优势区优果率由目前的30%提高到50%以上，平均公顷产量由9t提高到15t，形成全国85%以上的苹果生产能力，高档苹果出口量由目前的近30万t提高到90万t，占世界出口量的比重由目前的6%左右提高到15%左右。

9. 肉牛、肉羊　我国是仅次于美国、巴西的第三大牛肉生产国，是第一大羊肉生产国。但从总体上看，我国肉牛、肉羊饲养水平不高，平均胴体重、出栏率均较低；优质和高档牛羊肉比重小，出口数量也很少。随着我国人民生活水平的提高，牛、羊肉的国内消费需求将逐步增长；同时，由于具有生产成本低和无疯牛病等优势，扩大牛羊肉出口的潜力较大。我国具有丰富的肉牛、肉羊品种资源和饲草、饲料资源，近年来引进、培育了一大批优良品种，形成了配套饲养技术体系，肉类加工业和加工技术也有了很大发展，有条件进一步加快发展步伐。

(1) 主攻方向　按照饲养上水平、上规模，质量上档次、保安全的要求，加大肉牛、肉羊优良品种的繁育和推广力度，加快无规定疫病区建设，发展规模化、标准化饲养，改进加工工艺，全面提高单产和质量安全水平；创建一批牛羊肉产品品牌，增加高档牛羊肉的国内市场份额，逐步开拓东南亚、中东和俄罗斯市场，进一步扩大出口。

(2) 优势区域　重点建设中原、东北2个肉牛优势产区，建设中原、内蒙古中东部及河北北部、西北和西南4个肉羊优势产区。中原肉牛优势产区主要布局在河南、山东、河北、安徽等4个省的7个地市38个县市。东北肉牛优势产区主要布局在辽宁、吉林、黑龙江、内蒙古等4个省区的7个地市24个县市（旗）。中原肉羊优势区主要布局在河南、山东、河北、江苏、安徽等5个省的6个地市20个县市。内蒙古中东部及河北北部肉羊优势区主要布局在内蒙古和河北等2个省区的2个地市10个县市。西北肉羊优势产区主要布局在宁夏、甘肃、青海、新疆等4个省区的5个地市（州）15个县市。西南肉羊优势产区主要布局在四川、重庆、云南、贵州、广西等5个省区市的5个地市16个县市。

(3) 发展目标　到2007年，把6个优势产区建成具有国际竞争力的肉牛、肉羊产业带，区内牛羊肉产量提高30%以上，优质牛羊肉的比重由目前不足5%提高到20%以上，结合无规定疫病区建设，把中原和东北等地建成我国牛羊肉主要出口基地。

10. *牛奶*　我国奶业正处在加快发展阶段。由于起步较晚，奶业发展水平和牛奶消费水平还很低，2001年人均奶类占有量9kg，其中人均牛奶占有量8kg，远低于世界平均100kg的水平。制约我国奶业发展的突出问题是，良种奶牛数量不足，单产水平低，饲养规模小而散，奶类加工企业规模小，质量监控体系建设滞后。随着城乡人民收入的增加和消费观念的转变，国内奶类产品市场需求旺盛，增长潜力巨大。我国农作物秸秆、饲草及粮食等饲料资源丰富，劳动力资源充足，鲜奶在生产成本等方面具有明显的优势。

(1) 主攻方向　突出发展鲜奶，加强良种奶牛繁育，扩大奶牛规模，发展小区养殖，主攻奶牛单产和牛奶质量安全水平；改进奶制品加工工艺和水平，提高奶制品质量。尽快占领国内快速增长的消费市场，抵御进口产品冲击。

(2) 优势区域　重点发展东北、华北及京津沪3个牛奶优势产区。东北优势产区主要布局在黑龙江、内蒙古等2个省区的12个地市（盟）37个县市（旗）。华北优势产区主要布局在河北、山西等2个省的10地市29个县区。京津沪优势产区主要布局在13个郊区县和25个农场。

(3) 发展目标　到2007年，3个优势产区奶牛存栏数量达到280万头，年均递增12%左右，奶牛平均单产提高20%左右，鲜奶产量年均递增15%～18%；奶源基地向区域化、集约化、现代化发展，良种繁育、疫病防治、鲜奶收贮等支持服务体系进一步健全和完善，形成一批与国际标准接轨、具有较强竞争力和带动力的乳品加工企业。

11. *水产品*　我国是世界渔业大国，更是水产养殖大国，养殖产量占世界养殖总产量的70%。目前水产品出口在我国农产品出口中居首位，形成了以欧美和东亚地区为主的、比较稳定的国际市场。影响我国出口水产品竞争力的主要因素是质量安全问题突出，优良苗种覆盖率偏低，加工流通和产业化滞后。我国渔业资源丰富，出口品种多，分布范围广，劳动力成本低，形成了先进的养殖技术体系，扩大出口的潜力很大。

(1) 主攻方向　重点抓好水产品质量安全、种苗繁育和精深加工三个关键环节，加快建设出口水产品养殖区，改善水质生态环境，推广健康养殖方式，巩固和扩大国际市场份额。

(2) 优势区域　优先发展东南沿海、黄渤海出口水产品优势养殖带和长江中下游出口河蟹优势养殖区。东南沿海养殖带主要布局在浙江、福建、广东、广西、海南等5个省区的28个地市43个县市，重点发展鳗鱼、对虾、罗非鱼、大黄鱼。黄渤海养殖带主要布局在山东、河北、辽宁等3个省的9个地市23个县市，重点发展对虾、贝类。长江中下游养殖区主要布局在江苏、安徽、江西等3个省的11个地市12个县市，重点发展河蟹。

(3) 发展目标　到2007年，按照国际标准组织生产，3个优势带区的水产品良种覆盖率由目前的70%提高到80%，水产品加工率由目前的40%提高到50%，重大养殖病害得到有效预防和控制，养殖产品的出口比重明显提高。

四、推进优势农产品区域布局的重大措施

推进优势农产品区域布局，要实行规模化生产，标准化管理，专业化服务，产业化经营，提高优势产区的生产和管理水平。以增强优势农产品竞争力为核心，提高产品质量，降低生产成本，搞好产销衔接。

（一）引进、培育和推广优良品种，提高集约化供种水平

引进、培育和推广优良品种是加快优势农产品发展的基础。要把种业作为优势农产品和优势产区发展壮大的先导产业，加大投资倾斜力度，提高农产品种子（种苗）质量和供种能力。一是在专用小麦、专用玉米、高油大豆、棉花、“双低”油菜、“双高”甘蔗的优势产区建设完善一批新品种研发、良繁、质检和种子加工处理等基础设施，加快优质专用品种的应用步伐。二是在柑橘、苹果优势产区集中建设一批无病毒苗木繁育基地，使优势产区新发展和改造的果园全部实现无病毒化。三是在肉牛肉羊和牛奶优势产区建设一批种公牛站、种母牛场、种羊场等良种繁育场，提供满足生产需要的冷冻精液、胚胎和种牛种羊，加快品种改良。四是在出口水产品优势产区建设一批种质资源保护及原良种繁育场，选育、引进、推广一批适宜优势区发展的优良品种。按照生产规模化、产品标准化的要求，在优势产区实行统一供种，提高优良品种的集约化应用水平。

（二）实行标准化生产和管理，创建产地品牌

实行标准化生产和管理是提高农产品整体质量水平的前提。在优势产区选择龙头企业带动能力强、产业发展基础好的重点县市，按照产业化的要求，建设一批标准化生产（养殖）示范基地，主要建设小型农田水利设施、良种供应设施、技术服务体系、质量检测体系和机械化作业服务体系等，实现良种、成套技术规程、产品质量的标准化，发展“订单农业”，搞好产销衔接。加强标准化生产和管理技术的培训，推动标准入户。把标准化生产（养殖）示范基地建设成为优势农产品的出口基地、龙头企业的原料供应基地和名牌产品的生产基地，创立产地品牌，增强市场竞争力。

（三）推广成套农业技术，提高种养业生产和管理水平

提高优势农产品竞争力的核心是提高科技含量。适应优势农产品和优势产区发展的需要，调整农业科研布局、技术推广方向和重点，整合技术力量，在优势产区开展专业化服务。一是扶持一批专业性或综合性的骨干农业科研机构，完善科研设施，改善科研手段，针对关键技术进行科研攻关和开发，解决优势农产品发展的技术“瓶颈”。二是深化农技推广体系改革，创新推广机制和方式，面向优势农产品生产、加工、销售全过程，有针对性地推广一批成套技术。在专用小麦、专用玉米、高油大豆、棉花和“双低”油菜优势产区，重点推广一批降本增效技术；在“双高”甘蔗、柑橘、苹果优势产区重点推广一批加工、保鲜等产后商品化处理技术；在水产品优势产区重点推广一批健康水产养殖技术；在牛奶、牛羊肉优势产区，加快推广人工授精、胚胎移植和配方饲料等先进实用技术。三是在优势产区鼓励和扶持农机大户、联户和专业化农机服务组织的发展，提高优势农产品生产、加工和运销等环节的机械化水平。四是在优势产区选择一批重点县市优先建设完善以“绿色证书”、“青年农民培训工程”为主的农民技术培训教育体系，提高农民的科技素质。

（四）加强市场信息服务体系建设，促进产销衔接

加强市场体系和信息服务设施建设是提高优势农产品竞争力的重要条件。一是在优势农产品集中产区建设一批现代化的产地批发市场，优先在柑橘、苹果、畜产品、水产品等鲜活农产品的优势产区，建设若干个区域性专业批发市场，完善市场交易、检测检验和信息服务等设施，增强服务功能，扩大辐射范围。根据条件和需要，在这些市场设立绿色食品、有机食品专门交易区。二是在有条件的优势产区实行产品拍卖、连锁经营、统一配送和电子商务等现代交易方式，建设相应的流通设施。三是选择优势产区的重点县市，优先建设和完善农业电视节目传输和接收设施，扩大覆盖范围，提高节目进村入户普及率。四是在优势产区选择若干重点县市优先建立网络信息服务平台，与农业信息网站联网运行，提高农产品信息服务水平。五是建立功能齐全、反应敏捷的优势农产品进出口预警系统，及时提供农产品生产和贸易信息。

（五）实行全程质量监控，提高优势农产品质量安全水平

提高优势农产品质量安全水平是增强竞争力的关键。要重点在牛羊肉、牛奶、水产品及柑橘、苹果等鲜活农产品的优势产区，率先推行市场准入制度和产品质量追溯制度，加强对生产过程、生产投入品和产品质量的监测，全面提高优势农产品的质量安全水平。一是建设完善优势产区动植物疫病虫害防治体系，提高对危险性疫病虫害的防范和控制能力；优先在优势产区建成若干片符合国际惯例的无规定动物疫病区、种植业非疫病生产区。二是在优势产区建设和完善一批农产品、农业投入品、农业环境质量、药物残留等综合性监督检测机构，建设若干个转基因产品安全检测与评价中心，提高检测水平和服务能力。三是加快制定和完善11种优势农产品的质量安全国家标准和行业标准，并在标准化生产示范基地推广。

（六）发展农业产业化经营，增强龙头企业的辐射带动作用

农业产业化经营是推进优势农产品区域布局的重要带动力量。采取“公司+农户”、“订单农业”等方式，走小农户、大基地，小规模、大群体的路子，通过产业化龙头企业，带动优势农产品和优势产区的发展壮大。扶持有条件的龙头企业在优势产区建设农产品生产、加工、出口基地，加强基地与农户、基地与企业之间的联合与合作。发挥龙头企业在引进、示范和推广新品种、新技术等方面的作用，不断进行技术创新。利用龙头企业开拓市场能力强、信息灵敏的优势，把市场信息、适用技术、管理经验及时传送给农户，组织开展农产品购销。支持龙头企业发展农产品精深加工业，延长产业链，促进优势农产品转化增值。积极发展多种形式的专业合作经济组织，提高农民的组织化程度，开展农业社会化服务。对农产品加工企业、批发市场、合作组织等各种类型的农业产业化经营龙头企业，只要有市场、有效益，能够增加农民收入，都要一视同仁，给予扶持。引导龙头企业与农民结成利益共享、风险共担的利益关系，增强带动作用。

五、推进优势农产品区域布局的主要政策建议

推进优势农产品区域布局是一项系统工程，需要各方面共同努力，采取综合措施。要在稳定党的农村基本政策、深化农产品流通体制改革和农村税费改革的基础上，对优势产区实行政策倾斜，加大投资力度，加强基础设施建设，加快科技进步，培育市场经营主体，创造良好的发展环境。

（一）增加对优势农产品和优势产区的建设投资

加大国家投资力度，调整投资结构，集中必要的资金，有针对性地扶持优势农产品和优势产区，重点加大对上述六项重大措施有关项目的投资力度。

增加国家用于农业建设的投资总量。国债资金和国家预算内基本建设资金应增加对农业的投资比例，重点用于优势农产品和优势产区的项目建设。将《优势农产品区域布局规划》所提出的主要建设项目列入国家基本建设投资计划。

争取中央有关部门农业投资项目对优势农产品和优势产区的支持。建议现有中央有关部门用于农业方面的投资，按照“渠道不变、管理有序、目标统一、合理分工”的原则，根据各项资金的性质和用途，确定重点投资环节，进一步向优势农产品和优势产区倾斜。农业综合开发资金应重点支持优势产区农田基本建设，完善农田小型水利等基础设施；国家大型商品粮、棉、油、糖基地建设资金应切实加大对专用小麦、专用玉米、高油大豆、棉花、“双低”油菜、“双高”甘蔗标准化生产示范基地建设的投资力度；财政专项资金应进一步加大对优势农产品和优势产区重大成套技术推广的支持力度；金融部门应进一步加大扶持产业化龙头企业的贷款力度，重点解决优势农产品收购、营销、加工的贷款，支持优势产区种植、养殖大户进行规模生产；积极引导社会资金，中央和地方财政应设立贴息资金，鼓励和引导社会资金到优势产区建基地、发展农业产业化经营。农业部现有的各项农业投资，也要加强整合，向优势农产品和优势产区倾斜。

（二）实行对优势农产品和优势产区的财政扶持政策

1. *实施补贴政策* 在总结完善东北高油大豆种子补贴办法的基础上，从 2003 年开始，扩大到对优势产区的优质专用小麦种子进行补贴，再逐步推广到对其他优势农产品的优质种子补贴，以及与推广重大技术有关的农业机械设备购置和生产投入品的补贴。

2. *实施减税政策* 免征苹果、柑橘、“双高”甘蔗、出口水产品生产的农业特产税。提高 11 种优势农产品出口退税率，按照增值税的征税率进行全额退税。进一步深化粮棉流通体制改革，完善优质专用小麦、专用玉米、棉花等大宗农产品由市场形成价格的机制，实行优质优价。

3. *减免有关收费* 清理农产品生产、流通环节等收费规定，简化审批手续和程序，减免优势农产品在流通、储运和交易等中间环节的收费。在优势产区、大型批发市场和农产品出口环节，对优势农产品实施免费检疫和质量检验制度，对国家实行强制性免疫的重大疫病防治实行免费免疫。将出口鲜活农产品的航空运费降低到与国外航空同等收费水平，运费差价由政府给予适当补贴。

4. *国家设立专项资金，支持开展农业保险，对水产品、牛奶、牛羊肉等风险较大的产品，率先在其优势产区进行试点。*

（三）扶持壮大优势产区的市场经营主体

在优势产区对符合条件的农业产业化龙头企业，本着同等优先的原则，参与农业产业化经营国家重点龙头企业的认定，申报国家技改项目。抓紧组建各类优势农产品行业协会，发挥其在产销衔接、技术服务和协调出口价格等方面的作用。近期要抓紧组建专用小麦、高油大豆、奶业全国性行业协会。加强对行业协会等中介组织的扶持，允许行业协会、专业合作经济组织申报国家有关项目。支持行业协会和出口企业积极应对国外歧视性反倾销、反补贴及其他限制性措施，维护和保障农民和企业的合法权益。加强对优势农产品的营销服务，大力开拓国际市场。国家财政应设立专项资金，对从事优势农产品加工、销售的农业

产业化龙头企业，参加国际展览、展销会，开展名牌产品的宣传等推介活动提供补贴，提高我国优势农产品在国际市场的知名度和占有率。

（四）切实加强对优势农产品区域布局工作的领导

各地、各有关部门要把实施优势农产品区域布局规划，作为应对入世挑战，推进农业结构战略性调整的一项重要措施来抓。进一步统一思想，提高认识，加强引导，精心组织。有关地区要按照全国优势农产品区域布局规划的精神和要求，结合本地实际，制定相应的具体措施，抓好项目的落实。在推进优势农产品产业带区建设的过程中，要尊重农民意愿和生产经营自主权，不搞强迫命令；要尊重自然规律和市场规律，不要一哄而起。要开拓思路，积极探索市场经济条件下规划实施的机制，加强政府的宏观调控和指导，发挥规划的导向作用。农业部门要积极开展工作，争取计划、财政、金融、外贸等部门支持。积极推进农业管理体制改革，进一步转变政府职能，在优势产区探索建立产供销、内外贸一体化的管理体制。

需要说明的是，除本规划涉及的11种农产品外，有些产品如水稻、生猪等在全国种植、饲养的范围很广，进出口形势相对稳定，近期国家可不做专项规划。西藏已作为专门区域制定了农牧业特色产业发展规划，未列入本规划。还有一些农产品特别是西部地区特色农产品，我部已经下发了《关于加快西部地区特色农业发展的意见》，并将通过其他专项规划加以扶持。没有纳入本规划范围的地区，要本着推进优势农产品区域布局的思路、原则，研究制定相关扶持措施，推动本地优势农产品的发展。

优势农产品竞争力提升科技行动

（农业部科技教育司　2003年1月27日）

提高农产品国际竞争力关键在于确立农产品国际比较优势。农产品比较优势具有动态变化的特征，是资源禀赋和农业科技相互作用的结果。在国际贸易发展早期，农产品比较优势的基础是各国资源的差异，而在当代国际贸易中，农业科技水平高低成为确立农产品比较优势的核心因素。农产品品质须由科技来提高，质量安全须由科技来保障，生产成本须由科技来降低，产品品牌须由科技来打造。本行动根据《优势农产品区域布局规划》，选择包括小麦、大豆、玉米、棉花、油菜、甘蔗、柑橘、苹果、牛奶、牛羊肉和水产品等11种优势农产品，通过对每种优势农产品国内外市场供求状况及变化趋势的分析预测，定位每种优势农产品目标市场，找出影响我国优势农产品国际竞争力的各种技术因素，确定主攻方向，围绕关键技术开展科技攻关，基于优势区域进行技术集成，使得自主创新与技术开发、技术引进与消化吸收、组装配套与中试、技术示范与推广、技术培训等科技工作，与优势产品一一对应、与优势区域一一对应、与目标市场一一对应、与解决的问题一一对应，从而构筑与优势农产品区域布局相配套、与新的农业产业体系相适宜的农业科技支撑体系，达到从根本上提升我国优势农产品国际竞争力的目的。

一、指导思想、基本原则和发展目标

（一）指导思想

实施区域优势农产品竞争力提升科技行动的指导思想是：按照优势农产品区域布局规划，围绕制约主要农产品比较优势形成和发挥的重大科技问题，以提高品质、降低成本、增加效益为核心，研究和突破一批关键技术，以优势区域、龙头企业和生产基地为重点，集成、示范和推广一批标准化节本增效配套技术，快速提高我国优势农产品科技含量和技术水平，全面提升我国农产品国际竞争力，有力抵御进口农产品的冲击，进一步扩大我国农产品在国际市场上的份额。

（二）基本原则

1. 坚持以优势农产品区域布局规划为依据的原则　根据优势农产品区域布局规划所确定的优势区域，站在国内外一体化大市场的制高点，找准优势农产品的主要目标市场及其主攻方向，逐一攻克每一优势区域的关键技术，形成一个区域一个产品一套技术，突破比较优势形成和发挥的技术“瓶颈”，立足打赢国内市场的“阵地战”，力争打好国际市场的

“进攻战”，将优势区域做成优势产业带。

2. 坚持技术的先进性与实用性相结合的原则 以国际竞争对手为比较，力求所研发的技术具有先进性。将现代生物技术和信息技术与常规技术密切结合，以现代科技武装和改造传统农业，以技术先进性提升产品竞争力。研究、示范、推广的技术以生产管用、农民易学、经济有效为出发点，有利于产品卖得出、卖得好，有利于农民增加收益。

3. 坚持立足当前、兼顾长远的原则 要通过提高品种品质、降低生产成本，强化优势农产品已有比较优势，稳住国内存量市场，抢占增量市场，积极扩大出口。与此同时还要针对我国农产品花色品种单一、出口市场单一、贸易风险较大的问题，谋划进一步创造更多技术优势，开拓多元化国际市场。

4. 坚持突出重点、系统整合的原则 优先研究提高品质、降低成本、延伸产业链的关键技术，围绕关键技术进行配套集成，形成简便易行的标准化的成套实用技术。优先提高优势区域技术创新能力和技术水平，以优势区域为着力点开展技术攻关，以优势区域为基地开展技术组装、示范和推广，以优势区域为对象开展技术培训和服务，推动科技资源向优势区域集中。

5. 坚持推进产业化经营的原则 在继续注重产中技术水平提升的同时，要加强产前和产后技术研究，延长优势产品产业链。提高龙头企业加工技术水平，提高生产基地产品的品质和商品一致性，打造名牌产品。组织农民专业协会开展技术示范和技术培训，在提高农民素质的同时，提高农民的组织化程度。

（三）发展目标

通过五年努力，要求：

1. 攻克11种优势农产品在品质、成本、加工上的关键技术 培育一批在品质上取得突破、重要经济指标达到主要竞争国和国际先进水平的新品种。研制成功一批全面提升产品质量、大幅降低生产成本、显著改进加工工艺的关键技术，要求投入品用量减少20%～30%，综合生产成本降低20%～30%。

2. 围绕关键技术，集成35套优势区域标准化优质节本安全的配套生产与加工技术，结合培训进行示范和推广 使35个优势区域生产的11种优势农产品，品质全面达到国家或农业部行业优质标准，生产成本降低10%～15%。其中龙头企业生产基地生产的农产品，品质达到主要竞争国优质标准，生产成本降低15～20%。

3. 农产品科技含量显著提高和农业科技水平明显提升 培育11种在国际市场上有较强竞争力的农产品，形成35个世界知名的优势产业带，建立一批优势农产品出口基地，创造一批国内外知名品牌，有力抵御进口农产品的冲击，进一步扩大我国农产品在国际市场上的份额。

二、行动方案

本行动根据《优势农产品区域布局规划》，设置11个优势农产品专题行动计划。每个专题行动计划，在技术引进与消化吸收、自主创新与技术开发、组装配套与中试、技术示范与推广、技术培训五个层次上进行科技布局和整体推进。

（一）专用小麦区域技术问题

我国将重点建设黄淮海优质专用强筋冬小麦、大兴安岭沿麓优质专用强筋春小麦和长江下游优质专用弱筋冬小麦优势区域产业带。这些区域存在的主要问题是：制作面包、面条、饼干和糕点的专用小麦品种缺乏，现有小麦品种出粉率和面粉色泽等磨粉品质普遍偏差，附加值低。品种产量虽然较高，但对肥水要求严格，水分和化肥平均利用效率仅为30%左右，生产中施肥量超过需肥量的40%，生产成本高。

1. 主攻方向 以提高小麦质量、降低生产成本、增强产品的技术竞争力为核心，重点培育强筋和弱筋小麦新品种，研究开发节水节肥等资源高效利用的耕作栽培技术。

2. 关键技术

（1）高附加值优质专用高效品种选育。

（2）节本增效保护性无公害栽培技术研究。

（3）品质快速检测和深加工利用技术研究。

3. 预期目标 培育优质高附加值、高产、高效的小麦品种20个，其中优质强筋面包面条小麦8个（北方冬麦区、东北春麦区），饼干糕点小麦2个（南方冬麦区），要求品质达到国外一、二级优质标准，产量与对照品种持平；高产（增产8%以上）高效广适型品种5个；兼抗广适性品种3个；育成饲用品种2个；氮肥利用率提高10%左右，水分利用率从0.8～1kg/m^{3}提高到1.3～1.4kg/m^3。小麦价格提高0.1元/kg或2.67元/hm^2，降低生产成本2元/hm^{2}左右；各项技术累计推广930万hm^2；培训5 000名农业技术与质检推广骨干及10万名农民。

（二）高油大豆区域技术问题

我国将重点建设东北大豆产业带。该区域存在的主要问题是：品种含油量低，较国外大豆低1.0～1.5个百分点，仅为19%～20%。产量低，我国大豆平均产量1 720kg/hm^2，较世界平均公顷产量低570kg，较美国、巴西、阿根廷平均每公顷产量低

840～990kg。斤粮成本高，斤粮成本为1.22元/kg，较美国、巴西高0.14～0.16元/kg。生产技术水平低，美国、巴西均为大规模机械化生产，免耕栽培。

1. 主攻方向　以提高含油量和单产为突破口，以推广高油高产品种和大面积机械化标准作业为保证，努力降低成本。同时，充分发挥我国非转基因、绿色无污染或有机大豆的优势，加速高油大豆品种和配套技术的推广。

2. 关键技术

(1) 高油品种的引进与选育。

(2) 高油、高产栽培技术的组装示范与推广。

(3) 节本、增效栽培技术的推广。

(4) 无污染、绿色食品大豆生产技术的示范与推广。

(5) 大豆生产专家系统软件的开发应用。

3. 预期目标　通过5年的努力，选育油分含量22%～23%的大豆新品种5个，油分含量提高1～1.5个百分点，单产提高8%～10%；增产150～225kg/hm^2；生产成本降低150～300元/hm^2；各项技术累计推广266.67万hm^2；培训技术人员和农民15万人次。

(三) 专用玉米区域技术问题

我国将重点建设东北——内蒙古专用玉米优势区和黄淮海专用玉米优势区。我国玉米单产为4 995kg/hm^2，比美国低40%；我国玉米品质不优、类型不专，收获期籽粒含水量高，籽粒容重多在630g/L以下，而美国、阿根廷等国家玉米籽粒色泽好、黄色素含量高，品质稳定；我国玉米生产成本0.88元/kg，而美国不含补贴的生产成本为0.66元，我国单位产品的劳动力投入是美国的2.85倍，化肥投入是美国的1.8倍。

1. 主攻方向　以提高玉米质量、降低生产成本、增强产品的技术竞争力为核心，在继续提高品种抗逆性和产量潜力的基础上，重点培育优质饲料专用、工业加工专用玉米新品种，研制和推广节本增效、资源高效利用的耕作栽培技术，集中发展东北和黄淮海专用玉米优势区。

2. 关键技术

(1) 筛选和培育优质专用玉米新品种。

(2) 研发少耕、节水耕作技术。

(3) 示范推广玉米专用长效复合肥。

(4) 研究低水分玉米生产技术。

(5) 研发玉米生产专家系统软件。

3. 预期目标　选育抗逆优质玉米自交系5个，筛选和培育优质专用玉米杂交种15个；饲料玉米基本达到国标二级以上标准（容重685g/L，粗蛋白质9%）；淀粉发酵工业用玉米达到国标二级以上标准（淀粉72%）；产量比对照提高8%以上。研究推广少耕技术，每吨玉米降低机械成本20～30元；推广玉米专用长效复合肥，每吨玉米降低肥料投入成本30～40元；组装玉米品种与促早熟生产技术，使东北春玉米区收获期籽粒含水量降至28%以下；玉米产品安全性符合绿色食品A级标准；培训县、乡级农技人员和农民20万人次以上。

(四) 棉花区域技术问题

我国棉花生产的三大区域是黄河流域棉区、长江流域棉区和西北内陆棉区。棉花品质结构不适应，“三丝”含量高，一致性差；早熟性重视不够，纤维遗传品质差；病虫害危害严重，成本有待降低是制约生产的主要技术问题。

1. 主攻方向　针对棉花质量不能满足国内外市场的需求，植棉效益低、市场竞争力弱、生产波动性大、进口多而出口少等问题，以改善棉花质量、增加优质高等级棉，提高效益，促进棉农增收和抑制进口、扩大出口为主攻方向。

2. 关键技术

(1) 棉花优质、抗黄萎病、抗虫新品种选育，杂交棉高产低成本制种技术开发，高抗黄萎病和高强力亲本引进和创新。

(2) 棉花优质高产高效栽培规范技术研究和示范，工厂化育苗机械化技术和专利产品开发，抗虫棉、杂交棉减氮补钾平衡施肥技术。

(3) 棉花栽培专家系统及其配套机具开发。

(4) 棉花病虫害综合治理技术研究与应用，棉铃疫病控制和产品开发，抗虫棉主要虫害防治技术。

3. 预期目标　培育出多抗、高强纤维，早熟优质，高产杂交棉，高产优质专用品种20个；棉花工厂化育苗机械化移栽进入生产应用，节水节肥30%，单产提高15%～20%；纤维强度提高2～3cN/tex，优质棉、高等棉增加15%，出口商品品质提高1级，生产成本降低450元/hm^2，节本增效1 500～1 800元/hm^2；扩大棉花出口达到50万t左右；国产抗虫棉种植面积133.33万hm^2，杂交棉种植266.67～300万hm^2；培训棉农、基层领导、农技人员达到20万人次。

(五)“双低”油菜区域技术问题

我国将重点建设长江上游区、中游区和下游区3个“双低”油菜优势区。目前我国双低油菜面积仅占油菜总面积的60%左右。而我国芥酸含量<1%、且硫甙含量<30μmol/g的双低油菜品种很少，品种含油量不高。油菜生产的机械化水平低，油菜主要病害的早期分子诊断及生物防治技术落后，多数双低品种

的抗病性不强，施肥技术粗放，农药和肥料等生产资料投入较多，生产成本居高不下。

1. 主攻方向　以科技创新和技术推广为基本出发点，着力于改善品质、降低成本，提高多元化开发能力和双低油菜的产业化水平。

2. 关键技术

(1) 双低、高油、高产、多抗、营养高效利用型油菜新品种选育。

(2) 油菜品质速测技术（设备）的研究。

(3) 油菜优质、低耗、高效标准化生产技术的研究。

3. 预期目标　到2007年，长江流域双低油菜普及率达到95%以上，基本实现双低化，商品菜籽芥酸和硫甙含量分别低于1%和18μmol/g（籽），并出口国外市场；育成新品种10个以上，双低指标与加拿大接轨、含油量提高2～3个百分点、单产提高15%以上；完成芥酸、硫甙速测仪的改造升级，研制成功油分、水分、蛋白质及脂肪酸组分的快速检测技术及设备；技术培训12万人次以上，技术普及率达到90%以上，年推广面积达到600万hm^2以上，年节约劳动力投入50亿元；每667m^2节省化肥投入15%以上；菜籽精深加工增值达100%～200%以上。

（六）甘蔗区域技术问题

我国将重点建设桂中南、滇西南、粤西3个甘蔗优势产区。主要竞争国家甘蔗单产比我国高10%～50%，平均产糖率高1.3～3.2个百分点，吨糖耗蔗量比我国节约0.96～2.10t，公顷产糖量为我国的138.7～191.2%。世界甘蔗平均生产成本比我国低30%以上。

1. 主攻方向　提高甘蔗单位面积产糖量和产品质量，提高劳动生产率，降低成本是甘蔗技术提升的主攻方向。

2. 关键技术

(1) 高优多抗低耗多用途甘蔗良种的选育和引进。

(2) 健康种苗培植技术研究。

(3) 宿根栽培技术。

(4) 节水栽培技术。

3. 预期目标　糖料甘蔗良种的技术指标是丰产（90t/hm^2）、高糖（蔗糖分15.0%以上）、宿根年限3年以上，适应性广，具有抗旱、抗病特性；能源甘蔗良种的（包括能源专用和糖能兼用）的技术指标是丰产（生物量180t/hm^2，蔗茎单产130t/hm^2）、高可发酵糖含量23%～25%以上，宿根年限3年以上，具有耐旱、抗病特性。南方主产区甘蔗单产提高到77.0t/hm^2，糖分达14.3%；吨蔗生产成本下降到95～100元，与泰国持平；吨糖生产成本下降到2 487元，相当于世界原糖每磅6美分的水平。技术培训5万人次以上。

（七）柑橘区域技术问题

我国柑橘主要分布在长江上中游、赣南湘南桂北和浙南闽西粤东三大产区。目前我国柑橘生产的突出问题是无病毒苗木繁育体系尚未形成，品种成熟期过于集中，橙汁加工专用品种缺乏，检疫性病害危害较严重，无公害栽培的整套技术缺乏组装，以清洗、打蜡、分级、包装为一体的商品化处理技术和能力严重落后、橘瓣罐头生产效率低。

1. 主攻方向　提升宽皮柑橘品质，拉开成熟期；积极发展优质脐橙鲜果和橙汁加工专用品种；开发和应用柑橘商品化处理技术和橘瓣罐头机械化生产技术。

2. 关键技术

(1) 不同成熟期柑橘品种、橙汁和橘瓣罐头专用品种的引进与选育。

(2) 无公害果品生产的技术体系的研发。

(3) 提高品质降低成本的关键技术研究。

(4) 以打蜡及机器视觉高速全面分级技术为核心的柑橘商品化处理技术。

(5) 低温浓缩橙汁加工技术和橘瓣罐头生产机械化技术研究。

3. 预期目标　选育成熟期向两头延伸、鲜果供应时间延长3～4个月的柑橘品种3～5个；选育无核的蜜柑品种1～2个，提高我国宽皮橘的竞争力；选育出1～2个比较耐溃疡病的脐橙品系，并在疫区示范。建立适合我国的无公害栽培技术规程和开发关键技术，开发宽皮橘提高品质的技术（体系），形成一套安全的脐橙等附加值较高的留树保鲜技术。弄清我国目前重要的病虫害的发生、成灾规律，并提出综合防治技术及规程。开发出2～3个柑橘活性成分的提取技术和工艺。通过引进成套设备，提高我国柑橘鲜果处理能力10个百分点。现场培训力争66.67 hm^2橘园有一个称职的专业技术人员，3.33 hm^2有一个技术骨干。

（八）苹果区域技术问题

我国将重点发展渤海湾、西北黄土高原2个苹果优势产区。虽然我国苹果生产成本只是世界平均水平的55%，新西兰、美国、日本的41.3%、32.2%、28.7%，但我国苹果出口平均价仅是美、法的63.0%和59.5%。我国主栽品种单一、熟期结构不合理、加工品种少、自育品种能力弱，单产9.06t/hm^2，远低于意大利、美国、日本和韩国（分别为27.5t/hm^2、24.2t/hm^2、21.1t/hm^2和16.2t/hm^2）。

我国优质果率约在35%左右，达到出口标准的高档果率不足5%，而美国、新西兰、日本等国的优质果率高达70%以上，可供出口的高档果率也在50%左右。国外苹果贮藏保鲜量占总产量的60%以上，是我国的3～4倍，采后商品化处理（清洗、打蜡、分级、包装）率几乎100%。

1. 主攻方向　形成适合中国优势区域特点、适于不同国际市场目标的优质苹果品种群。降低生产成本、提高优质果率，提高苹果商品化处理技术水平和能力，扩大鲜销苹果的出口量。研发苹果鲜榨汁、苹果酒等加工新技术和新产品以及全程质量控制HACCP技术体系。

2. 关键技术

（1）新品种的引进与选育。

（2）无公害苹果标准化生产技术研究。

（3）苹果贮藏保鲜、采后商品化处理及深加工技术研究。

（4）以打蜡及机器视觉高速全面分级技术为核心的苹果商品化处理技术开发。

（5）鲜榨苹果汁非热杀菌和无菌冷灌装技术及鲜榨苹果汁生产全程质量控制HACCP技术体系研究。

3. 预期目标　筛选出拥有自主知识产权的优良品种8～12个，其中鲜食早熟品种1～2个、中熟品种2～3个；晚熟（含中晚熟）品种3～4个，加工专用品种2～3个。完善以无公害为主的苹果标准化生产技术体系，确定主要栽培品种的适采时期和采收技术；开发2～3种苹果新型保鲜剂和3～4种无毒或低毒生物防腐制剂；开发3～5种无污染新型包装材料；建立苹果浓缩汁生产全程质量控制HACCP技术体系；研究开发苹果深加工新产品（如苹果酒、苹果水等）5～10个，取得创新技术5～8项，加工关键设备基本实现国产化；技术培训每66.67 hm^2 果园有一名中级职称的专业技术人员，每6.67 hm^2 果园有一名技术骨干。

（九）牛奶区域技术问题

我国将重点发展东北、华北和京津沪3个牛奶优势产区。由于起步较晚，我国技术差距明显。表现在奶业产业化技术水平低，我国奶牛仍然以农户分散养殖为主，占养殖总量的80%，户均饲养规模为3～7头。奶牛繁育技术落后导致良种数量不足、单产很低，我国3头奶牛的产奶量才相当于以色列1头奶牛的产奶量。营养调控及饲料高效利用技术薄弱，牛羊配合精饲料不足4%。奶类加工制品技术单调，附加值不高。尚未建立国家奶业质量安全技术检测体系，不合格产品比例较高。

1. 主攻方向　分为大城市郊区奶业技术的集成与示范、农区奶业技术的集成与示范两个部分。建设一批集良种、饲料饲养机械化、环境工程智能化、奶产品加工与质量检测自动化等技术于一体的现代化奶业示范基地，达到安全、高效、优质的生产目的。

2. 关键技术

（1）奶牛良种快速繁育关键技术。

（2）奶牛营养需要与饲料安全高效利用技术。

（3）乳品质量安全监测关键技术。

（4）疾病快速诊断和防疫技术。

3. 预期目标　建立以人工授精和MOET技术为核心的我国奶牛良种繁育体系和年提供优质奶牛胚胎2万枚的2个良种奶牛胚胎产业化繁育中心；提出1套荷斯坦奶牛不同产奶阶段的营养参数及饲养标准草案以及3～5种奶牛营养调控技术；自主培育优秀种公牛100头，获得改良奶牛100万头，一代改良牛年单产提高500～800kg；开发出新型安全补充料与饲料添加剂新产品4～6种；提出不同产奶阶段的饲料配方和饲喂工艺2套，生产精料配合饲料500万t以上；推广青贮玉米和优质牧草种植。开发出针对各种疾病的快速、高效、经济的诊断试剂盒4～6个。建立与国际接轨的奶产品质量和安全控制、检测标准及相应技术体系。建立5～7个奶业现代化生产核心示范区。示范区奶牛平均单产提高30%以上。原料奶生产年产值增加25亿～30亿元，乳品加工附加值增加20亿元以上。培训奶农10万人次。

（十）牛羊肉区域技术问题

我国牛肉集中在中原、东北2个优势产区，羊肉集中在中原、内蒙古中东部及河北北部、西北、西南4个优势产区。我国牛羊肉技术明显处于劣势。发达国家的肉牛业将品种选（培）育、年龄控制、营养与饲料配合技术、屠宰加工和品质监控、疫病控制及包装上市形成了一整套技术体系。在养羊业培育专门化早熟肉用和适于羔羊肉生产新品种，肥羔专业化和集约化生产，天然放牧草场改良和人工种草技术应用等方面逐步建立和形成了较为完善的肉羊生产体系，使肉羊业成为发展高效养羊业的主流。

1. 主攻方向　在建立无规定疫病区等动物保护工程建设的配合下，技术研究以良种、饲料、肉品加工为主攻方向。

2. 关键技术

（1）牛羊良种纯种快速扩繁和选育技术研究与开发。

（2）牛羊营养调控与安全饲料生产技术研究。

（3）牛羊肉快速成熟嫩化新方法（工艺）等产品加工技术研究。

3. 预期目标　15～18月龄肉牛出栏体重达500～

550kg；优质牛肉剪切力值 3.6～4.0kg/cm^2；肉牛良种覆盖率由 35%提高到 50%以上；肉羊出栏体重提高 3～5kg；牛羊饲料成本降低 15%～20%；牛羊肉出口价格接近世界平均水平。培训专业养殖能手 5 万人次。

（十一）水产品区域技术问题

我国将优先发展东南沿海优势出口水产品养殖带、黄渤海优势出口水产品养殖带和长江中下游优势出口河蟹养殖区。影响我国水产品国际竞争力、制约我国水产品出口增长的主要问题有以下几个方面：海洋资源衰退，捕捞产品中优质经济鱼类的产量大幅度降低；养殖产品不对路，我国淡水养殖主要品种为鲤、草、鲢鱼等，不适合国际主要水产品进口国消费者的习惯；我国水产品药残及污染物超标情况存在，产品质量不稳定，达不到发达国家对水产品质量的要求。

1. *主攻方向* 选择鳗鱼、对虾、贝类、罗非鱼、大黄鱼、河蟹及其他具出口潜力的优质养殖鱼类为重点，主攻水产品质量安全、提高优良苗种覆盖率、完善养殖生产配套基础条件、控制养殖病害、提高加工流通和渔业产业化水平。

2. *关键技术*

（1）优势出口水产养殖对象良种培育技术。

（2）健康养殖体系及质量全程监控技术。

（3）高效养殖饲料技术。

（4）水产品加工及质量检测技术。

3. *预期目标* 优势出口水产品养殖良种覆盖率力争由现在 70%提高到 80%，水产品加工率由现在的 40%提高到 50%，六大养殖产品的出口量有较大的增长；重大养殖病害得到有效预防和控制；水产品质量控制和保障体系健全。由此带动全国水产养殖良种覆盖率提高 5 个百分点，达 55%，全国水产品加工率提高 5 个百分点，达 35%，养殖水产品出口 55 万 t、21 亿美元，年均递增分别达 5%和 7%。培训专业养殖人员 5 万人次。

三、保障措施

（一）突出重点、分步实施

本行动将设置 11 个专题行动计划，在 35 个优势区域实施，安排 5 个层次科技工作。根据市场应对急迫程度、生产问题表现程度、技术问题制约程度，将分期分批实施。2003—2005 年首先实施高油大豆、专用小麦、专用玉米、棉花和牛奶 5 个专题行动计划，在 12 个区域内组织实施。2005—2007 年相继实施“双低”油菜、柑橘、甘蔗、苹果、牛羊肉和水产品 6 个专题行动计划。以优质品种、节本增效技术、产后处理及加工增值技术为重点，2003—2005 年安排高油大豆、专用小麦、专用玉米、棉花和牛奶 5 个农产品，有针对性地引进品种和相关技术 46 项，自主培育优良新品种 23 个、关键技术 25 项，示范推广 25 项技术，培训省、县、乡、村农业技术员和农民 65 万人次。2005—2007 年安排“双低”油菜、柑橘、甘蔗、苹果、牛羊肉和水产品 6 个农产品，引进品种和相关技术 94 项，自主培育优良新品种 35 个、关键技术 25 项，示范推广 25 项技术，培训省、县、乡、村农业技术员和农民 65 万人次。

（二）加强管理、整体推进

1. *加强科技行动统一领导* 农业部成立科技行动领导小组，负责行动总体部署、资金统筹安排、实施主体确定，负责组织制定每一个专题行动计划方案，负责制定科学管理办法、选准关键技术项目、协调各类科技计划，负责跨省、跨部门技术力量的组织。

2. *国家重点抓示范县* 在每个优势区域内，选择 2 个县，建立提升优势农产品竞争力综合技术实验区，集中起研究、开发、转化和培训等方面的组织管理队伍、技术专家队伍、产业开发队伍，形成实验区内关键技术攻关田、组装技术示范片（场）、成套技术推广面相结合梯度推进的实施层次，并与龙头企业相结合。以省为单位，建立由农业行政部门及领导、关键技术依托单位及责任专家、推广和培训部门组成的 35 个区域实施领导小组，2003—2005 年先针对 5 种农产品和 12 个区域成立领导小组，负责优势区域内关键技术引进与消化吸收、自主创新与技术开发、组装配套与中试、技术示范与推广、技术培训五个方面方案的制定和协调，保障引进与吸收、创新与开发、组装与中试、示范与推广、培训等方面技术的统一性，负责标准化成套技术向实验示范区（场）外推广。

3. *关键技术研究主体和示范县采用招标制确定* 通过全国范围招标，选择具有技术优势的科研院所、农业大学、国家农作物（畜牧、水产）改良（繁育）中心及农业部重点实验室，实施关键技术引进吸收与自主创新。通过优势区域范围内招标，选择地方政府支持力度大、生产环境好、产业化条件优、科技基础强的省和县，承担综合技术实验区（场）任务，当地科研单位、推广部门、龙头企业及农民专业协会，与关键技术持有者紧密协作，进行技术组装配套、示范推广、技术培训工作。

（三）整合科技资源、调动各方面积极性

在注重发挥各部门已经投资的农业项目效益、积极吸收农业科技攻关、国家农业科技重大专项、863高新技术等方面科技成果的同时，集中农业部组织实施的“丰收计划”、“跨越计划”、“948计划”、“结构调整专项”、“原原种扩繁基地建设”、“种子工程建设”等现有项目资金，重点投向11种农产品和35个优势区域。行动计划切实以构筑35个优势产业带为目标，发挥科技在优势农产品竞争力提升中的关键作用，配合各级政府围绕区域关键技术问题开展技术攻关，做到突破一批“瓶颈”，组装一套技术，带动一地生产，做强一个产业，富裕一方农民。同时要求35个优势区域各级地方政府，倾斜安排地方农业科技项目和资金，配套支持行动计划。做到上下联动，集中力量办大事。行动计划实施以农业龙头企业为重点服务对象之一，以其生产基地为载体进行技术组装配套，使基地品种品质优质化、生产规程标准化、商品品质一致化、产后加工精细化，努力提高优质农产品龙头企业、生产基地知名度，扶持创立优质产地品牌和优质产品品牌。同时鼓励龙头企业增加科技投入，通过多种形式与农业科研单位、高等院校、技术推广部门等建立稳定的产学研协作关系，共同开发和推广新技术，提高龙头企业自身科技创新能力。

（四）切实增加农业科技投入

本行动计划涉及的11种农产品关系国计民生和社会安定，且科技成果主要体现社会效益，在积极调动社会资金投入农业科技的同时，应强调政府财政投入为主。科技行动实施期为五年，中央财政重点用于科技能力建设、科技创新和技术引进吸收，同时兼顾技术示范推广和培训。地方应与中央按1:1配套，重点用于优势区域内技术示范、推广和培训。

（五）加强农业科技创新能力建设

根据《优势农产品区域布局规划》中的生产力布局，在调整现有农业科技能力布局的同时，增补设备、扩充现有国家农作物改良中心与优势产区分中心、国家和农业部重点实验室的功能，着重建设尚急需的农作物改良分中心、苗木繁育基地、牛羊水产种源基地、原原种扩繁基地建设、优势农产品新品种和新技术示范基地，形成与优势农产品和优势区域相适应的农业科技创新能力。通过引导，使科技力量向优势农产品和优势产区集中，使优势产区成为农业科技攻关、科技示范、科技推广、科技培训的主战场。

（六）政策建议

鼓励和支持好品种、新技术持有者积极申请知识产权保护，正确应用知识产权武器，维护我国农产品在国际竞争中的利益；加大《农业转基因生物安全管理条例》等法规的实施力度，保护和发挥我国非转基因农产品的竞争优势；继续实施国家品种后补助政策；通过提高补贴水平、职称评聘倾斜等措施，鼓励科技人员积极投身优势区域生产第一线；改革农业科技应用成果评价方法，建立以生产应用面和市场占有率为主导的评价体系；赋予农业产业化龙头企业承担农业科技项目国民待遇，吸引龙头企业增加农业科技投入，提高龙头企业创新能力和经营水平。

优势农产品质量安全推进计划

（农业部　农市发［2003］4号　2003年4月1日）

为深入推进农业和农村经济结构战略性调整，围绕《优势农产品区域布局规划（2003—2007年）》（以下简称规划）的实施，制定优势农产品质量安全推进计划。

一、实施优势农产品质量安全推进计划的重要意义

（一）是保证优势农产品区域布局出成效的前提

国家实施优势农产品区域布局规划，是以市场为导向，以质量为中心，全面提高农产品的市场竞争力。温家宝总理在研究优势农产品区域布局规划工作会议上明确指出：“质量安全是检验优势农产品区域布局成效的重要标准”。质量安全是农产品占领和拓展市场的根本保障，提高优势农产品质量安全水平是规划实施的核心内容。优势农产品质量安全推进计划，采用标准化生产和质量全程控制等主要手段，利用区域布局的管理优势，引导和帮助农民科学用肥、安全用药，建立一批标准化生产示范区（基地），扶植一批优势农产品品牌，完善检验检测体系，扩大农产品质量安全监管控制范围，提高农产品的优等品率及安全达标率，全面提高优势农产品的质量安全水

平，从根本上保障规划的成功实施。

（二）是把优势农产品做大做强的关键

随着经济全球化进程的加快，我国农业将更加对外开放，农产品将面临国内和国际两个市场的激烈竞争。一方面，国内需求量大的农产品，如小麦、大豆、油菜等，不能有效平抑进口产品导致的市场冲击。仅 2001 年，我国小麦进口达 73.9 万 t，大豆 1 394万 t，油菜籽 172 万 t，年均增长速度达到 20% 以上。另一方面，具有一定价格竞争优势的传统出口创汇农产品，如水果、水产品、肉类等，近年因质量安全问题在日本、韩国、欧盟、美国等国外市场普遍遭受技术性壁垒措施制约，出口屡屡受阻。究其原因，除了我国农产品优质安全管理措施不到位外，质量安全、监控、检验检测体系不完善，也是重要的因素。发达农业国家均把农产品质量安全管理和监控，作为引导农产品生产的重要手段，如荷兰，农药喷施人员必须持证上岗，每三个月实施一次农产品质量安全国家例行检查。优势农产品质量安全推进计划不仅采用“从产地到市场准入”的管理方式，而且实施市场准入和国家例行监测制度，以促使优势农产品质量安全实现质的飞跃，将优势农产品做大做强，提高优势农产品的国际市场竞争力。

（三）是推进优势产区农业生产方式变革的重要手段

我国农业以传统农业为主，管理水平低，产品优势和区位优势难于显现。经过 50 多年的建设，农业现代化生产形成了一定的基础，2001 年机耕面积占耕地面积的 47.4%，机播面积占播种面积的 26.0%，机收面积占农作物收获面积的 18.0%。畜牧水产的产业化呈快速的增长势头，2001 年牲畜饲养量达 5.3 亿头，禽类饲养量达 53 亿只，养殖水面达 2 853khm^2。但普遍存在生产过程质量安全控制不到位，达不到国际通行 GAP（良好农业操作规范）和 HACCP（危害分析与关键控制点）的要求，产品质量得不到市场认可，产品销路不畅，成了农业生产的新矛盾。因此，改良农业生产方式、提高质量安全管理水平是优势农产品生产和发展亟待解决的重要问题。优势农产品质量安全推进计划，充分考虑我国农业现状，通过标准体系建设、标准化示范区（基地）带动、生产认证管理和优势农产品的生产过程溯源及档案建立等措施，使优势农产品生产区域的农业生产方式得到根本的改善，质量安全管理提高到一个新的水平。

（四）是实现优质优价和增加农民收益的有效措施

随着农产品质量安全问题受到社会各界的广泛关注，农产品市场普遍受到质量安全状况的制约。如欧洲零售商工作机构自发地建立了 GAP（良好农业操作规范）认证，农产品通过认证是进入零售商店的先决条件。这种市场准入方式已得到国际社会的认可。优势农产品质量安全推进计划，引入国际先进的农产品质量安全管理模式，确立优势农产品的市场地位。一是通过标准和产品认证，推动优势农产品分等定级、优质优价的实施；二是通过品牌的建立和市场准入，提高优势农产品的市场占有率。消费的引导，市场的培育，促进农业区位优势和产品优势的提升，实施农民增收、农业增效。

二、基本原则和发展目标

（一）基本原则

1. 统筹安排　紧紧围绕《优势农产品区域布局规划》，结合“无公害食品行动计划”的实施，做好与农业建设有关规划、计划的衔接，制定分品种、分区域的质量安全推进措施，统一部署，分行业、分地区组织实施。

2. 突出重点　针对各优势农产品的特点和质量安全方面的薄弱环节，重点加强农产品质量安全标准制定，推行标准化生产，健全检验检测体系，实施质量安全国家例行监测制度。

3. 以点带面　通过标准化生产示范区（基地）的建设，推动各优势农产品标准化生产管理，充分发挥农业产业化龙头企业、农村合作经济组织的强有力的带动和辐射作用，全面提升优势农产品生产的组织化程度。

4. 市场引导　优势农产品质量安全管理本着“市场引导，政府推动，企业和生产经营者参与”的思路，根据市场需求和消费取向，采取综合措施，推进和提高优势农产品质量安全水平。

（二）发展目标

到 2007 年，通过政策、法规和技术等措施，全面提高优势农产品质量安全水平，以满足国内消费和国际市场的需求。

对于国内消费需求量大、生产有潜力的优势农产品，改善产品品质，有效抵御进口产品的冲击。到 2007 年，全国专用小麦面积占小麦总面积的比例达到 40% 左右，其中 3 个专用小麦带发展的优质强筋和弱筋小麦面积占全国专用小麦面积的比例达到 40% 以上，力争使黄淮海优势区强筋和中筋小麦比重达到 70%，长江中下游优势区弱筋小麦比重达到 50%，大兴安岭麓强筋小麦达到 85%，安全卫生指标符合国家、行业标准要求；优势产区专用玉米比重达到60%以上，安全卫生指标符合国家、行业标准要求；高油大豆优等品率达到93%以上，平均亩产达150kg以上，含油率提高2个百分点，安全卫生指标符合国家、行业标准要求；棉花长绒、中绒、中短绒比例调整到7:83:10，优质率达到80%以上；“双低”油菜品种符合率达到95%以上，油菜籽达标率达到85%以上，含油率提高2～3个百分点，芥酸、硫甙含量基本达到部颁标准；甘蔗含糖量达到14.5%；鲜奶产量年均递增15%～18%，形成一批与国际标准接轨，具有较强竞争力和带动力的乳品加工企业。

对于具有明显价格竞争优势、出口潜力较大的农产品，主攻产品质量安全水平，打造知名品牌，积极扩大国际市场份额。到2007年，苹果优质果率提高到50%以上，安全卫生指标符合无公害食品行业标准要求；柑橘优质果率提高到50%以上，安全卫生指标符合无公害食品行业标准要求；肉牛良种覆盖率达到70%以上，牛肉优质率提高到20%以上，安全卫生指标符合无公害食品行业标准要求，肉羊良种覆盖率达到85%以上，羊肉优质率提高到20%以上，安全卫生指标符合无公害食品行业标准要求；水产品良种覆盖率由目前的70%提高到80%，水产品加工率由目前的40%提高到50%，质量安全符合进口国要求或符合进口双方合同的约定。

加快优势农产品质量安全标准制修订进程，5年内新组织制、修订优势农产品产地环境、产品质量安全、生产技术规程等技术标准600项；加大标准实施的力度，创建优势农产品标准化生产示范区（基地）1 118个；完善优势农产品区域质量安全检验检测体系，规划建设35个部级区域农产品质量安全检测中心，同时力争在每个优势农产品重点县（区、市）规划建设一个优势农产品质量安全综合检测站。

三、优势农产品质量安全推进措施

（一）加快优势农产品标准制修订，提高标准配套性和针对性

标准是优势农产品质量安全推进的重要技术依托。要根据优势农产品“从产地到市场准入”全过程质量安全控制的需要，加快与优势农产品质量安全相关的品种、产地环境、生产技术规范、产品质量与安全、包装标识与贮运、检测检疫方法等标准的制定和完善，并充分考虑各类优势农产品的产品特征、区域特性、生产特点、贸易需要等多方面因素，积极采用最新的科技成果，总结先进的生产经验，引进实用的国际标准和国外先进标准，实现标准的成龙配套和有机衔接，确保优势农产品产前、产中、产后每个环节都有相应标准作为技术依据。为保证优势农产品生产的需要，自2003年起，农业部将在农业行业标准制修订专项计划中对优势农产品标准的制修订项目予以优先安排，争取5年内健全优势农产品的标准体系，以满足优势农产品区域布局规划的实施和优势农产品质量安全水平提高的需要。

（二）加强优势农产品标准化生产示范区（基地）建设，推行全程质量安全监管

实施标准化生产是优势农产品质量安全推进的重要前提。各地要加强优势农产品标准化生产示范区（基地）的建设和管理。根据优势农产品区域布局规划，按照每个优势产区县、每类优势农产品各建1个标准化生产（养殖）示范区（基地）的原则，力争5年内分期分批建设1 118个优势农产品标准化生产示范区（基地）。其中优质强筋小麦标准化生产示范区（基地）85个，优质弱筋小麦标准化生产示范区（基地）35个，专用玉米标准化生产示范区（基地）200个，高油大豆标准化生产示范区（基地）100个，棉花标准化生产示范区（基地）120个，“双低”油菜标准化生产示范区（基地）150个，“双高”甘蔗标准化生产综合示范区（基地）48个，柑橘标准化生产示范区（基地）40个，苹果标准化生产示范区（基地）55个，肉牛标准化养殖示范区（基地）60个，肉羊标准化养殖示范区（基地）60，牛奶标准化生产示范区（基地）85个，水产品标准化养殖示范区（基地）80个。

在示范区（基地）建设中，突出小型农田水利设施、良种供应设施、技术服务体系、质量检验检测体系和机械化作业服务体系的建设，围绕优良品种、产地环境、农业投入品的选用和准入、生产过程控制、产品市场准入等方面进行标准化综合示范。在综合示范的基础上，实现优势农产品标准化生产和全程质量监控。重点在牛羊肉、牛奶、水产品、柑橘、苹果等鲜活农产品的优势产区，率先推行生产过程记录制度、市场准入制度和产品质量追溯制度。要通过建设和完善优势产区动植物病虫害综合防治体系，提高对危险性病虫害的防范和控制能力；优先在优势产区建成一批符合国际惯例的无规定动物疫病标准化区和种植业非疫病生产示范区。

（三）完善优势农产品质量安全检验检测体系，提高检测能力

健全的优势农产品质量安全检验检测体系是优势农产品质量安全推进的重要技术手段。根据统筹规划、合理布局、整合资源、重点投入的原则，结合优势农产品区域布局规划，从2003年起，争取用5年左右的时间初步建立起一个由部、区域、县三级组成的优势农产品质量安全检验检测体系。

在布局上，要在巩固完善现有部级质检中心的基础上，依托各优势农产品区域内省级农业科研、教学、技术推广机构的检测技术力量和工作条件，择优建设区域性质检中心，保证在规划优势农产品区域内，都有1个部级专业或区域性质检中心；利用现有的县级农业技术推广机构的检测基础，充实力量，在优势农产品区域内建立健全优势农产品质检站，保证每个优势产区县都有1个能满足相应优势农产品全程质量安全检测需要的质检站。

在检测能力上，对小麦、玉米、大豆、油菜、棉花、甘蔗、柑橘、苹果等植物产品，重点建设氨基酸、蛋白质、脂肪、维生素等营养成分分析以及农药残留、生物毒素、重金属等有毒有害成分定性、定量等方面的检测能力；对肉牛和肉羊、牛奶等优势动物源性产品，重点建设药物残留等有毒有害物质以及饲料产品中重金属、农药、兽药等分析和微生物检测的能力；对水产品，重点建设氨基酸、蛋白质、脂肪等营养成分含量分析以及贝类毒素、抗生素等药物的定性、定量等方面的检测能力。此外，对县级质检机构，突出快速检测能力的建设。

（四）实施农产品质量安全国家例行监测制度，提高对优势农产品质量安全的监控能力

建立和实施农产品质量安全国家例行监测制度，是优势农产品质量安全推进的重要技术保障。争取优势农产品质量安全监测财政专项资金，对专用小麦、专用玉米、高油大豆、棉花、“双低”油菜、“双高”甘蔗实施年度品质普查，对柑橘、苹果、肉牛肉羊、牛奶、水产品实施农药、兽药等有毒有害物质残留监控计划，对种子、肥料、饲料、农药等农业投入品实施市场准入性检查和经常性的监督抽查，同时对优势农产品产地环境进行长期定位监测。各类普查、监督抽查、监控计划统一由农业行政主管部门根据优势农产品质量安全现状、市场需求和进出口贸易等情况统一制定、组织实施和发布质量安全监测信息。通过建立和实施农产品质量安全国家例行监测制度，将农产品市场准入性检验，从生产者或经营者委托检验形式变为政府财政预算的例行检查方式，充分发挥政府的监督作用，降低农产品生产、经营成本，提高农产品市场竞争力。

（五）建立健全农产品质量安全认证认可体系，推进优势农产品认证认可进程

建立健全农产品质量安全认证认可体系，对提升农产品质量安全水平和市场竞争力、推进名牌战略的实施具有重要的促进作用。在优势农产品区域内，要积极推行优势农产品的无公害产地认定和无公害农产品、绿色食品、有机食品认证，开展GAP（良好农业操作规范）、HACCP（危害分析与关键控制点）、ISO9000标准（质量管理和质量保证体系）、ISO14000标准（环境管理和环境保证体系）等质量体系认证，加强对转基因产品、“双低”油菜等特殊产品标识的认定，扩大优势农产品认证认可覆盖面。此外，在优势肉牛肉羊生产区，强化牛羊肉加工企业屠宰分级管理，开展检验检疫人员和养殖企业执业兽医的资格认证；在优势水产品养殖区，推广养殖证制度和持证上岗制度。通过在优势产区内全面开展各类认证认可和标识管理，达到帮助生产者、经营者建立健全质量安全保证体系，提高优势农产品生产和加工企业的质量安全意识及管理水平，全面提升优势农产品质量安全水平。

（六）发挥龙头企业和合作经济组织的示范带动作用，加强优势农产品质量安全关键控制技术的推广力度

龙头企业和各类农村合作经济组织是提高农业生产经营组织化程度和产业化水平、推进优势农产品区域布局和产品质量安全水平的重要示范、带动力量。在优势农产品产区内重点扶持一批规模大、起点高、带动力强的农业产业化龙头企业，发挥在标准化生产等方面的辐射带动作用；要积极扶持和发展各类专业技术协会、流通协会等农村合作经济组织和经纪人队伍，采取“公司+农户”、“协会+农户”、“协会+公司+农户”等多种经营方式，发展“订单农业”，促进农业产业化龙头企业带动农产品生产者按照市场需求调整农产品品种布局和结构，提高农产品生产规模化、组织化和标准化程度，形成政府调控市场、市场引导企业、企业带动基地、基地联结农户的产业化农产品质量安全管理联动机制。

根据优势农产品区域布局的发展需要，不断调整农业科研和高新技术推广的方向和重点，加强优势农产品质量安全关键控制技术的研究，加快优良品种、高残毒药物替代新品种的筛选和更新换代进程，解决优势农产品发展过程中的技术“瓶颈”。同时，加强优势农产品市场信息服务体系建设，发挥其在普及标准化知识、推广实用生产技术、快速传递市场信息等方面的作用。采取多种形式加大对优势产区农业生产者、经营者的培训力度，提高其质量安全意识和科技素质。

四、政策建议

（一）加强农产品质量安全法制建设

在认真贯彻已有种子、农药、兽药、饲料、动植物检疫防疫法律法规的基础上，加快农产品质量安全方面的立法工作，尽快出台农产品质量安全法。要从法的角度规范农产品的生产、加工、消费行为，规范无公害农产品、绿色食品和有机食品的管理，规范农产品的质量监督，使农产品质量安全监管有法可依，有章可循。在此基础上，加快专用小麦等 11 种优势产品的产地环境、品种品质、生产管理、收购加工等方面管理办法的制修订。

（二）加大对农产品质量安全管理的投入力度

农产品质量安全管理，是一项公益性的政府行为。应当将农产品质量安全监管所需经费统一纳入中央和地方财政预算。统筹安排专项资金用于农产品质量安全检验检测体系建设、农产品标准化生产示范区（基地）建设，加大财政对农产品质量安全品质普查、质量安全监控、执法监督和专项整治等方面的支持力度。

（三）实行农产品质量安全财政补贴政策

要充分利用 WTO 规则中有关绿箱政策措施，把农产品检验服务，包括一般检验服务和为健康、安全、分级或以标准化为目的而进行的特定农产品检验服务，以及检验检测研究、病虫害控制、人员培训、技术推广和咨询服务等，作为一般性政府支出，纳入政府的公共财政支出范围。逐步实行减免优势农产品质量安全检验检疫费制度。在优势农产品产区、农产品批发市场和农产品出口环节，逐步实现对优势农产品实施免费检疫检验制度，重大疫病防治实行免费防疫和防治。

（四）积极推行专业化生产、加工和优质优价

根据各优势农产品的特点，深化现行的生产、加工、流通和外贸等体制改革，实行优势农产品的专收专储、专管专用，完善优质专用小麦、专用玉米、棉花等农产品市场形成价格的机制，实现优势农产品优质优价。

关于贯彻落实《国务院办公厅印发关于促进农产品加工业发展意见的通知》的通知

（农业部　农企发［2003］2 号　2003 年 2 月 27 日）

各省、自治区、直辖市、计划单列市及新疆生产建设兵团农业（农牧、农林）、畜牧、渔业、农垦、乡镇企业、农机化厅（委、局、办），部各直属单位：

为了促进我国农产品加工业持续健康发展，2002 年 11 月 6 日，国务院办公厅印发了《关于促进农产品加工业发展的意见》（以下简称《意见》）。这是专门针对农产品加工业发展方面的第一个重要文件。它的发布执行是我国农产品加工业发展史上的一个重要标志，也是我国农业和农村经济发展中的一件大事。为切实做好《意见》的贯彻落实工作，现通知如下：

一、充分认识《意见》的重要意义

《意见》是在新世纪新阶段，国务院根据我国农村经济和国民经济发展的客观需要，为全面建设小康社会，建设现代农业，全面繁荣农业经济，对农产品加工业发展作出的重要决策和战略部署，是指导我国农产品加工业发展的纲领性文件。《意见》指出了发展农产品加工业的重要意义和存在的主要问题，明确了发展农产品加工业的指导思想、发展目标、基本原则、重点领域、重点工作和政策措施，充分体现了国务院对农产品加工业的高度重视、大力支持和殷切希望，为我国农产品加工业加快发展和提高提供了强有力的保证。它的贯彻落实，必将进一步促进我国农产品加工业持续快速健康发展，对于实现农业产业化经营，推进农业和农村经济结构的战略性调整，增强农产品竞争力、增加农业效益和农民收入，开创农业和农村经济工作新局面，都具有十分重要的意义。各级农业部门（农业、畜牧、渔业、农垦、乡镇企业、农机化厅，下同。）、部各直属单位和农产品加工企业干部职工，要充分认识《意见》的重人现实意义和深远历史意义，把思想认识统一到《意见》精神上来，并具体落实到工作的各个环节中去。各级农业部门和部各直属单位要结合学习贯彻党的十六大精神和中央经济工作会议、中央农村工作会议精神和全国农业工作会议、全国农产品加工业工作会议精神，结合贯彻实施全国主要农产品加工业发展规划和农产品加工业发展行动计划，认真研究，提出切实可行的落实措施。同时要认真调查研究本地区农产品加工业发展的新情况、新问题，总结新经验，提出对策和建议，积极主动地向人民政府汇报，争取各级领导的高度重视和各有关部门的大力支持，把农产品加工业的发展提高到一个新水平，使农产品加工业特别是食品工业发展成为一个大产业。

二、突出抓好农产品加工业发展的重点工作

各级农业部门和部各直属单位，要全面推进本地区、本单位的农产品加工业工作，并根据国际国内市场需求、本地区资源优势和农产品加工业发展的实际水平，重点发展粮、棉、油等重要大宗农产品精深加工，"菜篮子"产品加工，糖、茶、丝、麻、皮革等传统产品加工。当前和今后一个时期，要认真按照《意见》要求，突出抓好以下重点工作。一是制定和实施本地区发展规划，分类指导，重点扶持，防止盲目发展和重复建设。二是建设原料生产带、生产区，形成布局合理、专用、优质、稳定的优势农产品原料生产基地。三是建立生产经营新机制，鼓励农产品加工企业通过多种形式，与农民建立稳定的合同关系和利益联结机制。四是鼓励和扶持农产品加工骨干企业实行优质农产品基地建设、科研开发、生产加工、营销服务一体化经营，提高农产品加工水平，增强农产品加工制品的国际竞争力。五是推进技术进步和科技创新，开发大宗农产品的精深加工工艺技术和装备。支持科技成果转化和推广先进适用的农产品加工技术。六是健全质量安全体系完善农产品加工制品质量安全检验检测手段，加强对农产品加工质量安全的监督、检测和检查。七是建立和完善农产品加工业信息体系建设，为农民和农产品加工业提供及时有效的种植、加工及市场信息，为政府宏观决策提供依据。八是扶持和发展中介组织，建立农产品加工业协会和专业经济技术服务组织，充分发挥其在促进农产品加工业方面的作用。

三、认真落实促进农产品加工业发展的政策措施

各级农业部门要积极主动地向人民政府汇报有关农产品加工业发展的情况，反映困难和问题，牵头研究和制定促进农产品加工业发展的政策措施。要与计划、经贸、外经贸、国土资源、财政、科技、卫生、金融、税务、环保、工商、质检等行政主管部门加强协调，通力合作，共同促进农产品加工业的发展。部各直属单位要根据各自的职能，按照《意见》提出的要求，加强与有关部门协调配合，提出切实可行的措施，大力支持农产品加工业的发展。对《意见》中已经明确的有关促进农产品加工业发展的政策措施，包括加大投入力度、给予相关的金融支持、落实税收支持政策、土地和电力等配套措施，都要认真贯彻落实，不折不扣地执行。要会同有关部门对农产品加工业发展政策进行调查研究，根据《意见》精神，结合本地本单位实际，提出具体的政策措施。

四、积极开展贯彻落实《意见》的宣传活动

各级农业部门和部各直属单位，要把宣传和贯彻落实《意见》工作作为当前和今后的一项重要任务，列入重要议事日程。要采取多种形式，组织干部职工认真学习《意见》，深刻领会精神实质，统一思想，提高认识。农产品加工企业要组织干部职工深入学习和贯彻《意见》，深刻理解党和国家指导农产品加工业发展的方针、政策和措施，增强在新时期和新形势下促进农产品加工业发展，为全面建设小康社会作出贡献的使命感和责任感。要充分利用报刊、广播、电视等各种新闻媒体加以宣传，使社会各界充分认识农产品加工业在我国国民经济、农村经济、全面建设小康社会、增加农民收入与就业、实现农业现代化、提高我国农业国际竞争力中的重要地位和作用形成共识，赢得支持。要通过广泛宣传发动，为农产品加工业营造一个良好的发展环境。

五、重视加强对贯彻落实《意见》的督促检查

各级农业部门和部各直属单位要会同有关部门，加强监督检查，督促各地各有关部门尽快落实《意见》规定的各项政策措施，并将贯彻落实《意见》情况报告上一级农业部门。2003 年下半年，农业部农产品加工业领导小组办公室将组织有关方面力量，对各地各单位贯彻落实情况进行一次检查，并将有关情况向国务院报告，使《意见》规定的政策措施真正落到实处。请各省（区、市）农业部门和部各直属单位，及时将贯彻落实情况报告我部农产品加工业领导小组办公室。

关于建立全国农产品加工业示范园区的通知

（农业部　农企发［2003］3号　2003年3月11日）

各省、自治区、直辖市、计划单列市及新疆生产建设兵团农业（畜牧、渔业、农垦、农机化、乡镇企业）厅（委、局、办）：

国务院办公厅印发《关于促进农产品加工业发展的意见》(国办发[2002]62号)以及农业部关于印发《优势农产品区域布局规划(2003—2007年)的通知》(农计发[2003]1号)的有关要求,促进农产品加工业持续健康发展,我部决定从今年起在优势农产品产业带建立全国农产品加工业示范园区。现将有关事项通知如下：

一、建立全国农产品加工业示范园区的目的和意义

建立示范园区,指在通过农产品加工业集中连片发展,发挥集中聚集效应,进一步整合各种资源和生产要素,改善基础设施条件,建立健全中介组织和社会化服务,与小城镇建设相结合,促进农产品加工业五大保障体系,即原料保证体系、加工生产体系、质量标准体系、科技创新体系和政策保障体系建设;逐步实现农产品加工原料生产基地化,产加销一体化,加工制品优质化、安全化、标准化,提高农产品综合利用和转化增值水平,进一步促进农业和农村经济结构的战略性调整,增强我国农产品竞争力,增加农业效益和农民收入。

二、建立全国农产品加工业示范园区的主要原则

按照《农业部全国主要农产品加工业发展规划》的要求，在《农业部优势农产品区域布局规划》确定的专用小麦、专用玉米、高油大豆、棉花、“双低”油菜、“双高”甘蔗、柑橘、苹果、肉牛肉羊、牛奶、水产品11种优势农产品、9大优势产业带、35个优势产区内，选择若干个与之配套的、形成产业聚集和经济优势的农产品加工业区域，建立全国农产品加工业示范园区。示范园区应该是自然条件好、加工能力大、产业化基础强、区位优势明显、经济特色显著、基础设施完善的区域，并应具有已经地方政府批准、切实可行、科学合理的园区建设规划。示范园区要与优势农产品区域布局规划和农业商品基地建设密切配合，布局合理、特色突出，按照优势产业带形成和发展、商品基地巩固完善和提高的要求，以市场为导向，依靠科技进步，不断提高农产品综合加工能力，实现由初级加工向高附加值精深加工转变，由传统加工工艺向现代高新技术转变，由资源消耗型向高效利用型转变，使示范园区成为促进农产品优势产业带健康发展的推动力量。

三、建立全国农产品加工业示范园区的基本条件

全国农产品加工业示范园区应具备以下条件：

1. 位于农业部确定的11种优势农产品、9大优势产业带的35个优势产区内；

2. 对优势产区内大宗农产品的加工转化有突出带动作用；

3. 农产品加工业年销售收入15亿元以上，利税1亿元以上。或出口创汇3 000万美元以上；

4. 农产品加工增值率达到60%以上；

5. 带动农（渔）户能力2万户或渔船1 000条以上，大宗优势农产品订单加工占60%以上；

6. 有省级以上（含省级）农业产业化龙头企业或农产品加工龙头企业；

7. 能够辐射带动一批有特色、有规模、有效益的示范基地；

8. 基础设施完善、环境保护达标；

9. 有良好的政策和投资环境，健全的管理制度和服务手段。

四、建立全国农产品加工业示范园区的申报办法

省（区、市）级负责农产品加工业的行政管理部

门负责组织申报工作。由符合上述条件的单位填写《全国农产品加工示范园区申请书》；经县（市）、地（市）负责农产品加工业的行政管理部门逐级申报（省级直属产区由省级管理部门直接进行初审）；由省（区、市）级负责农产品加工业的行政管理部门进行初审、汇总和平衡后，对口报至农业部相关司局，经择优后向农业部农产品加工业领导小组办公室推荐；农业部农产品加工业领导小组办公室根据有关规划和条件，组织评审并报农业部农产品加工业领导小组批准；审批后，由农业部发文公告，并颁发“全国农产品加工业示范园区”证书和牌匾。

五、建立全国农产品加工业示范园区的有关要求

建立示范园区工作以地方政府为主组织实施。各有关地区要在落实好《国务院办公厅印发关于促进农产品加工业发展意见的通知》中规定的各项政策措施的同时，对示范园区给予更多的扶持。在地方政府的统一领导下，负责农产品加工业的行政管理部门和有关部门共同配合，落实好各级政府给予的优惠政策。农业部农产品加工业领导小组及其办公室要从宏观上做好规划指导、协调服务和监督检查等工作。

各地要认真搞好示范园区的规划和建设。以市场为导向，发挥资源、经济、市场和技术等方面的区域比较优势，逐步形成农产品生产、加工、贸易一体化的产业带，基本实现规模化生产，标准化管理，专业化服务，产业化经营。要充分发挥示范园区的辐射和带动作用，及时总结、宣传、推广示范园区的建设经验，采取扶持政策措施，为农产品加工业发展创造良好的环境。有关省（区、市）负责农产品加工业的行政管理部门对本省（区、市）示范园区进行日常管理，农业部农产品加工业领导小组办公室组织不定期专项检查，对在检查中不具备条件、管理不善的，予以限期整改，直至取消其全国农产品加工业示范园区资格。在这项活动中，要坚持实事求是、从实际出发的原则，不搞大哄大嗡，要杜绝形式主义，不弄虚作假。

关于加快西部地区特色农业发展的意见

（农业部　2002年12月26日）

特色农业是指具有独特的资源条件、明显的区域特征、特殊的产品品质和特定的消费市场的农业产业。我国西部地区地域辽阔，光、热、水、土资源丰富，物种资源多样，具有发展特色农业的优势和潜力。经过多年的发展，西部地区特色农业已有一定的基础。实施西部大开发战略和农业结构战略性调整，为发展西部地区特色农业提供了有利的机遇和广阔的空间。当前，要抓住机遇，明确思路，突出重点，制定措施，加快西部地区特色农业发展。为此，提出以下指导意见：

一、加深对发展西部地区特色农业重要性的认识

（一）发展特色农业是实施西部大开发战略的重点任务

农业是西部大开发的基础和重要组成部分。特色农业是西部农业开发的重点。通过发展特色农业，加强基础设施建设，改善生产条件，提高生产能力，可以进一步加强农业基础地位，加快西部地区农业和农村经济发展步伐，为发展西部经济和缩小东西部差距创造条件。

（二）发展特色农业是西部地区农业结构战略性调整的主攻方向

利用西部地区丰富的农业资源，因地制宜地发展特色农产品和产业，培育具有西部特色的农业产业带和产业群，可以实现农业资源多层次、多途径的开发利用，满足多样化、优质化的市场需求，有利于开辟新的市场空间，促进西部地区农业结构的优化和升级。

（三）发展特色农业是增加西部地区农民收入的主要途径

目前西部地区农民增收困难的问题比较突出。通过发展特色农业，建设一批规模化的特色农产品生产基地，可以带动加工、储藏、运输等相关产业的发展，形成区域性的支柱产业，把独特的资源优势转化为经济优势，开辟新的就业渠道，增加就业机会，实现农民增收目标。

（四）发展特色农业是保护西部地区生态环境的有效措施

特色农产品对于资源和生态环境有着特殊的要求。发展特色农业要遵守自然规律和经济规律，兼顾生态效益和经济效益，发展既能够合理利用和有效保护资源，又具有显著经济效益的特色农产品，调动农民保护和建设生态环境的积极性，实现对农业资源的可持续利用。

二、进一步明确发展西部地区特色农业的总体思路

（一）指导思想

发展西部地区特色农业，要因地制宜，立足当地农业资源优势，选择具有一定区域规模、产业基础较好、市场前景广的特色农产品和产业，依靠科技，培育名牌，走集约化生产、区域化布局和产业化经营的发展路子，不断提高特色农业的生产水平和产品档次，坚持经济效益和生态效益的有机统一，实现高起点和跨越式发展。

（二）基本原则

1. *以市场为导向*　适应市场多样化、优质化的消费需求，立足国内市场，积极开拓国际市场，重点发展商品率高、市场需求强的特色农产品。

2. *突出发展重点*　要以优势资源为依托，综合考虑产业基础、区位优势和市场条件等方面因素，优先发展优势比较突出的产品。

3. *适度规模生产*　要考虑特色农业生产条件的独特性和消费需求的特点，坚持在适宜区域进行生产，做到规模适度，确保产品特性。

4. *按产业化进行开发*　要着眼于特色农产品整个产业的建设，延伸产业链条，建立产业体系，构建产业群体，形成在国内、国际市场具有一定竞争力的特色农业产业带区。

5. *兼顾生态建设*　要从遵守自然规律和经济规律的要求出发，发展既能合理利用和有效保护资源，又具有显著经济效益的产品，调动农民进行生态建设的积极性。

（三）发展目标

经过几年的努力，在西部每个省区培育形成几个在国内、国际市场有较强竞争力的特色农产品，形成一批具有西部区域特点、知名度高的产品品牌和特色产业带区，提高特色农业的产业化水平，形成区域经济支柱，构建西部地区合理的农业生产力布局，显著提高特色农业的整体素质和效益，实现农民收入持续稳定增长，促进经济与环境的协调发展。

三、突出抓好西部地区特色农业的发展重点

（一）特色种植业产品

西部地区特色种植业产品生产历史悠久，产品品质好，质量高，具有进一步发展的潜力。要坚持有所为、有所不为，进一步调整和优化品种、品质结构，逐步减少不具备资源优势、缺乏竞争力的农产品生产，为有优势的特色农产品生产腾出空间。抓住关键环节，重点解决影响特色农产品规模化生产的主要问题，提高规模化生产水平。优质胡麻、油葵等特色油料作物的生产，要注重品种改良和油脂加工技术改造。橡胶生产要立足现有植胶基础，通过新技术的采用、胶树品系改良和增加投入等措施，提高单位面积产量，降低生产成本。马铃薯生产要加强脱毒种薯繁育基地建设，形成规模化生产优势。杂粮、杂豆生产要抓好品种改良，形成合理生产规模，健全市场营销体系，拓宽市场渠道。蚕桑生产要加强基地建设，改良蚕种，提高品质。名贵中药材生产要加快药用植物的人工栽培，建设川贝、天麻、杜仲、枸杞、黄芪等生产基地，扶持中药材加工龙头企业的发展。优质烟叶生产要突出特色，提高生产水平，改进加工工艺。

（二）特有园艺产品

西部地区具有特殊的物种和气候资源优势，园艺产品品种繁多，特色突出，发展潜力大。这些产品大多数为劳动密集型产品，能够大量吸纳农村劳动力就业，增加农民收入。要坚持采用优良品种和先进实用栽培技术，改造园艺产品的传统生产方式，提高产品档次，形成一定的生产规模。要发挥鲜切花、球根花卉和花卉种子生产的优势，加快新品种引进、选育，加强加工、保鲜等设施建设。优质反季节蔬菜要实施精品战略，推行精细化和无公害生产技术，提高产品质量。特色瓜果生产要实行原产地保护制度，适应市场对鲜食和加工专用品种的不同要求，调整品种结构，培育品牌，加强市场营销，提高园艺产品的知名度和市场占有率。

（三）草业和草地畜牧业

西部地区草地资源丰富。草业和草地畜牧业在

西部农业结构调整、生态环境建设中发挥着重要作用。要建立基本草原保护制度，进一步加大对天然草原的保护和建设力度。在牧区要推行草原划区轮牧，实行舍饲和半舍饲。在草原生态脆弱区和严重退化地区要实行禁牧和休牧制度，加快草原植被恢复，逐步实现草畜动态平衡。合理开发利用南方草山草坡资源，加强牧草种子基地、草原监理和生态环境监测预警体系等建设，加快草业加工技术和设备的研究、开发和引进，带动西部草业发展。西部地区是我国传统的优质牛羊肉、羊毛、羊绒及肉兔等其他草食家畜的主产区。要调整畜群结构，改良畜群品种，提高优质肉牛、肉羊比重，加快发展优质细毛羊，稳定发展绒山羊，改革传统的养殖方式，大力推行舍饲圈养，提高畜产品商品率。有条件的地区，积极发展秸秆养牛和特色畜禽类生产。要加强畜禽良种繁育体系和疫病防治体系建设，进一步提高草地畜牧业质量和效益。

（四）高效生态特种水产养殖业

西南地区水资源丰富，发展渔业生产具有较大潜力。要在保护自然生态环境的前提下，合理开发利用大水面资源和冷水性资源，有效开发利用湖泊、水库、山区河沟和溪流等水资源，发展水产养殖。西北地区要结合沿黄河水域开发，改造低洼盐碱地，发展渔业生产。要推广普及健康养殖模式，发展稻田养鱼、养蟹等高效生态型水产养殖。重点发展冷水性鱼类等特种水产品生产，提高名特优新水产品产量的比重。不断加强渔业基础设施建设，进一步做好良种培育、病害防治、饲料生产、科技推广和技术培训等工作。

（五）特色农产品加工业

发展特色农产品加工业是提高农业附加值、带动特色农业发展的重要手段。大力发展特色农产品加工业，能够把西部特色初级产品变为特色加工产品，提高特色农产品的附加值。发展特色农产品加工业，既要面向城市市场，又要着眼农村市场，注意开发周边国家市场；既要发展成规模的现代加工业，又要发展各种地方风味和特色产品的传统技术生产。要努力开发新产品，积极发展名牌产品，建立健全市场营销渠道和网络，形成以粮油制品、肉制品、果蔬制品等为主、具有地方特色和民族特点的农产品加工业体系。发展特色农产品加工业，要立足于现有加工能力的技术改造，着力提高产品的科技含量和精深加工能力，不能盲目铺新摊子。要把发展特色农产品加工业与乡镇企业发展和小城镇建设结合起来，引导农产品加工企业合理布局，形成规模，更多地转移农村富余劳动力。

四、采取有利于西部地区特色农业发展的政策措施

（一）加强特色农产品良种开发和新技术推广

发展特色农业，良种要先行。要加大“种子工程”、“畜禽水产良种工程”、“动物保护工程”等项目向西部地区特色农业的倾斜力度，加强特色农产品良种繁育体系建设，加快优良品种的引进、培育、开发步伐，推广更新一批适合西部特点的优良品种。加强成套生产技术的推广，着力解决好特色农业生产中的各项关键技术。要重点加强草地畜牧业的良种体系、防疫体系和冷链设施建设。针对西北地区干旱缺水的特点，要推广耐旱农作物良种和旱作节水农业技术。西南地区季节性缺水和蓄水能力差的问题比较突出，要大力推广节水灌溉和旱作节水农业技术。

（二）建设特色农产品标准化生产基地

标准化生产是提高特色农产品质量的重要手段。要选择一批产业发展基础好的重点县市，按照产业化的思路，建设一批特色农产品标准化生产示范基地，加强小型农田水利设施、良种供应设施、技术服务体系、质量检测体系和机械化作业服务体系等建设。对特色农产品生产实行全程标准化管理，提高产品质量，创立一批特色品牌产品。加强标准化生产和管理技术的培训，推动标准入户。

（三）建立特色农产品原产地保护制度

特色农产品原产地独特的资源条件和地理环境，具有不可替代的自然垄断性，是保证特色农产品质量的前提。要尽快研究制定特色农产品原产地保护方面的法律、法规，组织开展特色农产品区域划定、原产地命名、品牌标注等工作，实行依法保护，提高特色农产品的知名度和信誉，保证质量和特色。加强市场监管，规范市场秩序，防止假冒伪劣产品冲击市场。

（四）培育西部农产品加工龙头企业

农业产业化龙头企业是把资源优势转化为经济优势的重要载体。要落实国家扶持重点龙头企业的各项政策，依托特色农产品标准化生产基地建设，培育一批从事特色农产品加工、销售等的农业产业化龙头企业。积极培育各类市场中介组织，发挥其在技术服务、产品销售方面的作用，推进农业产业化经营。

（五）加强西部生态环境建设

良好的生态环境是特色农业健康发展的基础。要搞好退耕还林、还草，加大《草原法》执法力度，落实草地家庭承包，切实搞好草原建设和保护。采取工程、农艺、化学控制和生物技术等节水措施相结合，建立田间蓄水、抗旱保水、节灌补水和土壤培肥等节水技术体

系，大力发展旱作节水农业。注重特色农产品产地环境保护，实施保护性耕作。积极推广沼气等农村能源综合利用技术，发展生态农业，保护生态环境。

（六）增加对特色农业发展的投入

中央农业投资要向西部地区倾斜。在西部开发的专项资金以及地方政府的投资中，应安排一定比例资金，用于农田基本建设、草原建设、旱作节水设施和保护性耕作等基础设施建设，支持特色农业新品种、新技术的引进、培育、开发和推广。各地要创造条件，积极争取金融部门的支持，增加对特色农业发展的信贷资金投入。要创造良好的投资环境，吸引外资和鼓励民间资本、民营企业投资西部特色农业。

（七）切实加强对特色农业发展的宏观指导

发展特色农业是一项长期任务。西部各省区市、各行业要结合本《意见》的精神，从当地实际出发，围绕上述发展重点，抓紧制定本地、本行业特色农业发展规划。近期西部各省区市要确定2～3个主要特色农产品作为发展重点，加强扶持和建设力度。我部将在此基础上，重点支持特色农产品良种繁育体系、标准化生产示范基地等建设。各地要切实加强调查研究，及时解决特色农业发展中出现的新情况、新问题，加强宏观指导，加快西部地区特色农业的发展。

关于进一步推进优势农产品产业带建设的意见

（农业部　农计发［2003］30号　2003年11月7日）

优势农产品产业带是指主要生产优质专用农产品，且自然资源优良、生产规模较大、产业基础较好、空间上相对集中连片的优势区域。推进优势农产品生产向优势产区集中，建设优势农产品产业带，是深化农业结构调整的一项战略任务，是提高我国农产品国际竞争力的重要举措。今年以来，各地认真贯彻中央农村工作会议精神和《关于做好农业和农村工作的意见》（中发［2003］3号）文件精神，把组织实施《优势农产品区域布局规划（2003—2007年）》（农计发［2003］1号）（以下简称《布局规划》），建设优势农产品产业带，作为推动新阶段农业发展的突破口，结合本地实际，研究制定配套规划，出台具体措施，引导龙头企业参与，推进优势农产品产业带的建设。总的看，各地行动积极，措施得力，《布局规划》的各项实施工作正在展开，优势农产品产业带建设的总体态势良好。但也存在一些问题，应引起重视。当前，一些地方对《布局规划》总体思路缺乏全面、准确的把握，认识还需进一步深化；有的发展重点不够突出，盲目推进；有的重建设，轻技术服务；有的违背农民意愿，片面追求规模生产。这些问题如解决不好，不仅影响优势农产品产业带的健康发展，也将影响农产品竞争力增强、农业增效和农民增收目标的实现。

切实推进优势农产品产业带建设，是新阶段我国农业发展的一项主要任务，也是一项复杂的系统工程，必须科学规划，合理引导，遵循规律，逐步推进。为此，提出以下指导意见。

一、不断深化对优势农产品产业带建设重大意义的认识

（一）建设优势农产品产业带是优化农业生产力布局的有效途径

合理、优化的农业生产力布局是解放和发展农业生产力的前提。实施优势农产品产业带建设，能够最大限度地优化资源配置、挖掘资源潜力和发挥比较优势，从而在不同地区形成不同特点的优势产品，培育主导产业，促进农业向优势产区不断扩大生产规模，提高标准化、专业化生产水平，进而带动形成科学合理的农业生产力布局。

（二）建设优势农产品产业带是促进农业产业化发展的客观要求

统筹协调农业产、加、销各环节，使之一体化协调发展是农业产业化发展的内在要求。优势农产品产业带是统筹生产、加工、销售各环节的基础。建设优势农产品产业带，改善农业生产基本条件，提高农业生产科技应用水平，实行专业化生产、标准化管理，促进提高产品质量，带动加工、储藏、运输等相关产业的发展，不仅能够增强农业的整体素质和效益，而且能够开辟农村新的就业渠道，增加农民就业机会，

从多方面增加农民收入。

(三)建设优势农产品产业带是建设现代农业的必然要求

区域化布局、专业化生产、产业化经营是现代农业的重要标志。通过农产品产业带建设,在更大范围和更高水平上推广应用现代农业技术和技术装备,不断加强和改进农业的科学管理,在优势农产品产业带率先建设现代农业,是符合我国国情的现代农业发展之路。

二、准确把握优势农产品产业带形成机制和发展规律

农产品产业带是农业生产力发展到一定阶段,多种因素相互作用的产物,有其内在的形成机制。加快推进优势农产品产业带建设,必须准确把握产业带的形成机制和发展规律。资源禀赋、市场需求、政策引导、技术进步、交通区位、环境状况是影响产业带形成和发展的六个主要因素。资源禀赋是产业带形成的自然基础和发展平台,市场需求是促进产业带发展的原动力;政策引导、技术进步通过对资源禀赋和市场需求的影响,从多方面对农产品产业带的建设发挥作用;交通区位、生态环境在政策引导和技术进步的作用下,影响着农产品产业带的布局、规模和竞争力。农产品产业带的形成有利于农业技术体系的建立和农业产业链的延伸,而技术体系的建立、产业链的延伸反过来又会促进产业带的发展。

农产品产业带的成长具有一定的规律性。一般要经历四个阶段,即以自然资源合理利用为主的形成阶段、以规模化建设为主的扩张阶段、以产业整体开发为主的整合阶段和以技术创新带动为主的提升阶段。目前,我国农产品产业带总体上正处于规模扩张阶段,部分地区开始进入产业整合阶段。各地要准确把握我国农产品产业带发展所处的阶段,把推进优势农产品生产向优势区域集中,发展规模生产,构建具有区域特色的产业整体优势,作为当前和今后一个时期的主要任务。在具体工作中,要注意把握好以下四点。

1. 把握好优势农产品产业带建设的渐进性　目前,我国农业技术推广体系、交通设施、市场体系等尚不发达和完善,农机装备和农业科技发展水平还不够高,农业区域化布局、专业化生产处于起步阶段,优势农产品产业带建设还需经历一个较长的发展过程,对此要有充分的认识,科学规划,突出重点,稳健推进。

2. 把握好自然条件和市场需求的基础作用　农产品生产有适宜区、次适宜区和不适宜区之分。只有依托自然资源,合理规划农业区域,在适宜区发展优势农产品规模化、标准化生产,才能够全面提升和保证产品质量,提高经济效益,实现持续发展。市场需求是资源优势转化为经济优势的决定因素,对优势农产品产业带建设进程起着主导作用。坚持以市场需求为导向,正确处理市场需求与资源利用、技术开发、产业链条之间的关系,是推进优势农产品产业带建设的关键内容。

3. 把握好推进产业带建设与保护和提高粮食综合生产能力的关系　保护和提高粮食综合生产能力,是推进农业结构战略性调整的前提,也是确保优势农产品产业带健康发展的基础。随着我国人口增加和人民生活水平的提高,对粮食的需求将会进一步增加。粮食产业带建设要把保护和提高粮食综合生产能力作为主要内容,把建设的重点放在优化粮食品种、提高粮食质量、促进加工转化等内容上来。其他优势农产品产业带建设也要处理好与保护和提高粮食综合生产能力的关系,做到相互促进。

4. 把握好政府的推动和规范作用　实践表明,政府正确的政策引导和调控可以加快农产品产业带的建设步伐,实现跨越式发展。在推进优势农产品产业带建设中,各地要注意强化和完善基础设施建设,提高农业科研水平,加强技术推广,完善社会化服务体系,建立风险防范机制,规范市场秩序,努力营造有利于产业带发展的外部环境,促进其健康发展。

三、进一步明确优势农产品产业带建设的总体思路和主要目标

(一)总体思路

进一步推进优势农产品产业带,在总体思路上要把握好以下几点:

1. 着眼发挥比较优势　这是建设优势农产品产业带的基本出发点。要深入研究市场需求、资源禀赋、产业基础等因素,发挥比较优势,提高农产品的市场竞争力,推进优势农产品产业带建设。

2. 实施非均衡发展战略　这是推进优势农产品产业带建设的关键。建设优势农产品产业带不能"四面出击"、"全面开花",要突出重点,扶优扶强,促进其加快发展,做大、做强一批优势农产品产业带。

3. 坚持产业化整体开发　这是建设优势农产品产业带的主要措施。推进优势农产品产业带建设,不能局限于就生产论生产,就产品论产品,而是要着眼于整个产业的开发。要对整个产业的每一个环节进行分析,找出薄弱环节,明确主攻方向,集中力量,组织攻坚。

4. 坚持以质取胜　这是优势农产品产业带建设的生命线。要适应消费水平不断提高的要求,大力优化产业带内的农产品品种和品质结构,提高优势农产

品质量安全水平。

（二）主要目标

优势农产品产业带建设的总体目标是，建立具有国际竞争力、区域分工合理、统筹种养加销、覆盖优势农产品的产业带体系；优化农业生产力布局，提高产业带现代化水平，使产业带内生产条件进一步改善，优势农产品的竞争力大幅度提高，农业效益显著增强，收入水平明显提高，把推进优势农产品产业带建成优质、高产、高效、安全、生态的农业示范区，为全面建设小康社会奠定基础。

近中期目标是选择优势最为明显的农产品进行重点扶持和建设，生产规模逐步扩大，生产能力稳步提高，产品质量明显改善，初步建成一批优势农产品产业带，每个产业带形成1～2个拳头产品，培育2～3个市场前景看好、经济效益明显、带动力强的龙头企业。

中长期目标是启动优势农产品产业带提升计划。进一步增强产业带的竞争力，实现优势农产品生产专业化、经营企业化、布局区域化、管理标准化、技术服务化，产业带内农产品的国际竞争力居于国际前列，促进产业带内交通、科教文卫事业、服务业等全面协调发展。

各地要从实际出发，结合优势农产品发展状况和产业带建设状况，量力而行，研究提出切实可行的发展目标。

四、突出重点，加快建设优势农产品产业带的支撑体系

（一）尽快建立健全良种育繁推广体系

要把种业作为优势农产品产业带发展壮大的基础，加大扶持力度，提高产业带内良种覆盖率。种植业主要完善农产品良种育繁推广示范基地、种子加工、种子检测、种子质量认证与监测、种质资源保存鉴定中心等种业基础设施建设，提高良种综合生产能力。畜牧业主要以纯种繁育为基础、杂交改良为主要手段，开展畜牧业良种工程建设，重点完善产业带内的种公畜站和育种基地。渔业主要是加大对产业带内水产种质资源保护、原种提纯复壮、良种繁育等重要环节的建设力度，选育、引进、推广一批适宜产业带内发展的优良品种。

（二）大力开展优势农产品标准化生产基地建设

这是加快优势农产品产业带建设的重要途径。在优势农产品的优势产区选择一批重点县（市），建立优势农产品标准化生产基地。要坚持生产性设施建设与科技信息服务设施建设相结合，加大科技投入力度；坚持生产功能与示范功能相结合，发挥基地的示范带动作用。种植业要重点建设标准农田基础设施，完善大型农机具的配置，增强综合生产能力。畜牧业要重点建设适度规模养殖小区，推行标准化饲养，发展农牧结合的阶段饲养、异地育肥和舍饲等饲养模式。渔业主要建设健康养殖生产示范基地。

（三）加快农产品市场及信息体系建设步伐

要把市场和信息体系作为优势农产品产业带建设的突破口。一是建设现代化的农产品物流中心。面向产业带建设需要，建设一批全国性或区域性的大型农产品产地物流中心、专业性批发市场及配送中心，完善质量安全检测、电子结算、信息收集与发布、场地道路等配套设施，健全服务功能，改进交易方式和手段。二是建设农业市场信息服务体系。重点搞好产业带内县级农业信息服务平台和乡镇信息服务站建设，壮大农村信息员队伍，充分利用互联网络和常规媒介，推动市场信息进村入户、进企业。三是健全市场组织。鼓励农民创办运销组织，发展民间经纪人队伍，面向产业带建设开展各种形式的服务。

（四）建立和完善农产品质量安全体系

确保质量安全是优势农产品产业带建设的关键。要加快制定和完善优势农产品质量安全的国家标准和行业标准，并在标准化生产基地优先推行。逐步建立一批区域性农业质检机构。对现有的质量检测机构，配备或更新必要的技术人员和仪器设备，对当地农产品、农业投入品和农业环境的质量实行检测监督。尽快建立完善动植物保护防疫体系、农兽药残留监控体系和渔业资源环境监测体系。以各级畜牧兽医站、植物保护站和水产技术推广站为主体，组建区域性动植物疫病防治体系。

（五）扶持壮大一批农业产业化龙头企业

龙头企业是带动优势农产品产业带建设的重要力量。加快扶持一批产业化基础好、辐射带动面广、市场竞争力强、经济效益优、诚信度高的龙头企业或企业集团，重点扶持农产品的产后加工、储藏、保鲜等环节，更新落后的生产设备和环保设备，以及质量检测检验仪器，扩建仓储场所，建设收购网点以及配套相关设施，引导龙头企业和农户形成生产、加工、销售的利益共同体，加大其对产业带内优势农产品的带动能力。抓紧组建各类优势农产品行业协会，发挥其在产销衔接、技术服务和协调出口价格等方面的作用。加强对优势农产品的营销服务，引导农民在自愿的基础上，发展各种新型的农民专业合作经济组织。

五、加强政策引导和扶持，大力推进优势农产品产业带建设

（一）实行积极政策，引导农业投资向优势农产品产业带倾斜

各级农业部门要积极开展工作，争取有关方面支

持,集中必要资金,加大对优势农产品产业带建设的支持力度。农业基本建设投资要根据资金的性质和用途,选择重点投资环节,进一步向优势农产品和优势产区倾斜。进一步加大产业带内农民购买种子、农机具等生产投入品的补贴力度。落实好国家扶持龙头企业的各项政策措施。对农业产业化龙头企业参加国际展览、展销会,开展名牌产品宣传等推介活动予以经费支持,努力提高我国优势农产品在国际市场的知名度和占有率;对优势农产品的生产、流通、储运、交易等环节实行税费减免政策,降低生产成本,提高产品市场竞争力。

(二)加快农业科技进步,大力发挥科技支撑作用

深化科技体制改革,合理调整优势区域内农业科研的主攻方向。在不放松粮、棉、油、猪等大宗农产品科研攻关的同时,加强经济作物、养殖业等优质高产高效农产品的科研力量,加速科技成果的转化和应用。改革农业科技推广体制,培育多元化的农业科技推广体系,支持科研单位、大专院校、各种专业合作经济组织和龙头企业以多种形式开展农业技术推广服务。广泛开展多种形式的科技文化培训,提高农民的科技文化素质和法律道德意识。

(三)大力发展农产品加工业,带动优势农产品产业带建设

农产品加工业对产业带建设具有强力的拉动作用。各地要把发展粮、油、水果、肉类、水产品等大宗农产品加工作为重点,在抓好农产品分级、包装、保鲜等初级加工的同时,着力加快精深加工,提高加工档次和水平。要以发展农产品加工业为契机,积极引导和鼓励乡镇企业及社会力量投资农产品深加工业,大力发展农业产业化经营,将种养加、产供销、贸工农有机地结合起来,不断延伸农业产业链,增加农产品的附加值,形成较大的区域规模和产业规模,构建生产、加工、销售有机结合的高效农业产业体系,不断提高优势农产品产业建设水平。

(四)整顿和规范农产品市场秩序,提高优势农产品流通效率

各地要进一步加大治理力度,打破地区封锁与垄断,规范交易行为,进一步整顿和规范农产品市场经济秩序,建立统一、有序的农产品国内流通大市场。要逐步完善市场交易规则,严格市场准入制度,打击制售假冒伪劣商品和欺行霸市的不法行为。积极会同有关部门,研究制定农产品批发市场的交易收费标准以及收费办法,撤销不合理的关卡,杜绝乱收费、乱罚款现象,疏通“绿色通道”,改善农产品流通环境。要加强农产品物流设施的建设,降低农产品运销成本。要积极利用互联网等现代化手段为农民提供市场信息,促进农产品连锁、配送、超市和网上交易、电子商务的发展,增强市场服务功能。进一步加强地区间的沟通和衔接,建立健全突发事件情况下的农产品流通机制,确保农产品流通正常秩序。

(五)建立和完善产业带建设的风险保障体系,规避优势农产品的自然和市场风险

建立和完善农业风险保障体系可以有效防范优势农产品产业带建设的风险。各地要在完善农业保险服务体系和提高农业保险服务质量方面加大工作力度,逐步建立和完善农产品储备、期货市场、信息预警等一系列风险防范措施。有条件地区可率先在其产业带内进行农业风险专项资金试点,对水产品、牛奶、牛羊肉、花卉等风险较大的产品先行开展业务,积累经验。

国家“十五”重大科技专项“农产品深加工技术与设备研究开发”管理实施细则

(科技部 国科农社函[2003]40号 2003年4月21日)

第一章 总 则

第一条 为加强对“农产品深加工技术与设备研究开发”国家“十五”重大科技专项(以下简称“专项”)的规范化、科学化管理,根据《国家科技攻关计划管理办法》、《科技三项费用管理办法(试行)》等有关规定,制定本实施细则。

第二条 “专项”旨在通过对农产品深加工重大关键技术的研究、集成与产业化开发，突破一批制约我国农产品加工产业发展的关键技术问题，初步构建国家农产品加工科技创新体系，全面提高农产品加工企业的科技创新能力，为实现我国农产品加工业的跨越式发展提供强有力的科技支撑。

第三条 “专项”坚持重点突破、市场优先、集成创新、强化协调、全面推进原则，充分发挥部门和地方作用，动员全社会的力量，以企业为创新主体，科研院所、大专院校为主要技术支撑，组成科技攻关联合体共同承担课题。

第四条 “专项”设项目和课题两个层次，采取“集成强化、动态评估、滚动调整、分年度实施”的管理方式。

第二章 组织管理

第五条 “专项”管理采取项目管理办公室、课题承担单位主管部门（部门科技司或省级科技厅）、课题承担单位分级管理的方式。

第六条 农产品深加工项目管理办公室由科技部农社司牵头，科技部计划司、农业部、教育部、国家粮食局、国家质量技术监督检验检疫总局、国家林业局、中华全国供销总社等部门科技司（局）和中国农村技术开发中心组成。办公室设在农社司，由农村中心负责日常管理工作。

项目管理办公室的主要职责是：

1. 发布招标指南，组织课题的公开招标、公开申报、专家评审，落实课题承担单位及签订课题任务书。

2. 监督、检查课题的实施，组织总体专家组对课题进行检查、考核，协调并处理课题执行中出现的有关问题。

3. 编制“专项”年度报告。

4. 负责组织课题的验收，按要求准备专项验收的有关文件资料，并提出项目验收申请。

第七条 “专项”成立项目总体专家组，主要职责是：

1. 协助项目管理办公室负责“专项”的整体实施，对农产品深加工技术与产业发展的宏观决策提供技术咨询，提出发展战略分析与政策建议。

2. 协助项目管理办公室对项目执行情况进行检查、考核、评估和验收等工作。

第八条 课题承担单位主管部门主要职责是：

1. 负责课题的管理与协调，定期检查课题具体执行情况，督促课题组按计划完成研究任务。

2. 落实配套资金及监督经费合理使用。

3. 协助项目管理办公室督促课题承担单位按要求汇总、上报课题年度执行情况报告及有关信息报表。

第九条 课题承担单位的主要职责是：

1. 主持单位负责课题任务和配套经费的落实、人员的组织配备、执行情况的检查和汇总，以及成果的示范、推广和宣传。各课题承担单位必须严格遵守课题任务书条款，认真履行任务书规定的义务，按期完成各项研究任务，实现课题预定目标。

2. 及时报告课题执行中出现的重大问题，接受项目管理办公室、主管部门和总体专家组的监督检查和管理。

3. 按要求编报课题年度执行情况和有关信息报表，提交课题验收的全部文件资料，进行档案归档和成果登记。

4. 对课题执行中产生的知识产权与技术成果进行积极有效的管理和保护，努力促进科技成果的转化。

第三章 实 施

第十条 课题承担单位主管部门要加强管理，每半年至少到课题承担单位现场检查一次，及时了解和掌握课题研究进展和经费使用情况。

第十一条 攻关联合体内部建立研讨与协商制度，以加强企业和科研院所、大专院校的有机结合。企业和科研院所、大专院校要定期沟通，研究解决课题实施中的问题，包括上报有关材料和课题年度执行报告。重大科研问题和技术成果等都要由企业和科研院所、大专院校共同完成，遇有重大和特殊问题，应及时沟通解决。

第十二条 课题承担单位每年12月25日前完成课题年度执行情况报告编制工作，并经主管部门审核后，报送项目管理办公室。

对逾期不报送的课题承担单位，项目管理办公室有权停止其下年度的国拨经费。

第四章 检查、评估

第十三条 建立课题年度检查制度。依据本实施细则，项目管理办公室会同总体专家组将对课题执行情况定期或不定期进行现场检查。

第十四条 建立课题年度考核制度。每年召开一次专项工作会议，项目管理办公室将组织有关专家对课题的执行情况进行考核、评估，并将评估结果作为重点加强或滚动管理的依据。

第十五条 课题在执行过程中有下列情况之一的，应被及时调整或终止：

1. 课题没有按照年度计划执行，没有完成年度考核指标。

2. 课题的配套经费和自筹资金、人员、材料等条件不能落实，严重影响课题的正常实施。

3. 课题负责人发生重大变化，导致研究工作无法正常开展和进行。

4. 由于其他不可抗拒的因素，致使研究工作不能正常进行。

第十六条 对撤消的课题，课题承担单位应对已做工作、经费使用、已购置设备仪器、阶段性成果、知识产权等情况提供书面报告，并报项目管理办公室核查备案，问题严重的将追究承担单位和负责人等的相关责任。

第五章 经费管理

第十七条 课题经费应依据财政部、国家计委、国家经贸委、国家科委联合印发的《科技三项费用管理办法（试行）》的有关规定执行。

第十八条 专项课题经费主要由国家拨款、主管部门匹配及课题承担单位（企业）自筹等部分组成。

第十九条 企业必须对课题经费单独立账、专款专用，任何单位不得截留、挪用或挤占。国拨经费和地方配套经费必须用于课题实施期间课题的研究开发工作。

第二十条 项目管理办公室和课题承担单位主管部门应对课题经费到位、使用和管理情况进行监督、检查，对违反经费使用规定的单位，项目管理办公室有权停止拨款直至终止该课题。

第六章 验收与成果管理

第二十一条 课题完成后，要按照《国家科技攻关计划管理办法》的有关规定进行验收。

第二十二条 “专项”产生的科技成果，课题承担单位应及时申请相关知识产权保护，特别要积极申请和利用专利保护；非密级成果应按照《科技成果登记办法》进行科技成果登记；发生技术转移和成果转让时，应按照《技术合同认定登记办法》办理技术合同认定登记手续；符合科学技术奖励条件的，按照国家科学技术奖励的有关规定执行。

第二十三条 鼓励“专项”科技与产业化成果进行转让和转化。对成果转让和转化中涉及的知识产权及相应权益问题，应遵照《中华人民共和国促进科技成果转化法》和科技部《关于加强与科技有关的知识产权保护和管理工作的若干意见》的有关规定执行。

第二十四条 涉及国家机密的科技成果，按照《科学技术保密规定》进行密级评定或确认，并实施管理。

第二十五条 各课题研究中形成的档案材料，课题承担单位应按照档案管理的有关规定进行整理、立卷、归档，确保档案的完整、准确、系统。

“十五”国家重大科技专项“奶业重大关键技术研究与产业化技术集成示范”实施管理细则

（科技部　国科农社函〔2003〕43号　2003年4月29日）

第一章 总　　则

第一条 为加强“十五”国家重大科技专项“奶业重大关键技术研究与产业化技术集成示范”（以下简称奶业专项）管理的科学性、规范性和高效性，根据科技部《国家科技攻关计划管理办法》和《关于重大科技专项启动实施若干问题的意见》，特制定本管理细则。

第二条 奶业专项旨在通过奶业重大关键技术的

研究攻关与产业化技术集成示范，突破制约我国奶业发展的关键技术瓶颈，构建我国奶业科技创新体系与现代奶业产业化生产模式，大幅度提升我国奶业科技创新能力，推动我国奶业优质、高效发展，增强奶产品国际竞争力，促进奶业成为新时期我国农业及农村经济发展新的增长点及支柱产业。

第三条 奶业专项由科技部牵头，会同农业部等部门，联合产业化示范课题承担单位主管省（市、区），充分发挥部门、地方作用，动员全社会的力量，共同组织实施。

第二章 组织管理

第四条 专项采取项目管理办公室、课题承担单位主管部门（国务院有关部门科技司或省级科技厅）、课题承担单位分级管理的方式。

第五条 科技部成立奶业专项管理办公室，由科技部农社司、农业部科教司等有关司局及农村中心的有关人员组成，办公室设在农社司，日常事务管理工作委托农村中心组织。专项管理办公室负责项目的组织实施、监督、检查、考核、验收等工作。

第六条 成立奶业专项总体专家组，由5～7名不同部门和领域的技术、经济、管理、企业等方面的专家组成。总体专家组的职责是协助专项管理办公室开展项目的实施管理工作，负责专项的技术指导与技术咨询，根据专项管理办公室的安排，参加项目的论证、评审、考核、监督、验收等。

第七条 课题主管部门的职责：

1. 负责课题的管理与协调，定期检查课题具体执行情况，督促课题组按计划完成研究任务。

2. 按计划任务书规定落实配套经费，监督经费合理使用。

3. 协助项目管理办公室督促课题承担单位按要求汇总、上报课题年度执行情况报告及有关信息报表。

4. 产业化示范课题所在省成立由省（市、区）政府、科技厅及相关部门组成的课题协调领导小组，由科技厅牵头成立课题管理办公室，建立主管部门、企业与技术依托单位经常沟通的机制。

第八条 课题承担单位的职责：

1. 主持单位负责课题任务和经费的落实、人员的组织配备、执行情况的检查和汇总，以及成果的示范、推广和宣传。各课题承担单位必须严格遵守课题任务书条款，认真履行任务书规定的义务，按期完成各项研究任务，实现课题预定目标。

2. 及时报告课题执行中出现的重大问题，接受项目管理办公室、主管部门的监督检查和管理。

3. 按要求编报课题年度执行情况和有关信息报表，提交课题验收的全部文件资料，进行档案归档和成果登记。

4. 对课题执行中产生的知识产权与技术成果进行积极有效管理和保护，努力促进科技成果的转化。

5. 课题内部建立研讨与协商制度，加强企业、科研院所、大专院校的有机结合，定期沟通，及时研究解决课题实施中的问题。产业化示范课题要充分尊重主管部门的意见，及时向主管部门汇报课题进展及课题实施中出现的重大问题。

第三章 检查、考核

第十条 奶业专项课题管理实行年度汇报制。要求各课题在每年10月底以前将课题年度执行情况和下一年度计划以打印文稿和电子文本两种形式报送专项管理办公室。各课题还应不定期向专项管理办公室汇报课题取得的重大突破和遇到的重大问题。

第十一条 建立课题实施检查制度。根据本实施管理细则规定，奶业专项管理办公室将对课题执行情况进行定期或不定期的现场检查。

第十二条 奶业专项课题管理实行年度考核制。年度考核由专项管理办公室负责组织，评估人员由总体专家组专家和外聘专家组成。评估人员根据不同类型课题的考核指标体系对课题进行考核评估。考核结果作为年度“滚动支持、动态调整”的依据。

1. 对于共性关键技术课题，重点考核课题的计划任务落实情况、关键技术研究进展情况、技术创新性、专利及知识产权申请情况与质量水平，并要求所研究与开发的技术必须与示范区课题紧密结合，按照计划任务书规定的示范规模进行应用示范。

2. 对于产业化示范课题，重点考核课题的计划任务落实情况、技术集成配套和产业化情况、示范区基地和技术创新基地建设情况、产学研结合情况、企业创新能力与龙头企业的产业化带动作用等；示范规模严格按照计划任务书要求执行；同时，要求申请单位所在省、市、自治区按国拨经费1:1的比例配套，申请单位按国拨经费1:2的比例自筹。

第十三条 课题在执行过程中，如遇下列情况之一，任务书各方均可根据任务书有关条款，提出修改、撤销和终止任务书的建议：

1. 经实践证明，课题研究技术路线不合理、不可行、无实用价值，或课题无法实现任务书规定进度且无改进办法。

2. 技术水平低于国内同类技术研究水平、其研究内容与其他科技计划相重复，或在课题实施过程中出现了严重的知识产权问题。

3.完成课题任务所需资金、原材料、人员、基础设施等主要条件不落实。

4.组织管理不力或者发生重大问题致使任务书无法执行。

5.任务书规定的其他需撤销和终止任务书的情况。

第十四条 对撤销的课题，课题承担单位应对已做工作、经费使用、已购置设备仪器、阶段性成果、知识产权等情况提供书面报告，并报项目管理办公室核查备案，问题严重的将追究承担单位和负责人等的相关责任。

第四章 经费管理

第十五条 奶业专项的经费管理和使用按照财政部关于科技三项费用管理办法和国家有关规定执行。

第十六条 课题经费由国家拨款、地方配套和承担单位自筹三部分构成。

第十七条 科技部会同财政部负责按课题任务书和专项管理办公室编报的经费预算下拨经费。各课题主持单位要按照子课题任务书和年度计划及时转拨经费。

第十八条 课题经费必须单立账，独立核算，专款专用，任何单位不得截留、挪用或挤占。

第十九条 产业化示范课题主管部门和课题承担单位要按要求保证配套及自筹经费按时足额到位。配套或自筹经费未足额到位者，专项管理办公室有权终止课题。

第五章 验收与成果管理

第二十条 奶业专项各课题的验收由专项管理办公室负责组织。课题承担单位和课题负责人在任务书规定完成日期后30日内向专项管理办公室提出验收申请，并准备好相关材料。课题验收要与财务决算报告验收、固定资产验收、课题档案资料验收同时进行。专项管理办公室会同总体专家组审查有关验收申请材料，经审查批准后，依据课题任务书进行验收。

第二十一条 科技部负责专项的总体验收。总体专家组要为验收做好技术报告等技术准备工作。专项验收要与财务决算报告验收、固定资产验收同时进行。

第二十二条 对产生的科技成果，课题承担单位应及时申请相关知识产权保护，特别要积极申请和利用专利保护；非密级成果应按照《科技成果登记办法》进行科技成果登记；发生技术转移和成果转让时，应按照《技术合同认定登记办法》办理技术合同认定登记手续；符合科学技术奖励条件的，按照国家科学技术奖励的有关规定执行。

第二十三条 鼓励专项科技与产业化成果进行转让和转化。对成果转让和转化中涉及的知识产权及相应权益问题，应遵照《中华人民共和国促进科技成果转化法》和科技部《关于加强与科技有关的知识产权保护和管理工作的若干意见》的有关规定执行。

第二十四条 涉及国家机密的科技成果，按照《科学技术保密规定》进行密级评定或确认，并实施管理。

第二十五条 课题形成的论文及专著应标注“十五国家奶业重大科技专项研究内容”字样。著作权的归属和使用按《中华人民共和国著作权法》的规定执行。

第二十六条 各课题研究中形成的档案材料，课题承担单位应按照档案管理的有关规定进行整理、立卷、归档，确保档案的完整、准确、系统。

关于建立农产品认证认可工作体系的实施意见

（国家认监会 国认注联［2003］15号 2003年2月27日）

在我国经济进入新的发展阶段和加入世界贸易组织的新形势下，随着工业化进程和城市建设的迅速发展，人民群众生活水平的不断提高，对“菜篮子”产品的质量卫生安全提出了新的要求。对农产品的质量安全卫生施行认证认可管理，是做好新阶段的“菜篮子”工作的一项重要任务，也是实现农业现代化、推进农业产业化进程和进一步扩大对外开放的一项重要措施。根据《国务院关于新阶段“菜篮子”工作的通知》（国发［2002］15号）和《国务院办公厅关于加强认证认可工作的通知》（国办发［2002］11号）提出的要求，现就建立农产品认证认可工作体系有关工作提出以下实施意见。

一、建立农产品认证认可工作体系的指导思想和目的

全面贯彻“三个代表”重要思想，坚持国务院确定的统一规划、强化监管、规范市场、提高效能和与国际接轨的认证认可工作原则，在国家认证认可监督管理委员会统一管理、监督、综合协调和各有关方面共同实施的工作机制下，建立并完善我国农产品认证认可工作体系，提高农产品认证评价的一致性和有效性，促进农产品等“菜篮子”产品的质量卫生安全水平的提高，为农业结构调整、增加农民收入，改善我国生态环境，扩大农产品出口创汇服务。

二、建立农产品认证认可工作体系的工作重点

1. *建立统一、规范的农产品认证认可体系* 我国农产品认证要借鉴和引入工业产品认证认可的经验和有关做法，统一认可制度、统一认可机构、统一认可标准和认可程序，保证认可工作的公正、公开、公平，加快农产品认证工作。

2. *实行统一的农产品认证机构、认证咨询机构和认证培训机构的国家认可制度* 按照国家认证认可监督管理委员会、国家质量监督检验检疫总局、国家工商行政管理总局、对外贸易经济合作部《关于印发〈认证机构及认证培训、咨询机构审批登记与监督管理办法〉的通知》（国认可联［2002］21号）有关规定，从事农产品认证、认证咨询和认证培训等业务的机构要办理审批和登记注册；农产品认证机构应当取得国家认证认可监督管理委员会授权的认可机构的资质认可；对农产品认证培训机构、农产品认证人员实施注册、备案制度。

3. *以与国际接轨为目标，结合我国国情，建立国家农产品认证标准* 以现阶段我国农业已开展了的“无公害农产品”、“绿色食品”和“有机食品”等认证为基础，统一、完善相关的认证标准体系，逐步使我国农产品认证与国际通行的认证标准和认证形式接轨。

4. *制定有利于社会监督和促进有序竞争的农产品认证标志（标识）管理办法* 通过认证标志，建立认证质量的可追溯制度，认证机构要对其认证结果的有效性承担责任。根据国家有关规定，适时对直接食用的农产品实行强制性产品认证制度和出口验证制度。

5. *加强对农产品认证机构、认证咨询机构与认证培训机构的管理和监督检查* 通过政策引导和加强监督管理，引入市场竞争机制，培育一批运作规范、社会信誉高、符合国际通行规则要求的农产品认证机构。加强对境外相关认证机构、认证咨询机构和有关代理机构以及独立检查员的监督检查。

6. *在农产品生产、加工企业中积极推行HACCP（危害分析与关键控制点）管理体系及认证* 调动全社会的积极性，通过认证帮助、指导企业在生产过程中建立并调整关键控制点限值，及时纠正偏差，保证产品的质量卫生安全符合规定要求，提高企业的科学管理水平。

7. *推动建立贯穿农产品种植、养殖、加工、储运、经销全过程的质量卫生安全管理体系* 在农产品生产、加工、储运、经销企业（包括种植业、养殖业、加工业、储存运输业、批发、零售业等）中开展质量管理体系认证、环境管理体系认证、职业健康安全管理体系认证，促进农产品生产、加工、经销企业质量管理水平的全面提高。

三、建立农产品认证认可工作体系应注意的几个问题

1. 开展农产品认证认可工作，要适应我国农业、农村经济工作和农业可持续发展的需要，为推进农业产业化进程和实现农业现代化服务；要符合国家环境保护法律法规的要求，为保护和改善我国生态环境服务；要通过认证推动我国农产品出口创汇。

2. 要加快与农产品认证相关的国家标准及行业标准、有关技术法规的制、修订进程，使各类认证标准层次分明，并具有可操作性。积极推进我国有关农产品认证领域的国际间相互认可工作。

3. 发挥各种农村经济组织和行业（产业）协会在农产品认证活动中的示范和桥梁、纽带作用，坚持循序渐进、逐步推广的工作方针，努力提高农产品质量，扩大出口创汇，真正使农民得到实惠。

4. 利用WTO“绿箱”政策和借鉴国外做法，扶植具备条件的农产品生产、加工企业积极发展有机农业，对获得有机认证的生产、加工企业给予一定的政

策优惠。

5. 农产品认证认可工作体系的建立和实施，需要各有关部门相互支持，形成合力。国家认证认可监督管理委员会要积极主动地为各行业、地区开展农产品认证工作提供指导和服务；国务院各有关部门和地方各级政府要积极运用认证结果作为“菜篮子”产品质量卫生安全的监控手段。各有关部门各司其职，促进认证工作在农产品生产、加工、经销中的实施，共同培育开放有序、监管有效的农产品认证市场。

6. 国家认证认可监督管理委员会要会同有关部门制定有关农产品认证的监督管理办法，建立、健全对农产品认证机构及认证检测机构等的有关要求。

关于切实加强食品加工企业质量安全工作的紧急通知

（农业部　农企发［2003］007号　2003年4月29日）

各省、自治区、直辖市、计划单列市及新疆生产建设兵团农业（农牧、农林）、畜牧、渔业、农垦、乡镇企业、农机化厅（委、局、办），部各直属单位：

当前，防治传染性非典型肺炎是一项重大而紧迫的政治任务。为认真贯彻中央政治局常委会议和全国非典型肺炎防治工作会议精神，切实加强食品加工企业的质量安全工作，保障城乡居民身体健康和生命安全，特紧急通知如下：

一、充分认识加强食品加工企业质量安全工作的极端重要性

近年来，我国食品工业迅速发展。同时，各地和食品加工企业非常重视食品质量安全工作，并取得了较好成效。但就总体而言，食品质量安全形势仍然十分严峻，突出表现在：有的企业使用受到污染的原料加工食品，有的企业加工流通过程不规范造成食品污染，有的地方存在制售假冒伪劣食品现象。这与农业和农村经济进入新阶段、人民生活水平日益提高、我国加入世界贸易组织的要求还很不适应。特别是在当前抗击非典型肺炎的新形势下，加强食品质量安全工作显得尤为紧迫，尤为重要。食品质量安全，关系到城乡居民身体健康和生命安全，关系到改革发展稳定的大局，关系到国家利益和形象，也关系到食品加工企业自身的生存和发展。各级农业行政管理部门（农业、畜牧、渔业、农垦、乡镇企业、农机化，下同），一定要站在全面贯彻“三个代表”重要思想和党的十六大精神的高度，站在维护改革发展和稳定大局的高度，站在执政为民、对人民高度负责的高度，充分认识加强食品质量安全工作的极端重要性，增强大局意识和责任意识，把加强食品质量安全作为一项重大而紧迫的任务，采取强有力措施，抓紧抓好抓落实，确保人民群众能够吃上放心食品。当前要以防治非典型肺炎为契机，努力推动食品加工企业质量安全工作再上一个新台阶。

二、进一步明确加强食品加工企业质量安全工作的目标任务

加强食品质量安全工作，必须全面贯彻国家关于食品质量安全的法律、法规和政策，建立和完善各项规章制度。要进一步加强食品加工企业的质量安全基础工作，健全质量安全保障体系。进一步搞好食品加工企业的环境卫生，保持清洁生产；进一步加强从业人员的资格审查和人员健康管理。防止有药物、重金属及其他毒物残留的农产品进入加工过程，确保食品在加工过程中不被污染，确保出厂的食品为安全食品。努力实现食品生产的标准化、无公害化，全面提高食品加工企业的质量安全水平。

三、认真落实国家有关食品质量安全方面的法律法规

做好食品质量安全管理工作的关键是政府部门要依法行政，企业要依法经营。要认真落实《食品卫生法》、《产品质量法》、《清洁生产促进法》、《传染病防治法》和《职业病防治法》等有关法律法规，不折不扣地执行有关规定，把食品质量安全工作纳入法制化

轨道。要在食品加工企业中大力宣传有关法律法规规定，大力宣传职业卫生知识，当前特别要大力宣传防治非典型肺炎知识，引导企业职工增强法制意识、质量安全意识和职业卫生意识。要与有关部门配合，加大执法力度，加强食品质量安全的监督检查工作，主要对食品加工企业的生产经营过程是否符合《食品卫生法》规定的10项卫生要求，食品加工企业是否继续生产经营《食品卫生法》规定禁止生产经营的12类食品等问题进行检查。要逐个企业、逐个车间和逐个人员进行质量安全隐患排查。对查出的问题进行依法处理，责令不符合食品生产经营条件的企业关停或限期整改。

四、着重抓好影响食品加工企业质量安全的关键环节

1. *要加强对进入企业的农产品及其他原料进行检验* 通过检验，防止农药残留超标的植物产品、违禁药物滥用和兽药残留超标的畜产品及药物残留超标的水产品进入加工环节。确保进入加工领域的农产品及其他原料的药物、重金属及其他毒物残留不超标，符合质量安全标准。

2. *要加强企业生产过程的质量管理* 引导企业严格按照标准加工食品，杜绝无标生产。食品生产中使用的添加剂，必须符合食品添加剂使用卫生标准和卫生管理办法的规定。充分发挥职工的积极性和创造性，把食品质量安全落实到每一个环节、每一道工序。积极推行HACCP（危害分析与关键控制点）、ISO9000系列标准（质量管理和质量保证体系系列标准）认证和管理工作，不断完善食品加工企业的质量管理和质量保证体系。

3. *要加强食品出厂检验* 食品加工企业要对计量检测设备加强管理，充实、更新计量检测仪器设备，配备保证质量安全要求和产品出厂所需的检测设备。严格食品出厂检验，做到不合格产品不准出厂。

4. *要明确包装标识* 对包装上市的食品，要标明产地和生产单位，建立食品质量安全追溯制度。对列入农业转基因生物标识管理目录的产品、无公害食品、绿色食品及有机食品，要严格按照有关规定，予以正确的标识或标注。

5. *要加强食品生产企业的环境卫生和人员健康管理* 食品生产企业的环境卫生，必须符合《食品卫生法》的规定。食品生产企业应积极推行ISO14000系列标准认证和管理工作。企业要建立每日健康检查制度，对每个班次的上岗人员进行健康检查。一旦出现非典型肺炎病人或接触过疑似非典型肺炎病人时，要立即停业，同时向当地疾病预防控制机构报告，并采取相应防治措施。

五、大力发展无公害食品、绿色食品和有机食品

各地要认真实施我部印发的《全面推进无公害食品行动计划的实施意见》。要加强生产基地建设，净化产地环境，严格农业投入品管理，推行标准化生产，提高生产经营组织化程度，强化生产监管措施；要建立监测制度，推广速测技术，创建专销网点，实施标识管理，推行追溯和承诺制度，积极推行市场准入制度，大力推进无公害食品、绿色食品和有机食品的生产。各食品加工企业要在突出食品安全、提高质量的基础上，通过多种渠道，提高品牌的知名度和市场开拓能力，积极实施“放心食品工程”。各级农业行政管理部门要在推动、引导上下功夫，为名牌食品发展创造良好的环境。要抓住机遇，发挥优势，大力推进绿色食品、有机食品的生产，提高名牌食品的比重，带动食品安全质量工作，增强我国农产品及其加工制品的国际竞争力。

六、积极配合有关部门严厉打击假冒伪劣食品

假冒伪劣食品的存在，既危害了城乡居民的身体健康，也冲击了名牌食品的生产经营。各级农业行政管理部门和广大食品加工企业要充分认识制售假冒伪劣食品违法犯罪的严重性和危害性，积极配合质检、工商等部门取缔制假售假单位；对市场上出现的假冒伪劣食品坚决予以打击，为食品加工企业创造良好的市场环境。有条件的企业可以建立一支稳定的法律工作者队伍，投入常年的打假工作中。名牌食品加工企业应积极采用新技术、新材料、新工艺，加快产品的升级换代；积极采用防伪技术，加强对名牌食品的保护。

七、积极引导食品加工企业加强诚信建设

各级农业行政管理部门要把改善食品加工企业的社会信用形象作为管理工作的一项重要内容来抓，积极开展企业信用征集、信用评价、信用公示等各项工作，加强信用监管，确保食品加工业健康发展。要充分发挥各类农产品加工业协会、学会等行业组织的积极作用，完善行业行为规范和道德规范，加强行业自

律，推动行德行风建设。广大食品加工企业要按照法律法规和政策规范自身经营行为，加快建立以企业经营者为第一责任人、岗位职责明确、监管到位的食品质量安全生产责任制，确保食品质量安全。要不断强化企业经营者和员工的信用意识和信用行为，树立诚信为本、信用第一的观念，全面塑造企业的良好信用形象。

八、切实加强对食品加工企业质量安全工作的组织领导

1. 食品加工企业质量安全工作事关全局　各级农业行政管理部门要坚持“质量第一，安全第一，预防为主”的方针，针对当前存在的薄弱环节，从组织领导、工作制度和管理方法手段等方面采取有效措施，切实加强对食品加工企业质量安全工作的组织领导。

2. 高度重视，明确责任　各级农业行政管理部门主要负责同志要亲自抓，直接掌握食品质量安全工作情况，及时研究和制定预防措施，解决工作中的困难和问题，确保该项工作的顺利开展。要层层落实责任制，加强组织领导，做到一级抓一级，逐级负责，逐级抓好落实。

3. 通力合作，加强协调　食品质量安全工作涉及许多部门的工作，需要有关部门密切配合，通力合作，共同努力。各级农业行政主管部门要在同级人民政府的领导下，加大协调力度，积极会同卫生、质检、工商及食品等部门，按照职责分工，各司其职，齐抓共管，切实加强食品质量安全工作。

4. 加强监督，狠抓落实　各级农业行政管理部门要加强对食品质量安全工作的监督和检查，确保各项措施得以落实。指导食品加工企业及时排查存在的质量安全问题，并认真加以解决。对好的经验，要及时加以总结推广。对先进单位和个人，应给予表彰。对发生的食品质量安全事故，要配合有关部门一查到底，严厉追究有关人员的责任。

关于加强农产品质量安全检验检测体系建设的意见

（农业部　农市发［2003］8号　2003年4月28日）

为适应农业发展新阶段和我国加入世贸组织的需要，提高农产品质量安全水平，保障城乡居民的身体健康，增强农产品市场竞争力，规范建设布局，进一步提升农产品质量安全体系检验检测能力，遵照中共中央、国务院关于建立健全农产品质量安全检验检测体系的要求，结合《国民经济和社会发展第十个五年计划纲要》和《农业法》规定，满足“无公害食品行动计划”和《优势农产品区域布局规划》实施需要，现就加强农产品质量安全检验检测体系建设提出如下意见：

一、充分认识加强农产品质量安全检验检测体系建设的重要性

建立健全农产品质量安全检验检测体系，是各级农业行政主管部门的重要职责。农产品质量安全检验检测体系，是依照国家法律法规和有关标准，对农产品（包括产地环境和农业投入品，下同）质量安全实施检验检测的重要技术执法体系，在农产品质量安全评价、农业行政执法、农村市场监管和农产品贸易等方面担负着重要的技术支撑职责，对农业结构调整、农产品质量升级、农产品消费安全、提升农产品市场竞争力都具有重要的技术保障作用。但目前农产品质量安全检验检测体系建设普遍存在体系不健全、技术人员不足、检测手段薄弱和投入不足等问题，难以适应农产品国内外贸易对质量安全检验检测工作的需要，影响农产品的质量安全水平的提高和扩大出口，对此，各级农业行政主管部门，要充分认识加强农产品质量安全检验检测体系建设的重要性，切实将农产品质量安全检验检测体系的建设作为农业行政执法体系建设的基础工作，采取强有力的措施，抓紧抓好，抓出成效，将我国农产品质量安全检验检测工作迅速提高到新的水平。

二、科学规划和合理布局

1. 统筹规划　农产品质量安全检验检测体系建设的指导思想是，以全面提高农产品质量安全水平为核心，以法律、法规和技术标准为依据，以科学、合理的布局为前提，以完善检验检测手段，提升检验检测能力和技术水平为重点，建立健全体系，以满足农产品生产全过程监管需要。

近期目标是力争用5年左右的时间，初步建立起一套由部、省、县三级组成、布局合理、职能明确、专业齐全、运行高效、既符合我国国情又与国际接轨的农产品质量安全检验检测体系。

在规划布局上，要突出健全和提高部级专业性（包括区域性）农产品质量安全监督检验测试中心（以下简称部级专业性质检中心），建立和完善省（区、市）综合性农产品质量安全监督检验测试中心（以下简称省级综合性质检中心）。同时，合理规划和建设县（市）级综合性农产品质量安全检测站（以下简称县级综合性检测站），鼓励有条件的农产品生产基地和批发市场建立以速测为主的检测站（点），作为县级综合性检测站检验能力的有效补充。

在监测能力上，农产品质量安全检验检测体系要能够满足有关国家标准、行业标准对农产品质量、安全、工艺、性能参数的检验检测需要，实现对农产品从“农业投入品到批发市场”全程质量安全检验检测。部级专业性质检中心应达到国际同类检验检测机构水平，逐步实现国际双边或多边认可。

2. 充分利用现有资源　农产品质量安全检验检测体系的建设，应当充分利用现有的检测力量和资源，采取填平补齐和完善功能的办法进行科学规划，防止和杜绝重复建设，避免资源浪费。部级专业性质检中心，由农业部按照专业类别、产品种类和优势区域，依托全国农业技术推广、科研教学、分析测试等技术单位现有检测力量进行规划建设；省级综合性质检中心，由各省（区、市）农业（畜牧、渔业等）行政主管部门依托本省（区、市）农业（畜牧、渔业等）系统现有检测中心（站、所）的检测力量和工作基础进行规划建设。检验检测参数指标、仪器设备和专业技术要求相近的，鼓励实行资源整合和共享，合理进行检验检测分工。原则上每个省（区、市）应建设成为一个综合性的农产品质量安全检测中心。由于行政隶属关系或专业特性不便进行整合的，可继续按照行政隶属或专业设立、完善相应的质检中心（站、所），但要做到任务明确、分工清晰，以充分发挥其专业特长和职能作用，防止在规划建设过程中出现大的波动；地市级农产品质量安全检测机构，可作为省级综合性质检中心的区域性（或专业性，下同）分支机构，以补充省级综合性质检中心在区位、专业等方面的检测能力，具体的规划和建设由省级农业（畜牧、渔业等）行政主管部门商地市人民政府确定；县级综合性检测站，应当围绕当地的主导产业和产品，依托农业技术推广体系现有的检测力量和工作基础进行规划建设，农产品生产基地和批发市场检测站（点），应当突出速测和自检。

三、明确界定各级机构职责与任务

1. 部级专业性质检中心　主要承担全国性的农产品质量安全普查和风险评估工作，承担农产品检验检测技术的研发和标准的制修订，开展农产品质量安全对比分析研究与国际合作交流，承担农产品质量安全方面重大事故、纠纷的调查、鉴定和评价，承担农产品质量安全认证检验、仲裁检验和其他委托检验任务，负责有关农产品质量安全方面的技术咨询和技术服务。

2. 省级综合性质检中心　主要承担农产品质量安全监督抽查检验，负责农产品市场准入检验、农产品产地认定检验和农产品质量安全评价鉴定检验，负责对县级综合性检测站进行技术指导和技术培训，接受其他委托检验和负责农产品质量安全方面的技术咨询、技术服务工作。

3. 县级综合性检测站　承担县级农业行政主管部门下达的农产品质量安全执法检验，负责指导农产品生产基地和批发市场开展检测工作；负责农产品质量安全监督检查的抽样和生产过程中的日常监督检验；承担农产品质量安全方面标准宣贯和技术培训；接受其他委托检验和负责农产品质量安全方面的技术咨询、技术服务工作。

四、加强对检验检测体系的管理

部、省、县级农产品质量安全检验检测机构，应在人员机构、管理制度、仪器设备、环境条件、检测工作和检验报告等方面符合机构授权（或资格）认可和计量认证要求。部级专业性质检中心和省级综合性质检中心的管理办法、基本条件和授权审查认可细则，由农业部制定。省级综合性质检中心的区域性分支机构和县级综合性检测站的管理办法、基本条件和资格认可细则，由省级农业行政管理部门参照农业部有关规定并结合本地区实际情况制定。部级专业性质检中心和省级综合性质检中心，由农业部统一组织考核、授权认可和受国家认监委的委托负责组织实施国家计量认证评审。省级综合性质检中心的区域性分支机构和县级综合性检测站的资格考核认可工作,由省级农业行政主管部门负责组织实施,有关计量认证由省级农业行政主管部门商省级计量认证行政管理部门确定。

部级专业性质检中心和省级综合性质检中心正、副主任的任免，应当报农业部质量标准主管司（办）备案；省级综合性质检中心的区域性分支机构和县级综合性检测站的领导干部任职资格审查要求，由省级农业行政主管部门确定。从事农产品质量安全检验检测的人员，应当经过培训、考核合格，持证上岗。

农产品质量安全检验检测机构，是公益性、非营利性的技术机构。各级农业行政主管部门，要积极争取财政、计划、编制、科技等部门的大力支持，尽快完善机构，充实人员，增加投入。各省级农业行政主管部门应当按照省（区、市）人民政府的要求，制定本地农产品质量安全检验检测体系建设规划，并抓紧组织实施。有关建设规划和工作计划应当及时报农业部备案，以便统一纳入全国农产品质量安全检验检测体系建设规划，防止重复建设。

实施“食品放心工程”专项整治工作方案

（国家质量监督检验检疫总局　2003 年 9 月 1 日）

一、全面推进食品质量安全市场准入制度

对所有食品生产加工企业的原材料进厂把关、生产设备、工艺流程、产品标准、检验设备与能力、环境条件、储存、运输、包装等方面进行审查，凡不具备保证食品质量安全基本条件的企业，不准开业生产，产品不得进入市场。在目前已实施米、面、油、酱油、醋等 5 类食品的生产企业市场准入制度的基础上，从今年 7 月份开始，对肉制品、乳制品、饮料、调味品、方便面、饼干、罐头、冷冻饮品、速冻面米食品和膨化食品等 10 类食品的生产企业实施市场准入制度。年底前公布几批获得食品生产许可证的肉制品、乳制品等 10 类产品生产企业名单。

二、加强食品质量安全监督抽查

（一）突出重点，加强监督。国家质检总局和各省级质量技术监督局将安排食品质量安全专项监督抽查，并公布抽查结果。一是突出重点项目，选择直接危及人体健康安全的指标重点检验；二是突出重点企业，对质量不稳定的中小企业的产品重点实施监管；三是加强跟踪，促使企业加强标准、计量等技术基础工作，进一步完善企业质量体系，保证产品质量。

（二）强化不合格产品生产企业的处理力度。一是严格整改制度,对监督抽查中发现的质量不合格的企业一律限期整改,严格复查;二是认真执行曝光制度,对抽查中涉及人体健康项目不合格的、连续监督抽查不合格的食品生产企业要坚决曝光;三是认真履行处罚制度。对抽查中涉及强制性国家标准项目不合格的产品的生产企业,责令停止生产、销售,并依法进行处罚。

三、实施强制检验制度

要求企业必须依法履行食品出厂检验义务。具备出厂检验能力的企业可以自行检验，不具备出厂检验能力的企业，必须委托具有法定资质的检验机构进行检验。出厂食品必须检验合格，不检验或检验不合格，不得进入市场销售。加大对食品市场的质量安全强制检验和商品量的执法检查力度，会同有关部门树立一批质量、计量等方面信誉好的市场。

四、打击食品加工违法活动

突出一个重点,八项任务。重点是严厉打击禁用原料加工食品的违法活动,保护人民群众食品质量安全卫生。八项任务:一是查米面加工厂,找陈化粮和矿物油;二是查食用油加工点,找泔水油和地沟油;三是查米粉、米线、腐竹加工厂,找吊白块;四是查肉制品加

工厂，找药死、病死动物及过期变质回收制品；五是查笋干、辣椒、木耳等干菜加工点，找硫磺、硫酸镁、双氧水等禁用化学品；六是查水产品干制腌制水发点，找甲醛、双氧水、敌敌畏等禁用品；七是查酱油醋酿造厂，找毛发水、焦糖色素、工业乙酸等禁用品；八是查花椒调料加工点，找禁用色素。同时，会同有关部门实施联合整治，抓住典型案例一查到底。

五、扶优扶强，引导消费

一是进一步通过目前已实施的中国名牌、国家质量免检、原产地域保护制度等措施扶优扶强；二是加大对国家监督抽查结果、获得国家免检、中国名牌、原产地域保护等资格的食品生产企业的宣传力度，公布质量好、连续监督抽查合格的企业名单，树立一批好的产品、好的品牌；三是开展节日热销食品执法大检查，曝光质量差、产品存在严重问题和质量缺陷的企业，警示消费，扶优治劣；四是通过“12365”特殊服务电话号码和奖励举报，发动人民群众形成对食品制假违法行为的有效监督。

六、把好进出口食品质量关

加强出入境检验检疫，严把进出口食品质量关，防止国外不合格食品及疫情的进口传入，配合有关部门查禁非法进口食品。

七、建立完善食品标准体系

完善并发布食品“十五”发展计划，在此基础上，尽快完成一批食品方面的强制性国家标准修订工作，为推进食品放心工程提供技术依据。

八、加强对食品质检机构的资格管理

为确保食品质量安全监督的有效性，加强对向社会出具公正数据的食品检验检测机构资质能力的统一评价。凡未取得国家规定的实验室资质认可的检验检测机构不得从事食品质量安全检验业务。结合“食品放心工程”的实施，从事食品卫生安全质量检验的检验检测机构必须取得国家规定的计量认证、审查认可或实验室认可。

九、治理不规范认证、评比行为

与有关部门联合组织查处社会上的各种乱评比、乱发牌行为。依法对食品认证中的违法违规行为进行查处。按照农业部、质检总局联合发布的《无公害农产品管理办法》，对获得无公害农产品认证并加贴标志的产品，不符合无公害农产品质量标准要求的要依法处罚。按照国家标准或行业标准，组织质检部门对有机食品、绿色食品及其他食品认证的产品进行认证有效性专项执法检查。组织质检部门、认可机构对从事食品认证、食品生产加工企业体系认证（含 HACCP）的认证机构、认证咨询机构进行专项检查。

十、突出重点，加大宣传力度

要分阶段，分步骤，有重点地开展食品放心工程宣传工作。突出对正面典型宣传引导的同时，加大对负面典型的曝光力度。还要注意把握分寸，内外有别，以免影响国内食品企业的产品出口。

关于建立健全加工和流通领域食品安全检测体系的意见

（商务部 商运发［2003］457号 2003年11月26日）

《国务院关于加强新阶段“菜篮子”工作的通知》（国发［2002］15号）和《国务院办公厅关于实施食品药品放心工程的通知》（国办发［2003］65号）规定，商务部门要大力实施以“培育绿色市场”为重点的“三绿工程”，加强食品流通、加工业的行业指导和管理，推进食品流通体制改革，建立健全食品安全检测体系。为贯彻落实国务院文件精神，深入推进“三绿工程”，加快建立流通和加工环节的食品安全保障体系，现就建立健全流通和加工领域食品安全检测体系提出如下意见：

一、建立健全流通和加工领域食品安全检测体系的重要意义

实施“三绿工程”以来，食品质量、安全、卫生明显改善。但由于多方面原因，目前流通和加工领域食品安全检测体系建设方面普遍存在体系不健全、检测手段薄弱、技术人员缺乏和投入不足等问题。建立健全流通和加工领域食品安全检测体系，是实施“三绿工程”的重要内容，是严格市场准入管理的重要方式，是结合我国实际保障食品安全的有效措施。各级商务主管部门要充分认识流通和加工领域建立健全食品安全检测体系的重要意义，切实增强责任感、紧迫感，从实践“三个代表”重要思想的高度把这项工作抓实抓好。

二、建立健全流通和加工领域食品安全检测体系的主要内容

各级商务主管部门和流通、加工企业，要以建立流通和加工领域的食品安全保障体系为核心，以严格实行索票、索证、认证、认定等市场准入制度为基础，以法律法规和技术标准为依据，以完善检测手段和提升检测能力为重点，抓住当前蔬菜、肉类、水产品、豆制品等与百姓生活关联度较高的商品，建立健全食品流通、加工领域有条件企业严格自检、社会中介检验检测机构接受委托检验、执法机关监督抽检和商务部门定点检测机构监测抽检相结合的食品安全检测体系。

（一）加快企业自检体系建设

各地商务主管部门要有计划、有步骤地推进企业自检体系建设，加快建立保障食品安全的行业自律机制，强化食品流通、加工企业法定代表人是食品安全第一责任人的意识。要积极开展食品安全检测技术的培训与咨询，指导有条件的食品流通和加工企业建立检测站点，配备检测设备和专业人员，开展日常检测，并实行检测结果公示制度，检测不合格的食品不得出厂和入市销售。商务部门要加强监督检查，对没有按要求建立检测站点、开展例行检测或存在安全隐患的单位要向消费者公示，并追究企业法定代表人及有关人员责任，对定点屠宰企业还应依法取消其定点屠宰资格。

（二）完善委托检验制度

各地商务主管部门在积极推进企业自检体系建设工作中，对确实没有自检能力的企业要实行委托检验制度，定期和不定期委托有资质的社会食品安全检测机构代为检测；要督促没有自检能力的企业严把进货关，严格从开展日常检测的批发市场、定点屠宰厂和经有关部门批准的正规生产企业进货，对感官可疑的食品要及时送检；对不能按要求执行委托检测制度的企业，要及时向消费者公示。

（三）完善食品安全定点检测网络

县级以上商务部门要合理规划布局，防止重复建设和资源浪费，充分利用现有社会检测力量和资源，分别确定国家、省、地、县定点食品安全检测机构。定点食品安全检测机构必须具备以下基本条件：

1. 国家、省级定点检测机构通过省级以上质量技术监督部门的计量认证，地、县级定点检测机构通过同级以上质量技术监督部门的计量认证，并取得《计量认证合格证书》，具有向社会提供公证数据的资格和能力。

2. 设有独立的检测室（区），水、电、气等配套齐全，环境整洁卫生。

3. 具备《农产品安全质量》标准中规定的检测方法所必需的仪器设备，其性能满足对蔬菜、肉类、水产品、豆制品等食品中有毒有害物质残留进行定性、定量分析的要求，仪器设备检出限须达到检测项目指标的要求。

4. 按业务范围配备相应的管理人员和检测技术人员，管理人员应具有一定的实际管理经验，检测技术人员应熟悉检测仪器设备的性能，并熟练掌握相关检测技术，实际操作能力强，工程师以上技术人员的人数应不低于检测技术人员总数的20%。

5. 建立健全各项规章制度，严格内部管理。国家级定点食品安全检测机构，主要设在直辖市、计划单列市、省会市，承担大中城市上市销售食品卫生质量安全监测评估和全国性普查工作，经审定合格授予“商务部定点食品安全检测机构”资格。省、地、县级定点食品安全检测机构，主要负责本辖区内上市销售食品的卫生质量安全监测评估，由所在省、地、县商务主管部门根据需要确定。各级商务主管部门要建立健全专项抽检制度，委托定点食品安全检测机构定期或不定期地组织本辖区内的专项抽检，加强对上市销售食品的卫生质量安全监测。

三、流通、加工领域开展食品安全检测的标准和方法

（一）检测标准

流通、加工领域食品安全检测工作要依据《农产品安全质量》国家标准和有关检测技术规范开展。

1. 蔬菜检测　重点检测韭菜、圆白菜、黄瓜、豆角、油菜、芹菜、小白菜，按照《农产品安全质量　无公害蔬菜安全要求》（GB18406.1—2001）等标准

执行，前5种蔬菜中甲胺磷不得检出，芹菜中氧化乐果不得检出，小白菜中甲基对硫磷不得检出。

2. *肉类检测* 重点检测猪肉、猪肝，按照《农产品安全质量 无公害畜禽肉安全要求》(GB18406.3—2001) 执行，盐酸克伦特罗、氯霉素不得检出，恩诺沙星、庆大霉素、土霉素、四环素、泰乐菌素及磺胺类药物的最高限量为≤0.1mg/kg，青霉素为≤0.05 mg/kg，链霉素为≤0.5 mg/kg。

3. *水产品检测* 重点检测水发鱿鱼、水发海参、鲜鱼、鲜虾、鲜虾仁，按照《农产品安全质量 无公害水产品安全要求》(GB18406.4—2001) 和《无公害食品 水产品中有毒有害物质限量》(NY5073—2001) 执行，甲醛不得检出。

4. *豆制品检测* 重点检测腐竹、豆腐皮，按照《非发酵性豆制品及面筋卫生标准》(GB2711—1998) 和《禁止在食品中使用次硫酸氢钠甲醛（吊白块）产品的监督管理规定》(国质检执［2002］183号) 执行，次硫酸氢钠甲醛禁止在食品中使用，不得检出。

（二）抽样方法

各级商务主管部门组织的抽样检测，必须保证足够的样本量。抽检的最低样本量要求为：每个市县选择销售量比较大的2个以上农副产品批发市场、2个以上农贸市场和2个以上生鲜超市作为抽检监测对象。每个检测品种从每个市场选择2～3个产销量比较大的经销商，各随机抽取2kg样品为一个样本，其中1kg样品作为制备实验室样品用于检测，1kg样品作为备样，并按规定期限低温冷藏或冷冻保存。为保证检测结果的真实性和客观性，在每次检测抽样时，各检测机构的抽样人员要以消费者的身份，随机购买商品作为样本进行检测，并索取有关单证备查。

（三）检测方法

1. 甲胺磷的测定，按《食品中甲胺磷和乙酰甲胺磷农药残留量的测定方法》(GB 14876) 执行，检测仪器为气相色谱仪。

2. 次硫酸氢钠甲醛、甲醛的测定，按《食品中甲醛次硫酸钠的测定方法》(卫法监法［2001］159号) 执行，检测仪器为分光光度计；或按《无公害食品 水产品中有毒有害物质限量》(NY5073—2001) 执行，检测仪器为气相色谱仪。

3. 盐酸克伦特罗的测定，按《动物组织中盐酸克伦特罗的测定》(NY/T468—2001) 规定执行，检测仪器为气相色谱—质谱仪 (GC/MC)。

4. 恩诺沙星、庆大霉素、链霉素的测定，按《兽药及其他化学物质在动物可食性组织中残留检测方法》(农牧发［1998］17号) 执行，检测仪器为液相色谱仪。

5. 氯霉素、青霉素、泰乐菌素、磺胺类的测定，分别按《出口肉中氯霉素残留量检验方法》(SN/T0347)、《出口肉中青霉素残留量检验方法》(SN/T0539)、《出口肉中泰乐菌素残留量检验方法》(SN/T0670)、《出口肉中十种磺胺残留量检验方法》(SN/T0208) 执行，微生物学检测。

6. 土霉素、四环素的测定，按《畜禽肉中土霉素、四环素、金霉素残留量测定方法（高效液相色谱法）》(GB/T 14931.1) 执行，检测仪器为液相色谱仪。

开展食品安全检测，是一项技术要求很高的非营利性公益活动。各级商务主管部门要积极争取财政、技改、编制、科技等部门的大力支持，尽快完善机构，充实人员，增加投入，健全信用档案，力争在3～5年时间内建立比较完善的流通、加工领域食品安全检测体系。请各省级商务主管部门于12月30日之前根据条件在每个大中城市选择2家有资质的检测机构，作为国家级定点食品安全检测机构向商务部推荐，并将地方食品安全检测体系建设情况及时报商务部（市场运行调节司）。

食品安全行动计划

（卫生部 2003年8月14日）

一、前 言

食品安全是一个重大的公共卫生问题，直接关系人民群众的身体健康和社会稳定，党和政府历来高度重视。保障食品安全，是实践“三个代表”重要思想的具体体现，是全面建设小康社会的重要内容之一。

《中华人民共和国食品卫生法》（以下简称《食

品卫生法》）颁布后，国家实行食品卫生监督制度，把食品安全和营养纳入了法制化管理。当前，我国食品卫生法规、标准体系日臻完善，已建立较为完善的食品卫生监督监测体系，大多数食品企业根据《食品卫生法》和相关规章、标准的规定，采取了保证食品安全的措施，食品卫生总体状况在向好的方向发展。然而，我国食品安全面临的形势仍然十分严峻：一是食源性疾病仍然是危害公众健康的最重要因素；二是食品中新的生物性和化学性污染物对健康的潜在威胁已经成为一个不容忽视的问题；三是食品新技术、新资源（如转基因食品、酶制剂和新的食品包装材料）应用给食品安全带来新的挑战；四是我国食品生产经营企业规模化、集约化程度不高，自身管理水平仍然偏低；五是防范犯罪分子利用食品进行犯罪或恐怖活动的重要性越来越突出；六是食品安全监督管理的条件、手段和经费还不能完全适应实际工作的需要。

2000年，世界卫生大会通过了《食品安全决议》，制定了全球食品安全战略，将食品安全列为公共卫生的优先领域，并要求成员国制定相应的行动计划，最大程度地减少食源性疾病对公众健康的威胁。许多国家据此采取行动，加强了食品安全工作。

我国是一个食品生产和消费大国，随着市场经济的快速发展和生活水平的提高，特别是加入WTO后，消费者对食品安全更加关注，食品安全与食品贸易的关系更为密切，提高我国食品安全水平的要求越来越迫切。为深入贯彻《食品卫生法》，充分保障食品安全，在总结原有工作的基础上，并借鉴国外的先进经验，制定本行动计划，用于指导今后5年我国的食品安全工作。

二、行动目标

1. 总目标　控制食品污染，减少食源性疾病，保障消费者健康，促进经济发展。

2. 具体目标　到2008年，在保障食品安全的水平上实现以下目标：

（1）建立较完善的食品卫生法律法规与标准体系。

（2）建立和完善食品污染物监测与信息系统。

（3）建立和完善食源性疾病的预警与控制系统。

（4）建立加强食品生产经营企业自身管理的食品安全监管模式。

（5）建立有效保证食品安全的卫生监督体制和技术支撑体系。

三、行动策略

（一）健全食品卫生法律法规与标准体系

食品卫生法律法规与标准是企业和个人从事食品生产经营活动必须遵守的行为准则，是消费者保护自身合法权益的法律武器，是政府实施食品安全监督的重要法律依据。只有进一步健全法律法规与标准体系，才能有效地开展食品安全监督管理工作。

1. 目的

（1）为保障消费者健康，促进食品贸易和社会经济发展，提供有效的法律保障。

（2）为加强食品卫生监督工作提供法律与技术依据。

（3）为食品生产经营者的自身管理提供行为准则。

2. 内容

（1）起草《食品卫生法实施条例》，明确食品生产经营者在保证食品安全中的责任，分清“食物链”全过程各阶段的监管职责，更好地贯彻实施《食品卫生法》。

（2）依据《食品卫生法》，结合食品卫生监督工作的实际情况，对现行有关食品安全的规章和规范进行系统修订，建立适应市场经济规律的新的食品安全规章、规范，完善食品卫生法律法规体系。

（3）依据《食品卫生法》和食品行业发展的需要，采用“危险性评估”的原则与方法，系统修订国家和地方食品卫生标准。科学、及时制定新的卫生标准和基础卫生标准。

（4）按照WTO的有关协定和相关国际标准，适时审查和修订有关食品安全的部门规章、标准，使食品卫生规章和标准在保护消费者健康的前提下，不断满足食品进出口贸易的需要。

3. 指标

（1）2004—2005年完成以下法规、规章的制（修）订和发布工作：《食品卫生法实施条例》；《食品卫生抽检管理规定》；《食品营养标签管理办法》。

（2）2004—2005年制定或修订以下标准和规范性文件：完成现行（316项）食品卫生国家标准的修订和发布工作；制定乳制品、饮料、肉类制品等食品良好生产规范；制定《婴幼儿配方食品标准》、《特殊营养食品卫生标准》；制定主要（19种）化学污染物在各类农产品（食品）中的限量标准，主要（132种）农药品种在农产品（食品）的残留限量标准，各种（2000余种）食品添加剂的使用卫生标准等基础标准；起草并发布《食品中常见污染物、致病菌快速检验方法》。

(3) 2006—2008年完成以下法规、规章与标准的制定或修改：起草并发布《中国食品卫生标准体系建立指南》与《食品卫生标准制定原则与方法》；制定或修改食品卫生理化检验方法和微生物检验方法；开始第十一个五年规划中有关食品安全的规章和标准项目。

(二) 建立和完善食品污染物监测网络

食品污染物数据是控制食源性疾病危害的基础性工作，是制定国家食品安全政策、法规、标准的重要依据。建立和完善食品污染物监测网络，有效地收集有关食品污染信息，有利于开展适合我国国情的危险性评估，创建食品污染预警系统。在保护国内消费者健康与利益的同时，提高我国在国际食品贸易中的地位。

1. 目的

(1) 确定国家食品污染水平和对健康的危害。

(2) 鉴定常见污染物的污染来源与污染原因。

(3) 提供监测数据，为食品生产者和政府进行污染控制和法规制定提供指导，验证食品安全政策、措施的实效性。

(4) 为"食物链"各阶段相关管理部门的工作提供技术依据；促进我国食品安全水平的提高以及在国际市场的竞争力；防止国外不安全食品进入我国市场。

2. 内容

(1) 开展食品中化学污染物监测与评价　依照WHO推荐的监测目标，通过对指示性食品和危害人体健康的有害物质进行监测，了解污染水平，建立食品污染状况数据库和数据分析系统，进行危险性评价。重点开展监测的化学污染物包括：有害重金属、农药和兽药残留、环境污染物（如多氯联苯和二恶英）以及食品加工过程形成的有害物质（如氯丙醇、丙烯酰胺、亚硝胺、多核芳烃等）。

(2) 开展食品中生物污染物监测与评价　在全国建立致病菌及真菌毒素的监测网络，对重点食品实施主要食源性致病菌和真菌毒素污染状况的主动监测，及时发现潜在的和正在发生的食品中生物性污染问题，进行危险性评价，用于制定相关的政策法规，指导食品卫生监督工作，引导食品生产和消费。

(3) 开展总膳食研究　通过对中国居民的总膳食研究，获得我国主要和特定污染物的实际膳食摄入量，通过与安全摄入量比较评价我国居民膳食安全水平，为国家制（修）定食品卫生标准提供重要依据。

(4) 进行化学和生物污染物的连续和主动监测开展污染源的追踪调查，利用网络技术平台和相应微机软件，系统分析全国食品污染物的污染水平和动态变化，从而提出食品污染物危险性管理的重点及防治措施。建立食品污染的预警和快速反应系统。

3. 指标

(1) 污染物监测点建设　在现有污染物监测网的基础上，2004年在12个省（自治区、直辖市）建立40～50个监测点；2005年在15个省（自治区、直辖市）建立50～60个监测点；2006年在18个省（自治区、直辖市）建立60～80个监测点；2007年在27个省（自治区、直辖市）建立140～150个监测点；2008年在31个省（自治区、直辖市）建立180～200个监测点。

(2) 实验室能力建设　2004—2005年，化学污染物监测国家级中心实验室通过WHO的核心监测项目分析质量保证（AQA）考核，12个省级实验室要达到WHO的全球环境污染监测规划/食品部分(GEMS/Food)规定的核心监测项目名单要求，并通过国家中心实验室的AQA考核。其中，5～8个实验室选择性开展15种常用兽药残留（克仑特罗、抗生素等）或氯丙醇监测。在生物污染物监测方面，国家级中心实验室通过WHO的室间质量控制考核(EQAS)。

2006—2007年，化学污染物监测有20个省级实验室达到GEMS/Food规定的核心监测项目名单要求，12个省级实验室达到GEMS/Food规定的中级监测名单要求；其中，10个实验室选择性开展氯丙醇或兽药残留或60种以上农药残留的监测。2～3个监测点实验室能选择性开展鱼、蛋、奶中二恶英和多氯联苯监测或油炸食品中丙烯酰胺监测。5个实验室有能力通过WHO的AQA考核。生物污染物监测方面，有12～20个监测点实验室通过国家中心实验室的EQAS考核。

2008年，化学污染物监测有30个省级实验室达到GEMS/Food规定的核心监测项目名单要求，20个省级实验室达到GEMS/Food规定的中级监测名单要求，10个省级实验室达到GEMS/Food规定的全面监测名单（包括多氯联苯或二恶英和硝酸盐/亚硝酸盐的监测）要求，6个实验室通过WHO的AQA考核。10～12个实验室选择性开展兽药残留、农药残留、氯丙醇、多核芳烃或丙烯酰胺监测。20个监测点能够监测100种以上农药残留。

(3) 监测工作和监测数据　2004—2005年，开展有害重金属、农药残留、霉菌毒素监测，获取5万个污染物监测数据。生物污染物监测方面，监测肉与肉制品、蛋与蛋制品、乳与乳制品和水产品中的沙门氏菌、单核细胞增生性李斯特菌、弯曲菌、大肠杆菌

O_{157}：H_7，玉米、花生及其制品中的黄曲霉毒素，玉米中的伏马菌素。

2006—2007年，获取10万个污染物监测数据，初步绘制我国食品中主要污染物污染状况趋势图。生物污染物监测方面，增加副溶血性弧菌，苹果与山楂制品中的展青霉素。

2008年，获取15万个污染物监测数据，绘制出我国食品中主要化学污染物污染状况趋势图。生物污染物监测方面，增加志贺氏菌、金黄色葡萄球菌，谷物中的呕吐毒素和棕曲霉毒素A。

（4）开展中国总膳食研究　每2～3年1次，在12个省（自治区、直辖市）开展中国总膳食研究，监测指标能够满足GEMS/Food规定的全面监测名单。

（三）建立和完善食源性疾病预警和控制体系

建立食源性疾病的报告与监测系统是有效地预防和控制食源性疾病的重要基础。通过完善食源性疾病的报告、监测与溯源体系，借助于食品污染物监测数据，在全国建立起一个能够对食源性疾病暴发提前预警的系统，并采取针对性措施，提前消除由于食品中的有害因素所造成的危害，以更有效的预防和控制食源性疾病的暴发，提高我国食源性疾病的预警和控制能力。

1．目的

（1）确定我国食源性疾病监测的种类，通过分析污染水平与食源性疾病的关系，评估特定食品污染物及其对人群健康的危害程度。

（2）提高食源性疾病的快速诊断、溯源及处理能力。

（3）加强食源性疾病主动监测，公布食源性疾病监测信息，为政府和消费者提供食源性疾病监测与控制的科学依据。

（4）建立食源性疾病暴发预警系统，预测和预报食源性疾病发生和发展趋势，制定控制食源性疾病的针对性措施。

（5）加强与国际组织和其他国家食源性疾病预防和控制的信息交流，预防和防止国外新的食源性病原菌进入我国。

（6）推广建立社区食品安全宣传点，加强食源性疾病预防知识宣传教育。

2．内容

（1）建立并完善我国的食源性疾病报告体系　在我国现有食物中毒报告和法定急性肠道传染病报告制度的基础上，建立我国的食源性疾病报告体系，运用现代化电子网络手段，实现快速、高效、准确的资料上报和数据分析。

（2）建立我国的食源性疾病主动监测网络　以省（自治区、直辖市）为监控单位，下设市、县监测点，对重要的生物性、化学性食源性疾病的暴发与流行进行监测、分析和评估。

（3）提高对生物性食源性疾病病原的溯源能力　利用DNA指纹图谱分型（PFGE）等现代分子生物学技术，建立我国的食源性致病菌溯源与信息网络。

（4）开展食品中病原危害的危险性评估　对某些高危、特定食品，实施生物性危害（如禽肉中的沙门氏菌）、化学性危害（三氯丙醇、伏马菌素等）的危险性评估，提出保护我国人群健康与安全的食品中病原菌适量水平（ALOP），或化学性危害的每日最大耐受摄入量（PMTDI）。

（5）建立食源性疾病的网络数据库　建立食源性疾病暴发的预警模型，对可能发生的食源性疾病的暴发与流行提出准确的预报；建立我国食源性疾病的预警和控制系统，针对预报的食源性疾病暴发的特征制定不同的管理措施及突发性事件的应急预案，以指导控制工作。

（6）将食源性疾病预防作为卫生宣传的重要内容，在社区中设立食品安全宣传点。

3．指标

（1）2004年制（修）订我国食源性疾病报告制度，2005—2006年完善并全面实施国家食源性疾病报告体系。

（2）食源性疾病监测点建设：2004年建立10个省级食源性疾病监测点；2006—2008年扩大到全国15～20个省、市级监测点。

（3）2004年强化国家级食源性疾病病原确证与溯源实验室。2006—2008年建立3～5个具有食源性疾病溯源能力的省级实验室，初步形成中国的食源性疾病溯源、监测与控制网络。

（4）2004年开展危险性评估技术培训；2005年完成我国禽肉和鸡蛋中沙门氏菌的危险性评估；2006—2008年根据我国重大食源性疾病暴发和食源性疾病主动监测资料的科学性分析，完成我国1～2项高危食品中生物或化学性危害的危险性评估。

（5）2007年起，在对我国主要或常见的食源性疾病进行连续监测的基础上，结合我国食品中污染物监测（化学和生物性污染）的数据和资料，以及其他数据库资源信息，对我国食源性疾病的暴发与流行趋势进行准确的分析和预警。

（6）2005年开始，定期向社会和基层单位发布预警信息，科学指导食品生产和消费。

（7）2006年起，县级地方卫生行政部门均建立一个食品安全和食源性疾病预防宣传培训点。

（四）加强食品生产经营的行业管理及企业自身管理

为提高食品生产经营企业食品安全责任意识，从源头上保证食品安全，必须加强食品企业诚信管理，全面实施食品卫生规范（GHP）或者良好生产规范（GMP），积极推行危害分析关键控制点（HACCP）方法，以加强食品生产经营的行业及自身管理，保证食品安全。

1．目的

（1）明确食品生产经营者为食品安全的责任主体，提高其责任意识，实行食品卫生管理员制度。

（2）激励食品企业增加投入，不断改进食品加工工艺和生产条件。

（3）食品企业自觉实施有效食品安全控制措施，确保食品生产企业向消费者提供安全的食品。

（4）提高食品的可溯源性，增强消费者对食品供应的安全感。

2．内容

（1）建立企业诚信机制　加强食品行业管理，协调有关部门建立和加强食品企业的诚信和食品安全承诺制度。对采用先进管理技术和方法，并具有良好信誉和确保食品安全的企业予以鼓励和表彰。

（2）严格执行不合格食品收回制度　制定不合格食品收回制度，企业自身及行业管理规范，加强市场监督抽检，监督食品生产经营者落实不合格食品收回制度。

（3）推行食品卫生管理员制度　建立食品卫生管理员培训、考核及管理制度。食品生产经营企业，应当配有取得资质的食品卫生管理员，实行食品卫生管理员责任制度。

（4）建立食品安全溯源制度，提高食品的可溯源性，增强消费者对食品安全的信心。

3．指标

（1）2003年开始推行食品生产经营企业食品卫生管理员制度。

（2）2004年开始建立食品生产经营企业诚信公告制度。

（3）2004年所有保健食品生产企业达到保健食品良好生产规范要求。

（4）2005年制定并实施不合格食品收回管理规范及食品安全溯源管理规范。

（5）2005年在乳制品、饮料、罐头食品、低温肉制品、水产品加工等食品生产加工企业实施卫生部制定的国家食品卫生规范（或食品企业良好生产规范）要求。

（6）2006年所有餐饮业、快餐供应企业、食品储藏运输企业实施卫生部制定的国家食品卫生规范要求。乳制品、果蔬汁饮料、碳酸饮料、含乳饮料、罐头食品、低温肉制品、水产品加工企业、学生集中供餐企业实施HACCP管理。

2006年在酱油、食醋、面粉加工、食用植物油、肉品屠宰、熟肉制品、酒类、糖果、蜜饯、糕点等食品加工企业实施卫生部制定的国家食品卫生规范（或食品企业良好生产规范）要求。

（7）2007年酱油、食醋、植物油、熟肉制品等食品加工企业、餐饮业、快餐供应企业和医院营养配餐企业实施HACCP管理。

（五）加强食品安全监督、检验能力建设

提高政府对食品安全的监管能力，包括加强卫生监督、检验的基本装备、加快危险性分析方法的应用，提高卫生监测能力和应急反应速度，完善食品安全监督信息网络，加强卫生监督、检验队伍建设，提高卫生监督、检验人员素质。

1．目的

（1）提高现场食品卫生监督的装备水准。

（2）提升食品卫生监督、检验队伍的素质和执法能力。

（3）加强食品卫生监督信息网络建设。

（4）提高食品卫生监测和检验能力。

2．内容

（1）更新现场监督执法技术手段　加快研制和装备卫生监督现场快速监测设备，不断改善卫生监督机构的交通、通信和执法取证的条件，以提升食品安全监督的执法能力。

（2）加强食品卫生监督信息网络建设　建立食品生产经营企业基本信息、监管信息、监测信息、诚信信息、不良记录信息等有关食品安全监管信息库，加强信息交换，提高食品安全的监督水平。

（3）加强实验室能力建设　对国家、省、地、县不同能级的实验室进行设备更新，强化检验人员的培训和质量控制，提高资源综合利用能力。

（4）改进食品安全监督模式　实施食品卫生量化监管制度，引进危险性管理的理念，探索适应市场经济发展需要的食品安全监督模式，提高卫生监督的效率和效益。

建立企业不良记录档案。对食品生产经营中违反有关法律、法规、规章、标准和技术规范的行为，将其纳入不良记录档案，并在全国卫生执法网络中予以通告，实施重点监督管理。对严重违法的食品生产经营的企业要向社会公示，充分调动消费者和社会舆论的监督作用。

（5）加强卫生监督队伍建设　加快卫生监督人员

培训和培养，规范卫生监督人员工作考核，完善执法责任制和执法责任追究制。

（6）提高处理食品安全突发事件的应急能力　制定食品安全突发事件应急处理预案，做好人力、设备、技术的储备，随时预防和应急处理重大食品污染、食物中毒及食品安全恐怖事件。

3．指标

（1）2004年地市级以上卫生监督机构达到食品安全现场快速监测设备的装备要求；2006年县级卫生监督机构达到设备装备要求。

（2）2004年在地市级以上卫生监督机构建立食品卫生监督信息网络；2005年在县级卫生监督机构建立食品卫生监督信息网络。

（3）2005年建立省际不良记录企业通告网络。

（4）2004年对省级卫生监督机构的食品卫生监督员进行业务知识轮训一次；2005年对地市级食品卫生监督员轮训一次；2006年完成县级食品卫生监督员的轮训。

（5）2007年前具备一批具有国际先进水平的国家和地方食品安全监测检验实验室。

四、保障措施

1．将食品安全列为卫生事业优先发展的领域　卫生部要依法行使主管全国食品卫生的职责，加大监管力度，组织制定全国食品卫生监管人员、经费、装备的标准，确定食品安全监管工作的优先地位。地方各级卫生行政部门将食品安全作为监督工作的重要内容，列入工作计划，加强领导，重点扶持。

2．加快卫生监督体系和技术保障体系的建设　各级卫生行政部门要加强对卫生监督体系和技术保障体系的领导，严格按照卫生部确定的改革思路、原则和步骤实施，改革到位，充分发挥其在食品安全监管中的作用。

3．认真做好食品安全监管工作中的部门协调　各级卫生行政部门在依法履行食品卫生监督职责时，要注意与相关部门的协调，加强合作，形成合力，共同做好食品安全工作。在认真贯彻执行《食品卫生法》的基础上，逐步形成适应中国国情的食品安全保障体系。

4．充分发挥社会对食品安全的监管作用　建立有效的机制，保证消费者和社会舆论监督渠道畅通；建立全国统一的消费者举报投诉接受系统，设立全国统一的监督电话，营造一个企业自律、政府监管和社会监督的食品安全新秩序。充分发挥新闻机构的作用，运用新闻媒体宣传、普及食品安全知识，增大食品卫生法规的透明度，把食品安全置于全社会的监督之下。

5．将保证食品安全列为整顿和规范市场经济秩序的重要工作内容　各地在开展整顿和规范市场经济秩序活动中，应当将保证食品安全作为重要的内容和目标，继续抓好、抓实、抓出成效。

6．依靠科技进步，不断提高食品安全的监管能力　认真实施国家"食品安全关键技术"重大科技专项，学习借鉴国外先进技术，建立符合我国国情的食品安全技术支撑体系。

7．增进国际食品安全的合作和技术交流　开展广泛的国际合作，尤其要加强与WHO、FAO和CAC的合作，积极参与国际食品标准的制定，提高我国食品安全技术和管理水平。

集贸市场食品卫生管理规范

（卫生部　2003年3月10日）

第一章　总　　则

第一条　为加强集贸市场的食品卫生管理，保障消费者身体健康，依据《中华人民共和国食品卫生法》（以下简称《食品卫生法》），制定本规范。

第二条　本规范适用于经工商行政管理机关依法登记、从事食品生产、加工或经营活动的集贸市场。

第三条　集贸市场的举办者（以下简称市场举办者）依照相关法律、法规和本规范规定，承担集贸市场的食品卫生管理职责。

市场内从事食品（包括食品原料）生产、加工或经营活动的单位和个人（以下简称进场经营者）应保证所生产、加工或经营食品的卫生安全，其食品生产、加工和经营活动必须符合本规范的规定。

第二章　集贸市场的卫生管理要求

第四条　集贸市场必须经卫生行政部门卫生审查，审查合格的予以公告。卫生审查的主要内容有：

1. 集贸市场的选址、建筑、卫生设施和设备情况。

2. 摊位布局情况。

3. 集贸市场卫生管理机构和卫生管理员情况。

4. 卫生检验设备和人员情况。

5. 卫生管理制度制定情况。

6. 省级卫生行政部门规定的其他情况。

第五条　集贸市场的选址和卫生防护距离应符合卫生要求，不得有影响食品卫生的污染源。

第六条　集贸市场的建筑和设施应当符合以下要求：

1. 具备与食品卫生要求相适应的给排水设施。

2. 采光和照明设施符合食品生产加工和经营的需要。

3. 有防尘、防蝇、防鼠和垃圾收集设施。

4. 市场的地面应当平整结实、易于冲洗、排水通畅。

第七条　为避免交叉污染，同一区域的食品摊位设置要按照生熟分开的原则，合理划定功能区域，分类设置摊位，并在不同区域作明显标示。摊位分区和分类的要求如下：

1. 食品经营区域与非食品经营区域分开设置。

2. 经营鲜活畜禽、水产的区域与其他食品生产、加工或经营区域隔开，相互之间的距离不得小于5m。

3. 生食品摊位与熟食品摊位分开，待加工食品和直接入口食品摊位相互分开。

4. 经营餐饮服务应设置在专门区域，并相对集中；周围不得有污水或其他污染源，20m范围内不得经营鲜活畜禽。

第八条　集贸市场应指定一名负责人为集贸市场食品卫生责任人，负责本规范的贯彻实施；并配备专职食品卫生管理员，负责按照本规范第三章、第四章的要求，对进入集贸市场的食品和集贸市场内的食品生产经营活动进行卫生检查。食品卫生负责人和食品卫生管理员应当接受卫生知识和业务知识培训。食品卫生管理员的数量应当与集贸市场食品生产、加工或经营数量相适应。

第九条　集贸市场应制定食品卫生管理和检查制度。制度的内容应包括以下方面：

1. 对进场经营者的经营资格和经营条件审查制度。

2. 对进场食品的检查和防止假冒伪劣食品进场管理制度。

3. 日常食品卫生检查制度。

4. 食品卫生违规处理制度。

5. 环境卫生管理制度。

第十条　集贸市场应当配备快速检测设备和检测人员。配备的快速检测设备和人员能够开展对可疑受农药或其他污染物污染的蔬菜、农副产品、食品原料和食品进行快速抽样检测。

第十一条　集贸市场内应当配备卫生保洁人员，保证市场内的环境清洁，维护市场内卫生设施与设备正常使用。

第十二条　集贸市场应设立食品卫生知识宣传公示栏，建立食品卫生公示制度，公布食品卫生检查、检测情况，对检查、检测不合格的食品及进场经营者应在公示栏公告。

第三章　市场举办者的食品卫生管理职责

第十三条　市场举办者应当做好市场食品卫生管理工作，维护好市场的设施、设备和环境卫生，对市场所生产、加工和经营的食品进行检查、指导。

第十四条　市场举办者应对进场经营者的经营资格、经营条件进行审查，建立进场经营者的卫生管理档案。

第十五条　市场举办者应当与进场经营者签订食品卫生保证协议书，约定违反本规范的责任，加强对进场经营者的教育、培训和管理。

第十六条　市场举办者应对所有进场的食品进行检查，对可疑受污染的食品进行快速抽样检测，禁止不符合食品卫生要求的食品销售。

第十七条　市场举办者及其食品卫生管理员应当每天对进场经营者的食品卫生情况进行检查，并将检查情况进行记录。检查和记录的内容有：

1. 是否按本规范第二十条规定办理卫生许可证及经营内容与许可范围是否一致。

2. 经营人员是否按规定接受健康检查和食品卫生知识培训。

3. 是否根据本规范第二十一条规定落实进出货台账制度。

4. 禽畜肉类是否经过兽医卫生检疫，并查验检疫证明与肉类数量是否相符。

5. 食品进货是否按本规范第二十二条、第二十三条的规定进行索证。

6. 生产、加工或经营过程是否符合本规范第二十四条、第二十五条、第二十六条规定的卫生要求。

7. 是否有本规范第二十七条规定的禁止生产经营的食品；尤其要对食品加工、经营中使用的原料进行检查，防止使用非食用物质或法律、法规禁止使用的原料。

8. 是否有其他违反市场食品卫生管理制度的行为。

第十八条 市场举办者对检查中发现的问题，应督促进场经营者及时采取整改措施；对怀疑有本规范禁止生产经营的食品的，应及时向当地卫生或工商行政管理部门报告；对发现有本规范禁止生产经营的食品的，应立即对该食品采取控制措施，并向有关部门报告。

第十九条 市场举办者应负责处理涉及食品卫生问题的群众投诉，主动向卫生行政部门举报进场经营者违反《食品卫生法》的行为，积极配合卫生行政部门调查处理市场内的食品卫生违法案件。

第四章 对进场经营者的食品卫生要求

第二十条 进场经营者按照规定需要向卫生行政部门申请办理卫生许可证的，应当在取得卫生许可证后方可开展食品生产经营活动，其从业人员应当进行健康检查并接受食品卫生知识培训。

第二十一条 进场经营者应建立进出货台账制度，台账中应注明所销售食品的来源、数量、保质期，并定期查验所销售食品的保质期限。

第二十二条 销售直接入口的散装食品、定型包装食品及加工半成品的进场经营者均必须持有产品生产者的卫生许可证（复印件）及产品检验合格证或检验结果报告单。顾客需要了解产品生产日期和保质期限的，销售者必须保证能够提供。

第二十三条 经营定型包装食品的，所销售的食品包装、标识应当真实，符合食品标签、标识的卫生要求；经营声称具有保健功能的食品，必须具有卫生部颁发的该产品的《保健食品批准证书》（复印件）。

第二十四条 在集贸市场进行食品现场生产、加工的（包括半成品加工和直接入口食品的加工），必须符合以下条件：

1. 有固定的地点并具备可封闭的独立场所。场所的大小应满足相应食品加工经营所要求的洗涤、冷藏、消毒、加工、存放和销售所需要的面积。

2. 具备食品加工、经营所要求的给排水设施和洗涤、加工、冷藏和防蝇、防虫设施。

3. 加工工具及食品容器清洁卫生，食品容器存放应当设置台架，不得着地放置。

4. 从业人员必须穿戴洁净的工作衣、帽上岗，保持个人卫生，工作期间不得佩带首饰、留长指甲和涂指甲油。

5. 使用新鲜和清洁及色、香、味正常的原材料，禁止在食品中添加非食品原料和非食品用添加剂。

6. 营业场所和周围地区的环境卫生，每日清除污水、垃圾和污物。

7. 其他为保证食品卫生所必须的设施和条件。

第二十五条 生产、加工直接入口食品除符合上条的规定外，还应符合下列卫生要求：

1. 制作肉、奶、蛋、鱼类或其他易引起食物中毒的熟食品的，应当烧熟煮透，生熟食品隔离；隔夜熟食品必须彻底加热后再出售。

2. 散装的直接入口食品，应当有清洁外罩或覆盖物，使用的包装材料应当清洁、无毒，防止食品污染。出售散装食品必须使用专用工具取货。

3. 具备食具清洗、消毒条件或使用一次性使用餐具。

4. 餐具和切配、盛装熟食品的刀、板和容器，在使用前要严格进行清洗、消毒。

第二十六条 经营鲜活产品应具备能够保持产品鲜活的设施和条件。

第二十七条 集贸市场禁止生产、加工和经营下列食品或当作食品的物品：

1. 腐败变质、油脂酸败、霉变、生虫污秽不洁或者感官性状异常的食品。

2. 过期、变质、包装破损和其他不符合食品卫生要求的食品。

3. 使用了法律、法规禁止使用的高毒农药或使用农药后尚未超过安全间隔期采摘的蔬菜、水果。

4. 使用非食用色素或其他非食用物质加工的食品。

5. 病死、毒死或者死因不明的禽、畜（包括野味）以及未经检验或者检验不合格的肉类及其制品。

6. 河豚鱼、野蘑菇等有毒动植物及被有毒有害物质污染的食品。

7. 死的黄鳝、甲鱼、乌龟、河蟹、蟛蜞、螯虾及死的贝壳类水产品以及醉制或者腌制的生食水产品。

8. 用污秽不洁或者被农药、化肥等有毒有害物污染的容器、包装材料盛装的食品。

9. 无产地、厂名、生产日期、保存期限、配方或主要成分等商品标识的定型包装食品和超过保存期限的食品。

10.《食品卫生法》第九条规定的其他禁止生产经营的食品。

第五章　附　　则

第二十八条　卫生行政部门依据本规范对集贸市场举办者和食品卫生管理员的食品卫生管理情况进行监督检查，对不按照本规范执行的，责令改正，并予以通报批评；对违反《食品卫生法》的进场经营者依法给予行政处罚。

第二十九条　本规范由卫生部负责解释。以往规定中与本规范内容不一致的，以本规范为准。

第三十条　本规范自2003年5月1日起施行。

食品质量安全市场准入审查通则

（国家质检总局　国质检监函［2003］515号　2003年7月4日）

一、为切实从源头加强食品质量安全的监督管理，规范食品企业生产加工过程，提高我国食品质量，依据《中华人民共和国产品质量法》、《工业产品生产许可证试行条例》等有关法律法规和食品质量安全市场准入制度的有关规定，制定本通则。

二、本通则适用于对食品生产加工企业进行保证产品质量必备条件的审查和强制检验等工作。对食品生产加工企业开展必备条件现场审查或者强制检验工作时，本通则应当与相应食品的生产许可证实施细则结合使用（以下简称《审查细则》）。

三、食品生产企业应当具备以下保证产品质量的必备条件（以下简称“必备条件”），**并取得食品生产许可证：**

1. *环境条件要求*　企业应当建在无有害气体、烟尘、灰尘、放射性物质及其他扩散性污染源的地区。企业生产加工的卫生条件及污染物处置应符合国家规定的要求。

2. *生产设备要求*　食品生产加工企业必须具备保证产品质量安全的生产设备、工艺装备和相关辅助设备，具有与保证产品质量相适应的原料处理、加工、贮存等厂房和场所。企业的生产设备、设施、厂房等均应满足安全生产的要求。使用特殊设备生产食品的，还应当符合相关规定的要求。

3. *原辅材料要求*　食品生产加工所用的原辅材料必须符合相应的国家标准、行业标准及有关规定，不得使用非食用性原料生产食品。直接用于食品生产加工的水必须符合GB5749—1985《生活饮用水卫生标准》要求。采购已实施生产许可证管理的产品作为生产原料时，应当查验该产品的生产许可证。

4. *生产加工要求*　食品加工工艺流程应当科学、合理。生产加工过程应当严格规范，防止生物性、化学性、物理性污染及原料与半成品、成品的交叉污染，严禁使用国家明令淘汰的生产工艺和设备。

5. *产品要求*　食品企业必须按照有效的产品标准组织生产。企业生产的产品必须符合国家标准和行业标准的规定以及企业明示的质量要求。

6. *人员要求*　企业负责人应当了解产品质量法律法规和企业的产品质量责任、义务。企业生产技术人员应当具有相关的专业知识。企业的生产操作人员和检验人员上岗前应当经过培训考核,检验人员做到持证上岗。从事食品生产的人员应当身体健康,无传染性疾病。

7. *检验要求*　企业应当具有相应的《审查细则》规定的产品出厂检验设备，检验设备必须经检定或者校准合格并在有效期内使用。企业检验部门、检验人员应当能够独立行使职权。

8. *包装及标识要求*　用于食品包装的材料必须符合国家法律法规及强制性标准的要求。定量包装食品的净含量应当符合相应的产品标准要求或者《定量包装商品计量监督规定》（1995年12月8日原国家技术监督局令第43号）的要求。食品标识必须符合国家法律法规及GB7718—1994《食品标签通用标准》的要求。裸装食品每批货物出厂应当提供质量证明，且必须符合本项规定。

9. *贮运要求*　企业库房的条件应当与相关食品的贮存要求相适应，成品库原则上应当专库专用。食品运输用的车辆、工具必须清洁卫生，不得将成品与污染物同车运输。

10. *质量管理要求*　企业应当根据有关法律法规要求，建立健全企业质量管理制度。实施从原材料到最终产品实现的全过程的质量管理，严格岗位质量责任，加强质量考核。

四、对食品生产加工企业进行必备条件现场审查工作应当遵循以下要求：

1. 现场审查　企业现场审查工作实行审查组长负责制。省、市(地)质量技术监督部门应当于审查前5个工作日通知企业。审查组于审查前填写《食品生产加工企业必备条件现场审查工作计划表》。现场审查应按照本通则、《食品生产加工企业必备条件现场审查表》和有关的《审查细则》进行审查，并做好审查记录。现场审查应当做出明确的审查结论，并填写《食品生产加工企业必备条件现场审查报告》和《食品生产加工企业不合格项改进表》，并请企业认真填写《食品生产加工企业必备条件审查工作廉洁信息反馈表》。

2. 分装企业要求　分装加工的企业，应当具有与其分装产品相适应的分装加工生产设备以及符合食品生产加工企业的其他必备条件。其分装的产品（半成品）来源于国内的，必须具有产品供应企业的生产许可证证明；产品来源于境外的，必须具有出入境检验检疫机构出具的合格证明。

3. 不合格项改进　审查组应当将企业现场查出的不合格项填入《食品生产加工企业不合格项改进表》，并要求企业对不合格项进行改进。受理食品生产许可证申请的质量技术监督部门负责确定对企业不合格项改进情况进行检查验证的时间及方法（书面验证、现场验证）。质量技术监督部门在对食品企业进行年审及定期监督检查时，应当把企业不合格项的改进情况作为重点监督内容。

4. 抽样　对现场审查合格的企业，审查组要按照相关食品的《审查细则》的规定抽样并封样，填写《产品抽样单》。所抽样品应为企业产量较大的或者生产加工难度较大的产品品种。对样品进行包装并在包装的相应开口处粘贴封条。包装好的检验用及备用样品，在抽样后的10个工作日内（保质期短的除外），由该企业或者审查组送检验机构检验。

五、食品质量安全检验工作应当遵循以下要求：

1. 检验项目　发证检验是对产品的全项目检验，检验项目按照相关食品的《审查细则》规定的发证检验项目进行。定期监督检查是对产品的重点项目进行检验，检验项目按相关食品的《审查细则》规定的定期监督检验项目进行检验。出厂检验是依据标准进行的产品出厂前的检验，检验项目至少应当符合相关食品的《审查细则》中规定的出厂检验项目；出厂检验项目中注有“*”标记的，企业每年应当进行两次检验。

2. 发证检验　检验机构收到企业的样品后，应当检查样品是否符合规定，包装、封条是否完好。对符合规定的样品进行检验。不符合规定的样品，检验机构不予受理，并通知受理申请的质量技术监督部门处理。

检验机构应当依据相应的标准对样品进行检验，应当于收到样品之日起15个工作日内完成检验任务，出具检验报告一式四份（国家质检总局、受理申请的质量技术监督部门、生产企业各1份，检验机构存档1份）。

检验机构应当确保产品检验的各项工作（如样品的处理、保管、检验、判定和检验报告的编制、审核、批准、发送等）符合要求，并对检验报告负责。

3. 发证检验判定　发证检验应当按照国家标准、行业标准进行判定，没有国家标准和行业标准的，可以按照地方标准进行判定，特殊情况下可以按照企业明示执行的标准判定。按照企业标准进行判定的，应当对企业标准的合理性进行审查。

检验项目全部符合规定的，判为符合发证条件；检验项目中有1项或者1项以上不符合规定的，判为不符合发证条件。

4. 出厂检验设备　生产企业应当具备《审查细则》中规定的必备的出厂检验设备。如果企业使用其他的检验仪器也可以完成《审查细则》中规定的出厂检验项目，并能够证明其检验结果与标准规定具有良好的一致性和相关性，也可以视为企业具备了相应的出厂检验能力。

5. 委托出厂检验　不具备产品出厂检验能力的企业，或部分出厂检验项目尚不能自检的企业，应当委托国家质检总局统一公布的检验机构，按生产批逐批进行出厂检验。企业应当与检验机构签订书面委托合同，合同中要规定如何组成生产批、依据标准和方法、检验完成时限、检验项目及收费、合同期限等。企业生产批的组成，由生产企业和检验机构根据实际情况确定（《审查细则》另有规定的除外）。审查组在现场审查时，应当对生产批组批的合理性和合同期限进行审查，对明显不合理的，应当要求予以调整。承担委托出厂检验的检验机构对委托方不履行合同或者合同期间中止的，应当及时书面报告质量技术监督部门。

6. 加严检验　质量技术监督部门对出现严重质量问题的食品，或者在监督抽查、定期监督检查、年审、换证复查中发现达不到规定要求的食品，应当进行加严检验，并书面通知该企业。质量技术监督部门指定具备发证检验或者定期监督检验资格的质检机构，在30日内3次随机抽取该企业的产品，对不合格项目（需要时加关联项目）进行检验。3次检验均合格后不再进行加严检验。如有不合格继续进行，直至连续3次检验合格为止。

六、本通则由国家质量监督检验检疫总局负责解释。

七、本通则自公布之日起施行。

食品生产加工企业质量安全监督管理办法

（国家质量监督检验检疫总局　2003年7月18日）

第一章　总　　则

第一条　为从源头加强食品质量安全的监督管理，提高食品生产加工企业的质量管理和产品质量安全水平，保障人身健康和安全，根据《中华人民共和国产品质量法》、《工业产品生产许可证试行条例》、《国务院关于进一步加强产品质量工作若干问题的决定》以及国务院赋予国家质量监督检验检疫总局（以下简称“国家质检总局”）的职能等有关规定，制定本办法。

第二条　本办法所称食品，是指经过工业加工、制作的、供人们食用或者饮用的制品。

凡在中华人民共和国境内从事以销售为目的的食品生产加工活动，必须遵守本办法。进出口食品按照国家进出口商品检验检疫及监督管理规定办理。

第三条　食品的质量安全必须符合国家法律、行政法规和强制性标准的规定，满足保障人体健康、人身安全的要求，不存在危及健康和安全的不合理危险。

第四条　从事食品生产加工的企业（含个体经营者），必须按照国家实行食品质量安全市场准入制度的要求，具备保证食品质量安全必备的生产条件（以下简称“必备条件”），按规定程序获取食品生产许可证，所生产加工的食品必须经检验合格并加印（贴）食品质量安全市场准入标志后，方可出厂销售。

企业未取得食品生产许可证不得生产加工相应的食品。未取得生产许可证而擅自进行生产的，为无证生产。未经检验合格、未加印（贴）食品质量安全市场准入标志的食品不得出厂销售。

第五条　各级质量技术监督部门按照国家质检总局的统一部署和要求，在各自的职责范围内，负责组织实施食品质量安全市场准入制度，对违法行为实施行政处罚。

第六条　任何单位和个人有权对违反本办法规定的行为，向国家质检总局和地方质量技术监督部门举报。受理举报的部门应当为举报人保密，并对举报有功人员按照国家规定给予奖励。

第二章　食品生产加工企业必备条件

第七条　食品生产加工企业应当符合法律、行政法规及国家有关政策规定的企业设立条件。

第八条　食品生产加工企业必须具备保证产品质量安全的环境条件。

第九条　食品生产加工企业必须具备保证产品质量安全的生产设备、工艺装备和相关辅助设备，具有与保证产品质量相适应的原料处理、加工、贮存等厂房或者场所。以辐射加工技术等特殊工艺设备生产食品的，还应当符合计量等有关法规、规章规定的条件。

第十条　食品加工工艺流程应当科学、合理，生产加工过程应当严格、规范，防止生物性、化学性、物理性污染以及防止生食品与熟食品，原料与半成品、成品、陈旧食品与新鲜食品等的交叉污染。

第十一条　食品生产加工企业生产食品所用的原材料、添加剂等应当符合国家有关规定。不得使用非食用性原辅材料加工食品。

第十二条　食品生产加工企业必须按照有效的产品标准组织生产。食品质量安全必须符合法律法规和相应的强制性标准要求，无强制性标准规定的，应当符合企业明示采用的标准要求。

第十三条　食品生产加工企业负责人和主要管理人员应当了解与食品质量安全相关的法律法规知识；食品企业必须具有与食品生产相适应的专业技术人员、熟练技术工人和质量工作人员。从事食品生产加工的人员必须身体健康、无传染性疾病和影响食品质量安全的其他疾病。

第十四条　食品生产加工企业应当具有与所生产产品相适应的质量检验和计量检测手段。企业应当具备产品出厂检验能力，检验、检测仪器必须经计量检定合格后方可使用。不具备出厂检验能力的企业，必须委托国家质检总局统一公布的、具有法定资格的检验机构进行产品出厂检验。

第十五条　食品生产加工企业应当在生产的全过程建立标准体系，实行标准化管理，建立健全企业质量管理体系，实施从原材料采购、产品出厂检验到售后服务全过程的质量管理，建立岗位质量责任制，加强质量考核，严格实施质量否决权。

鼓励企业根据国际通行的质量管理标准和技术规范获取质量体系认证或者HACCP认证，提高企业质量管理水平。

第十六条 用于食品包装的材料必须清洁，对食品无污染。食品的包装和标签必须符合相应的规定和要求。裸装食品在其出厂的大包装上能够标注使用标签的，应当予以标注。

第十七条 贮存、运输和装卸食品的容器、包装、工具、设备必须安全，保持清洁，对食品无污染。

第三章 食品生产许可

第十八条 国家质检总局授权省级质量技术监督部门组织开展本辖区食品生产许可证的受理、企业必备条件审查、产品质量检验和食品生产许可证发证工作。

省级质量技术监督部门可以授权市（地）级质量技术监督部门承担食品生产许可证的受理和审查等具体工作。

第十九条 食品生产加工企业按照地域管辖和分级管理的原则，到所在地的市（地）级以上质量技术监督部门提出办理食品生产许可证的申请。

企业经营范围应当覆盖申请取证产品。

新建和新转产的食品企业，应当及时向质量技术监督部门申请食品生产许可证。

除法律、行政法规规定的限制条件外，任何单位不得另行附加条件，限制企业申请食品生产许可证。

第二十条 省级、市（地）级质量技术监督部门在接到企业申请材料后，应当在15个工作日内组成审查组，完成对申请书和资料等文件的审查。企业材料符合要求的，发给《食品生产许可证受理通知书》。企业申报材料不符合要求的，质量技术监督部门应当通知企业在20个工作日内补正，逾期未补正的，视为撤回申请。

第二十一条 对于书面材料审查合格的企业，审查组按照食品生产许可证审查规则，在40个工作日内完成对企业必备条件和出厂检验能力的现场审查，并对现场审查合格的企业，由审查组现场抽封样品。

第二十二条 审查组或者申请取证企业应当在封样后10个工作日内（有特殊规定的除外）将样品送达指定的检验机构。检验机构收到样品后，应当按照规定的标准和要求进行检验，并应当在规定的期限内完成检验工作。

第二十三条 经必备条件审查和发证检验合格而符合发证条件的，质量技术监督部门应当在10个工作日内对审查报告进行审核，确认无误后，由省级质量技术监督部门统一汇总符合发证条件企业的材料，并在15个工作日内将符合发证条件的企业名单及相关材料报送国家质检总局。

第二十四条 经必备条件审查或者发证检验不合格而不符合发证条件的，质量技术监督部门应当向企业发出《食品生产许可证审查不合格通知书》并说明理由。自《食品生产许可证审查不合格通知书》发出之日起，企业原《食品生产许可证受理通知书》自行作废。企业自接到《食品生产许可证审查不合格通知书》之日起，应当立即整改，2个月后方可再次提出取证申请。

第二十五条 国家质检总局收到省级质量技术监督部门上报的符合发证条件的企业材料后，应当在10个工作日内审核批准。国家质检总局负责公告获得食品生产许可证的企业名单。

第二十六条 省级质量技术监督部门根据国家质检总局的批准，应当在15个工作日内完成对符合发证条件的生产企业发放食品生产许可证及其副本的工作。

第二十七条 出口食品生产加工企业生产的食品在中华人民共和国境内销售的，应当按照本办法的规定，申请办理食品生产许可证。已获得出入境检验检疫机构颁发的出口食品卫生注册证、登记证的企业，或者已经通过HACCP体系认证、验证的企业，在申请食品生产许可证时，免于企业必备条件审查。

获得国家质检总局认定的食品认证企业，在申请食品生产许可证时，按照不重复的原则，简化或者免于企业必备条件审查。

第二十八条 食品生产许可证的有效期一般不超过5年。不同食品其生产许可证的有效期限在相应的规范文件中规定。

第二十九条 企业应当在食品生产许可证有效期满前6个月内，向原受理食品生产许可证申请的质量技术监督部门提出换证申请。质量技术监督部门应当按规定的申请程序进行审查换证。

第三十条 对食品生产许可证实行年审制度。取得食品生产许可证的企业，应当在证书有效期内，每满1年前的1个月内向所在地的市（地）级以上质量技术监督部门提出年审申请。年审工作由受理年审申请的质量技术监督部门组织实施。年审合格的，质量技术监督部门应在企业生产许可证的副本上签署年审意见。

第三十一条 食品生产加工企业在食品原材料、

生产工艺、生产设备等生产条件发生重大变化，或者开发生产新种类食品的，应当在变化发生后的3个月内，向原受理食品生产许可证申请的质量技术监督部门提出食品生产许可证变更申请。受理变更申请时，质量技术监督部门应当审查企业是否仍然符合食品生产企业必备条件的要求。

企业名称发生变化时，应当在变更名称后3个月内向原受理食品生产许可证申请的质量技术监督部门提出食品生产许可证更名申请。

第三十二条　企业应当妥善保管食品生产许可证证书,因毁坏或者不可抗力等原因造成生产许可证证书遗失或者无法辨认的,应当及时在省级以上报纸上刊登声明,同时报省级质量技术监督部门。省级质量技术监督部门应当及时受理企业补领食品生产许可证申请,按规定办理补领证书手续,并报国家质检总局备案。

第三十三条　食品生产许可证采用英文字母QS加12位阿拉伯数字编号方法。QS为英文Quality Safety的缩写，编号前4位为受理机关编号，中间4位为产品类别编号，后4位为企业序号。凡取得生产许可证的产品，企业必须在产品的包装和标签上标注生产许可证编号。

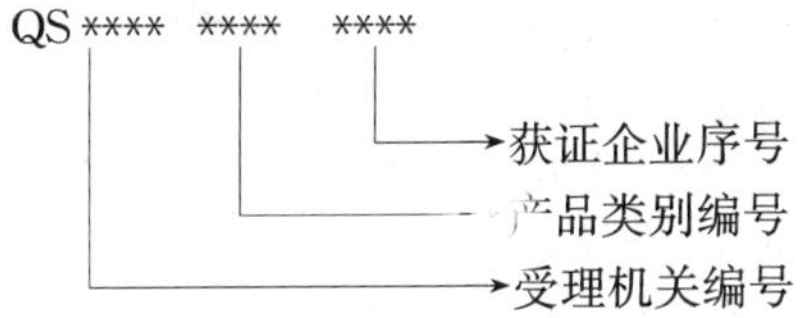

第四章　食品质量安全检验

第三十四条　对用于生产加工食品的原材料、添加剂、包装材料和容器必须实施进货验收制度，不符合质量安全要求的，不得用于食品生产加工及包装。食品出厂必须经过检验，未经检验或者检验不合格的食品不得出厂、销售。

第三十五条　取得食品生产许可证并具有产品出厂检验能力的企业,可以自行检验其生产加工的、属于食品生产许可证许可范围内的食品。国家对于某些特殊食品的检验另有规定的,按照国家有关规定办理。

实施自行检验的企业，应当每年将样品送到质量技术监督部门指定的检验机构进行比对。

第三十六条　承担本办法规定的食品检验工作的检验机构，必须具备法定资格和条件，按照国家规定经过计量认证、审查认可或者通过实验室认可，方可承担食品法定检验和委托检验任务。

第三十七条　不具备产品出厂检验能力的企业，按照就近就便的原则委托国家质检总局指定并统一公布的检验机构进行食品出厂检验。

第三十八条　承担食品检验和抽样的单位及工作人员，应当根据有关的产品标准和技术法规等要求实施产品抽样和检验。

第五章　食品质量安全标志

第三十九条　实施食品质量安全市场准入制度的食品,出厂前必须加印(贴)食品质量安全市场准入标志,没有食品质量安全市场准入标志的,不得出厂销售。

第四十条　食品质量安全市场准入标志是质量标志，表明食品符合质量安全基本要求，以“质量安全”的英文名称Quality Safety缩写“QS”表示。

第四十一条　国家质检总局统一制定食品质量安全市场准入标志（以下简称“QS标志”）的式样（见附件——略）。

第四十二条　企业使用食品质量安全市场准入标志表明其产品经检验合格，符合食品质量安全的基本要求。企业取得食品生产许可证，其出厂食品经自行检验或者委托检验合格的，应当在最小销售单元的食品包装或者标签上加印（贴）QS标志。

使用食品质量安全市场准入标志时，可根据需要按比例放大或者缩小，但不得变形、变色。食品质量安全市场准入标志由食品生产企业自行加印（贴）。

第四十三条　加印（贴）QS标志的食品，在质量保证期内，非消费者使用或者保管不当而出现质量问题的，由生产者、销售者根据各自的义务，依法承担法律责任。

第六章　食品质量安全监督

第四十四条　获得食品生产许可证的企业应当保证持续稳定地生产合格的食品,并接受各地质量技术监督部门的监督和管理。食品销售企业,应当检查所出售的食品是否具有QS标志和食品生产许可证编号。

第四十五条　质量技术监督部门应当根据不同类型食品的特点,定期对食品质量安全进行监督检查,主要检查企业是否持续满足保证产品质量的必备条件、是否持续保证食品质量安全以及食品生产许可证和食品质量安全市场准入标志的使用等情况。对监督检查中发现其食品存在质量安全问题的,应当书面通知企业限期整改,并且按照有关规定,在一定时期内由指定的检验机构对企业生产加工的食品进行加严检验。

第四十六条　食品生产加工企业不得使用过期的、失效的、变质的、污秽不洁、陈化的、回收的或者非食用的原材料生产加工食品。质量技术监督部门应当加强食品生产加工企业原材料、添加剂及包装材料使用情况的监督检查。检查其在采购食品原材料时，是否向供货单位索取合格证明，或者自行检验、委托检验合格。

第四十七条 使用新资源、食品添加剂新品种生产加工食品，或者利用新的原材料进行食品包装的，食品生产加工企业必须在投产前进行质量安全检验，必须向质量技术监督部门提供质量安全检验证明。质量技术监督部门对上述新材料的使用进行监督。

第四十八条 国家质检总局和省级质量技术监督部门负责对食品检验机构的工作进行监督管理。检验结果与实际不符的，应当追究相关检验机构的责任。

第四十九条 企业对监督检验结论有异议的，可以自接到检验结果之日起15日内，向组织该监督检验的质量技术监督部门或者上一级管理部门提出复验申请。质量技术监督部门应当委托法定的检验机构进行复验，并应当自受理复验之日起10日内做出书面答复。复验结果为终局结论。

第七章 审查人员和检验人员

第五十条 从事企业必备条件审查工作的审查人员应当具有大专以上学历或者具有中级以上专业技术职务任职资格，熟悉并从事过质量监督管理工作或者熟悉并从事过食品生产或者检验工作，经培训考核合格后，方可承担食品生产许可证的审查工作。

第五十一条 食品检验人员应当具有规定的学历或者具有初级专业技术职务任职资格（含质量专业初级资格），从事过食品检验或者相关专业的检验工作，并经考核合格，方可承担食品质量检验工作。

第五十二条 国家对从事食品质量安全必备条件审查的人员实行资格管理制度，对食品检验人员实行职（执）业资格管理制度。审查人员、检验人员需持证上岗。未经考核合格的人员，不得从事相应的审查或者检验工作。

第五十三条 国家质检总局负责统一制订审查人员和检验人员的考核标准及培训教材，统一培训师资人员，统一组织审查人员、检验人员考核发证。省级质量技术监督部门负责组织本辖区审查人员和检验人员的培训工作。

第五十四条 国家质检总局对审查人员和检验人员的资格实行注册管理。注册有效期为3年。在注册有效期内，审查人员和检验人员应当按照国家质检总局的统一要求，接受相关的继续教育。

第八章 罚 则

第五十五条 食品生产加工或者销售企业有下列情况之一的，由质量技术监督部门责令其停止生产、销售，限期取得食品生产许可证；并处违法生产销售产品（包括已出售和未出售的食品）货值金额15%至20%的罚款；有违法所得的，没收违法所得；造成损失的，依法追究责任。

（一）未获得食品生产许可证而擅自生产的；

（二）委托无证企业生产加工食品的；

（三）食品生产许可证超过有效期而继续生产的；

（四）超出许可范围擅自生产的；

（五）销售无证产品的。

第五十六条 取得食品生产许可证的企业，未按规定在食品包装上标明生产许可证编号和加印（贴）QS标志的，责令整改；情节严重的，可处3万元以下罚款，吊销食品生产许可证。

第五十七条 伪造、冒用食品生产许可证及QS标志的，取得生产许可证的企业转让或者涂改生产许可证编号或者标志的，由质量技术监督部门责令改正，并按照《中华人民共和国产品质量法》第五十三条的规定处罚；情节严重的，吊销食品生产许可证。

违法接受并使用他人提供的生产许可证编号的，按照前款规定给予处罚。

第五十八条 企业未按时进行年审或者年审不合格、未按规定办理变更申请而继续生产的，由质量技术监督部门责令其限期改正；逾期不改正的，按照《中华人民共和国产品质量法》第五十三条的规定实施处罚；情节严重的，吊销食品生产许可证。

第五十九条 使用不符合本办法规定的原材料、食品添加剂生产加工食品的，按照《中华人民共和国产品质量法》第五十条的规定处罚；情节严重的，吊销食品生产许可证。

第六十条 食品生产企业不具备产品出厂检验能力且未按规定进行委托出厂检验而擅自出厂销售的，或者食品生产企业具备产品出厂检验能力而未按规定实施产品出厂检验的，由质量技术监督部门责令限期改正；逾期不改的或者情节严重的，处3万元以下罚款；情节严重的，吊销食品生产许可证。

第六十一条 企业或者检验机构的检验、检测仪器属于强制检定范围的计量器具，未按照规定申请检定或者属于非强制检定范围的计量器具未自行定期检定或者送其他计量检定机构定期检定的，以及经检定不合格继续使用的，按照《中华人民共和国计量法实施细则》第四十六条的规定处罚。

第六十二条 食品质量安全不符合强制性标准要求的，按照《中华人民共和国产品质量法》第四十九条的规定处罚；情节严重的，吊销食品生产许可证。

第六十三条 企业在生产加工过程中，存在掺杂使假等行为的；由于产品质量安全原因发生事故造成严重后果的；在国家监督抽查或者省级质量技术监督部门组织的监督检查中，质量安全指标连续2次抽查检验不合格的；企业拒绝接受监督检查的，后果和情节严重的，由发证部门吊销食品生产许可证，并按照有关法律法规给予行政处罚。

第六十四条 检验机构违反本规定，伪造检验结果或者出具虚假证明的，按照《中华人民共和国产品质量法》第五十七条的规定处罚，并取消其承担检验任务的资格；取消实验室认可和计量认证、审查认可资格。

第六十五条 从事食品质量安全监督管理工作的人员滥用职权、玩忽职守、徇私舞弊，构成犯罪的，依法追究刑事责任；尚不构成犯罪的，依法给予行政处分。

从事食品质量安全监督管理工作的质量技术监督部门有上述违法违规行为的，给予警告并通报批评；情节严重的，取消其从事食品生产许可证审查工作的资格。

第六十六条 审查人员、检验人员在工作中不科学、不公正地履行职责的，视情节轻重给予批评、警告或者调离岗位及其他必要的行政处分，直至取消上岗资格。

第六十七条 企业、检验机构对质量技术监督部门审查发证和行政处罚行为有异议的，可以依法提出行政复议或者行政诉讼。

第九章 附 则

第六十八条 企业申请办理食品生产许可证和委托进行的产品质量检验，应当按照国家有关规定交纳费用。收费标准按照国家物价管理部门批准的文件执行。

第六十九条 本办法由国家质检总局负责解释。

第七十条 本办法自公布之日起施行。

农产品进口关税配额管理暂行办法

（商务部 国家发展和改革委员会 2003年9月27日）

第一章 总 则

第一条 为有效实施农产品进口关税配额管理，建立统一、公平、公正、透明、可预见和非歧视的农产品进口关税配额管理体制，根据《中华人民共和国对外贸易法》、《中华人民共和国海关法》、《中华人民共和国货物进出口管理条例》和《中华人民共和国进出口关税条例》制定本办法。

第二条 在公历年度内，根据中国加入世界贸易组织货物贸易减让表所承诺的配额量，确定实施进口关税配额管理农产品的年度市场准入数量。

关税配额量内进口的农产品适用关税配额税率，配额量外进口的农产品按照《中华人民共和国进出口关税条例》的有关规定执行。

散装货物溢装部分按照本《办法》第十九条第二款的规定执行。

第三条 实施进口关税配额管理的农产品品种为：小麦（包括其粉、粒，以下简称小麦）、玉米（包括其粉、粒，以下简称玉米）、大米（包括其粉、粒，以下简称大米）、豆油、菜籽油、棕榈油、食糖、棉花、羊毛以及毛条。

实施关税配额管理农产品相应的进口税目、税则号列及适用税率另行公布。

第四条 小麦、玉米、大米、豆油、菜籽油、棕榈油、食糖、棉花进口关税配额分为国营贸易配额和非国营贸易配额。国营贸易配额须通过国营贸易企业进口；非国营贸易配额通过有贸易权的企业进口，有贸易权的最终用户也可以自行进口。

羊毛、毛条实施进口指定公司经营。进口经营按原外经贸部《货物进口指定经营管理办法》（外经贸部令2001年第21号）的有关规定执行。

第五条 农产品进口关税配额为全球配额。

第六条 符合第三条规定的农产品所有贸易方式的进口均纳入关税配额管理范围。

第七条 豆油、菜籽油、棕榈油、食糖、羊毛、毛条进口关税配额由商务部分配。

小麦、玉米、大米、棉花进口关税配额由国家发展和改革委员会（以下简称“发展改革委”）会同商务部分配。

第八条 商务部、发展改革委分别委托各自的授权机构负责下列事项：

1. 受理申请者的申请并将申请转送商务部、发展改革委。

2. 受理咨询并将其转达商务部、发展改革委。

3. 通知申请者其申请中不符合要求之处，并提醒其修正。

4. 向经过批准的申请者发放《农产品进口关税配额证》。

第九条 《农产品进口关税配额证》适用于一般贸易、加工贸易、易货贸易、边境小额贸易、援助、捐赠等贸易方式进口。

由境外进入保税仓库、保税区、出口加工区的产品，免予领取《农产品进口关税配额证》。

第二章 申 请

第十条 农产品进口关税配额的申请期为每年10月15日至30日（凭合同先来先领分配方式除外）。商务部、发展改革委分别于申请期前1个月在《国际商报》、《中国经济导报》以及商务部网站（http：//www.mofcom.gov.cn/）、发展改革委网站（http：//www.sdpc.gov.cn/）上公布每种农产品下一年度进口关税配额总量、关税配额申请条件及国务院关税税则委员会确定的关税配额农产品税则号列和适用税率。

豆油、菜籽油、棕榈油、食糖、羊毛、毛条由商务部公布。小麦、玉米、大米、棉花由发展改革委公布。

第十一条 商务部授权机构负责受理本地区内豆油、菜籽油、棕榈油、食糖、羊毛、毛条进口关税配额的申请。

发展改革委授权机构负责受理本地区内小麦、玉米、大米、棉花进口关税配额的申请。

第十二条 商务部授权机构根据公布的条件，受理申请者提交的豆油、菜籽油、棕榈油、食糖、羊毛、毛条申请及有关资料，并于11月30日前将申请转报商务部（凭合同先来先领分配方式除外），同时抄报发展改革委。

发展改革委授权机构根据公布的条件，受理申请者提交的小麦、玉米、大米、棉花申请及有关资料，并于11月30日前将申请转报发展改革委，同时抄报商务部。

第三章 分 配

第十三条 农产品进口关税配额将根据申请者的申请数量和以往进口实绩、生产能力、其他相关商业标准或根据先来先领的方式进行分配。分配的最小数量将以每种农产品商业上可行的装运量确定。

第十四条 每年1月1日前，商务部、发展改革委通过各自授权机构向最终用户发放《农产品进口关税配额证》，并加盖“商务部农产品进口关税配额证专用章”或“国家发展和改革委员会农产品进口关税配额证专用章”。

国营贸易配额在《农产品进口关税配额证》上注明。

第四章 期 限

第十五条 年度农产品进口关税配额于每年1月1日开始实施，并在公历年度内有效。《农产品进口关税配额证》自每年1月1日起至当年12月31日有效。

实行凭合同先来先领分配方式的《农产品进口关税配额证》有效期，按公布的实施细则执行。

第十六条 当年12月31日前从始发港出运，需在下一年到货的进口关税配额农产品，最终用户需持《农产品进口关税配额证》及有关证明单证到原发证机构申请延期。原发证机构审核情况属实后可予以办理延期，但延期最迟不得超过下一年2月底。

第五章 执 行

第十七条 最终用户按国家相关商品进口经营的有关规定，自行或委托签订进口合同。

第十八条 加工贸易进口实行关税配额管理的农产品，海关凭企业提交的《加工贸易业务批准证》办理加工贸易合同备案手续，凭提交的在“贸易方式”栏目中注明“加工贸易”的《农产品进口关税配额证》办理通关验放手续。

加工贸易企业未能按规定期限加工复出口的，应在到期后30天内办理加工贸易合同核销手续。海关按加工贸易的有关规定执行。

第十九条 《农产品进口关税配额证》实行一证多批制，即最终用户需分多批进口的，凭《农产品进口关税配额证》可多次办理通关手续。最终用户须如实填写《农产品进口关税配额证》“最终用户进口填写栏”，填满后，需持该证到原发证机构换领未办理通关部分的配额证。

散装货物每批次进口溢装量不得超过该批次的5%。

第二十条　自境外进入保税仓库、保税区、出口加工区的关税配额农产品由海关按现行规定验放并实施监管。

从保税仓库、保税区、出口加工区出库或出区进口的关税配额农产品，海关凭《农产品进口关税配额证》按进口货物管理的有关规定办理进口手续。

第二十一条　最终用户完成《农产品进口关税配额证》标明配额量的最后一批次进口报关后，于20个工作日内将海关签章的《农产品进口关税配额证》第一联（收货人办理海关手续联）原件交原发证机构。

最终用户将本年度未使用完的《农产品进口关税配额证》第一联（收货人办理海关手续联）原件于下一年1月底前交原发证机构。

第六章　调　　整

第二十二条　分配给最终用户的国营贸易农产品进口关税配额量，在当年8月15日前未签订合同的，按本办法第七条规定的管理权限报商务部或发展改革委批准后，允许最终用户委托有贸易权的任何企业进口；有贸易权的最终用户可以自行进口。

第二十三条　持有农产品进口关税配额的最终用户当年无法将已申领到的全部配额量签订进口合同或已签订合同无法完成，须在9月15日前将无法完成的配额量交还原发证机构。

第二十四条　农产品进口关税配额再分配量的申请期为每年9月1日至15日（凭合同先来先领分配方式除外）。商务部、发展改革委分别于申请期前1个月在《国际商报》、《中国经济导报》以及商务部网站（http：//www.mofcom.gov.cn/）、发展改革委网站（http：//www.sdpc.gov.cn/）上公布关税配额再分配量的申请条件。申请者的申请需由授权机构分别转报商务部或发展改革委。

豆油、菜籽油、棕榈油、食糖、羊毛、毛条由商务部公布。小麦、玉米、大米、棉花由发展改革委公布。

第二十五条　当年8月底前已完成所分配的全部农产品进口关税配额量，且将海关签章的《农产品进口关税配额证》第一联（收货人办理海关手续联）原件交原发证机构的最终用户，可申请关税配额再分配量。

第二十六条　每年9月30日前，商务部将豆油、菜籽油、棕榈油、食糖、羊毛、毛条进口关税配额再分配量分配到最终用户（凭合同先来先领分配方式除外）；发展改革委会同商务部将小麦、玉米、大米、棉花关税配额再分配量分配到最终用户。

关税配额再分配量根据公布的申请条件，按照先来先领方式进行分配。分配的最小数量将以每种农产品商业上可行的装运量确定。

获得再分配配额量的最终用户可以通过有贸易权的企业进口，有贸易权的企业也可以自行进口。

第七章　罚　　则

第二十七条　加工贸易企业未经许可，擅自将关税配额农产品保税进口料件或其制成品在国内销售的，按《中华人民共和国海关法》和《中华人民共和国海关法行政处罚实施细则》的有关规定处理。

第二十八条　对伪造、变造或者买卖《农产品进口关税配额证》的，依照有关法律对非法经营罪或者伪造、变造、买卖国家机关公文、证件、印章罪的规定，依法追究刑事责任。持有关税配额的最终用户有上述行为的，商务部、发展改革委及授权机构两年内不再受理其进口农产品关税配额的申请。

第二十九条　对伪造有关资料骗取《农产品进口关税配额证》的，除依法收缴其《农产品进口关税配额证》，两年内不再受理其进口关税配额的申请。

第三十条　最终用户违反本办法第二十三条规定，于当年未能完成分配其全部农产品进口关税配额量进口，截止到9月15日又未将当年不能实现进口的配额量交还原发证机构的，其下年度分配的关税配额量将按未完成的比例相应扣减。

第三十一条　最终用户连续两年未能完成分配其全部农产品进口关税配额量进口，并在该两年内每年9月15日前将当年不能使用的关税配额量交还原发证授权机构的，其下年度分配的关税配额量将按其最近一年未完成的比例相应扣减。

第三十二条　最终用户违反本办法第二十一条规定，未在规定时间将海关签章的《农产品进口关税配额证》第一联（收货人办理海关手续联）原件交原发证机构的，视同未完成进口，相应扣减其下年度关税配额量。

第三十三条　走私进口关税配额农产品，按关税配额量外进口适用的税率计算偷逃税金额，并按有关法律、行政法规的规定进行处罚。

第八章 附 则

第三十四条 有关农产品进口关税配额分配和再分配的咨询需以书面形式向商务部、发展改革委或其授权机构提出，商务部、发展改革委或其授权机构将在10个工作日内作出答复。

第三十五条 《农产品进口关税配额证》及“农产品进口关税配额证专用章”分别由商务部、发展改革委监制。

第三十六条 《农产品进口关税配额证》证面以下栏目：最终用户注册地区、关税配额证编号、最终用户名称、关税配额证有效期、贸易方式、商品名称、安排数量、国营贸易量、发证日期、报关口岸须用计算机打印。需要更改证面报关口岸的最终用户，到原发证机构修改换证。

第三十七条 关税配额农产品的进口购汇按国家有关规定执行。

第三十八条 本办法中的国营贸易企业指政府授予某些产品进口专营特权的企业。

国营贸易企业名单由商务部核定并公布。

第三十九条 本办法中的最终用户为直接申领到农产品进口关税配额的生产企业、贸易商、批发商和分销商等。

第四十条 本办法自公布之日起施行，2003年度农产品进口关税配额依照原《农产品进口关税配额管理暂行办法》（国家发展计划委员会令第19号）执行。

出境竹木草制品检疫管理办法

（国家质检总局 2003年4月16日）

第一章 总 则

第一条 为规范出境竹木草制品的检疫管理工作，提高检疫工作质量和效率，根据《中华人民共和国进出境动植物检疫法》及其实施条例等法律法规的规定，制定本办法。

第二条 本办法适用于出境竹木草制品（包括竹、木、藤、柳、草、芒等制品）的检疫及监督管理。

第三条 国家质量监督检验检疫总局（以下简称国家质检总局）主管全国出境竹木草制品检疫和监督管理工作。

国家质检总局设在各地的出入境检验检疫机构（以下简称检验检疫机构）负责所辖区域内出境竹木草制品的检疫和监督管理工作。

第四条 国家质检总局对出境竹木草制品及其生产加工企业（以下简称企业）实施分级分类监督管理。

第二章 分级分类管理

第五条 根据生产加工工艺及防疫处理技术指标等，竹木草制品分为低、中、高3个风险等级：

1．低风险竹木草制品 经脱脂、蒸煮、烘烤及其他防虫、防霉等防疫处理的。

2．中风险竹木草制品 经熏蒸或者防虫、防霉药剂处理等防疫处理的。

3．高风险竹木草制品 经晾晒等其他一般性防疫处理的。

第六条 检验检疫机构对出境竹木草制品的企业进行评估、考核，将企业分为一类、二类、三类3个企业类别。

第七条 一类企业应当具备以下条件：

1．遵守检验检疫法律法规等有关规定。

2．应当建立完善的质量管理体系，包括生产、加工、存放等环节的防疫措施及厂检员管理制度等。

3．配备专职的厂检员，负责生产、加工、存放等环节防疫措施的监督、落实及产品厂检工作。

4．在生产过程中采用防虫、防霉加工工艺，并配备与其生产能力相适应的防虫、防霉处理设施及相关的检测仪器。

5．原料、生产加工、成品存放场所，应当专用或者相互隔离，并保持环境整洁、卫生。

6．年出口批次不少于100批。

7．检验检疫年批次合格率达99%以上。

8. 检验检疫机构依法规定的其他条件。

第八条 二类企业应当具备以下条件：

1. 遵守检验检疫法律法规等有关规定。

2. 企业建立质量管理体系，包括生产、加工、存放等环节的防疫措施及厂检员管理制度等。

3. 配备专职或者兼职的厂检员，负责生产、加工、存放等环节防疫措施的监督、落实及产品厂检工作。

4. 在生产过程中采用防虫、防霉加工工艺，具有防虫、防霉处理设施。

5. 成品存放场所应当独立，生产加工环境整洁、卫生。

6. 年出口批次不少于 30 批次。

7. 检验检疫年批次合格率达 98%以上。

8. 检验检疫机构依法规定的其他条件。

第九条 不具备一类或者二类条件的企业以及未申请分类考核的企业定为三类企业。

第十条 企业本着自愿的原则，向所在地检验检疫机构提出实施分类管理的书面申请，并提交以下资料（一式两份）：

1.《出境竹木草制品生产加工企业分类管理考核申请表》。

2. 工商营业执照复印件。

3. 企业厂区平面图。

4. 生产工艺及流程图。

5. 相应的防疫措施和质量管理的文件。

6. 检验检疫机构需要的其他资料。

第十一条 检验检疫机构自接到申请资料之日起 10 个工作日内，完成对申请资料的初审。

企业提交的申请资料不齐全的，应当在规定期限内补齐；未能在规定期限补齐的，视为撤回申请。

第十二条 初审合格后，检验检疫机构在 10 个工作日内完成对申请企业的考核。根据考核结果，由直属检验检疫局确定企业类别，并及时公布。

第十三条 有以下情况之一的，企业应当重新提出申请：

1. 申请企业类别升级的。

2. 企业名称、法定代表人或者生产加工地点变更的。

3. 生产工艺和设备等发生重大变化的。

第三章 出境检疫

第十四条 输出竹木草制品的检疫依据：

1. 我国与输入国家或者地区签订的双边检疫协定（含协议、备忘录等）。

2. 输入国家或者地区的竹木草制品检疫规定。

3. 我国有关出境竹木草制品的检疫规定。

4. 贸易合同、信用证等订明的检疫要求。

第十五条 企业或者其代理人办理出境竹木草制品报检手续时，应当按照检验检疫报检规定提供有关单证。一类、二类企业报检时应当同时提供《出境竹木草制品厂检记录单》（以下简称厂检记录单）。

第十六条 根据企业的类别和竹木草制品的风险等级，出境竹木草制品的批次抽查比例为：

1. 一类企业的低风险产品，抽查比例 5%～10%。

2. 一类企业的中风险产品、二类企业的低风险产品，抽查比例 10%～30%。

3. 一类企业的高风险产品、二类企业的中风险产品和三类企业的低风险产品，抽查比例 30%～70%。

4. 二类企业的高风险产品，三类企业的中风险和高风险产品，抽查比例 70%～100%。

第十七条 检验检疫机构根据企业日常监督管理情况、出口季节和输往国家（地区）的差别以及是否出具《植物检疫证书》或者《熏蒸/消毒证书》等，在规定范围内，确定出境竹木草制品的批次抽查比例。

第十八条 出境竹木草制品经检疫合格的，按照有关规定出具相关证单；经检疫不合格的，经过除害、重新加工等处理合格后方可放行；无有效处理方法的，不准出境。

第四章 监督管理

第十九条 检验检疫机构对出境竹木草制品的生产、加工、存放实施全过程的监督管理。

第二十条 检验检疫机构对企业实施日常监督管理，内容主要包括：

1. 检查企业质量管理体系有效运行和生产、加工、存放等环节的防疫措施执行情况。

2. 检查企业生产、加工、存放等条件是否符合防疫要求。

3. 检查厂检记录以及厂检员对各项防疫措施实施监督的情况和相应记录。

4. 企业对质量问题的整改情况。

5. 其他应当检查的内容。

在实施日常监督管理中，检验检疫机构应当填写《出境竹木草制品监管记录》。

第二十一条 检验检疫机构应当建立竹木草制品企业的检疫管理档案。

第二十二条 检验检疫机构对企业的分类实行动态管理,有以下情况之一的,对企业做类别降级处理:

1. 生产、加工、存放等环节的防疫措施不到位。

2. 厂检员未按要求实施检查与监督。

3. 检验检疫机构对出境竹木草制品实施检疫,连续2次以上检疫不合格。

4. 1年内出境检验检疫批次合格率达不到所在类别要求。

5. 其他不符合有关检验检疫要求的。

对做类别降级处理的企业限期整改,经整改合格的,可恢复原类别。

第二十三条 企业不如实填写厂检记录单或者伪造、变造、出售和盗用厂检记录单的,直接降为三类企业管理。

第二十四条 检验检疫机构对企业厂检员进行培训,厂检员经考核合格方可上岗。厂检员应当如实填写厂检记录单,并对厂检结果负责。

第五章 附 则

第二十五条 违反本办法规定的,检验检疫机构按照有关法律法规规定处理。

第二十六条 本办法由国家质检总局负责解释。

第二十七条 本办法自2003年7月1日起施行。

动物源性饲料产品安全卫生管理办法

[农业部 2003年6月14日(征求意见稿)]

第一章 总 则

第一条 为加强动物源性饲料产品安全卫生管理,保证饲料产品安全卫生,根据《饲料和饲料添加剂管理条例》制定本办法。

第二条 凡在中华人民共和国境内从事生产、经营、使用动物源性饲料产品的单位和个人必须遵守本办法规定。

第三条 本办法中动物源性饲料产品是指以动物为原料用作饲料的产品,包括肉骨粉、骨粉、肉粉、鱼粉、血及血制品、乳及乳制品、动物下脚料粉、皮革蛋白粉、水解蛋白粉、动物脂肪、油渣、混合油等。

第二章 基本条件

第四条 动物源性饲料产品生产企业实行《动物源性饲料产品生产企业安全卫生合格证》制度。生产动物源性饲料产品的必须具备下列条件:

(一)《安全卫生管理制度》的制定与执行

1. 应制定《安全卫生管理制度》,其内容应包括本文的规定。

2. 应制定安全卫生检查计划,规定检查时间及项目,检查应有记录,发现问题应及时整改。

(二)厂区环境卫生管理

1. 企业所在地应远离动物饲养场地,最小距离1 000m。厂区内禁止饲养畜禽。

2. 厂区内禁止堆积不必要的器材、物品,以防止有害动物孳生。

3. 排水沟应随时保持通畅,不得有淤泥蓄积,废弃物需作妥善处理。

4. 应避免有害(毒)气体、废水、废弃物、噪音等产生,其排放符合环保要求。

(三)厂房设施卫生管理

1. 厂房内各项设施应随时保持清洁,且地面不得有破损或积水。

2. 厂房、厂房的固定物及其他设施应保持良好的卫生状况;生产厂区布局合理,原料整理、生产加工、成品储存等区域必须分开,严防交叉污染。上述专用区域必须具备防蝇、防鼠、防鸟、防尘设备,以保护动物性饲料产品免受污染。

(四)原料安全卫生管理

1. 不得采购腐败污染或来自疫区的动物原料。

2. 原料采购和出库需有完整记录。

3. 原料必须分类堆放,保证合格原料与不合格原料、哺乳类动物原料与其他原料分开,并作明确标识。

4. 原料使用前应进行筛选,去除不合格原料。

5. 禁止使用腐败变质的原料和被有害物质污染

的原料。

6. 原料使用应保证先进先出的原则。

（五）机器设备卫生管理

1. 生产工艺和设备应能满足产品的安全卫生质量标准和有关法规的要求。

2. 用于制造、包装、储运的设备及器具，应定期清洗、消毒。

3. 在使用同一工艺设备生产时，应保证哺乳类动物性饲料产品不得污染其他动物性饲料产品。

（六）成品卫生管理

1. 成品应分类存放，严防误装混装，防止污染。

2. 必须具备成品安全卫生检验所需的基本检验设备。

3. 成品需作总菌数、大肠杆菌、沙门氏菌等安全卫生指标检验，以符合饲料卫生标准。

4. 成品若遭受有害、有毒物质污染或因其他原因导致品质破坏时，应立即予以销毁，并追查原因，形成记录，杜绝此类事件的再次发生。

（七）人员卫生管理

1. 双手直接处理动物性饲料原料时，应穿戴防水手套。

2. 员工如患有出疹、脓疮、外伤（染毒创伤）、结核病等可能造成动物性饲料产品污染的疾病者，不得从事与动物性饲料产品接触的工作。

3. 员工每年至少应接受一次身体检查获得健康证明。特殊作业如接触有机溶液等需半年体检一次。

第三章　办证程序

第五条　审核、发放《动物源性饲料产品生产企业安全卫生合格证》由省、自治区、直辖市（以下简称省级）饲料管理部门组织实施。

审核工作由经农业部培训获得审核资格的专家完成。

第六条　生产企业填报《动物源性饲料产品生产申请书》，同时提供生产该类产品所需的相关材料，向生产企业所在地省级饲料管理部门提出申请。

《动物源性饲料产品生产申请书》可以向所在省级饲料管理部门领取或从中国饲料工业信息网（网址：http：//www.chinafeed.org.cn）下载。

第七条　省级饲料管理部门应当在收到全部申报材料后10个工作日内，做出是否受理的决定；在受理后20个工作日内，进行审核和实地考察。

第八条　省级饲料管理部门组织有关人员组成评审组。评审组对企业申报材料进行审核，并进行实地考察。材料审核和实地考察合格的，由省级饲料管理部门发放《动物源性饲料产品生产企业安全卫生合格证》。《动物源性饲料产品生产企业安全卫生合格证》样式由农业部统一制定。

第四章　监督管理

第九条　禁止在反刍动物饲料中使用、添加以哺乳类动物为原料的动物源性饲料产品，不包括乳及乳制品。

第十条　禁止生产、经营、使用未取得《动物源性饲料产品生产企业安全卫生合格证》的动物源性饲料产品。

第十一条　动物源性饲料产品标签必须符合规定，同时标注《动物源性饲料产品生产企业安全卫生合格证》编号。

以哺乳类动物为原料的动物源性饲料产品，必须标明“本产品不得饲喂反刍动物”字样。

第十二条　进口动物源性饲料产品，必须按照《进口饲料和饲料添加剂登记管理办法》的规定办理。

第十三条　禁止经营、使用无产品登记证的进口动物源性饲料产品。

第十四条　对已获得进口产品登记证的动物源性饲料产品，在农业部宣布其禁止使用后，其产品登记证暂停使用。

第十五条　禁止进口疫病国家（或地区）的动物源性饲料产品。

禁止进口经第三国（或地区）转口的疫病国家（或地区）的动物源性饲料产品。

第十六条　省级饲料质量检验机构受饲料管理部门委托，对辖区内生产、经营、使用的动物源性饲料产品实施质量监督。

第十七条　《动物源性饲料产品生产企业安全卫生合格证》有效期3年，并实行年检制度。对已获证后又不具备条件的企业，由发证机关注销其《动物源性饲料产品生产企业安全卫生合格证》。

第五章　法律责任

第十八条　在反刍动物饲料中使用、添加以哺乳类动物为原料的动物源性饲料产品的，视情节轻重，处五千元以上三万元以下罚款。

第十九条　生产、经营、使用未取得《动物源性饲料产品生产企业安全卫生合格证》动物源性饲料产品的，视情节轻重，处5 000元以上3万元以下罚款。

第二十条　获证企业，未在其产品标签上标注

《动物源性饲料产品生产企业安全卫生合格证》编号或未标明“本产品不得饲喂反刍动物”字样的，限期改正；逾期不改正的，责令停止销售，视情节轻重，可以处1 000元以上3 000元以下罚款。

第二十一条 其他违反本办法规定的，按《饲料和饲料添加剂管理条例》有关规定处罚。

第二十二条 本办法由农业部负责解释。

第二十三条 本办法自公布之日起施行。

毛绒纤维质量监督管理办法

（国家质检总局 2003年7月18日）

第一章 总 则

第一条 为了加强毛绒纤维质量监督管理，明确质量责任，保护毛绒纤维资源，维护交易各方的合法权益，根据《棉花质量监督管理条例》等有关规定，制定本办法。

第二条 毛绒纤维经营者（含毛绒纤维收购者、加工者、销售者、承储者，下同）从事毛绒纤维经营活动，纤维质量监督机构对毛绒纤维质量实施监督管理，必须遵守本办法。

本办法所称毛绒纤维是指在国内流通的羊毛、山羊绒、羽绒、牦牛绒、骆驼绒等毛绒纤维。

第三条 国家质量监督检验检疫总局主管全国毛绒纤维质量监督工作，其所属的中国纤维检验局负责组织实施。

省、自治区、直辖市人民政府质量监督部门负责本行政区域内毛绒纤维质量监督工作，其所属的专业纤维检验机构在各自管辖范围内对毛绒纤维组织实施质量监督；没有设立专业纤维检验机构的，由质量监督部门在其管辖范围内对毛绒纤维组织实施质量监督（专业纤维检验机构和地方质量监督部门并列使用时，统称纤维质量监督机构）。

第四条 禁止毛绒纤维经营者在毛绒纤维收购、加工、销售、承储等经营活动中，掺杂掺假、以假充真、以次充好。

第五条 任何单位和个人对毛绒纤维质量违法行为，均有权检举。纤维质量监督机构应当向社会公布举报电话，积极受理毛绒纤维质量的举报、投诉。

第二章 毛绒纤维质量监督

第六条 国家实行毛绒纤维质量公证检验制度。上款所称毛绒纤维质量公证检验，是指专业纤维检验机构按照国家标准和技术规范，对毛绒纤维的质量、数量进行检验并出具公证检验证书的活动。

实施公证检验的毛绒纤维品种和类别、检验环节和检验费用等，按照国家有关规定执行。

毛绒纤维质量公证检验办法由国家质量监督检验检疫总局制定。

第七条 国家质量监督检验检疫总局在全国范围内对经毛绒纤维质量公证检验的毛绒纤维组织实施监督抽验，省、自治区、直辖市人民政府质量监督部门在本行政区域内对经毛绒纤维质量公证检验的毛绒纤维组织实施监督抽验。

监督抽验的内容是：毛绒纤维质量公证检验证书和检验标志是否与实物相符；专业纤维检验机构实施毛绒纤维质量公证检验是否客观、公正、及时。

监督抽验所需样品从公证检验的留样中随机抽取，并应当自抽取样品之日起10日内作出检验结论。

第八条 纤维质量监督机构对公证检验和本办法第九条规定的检验以外的毛绒纤维实施监督检查。

监督检查的内容是：毛绒纤维质量、数量和包装是否符合国家标准；毛绒纤维标识以及质量凭证是否与实物相符等。

第九条 毛绒纤维经营者销售未实施公证检验的批量山羊绒，须向省、自治区、直辖市专业纤维检验机构（以下简称省级专业纤维检验机构）或者其指定的地（市）级以上专业纤维检验机构申请检验。

第十条 纤维质量监督机构进行监督检查以及根据涉嫌质量违法的证据或者举报，对违反本办法规定的行为进行查处时，可以行使下列职权：

1. 对涉嫌从事违反本办法的收购、加工、销售、承储活动所涉及的场所实施现场检查。

2. 向与毛绒纤维收购、加工、销售、承储活动有关人员调查、了解与涉嫌从事违反本办法的经营活动有关的情况。

3. 查阅、复制与毛绒纤维收购、加工、销售、承储活动有关的合同、单据、账簿以及其他资料。

4. 对涉嫌掺杂掺假、以假充真、以次充好或者其他有严重质量问题的毛绒纤维，以及直接用于生产掺杂掺假、以假充真、以次充好的设备、工具予以查封或者扣押。

第十一条　根据监督检查的需要，可以由专业纤维检验机构对毛绒纤维质量进行检验，检验所需样品按照国家有关标准，从收购、加工、销售、承储的毛绒纤维中随机抽取，并应当自抽取样品之日起 7 日内作出检验结论。

第十二条　毛绒纤维经营者对依照本办法进行的毛绒纤维质量公证检验、本办法第九条规定的检验、监督检查中实施的检验结果有异议，可以自收到检验结果之日起 5 日内向省、自治区、直辖市纤维质量监督机构（以下简称省级纤维质量监督机构）或者中国纤维检验局申请复检；省级纤维质量监督机构或者中国纤维检验局应当自收到申请之日起 10 日内作出复检结论，并告知申请人。

第十三条　专业纤维检验机构进行毛绒纤维质量检验，必须执行国家标准、技术规范和时间要求，保证客观、公正、及时。出具的检验证书应客观、真实、有效地反映毛绒纤维的质量、数量。

第三章　毛绒纤维经营者质量义务

第十四条　毛绒纤维经营者收购毛绒纤维，应当符合下列要求：

1. 按照国家标准、技术规范真实确定所收购毛绒纤维的类别、等级、重量。

2. 按照国家标准、技术规范挑拣、排除导致质量下降的异性纤维及其他非毛绒纤维物质。

3. 对所收购毛绒纤维的水分含量超过国家标准规定的，进行晾晒、烘干等技术处理。

4. 对所收购的毛绒纤维按类别、等级、型号分别置放，并妥善保管。

5. 对所收购的毛绒纤维按净毛绒计算公量。

第十五条　毛绒纤维经营者从事毛绒纤维加工活动，应当符合下列要求：

1. 具备符合规定的质量标准、检验设备和环境、检验人员、加工机械和加工场所、质量保证制度以及国家规定的其他条件。

2. 挑拣、排除毛绒纤维中导致质量下降的异性纤维及其他非毛绒纤维物质。

3. 按照国家标准、技术规范，对毛绒纤维分类别、分等级加工，对加工后的毛绒纤维成包组批。

4. 按国家标准、技术规范，对加工后的毛绒纤维进行包装并标注标识，且标识有中文标明的品种、等级、批次、包号、重量、生产日期、厂名、厂址；标识与毛绒纤维的质量、数量相符。

5. 经毛绒纤维质量公证检验的毛绒纤维，应附有毛绒纤维质量公证检验证书和标志；未经毛绒纤维质量公证检验的毛绒纤维，应附有质量凭证，质量凭证与实物质量相符。

从事毛绒纤维加工活动，不得使用国家明令禁用的加工设备。

第十六条　毛绒纤维经营者批量销售未经过加工的毛绒纤维（以下统称原毛绒）应当符合以下要求：

1. 进行包装要防止异性纤维及其他非毛绒纤维物质混入包装。

2. 类别、型号、等级、标识与国家标准、技术规范相一致。

3. 经过毛绒纤维质量公证检验或本办法第九条规定的检验的毛绒纤维，须附有毛绒纤维质量公证检验证书、标志或本办法第九条规定的检验的证书；既未经过毛绒纤维质量公证检验也未经过本办法第九条规定的检验的毛绒纤维，附有质量凭证，质量凭证与实物质量相符。

4. 对所销售的毛绒纤维按净毛绒计算公量。

5. 建立并执行进货检查验收制度。

6. 国家规定的其他要求。

毛绒纤维经营者销售经过加工的毛绒纤维，除应当保证所销售毛绒纤维符合前款要求外，还应当保证符合本办法第十五条第 4 项要求。

山羊绒纤维经营者批量销售山羊绒的，应当符合本办法第九条的规定。

第十七条　毛绒纤维经营者承储国家储备毛绒纤维，应当建立健全毛绒纤维入库质量验收、出库质量检查制度，保证入库、出库的国家储备毛绒纤维的类别、型号、等级、数量、包装、标识等与质量凭证相符。

第十八条　任何单位或个人不得伪造、变造、冒用毛绒纤维质量凭证、标识、毛绒纤维质量公证检验证书和标志、本办法第九条规定的检验的证书。

第四章　罚　　则

第十九条　毛绒纤维经营者违反本办法第四条规定，在毛绒纤维经营活动中掺杂掺假、以假充真、以次充好构成犯罪的，依法追究刑事责任；尚不构成犯罪的，由纤维质量监督机构没收掺杂掺假、以假充真、以次充好的毛绒纤维和违法所得，并处违法货值金额2倍以上5倍以下的罚款；建议工商行政管理机关吊销营业执照。

毛绒纤维经营者经营掺杂掺假、以假充真、以次充好毛绒纤维的，依照上款处理。

第二十条 毛绒纤维经营者在收购毛绒纤维活动中，违反本办法第十四条第一至第四项规定的，由纤维质量监督机构责令改正，可以处3万元以下的罚款；违反本办法第十四条第五项规定的，由纤维质量监督机构责令改正，拒不改正的，处以3万元以下罚款。

第二十一条 毛绒纤维经营者在加工毛绒纤维活动中，违反本办法第十五条第一项规定的，由纤维质量监督机构责令改正，拒不改正的，处以1万元以下的罚款；违反本办法第十五条第二项、第三项、第四项、第五项规定的，由纤维质量监督机构责令改正，并可以根据情节轻重，处10万元以下的罚款。

违反本办法第十五条第二项规定的，由纤维质量监督机构没收并监督销毁禁用的毛绒纤维加工设备，并处非法加工设备实际价值2倍以上10倍以下的罚款。

第二十二条 毛绒纤维经营者在销售活动中，违反本办法第十六条第一项、第二项、第三项、第六项规定的，由纤维质量监督机构责令改正，并可以根据情节轻重，处10万元以下的罚款；违反本办法第十六条第一项规定的，由纤维质量监督机构责令改正，拒不改正的，处以3万元以下的罚款；违反本办法第十六条第三项规定的，由纤维质量监督机构责令补办检验，对拒不补办的，处以3万元以下的罚款。

第二十三条 毛绒纤维经营者在承储国家储备毛绒纤维活动中，违反本办法第十七条规定的，由纤维质量监督机构责令改正，可以处10万元以下的罚款；造成重大损失的，依法追究刑事责任。

第二十四条 毛绒纤维经营者在收购、加工、销售、承储活动中违反本办法第十八条规定的，由纤维质量监督机构处5万元以上10万元以下的罚款；情节严重的，建议工商行政管理机关吊销营业执照；构成犯罪的，依法追究刑事责任。

第二十五条 隐匿、转移、损毁被纤维质量监督机构查封、扣押物品的，由纤维质量监督机构处被隐匿、转移、损毁物品货值金额2倍以上5倍以下的罚款；构成犯罪的，依法追究刑事责任。

第二十六条 专业纤维检验机构不执行国家标准及其检验方法、技术规范和时间要求，或者出具的毛绒纤维质量检验证书不真实、不客观的，由国务院质量监督检验检疫部门或者地方质量监督部门责令改正；对负责的主管人员和其他直接责任人员根据情节依法给予行政处分。

第二十七条 专业纤维检验机构未实施检验而编造、出具毛绒纤维质量检验证书，弄虚作假的，由国务院质量监督检验检疫部门或者地方质量监督部门，对负责的主管人员和其他直接责任人员依法给予行政处分；构成犯罪的，依法追究刑事责任。

第二十八条 纤维质量监督行政执法人员滥用职权、徇私舞弊、包庇违法行为的，由其主管部门给予行政处分；构成犯罪的，依法追究刑事责任。

第五章 附 则

第二十九条 本办法所称批量是指羊毛纤维为1 000kg及以上；绒类纤维为25kg及以上。

第三十条 本办法由国家质量监督检验检疫总局负责解释。

第三十一条 本办法自2003年8月1日起施行。原国家技术监督局、国家经济贸易委员会、国家计划委员会、农业部、纺织工业部、商业部联合发布的《羊毛质量监督管理办法》同时废止。

乳制品企业生产技术管理规则

（中国乳制品工业协会 中乳协［2003］26号 2003年5月6日）

第一章 总 则

第一条 为了规范我国乳制品生产，促进乳制品工业健康发展，提高乳制品质量，制定本规则。

第二条 本规则规定了乳制品定义与分类、奶源管理及生鲜乳收购、乳制品加工厂建设、乳制品加工设备、乳制品质量管理、乳制品厂卫生管理等内容。

第二章 乳制品定义及分类

第三条 乳制品是指以生鲜牛（羊）乳及其制品为主要原料，经加工而制成的各种产品。

第四条 乳制品分七个大类：

1. 液体乳类（Liquit Milk） 主要包括：杀菌乳 GB5408.1；灭菌乳 GB5408.2；酸牛乳 GB2746；配方乳等。

2. 乳粉类（Milk Powders） 主要包括：全脂乳粉、脱脂乳粉、全脂加糖乳粉和调味乳粉 GB5410；婴幼儿乳粉 GB10765、GB10766、GB10767；其他配方乳粉。

3. 炼乳类（Condensed Milk） 主要包括：全脂无糖炼乳（淡炼乳）、全脂加糖炼乳 GB5417；调味炼乳；配方炼乳等。

4. 乳脂肪类（Milk Fats） 主要包括：稀奶油 GB5414；奶油 GB5415；无水奶油等。

5. 干酪类（Cheese）GB5420 主要包括：原干酪；再制干酪等。

6. 乳冰淇淋类（Ice Cream） 主要包括：乳冰淇淋；乳冰等。

7. 其他乳制品类 主要包括：干酪素 GB5424；乳糖 GB5422；乳清粉；浓缩乳清蛋白等。

第三章 奶源管理及生鲜乳收购

第五条 乳制品加工企业应有固定的奶源，并同原料乳供应单位签订生鲜乳收购合同或协议。

第六条 乳制品加工企业应对奶源基地的奶畜登记造册，掌握畜群的数量、健康、饲养、繁殖、流动等情况。

第七条 奶畜饲养单位和个人对奶畜的饲养与管理应执行《无公害食品 奶牛饲养兽药使用准则》NY5046、《无公害食品 奶牛饲养兽医防疫准则》NY5047、《无公害食品 奶牛饲养饲料使用准则》NY5048、《无公害食品 奶牛饲养管理准则》NY5049。

第八条 大力提倡和推广机械榨乳、以质论价收购生鲜乳。榨乳站、收乳站应有与受乳量相匹配的冷却降温、清洗消毒、储存、质量检验等设备。各种设施、容器每天要清洗、消毒，保持内外清洁卫生。

第九条 收乳站、榨乳站周围无污染源，门窗有防蚊、蝇设施，地面硬化处理，排水畅通。

第十条 榨乳员及榨乳注意事项：

1. 榨乳员应有健康证并经培训后上岗，掌握生鲜乳的理化、卫生等方面的知识。

2. 榨乳开始前应对奶畜进行清洁，对奶畜乳房用清洁水进行冲洗和消毒，开始榨出的第一、二、三把乳汁应丢弃。

第十一条 榨出的、收购的生鲜乳应及时做降温处理，使其温度保持在摄氏 0～6℃，并尽快运往加工厂加工，生鲜乳储存时间最长不超过 24h。

第十二条 生鲜牛乳的盛装应采用表面光滑的不锈钢制成的桶和储罐或由食品级塑料制成的容器，采用管道输送、保温槽车运往加工厂。

第十三条 生鲜乳收购执行《生鲜牛乳收购标准》GB6914 或《无公害食品 生鲜牛乳》NY5045；必须保持生鲜乳的纯度，不得掺入任何外来物质；产前 15d 的胎乳、产犊后 7d 以内的初乳、使用抗菌素药物期间和停药后 5d 以内的乳汁、乳房炎乳等非正常乳要单榨单盛，不得与正常乳混合。

第四章 乳制品加工厂建设

第十四条 乳制品加工厂建设应保持合理的半径，一般应在 50km 以上。

第十五条 乳制品加工企业的建设执行《乳制品厂设计规范》QB6006、《乳品厂卫生规范》GB12693、《食品企业通用卫生规范》GB14881、《乳品设备安全卫生标准》GB12073。

第十六条 乳制品加工厂厂区环境应符合以下要求：

1. 乳制品加工厂应建在交通方便、有充足水源的地区。工厂不得设于受污染河流的下游；厂区周围没有粉尘、有害气体、放射性物质和其他扩散型污染源；不得有昆虫大量孳生的潜在场所等易遭受污染的情况。

2. 厂区内任何设施、设备等应易于维护、清洁，不得成为周围环境的污染源；不得有有毒有害气体、不良气味、粉尘及其他污染物泄漏等有妨碍卫生的情形发生。

3. 厂区空地应绿化，防止尘土飞扬或积水。

4. 厂区应合理布局，各功能区域应划分明显；易产生污染的设施应处于主导风向的下风向；焚化炉、锅炉、废水处理、污物处理均应与生产车间、仓库、供水设施有一定的距离并采取防护措施。

5. 厂区禁止饲养动物。

6. 厂区应有适当防范外来污染源、有害动物侵入的设施，如围墙、围栏，其距离地面至少 50cm 以下部分应采用坚固的密闭性的材料建造。

7. 储水池（塔、槽）与水直接接触的供水管道、器具等应采用无毒、无味、防腐的材料；供水设施出入口应有安全卫生设施，防止有害动物和有害物质进入导致污染；自备水源选址应距污染源（化粪池、垃圾存放场所）30m以上，且应设置卫生防护带并有专人负责。

第十七条 乳制品加工车间应符合以下要求：

1. 车间设置应包括生产部分和辅助生产部分。生产部分包括：受乳间、原料预处理间、加工制造间、半成品贮存、成品包装间等。辅助生产部分应包括：原料仓库、材料仓库、成品库、浴室、更衣室及洗手消毒区、厕所及其他为生产服务的必须场所。

2. 车间应按生产工艺流程需要及卫生要求合理布局。更衣室及洗手消毒室应与生产车间相连接，并设置在员工进入加工车间的入口处；车间应按生产工艺流程单元、操作需要和作业区清洁度的要求进行隔离，防止相互污染。

3. 车间屋顶应易于清扫，防止灰尘积聚，避免结露、长霉或脱落，屋顶应使用无毒、无异味的白色或浅色防水材料建造，喷涂油漆应使用防霉、不易脱落、易清洗的漆料；蒸汽、水、电等管线不得设置于食品暴露的上方，防止尘埃和凝结水滴落。

4. 车间的墙壁应采用无毒、无异味、平滑、不透水、易清洗的浅色防腐材料建造，墙角及柱角应处理为弧形，以便于清洗消毒；门窗安装应严密，并装配有易于拆卸、清洗、不生锈的纱窗或纱网，窗户一般不做窗台，如设窗台须做成大于30°以上斜面，坡向室内；在清洁区与准清洁区的对外出入口应装设能自动关闭的门或空气帘幕。

5. 车间地面与排水：

(1) 地面应用无毒、无异味、不透水的材料建造，平坦防滑、无裂缝、易清洗消毒。

(2) 作业中有排水、废水或有以水洗方式作业区域的地面应耐酸碱、防渗漏、防滑，有一定的排水坡度（1%～1.5%），并装置带水封的地漏或明沟，明沟不宜用盖板。

(3) 排水出口应有防止有害动物侵入的装置。

(4) 废水应排至废水处理系统或经其他方式处理。

第十八条 车间的设施：

1. 供水设施：车间内的水质、水压、水量应能符合生产需要；自备水源水质应符合《生活饮用水卫生标准》GB5749的规定。

2. 照明设施：厂房内应有充足的自然采光和人工照明，光源应不至于改变食品的颜色；照明设施不应安装在食品暴露的上方，否则应使用防爆型照明设施，防止破裂时污染食品。

3. 通风设施：清洁作业区应安装空气调节器，以保证室内有相对稳定的温度，防止蒸汽凝结和保持空气新鲜；一般生产区应安装通风设施，及时排出潮湿和污浊的空气；在有臭气或粉尘产生且有可能污染食品之处应安装相应排出、收集或控制的装置；排气口应装有易清洗、耐腐蚀的网罩，防止有害动物侵入；进风口应距地面2m以上，远离排风口和污染源，并有空气过滤设备。

4. 洗手设施：在车间对外总出入口、厕所、加工场所内设置足够数量的洗手及干手、消毒设施；在清洁作业其入口应设置鞋靴消毒池；洗手台应使用陶瓷或不锈钢材料的器具，水龙头应采用脚踏式、肘动式或感应式等非手动式开关。

5. 淋浴及更衣室：更衣室应设在车间入口，并独立间隔。更衣室应男女分设，并与淋浴、洗手消毒室相邻；更衣室应按员工人数设置足够数量的更衣柜、鞋柜、更衣镜。

6. 厕所：为车间员工提供的厕所宜与车间主体相连接，并设置洗手消毒设施，厕所应与车间相隔离；厕所外门不得开向清洁作业区和准清洁作业区，能自动关闭；厕所应采用冲水式，地面、便池易清洗、不积垢；厕所应安装有效的排气装置，适当照明；厕所排污管道应与车间排水管道分设，且有可靠的防臭水封。

7. 仓库：应以原辅料、材料、半成品、成品等性质的不同分设储藏场所，需要冷（冻）藏的要设有冷（冻）仓库；原材料仓库和成品仓库应分别设置，同一仓库储存不同性质物品时，应适当隔离，分类分架存放；仓库的性能、结构应能使储藏保存中的物品品质不发生恶化或减低至最低程度；仓库应有防止有害动物侵入的装置；仓库应设置足够的物品存放架，储藏物品应距离墙壁、地面在20cm以上，以利于空气流通和物品的搬运；冷（冻）仓库应安装可正确指示库内温度的温度计、温度测定仪或温度自动纪录仪，并安装自动控制器或自动报警器。

第五章　乳制品加工设备

第十九条 受乳及储乳设备包括：计量设备、受乳槽、洗涤杀菌设备、过滤器、冷却设备、储乳罐、生鲜乳检验设备等。

第二十条 预处理设备包括：过滤器、均质机、原料调配罐、净乳分离机、热交换器、杀菌机、就地清洗系统（CIP）等。

第二十一条 杀菌乳、灭菌乳加工设备包括：杀菌机、灭菌机、洗瓶及装瓶机（仅限于玻璃瓶）或自动纸器包装机或塑瓶、塑料薄膜包装机、日期打（喷）印机、成品冷藏库（杀菌乳）、就地清洗系统（CIP）、洗箱设备等。

第二十二条　酸牛乳加工设备包括：菌种培养设备、溶糖设备、混料设备、发酵罐（发酵室）、洗瓶机（限于玻璃瓶、瓷瓶）、灌装机、就地清洗系统（CIP）、日期打（喷）印机、冷藏库等。

第二十三条　炼乳加工设备包括：溶糖设备、浓缩设备、空罐清洗消毒设备、灌装机、灭菌机（淡炼乳）、冷却设备、结晶设备（甜炼乳）、就地清洗系统（CIP）、日期打（喷）印机等。

第二十四条　乳粉加工设备包括：奶油分离机（脱脂乳粉）、浓缩设备、喷雾干燥系统、乳粉冷却设备、筛粉机、储粉设备、添加物混合设备、包装机、就地清洗系统（CIP）等。

第二十五条　奶油加工设备包括：奶油分离机、稀奶油储罐、酪乳储罐、稀奶油成熟罐、连续（间歇）奶油制造机、奶油包装机、就地清洗系统（CIP）等。

第二十六条　干酪加工设备包括：凝乳槽、乳清过滤设备、干酪压榨成型设备、盐水槽、成熟室、切割机、包装机、熔化锅（再制干酪）、成型机、就地清洗系统（CIP）等。

第六章　乳制品质量管理

第二十七条　乳制品生产企业应依据原材料、半成品、成品检验的需要配备检验仪器、设备。包括：

1. 基本设备　分析天平、PH计、乳比重计、脂肪测定设备、蛋白质测定设备、微生物培养箱、无菌操作室、干热（湿热）灭菌器、杂质度过滤机、不溶度指数搅拌器、实验台及实验架、试剂柜、通风橱、水浴锅、供水及洗涤设备、电炉、恒温及干燥箱、显微镜及放大镜、紫外线灯、保温室等。

2. 专业检验设备　灰化炉（乳粉、炼乳）、黏度计（炼乳）浊度仪、残存氧测定器（乳粉）、折光仪、分光光度计等。

第二十八条　乳制品企业对进厂的每批生鲜乳须经检验合格后方可使用。检验的内容包括：感官、理化、微生物等。

第二十九条　乳制品厂应采用HACCP方法管理，制定控制点的检验项目、检验标准、抽样及检验方法，对生产过程及半成品进行检验，确认其质量合格后方可进入下道工序。

第三十条　乳制品厂应详细制定成品的品质规格、检验项目、检验标准、抽样及检验方法。品质规格的下限不得低于国家标准或行业标准，检验方法原则上应以国家标准为准，如用非国家标准方法时应定期与国家标准方法核对。检验内容如下：

1. 成品应逐批抽取代表性样品，实施理化检验、微生物检验、感官检验、外包装检验　检验结果填写“成品检验记录表”。对于非常规检验项目和本企业无法检验的项目可委托具权威性的研究和检验机构代为检验。

2. 保温检验　对灭菌乳、炼乳等非日配型的产品应抽取代表性的样品做保温实验（灭菌乳 32±1℃ 保温7d，炼乳 37±1℃ 保温10d）后做感官检验、理化检验，必要时做微生物检验。

3. 保存检验　对长保质期产品每批成品应留样保存，将抽取的代表性样品储存于该类产品的正常保存条件下至保质期满后2个月为止，以供必要的品质测定及质量纠纷时之用。

第三十一条　乳制品企业应有与生产能力相适应的成品仓库，经检验合格的包装成品应储存在成品仓库内，不得在露天存放。成品仓库中不得储存有毒、有害或其他易腐、易燃及可能引起异味的物品。

第三十二条　产品出厂应有产品检验合格证书，并做出货记录，内容包括：生产日期、批号、出货时间、地点、对象、数量等，以便发现问题时能及时收回。成品库中存放不合格产品应有明显标识。

第三十三条　工厂应有足够的品质管理及检验人员，能做到每批产品检验；产品质量管理负责人应具备大专以上相关学历或中专相关学历并具备4年以上质量管理经验；质量检验人员应具备中专以上学历，并获得食品质量检验员资格证书。

第三十四条　产品包装标识应符合《食品通用标签标准》GB7718、《特殊营养食品标签》GB13432及相应产品标准的规定。

第七章　乳制品厂卫生管理

第三十五条　环境卫生管理

1. 厂区内的道路应保持良好状态，无破损、不积水、不起扬尘。

2. 厂区内草木要定期修剪，保持环境整洁，禁止堆放杂物，防止有害动物孳生。

3. 排水系统应保持畅通，不得有污泥积蓄。

4. 废弃物临时存放地应远离生产车间，并按废弃物特性分类存放；盛装废弃物的容器应有遮盖，防止不良气味溢出或被风吹起，防止有害动物孳生；易腐败的废弃物应每天清除1次，清除后的容器应及时清洗消毒。

5. 厂区内应有防止、杀灭有害动物及昆虫等设施。

第三十六条 厂房设施卫生管理

1. 厂房内各种设施应经常性保持良好地清洁卫生状态，厂房屋顶、天花板、墙壁应保持良好无破损，地面不得有积水和破损。

2. 受乳间、原料预处理间、加工间等每天下班后应及时冲洗，必要时予以消毒。

3. 灯具及管线外表等应定期清扫或洗涤。

4. 冷（冻）仓库内应经常清理，保持清洁，避免地面积水，并定期消毒。

5. 加工作业场所不得堆积非即时使用的原料、内包装物或其他物品，严禁存放有毒有害物品。

第三十七条 设备卫生管理

1. 用于加工、包装、储运的设备及工具和生产用管道应及时清洗消毒。

2. 用具及设备与食品接触的表面应尽可能地时常予以 消毒，消毒后要彻底清洗，以免残留物污染食品。

3. 收工后对使用过的设备及用具等应进行彻底地清洗消毒，必要时在开工前再清洗一次。

4. 与食品接触的设备及用具的清洗用水应符合《生活饮水卫生标准》GB5749 的规定。

5. 用于加工乳制品的设备及场所不得做其他与食品加工无关的用途。

第三十八条 辅助设施卫生管理

1. 供水站设备应经常保持良好状态，使用的工具符合卫生要求；消毒剂要妥善储存，严格登记使用，账物相符；对贮水槽（塔、池）定期清洗、消毒（至少每半年一次）；确保生产用水符合《生活饮用水卫生标准》的规定；闲杂人员不得进入供水站。

2. 锅炉房操作人员须经培训合格后方能上岗；对锅炉的操作、维修、保养应按劳动部门的要求进行；锅炉排放物应符合 GB13271《锅炉大气污染物排放标准》的规定，对排烟管道应定期清理，防止对厂区造成污染；锅炉用水若采用化学方法除氧、软化，应注意脱氧剂、清垢剂对蒸汽品质的影响，以防食品污染。

第三十九条 人员卫生管理

1. 乳制品加工人员应有身体健康证，并定期进行个人卫生、食品加工卫生等方面的培训。

2. 乳制品加工人员必须保持良好地个人卫生，勤理发、勤剪指甲、勤洗澡、勤换衣。

3. 进入车间前必须穿戴好整洁的工作服、工作帽、工作靴鞋。工作服应能盖住外衣，头发不得露出帽外，必要时应戴口罩。

4. 不得穿工作服、工作鞋进入厕所或离开生产加工场所。

5. 上岗前要洗手。有下列情况之一时必须洗手：上厕所之后、处理被污染的原料物品之后、从事与生产无关的其他活动之后。

6. 与乳制品直接接触的人员不得涂指甲油，不得佩带手表及饰物；有皮肤切口或伤口的工人不得继续从事直接接触乳制品的工作。

7. 工作中不得吸烟、吃食物或做其他有碍食品卫生的活动。

8. 个人衣物应储存在更衣室个人专用的更衣柜内，个人的其他物品不得带入生产车间。

9. 与生产无关的人员不得进入生产场所，参观、来访者应符合现场工作人员卫生要求。

第四十条 工作人员健康管理、除虫灭害管理、工作服管理、卫生设施管理、污物管理应符合《食品企业通用卫生规范》GB14881 要求。

第八章 附 则

第四十一条 本规则由中国乳制品工业协会制定并负责解释。

第四十二条 本规则自 2003 年 6 月 1 日起实施。

5 第五部分

国内综合统计资料

国内综合统计资料
简要说明

1. 本部分统计资料主要包括国民经济主要综合指标、农林牧渔业主要产品产量、农产品成本、收益与农村经济效益、农产品加工机械拥有量及农产品加工行业固定资产投资情况、按国民经济行业分类统计有关农产品加工业现状、农产品加工业主要产品产量、农产品加工业主要产品出口创汇情况、农产品加工业部分行业与企业排序、我国西部地区综合统计等9部分统计数据。

2. 香港和澳门特别行政区的统计是构成国家统计总体的一部分，但根据中华人民共和国《香港特别行政区基本法》和《澳门特别行政区基本法》的有关原则，香港、澳门与内地是相对独立的统计区域，根据各自不同的统计制度和法律规定，独立进行统计工作。本部分中所涉及的统计数据均未包括香港、澳门特别行政区和台湾省。这三部分相关统计数据，在本年鉴附录中列出。

3. 本部分统计资料数据，除已注明“资料来源”之外，其余均采用国家统计局公布的数据。

4. 本部分采用的统计数据，基本上以2002年数据为主，为了保持与上卷年鉴提供数据的连续性，有一部分统计数据已在上卷基础上，延续列出。

5. 本部分有关表所示“规模以上非国有企业”是指年产品销售收入500万元以上的非国有企业。

6. 本部分有关表中所示工业产值、工业增加值、工业产品销售产值、利税总额等数据未单独标注者，均按当年价格计算（当年价格即为现行价格）。

7. 本部分统计资料数据所使用的度量单位，均采用国际统一标准计量单位。对有关行业未按国际统一标准计量单位提供的数据，编辑部均按国际统一标准计量单位进行了相应换算。

8. 本部分中同一类、同一行业统计数据，由于管理渠道、统计范围、数据采集方法、时间等略有不同，加之有些行业与相关管理部门交叉较多，因此数据也略有不同。但来自同一系统的数据基本上还是一致的。

9. 本部分统计资料，依据于国家统计局、农业部、国家林业局、中国食品工业协会、中国轻工联合会、中国纺织工业协会等部门、行业提供的相关数据。开辟了“我国西部地区综合统计”专栏，由于时间短促，难免有误，请给予批评指正。

10. 本部分统计资料中符号使用说明：“空格”表示该项统计指标数据不详或无该项数据；“*”或“①”表示本表下有注解。

国民经济主要综合指标统计

表1 人口、产值、工农业产品总产量等国民经济主要指标（2001—2002年）

指　　标	单　位	2001年	2002年	2002年比上年增减（%）
一、人口	万人			
年底总人口		127 627.0	128 453.0	0.65
二、劳动力（年底数）	万人			
从业人员		73 025.0	73 740.0	0.98
职工人数		10 792.0	10 558.0	－2.17
三、国内生产总值（按当年价格计算）	亿元	95 933.3	102 397.9	6.74
四、人均国内生产总值	元	7 543.0	7 997.0	6.02
五、工业总产值（按当年价格计算）	亿元	95 449.0	110 410.8	15.70
六、全社会固定资产投资	亿元	37 213.5	43 201.6	16.10
1. 国有及其他经济固定资产投资		26 505.3	31 019.8	17.03
其中：基本建设投资		14 820.1	17 251.3	16.40
更新改造投资		5 923.8	6 584.2	11.15
2. 集体经济		5 278.6	5 901.5	11.80
3. 个体经济		5 429.6	6 280.3	15.67
4. 其中：机械与轻纺工业基本建设投资		658.6	928.8	41.03
机械与轻纺工业更新改造投资		1 125.6	1 594.3	41.64
七、国家财政收支	亿元			
1. 国家财政收入		16 386.0	18 913.9	15.43
中央		8 582.7	10 390.0	21.06
地方		7 803.3	8 523.9	9.24
2. 国家财政支出		18 902.6	22 011.7	16.45
中央		5 768.0	6 755.8	17.13
地方		13 134.6	15 255.9	16.15
3. 预算外资金收入				
八、物价总指数（上年＝100）	%			
1. 农副产品收购价格指数		101.20	95.7	－5.43
2. 商品零售物价指数		99.20	98.7	－0.50
3. 居民消费价格指数		100.70	99.2	－1.49
九、工资				
1. 职工工资总额	亿元	11 830.9	13 161.1	11.24
2. 职工平均货币工资	元	10 870.0	12 422.0	14.28
十、居民消费水平	元	3 086.2	3 474.8	12.59
农村居民		1 741.1	1 834.3	5.35
城镇居民		5 309.0	6 029.9	13.58

（续）

指　　　标	单　位	2001 年	2002 年	2002 年比上年增减（%）
十一、农业				
1. 农林牧渔业总产值	亿元	26 179.6	27 390.8	4.63
2. 主要农产品产量	万 t			
粮食		45 264.0	45 706	0.98
棉花		532.4	491.6	−7.66
油料		2 864.9	2 897.2	1.13
麻类		68.1	96.4	41.56
甘蔗		7 566.0	9 011.0	19.10
甜菜		1 089.0	1 282.0	17.72
烟叶		234.9	244.7	4.17
茶叶		70.2	74.5	6.13
水果		6 658.0	6 952.0	4.42
肉类产量		6 333.9	6 586.5	3.99
水产品		4 381.3	4 564.5	4.18
十二、工业				
1. 工业总产值	亿元	95 449.0	110 410.8	15.70
2. 主要工业产品产量				
布	亿 m	290.0	322.4	11.17
糖	万 t	653.1	926.0	41.79
原煤	亿 t	11.6	13.8	18.97
原油	万 t	16 395.9	16 700.0	1.85
发电量	亿 kW·h	14 808.0	16 540.0	11.70
钢	万 t	15 163.4	18 155.0	19.73
成品钢材	万 t	16 067.6	19 218.0	19.61
汽车	万辆	234.2	325.1	38.81
水泥	万 t	66 104.0	72 500.0	9.68
3. 全部国有及规模以上非国有工业企业主要经济指标	亿元			
资产总计		135 402.5	144 791.4	6.93
固定资产净值年平均余额		55 437.4	58 702.3	5.89
利润和税金总额		10 305.3	11 724.5	13.77
十三、交通运输	万 t			
货运量		1 401 177	1 486 396	6.08
铁路		192 580	204 246	6.06
公路		1 056 312	1 116 324	5.68
水运		132 675	141 832	6.90
管道		19 439	23 792	22.39
空运		171	202.1	18.19
十四、能源生产与消费	万 t 标准煤			
能源生产总量		121 000	139 000	14.88

（续）

指　　标	单　位	2001 年	2002 年	2002 年比上年增减（%）
能源消费总量		132 000	148 000	12.12
十五、国内商业	亿元			
1. 商品购进总额		32 489.0		
2. 商品销售总额		72 415.2	77 835.3	7.48
3. 商品库存总额		3 618.0	3 291.4	-9.03
十六、对外经济贸易				
进出口总额	亿元	42 193.3	51 378.3	21.77
	亿美元	5 097.6	6 207.7	21.78
进口额	亿元	20 164.2	24 433.0	21.17
	亿美元	2 436.1	2 952.0	21.18
出口额	亿元	22 029.1	26 945.3	22.03
	亿美元	2 661.5	3 255.7	22.33
十七、教育文化				
1. 在校学生数	万人	22 023.0	21 804.4	-0.99
高等学校		719.1	903.4	25.57
中等专业学校		458.0	456.0	-0.44
普通中学		7 836.0	8 288.0	5.77
小学		12 543.5	12 157.0	-3.08
2. 出版数量				
图书	亿册	63.1	68.7	8.87
杂志	亿册	28.9	29.5	2.08
报纸	亿份	351.1	367.8	4.76

注：表中工业总产值为全部国有及规模以上非国有工业企业的工业总产值。

表 2　各地区耕地面积及占全国的比重（1996）　　单位：khm^2、%

地　　区	耕　　地	比　　重
全国合计	**130 039.2**	**100.0**
北　　京	343.9	0.26
天　　津	485.6	0.37
河　　北	6 883.3	5.29
山　　西	4 588.6	3.53
内 蒙 古	8 201.0	6.31
辽　　宁	4 174.8	3.21
吉　　林	5 578.4	4.29
黑 龙 江	11 773.0	9.05
上　　海	315.1	0.24
江　　苏	5 061.7	3.89

（续）

地　　区	耕　　地	比　　重
浙　　江	2 125.3	1.63
安　　徽	5 971.7	4.59
福　　建	1 434.7	1.10
江　　西	2 993.4	2.30
山　　东	7 689.3	5.91
河　　南	8 110.3	6.24
湖　　北	4 949.5	3.81
湖　　南	3 953.0	3.04
广　　东	3 272.2	2.52
广　　西	4 407.9	3.39
海　　南	762.1	0.59
重　　庆		
四　　川	9 169.1	7.05
贵　　州	4 903.5	3.77
云　　南	6 421.6	4.94
西　　藏	362.6	0.28
陕　　西	5 140.5	3.95
甘　　肃	5 024.7	3.86
青　　海	688.0	0.53
宁　　夏	1 268.8	0.98
新　　疆	3 985.7	3.07

资料来源：国土资源部、国家统计局全国农业普查办公室“关于土地利用现状调查主要数据成果的公报”。

表 3　各地区农业生产经营单位农业用地面积构成（2002）　　单位：%

地　　区	农业用地	耕　地	园　地	林　地	牧草地	渔业养殖面积
全国总计	**100.00**	**43.18**	**2.33**	**32.25**	**20.64**	**1.59**
北　　京	100.00	72.25	9.80	15.69	0.13	2.13
天　　津	100.00	86.01	3.87	1.23	0.15	8.75
河　　北	100.00	69.89	2.37	21.59	5.26	0.89
山　　西	100.00	69.40	3.91	25.67	0.78	0.25
内 蒙 古	100.00	36.46	0.20	22.02	40.66	0.67
辽　　宁	100.00	55.41	3.91	36.99	0.64	3.05
吉　　林	100.00	41.79	0.31	54.09	2.10	1.72
黑 龙 江	100.00	52.0	0.16	41.67	4.59	1.59
上　　海	100.00	85.65	3.83	1.63	0.01	8.88
江　　苏	100.00	85.07	3.51	4.18	0.19	7.05
浙　　江	100.00	30.34	6.78	58.86	0.01	4.01
安　　徽	100.00	62.25	2.45	31.10	0.11	4.10
福　　建	100.00	20.41	6.99	70.82	0.03	1.75
江　　西	100.00	27.25	2.83	67.05	0.11	2.76
山　　东	100.00	83.43	7.73	6.76	0.21	1.88
河　　南	100.00	83.72	2.33	12.63	0.11	1.21
湖　　北	100.00	52.87	2.56	38.70	0.54	5.32

（续）

地　　区	农业用地	耕　地	园　地	林　地	牧草地	渔业养殖面积
湖　南	100.00	40.33	2.64	53.41	1.04	2.59
广　东	100.00	27.16	7.70	60.58	0.05	4.51
广　西	100.00	36.92	4.07	54.96	2.81	1.25
海　南	100.00	30.78	5.36	60.56	1.82	1.48
重　庆	100.00	65.83	1.64	29.94	1.30	1.29
四　川	100.00	37.68	1.13	22.83	37.82	0.54
贵　州	100.00	61.33	1.51	35.87	1.18	0.11
云　南	100.00	34.74	2.47	60.61	1.76	0.41
西　藏	100.00	29.05	0.10	8.53	62.32	
陕　西	100.00	45.08	5.29	46.94	2.48	0.21
甘　肃	100.00	39.53	0.76	16.74	42.92	0.05
青　海	100.00	19.56	0.05	13.14	67.23	0.01
宁　夏	100.00	75.10	2.22	11.90	10.18	0.60
新　疆	100.00	11.29	0.39	1.78	86.39	0.15

资料来源：国家统计局农村社会经济调查总队。

表 4　全国主要农作物播种面积（2001—2002）

单位：khm^2

项　　目	2001 年	2002 年	2002 年比上年增减（%）	项　　目	2001	2002	2002 年比上年增减（%）
农作物总播种面积	**155 708**	**154 636**	**−0.69**	胡麻子	402	453	12.69
一、粮食作物	106 080	103 891	−2.06	向日葵	1 016	1 131	11.32
（一）谷物	82 596	81 466	−1.37	三、棉花	4 810	4 184	−13.01
稻谷	28 812	28 202	−2.12	四、麻类	323	338	4.64
小麦	24 664	23 908	−2.27	黄红麻	52	55	5.77
玉米	24 282	24 634	1.45	苎麻	114	125	9.65
谷子	1 148	1 140	−0.70	大麻	12	15	25.00
高粱	783	843	7.66	亚麻	141	139	−1.42
其他谷物	2 905	2 739	−5.71	五、糖料	1 654	1 818	9.92
（二）豆类	13 268	12 543	−5.46	甘蔗	1 248	1 393	11.62
大豆	9 482	8 720	−8.04	甜菜	406	424	4.43
杂豆	3 786	3 824	1.00	六、烟叶	1 340	1 328	−0.90
（三）薯类	10 217	9 882	−3.29	烤烟	1 181	1 192	0.93
马铃薯	4 719	4 668	−1.08	七、药材	827	963	16.44
二、油料作物	14 631	14 766	0.92	八、蔬菜、瓜类	18 607	19 708	5.92
花生	4 991	4 921	−1.40	蔬菜	16 339	17 353	6.21
油菜籽	7 095	7 143	0.68	九、其他农作物	7 436	7 640	2.74
芝麻	758	759	0.13	青饲料	2 591	3 014	16.33

表 5　全国农村劳动力人数（2001—2002）　　单位：万

项　目	2001 年	2002 年	2002 年比上年增减（%）
一、农村人口数	93 383	93 503	0.13
二、农村劳动力	48 229	48 527	0.62
其中：男劳力	25 685	25 850	0.64
女劳力	22 544	22 677	0.59
1. 农林牧副渔业	32 451	31 991	-1.42
2. 工业	4 296	4 506	4.89
3. 建筑业	2 797	2 959	5.79
4. 交通运输、邮电通讯业	1 205	1 259	4.48
5. 批发零售贸易业、餐饮业及仓储业	1 864	1 997	7.14
6. 其他非农行业	5 615	5 816	3.58

资料来源：《中国统计摘要》2003 年版。

注：1. 本表分行业劳动力是按从事的主行业划分的，如以农业为主，兼营商业的，仍作为农业劳动力。
　　2. 工业劳动力中包括村及村以下办工业的劳动力。

表 6　全国能源生产总量和构成（1998—2002）

年　份	能源生产总量（万 t 标准煤）	构成（能源生产总量=100）			
		原煤	原油	天然气	水电
1998	124 250	71.9	18.5	2.5	7.1
1999	109 126	68.3	21.0	3.1	7.6
2000	106 988	66.6	21.8	3.4	8.2
2001	121 000	68.0	20.4	3.4	8.4
2002	139 000	70.7	17.2	3.2	8.9

表 7　全国能源消费总量和构成（1998—2002）

年　份	能源消费总量（万 t 标准煤）	构成（能源消费总量=100）			
		原煤	原油	天然气	水电
1998	132 214	69.6	21.5	2.2	6.7
1999	130 119	68.0	23.2	2.2	6.6
2000	130 297	66.1	24.6	2.5	6.8
2001	132 000	67.0	23.6	2.5	6.9
2002	148 000	66.1	23.4	2.7	7.8

资料来源：表 6、表 7 数据出自《中国统计摘要》2003 年版。

表8 我国农产品加工业能源消费总量和主要能源品种消费量（2001）

行业	能源消费总量（万t标准煤）	煤炭消费量（万t）	焦炭消费量（万t）	原油消费量（万t）	汽油消费量（万t）	煤油消费量（万t）	柴油消费量（万t）	燃料油消费量（万t）	天然气消费量（亿 m^3）	电力消费量（亿kW·h）
合计	**10 554.3**	**6 956.1**	**120.5**	**2.41**	**211.6**	**16.2**	**205.5**	**160.9**	**3.37**	**1 378.8**
木材及竹材采运业	140.80	119.66	0.11		14.52		9.96			13.94
食品加工业	1 478.68	1 406.90	16.00	0.40	31.87	0.26	30.61	8.49	0.16	170.01
食品制造业	878.66	609.10	15.50	0.45	12.80	0.09	16.72	8.45	0.08	94.11
饮料制造业	634.33	613.97	2.90	0.50	9.35	0.09	11.00	9.08	0.02	60.11
烟草加工业	264.94	129.27	1.21		30.00	0.09	3.55	2.70	0.09	32.50
纺织业	2 679.32	1 334.15	4.20	0.06	37.05	3.87	44.64	64.64	1.07	385.87
服装及其他纤维制品制造业	332.84	120.98	1.63	0.17	8.17	0.43	14.50	13.87		54.11
皮革毛皮羽绒及其制品业	189.18	66.25	1.65		4.94	0.17	17.11	3.65		30.00
木材加工及竹藤棕草制品业	320.88	209.41	1.38		4.00	0.09	6.80	3.12		37.00
家具制造业	95.49	42.55	1.09		3.57	0.05	2.70	0.60		14.00
造纸及纸制品业	1 937.27	1 691.22	1.56	0.51	12.20	3.70	22.20	21.67	0.26	251.35
印刷业记录媒介复制	201.73	48.68	0.29		6.17	5.85	7.68	2.39	0.09	35.00
橡胶制品业	645.87	262.11	2.62	0.06	8.04	0.08	7.10	13.10		106.66
专用设备制造业	754.33	301.83	70.34	0.26	28.87	1.38	10.96	9.12	1.60	94.11

表9 全国农村电气化综合情况（2001—2002）

项　　　目	单　位	2001年	2002年	2002年比上年增减（%）
一、发电设备及发电量				
总计：容量	万kW	4 919.58	5 168.13	5.05
发电量	亿kW·h	1 671.27	1 862.45	11.44
1. 小水电	座	33 472.00	34 110.00	1.91
容量	万kW	2 467.30	2 676.43	8.48
发电量	亿kW·h	815.09	918.37	12.67
2. 小火电	座	889.00	891.00	0.22
容量	万kW	1 751.41	1 842.36	5.19
发电量	亿kW·h	758.13	835.58	10.22
3. 柴油机发电	座	33 228.00	31 597.00	−4.91
容量	万kW	654.75	598.37	−8.61
发电量	亿kW·h	91.36	100.60	10.11
4. 风力发电	座	61 922.00	59 482.00	−3.94
容量	万kW	20.71	22.21	7.24
发电量	亿kW·h	3.34	3.33	
5. 其他	台	18 373.00	17 928.00	−2.42
容量	万kW	25.42	28.76	13.14
发电量	亿kW·h	3.36	4.56	35.71
二、供电设备				
1. 高压线路合计	万kW	341.11	360.65	5.73
110kV		14.60	16.27	11.44
35～63kV		33.87	38.16	12.67
3～10kV		292.64	306.22	4.64
2. 低压线路	万kW	775.10	816.38	5.33
3. 变电站容量合计	万kW	33 885.99	38 376.79	13.25
110kV	座	4 461.00	4 938.00	10.69
	台	7 179.00	8 025.00	11.78
	万kW	20 769.62	24 381.01	17.39
35～63kV	座	17 476.00	18 253.00	4.45
	台	28 031.00	29 311.00	4.57
	万kW	13 116.37	13 995.78	6.70
4. 配电变压器容量合计	万kW	35 806.62	46 755.28	30.58
35/0.4kV	台	13 028.00	13 922.00	6.86
	万kW	1 211.94	1 246.42	2.85
3～10/0.4kV	台	3 472 456.00	3 749 284.00	7.97
	万kW	34 594.68	45 508.86	31.55
三、用电设备总计	万kW	41 657.78	47 626.96	14.33
1. 农村用电设备合计	万kW	24 773.85	28 020.11	13.10
（1）农林牧渔水利业小计		8 819.49	9 218.82	4.53
排灌		4 421.57	4 671.23	5.65
副业及生产		4 397.93	4 547.05	3.39

（续）

项目	单位	2001年	2002年	2002年比上年增减（%）
（2）乡镇工业小计		9 884.52	11 151.48	12.82
其中：村及村以下工业		4 369.14	5 068.95	16.02
（3）其他用电设备		6 069.84	7 658.35	26.17
2. 县城用电设备合计		16 883.93	19 598.85	16.08
县办工业		10 819.40	12 243.80	13.17
其他		6 064.54	7 355.05	21.28
四、用电量总计	亿kW·h	6 258.63	7 212.17	15.24
其中：直供		3 482.75	4 095.44	17.59
趸售		2 094.12	2 416.47	15.39
1. 农村用电量合计		3 205.35	3 663.19	14.28
（1）农林牧渔水利业小计		600.31	609.57	1.54
排灌		343.15	352.42	2.70
副业及生产		257.16	257.15	
（2）乡镇企业小计		1 622.07	1 999.84	23.29
其中：村及村以下工业		696.54	848.53	21.82
（3）其他用电量		225.68	237.03	5.03
（4）乡村居民生活用电		756.94	816.74	7.90
2. 县城用电量合计		3 051.28	3 548.99	16.24
县办工业		2 242.90	2 651.57	18.22
其他		349.35	400.53	14.65
县城居民生活用电		461.03	496.88	7.78
五、通电面及类型				
1. 县（市郊）总计	个	2 466	2 460.00	-0.24
（1）通电县数及类型小计		2 457	2 457.00	
小水电为主供电县		415	397.00	-4.34
小火电为主供电县		15	16	6.67
直供县		857	881	2.80
趸售县		1 151	1 144	-0.61
不归水利电力部门管理的县		19	19	
（2）无电县		3	3	
2. 乡总计	个	43 630	41 685.00	-4.46
已通电	个	42 901	41 077.00	-4.25
通电率	%	98.56	98.54	-0.02
3. 村总计	个	743 183	721 091.00	-2.97
已通电	个	712 231	711 788.00	-2.79
通电率	%	98.53	98.71	0.18
4. 户总计	万户	29 806.43	30 090.92	0.95
已通电	万户	29 329.11	29 633.07	1.04
通电率	%	98.40	98.48	0.08
六、农村电工	人	755 915	690 628.00	-8.64

资料来源：表中数据由国家电力公司农电工作部提供。

表 10　全国各种运输线路长度（1998—2002）　单位：万 km

年　份	铁路营运里程	公路里程	内河航道里程	民用航空航线里程		输油（气）管道里程
				国内航线	国际航线	
1998	6.64	127.85	11.03	100.1	50.44	2.31
1999	6.74	135.17	11.65	99.9	52.33	2.49
2000	6.87	140.27	11.93	99.5	50.84	2.47
2001	7.01	169.80	12.15	103.7	51.69	2.76
2002	7.19	176.52	12.16	106.3	57.40	2.98

表 11　全国货运量情况（1998—2002）　单位：万 t

年　份	货运量总计	铁　路	公　路	水　运	管　道	民用航空
1998	1 267 200	164 082	976 000	109 555	17 419	140.1
1999	1 292 650	167 196	990 444	114 608	20 232	170.0
2000	1 358 124	178 023	1 038 813	122 391	18 700	196.7
2001	1 401 177	192 580	1 056 312	132 675	19 439	171.0
2002	1 486 396	204 246	1 116 324	141 832	23 792	202.1

表 12　全国沿海主要港口货物吞吐量（2001—2002）　单位：万 t

港　口	2001 年	2002 年	2002 年比上年增减（%）
总　计	**142 634**	**166 628**	**16.82**
大　连	10 047	10 851	8.00
营　口	2 520	3 127	24.09
秦皇岛	11 302	11 167	-1.19
天　津	11 369	12 906	13.52
烟　台	2 190	2 689	22.79
青　岛	10 398	12 213	17.46
日　照	2 933	3 136	6.92
连云港	3 058	3 316	8.44
上　海	22 099	26 384	19.39
宁　波	12 852	15 398	19.81
汕　头	1 309	1 380	5.42
广　州	12 823	15 324	19.50
湛　江	2 205	2 627	19.14
海　口	888	1 073	20.83
八　所	342	343	0.29
三　亚	71	49	-30.99
其他港口	36 228	44 645	23.23

表 13 沿海主要港口分货类吞吐量（2001—2002） 单位：万 t

货物种类	2001 年	2002 年	2002 年比上年增减（%）
总　计	**142 634**	**166 628**	**16.82**
煤　炭	37 203	40 282	8.28
石　油	24 407	25 775	5.6
金属矿石	14 606	18 238	24.87
钢　铁	5 152	6 205	20.44
矿建材料	9 657	12 570	30.16
水　泥	1 198	1 203	0.42
木　材	1 064	1 152	8.27
非金属矿石	2 561	3 161	23.43
化肥和农药	1 718	2 221	29.28
盐	562	658	17.08
粮　食	5 341	5 564	4.18
其　他	39 165	49 600	26.64

农林牧渔业主要产品产量统计

表 14 全国主要农产品产量（1998—2002） 单位：万 t

年　份	粮　食						
	合　计	谷　物				豆　类	薯　类
		小　计	稻　谷	小　麦	玉　米		
1998	51 230	45 625	19 871	10 973	13 295	2 001	3 604
1999	50 839	45 304	19 849	11 388	12 809	1 894	3 641
2000	46 218	40 522	18 791	9 964	10 600	2 010	3 685
2001	45 264	39 648	17 758	9 387	11 409	2 053	3 563
2002	45 706	39 799	17 454	9 029	12 131	2 241	3 666

年　份	棉　花	油　料				麻　类	
		小　计	花　生	油菜籽	芝　麻	小　计	黄红麻
1998	450.1	2 314	1 189	830	65.6	49.5	24.8
1999	382.9	2 601	1 264	1 013	74.3	47.2	16.4
2000	441.7	2 955	1 444	1 138	81.1	52.9	12.6
2001	532.4	2 865	1 442	1 133	80.4	68.1	10.6
2002	491.6	2 897	1 482	1 055	89.5	96.4	15.9

年　份	糖　料			茶　叶	烟　叶	
	小　计	甘　蔗	甜　菜		小　计	烤　烟
1998	9 791	8 344	1 447	66.5	236.4	209
1999	8 334	7 470	864	67.6	246.9	219
2000	7 635	6 828	807	68.3	255.2	224
2001	8 655	7 566	1 089	70.2	235.0	205
2002	10 293	9 011	1 282	74.5	245.0	214

（续）

年 份	水果					
	合 计	苹 果	柑 橘	梨	葡 萄	香 蕉
1998	5 453	1 948	859	728	236	352
1999	6 238	2 080	1 079	774	271	419
2000	6 225	2 043	878	841	328	494
2001	6 658	2 002	1 161	880	368	527
2002	6 952	1 924	1 199	931	448	556

表 15 2001 年各地区主要农产品产量

单位：万 t

地 区	一、粮食		1. 谷 物						
				（1）稻 谷				（2）小 麦	
	总 产	其中：夏收粮食	总 产	总产	早稻	中稻	晚稻	总产	其中：春小麦
全国总计	**45 264**	**10 205**	**39 648**	**17 758**	**3 400**	**10 404**	**3 954**	**9 388**	
北 京	105	37	96	4		4		37	
天 津	143	45	134	7		7		45	
河 北	2 492	1 141	2 309	47		47		1 123	
山 西	692	229	602	2		2		227	
内 蒙 古	1 239		1 017	57		57		127	
辽 宁	1 394	41	1 283	335		335		16	
吉 林	1 953		1 776	371		371		12	
黑 龙 江	2 652		1 989	1 016		1 016		94	
上 海	151	18	148	127		119	8	13	
江 苏	2 942	822	2 745	1 693		1 689	5	704	
浙 江	1 073	65	952	876	166	467	243	37	
安 徽	2 500	804	2 248	1 174	147	855	172	742	
福 建	817	47	632	607	188	243	177	9	
江 西	1 600	13	1 505	1 491	568	235	688	6	
山 东	3 721	1 655	3 323	110		110		1 655	
河 南	4 120	2 338	3 725	203		203		2 300	
湖 北	2 139	319	1 876	1 452	212	960	279	213	
湖 南	2 700	66	2 476	2 329	783	478	1 067	21	
广 东	1 600	101	1 373	1 298	633		665	3	
广 西	1 511	17	1 404	1 231	588	80	564	2	
海 南	196	32	157	151	76		75		
重 庆	1 024	174	766	473	0.5	472		92	
四 川	2 927	552	2 400	1 429	3	1 425	0.8	449	
贵 州	1 100	206	878	460	0.5	459		88	
云 南	1 486	234	1 247	596	36	551	9	138	
西 藏	98		95	0.6		0.6		29	
陕 西	977	433	866	92		92		407	
甘 肃	753	347	568	7		7		296	
青 海	103		70					51	
宁 夏	275	87	249	62		62		84	
新 疆	780	383	740	57		57		371	

（续）

地区	1. 谷物					2. 豆类		
	(3) 玉米		(4) 谷子	(5) 高粱	(6) 其他谷物	总产	(1) 大豆	(2) 杂豆
	总产	其中：杂交玉米						
全国总计	**11 409**		**197**	**270**	**627**	**2 053**	**1 541**	**512**
北京	54		0.7	0.6	0.1	5	5	
天津	75			6	0.5	9	8	1
河北	1 060		57	14	9	67	56	11
山西	310		32	20	10	34	22	12
内蒙古	757		26	21	29	114	83	31
辽宁	819		25	73	16	57	54	3
吉林	1 328		3	51	11	134	111	23
黑龙江	820		10	29	21	538	496	42
上海	4				4	3	2	1
江苏	260			0.1	88	105	67	38
浙江	21				18	45	29	16
安徽	280			1	50	106	89	17
福建	11			2	4	27	20	7
江西	6			0.5	1	33	24	9
山东	1 532		16	7	3	94	91	3
河南	1 151		15	2	54	123	108	15
湖北	195		0.5	1	14	74	43	31
湖南	115			4	7	61	45	16
广东	65			0.1	6	25	17	8
广西	169		0.6	1	0.9	43	34	9
海南	5				1	3	2	1
重庆	181			5	16	16	6	10
四川	452			15	55	97	39	58
贵州	319		0.5	3	8	37	17	20
云南	477			0.3	35	91	16	75
西藏	2				64	3	0.3	2.7
陕西	353		4	2	8	29	20	9
甘肃	199		5	6	55	38	14	24
青海	1				18	9		
宁夏	95			0.6	8	6	2	4
新疆	294			6	12	29	22	7

（续）

地区	3.薯类		二、油料						三、棉花
	总产	其中:马铃薯	总产	1.花生	2.油菜籽	3.芝麻	4.胡麻	5.向日葵	总产
全国总计	**3 563**	**1 291**	**2 865**	**1 442**	**1 133**	**80.4**	**25.3**	**147.8**	**532.4**
北京	3.5		4.3	4.1		0.03		0.08	0.3
天津	0.8		3.9	1.2		0.14		2.3	6.4
河北	116	25.5	154	144.3	2.9	2	0.4	3.8	42
山西	56	37	18.1	3.4	0.7	0.8	0.8	9.8	8.4
内蒙古	109	107	81	0.7	13	0.9	1.9	61	0.3
辽宁	54	25.5	46.3	42.1	0.2	1	0.003	2.3	0.8
吉林	44	40	34.3	14.6		2.5		11.6	0.03
黑龙江	125	123	36.3	3.8	1.5	0.37		20.8	
上海	0.6		12.8	0.5	12.3	0.02			0.14
江苏	92.5		233	84.1	146	2.5	0.017	0.1	46.1
浙江	75	17	58.2	4.2	53.5	0.6			3.2
安徽	147	6.6	299	104	178	16.7		0.05	35.7
福建	159	28	26.1	24.2	1.8	0.1		0.003	0.011
江西	62		90.5	41	46.3	3.2			8.1
山东	303	76	377.3	369	5.7	0.8		0.9	78.1
河南	273		362.6	295	42.6	24		1	82.8
湖北	189	78	279.4	64	195	19.5		0.8	37.4
湖南	163	31.5	137.4	30	106	0.8	0.06	0.03	19
广东	202	20	80.9	80	0.9	0.24			
广西	65		57.2	49	7.3	0.57			0.1
海南	36		10.3	9.7		0.43			
重庆	241	79	30	7.3	22	0.45	0.000 9	0.3	0.04
四川	430	98	181	46	134	0.44		0.3	3
贵州	185	128	71.3	7.2	63.5	0.03	0.001	0.5	0.07
云南	149	119	27.7	5.4	20.4	0.02	0.015	0.8	0.05
西藏	0.1		4.4	0.007	4.3				
陕西	82	51	37.5	7.1	23.1	2.3	0.4	2.6	5
甘肃	147	147	38.4	0.2	17.8		15.1	2.9	9.9
青海	24	24	23		22.6		0.4		
宁夏	20	20	7.3	0.000 8	0.02		3.7	2.5	
新疆	12	12	42.6	0.6	12.2	0.02	2.5	23.3	146

（续）

地区	四、麻类					五、糖料		
	总产	1. 黄红麻	2. 苎麻	3. 大麻	4. 亚麻	总产	1. 甘蔗	2. 甜菜
全国总计	**68.1**	**10.6**	**19.7**	**2**	**34.5**	**8 655**	**7 566**	**1 089**
北京								
天津	0.02	0.02						
河北	0.7	0.7		0.018		9.9		9.9
山西	0.03	0.000 1		0.023		9		9
内蒙古	0.4			0.062	0.3	133.1		133.1
辽宁	0.02	0.01		0.011		35.7		35.7
吉林	0.3			0.025	0.3	69.4		69.4
黑龙江	29.8			0.63	28.1	329.8		329.8
上海						8.5	8.5	
江苏	0.4	0.11	0.26	0.064		32	31.5	0.5
浙江	0.2	0.17	0.04			106	106	
安徽	3.4	2.1	0.73	0.52		29.3	29.3	0.05
福建	0.06	0.04	0.02			95.5	95.5	
江西	1.7	0.4	1.3			123.7	123.7	
山东	0.9	0.86	0.006	0.037		0.087		0.087
河南	2.3	2.10	0.000 6	0.3		26.2	26.2	
湖北	5.1	1.4	3.7			78.4	78.4	
湖南	9.8	0.19	9.4		0.22	166.4	166.4	
广东	0.25	0.25	0.004			1 213	1 213	
广西	1.3	1.2	0.13			3 653	3 653	
海南	0.2	0.16	0.03			320.8	320.8	
重庆	0.9	0.05	0.84			10	10.1	
四川	3.9	0.82	3.10			155.8	155.7	0.1
贵州	0.2	0.02	0.12	0.033	0.002	65.1	65.1	0.01
云南	0.5	0.007	0.014	0.009	0.46	1 481	1 481	0.39
西藏								
陕西	0.07	0.001 4	0.03	0.038		1.9	1.7	0.23
甘肃	0.24			0.24		45.1		45.1
青海	0.03			0.003		0.009		0.009
宁夏	0.06					0.26		0.26
新疆	5.10				5.10	455.1		455.1

（续）

地 区	六、烟 叶		七、蔬菜、瓜类				
	总 产	其中：烤烟叶	总 产	1. 蔬菜（含菜用瓜）	2. 瓜类（果用瓜）		
					总产	(1) 西瓜	(2) 甜瓜
全国总计	**235**	**204.5**	**55 222**	**48 337**	**6 885**	**5 718**	**743**
北 京	0.003		569	523	46	43	2
天 津	0.02		627	565	63	40	14
河 北	0.94	0.4	5 298	4 893	405	342	32
山 西	1.1	1	942	863	79	69	5
内蒙古	1	0.8	876	769	107	75	29
辽 宁	2.4	2	1 958	1 861	96	59	35
吉 林	4.9	1.8	944	778	166	112	53
黑龙江	8.4	7.3	1 586	1 250	336	234	101
上 海			499	424	75	52	18
江 苏	0.13		3 980	3 562	417	353	48
浙 江	0.37		1 815	1 549	266	229	8
安 徽	3.6	3.4	2 049	1 440	609	393	27
福 建	10.15	9.9	1 228	1 161	67	56	3
江 西	2	1.7	1 362	1 160	202	178	6
山 东	8.4	8.1	8 829	7 556	1 272	1 116	100
河 南	32	31.2	5 428	4 311	1 117	1 037	75
湖 北	12.3	7.3	3 429	2 990	439	387	49
湖 南	16.3	15.1	2 295	1 983	311	268	42
广 东	6.8	5.5	2 473	2 378	95	76	4
广 西	3.8	1.8	1 854	1 710	145	133	11
海 南	0.05	0.05	320	276	44	36	3
重 庆	8	5.3	795	780	15	14	0.4
四 川	12.2	6.6	2 441	2 352	89	81	2
贵 州	28.9	26.4	652	625	27	24	2
云 南	61.5	60.1	682	653	29	26	0.4
西 藏			20	20			
陕 西	6.5	6.3	683	605	78	72	4
甘 肃	2.6	2.3	695	599	96	76	11
青 海	0.05		64	64	0.5	0.5	
宁 夏	0.04	0.04	187	151	36	35	1
新 疆	0.59	0.15	644	487	157	99	57

表 16　2002 年各地区主要农产品产量

单位：万 t

地区	一、粮食		1. 谷物						
	总产	其中：夏收粮食	总产	(1) 稻谷				(2) 小麦	
				总产	早稻	中稻	晚稻	总产	其中：春小麦
全国总计	**45 706**	**9 891.8**	**39 799**	**17 454**	**3 028.9**	**10 900.7**	**3 524.4**	**9 029**	**586.4**
北　京	82.3	24.3	74.6	2.9		2.9		24.3	
天　津	137.8	44.1	131.2	11.2		11.2		44.1	0.8
河　北	2 435.8	1 114.2	2 256.3	55.7		55.7		1 099.5	4.9
山　西	925.5	245.3	776.3	2.0		2.0		243.2	0.4
内蒙古	1 406.1		1 097.7	56.0		56.0		121.5	121.5
辽　宁	1 510.4	44.6	1 392.5	406.2		406.2		11.5	10.4
吉　林	2 214.8		1 988.1	370.0		370.0		7.9	7.9
黑龙江	2 941.2		2 195.5	921.0		921.0		89.4	89.4
上　海	130.5	14.8	126.5	109.2		102.6	6.6	10.4	
江　苏	2 907.1	758.2	2 702.7	1 709.9		1 707.1	2.8	644.5	
浙　江	942.3	48.3	842.3	779.6	113.9	498.1	167.6	25.4	
安　徽	2 765.0	757.5	2 432.3	1 327.5	130.0	1 035.8	161.7	683.7	
福　建	763.2	44.6	580.2	557.5	159.5	244.8	153.2	6.7	
江　西	1 549.5	10.7	1 462.9	1 451.6	535.0	262.6	654.0	4.3	
山　东	3 292.7	1 547.3	2 994.4	109.4		109.4		1 547.1	0.1
河　南	4 210.0	2 289.3	3 827.7	336.5		336.5		2 248.4	
湖　北	2 047.0	232.3	1 823.2	1 469.8	159.7	1 060.7	249.4	151.2	
湖　南	2 501.3	63.1	2 268.5	2 119.2	627.8	590.8	900.6	18.3	
广　东	1 478.9	93.2	1 268.2	1 202.8	585.0		617.8	3.2	3.2
广　西	1 486.8	16.6	1 384.3	1 219.3	608.5	78.7	532.1	1.8	1.8
海　南	188.6	30.3	145.4	139.3	71.5		67.8		
重　庆	1 082.4	174.5	790.5	490.2	0.3	489.7	0.2	93.2	
四　川	3 132.4	573.7	2 557.4	1 503.7	2.5	1 500.5	0.7	459.1	
贵　州	1 034.2	212.4	788.9	347.8	0.4	347.0	0.4	87.0	0.6
云　南	1 424.7	240.9	1 177.2	543.2	34.8	498.9	9.5	134.1	
西　藏	98.3		94.6	0.6		0.6		27.8	7.0
陕　西	1 005.6	440.1	887.4	80.3		80.3		405.3	0.5
甘　肃	782.7	369.2	602.5	5.6		5.6		312.1	135.5
青　海	91.3		56.0					45.2	45.2
宁　夏	201.9	106.3	275.7	66.7		66.7		96.1	38.9
新　疆	835.6	396.0	797.8	59.3		59.3		382.7	118.3

（续）

地区	1. 谷物					2. 豆类		
	(3) 玉米		(4) 谷子	(5) 高粱	(6) 其他谷物	总产	(1) 大豆	(2) 杂豆
	总产	其中：杂交玉米						
全国总计	**12 131**		**217.6**	**332.9**	**634.1**	**2 241.2**	**1 650.7**	**590.5**
北京	46.1		0.6	0.5	0.2	4.0	3.5	0.5
天津	71.1		0.1	4.8		5.7	5.5	0.2
河北	1 035.0		47.7	8.7	9.6	60.6	49.4	11.2
山西	435.3		46.8	25.6	23.3	49.4	29.7	19.7
内蒙古	821.5		30.3	34.5	33.9	139.9	96.4	43.5
辽宁	858.0		23.4	83.2	10.2	56.9	53.2	3.7
吉林	1 540.0		8.2	56.5	5.5	185.0	127.5	57.5
黑龙江	1 070.5		16.2	52.3	46.1	610.7	556.3	54.4
上海	3.0				3.9	3.5	1.9	1.6
江苏	261.7				86.6	105.9	70.3	35.6
浙江	22.3				15.0	41.9	26.3	15.6
安徽	356.8		0.1	2.0	62.2	147.4	139.4	8.0
福建	11.2		0.1	1.4	3.3	26.4	18.8	7.6
江西	5.5			0.4	1.1	29.9	22.1	7.8
山东	1 316.0		13.0	6.5	2.4	76.4	73.8	2.6
河南	1 189.8		13.1	2.5	37.4	115.4	97.8	17.6
湖北	187.4		0.4	1.3	13.1	64.7	42.2	22.5
湖南	119.2			4.1	7.6	61.2	44.9	16.3
广东	53.5		0.1	0.1	8.5	24.0	15.9	8.1
广西	161.0		0.6	0.7	0.9	40.3	32.3	8.0
海南	5.1				1.0	3.2	1.6	1.6
重庆	197.4			5.4	4.3	27.8	9.3	18.5
四川	525.1			18.8	50.7	106.7	42.5	64.2
贵州	343.2		0.4	3.2	7.3	40.8	18.4	22.4
云南	461.5			0.4	38.0	93.6	15.9	77.7
西藏	1.7				64.6	3.4	0.4	3.0
陕西	374.5		10.4	4.5	12.4	30.7	21.2	9.5
甘肃	219.2		4.6	7.0	54.0	38.6	11.9	26.7
青海	1.2				9.6	10.9		10.9
宁夏	104.3		1.2	0.1	7.3	10.0	3.7	6.3
新疆	332.9		0.3	8.4	14.1	26.4	18.6	7.8

（续）

地区	3. 薯类		二、油料						三、棉花
	总产	其中:马铃薯	总产	1. 花生	2. 油菜籽	3. 芝麻	4. 胡麻籽	5. 向日葵	总产
全国总计	**3 666**	**1 504.6**	**2 897**	**1 482**	**1 055**	**89.5**	**40.9**	**194.6**	**492**
北京	3.7		4.6	4.6				0.049	0.3
天津	0.9		3.4	1.0		0.1		2.1	6.2
河北	119	32.0	151.3	140.4	3.0	1.6	1.66	4.08	40.2
山西	99.9	77.3	38.4	3.8	0.9	1.1	5.66	22.4	7.5
内蒙古	168.5	167.4	108.9	1.3	28.2	0.8	6.52	70.4	0.3
辽宁	61.0	36.1	56.5	50.8	0.2	1.4	0.019	3.4	0.3
吉林	41.7	39.7	46.1	18.7		6.5		16.4	
黑龙江	135.0	133.1	52.8	3.5	0.5	0.8		36.8	
上海	0.5		9.9	0.5	9.3	0.1			0.1
江苏	98.5		217.0	83.7	130.8	2.4		0.093	36.3
浙江	58.1		47.0	4.5	41.9	0.5			2.2
安徽	185.3	5.9	282.3	113.0	152.3	16.9		0.012	33.7
福建	156.6	128.7	25.9	24.1	1.7	0.1		0.002 6	
江西	56.7		82.4	40.8	38.4	3.1		0.20	6.7
山东	221.9	84.0	340.4	333.9	5.7	0.4		0.035	72.2
河南	266.9		420.7	336.2	56.0	27.6		0.86	76.5
湖北	159.1	59.4	345.3	72.3	151.4	20.8	0.001 5	0.63	32.3
湖南	171.7	32.5	119.3	31.2	86.8	1.1		0.075	15.3
广东	186.7	17.6	76.4	75.2	1.0	0.2			
广西	62.2		56.0	48.1	7.0	0.5			0.1
海南	40.0		10.0	9.7		0.3			
重庆	264.1	75.3	35.0	8.4	25.8	0.5		0.35	
四川	468.3	104.3	201.5	55.4	144.8	0.5		0.35	2.4
贵州	204.5	136.9	72.5	7.5	64.0		0.001 6	0.53	0.1
云南	153.9	121.4	27.5	5.4	20.5		0.003 4	0.76	
西藏	0.2	0.2	4.5		4.5				
陕西	87.5	59.1	41.1	7.0	24.6	1.9	0.45	5.00	4.3
甘肃	141.6	141.6	41.9	0.2	20.3		16.11	3.24	7.0
青海	24.4	24.4	23.4		22.7		0.73		
宁夏	16.2	16.2	10.9		0.1		6.03	3.49	
新疆	11.5	11.5	44.4	0.9	12.9		3.69	23.26	147.7

（续）

地　区	四、麻　　类					五、糖　　料		
	总　产	1. 黄红麻	2. 苎麻	3. 大麻	4. 亚麻	总　产	1. 甘蔗	2. 甜菜
全国总计	**96.4**	**16.0**	**23.85**	**3.01**	**52.43**	**10 293**	**9 011**	**1 282**
北　京								
天　津								
河　北	1.03	1.01		0.009 6		14.7		14.7
山　西	0.02			0.020		18.5		18.5
内蒙古	1.04			0.091	0.91	195.0		195.0
辽　宁	0.023	0.007		0.016		39.8		39.8
吉　林	0.83			0.057	0.77	76.2		76.2
黑龙江	36.25			0.22	35.65	437.6		437.6
上　海						8.7	8.7	
江　苏	0.5	0.10	0.34	0.031		34.7	33.9	0.8
浙　江	0.2	0.16	0.044			113.4	113.4	
安　徽	4.6	3.33	0.43	0.48		31.4	31.0	0.36
福　建	0.053	0.037	0.015			117.9	117.9	
江　西	1.56	0.28	1.27			130.8	130.8	
山　东	0.64	0.58	0.000 2	0.047		0.2		0.2
河　南	5.36	5.22		0.14		27.9	27.9	
湖　北	6.54	2.43	4.10			91.9	91.9	
湖　南	13.63	0.42	12.81		0.40	180.4	180.4	
广　东	0.23	0.22	0.006 8			1 315.5	1 315.5	
广　西	1.24	1.12	0.12			4 593.4	4 593.4	
海　南	0.197	0.197				374.8	374.8	
重　庆	1.21	0.036	0.87			12.1	12.1	
四　川	4.5	0.79	3.66			171.5	171.2	0.3
贵　州	0.20	0.018	0.10	0.028	0.001 8	74.0	74.0	
云　南	2.33	0.001 3	0.009 2	0.020	2.30	1 733.7	1 733.4	0.3
西　藏								
陕　西	0.11	0.001 3	0.071	0.034	0.001 2	3.1	0.4	2.7
甘　肃	1.43			1.43		28.9		28.9
青　海	0.4			0.39				
宁　夏	0.005							
新　疆	12.4				12.60	466.8		466.8

（续）

地区	六、烟叶		七、蔬菜、瓜类				
	总产	其中：烤烟叶	总产	1. 蔬菜（含菜用瓜）	2. 瓜类（果用瓜）		
					总产	(1) 西瓜	(2) 甜瓜
全国总计	**245**	**214**	**60 331.5**	**52 908.9**	**7 422.6**	**6 256.3**	**864.8**
北京			588.6	545.6	42.9	40.2	2.0
天津			633.9	584.3	49.6	37.8	11.8
河北	1.1	0.5	5 898.0	5 477.2	420.8	343.9	37.6
山西	0.8	0.8	1 152.3	1 072.0	113.3	99.0	11.3
内蒙古	1.0	0.9	876.1	755.3	120.8	76.2	41.2
辽宁	2.9	2.6	2 246.7	2 124.9	121.8	63.1	35.6
吉林	5.1	1.8	1 044.2	859.4	184.7	118.4	57.6
黑龙江	7.4	6.3	1 677.9	1 324.7	353.2	250.0	97.9
上海			551.6	476.6	75.0	50.6	19.6
江苏	0.1		4 449.4	3 951.6	497.8	413.2	62.0
浙江	0.5		2 024.4	1 781.5	242.9	212.5	9.0
安徽	3.3	3.1	2 263.6	1 618.2	645.4	583.5	37.3
福建	10.9	10.7	1 354.1	1 280.1	74.0	60.6	7.1
江西	2.0	1.7	1 411.5	1 208.9	202.6	181.2	5.9
山东	8.7	8.3	9 678.6	8 335.4	1 343.3	119.0	101.3
河南	27.5	27.2	5 937.8	4 690.8	1 247.0	115.0	92.9
湖北	10.8	7.2	3 450.9	3 052.3	398.6	348.3	44.5
湖南	18.6	17.4	2 482.1	2 186.2	295.9	252.0	40.6
广东	6.1	4.9	2 551.9	2 442.5	109.4	92.2	6.4
广西	2.6	1.1	1 945.5	1 788.8	156.7	146.1	10.3
海南	0.1	0.1	323.1	279.4	43.7	34.9	2.9
重庆	8.7	6.4	830.7	808.3	22.4	21.4	0.3
四川	14.1	8.8	2 684.9	2 565.7	119.2	101.7	1.9
贵州	33.0	30.6	699.4	667.5	31.9	28.1	1.9
云南	71.8	66.2	832.3	798.6	33.8	30.3	0.57
西藏			23.5	23.3	0.18	0.071	
陕西	5.3	5.1	764.6	666.4	98.2	89.7	4.60
甘肃	1.6	1.4	741.7	641.5	100.2	75.3	10.5
青海			68.6	67.8	0.78	0.78	
宁夏			201.5	158.9	42.6	40.0	2.7
新疆	0.5	0.1	909.0	675.0	234.1	125.9	107.5

表 17　2001 年各地区水果产量

单位：t

地　区	水　果	其 中							
		香　蕉	苹　果	柑　橘	梨	葡　萄	菠　萝	红　枣	柿　子
全国总计	**66 579 966**	**5 272 352**	**20 014 986**	**11 606 915**	**8 796 097**	**3 679 680**	**869 049**	**1 308 633**	**1 584 665**
北　京	617 851		153 174		115 197	43 361		3 076	55 561
天　津	292 950		68 242		27 991	114 154		21 698	7 672
河　北	6 697 927		1 845 447		2 445 536	580 139		419 954	225 584
山　西	1 965 790		1 551 595		139 782	70 236		67 313	50 969
内蒙古	194 739		43 081		103 160	16 004			
辽　宁	2 416 697		1 134 657		509 942	396 991		11 375	
吉　林	346 604		97 164		75 508	62 618			
黑龙江	213 024		109 689		27 965	10 513			
上　海	267 362		111	137 484	15 752	23 921		430	3 269
江　苏	1 952 772		680 191	54 824	462 768	114 568		5 387	205 979
浙　江	2 506 483		936	1 638 080	188 737	132 849		6 561	32 630
安　徽	1 470 565		259 680	94 24	672 389	76 062		5 393	40 963
福　建	4 011 935	797 385	311	1 809 935	110 029	39 291	36 823	208	114 572
江　西	577 314			433 796	42 790	3 294		5 310	8 481
山　东	9 714 071		6 163 790		961 234	619 141		383 384	123 030
河　南	3 991 239		2 524 083	21 780	395 919	280 331		209 757	154 064
湖　北	2 336 355		21 800	1 071 729	676 761	68 301		13 549	55 924
湖　南	1 850 883			1 588 368	55 348	24 218		14 847	6 684
广　东	6 861 916	2 287 362		1 134 889	37 097		457 590		85 397
广　西	4 062 763	1 129 564		1 320 678	64 528	63 058	79 508	20 885	255 580
海　南	1 436 349	912 568		14 865			262 884		
重　庆	826 121	1 448	6 226	598 853	89 316	10 493		1 031	4 795
四　川	2 729 028	9 658	193 972	1 497 749	394 805	120 980		3 317	24 823
贵　州	364 269	10 292	7 854	127 929	66 606	11 306	2	1 423	12 656
云　南	984 346	124 075	103 496	102 289	157 491	25 414	33 242	2 261	27 368
西　藏	6 989		5 405		646				
陕　西	4 937 300		3 912 713	41 655	451 236	58 206		58 364	82 507
甘　肃	1 217 141		723 901	2 588	266 001	32 008		37 646	6 157
青　海	17 252		9 661		5 525	117			
宁　夏	169 474		126 642		9 071	20 582		6 438	
新　疆	1 542 457		270 983		226 967	661 524		9 026	

表 18　2002 年各地区水果产量

单位：t

地　区	水　果	其中							
		香　蕉	苹　果	柑　橘	梨	葡　萄	菠　萝	红　枣	柿　子
全国总计	**69 520 000**	**5 557 000**	**19 241 000**	**11 990 000**	**9 309 000**	**4 479 000**	**827 307**	**1 573 698**	**1 740 591**
北　京	669 000		144 000		125 000	51 000		2 985	62 934
天　津	299 000		67 000		23 000	138 000		17 126	1 084
河　北	7 485 000		1 966 000		2 663 000	758 000		488 031	257 519
山　西	2 213 000		1 724 000		104 000	91 000		138 275	55 598
内蒙古	177 000		40 000		94 000	14 000			
辽　宁	2 344 000		1 005 000		413 000	522 000		15 033	
吉　林	803 000		168 000		201 000	79 000			
黑龙江	320 000		183 000		45 000	15 000			
上　海	277 000			159 000	13 000	26 000		260	2 186
江　苏	1 946 000		615 000	49 000	519 000	134 000		6 987	169 240
浙　江	2 512 000		1 000	1 643 000	148 000	145 000		6 341	34 388
安　徽	1 739 000		297 000	8 000	767 000	100 000		7 038	67 284
福　建	4 249 000	765 000		1 932 000	125 000	49 000	38 352	132	125 244
江　西	652 000			490 000	49 000	4 000		5 500	9 500
山　东	8 642 000		5 000 000		830 000	641 000		403 654	109 403
河　南	4 270 000		2 604 000	22 000	480 000	305 000		225 017	171 794
湖　北	2 231 000		12 000	939 000	677 000	60 000		18 362	54 151
湖　南	1 832 000			1 489 000	63 000	29 000		16 028	8 401
广　东	6 989 000	2 718 000		1 234 000	40 000		462 473		98 940
广　西	4 558 000	1 073 000		1 373 000	70 000	79 000	70 686	22 401	298 694
海　南	1 391 000	854 000		18 000			227 681		
重　庆	910 000	1 000	6 000	657 000	101 000	12 000		19 440	5 551
四　川	3 067 000	12 000	207 000	1 662 000	470 000	134 000	232	4 846	28 192
贵　州	397 000	8 000	9 000	135 000	82 000	15 000	1	1 602	13 339
云　南	856 000	126 000	105 000	118 000	161 000	35 000	27 882	1 475	27 299
西　藏	6 000		5 000						
陕　西	5 147 000		3 922 000	59 000	460 000	62 000		93 491	130 137
甘　肃	1 370 000		776 000	3 000	266 000	52 000		60 654	9 713
青　海	16 000		9 000		5 000				
宁　夏	169 000		125 000		7 000	23 000		6 888	
新　疆	1 982 000		250 000		309 000	908 000		12 132	

表 19 2001 年各地区茶叶产量

单位：t

地区	茶叶	其中				
		红毛茶	绿毛茶	乌龙茶	紧压茶原料	其他茶
全国总计	**701 699**	**42 949**	**513 154**	**70 062**	**125 004**	**50 530**
北京						
天津						
河北						
山西						
内蒙古						
辽宁						
吉林						
黑龙江						
上海						
江苏	11 851	2 262	8 983			606
浙江	120 596	4 486	110 286	456	106	5 262
安徽	47 045	2 170	42 198	2	43	2 632
福建	133 928	1 741	75 872	54 459	90	1 766
江西	13 792	2 192	10 618	106	42	834
山东	2 752		2 752			
河南	8 260		8 260			
湖北	64 370	2 330	51 335		8 024	2 681
湖南	58 435	10 887	28 886	149	9 158	9 355
广东	41 516	1 639	19 941	14 883	46	5 007
广西	18 896	285	16 059			2 552
海南	1 945	755	1 168			22
重庆	14 142	2 275	8 774		22	3 071
四川	58 425	528	43 350	7	7 212	7 328
贵州	18 504	114	11 152		70	7 168
云南	80 724	11 285	67 002		191	2 246
西藏	1		1			
陕西	6 273		6 273			
甘肃	244		244			
青海						
宁夏						
新疆						

表 20 2002 年各地区茶叶产量

单位：t

地区	茶叶	其中				
		红毛茶	绿毛茶	乌龙茶	紧压茶原料	其他茶
全国总计	**745 374**	**43 547**	**546 124**	**76 660**	**25 073**	**53 970**
北京						
天津						
河北						
山西						
内蒙古						
辽宁						
吉林						
黑龙江						
上海						
江苏	11 949	1 986	9 464			499
浙江	138 478	5 151	126 639	524	122	6 042
安徽	48 262	2 027	45 256			979
福建	143 293	1 773	79 658	60 116	125	1 621
江西	13 236	2 067	10 394			775
山东	3 579		3 579			
河南	9 836		9 836			
湖北	67 178	2 494	53 848		8 590	2 246
湖南	61 012	11 794	29 935	302	9 630	9 351
广东	42 370	1 795	19 354	15 712	7	5 502
广西	19 598	190	15 388			4 020
海南	1 359	207	1 114			38
重庆	14 093	2 718	8 369			3 006
四川	62 765	391	45 437	6	6 352	10 579
贵州	17 399	121	10 288		58	6 932
云南	83 594	10 833	70 193		189	2 379
西藏	6		5			1
陕西	7 003		7 003			
甘肃	364		364			
青海						
宁夏						
新疆						

表 21 全国农垦系统主要农产品产量（2001—2002）

项 目	产 量（t）		
	2001 年	2002 年	2002 年比上年增减（%）
一、粮食（包括大豆）	14 801 608	14 988 649	1.26
其中：夏收粮食	1 695 304	1 714 360	1.12
1. 稻谷	7 976 238	7 488 352	-6.12
其中：早稻	236 707	215 677	-8.88
2. 小麦	2 145 790	2 033 963	-5.21
其中：春小麦	1 247 965	1 098 793	-11.95
3. 玉米	1 960 491	2 418 842	23.38
4. 谷子	5 233	7 484	43.02
5. 高粱	41 151	88 165	114.25
6. 其他谷物	386 168	705 807	82.77
7. 大豆	1 990 255	1 942 449	-2.40
8. 薯类	117 723	136 239	15.73
二、油料	527 985	673 033	27.47
其中：花生	85 364	80 415	-5.80
油菜籽	236 090	361 915	53.30
向日葵	141 181	159 211	12.77
三、棉花	849 485	989 580	16.49
其中：长绒棉	65 748	45 581	-30.67
四、麻类	120 097	180 449	50.25
五、糖料	8 249 100	9 133 447	10.72
其中：甘蔗	5 741 062	6 321 329	10.11
甜菜	2 508 038	2 812 118	12.12
六、烟叶	5 181	4 309	-16.83
其中：烤烟	3 617	2 984	-17.50
七、药材	4 332	12 381	185.80
八、蔬菜、瓜类	4 118 686	4 778 474	16.02
九、其他农作物	822 610	247 040	-69.97
其中：啤酒花	10 734	7 494	-30.18
青饲料	949 391	1 394 286	46.86

表 22 2001 年各地区农垦系统主要农产品产量 单位：万 t

地 区	粮 食	棉 花	油 料	糖 料	麻 类
全国总计	**1 480.2**	**84.9**	**52.8**	**824.9**	**12.0**
北 京					
天 津	0.6	0.2	0.006		
河 北	19.5	1.3	0.3	0.2	0.001
山 西	0.9	0.02	0.05		0.0004
内蒙古	58.6	0.09	9.9	6.1	0.2
辽 宁	70.0	0.006	0.6	0.6	0.3
吉 林	33.4		0.3	1.8	
黑龙江	861.1		6.9	61.2	10.9
上 海	16.2	0.1	0.1		
江 苏	54.3	2.6	1.1	0.003	
浙 江	1.9	0.04	0.02	0.03	
安 徽	21.0	0.9	1.1		
福 建	8.0		0.4	4.8	
江 西	27.6	0.3	1.6	0.8	0.004
山 东	4.5	0.5	0.05		
河 南	15.1	0.3	1.1		0.0008
湖 北	49.7	5.5	8.4	17.9	0.04
湖 南	23.4	1.6	2.0	89.0	0.4
广 东	4.6		0.7	221.6	0.0002
广 西	0.8		0.1	142.8	
海 南	13.7		0.8	50.7	0.0002
重 庆			0.001		
四 川	0.1		0.005		
贵 州	0.6		0.06	0.3	
云 南	2.2		0.04	46.5	
陕 西	2.0	0.4	0.4		
甘 肃	11.0	0.5	1.0	1.8	
青 海	1.9		1.0		
宁 夏	23.6		0.4		
新 疆	154.0	70.7	14.4	178.7	0.2

表 23　2002 年各地区农垦系统主要农产品产量　　单位：万 t

地　区	粮　食	棉　花	油　料	糖　料	麻　类
全国总计	**1 498.9**	**99.0**	**67.3**	**913.3**	
北　京					
天　津	0.91	0.075	0.016		
河　北	29.8		0.15	0.08	
山　西	1.3	0.017	0.14	0.09	
内蒙古	72.7	0.065	23.45	9.83	
辽　宁	75.7	0.0014	0.64	1.12	
吉　林	36.1		0.35	0.88	
黑龙江	810.6		7.62	97.38	
上　海	15.2	0.13	0.015		
江　苏	67.8	1.5	1.00	0.0075	
浙　江	1.55	0.025	0.018		
安　徽	23.30	0.76	0.90		
福　建	7.70		0.42	4.34	
江　西	27.70	0.31	1.50	0.84	
山　东	3.90	0.50	0.056		
河　南	15.30	0.29	1.46		
湖　北	51.40	5.16	7.42	18.00	
湖　南	22.80	1.31	1.56	93.95	
广　东	4.10		0.64	234.27	
广　西	0.76		0.11	164.93	
海　南	13.5		0.81	59.44	
重　庆	0.008		0.0012		
四　川	0.10		0.0055		
贵　州	0.59		0.07	0.028	
云　南	1.8		0.021	50.03	
西　藏					
陕　西	2.5	0.37	0.18		
甘　肃	10.9	0.35	0.27	1.34	
青　海	1.9		1.69		
宁　夏	22.7		0.47		
新　疆	175.3	86.86	16.32	170.48	

资料来源：表 21、表 22、表 23 数据由农业部农垦局提供。

表 24　全国农垦系统茶、蚕、果、林生产情况（2000—2002）

指　　标	单　位	2000	2001	2002
一、年末实有茶园面积	khm^2	34.1	32.7	31.20
茶叶总产量	万 t	3.9	3.9	4.69
二、年末实有桑园面积	khm^2	3.9	1.8	2.30
三、年末实有果园面积	khm^2	193.6	210.9	230.00
水果总产量	万 t	118.6	127.6	147.76
其中：苹果	万 t	24.1	21.1	19.10
梨	万 t	27.1	26.3	30.70
柑橘	万 t	11.8	19.2	17.70
四、年末实有橡胶园面积	khm^2	392.3	383.6	385.31
当年橡胶平均开割面积	khm^2			
每公顷产干胶	kg	1 172.0	905.4	981.81
全年干胶总产量	万 t	34.7	34.7	37.83
五、当年造林面积	khm^2	75.8	86.2	147.92
用材林	khm^2	21.4	19.1	25.50
经济林	khm^2	6.1	7.0	9.40
防护林	khm^2	47.3	58.9	109.40
薪炭林	khm^2	0.3	0.6	0.90
特种用材林	khm^2	0.7	0.6	2.70

表 25　全国热带、亚热带作物产量（2002）

项　　目	单位	全国总计	福建	广东	广西	海南	云南
一、橡胶总产量（干胶片）	t	527 413	50	24 322	1 159	303 070	198 812
二、咖啡豆总产量	t	19 456				420	19 036
三、椰子总产量	万个	22 849		199		22 625	25
四、香料作物总产量	t	851	3.0	81		33	734
其中：香茅草	t	701	3.0	42		33	623
五、腰果总产量（干果）	t	1 037				1 036	1
六、剑（番）麻总产量	t	39 099	1 922	20 075	10 291	6 790	21

表 26　全国农垦系统热带、亚热带作物产量（2001—2002）

项　　目	单位	年份	全国总计	福建	广东	广西	海南	云南	热作两院
一、橡胶总产量（干胶）	t	2001	347 300.0		21 500	1 000	205 100	118 200	1 500
		2002	378 300.0		23 500	1 200	221 700	130 300	1 700
二、咖啡豆总产量（干豆）	t	2001	2 055.0				52	2 000	3
		2002	2 161.0				60	2 096	5
三、椰子总产量（果）	万个	2001	958.0				895		63
		2002	1 135.0				1 074		61
四、香料作物总产量（折油）	t	2001							
		2002							
五、胡椒总产量（籽）	t	2001	4 195.0		108		4 051	30	6
		2002	5 761.0		257		5 443	49	12
六、剑（番）麻总产量（纤维）	t	2001	28 003.0	54	18 531	8 609	809		
		2002	24 732.0	59	16 117	7 598	958		

注：表中数据由农业部农垦局提供。

表 27　全国主要林产品产量（1998—2002）　　单位：万 t

年　份	生　漆	油桐籽	油茶籽	松　脂	核　桃	橡　胶
1998	0.5	43.9	72.3	54.3	26.5	46.2
1999	0.5	44.8	79.3	57.1	27.4	49.0
2000	0.5	45.7	82.3	54.5	35.9	48.0
2001	0.5	40.7	82.5	56.4	25.2	47.5
2002	0.7	38.8	85.3	56.7	34.3	

表 28　各地区主要林产品产量（2002）　　单位：t

地　区	生漆	油桐籽	油茶籽	乌桕籽	五倍子	棕片	松脂	竹笋干（鲜笋折笋干）	核桃	板栗	紫胶（原胶）
全国总计	**7 198**	**388 114**	**852 759**	**30 054**	**8 344**	**58 612**	**567 162**	**481 957**	**343 305**	**701 684**	**1 650**
北　　京											
天　　津											
河　　北											
山　　西											
内 蒙 古											
内蒙古集团											
辽　　宁											
吉　　林											
黑 龙 江											
上　　海								231			
江　　苏		11	7					1 303		17 378	

（续）

地　区	生漆	油桐籽	油茶籽	乌桕籽	五倍子	棕片	松脂	竹笋干（鲜笋折笋干）	核桃	板栗	紫胶（原胶）
浙　江	18	343	32 800	54		1 280	3 695	141 533		44 848	
安　徽	179	3 345	21 667	828	61	1 102	4 673	16 350	184	55 207	114
福　建	99	18 396	63 512	162	43	10 756	61 856	133 426	30	29 560	1
江　西	796	14 252	189 586	2 952	42	4 408	48 801	10 019	252	18 160	5
山　东									7 900	172 269	
河　南	833	43 327	6 300	1 867	1 448		321	23	15 271	76 986	
湖　北	1 136	12 424	14 354	8 885	535	2 609	7 259	90 535	1 934	60 429	
湖　南	159	40 475	360 345	1 379	914	8 536	20 833	16 330	3 038	25 224	9
广　东		3 752	29 814	103		1 169	117 224	18 622		5 813	373
广　西	41	57 349	108 479	96	201	2 525	225 330	17 448	233	31 668	
海　南							5 501	295			
重　庆	462	17 367	790	4 070	879	2 482	8	1 550	1 958	3 465	
四　川	1 091	53 152	10 228	5 338	1 433	6 310	3 668	23 722	70 534	11 960	28
贵　州	1 214	96 795	9 685	3 910	1 554	4 876	4 424	5 105	7 448	8 690	27
云　南	333	17 048	4 800	274	110	9 456	63 494	4 195	74 664	14 334	1 013
西　藏								801	798		
陕　西	792	9 440	392	136	844	3 101	75	421	34 193	20 179	80
甘　肃	45	638			280	2		48	17 946	1 234	
青　海									132		
宁　夏									160		
新　疆									16 005		
大兴安岭									35		

资料来源：表27、表28数据由国家林业局提供。

表29　全国主要畜产品产量（1998—2002）

年　份	肉类产量（万t）					奶类产量（万t）		禽蛋产量（万t）
	总产量	猪牛羊肉				总产量	其中:牛奶	
		小计	猪肉	牛肉	羊肉			
1998	5 724	4 598	3 884	480	235	745	663	2 021
1999	5 821	4 647	3 891	505	251	807	718	2 135
2000	6 125	4 838	4 031	533	274	919	827	2 243
2001	6 334	5 026	4 185	549	293	1 123	1 026	2 337
2002	6 587	5 228	4 327	585	317	1 400	1 300	2 463

年　份	蜂蜜（万t）	蚕茧（万t）		绵羊毛（万t）			山羊毛总产（t）	羊绒总产（t）
		总产	其中:桑蚕茧	总产	细羊毛	半细羊毛		
1998	21	54	48	28	12	7	31 417	9 799
1999	23	49	45	28	11	7	31 849	10 180
2000	25	55	50	29	12	8	33 266	11 057
2001	25	66	60	30	11	9	34 241	10 968
2002	27	69.8	64.5	30	11	10	35 459	11 765

表 30 各地区奶类产量（2000—2002）

单位：万 t

地区	2000 年		2001 年		2002 年	
	奶类产量	其中：牛奶	奶类产量	其中：牛奶	奶类产量	其中：牛奶
全国总计	**919**	**827**	**1 123**	**1 026**	**1 400.4**	**1 299.8**
北京	30.4	30.3	42.9	42.9	55.1	55.1
天津	16.5	16.5	24.1	24.1	33.6	33.6
河北	96.2	84.2	119.3	107.4	148.9	136.9
山西	35.9	33.5	40.4	37.9	47.2	44.8
内蒙古	83.0	79.8	109.0	106.2	168.9	165.2
辽宁	21.9	18.9	26.6	24.2	30.8	28.1
吉林	15.0	14.3	16.4	16.0	18.9	18.0
黑龙江	156.5	154.3	192.4	189.0	239.8	235.8
上海	25.9	25.9	26.0	26.0	28.0	28.0
江苏	25.7	25.5	36.0	35.4	45.5	45.3
浙江	11.2	11.2	17.6	17.6	22.2	22.1
安徽	4.1	4.1	5.5	5.5	7.4	7.4
福建	9.9	9.6	11.4	11.1	14.2	13.8
江西	5.8	5.6	5.9	5.9	7.9	7.9
山东	70.5	45.7	90.4	61.8	116.8	90.3
河南	20.2	16.1	30.0	27.0	39.0	36.0
湖北	5.9	5.6	8.8	8.8	10.1	10.1
湖南	1.1	1.1	1.8	1.8	3.0	3.0
广东	9.5	9.2	10.4	10.2	11.1	10.8
广西	1.7	1.7	2.1	2.0	3.1	3.1
海南						
重庆	5.6	5.6	6.8	6.8	8.1	8.1
四川	28.9	28.5	33.3	33.0	39.3	38.9
贵州	1.7	1.7	2.0	2.0	2.5	2.5
云南	14.7	13.0	17.1	15.6	19.0	17.5
西藏	20.4	16.2	23.1	18.1	24.3	19.0
陕西	63.9	39.2	69.5	43.5	83.1	54.0
甘肃	13.7	13.3	15.6	15.2	17.3	16.8
青海	21.3	20.6	22.8	21.7	23.5	22.0
宁夏	23.6	23.6	27.6	27.6	30.8	30.7
新疆	78.2	72.5	87.8	81.1	101.1	94.9

表 31 各地区液体乳产量（2000—2002）

单位：万 t

地 区	2000 年	2001 年	2002 年
全国总计	**124.57**	**213.32**	**355.14**
北 京	19.91	19.27	245.80
天 津	5.18	7.57	9.03
河 北	4.47	13.96	34.87
山 西	0.17	1.09	4.38
内蒙古	12.32	39.19	73.67
辽 宁	3.00	9.81	8.84
吉 林		0.08	0.20
黑龙江	0.21	7.44	26.93
上 海	35.49	36.09	40.97
江 苏	7.76	16.17	20.62
浙 江	6.35	11.77	17.41
安 徽	0.24	0.52	1.73
福 建	1.97	3.43	6.08
江 西	2.71	4.69	5.88
山 东	3.94	6.88	22.07
河 南	2.76	5.59	7.58
湖 北			9.67
湖 南	3.74	1.96	2.22
广 东	9.33	12.44	13.04
广 西	1.44	1.59	2.38
海 南		0.14	0.18
重 庆	2.19	4.02	5.70
四 川	0.12	2.10	2.62
贵 州		0.64	1.73
云 南	0.04	0.37	1.31
西 藏			
陕 西	1.32	1.92	2.14
甘 肃		2.03	2.13
青 海		1.92	
宁 夏			4.48
新 疆		0.64	2.71

表 32　全国农垦系统主要畜产品产量（2001—2002）　单位：万 t

项　　目	2001	2002	2002 年比上年增减（%）
1. 肉类总产量	91.23	96.83	6.14
2. 牛奶产量	134.36	159.21	18.50
3. 羊毛产量	2.10	2.14	1.89
4. 禽蛋产量	19.49	19.93	2.27
5. 蜂蜜产量（t）	2 759.00	3 706.00	34.32

资料来源：表中数据由农业部农垦局提供。

表 33　全国水产品产量（1998—2002）　单位：kt

年　份	总产量	1. 海水产品	其　中		2. 内陆产品	其　中	
			捕　捞	养　殖		捕　捞	养　殖
1998	39 065	23 567	14 967	8 600	15 498	2 284	13 214
1999	41 224	24 719	14 976	9 743	16 505	2 278	14 227
2000	42 785	25 387	14 775	10 613	17 398	2 264	15 134
2001	43 813	25 717	14 406	11 311	18 096	2 146	15 951
2002	45 645	26 463	14 335	12 128	19 182	2 252	16 930

资料来源：表中数据由国家统计局提供。

表 34　各地区水产品产量（2001）　单位：kt

地　区	总产量	1. 海水产品	其　中		2. 内陆产品	其　中	
			捕　捞	养　殖		捕　捞	养　殖
全国总计	**43 813**	**25 717**	**14 406**	**11 311**	**18 096**	**2 146**	**15 951**
北　京	74				74		74
天　津	265	44	37	7	211	14	207
河　北	849	514	318	196	335	71	264
山　西	28				28	0.2	27
内蒙古	76				76	30	46
辽　宁	3 508	3 105	1 496	1 609	403	34	368
吉　林	110				110	28	82
黑龙江	402				402	37	365
上　海	298	105	102	3	193	8	184
江　苏	3 209	941	640	301	2 268	276	1 991
浙　江	4 729	4 070	3 293	777	659	77	582
安　徽	1 599				1 599	333	1 267
福　建	5 425	4 818	2 092	2 726	607	80	527

（续）

地　区	总产量	1. 海水产品	其中		2. 内陆产品	其中	
			捕　捞	养　殖		捕　捞	养　殖
江　西	1 323				1 323	229	1 094
山　东	6 861	5 831	2 780	3 051	1 030	89	942
河　南	315				315	16	299
湖　北	2 422				2 422	314	2 108
湖　南	1 410				1 410	157	1 253
广　东	6 097	3 671	1 880	1 791	2 426	133	2 293
广　西	2 478	1 640	893	747	838	99	739
海　南	956	796	691	105	160	21	140
重　庆	197				197	13	184
四　川	571				571	45	527
贵　州	69				69	9	60
云　南	180				180	22	158
西　藏	1.1				1	0.1	1
陕　西	63				63	3	60
甘　肃	15				15	0.6	14.1
青　海	2				2	0.1	1.9
宁　夏	41				41	0.4	40.9
新　疆	61				60.9	10.1	50.8
中国水产总公司	183	183	183				

表 35　各地区水产品产量（2002）

单位：kt

地　区	总产量	1. 海水产品	其中		2. 内陆产品	其中	
			捕　捞	养　殖		捕　捞	养　殖
全国总计	**45 645**	**26 463**	**14 335**	**12 128**	**19 182**	**2 252**	**16 930**
北　京	74				74		74
天　津	286	53	45	8	233	13	220
河　北	871	518	317	201	352	73	279
山　西	29				29		29
内蒙古	78				78	32	46
辽　宁	3 748	3 271	1 488	1 782	478	32	446
吉　林	105				105	23	82
黑龙江	418				418	52	366
上　海	327	118	116	2	209	7	202
江　苏	3 344	971	607	364	2 373	280	2 094
浙　江	4 807	4 093	3 242	852	714	81	632
安　徽	1 634				1 634	328	1 306
福　建	5 587	4 948	2 118	2 830	639	79	560

（续）

地　区	总产量	1. 海水产品	其中 捕　捞	其中 养　殖	2. 内陆产品	其中 捕　捞	其中 养　殖
江　西	1 382				1 382	230	1 152
山　东	6 950	5 983	2 721	3 262	968	79	889
河　南	362				362	21	341
湖　北	2 720				2 720	389	2 331
湖　南	1 496				1 496	170	1 325
广　东	6 281	3 744	1 847	1 896	2 537	133	2 404
广　西	2 551	1 664	863	801	887	99	788
海　南	1 093	919	789	129	174	23	152
重　庆	212				212	12	199
四　川	648				648	50	598
贵　州	75				75	8	66
云　南	193				193	24	169
西　藏							
陕　西	64				64	3	61
甘　肃	15				15	1	14
青　海	2				2		2
宁　夏	49				49		48
新　疆	64				64	10	54
中国水产总公司	182	182	182				

表 36　沿海地区海洋捕捞产量（2001）

单位：kt

地　区	海洋捕捞产量	按捕捞海域分 渤海	黄海	东海	南海	其他海域	按内外海分 内海	外海
全国总计	**14 406**	**1 374**	**3 215**	**5 398**	**3 580**	**839**	**9 381**	**5 025**
天　津	37	24	0.8			12	25	12
河　北	318	243	74			1.9	272	46
辽　宁	1 496	628	681	50		138	1 235	261
上　海	102			43	1.4	58	44	58
江　苏	640	17	449	149		25	496	144
浙　江	3 293			3 110		183	858	2 435
福　建	2 092			1 845	192	55	1 293	799
山　东	2 780	462	2 011	202	0.3	105	2 286	394
广　东	1 880				1 803	77	1 467	414
广　西	893				893	0.17	881	12
海　南	691				691	0.55	424	267
中国水产总公司	183					183.0		183

表 37　沿海地区海洋捕捞产量（2002）

单位：kt

地　区	海洋捕捞产量	按捕捞海域分					按内外海分	
		渤海	黄海	东海	南海	其他海域	内海	外海
全国总计	**14 334.93**	**1 329.80**	**3 154.88**	**5 114.43**	**3 587.52**	**1 118.29**	**9 244.26**	**5 090.67**
天　津	44.82	22.40	2.72			19.70	22.40	22.42
河　北	317.25	256.89	58.22		0.085	2.06	302.72	14.53
辽　宁	1 488.37	594.93	701.52	23.84		168.08	1 187.98	300.39
上　海	115.80			44.14		71.66	44.14	71.66
江　苏	606.57	1.51	429.91	154.45		20.70	359.55	247.03
浙　江	3 241.80			3 024.38		217.42	785.63	2 456.17
福　建	2 118.30		1.13	1 774.29	206	136.86	1 304.70	813.58
山　东	2 720.55	454.08	1 961.39	123.33		181.76	2 282.98	437.57
广　东	1 847.23				1 731.78	115.45	1 440.84	406.39
广　西	862.97				860.78	2.19	859.67	3.30
海　南	789.12				788.88	0.247	471.48	317.64
中国水产总公司	182.18					182.18		182.18

表 38　全国农垦系统水产品产量（2001）

地　区	水产养殖面积（khm²）	水产品总产量（t）	其中：养殖产量（t）	对虾养殖面积（khm²）	对虾产量（t）
全国总计	**195.53**	**631 407**	**558 781**		**15 217**
北　京					
天　津	0.83	5 579	5 579		
河　北	11.30	53 917	45 786		4 231
山　西	0.01	4	4		
内蒙古	1.94	1 412	1 033		
辽　宁	35.22	113 823	82 682		1 842
吉　林	0.78	779	778		
黑龙江	19.44	14 585	11 963		
上　海	4.31	15 761	15 761		

（续）

地　区	水产养殖面积 (khm^2)	水产品总产量 (t)	其中：养殖产量 (t)	对虾养殖面积 (khm^2)	对虾产量 (t)
江　苏	4.09	22 295	16 091		109
浙　江	1.41	5 234	5 226		133
安　徽	1.27	3 012	2 838		
福　建	1.89	21 629	13 747		147
江　西	10.14	16 157	13 314		
山　东	4.48	5 347	3 449		493
河　南	0.49	2 658	2 658		
湖　北	35.62	201 900	201 900		
湖　南	13.21	57 952	49 123		
广　东	3.53	18 261	18 079		3 371
广　西	1.20	6 910	6 903		713
海　南	4.79	29 577	28 821		4 178
重　庆	4.71	1 518	1 518		
四　川	0.10	831	831		
贵　州	0.21	237	237		
云　南	1.35	2 883	2 883		
西　藏					
陕　西	0.17	873	873		
甘　肃					
青　海	0.29	10			
宁　夏	2.22	2 229	2 229		
新疆（兵团）	24.79	16 295	14 743		
新疆（农业）	2.75	1 102	1 095		
新疆（畜牧）	2.00	1 919	1 919		
热作两院	0.01	46	46		
广　州	0.76	5 971	5 971		
南　京	0.18	621	621		
昆　明					
哈尔滨	0.04	80	80		

表 39 轻工业系统食品工业所需农牧业原料生产量（2000—2001） 单位：万 t

产 品 名 称	2000 年	2001 年	2001 年比上年增减（%）
一、农产品			
粮食	46 217.5	45 263.7	－2.06
其中：稻谷	18 790.8	17 758.0	－5.50
小麦	9 963.6	9 387.3	－5.78
玉米	10 600.0	11 408.8	7.63
豆类	2 010.0	2 052.8	2.13
薯类	3 685.2	3 563.1	－3.31
其中：马铃薯	1 325.5	1 291.3	－2.58
油料	2 954.8	2 864.9	－3.04
其中：花生	1 443.7	1 441.6	－0.15
油菜籽	1 138.1	1 133.1	－0.44
芝麻	81.1	80.4	－0.86
甘蔗	6 828.0	7 566.3	10.81
甜菜	807.3	1 088.9	34.88
茶叶	68.3	70.2	2.78
烟叶	255.2	235.0	－7.92
其中：烤烟	223.8	204.5	－8.62
水果	6 225.1	6 658.0	6.95
其中：苹果	2 043.1	2 001.5	－2.04
柑橘	878.3	1 160.7	32.15
梨	841.2	879.6	4.56
葡萄	328.2	368.0	12.13
香蕉	494.1	527.2	6.70
二、林产品			
油茶籽	82.3	82.5	0.24
核桃	31.0	25.2	－18.71
三、畜产品			
猪肉	4 031.4	4 184.5	3.80
牛肉	532.8	548.8	3.00
羊肉	274.0	292.7	6.82
奶类	919.1	1 122.9	22.17
其中：牛奶	827.4	1 025.5	23.94
禽蛋	2 243.3	2 336.7	4.16
蜂蜜	24.6	25.2	2.44
四、水产品			
水产品总产量	4 278.5	4 381.3	2.40
海水产品	2 538.7	2 571.7	1.30
其中：鱼类	1 033.0	1 014.7	－1.77
虾蟹类	297.1	302.5	1.82
贝类	1 038.7	1 078.1	3.79
藻类	122.2	125.0	2.29
淡水产品	1 739.7	1 809.6	4.02
其中：鱼类	1 573.1	1 629.1	3.22
虾蟹类	88.3	100.8	14.16
贝类	46.3	52.6	13.61

表 40　我国按人口平均的主要农产品产量（1998—2002）　单位：kg/人

年　份	粮　食	棉　花	油　料	糖　料	猪牛羊肉	水产品
1998	412	3.6	18.6	78.8	37.0	31.4
1999	406	3.1	20.7	66.5	38.0	32.9
2000	366	3.5	23.4	60.2	38.3	33.9
2001	356	4.2	22.5	67.8	39.5	34.4
2002	356	3.8	22.6	80.1	40.7	35.5
年　份	黄红麻	烤　烟	水　果	牛　奶	禽　蛋	茶　叶
1998	0.20	1.70	43.9	6.0	16.2	0.54
1999	0.10	1.70	49.8	5.7	17.0	0.54
2000	0.09	1.76	49.1	6.6	17.7	0.54
2001	0.08	1.60	52.2	8.1	18.3	0.55
2002	0.12	1.67	54.1	10.1	19.2	0.58

表 41　我国海关出口主要农产品数量（1998—2002）

年　份	活猪（万头）	大米（万 t）	棉花（万 t）	蔬菜（万 t）	水果（万 t）	水产品（万 t）
1998	219	375	4.5	201	66.0	79.0
1999	196	271	23.6	217	73.0	109.0
2000	203	295	29.2	245	82.0	120.0
2001	196	187	5.2	317	81.0	154.0
2002	188	199	15.0	360	63.5	163.0

表 42　我国海关进口主要农产品数量（1998—2002）

年　份	小麦（万 t）	玉米（万 t）	大豆（万 t）	棉花（原棉）（万 t）	食用植物油（万 t）
1998	149	25.1	319.7	20.0	205.5
1999	45	7.0	431.7	5.0	208.0
2000	88		1 041.6	4.7	179.0
2001	74		1 394.0	6.0	165.0
2002	63		1 132.0	18.0	319.0

农产品成本、收益与农村经济效益

表 43 我国主要农产品成本与收益（2001）

指　　标	单　位	主　要　粮　食		
		稻　谷	小　麦	玉　米
主产品产量	kg/亩*	427.20	261.30	379.40
产值合计	元/亩	481.85	296.05	392.13
主产品产值	元/亩	458.64	274.43	366.79
副产品产值	元/亩	23.21	21.62	25.34
其他收入	元/亩	0.13		
生产成本	元/亩	316.72	254.84	265.89
物质费用	元/亩	170.08	160.20	136.93
用工作价	元/亩	146.64	94.64	128.96
用工数量	日/亩	14.10	9.10	12.40
劳动日工价	元/亩	10.40	10.40	10.40
期间费用	元/亩	12.20	12.14	12.08
税金	元/亩	20.34	15.10	12.38
含税成本	元/亩	349.26	282.08	290.35
净产值	元/亩	311.77	135.85	255.20
减税纯收益	元/亩	132.72	13.97	101.78
成本纯收益率	%	38.00	4.95	35.05
主产品平均出售价格	元/50kg	53.68	52.51	48.34
主产品物质费用	元/50kg	18.95	28.41	16.88
主产品生产成本	元/50kg	35.28	45.20	32.78
主产品含税成本	元/50kg	38.91	50.03	35.79
主产品净产值	元/50kg	34.73	24.10	31.46
主产品减税纯收益	元/50kg	14.79	2.48	12.55
主产品产量	kg/日	30.30	28.70	30.60
净产值	元/日	22.11	14.93	20.58
主产品出售数量	kg/亩	200.90	132.00	204.40
主产品出售产值	元/亩	219.53	139.00	191.74
成本外支出	元/亩	27.68	23.18	26.74

（续）

指　　标	单　位	主　要　粮　食		
		高　粱	大　豆	平　均
主产品产量	kg/亩	338.70	118.60	305.04
产值合计	元/亩	290.81	244.09	340.99
主产品产值	元/亩	270.35	229.51	319.86
副产品产值	元/亩	20.46	14.58	21.04
其他收入	元/亩			
生产成本	元/亩	200.07	147.41	236.99
物质费用	元/亩	113.75	76.69	131.53
用工作价	元/亩	86.32	70.72	105.46
用工数量	日/亩	8.30	6.80	10.14
劳动日工价	元/亩	10.40	10.40	10.40
期间费用	元/亩	18.87	9.41	12.94
税金	元/亩	12.97	12.32	14.62
含税成本	元/亩	231.91	169.14	264.55
净产值	元/亩	177.06	167.40	209.46
减税纯收益	元/亩	58.90	74.95	76.46
成本纯收益率	%	25.40	44.31	29.54
主产品平均出售价格	元/50kg	39.91	96.76	58.24
主产品物质费用	元/50kg	15.61	30.40	22.05
主产品生产成本	元/50kg	27.46	58.43	39.83
主产品含税成本	元/50kg	31.83	67.05	44.72
主产品净产值	元/50kg	24.30	66.36	36.19
主产品减税纯收益	元/50kg	8.08	29.71	13.52
主产品产量	kg/日	40.80	17.40	29.56
净产值	元/日	21.33	24.62	20.71
主产品出售数量	kg/亩	261.80	85.40	176.90
主产品出售产值	元/亩	205.54	161.08	183.38
成本外支出	元/亩	39.14	26.72	28.69

（续）

指　　标	单　位	油　　　料		
		花　生	油菜籽	平　均
主产品产量	kg/亩	188.90	120.00	154.50
产值合计	元/亩	454.63	229.22	341.93
主产品产值	元/亩	434.41	216.83	325.62
副产品产值	元/亩	20.22	12.39	16.31
其他收入	元/亩			
生产成本	元/亩	314.33	219.33	266.89
物质费用	元/亩	162.49	88.29	125.45
用工作价	元/亩	151.84	131.04	141.44
用工数量	日/亩	14.60	12.60	13.60
劳动日工价	元/亩	10.40	10.40	10.40
期间费用	元/亩	10.42	11.17	10.80
税金	元/亩	14.69	14.63	14.66
含税成本	元/亩	339.44	245.13	292.35
净产值	元/亩	292.14	140.93	216.48
减税纯收益	元/亩	115.19	-15.91	49.58
成本纯收益率	%	33.94	-6.49	16.96
主产品平均出售价格	元/50kg	114.98	90.35	105.38
主产品物质费用	元/50kg	41.10	34.80	38.66
主产品生产成本	元/50kg	79.50	86.45	82.25
主产品含税成本	元/50kg	85.85	96.62	90.10
主产品净产值	元/50kg	73.88	55.55	66.72
主产品减税纯收益	元/50kg	29.13	-6.27	15.28
主产品产量	kg/日	12.90	9.50	11.40
净产值	元/日	20.01	11.18	15.92
主产品出售数量	kg/亩	126.40	88.70	107.60
主产品出售产值	元/亩	282.85	158.28	220.57
成本外支出	元/亩	28.80	23.22	26.02

（续）

指　　标	单　　位	棉　　花	烤　　烟	熟红麻
主产品产量	kg/亩	77.90	121.20	157.30
产值合计	元/亩	689.59	915.00	461.85
主产品产值	元/亩	589.78	904.03	375.52
副产品产值	元/亩	99.81	10.97	86.33
其他收入	元/亩	0.50	10.42	
生产成本	元/亩	514.08	706.28	352.88
物质费用	元/亩	222.88	320.44	131.36
用工作价	元/亩	291.20	385.84	221.52
用工数量	日/亩	28.00	37.10	21.30
劳动日工价	元/亩	10.40	10.40	10.40
期间费用	元/亩	19.48	25.13	11.34
税金	元/亩	21.64	13.48	14.31
含税成本	元/亩	555.20	744.89	378.53
净产值	元/亩	466.71	594.56	330.49
减税纯收益	元/亩	134.89	180.53	83.32
成本纯收益率	%	24.30	24.24	22.01
主产品平均出售价格	元/50kg	378.55	372.95	119.36
主产品物质费用	元/50kg	122.35	130.61	33.95
主产品生产成本	元/50kg	282.20	287.88	91.20
主产品含税成本	元/50kg	304.78	303.61	97.83
主产品净产值	元/50kg	256.20	242.34	85.41
主产品减税纯收益	元/50kg	74.09	73.64	21.53
主产品产量	kg/日	2.80	3.30	7.40
净产值	元/日	16.67	16.03	15.52
主产品出售数量	kg/亩	72.10	114.10	151.30
主产品出售产值	元/亩	545.65	838.47	356.18
成本外支出	元/亩	38.60	27.96	40.58

（续）

指　标	单　位	苎　麻	甘　蔗	甜　菜
主产品产量	kg/亩	140.50	4 991.90	2 208.30
产值合计	元/亩	793.40	971.62	510.83
主产品产值	元/亩	779.42	946.44	484.37
副产品产值	元/亩	13.98	25.18	26.46
其他收入	元/亩	4.44	0.29	0.28
生产成本	元/亩	692.62	638.65	340.96
物质费用	元/亩	141.42	370.33	193.28
用工作价	元/亩	551.20	268.32	147.68
用工数量	日/亩	53.00	25.80	14.20
劳动日工价	元/亩	10.40	10.40	10.40
期间费用	元/亩	16.48	47.93	39.33
税金	元/亩	38.89	23.43	16.17
含税成本	元/亩	747.99	710.01	396.46
净产值	元/亩	651.98	601.29	317.55
减税纯收益	元/亩	49.85	261.90	114.65
成本纯收益率	%	6.66	36.89	28.92
主产品平均出售价格	元/50kg	277.37	9.48	10.97
主产品物质费用	元/50kg	49.44	3.61	4.15
主产品生产成本	元/50kg	242.14	6.23	7.32
主产品含税成本	元/50kg	261.49	6.93	8.51
主产品净产值	元/50kg	227.93	5.87	6.82
主产品减税纯收益	元/50kg	17.46	2.55	2.47
主产品产量	kg/日	2.70	193.50	155.50
净产值	元/日	12.30	23.31	22.36
主产品出售数量	kg/亩	140.50	4 876.20	2 184.20
主产品出售产值	元/亩	779.41	918.94	470.85
成本外支出	元/亩	67.23	53.41	26.76

（续）

指　标	单　位	桑蚕苗	绿毛茶	苹　果
主产品产量	kg/亩	111.50	104.50	1 430.40
产值合计	元/亩	1 705.04	1 537.10	1 376.12
主产品产值	元/亩	1 651.26	1 513.28	1 367.44
副产品产值	元/亩	53.78	23.82	8.68
其他收入	元/亩	0.03	1.91	
生产成本	元/亩	1 008.39	711.28	768.53
物质费用	元/亩	368.79	250.56	428.45
用工作价	元/亩	639.60	460.72	340.08
用工数量	日/亩	61.50	44.30	32.70
劳动日工价	元/亩	10.40	10.40	10.40
期间费用	元/亩	28.05	107.73	39.09
税金	元/亩	39.30	47.62	79.10
含税成本	元/亩	1 075.74	866.63	886.72
净产值	元/亩	1 336.25	1 286.54	947.67
减税纯收益	元/亩	629.33	672.38	489.40
成本纯收益率	%	58.50	77.59	55.19
主产品平均出售价格	元/50kg	740.48	724.06	47.80
主产品物质费用	元/50kg	160.16	118.03	14.88
主产品生产成本	元/50kg	437.93	335.05	26.70
主产品含税成本	元/50kg	467.18	408.23	30.80
主产品净产值	元/50kg	580.32	606.03	32.92
主产品减税纯收益	元/50kg	273.31	316.74	17.00
主产品产量	kg/日	1.80	2.40	43.70
净产值	元/日	21.73	29.04	28.98
主产品出售数量	kg/亩	110.10	98.60	1 304.90
主产品出售产值	元/亩	1 629.32	1 426.38	1 238.42
成本外支出	元/亩	39.17	28.15	30.37

注：1. 表 43～表 47 中数据由国家统计局农村社会经济调查总队提供。

2. 表 43～表 47 中的单位标注，均按国家统计局农村社会经济调查总队统一标注方法标注。

*　亩为非法定计量单位，1 公顷＝15 亩。

表 44 我国主要农产品成本与收益（2002）

指　　标	单　位	主　要　粮　食				
		稻　谷	小　麦	玉　米	大　豆	三种粮食平均
主产品产量	kg/亩	420.40	261.90	392.60	133.60	358.30
产值合计	元/亩	453.37	290.04	382.38	309.08	375.26
主产品产值	元/亩	432.10	268.47	358.05	295.12	352.87
副产品产值	元/亩	21.27	21.57	24.33	13.96	22.39
其他收入	元/亩	0.10		0.01		0.04
生产成本	元/亩	319.04	264.96	272.96	154.46	286.40
物质费用	元/亩	172.74	162.66	144.26	75.26	159.90
用工作价	元/亩	146.30	102.30	128.70	79.20	126.50
用工数量	日/亩	13.30	9.30	11.70	7.20	11.50
劳动日工价	元/亩	11.00	11.00	11.00	11.00	11.00
期间费用	元/亩	7.96	11.32	7.71	6.68	8.99
税金	元/亩	29.86	23.98	23.04	25.98	25.63
含税成本	元/亩	356.86	300.26	303.71	187.12	321.02
净产值	元/亩	280.63	127.38	238.12	233.82	215.36
减税纯收益	元/亩	96.61	−10.22	78.68	121.91	54.28
成本纯收益率	%	27.07	−3.40	25.91	65.18	16.91
主产品平均出售价格	元/50kg	51.39	51.25	45.60	110.45	49.24
主产品物质费用	元/50kg	19.58	28.74	17.20	26.89	20.98
主产品生产成本	元/50kg	36.16	46.82	32.55	55.20	37.58
主产品含税成本	元/50kg	40.45	53.06	36.22	66.87	42.12
主产品净产值	元/50kg	31.81	22.51	28.40	83.56	28.26
主产品减税纯收益	元/50kg	10.95	−1.81	9.38	43.58	7.13
主产品产量	kg/日	31.60	28.20	33.60	18.60	31.20
净产值	元/日	21.10	13.70	20.35	32.48	18.73
主产品出售数量	kg/亩	189.90	127.30	203.80	99.20	173.70
主产品出售产值	元/亩	196.00	132.83	180.74	216.17	169.86
成本外支出	元/亩	9.57	9.99	10.70	10.34	10.09

（续）

指　　标	单　位	油　　料			棉花	烤烟
		花　生	油菜籽	平均		
主产品产量	kg/亩	195.80	113.30	154.60	81.90	128.70
产值合计	元/亩	528.03	222.00	375.02	889.26	1 053.75
主产品产值	元/亩	505.20	209.11	357.16	783.66	1 042.73
副产品产值	元/亩	22.83	12.89	17.86	105.60	11.02
其他收入	元/亩				0.02	22.97
生产成本	元/亩	300.13	215.69	257.96	543.54	762.95
物质费用	元/亩	149.43	89.19	119.36	222.34	351.55
用工作价	元/亩	150.70	126.50	138.60	321.20	411.40
用工数量	日/亩	13.70	11.50	12.60	29.20	37.40
劳动日工价	元/亩	11.00	11.00	11.00	11.00	11.00
期间费用	元/亩	7.85	5.44	6.65	17.96	28.43
税金	元/亩	27.52	21.24	24.38	40.22	29.32
含税成本	元/亩	335.50	242.37	288.99	601.72	820.70
净产值	元/亩	378.60	132.81	255.66	666.92	702.20
减税纯收益	元/亩	192.53	−20.37	86.03	287.56	256.02
成本纯收益率	%	57.39	−8.40	29.77	47.79	31.20
主产品平均出售价格	元/50kg	129.01	92.28	115.51	478.42	405.10
主产品物质费用	元/50kg	36.51	37.07	36.76	119.62	135.15
主产品生产成本	元/50kg	73.33	89.66	79.45	292.42	293.31
主产品含税成本	元/50kg	81.97	100.75	89.01	323.72	315.51
主产品净产值	元/50kg	92.50	55.21	78.75	358.80	269.95
主产品减税纯收益	元/50kg	47.04	−8.47	26.50	154.71	98.51
主产品产量	kg/日	14.30	9.90	12.30	2.80	3.40
净产值	元/日	27.64	11.55	20.29	22.84	18.78
主产品出售数量	kg/亩	127.10	80.40	103.80	71.10	126.40
主产品出售产值	元/亩	328.72	144.83	236.78	702.92	1 027.99
成本外支出	元/亩	9.15	7.81	8.48	17.01	8.80

(续)

指　　标	单　位	甘　蔗	甜　菜	桑蚕茧	苹　果
主产品产量	kg/亩	4 533.90	2 532.10	106.30	1 328.50
产值合计	元/亩	785.15	532.71	1 268.11	1 292.05
主产品产值	元/亩	756.83	510.75	1 168.00	1 280.59
副产品产值	元/亩	28.32	21.96	100.11	11.46
其他收入	元/亩	0.09		0.69	
生产成本	元/亩	641.61	361.38	1 090.71	726.97
物质费用	元/亩	345.71	201.88	355.91	345.27
用工作价	元/亩	295.90	159.50	734.80	381.70
用工数量	日/亩	26.90	14.50	66.80	34.70
劳动日工价	元/亩	11.00	31.00	11.00	11.00
期间费用	元/亩	70.48	38.52	20.53	30.39
税金	元/亩	21.11	25.64	44.65	58.26
含税成本	元/亩	733.20	425.54	1 155.89	815.62
净产值	元/亩	439.44	330.83	912.20	946.78
减税纯收益	元/亩	52.04	107.17	112.91	476.43
成本纯收益率	%	7.10	25.18	9.77	58.41
主产品平均出售价格	元/50kg	8.35	10.09	549.39	48.20
主产品物质费用	元/50kg	3.68	3.82	154.19	12.88
主产品生产成本	元/50kg	6.82	6.84	472.53	27.12
主产品含税成本	元/50kg	7.80	8.06	500.77	30.43
主产品净产值	元/50kg	4.67	6.27	395.20	35.32
主产品减税纯收益	元/50kg	0.55	2.03	48.94	17.77
主产品产量	kg/日	168.50	174.60	1.60	38.30
净产值	元/日	16.34	22.82	13.66	27.28
主产品出售数量	kg/亩	4 122.30	2 529.30	105.90	1 215.70
主产品出售产值	元/亩	678.36	510.25	1 148.79	1 135.62
成本外支出	元/亩	7.75	13.10	17.51	11.50

表 45　我国饲养业产品成本与收益（2001）

指　　标	单　位	生　　猪		
		规模养猪	农户散养生猪	平　　均
主产品产量	kg/头	98.10	107.60	102.90
产值合计	元/头	630.00	662.19	646.10
主产品产值	元/头	616.32	639.64	627.98
副产品产值	元/头	13.68	22.55	18.12
其他收入	元/头	0.16	0.05	0.11
生产成本	元/头	565.42	619.10	592.82
物质费用	元/头	526.94	483.90	505.46
用工作价	元/头	38.48	135.20	87.36
用工数量	个/头	3.70	13.00	8.40
劳动日工价	元/头	10.40	10.40	10.40
期间费用	元/头	13.93	4.15	9.05
税金	元/头	1.37	4.00	2.69
含税成本	元/头	580.72	627.25	604.56
净产值	元/头	103.06	178.29	140.64
减税纯收益	元/头	49.44	34.99	41.65
成本纯收益率	%	8.51	5.58	6.89
耗粮数量	kg/头	186.50	173.50	180.00
主产品平均出售价格	元/50kg	314.13	297.23	305.14
主产品物质费用	元/50kg	262.74	217.20	238.72
主产品生产成本	元/50kg	281.93	277.89	279.98
主产品含税成本	元/50kg	289.56	281.55	285.52
主产品净产值	元/50kg	51.39	80.03	66.42
主产品减税纯收益	元/50kg	24.65	15.70	19.67
主产品耗粮数量	kg/50kg	95.10	80.60	87.50
主产品产量	kg/日	26.50	8.30	12.30
净产值	元/日	27.85	13.71	16.74

（续）

指　　标	单　位	蛋鸡平均	肉鸡平均	奶牛平均
主产品产量	kg/百只（头）	1 543.00	215.50	5 560.40
产值合计	元/百只（头）	7 683.65	1 440.11	11 199.63
主产品产值	元/百只（头）	6 673.57	1 421.68	10 768.20
副产品产值	元/百只（头）	1 010.08	18.13	431.43
其他收入	元/百只（头）	11.21		11.82
生产成本	元/百只（头）	7 124.29	1 270.61	8 198.93
物质费用	元/百只（头）	6 900.69	1 221.73	7 525.01
用工作价	元/百只（头）	223.60	48.88	673.92
用工数量	个/百只（头）	21.50	4.70	64.80
劳动日工价	元/百只（头）	10.40	10.40	10.40
期间费用	元/百只（头）	275.30	35.77	1 001.52
税金	元/百只（头）	0.19	1.03	9.49
含税成本	元/百只（头）	7 399.78	1 307.41	9 209.94
净产值	元/百只（头）	782.96	218.38	3 674.62
减税纯收益	元/百只（头）	295.08	132.70	2 001.51
成本纯收益率	%	3.99	10.15	21.73
耗粮数量	kg/50kg	2 524.60	351.70	2 181.40
主产品平均出售价格	元/50kg	216.25	329.86	96.83
主产品物质费用	元/50kg	194.21	279.84	65.06
主产品生产成本	元/50kg	200.51	291.04	70.89
主产品含税成本	元/50kg	208.26	299.46	79.63
主产品净产值	元/50kg	22.04	50.02	31.77
主产品减税纯收益	元/50kg	8.35	30.40	17.31
主产品耗粮数量	kg/50kg	81.80	81.60	19.60
主产品产量	kg/日	71.80	45.90	88.80
净产值	元/日	36.42	46.46	56.71

（续）

指　标	单　位	农户养菜牛	农产养菜羊	农户精养淡水鱼
主产品产量	kg/头（亩）	349.80	38.50	708.50
产值合计	元/头（亩）	2 107.39	298.64	4 183.75
主产品产值	元/头（亩）	1 965.25	255.35	4 012.21
副产品产值	元/头（亩）	142.14	43.29	171.54
其他收入	元/头（亩）		0.25	5.28
生产成本	元/头（亩）	1 574.79	235.00	3 333.81
物质费用	元/头（亩）	1 336.63	154.92	2 980.49
用工作价	元/头（亩）	238.16	80.08	353.32
用工数量	个/头（亩）	22.90	7.70	24.20
劳动日工价	元/头（亩）	10.40	10.40	14.60
期间费用	元/头（亩）	10.72	2.94	290.93
税金	元/头（亩）	3.86	2.87	32.72
含税成本	元/头（亩）	1 589.37	240.81	3 657.46
净产值	元/头（亩）	770.76	143.72	1 203.26
减税纯收益	元/头（亩）	518.02	58.08	531.57
成本纯收益率	%	32.59	24.12	14.53
耗粮数量	kg/头（亩）	186.00	26.50	681.60
主产品平均出售价格	元/50kg	280.91	331.62	283.15
主产品物质费用	元/50kg	178.17	172.03	201.72
主产品生产成本	元/50kg	209.92	260.95	225.63
主产品含税成本	元/50kg	211.86	267.40	247.53
主产品净产值	元/50kg	102.74	159.59	81.43
主产品减税纯收益	元/50kg	69.05	64.54	35.99
主产品耗粮数量	kg/50kg	26.60	51.60	48.10
主产品产量	kg/日	15.30	5.00	29.30
净产值	元/日	33.66	18.66	49.72

表 46　我国饲养业产品成本与收益（2002）

指　标	单　位	生　猪		
		规模养猪	农户散养生猪	平　均
主产品产量	kg/头	96.30	105.50	100.90
产值合计	元/头	591.15	629.41	610.29
主产品产值	元/头	578.19	606.82	592.51
副产品产值	元/头	12.96	22.59	17.78
其他收入	元/头	0.10		0.05
生产成本	元/头	528.55	590.96	559.79
物质费用	元/头	495.55	463.36	479.49
用工作价	元/头	33.00	127.60	80.30
用工数量	个/头	3.00	11.60	7.30
劳动日工价	元/头	11.00	11.00	11.00
期间费用	元/头	11.62	3.37	7.51
税金	元/头	0.64	0.74	0.69
含税成本	元/头	540.81	595.07	567.99
净产值	元/头	95.60	166.05	130.80
减税纯收益	元/头	50.44	34.34	42.35
成本纯收益率	%	9.33	5.77	7.46
耗粮数量	kg/头	184.40	171.90	178.20
主产品平均出售价格	元/50kg	300.20	287.59	293.61
主产品物质费用	元/50kg	251.65	211.72	230.68
主产品生产成本	元/50kg	268.41	270.02	269.31
主产品含税成本	元/50kg	274.64	271.90	273.26
主产品净产值	元/50kg	48.55	75.87	62.93
主产品减税纯收益	元/50kg	25.61	15.69	20.37
主产品耗粮数量	kg/50 kg	95.70	81.50	88.30
主产品产量	kg/日	32.10	9.10	13.80
净产值	元/日	31.87	14.31	17.92

（续）

指　　标	单　位	蛋鸡平均	肉鸡平均	奶牛平均	农户精养淡水鱼
主产品产量	kg/百只（头、亩）	1 576.10	198.00	5 628.70	775.90
产值合计	元/百只（头、亩）	7 657.47	1 395.07	11 971.51	4 076.76
主产品产值	元/百只（头、亩）	6 753.33	1 372.61	11 459.66	3 903.99
副产品产值	元/百只（头、亩）	904.14	22.46	511.85	172.77
其他收入	元/百只（头、亩）			6.44	
生产成本	元/百只（头、亩）	7 049.22	1 242.53	8 518.95	3 376.85
物质费用	元/百只（头、亩）	6 846.82	1 186.43	7 744.55	3 013.89
用工作价	元/百只（头、亩）	202.40	56.10	774.40	344.96
用工数量	个/百只（头、亩）	18.40	5.10	70.40	22.40
劳动日工价	元/百只（头、亩）	11.00	11.00	11.00	15.40
期间费用	元/百只（头、亩）	258.55	23.66	1 024.37	305.25
税金	元/百只（头、亩）			1.51	28.76
含税成本	元/百只（头、亩）	7 307.77	1 266.19	9 544.83	3 710.86
净产值	元/百只（头、亩）	810.65	208.64	4 226.96	1 044.87
减税纯收益	元/百只（头、亩）	349.70	128.88	2 433.12	365.90
成本纯收益率	%	4.79	10.18	25.49	9.86
耗粮数量	kg/百只（头、亩）	2 644.90	333.10	2 104.40	731.40
主产品平均出售价格	元/50kg	214.24	346.62	101.80	251.58
主产品物质费用	元/50kg	191.56	294.78	65.86	187.10
主产品生产成本	元/50kg	197.22	308.72	72.44	208.39
主产品含税成本	元/50kg	204.46	314.60	81.16	229.00
主产品净产值	元/50kg	22.68	51.84	35.94	64.48
主产品减税纯收益	元/50kg	9.78	32.02	20.70	22.58
主产品耗粮数量	kg/50kg	83.90	84.10	18.70	47.10
主产品产量	kg/日	85.70	38.80	80.00	34.60
净产值	元/日	44.06	40.91	60.04	46.65

表 47　我国农村经济效益（2001—2002）

项　　目	单　位	2001 年	2002 年	2002 年比上年增减（%）
一、农村劳动生产率	元/人			
每一农村劳动力创造农林牧渔业总产值		5 428	5 644	3.98
二、每一农业劳动力生产的农产品	kg/人			
粮食		1 387	1 419	2.31
棉花		16.3	15.3	-6.13
油料		87.8	89.9	2.39
糖料		266.7	319.4	19.76
猪、牛、羊肉		154	162.3	5.39
鲜蛋		48.5	50.7	4.54
水产品		134.3	141.7	5.51
三、主要农产品单位面积产量	kg/hm^2			
谷物		4 800	4 885	1.77
棉花		1 107	1 175	6.14
麻类		2 109	2 853	35.28
油料		1 958	1 962	1.74
糖料		52 321	56 630	8.24
烟叶		1 754	1 843	5.07
四、农民人均纯收入	元/人	2 366.4	2 475.63	4.62

农产品加工机械拥有量及农产品加工行业固定资产投资情况

表 48　农业部系统农产品加工机械年末拥有量（2002）

地　区	农产品加工机械动力		粮食加工机械（万台）	棉花加工机械（万台）	油料加工机械（万台）	饲料粉碎机（万台）
	万台	万 kW				
全国总计	**809.08**	**6 348.69**	**665.87**	**18.57**	**49.96**	**201.90**
北　京	1.06	7.90	1.07		0.04	0.48
天　津	3.06	25.18	1.08	0.04	0.10	0.27
河　北	78.88	766.08	41.65	2.13	4.66	7.12
山　西	17.99	125.54	14.81	0.35	1.46	2.35
内蒙古	11.52	105.98	10.24		0.81	5.93

（续）

地　区	农产品加工机械动力		粮食加工机械（万台）	棉花加工机械（万台）	油料加工机械（万台）	饲料粉碎机（万台）
	万台	万 kw				
辽　宁	10.06	120.64	10.06	0.03	0.33	3.53
吉　林	11.92	132.21	9.57	0.40		4.25
黑龙江	9.81	94.59	4.67		0.60	3.52
上　海	0.55	5.44	0.55		0.01	0.19
江　苏	29.91	282.20	19.23	0.96	1.98	8.74
浙　江	20.83	157.77	17.45	0.56	0.63	1.95
安　徽	34.43	285.19	37.10	1.91	3.59	5.82
福　建	13.37	108.39	12.85		0.93	3.07
江　西	20.61	217.58	19.65	0.67	2.43	3.21
山　东	97.50	856.00	44.44	2.35	5.76	17.32
河　南	69.01	503.48	43.57	3.86	6.92	11.92
湖　北	43.11	299.99	40.53	1.05	2.60	9.59
湖　南	68.46	388.69	62.81	2.23	3.76	14.92
广　东	19.84	167.54	19.42		1.45	6.12
广　西	47.56	335.69	36.47	0.03	1.81	24.12
海　南	1.79	17.25	1.79		0.07	0.50
重　庆	32.19	188.24	40.75	0.06	0.96	12.48
四　川	51.87	366.91	60.64	0.86	3.15	22.31
贵　州	32.63	223.90	34.83	0.17	1.05	5.80
云　南	36.57	258.81	40.77		0.32	9.98
西　藏						
陕　西	24.64	145.89	22.53	0.52	1.24	6.33
甘　肃	12.38	86.08	10.92	0.09	1.71	5.01
青　海	1.53	15.47	1.35		0.55	0.63
宁　夏	2.27	19.26	2.32		0.47	1.08
新　疆	3.73	40.80	2.75	0.30	0.51	3.36
新疆生产建设兵团						

资料来源：出自《中国农业统计资料》2002 年版。

表 49 全国农业机械作业量（2002）

项　　目	单　位	数　量	项　　目	单　位	数　量
一、机耕面积	khm^2	61 292.99	其中：免耕覆盖播种面积	khm^2	1 524.71
其中：机械深耕深松面积	khm^2	22 139.20	4. 机械铺膜面积	khm^2	3 741.03
机耕面积占实际总耕地面积比例	%	47.13	5. 水稻工厂化育秧栽插面积	khm^2	423.13
二、机播面积	khm^2	41 206.72	6. 化肥机械深施面积	khm^2	29 146.48
机播面积占实际总播种面积比例	%	26.64	7. 机械化秸秆还田面积	khm^2	14 408.00
其中：1. 机播水稻	khm^2	444.26	8. 农田机械节水灌溉面积	khm^2	8 307.45
2. 机插水稻	khm^2	1 046.12	9. 机械脱粒粮食数量	万 t	36 497.84
3. 机浅栽水稻	khm^2	229.75	10. 机械烘干粮食数量	万 t	1 163.58
4. 机播小麦	khm^2	17 451.09	11. 机械加工农副产品数量	万 t	63 563.90
5. 机播玉米	khm^2	11 488.69	其中：(1)加工粮食数量	万 t	48 369.23
三、机电灌溉面积	khm^2	52 399.82	(2)加工棉花数量	万 t	1 622.17
四、机械植保作业面积	khm^2	35 515.84	(3)加工油料数量	万 t	5 820.58
五、机械收获面积	khm^2	27 153.11	12. 农机运输作业量	万 t·km	15 309 754.76
机收面积占总收获面积比例	%	18.33	13. 机械播种牧草面积	khm^2	721.63
其中：1. 机收小麦	khm^2	16 710.29	14. 机械剪羊毛量	万只	133.33
2. 机收水稻	khm^2	5 808.81	15. 机械收割牧草数量	万 t	1 461.58
3. 机收玉米	khm^2	428.29	16. 机械化青贮秸秆数量	万 t	3 828.47
六、单项农机化作业			17. 机械采棉花量	万 t	12.03
1. 机修梯田面积	khm^2	279.87	18. 机械收获大豆面积	khm^2	1 982.92
2. 精量半精量播种面积	khm^2	23 290.80	19. 机械收获油菜面积	khm^2	389.13
3. 免耕播种面积	khm^2	4 118.81	20. 农用飞机作业面积	khm^2	987.85

资料来源：表中数据由农业部农业机械化管理司提供。

表 50 我国农产品加工行业基本建设投资和新增固定资产情况（2001）

单位：亿元

行　　业	投　资　额	新增固定资产额	固定资产交付使用率（%）
合　　计	**380.19**	**381.36**	
木材及竹材采运业	21.66	9.29	42.9
食品加工业	47.36	33.92	71.6
食品制造业	34.21	28.02	81.9
饮料制造业	34.25	27.94	81.6
烟草加工业	8.44	6.00	71.1
纺织业	54.81	41.63	75.9
服装及纤维制品制造业	24.94	15.64	62.7
皮革毛皮羽绒及其制品业	14.73	9.76	66.2
木材加工及竹藤棕草制品业	12.11	6.67	55.1
家具制造业	8.36	2.89	34.6
造纸及纸制品业	44.68	145.80	326.3
印刷业、记录媒介的复制	16.63	13.14	79.0
橡胶制品业	13.61	15.22	111.8
专用设备制造业*	44.39	25.44	57.3

* 此数据为全部制造业专用设备制造业的数据。

表 51 我国农产品加工行业基本建设投资和新增固定资产情况（2002）

单位：亿元

行　　业	投　资　额	新增固定资产额	固定资产交付使用率（%）
合　　计	**526.03**	**327.92**	
木材及竹材采运业	15.54	6.41	41.2
食品加工业	73.79	46.46	63.0
食品制造业	54.53	33.19	60.9
饮料制造业	48.79	29.46	60.4
烟草加工业	13.44	9.35	69.6
纺织业	74.52	53.98	72.4
服装及纤维制品制造业	39.96	27.79	69.6
皮革毛皮羽绒及其制品业	23.59	12.82	54.3
木材加工及竹藤棕草制品业	25.47	17.23	67.6
家具制造业	15.57	11.04	70.9
造纸及纸制品业	34.57	18.84	54.5
印刷业、记录媒介的复制	26.35	20.08	76.2
橡胶制品业	10.31	5.33	51.7
专用设备制造业*	69.60	35.94	51.6

* 此数据为全部制造业专用设备制造业的数据。

表 52 我国农产品加工行业完成基本建设投资后新增主要产品生产能力（2001—2002）

名 称	单 位	2001 年	2002 年
轮 胎	万条/年		
内 胎	万条/年		1 500
外 胎	万条/年	50	27
胶合板	万 m^3/年	8	71
棉纺锭	万锭		14
棉布织机	台	240	204
棉印染布	万 m/年	1 980	13 394
毛纺锭	锭	2 500	
机制糖	万 t		
年生产	万 t		0.1
日处理原料	t		13 000
卷 烟	万箱/年		
酒	万 t/年	9	25
糖 果	t/年	300	
奶 粉	t/年	1 901	4 560
原 盐	万 t/年		10
机制纸及纸板	万 t/年	78	97
鞣制皮革	万张/年		
皮 鞋	万双/年	1 789	2 277
商业冷藏库	万 t	2	13
粮食仓库	万 m^2	204	232
粮食仓库	万 kg	820 206	953 895

表 53　我国农产品加工行业更新改造投资和新增固定资产情况（2001）

单位：亿元

行　　业	投　资　额	新增固定资产额	固定资产交付使用率（%）
合　　计	**630.19**	**487.78**	
木材及竹材采运业	3.23	2.63	81.4
食品加工业	53.81	43.64	81.1
食品制造业	58.63	45.17	77.0
饮料制造业	83.00	63.51	76.5
烟草加工业	56.06	29.09	51.9
纺织业	140.69	115.62	82.2
服装及纤维制品制造业	17.16	13.90	81.0
皮革毛皮羽绒及其制品业	13.09	9.28	70.9
木材加工及竹藤棕草制品业	16.49	12.91	78.3
家具制造业	5.42	4.14	76.4
造纸及纸制品业	82.50	70.47	85.4
印刷业、记录媒介的复制	23.30	18.31	78.6
橡胶制品业	20.80	26.47	127.3
专用设备制造业*	56.01	32.64	58.3

* 此数据为全部制造业专用设备制造业数据。

表 54　我国农产品加工行业更新改造投资和新增固定资产情况（2002）

单位：亿元

行　　业	投　资　额	新增固定资产额	固定资产交付使用率（%）
合　　计	**875.23**	**609.53**	
木材及竹材采运业	1.40	1.23	87.7
食品加工业	95.52	62.25	65.2
食品制造业	90.44	65.71	72.7
饮料制造业	94.12	59.45	63.2
烟草加工业	55.28	40.69	73.6
纺织业	192.98	151.20	78.4
服装及纤维制品制造业	33.66	23.96	71.2
皮革毛皮羽绒及其制品业	10.79	9.02	83.6
木材加工及竹藤棕草制品业	22.78	16.65	73.1
家具制造业	15.07	8.49	56.3
造纸及纸制品业	109.55	77.21	70.5
印刷业、记录媒介的复制	37.93	29.05	76.6
橡胶制品业	32.70	16.64	50.9
专用设备制造业*	83.01	47.98	57.8

* 表中数据为全部制造业专用设备制造业数据。

表 55　我国农产品加工行业完成更新改造投资后新增主要产品生产能力（2001—2002）

名　称	单　位	2001 年	2002 年
轮　胎	万条/年		
内　胎		48	30
外　胎		208	779
胶合板	万 m^3/年	61	39
棉纺锭	万锭	28	104
棉布织机	台	6 436	6 168
棉印染布	万 m/年	25 810	27 116
毛纺锭	锭	11 700	2 180
机制糖			
年生产	万 t	1	5
日处理原料	t	112 965	573 204
卷　烟	万箱/年	68	19
酒	万 t/年	267	243
糖　果	t/年	2 000	1 280
奶　粉	t/年	50 140	315 770
原　盐	万 t/年	2	161
机制纸及纸板	万 t/年	544	397
鞣制皮革	万张/年	100	241
皮　鞋	万双/年	1 428	1 101
商业冷藏库	万 t	2	2
粮食仓库	万 m^2	6	2
粮食仓库	万 kg	42 632	8 338

表 56　林业系统森工固定资产投资完成情况（2001—2002）

项　目	2001 年	2002 年	2002 年比上年增减（%）
一、森工固定资产投资完成额（万元）	175 801	175 896	0.11
1. 基本建设投资完成额（万元）	61 071	101 037	65.44
2. 更新改造投资完成额（万元）	63 968	39 574	-38.13
3. 其他森工固定资产投资完成额（万元）	50 762	35 375	-30.31
二、当年新增固定资产（万元）	158 652	112 495	-29.09

表 57 林业系统各地区森工固定资产投资完成情况（2002） 单位：万元

地　区	合　计	基本建设	更新改造	其他投资
合国总计	**175 986**	**101 037**	**39 574**	**35 375**
北　京				
天　津				
河　北				
山　西				
内 蒙 古	6 184	1 823	2 281	2 080
内蒙古集团	6 184	1 823	2 281	2 080
辽　宁				
吉　林	57 936	35 719	10 959	11 258
吉林集团	41 957	32 502	3 508	5 947
黑 龙 江	19 574	18 717		857
龙江集团	19 574	18 717		857
上　海				
江　苏				
浙　江	293	293		
安　徽	5 419	5 413		6
福　建	16 886	3 783	4 380	8 723
江　西	426			426
山　东				
河　南				
湖　北	5 101	1 200	15	3 886
湖　南				
广　东				
广　西	16 218	2 103	14 115	
海　南	1 909	312		1 597
重　庆				
四　川	778	748		30
贵　州				
云　南	12 869	10 044	1 381	1 444
西　藏				
陕　西	2 551	2 551		
甘　肃				
青　海				
宁　夏				
新　疆	360	360		
局直属单位	29 482	17 971	6 443	5 068
大兴安岭	29 482	17 971	6 443	5 068

表 58　全国农垦系统固定资产投资完成情况（2001—2002）　单位：亿元

名　　称	2001 年	2002 年	2002 年比上年增减（%）
固定资产投资总额	181.28	210.95	16.37
1. 基本建设投资	132.39	150.88	13.97
占投资总额（%）	73.03	71.52	
2. 更新改造投资	46.63	56.04	21.57
占投资总额（%）	25.72	26.57	
当年新增固定资产		163.24	

表 59　我国食品工业固定资产投资额及新增固定资产情况（2000—2001）

单位：亿元

年　　份	固定资产投资额			新增固定资产		
	总　计	基本建设	更新改造	总　计	基本建设	更新改造
2000	333.96	114.50	219.46	299.52	110.38	189.14
2001	375.76	124.26	251.50	277.29	95.88	181.41

表 60　我国食品工业完成基本建设投资后新增生产能力（2000—2001）

名　　称	单　　位	2000	2001
机制糖			
年生产	万 t	0.3	
日处理原料	t	42 000	
酒	万 t/年	16	9
糖果	t/年	4 700	300
奶粉	t/年		1 901
原盐	万 t/年	2	

表 61　我国食品工业完成更新改造投资后新增生产能力（2000—2001）

名　　称	单　　位	2000 年	2001 年
机制糖			
年生产	万 t	6	1
日处理原料	t	14 260	112 965
卷烟	万箱/年	51	68
酒	万 t/年	300	267
糖果	t/年	11 724	2 000
奶粉	t/年	2 000	50 140
原盐	万 t/年	80	2

表 62　我国水产行业固定资产投资情况（2000—2001）　　单位：万元

名　　称	2000 年	2001 年	2001 年比上年增减（%）
一、投资总额	474 917	486 069	2.3
1. 捕捞生产（含远洋渔业）	76 873	74 287	-3.4
2. 养殖生产	205 107	224 667	9.5
3. 水产加工	52 178	44 800	-14.1
4. 市场流通	16 271	14 830	-8.9
5. 渔船渔机工业	24 714	33 869	37.0
6. 群众渔港	25 800	24 021	-6.9
7. 原、良种场	10 896	13 314	22.2
8. 科研	4 841	5 490	13.4
9. 教育	600	444	-35.1
10. 技术推广	3 754	4 351	15.9
11. 病害防治	6 210	2 621	-57.8
12. 渔政管理	8 037	5 207	-35.2
13. 其他	39 634	38 169	-3.7
二、本年新增固定资产	304 210	332 916	9.4

资料来源：中国渔业年鉴 2002 年版。

表 63　纺织工业系统固定资产投资情况（2000—2001）

项　　目	单　　位	2000 年	2001 年
固定资产投资总额	亿元	145.44	213.07
占全国固定资产投资额	%	0.80	1
其中：纺织工业基本建设投资	亿元	34.79	60.89
纺织工业更新改造投资	亿元	99.79	133.52

资料来源：表中数据出自 2001/2002 年中国纺织工业发展报告。

表 64　全国书刊印刷企业主要生产设备（2000）　　单位：台（套）

			全国总计	国家定点厂	其中：直属厂	非直属厂	省级定点厂	中央	国家定点厂	其中：直属厂	非直属厂	省级定点厂	地方	国家定点厂	其中：直属厂	非直属厂	省级定点厂
厂家数			1 152	301	84	217	856	82	38	5	33	44	1 070	263	79	184	812
激光照排系统			1 375	423	118	305	952	79	47	4	43	32	1 296	376	114	262	920
整页拼版设备			551	155	37	118	396	67	32	1	31	35	484	123	36	87	361
电子分色机			313	191	86	105	122	50	41	6	35	9	263	150	80	70	113
胶印打样机			598	300	118	182	298	64	49	9	40	15	534	251	109	142	283
凸版印刷机	圆压圆	全张滚筒纸	47	13	5	8	34	4	4		4		43	9	5	4	34
		全张双面	38	17	0	17	21	13	13		13		25	4	0	4	21
		全张单面	70	16	4	12	54						70	16	4	12	54
	圆压平	全张平台	73	33	10	23	40	3				3	70	33	10	23	37
		对开平台	1 033	245	23	222	788	34	9		9	25	999	236	23	213	763
平版印刷机	卷筒纸	全张	326	223	109	114	103	45	43	6	37	2	281	180	103	77	101
		对开	965	551	207	344	414	99	73	8	65	26	866	478	199	279	388
	平版纸	全张双面单色	148	73	56	17	75	30	14	12	2	16	118	59	44	15	59
		对开双面单色	1 232	465	176	289	767	143	80	4	76	63	1 089	385	172	213	704
		全张四色及以上	78	38	19	19	40	5	4	3	1	1	73	34	16	18	39
		全张双色	58	18	10	8	40	5	5	3	2		53	13	7	6	40
		全张单色	63	18	5	13	45	1	1		1		62	17	5	12	45
		对开五色及以上	125	72	28	44	53	2	2		2		123	70	28	42	53
		对开四色	994	606	267	339	388	100	81	17	64	19	894	525	250	275	369
		对开双色	1 413	584	209	375	829	77	50	7	43	27	1 336	534	202	332	802
		对开单色	2 539	658	207	451	1 881	75	30	5	25	45	2 464	628	202	426	1 836
凹版印刷机			127	33	5	28	94	2				2	125	33	5	28	92
全张折页机			170	120	80	40	50	15	15	13	2		155	105	67	38	50
对开折页机			1 809	893	355	538	916	120	86	15	71	34	1 689	807	340	467	882
锁线机			1 339	692	308	384	647	90	80	38	42	10	1 249	612	270	342	637
骑马联动订书机			1 387	463	166	297	924	92	62	8	54	30	1 295	401	158	243	894
平装无线胶订联动机			837	317	112	205	520	36	27	5	22	9	801	290	107	183	511
精装联动机			89	57	37	20	32	6	6	4	2		83	51	33	18	32

按国民经济行业分类统计农产品加工业现状

表 65　我国农产品加工业全部国有及规模以上非国有工业企业主要指标（2001）

单位：亿元

行　　业	企业单位数	工业总产值	工业增加值	产品销售收入	利润总额	资产合计
合　　计	**63 962**	**26 099.66**	**7 569.52**	**24 389.55**	**975.20**	**29 204.65**
木材及竹材采运业	431	112.12	55.41	94.57	2.06	403.56
食品加工业	10 381	4 097.88	944.70	3 823.51	96.60	3 128.85
食品制造业	4 563	1 627.70	451.87	1 519.02	66.18	1 798.91
饮料制造业	3 307	1 824.34	642.56	1 727.21	103.11	2 852.59
烟草加工业	320	1 694.72	1 093.07	1 756.97	176.80	2 450.41
纺织业	12 065	5 621.56	1 387.52	5 209.10	131.95	6 196.26
服装及其他纤维制品制造业	8 037	2 596.26	688.12	2 415.97	100.68	1 905.82
皮革毛皮羽绒及其制品业	3 539	1 572.63	391.76	1 427.91	41.20	1 005.98
木材加工及竹藤棕草制品业	2 808	741.22	192.91	676.72	20.09	758.00
家具制造业	1 625	434.85	117.58	409.62	17.72	397.74
造纸及纸制品业	5 027	1 804.28	474.87	1 685.40	62.04	2 709.75
印刷业、记录媒介的复制	3 691	726.03	243.98	679.25	53.44	1 114.45
橡胶制品业	1 777	893.82	248.29	806.02	26.25	1 160.95
专用设备制造业*	6 391	2 352.25	636.88	2 158.28	77.08	3 321.38

表 66　我国农产品加工业全部国有及规模以上非国有工业企业主要指标（2002）

单位：亿元

行　　业	企业单位数（个）	工业总产值	工业增加值	产品销售收入	利润总额	资产合计
合　　计	**67 485**	**30 119.68**	**8 841.79**	**28 343.16**	**1 252.55**	**31 613.56**
木材及竹材采运业	383	111.63	55.71	95.46	2.74	407.31
食品加工业	10 413	4 776.96	1 112.69	4 515.94	115.31	3 414.49
食品制造业	4 615	1 967.31	553.01	1 827.55	82.60	2 081.65
饮料制造业	3 287	1 996.26	709.64	1 872.69	120.24	2 975.06
烟草加工业	287	2 037.49	1 359.63	1 994.37	212.71	2 567.04
纺织业	13 248	6 370.79	1 569.10	6 038.59	184.71	6 680.47
服装及其他纤维制品制造业	9 061	2 914.91	746.08	2 725.50	111.19	2 078.57
皮革毛皮羽绒及其制品业	3 932	1 801.46	457.96	1 677.13	57.50	1 136.16
木材加工及竹藤棕草制品业	3 033	828.06	213.92	771.10	24.08	809.15
家具制造业	1 767	524.21	139.34	492.80	19.66	448.59
造纸及纸制品业	5 285	2 081.54	570.88	1 968.06	98.25	2 940.17
印刷业、记录媒介的复制	3 806	825.56	279.53	771.61	58.95	1 162.35
橡胶制品业	1 822	1 064.60	292.55	961.84	40.37	1 249.93
专用设备制造业*	6 546	2 818.90	781.75	2 630.52	124.24	3 662.62

*　表中数据为全部制造业专用设备制造业的数据。下同。

表 67 我国农产品加工业全部国有及规模以上非国有工业企业主要经济效益指标（2001）

行　业	工业增加值率（%）	总资产贡献率(%)	资产负债率（%）	流动资产周转次数（次/年）	工业成本费用利润率（%）	全员劳动生产率[元/(人·年)]	产品销售率（%）
平　均　值	**31.70**	**10.60**	**61.14**	**1.72**	**5.12**	**67 978**	**97.06**
木材及竹材采运业	49.42	3.43	65.73	0.59	2.34	8 427	97.93
食品加工业	23.05	7.68	68.19	2.66	2.58	56 598	97.01
食品制造业	27.76	9.22	60.15	1.89	4.53	50 180	97.03
饮料制造业	35.22	12.55	56.96	1.37	6.75	67 651	97.47
烟草加工业	64.50	42.02	50.67	1.43	18.73	441 913	99.41
纺织业	24.68	6.67	67.49	1.80	2.58	29 058	96.08
服装及其他纤维制品制造业	26.50	10.30	57.07	2.18	4.34	29 026	96.89
皮革毛皮羽绒及其制品业	24.91	9.40	64.10	2.37	2.98	30 838	97.05
木材加工及竹藤棕草制品业	26.03	7.65	61.81	2.13	3.04	37 612	96.76
家具制造业	27.04	9.10	55.58	2.04	4.51	39 420	97.03
造纸及纸制品业	26.32	6.94	63.96	1.57	3.80	41 724	97.55
印刷业、记录媒介的复制	33.60	9.35	55.66	1.39	8.41	44 631	95.93
橡胶制品业	27.78	7.79	64.74	1.46	3.39	40 304	96.96
专用设备制造业*	27.08	6.33	63.89	1.17	3.66	34 313	95.78

表 68 我国农产品加工业全部国有及规模以上非国有工业企业主要经济效益指标（2002）

行　业	工业增加值率（%）	总资产贡献率(%)	资产负债率（%）	流动资产周转次数（次/年）	工业成本费用利润率（%）	全员劳动生产率[元/(人·年)]	产品销售率（%）
平　均　值	**32.01**	**11.35**	**59.62**	**1.82**	**5.68**	**82 863**	**97.46**
木材及竹材采运业	49.91	3.32	66.07	0.61	3.23	9 604	96.15
食品加工业	23.29	7.60	65.35	2.85	2.62	64 125	97.57
食品制造业	28.11	9.33	58.25	2.02	4.75	56 155	96.87
饮料制造业	35.55	13.21	55.48	1.41	7.31	77 982	97.35
烟草加工业	66.73	47.51	46.69	1.36	20.59	585 795	100.14
纺织业	24.63	7.09	65.72	1.97	3.14	32 478	97.66
服装及其他纤维制品制造业	25.60	10.22	56.58	2.30	4.25	28 075	97.21
皮革毛皮羽绒及其制品业	25.42	9.78	62.34	2.42	3.55	32 413	97.84
木材加工及竹藤棕草制品业	25.83	7.84	61.05	2.18	3.21	41 369	97.30
家具制造业	26.58	8.95	55.27	2.15	4.16	41 019	97.48
造纸及纸制品业	27.43	8.20	63.71	1.73	5.24	49 646	97.29
印刷业、记录媒介的复制	33.86	9.78	52.06	1.51	8.17	50 402	97.52
橡胶制品业	27.48	8.67	62.42	1.62	4.42	47 125	97.61
专用设备制造业*	27.73	7.39	63.73	1.28	4.91	43 891	96.39

表 69 我国农产品加工业国有及国有控股工业企业主要指标（2001）

单位：亿元

行　业	企业单位数（个）	工业总产值	工业增加值	产品销售收入	利润总额	资产合计
合　计	**16 703**	**7 996.82**	**2 946.15**	**7 694.90**	**307.57**	**13 894.20**
木材及竹材采运业	419	109.32	53.50	91.46	1.24	396.77
食品加工业	4 016	1 176.83	271.04	1 120.75	13.73	1 385.23
食品制造业	1 624	438.41	123.08	400.59	14.39	678.94
饮料制造业	1 376	855.92	340.77	831.25	65.66	1 660.22
烟草加工业	276	1 673.84	1 086.86	1 736.98	176.00	2 425.76
纺织业	2 157	1 481.08	403.90	1 409.95	2.76	2 523.40
服装及其他纤维制品制造业	546	144.58	42.51	141.73	−0.36	202.59
皮革毛皮羽绒及其制品业	267	88.33	23.57	70.34	0.30	108.80
木材加工及竹藤棕草制品业	502	110.60	33.74	97.42	1.44	274.94
家具制造业	204	22.80	7.32	22.93	0.14	52.46
造纸及纸制品业	846	454.35	131.04	427.19	12.57	1 182.98
印刷业、记录媒介的复制	1 890	273.08	102.60	252.53	18.97	520.51
橡胶制品业	341	304.33	84.52	271.92	0.99	550.28
专用设备制造业*	2 239	863.35	241.70	819.86	−0.26	1 931.32

表 70 我国农产品加工业国有及国有控股工业企业主要指标（2002）

单位：亿元

行　业	企业单位数（个）	工业总产值	工业增加值	产品销售收入	利润总额	资产合计
合　计	**13 868**	**8 228.88**	**3 182.10**	**7 946.85**	**362.97**	**13 608.15**
木材及竹材采运业	376	107.18	53.48	91.05	2.05	399.72
食品加工业	3 149	1 093.67	255.59	1 056.02	8.34	1 228.03
食品制造业	1 298	458.87	132.58	425.28	19.16	704.29
饮料制造业	1 146	866.82	347.58	832.49	66.22	1 639.66
烟草加工业	243	2 012.35	1 350.05	1 968.98	211.33	2 532.59
纺织业	1 812	1 343.60	365.70	1 344.91	11.48	2 306.69
服装及其他纤维制品制造业	452	117.72	31.72	122.95	0.86	176.37
皮革毛皮羽绒及其制品业	202	46.35	6.45	41.75	−2.08	83.43
木材加工及竹藤棕草制品业	427	104.26	31.32	100.51	0.68	248.92
家具制造业	165	22.49	6.35	23.23	0.15	43.60
造纸及纸制品业	708	486.70	142.42	462.54	19.12	1 211.96
印刷业、记录媒介的复制	1 666	268.63	103.92	249.95	18.14	511.02
橡胶制品业	286	317.06	85.87	278.71	0.39	531.10
专用设备制造业*	1 938	983.18	269.07	948.48	7.13	1 990.77

表 71 我国农产品加工业国有及国有控股工业企业主要经济效益指标（2001）

行　业	工业增加值率（%）	总资产贡献率(%)	资产负债率（%）	流动资产周转次数（次/年）	工业成本费用利润率（%）	全员劳动生产率[元/(人·年)]	产品销售率（%）
平　均　值	**33.78**	**7.79**	**66.75**	**1.15**	**3.45**	**62 719**	**97.17**
木材及竹材采运业	48.94	3.23	66.43	0.58	1.45	8 233	97.94
食品加工业	23.03	5.05	75.57	1.85	1.23	41 123	97.80
食品制造业	28.07	6.59	63.93	1.37	3.66	40 407	96.35
饮料制造业	39.81	12.86	56.35	1.11	9.33	64 834	97.96
烟草加工业	64.93	42.33	50.58	1.43	19.02	463 677	99.39
纺织业	27.27	4.10	73.14	1.25	0.19	20 908	95.41
服装及其他纤维制品制造业	29.40	2.82	69.81	1.30	−0.25	21 524	99.68
皮革毛皮羽绒及其制品业	26.68	3.31	84.99	1.12	0.43	29 207	96.08
木材加工及竹藤棕草制品业	30.51	4.02	68.24	1.15	1.44	31 740	94.90
家具制造业	32.11	3.37	68.68	0.95	0.59	24 814	96.84
造纸及纸制品业	28.84	4.65	64.66	1.02	2.99	35 235	98.03
印刷业、记录媒介的复制	37.57	8.07	54.88	1.15	7.88	36 435	95.20
橡胶制品业	27.77	5.46	68.91	1.05	0.37	36 431	98.17
专用设备制造业*	28.00	3.24	68.30	0.78	−0.03	23 498	96.66

表 72 我国农产品加工业国有及国有控股工业企业主要经济效益指标（2002）

行　业	工业增加值率（%）	总资产贡献率(%)	资产负债率（%）	流动资产周转次数（次/年）	工业成本费用利润率（%）	全员劳动生产率[元/(人·年)]	产品销售率（%）
平　均　值	**32.72**	**8.10**	**65.21**	**1.18**	**3.52**	**76 777.5**	**98.30**
木材及竹材采运业	49.90	3.13	67.05	0.59	2.52	9 341	96.42
食品加工业	23.37	4.61	74.01	1.96	0.79	47 237	98.29
食品制造业	28.89	6.84	62.89	1.47	4.71	46 470	96.49
饮料制造业	40.10	13.12	53.98	1.11	9.41	77 093	97.76
烟草加工业	67.09	47.93	46.50	1.36	20.90	619 541	100.12
纺织业	27.22	4.26	73.82	1.33	0.85	22 176	99.53
服装及其他纤维制品制造业	26.95	3.09	63.01	1.38	0.69	19 929	97.97
皮革毛皮羽绒及其制品业	13.91	0.42	85.53	0.81	−4.64	11 206	102.63
木材加工及竹藤棕草制品业	30.04	3.84	68.38	1.05	0.66	35 744	98.00
家具制造业	28.25	3.74	62.65	1.21	0.64	26 403	97.07
造纸及纸制品业	29.26	5.56	65.59	1.08	4.27	45 046	97.56
印刷业、记录媒介的复制	38.69	7.96	51.80	1.19	7.63	42 771	98.37
橡胶制品业	27.08	5.36	68.20	1.11	0.14	42 584	98.99
专用设备制造业*	27.37	3.55	69.47	0.87	0.74	29 344	97.01

表 73　我国农产品加工业"三资"工业企业主要指标（2001）　单位：亿元

行　　业	企业单位数（个）	工业总产值	工业增加值	产品销售收入	利润总额	资产合计
合　　计	**13 104**	**7 424.63**	**1 967.14**	**7 039.23**	**278.79**	**7 644.54**
木材及竹材采运业						
食品加工业	1 244	976.72	217.07	940.49	19.75	732.66
食品制造业	922	655.73	188.16	635.48	33.48	692.57
饮料制造业	441	545.80	181.02	527.79	25.58	777.18
烟草加工业	6	11.70	6.42	12.19	1.59	17.71
纺织业	2 301	1 230.82	308.21	1 135.40	33.29	1 343.18
服装及其他纤维制品制造业	3 348	1 194.50	319.45	1 129.98	43.70	836.96
皮革毛皮羽绒及其制品业	1 406	856.85	209.91	777.08	15.67	530.67
木材加工及竹藤棕草制品业	591	213.19	52.23	200.28	3.25	273.74
家具制造业	480	198.80	53.98	190.82	7.59	191.23
造纸及纸制品业	740	569.42	147.51	555.87	24.29	961.65
印刷业、记录媒介的复制	509	243.23	80.37	234.77	24.27	387.87
橡胶制品业	357	310.89	91.93	291.83	12.67	439.33
专用设备制造业*	759	416.98	110.88	407.25	33.66	459.79

表 74　我国农产品加工业"三资"工业企业主要指标（2002）　单位：亿元

行　　业	企业单位数（个）	工业总产值	工业增加值	产品销售收入	利润总额	资产合计
合　　计	**14 407**	**8 590.58**	**2 320.83**	**8 184.79**	**371.85**	**8 411.25**
木材及竹材采运业						
食品加工业	1 394	1 179.65	265.11	1 168.75	27.03	839.48
食品制造业	1 005	778.56	236.69	744.32	35.19	775.76
饮料制造业	463	601.82	209.38	578.30	38.26	789.48
烟草加工业	5	9.21	5.62	9.34	0.93	14.14
纺织业	2 579	1 407.78	349.38	1 307.66	43.98	1 496.25
服装及其他纤维制品制造业	3 690	1 321.76	341.45	1 239.62	46.06	925.51
皮革毛皮羽绒及其制品业	1 597	958.96	243.91	891.63	23.11	632.67
木材加工及竹藤棕草制品业	631	208.06	51.21	199.21	3.48	272.92
家具制造业	533	248.10	67.08	232.66	9.19	217.93
造纸及纸制品业	760	662.58	189.61	645.15	46.05	1 021.05
印刷业、记录媒介的复制	539	278.12	90.70	260.48	25.55	370.37
橡胶制品业	373	389.47	112.85	375.02	23.37	487.89
专用设备制造业*	838	546.51	157.84	532.65	49.65	567.80

表 75　我国农产品加工业“三资”工业企业主要经济效益指标（2001）

行　　业	工业增加值率（%）	总资产贡献率（%）	资产负债率（%）	流动资产周转次数（次/年）	工业成本费用利润率（%）	全员劳动生产率[元/(人·年)]	产品销售率（%）
平　均　值	**31.43**	**9.81**	**55.18**	**1.77**	**5.76**	**75 969**	**97.55**
木材及竹材采运业							
食品加工业	22.22	6.51	62.58	2.58	2.13	72 769	96.25
食品制造业	28.69	10.97	55.15	1.98	5.54	85 179	97.07
饮料制造业	33.17	11.52	52.34	1.68	5.27	111 328	97.76
烟草加工业	54.87	25.47	29.25	1.27	17.65	229 286	101.20
纺织业	25.04	5.95	56.13	1.72	2.99	44 785	95.44
服装及其他纤维制品制造业	26.74	9.61	54.52	2.22	4.02	28 704	97.15
皮革毛皮羽绒及其制品业	24.50	7.40	62.95	2.36	2.06	26 943	97.52
木材加工及竹藤棕草制品业	24.50	5.45	59.63	1.63	1.63	44 527	97.97
家具制造业	27.15	7.63	56.82	1.86	4.14	44 173	97.54
造纸及纸制品业	25.91	7.01	61.92	1.45	4.53	83 717	99.32
印刷业、记录媒介的复制	33.04	10.18	52.67	1.35	11.42	77 652	96.92
橡胶制品业	29.57	8.49	61.25	1.49	4.56	59 271	97.47
专用设备制造业*	26.59	11.39	52.09	1.47	8.90	79 257	96.60

表 76　我国农产品加工业“三资”工业企业主要经济效益指标（2002）

行　　业	工业增加值率（%）	总资产贡献率（%）	资产负债率（%）	流动资产周转次数（次/年）	工业成本费用利润率（%）	全员劳动生产率[元/(人·年)]	产品销售率（%）
平　均　值	**30.42**	**10.51**	**54.94**	**1.87**	**6.17**	**82 518**	**97.95**
木材及竹材采运业							
食品加工业	22.47	6.93	61.07	2.80	2.37	95 945	98.08
食品制造业	30.40	10.53	54.52	2.09	5.00	93 069	97.31
饮料制造业	34.79	13.58	52.97	1.85	7.34	127 851	97.99
烟草加工业	61.00	28.50	40.77	1.23	14.29	228 469	98.15
纺织业	24.82	5.82	54.95	1.81	3.45	45 283	97.29
服装及其他纤维制品制造业	25.83	8.97	53.89	2.24	3.85	27 090	97.66
皮革毛皮羽绒及其制品业	25.43	6.93	61.61	2.24	2.66	27 830	98.43
木材加工及竹藤棕草制品业	24.62	4.80	60.93	1.62	1.76	44 085	98.80
家具制造业	27.04	7.53	56.18	2.02	4.12	43 247	98.34
造纸及纸制品业	28.62	9.04	61.10	1.68	7.64	104 524	98.08
印刷业、记录媒介的复制	32.61	11.27	47.29	1.47	10.80	71 715	97.67
橡胶制品业	28.97	10.04	56.87	1.73	6.72	64 972	98.52
专用设备制造业*	28.88	12.64	52.05	1.54	10.21	98 648	97.08

表 77　机械工业系统农产品加工机械制造业现状（2002）

行　业	企业单位数（个）	平均职工数（人）	工业增加值（万元）	工业总产值（万元）	工业销售产值（万元）	出口交货值	
						合计（万元）	其中：自营出口创汇额（万美元）
小　计	**91**	**22 201**	**67 029.6**	**227 790**	**218 186**	**14 570**	**528.2**
1. 农副产品加工机械制造业	19	5 317	11 138.1	29 550	28 978	2 839	130
2. 畜牧机械制造业	6	2 425	2 732.7	6 817	5 032	21	
3. 粮油工业专用设备制造业	5	3 462	7 076.8	22 333	21 711	1 292	158.4
4. 饲料工业专用设备制造业	4	1 397	19 415.0	55 150	53 437	979	118.0
5. 营林机械制造业	8	1 300	5 700.0	15 900	16 000	4 000	
6. 其他农林牧渔业机械制造业	49	8 300	20 967.0	98 040	93 028	5 439	121.8

表 78　机械工业系统农产品加工机械制造行业经济效益（2002）

行　业	工业经济效益综合指数（%）	工业产品销售率（%）	从业人员劳动生产率（元/人）	总资产贡献率（%）	人均创利税（元/人）	万元产值综合能耗（折合标准煤 t）
平　均　值	**80.06**	**93.56**	**56 343.1**	**5.45**	**1 729.2**	**11 114**
1. 农副产品加工机械制造业	67.84	98.06	20 948	3.41	533.0	7 946
2. 畜牧机械制造业	18.27	73.82	11 269	0.74	－1 423	15 005
3. 粮油工业专用设备制造业	91.67	97.21	20 441	4.48	3 839	8 764
4. 饲料工业专用设备制造业	135.06	96.89	138 978	1.76	－5 485	4 428
5. 营林机械制造业		100.50	121 161.6	16.05	10 769	
6. 其他农林牧渔业机械制造业	87.45	94.89	25 261.0	6.27	2 142	30 541

资料来源：表 77、表 78 数据由中国农业机械工业协会提供。

表 79　以农产品为原料的轻工业情况（2001）　　单位：个、亿元

地　区	企业数	工业总产值	增加值	销售收入	利润总额	应交增值税
全国总计	**56 526**	**23 604.58**	**6 968.39**	**22 148.71**	**954.93**	**911.49**
北　京	1 382	405.98	138.95	403.85	22.14	21.76
天　津	1 629	494.03	110.01	485.06	23.17	19.79
河　北	2 527	969.55	280.81	872.02	37.66	31.43
山　西	549	102.60	33.34	88.53	0.01	4.74
内蒙古	448	228.48	78.42	214.62	12.26	9.33
辽　宁	1 535	542.43	128.87	506.97	11.43	15.15
吉　林	883	336.54	117.09	286.32	11.16	13.78
黑龙江	891	326.84	97.04	288.29	4.41	15.46
上　海	2 949	1 191.03	393.10	1 205.60	81.73	54.35
江　苏	6 254	3 189.45	802.09	2 977.36	101.51	100.66
浙　江	6 998	2 851.08	649.17	2 808.14	170.28	104.27
安　徽	1 399	486.31	156.01	456.25	9.47	22.81
福　建	2 469	919.60	278.02	853.22	33.08	30.52
江　西	1 067	219.57	71.49	189.96	3.04	8.80
山　东	4 754	2 981.16	843.51	2 760.51	130.06	97.12
河　南	3 571	1 130.38	334.78	1 014.48	27.81	34.08
湖　北	2 229	911.96	316.18	812.80	20.19	35.02
湖　南	1 308	484.87	207.83	449.86	24.87	27.60
广　东	7 087	3 277.63	884.63	3 063.95	91.83	101.40
广　西	985	331.38	107	312.80	9.73	21.02
海　南	204	76.05	20.18	67.68	2.12	3.41
重　庆	427	156.12	52.69	152.32	6.55	9.17
四　川	1 355	666.89	238.17	643.96	44.43	33.12
贵　州	573	194.57	81.94	170.35	6.74	14.13
云　南	599	568.69	370.68	559.88	63.11	56
西　藏	139	6.03	3.40	5.20	1.38	0.41
陕　西	757	249.82	83.50	224.63	1.89	13.34
甘　肃	866	109.22	34.63	84.82	2.89	4.70
青　海	105	13.40	3.97	10.75	0.28	0.65
宁　夏	110	39.33	11.79	40.90	1.13	1.46
新　疆	477	143.57	39.11	137.66	-1.41	6.03

注：1. 表中数据统计范围为全部国有及规模以上（指年产品销售收入 500 万元以上的企业）非国有工业企业。

2. 表中数值均按现行价格计算。

3. 表中数据由国家统计局农村社会经济调查总队提供。

表 80　以农产品为原料的轻工业情况（2002）　　单位：个、亿元

地区	企业数	工业总产值	增加值	销售收入	利润总额	应交增值税
全国总计	**60 115**	**27 141.0**	**8 118.6**	**25 662.0**	**1 210.4**	**1 001.8**
北京	1 421	456.2	147.7	455.1	19.9	23.8
天津	1 575	513.4	101.8	532.8	28.1	19.2
河北	2 440	1 073.9	305.6	1 000.8	49.2	33.9
山西	519	117.5	40.1	104.3	1.5	5.0
内蒙古	467	288.7	96.0	263.1	12.5	9.4
辽宁	1 595	606.2	161.5	564.2	15.9	17.2
吉林	862	384.1	128.7	330.8	11.8	12.9
黑龙江	930	409.9	127.8	376.4	14.5	18.1
上海	2 928	1 253.3	420.2	1 278.0	93.4	58.6
江苏	6 982	3 677.5	949.5	3 514.0	140.0	112.6
浙江	8 406	3 502.6	840.2	3 403.8	199.7	122.6
安徽	1 414	519.5	178.9	498.3	15.9	24.3
福建	2 878	1 121.8	374.1	1 047.1	45.7	33.0
江西	1 003	277.6	93.8	247.2	7.1	11.5
山东	5 335	3 603.6	1 019.5	3 339.5	164.6	104.0
河南	3 507	1 222.9	365.3	1 114.1	42.4	37.6
湖北	2 185	939.3	323.2	853.8	29.3	37.0
湖南	1 436	571.2	237.5	542.6	30.2	30.1
广东	7 675	3 681.3	1 018.7	3 459.6	135.3	113.6
广西	891	386.0	120.8	365.9	13.2	21.2
海南	216	84.7	23.3	79.3	3.1	4.0
重庆	407	175.6	60.4	169.1	7.3	9.8
四川	1 414	775.0	282.7	742.5	48.7	35.9
贵州	559	218.7	78.5	183.3	10.1	14.9
云南	577	647.2	416.9	623.5	57.5	64.2
西藏	124	6.8	3.9	5.3	1.0	0.3
陕西	720	260.7	88.5	250.6	5.9	13.2
甘肃	990	143.2	48.7	105.5	4.2	5.6
青海	95	15.7	4.9	15.1	0.2	0.8
宁夏	107	45.9	13.7	39.0	1.4	1.4
新疆	457	161.5	46.3	157.5	0.9	6.4

表 81 2002/2003 年制糖期全国制糖行业主要经济指标

工业总产值（亿元）（1990 年不变价）	实现税金总额（亿元）	实现利润（亿元）	平均生产成本（元/t）		平均完全成本（元/t）	
			甘蔗糖	甜菜糖	甘蔗糖	甜菜糖
280	27	1.77	1 932	2 197	2 317	2 497

平均食糖（%）		平均单产（t/hm²）		平均回收率（%）		平均产糖率（%）	
甘蔗糖	甜菜糖	甘蔗糖	甜菜糖	甘蔗糖	甜菜糖	甘蔗糖	甜菜糖
13.52	17.30	69.3	29.7	85.30	82.25	11.49	12.94

资料来源：表中数据由中国糖业协会提供。

表 82 我国食品和包装机械生产、经营、销售情况（2002）

单位：亿元、%

工业总产值		工业增加值	工业销售产值		
产　　值	同比增长（%）		产　　值	同比增长（%）	销售率（%）
108.97	10.84	23.10	107.07	11.92	98.26

产品销售收入		利润总额		出口交货值		新产品产值	
收　　入	同比增长（%）	利　　润	同比增长（%）	交货值	同比增长（%）	产　　值	同比增长（%）
92.74	9.76	4.53	13.0	8.16	29.98	14.2	10.74

资料来源：表中数据由中国食品和包装机械协会提供。

表 83 林业系统农产品加工业总产值及销售产值（2001—2002）

行业	工业总产值（万元）		工业销售产值（万元）	
	2001	2002	2001	2002
小计	**4 138 228**	**4 425 208**	**3 940 604**	**4 228 367**
1. 木材及竹材采运业	1 103 002	1 087 329	1 075 911	1 020 204
2. 木材加工及竹、藤、棕、草制品业	1 361 531	1 498 343	1 283 513	1 448 438
锯材、木片加工业	202 886	192 911	196 144	187 905
人造板制造业	754 605	879 198	713 747	867 406
木制品业	375 324	357 165	347 125	326 897
竹藤棕草制品业	28 716	69 069	26 497	66 230
3. 家具制造业	43 437	59 919	39 729	53 968
4. 造纸及纸制品业	77 099	76 258	70 587	66 291
5. 林产化学产品制造业	135 574	165 089	133 372	151 959
6. 机械制造及修理业	56 054	39 927	53 979	39 069

资料来源：表 83～表 87 中数据，由国家林业局提供。

表 84 林业系统各地区农产品加工业总产值（2002）

单位：万元

地区	木材及竹材采运业	木材加工及竹、藤、棕、草制品业					家具制造业	造纸及纸制品业	林产化学产品制造业	机械制造及修理业
		合计	锯材、木片加工业	人造板制造业	木制品业	竹、藤、棕草制品业				
全国总计	**1 087 329**	**1 498 343**	**192 911**	**879 198**	**357 165**	**69 069**	**59 919**	**76 258**	**165 089**	**39 927**
北京										33
天津										
河北	9 448	22 226	166	21 800	260		1 846	9 860	3 650	409
山西	646	213		161	52					
内蒙古	122 571	33 660	3 370	16 535	12 943	812	437	15 710	575	407
内蒙古集团	108 329	27 150	1 710	13 800	11 640		278	15 710	575	407
辽宁	40 066	36 157	6 914	16 496	11 917	830	3 729			
吉林	198 693	175 505	30 708	65 639	29 061	97	5 153	452	11 022	6 376
吉林集团	64 992	74 025	14 019	40 661	19 345		291	377	9 560	979
黑龙江	248 466	215 087	35 731	81 993	96 401	962	24 834	5 654	5 288	6 003
龙江集团	198 354	196 236	28 240	79 166	88 830		24 314	5 654	5 288	5 139

（续）

地　区	木材及竹材采运业	木材加工及竹、藤、棕、草制品业					家具制造业	造纸及纸制品业	林产化学产品制造业	机械制造及修理业
		合　计	锯材、木片加工业	人造板制造业	木制品业	竹、藤、棕草制品业				
上　海		1 936	1 936							1 344
江　苏	465	132 256	9 524	95 887	17 855	8 990	6 197		260	5 846
浙　江	13 025	60 076	3 813	39 881	5 739	10 643	28		116	
安　徽	11 622	45 974	7 146	34 304	2 591	1 933	224		194	
福　建	123 914	146 780	9 435	127 483	4 540	5 322	440	6 973	22 234	2 902
江　西	52 465	32 469	4 246	23 701	3 628	894	38		3 840	295
山　东		55 509		55 509						
河　南	1 311	50 213	6 079	11 251	17 741	15 142	2 358		9 369	
湖　北	4 737	135 471	2 289	115 132	17 998	52	2 265	2000	2 670	600
湖　南	30 959	88 822	24 992	50 638	7 217	5 975	6 250	3 597	35 600	698
广　东	29 603	34 789	18 208	2 721	606	12 254	5 399	300	3 870	
广　西	56 234	65 343	9 253	40 092	15 992	6	137	25 314	41 840	716
海　南	3 726	6 406	6 125	22	240	19			762	
重　庆	69	706		701	5		5			
四　川	756	38 173	2 138	29 757	1 683	4 595	450	6 305	911	2 147
贵　州	6 911	10 497	3	9 951		543			156	
云　南	28 238	28 521	3 309	23 047	2 165		191		22 338	8 946
西　藏										
陕　西	224	9 234	12	8 851	371		156		1 394	2 742
甘　肃		1 236		1 236						
青　海										
宁　夏										
新　疆	5 417	418	9	274	135		142	93		
新疆兵团										
大兴安岭	97 763	70 666	6 505	6 136	58 025					463

表 85 林业系统各地区农产品加工业销售产值（2002）

单位：万元

地区	木材及竹材采运业	木材加工及竹、藤、棕、草制品业					家具制造业	造纸及纸制品业	林产化学产品制造业	机械制造及修理业
		合计	锯材、木片加工业	人造板制造业	木制品业	竹、藤、棕草制品业				
全国总计	**1 020 204**	**1 448 438**	**187 905**	**867 406**	**326 897**	**66 230**	**53 968**	**66 291**	**151 959**	**39 069**
北京										26
天津										
河北	9 386	20 198	202	19 980	16		184	60	3 570	419
山西	735	204		152	52					
内蒙古	115 200	32 461	2 991	16 815	11 912	743	219	15 718	938	415
内蒙古集团	103 972	26 456	1 368	14 508	10 580		181	15 718	938	415
辽宁	20 680	35 037	6 224	16 337	11 646	830	3 725			
吉林	188 069	174 444	30 777	67 203	76 367	97	5 035	415	10 083	6 111
吉林集团	64 974	73 457	13 683	42 326	17 448		224	340	9 619	1 007
黑龙江	240 154	203 038	35 622	77 659	88 795	962	24 910	5 425	5 297	5 677
龙江集团	193 181	184 921	28 618	74 896	81 407		24 390	5 425	5 297	4 813
上海		1 936	1 936							1 344
江苏	475	124 886	7 485	90 771	16 800	9 830	5 580		240	5 829
浙江	9 303	59 279	4 121	38 258	6 009	10 891	27		116	
安徽	10 077	43 524	7 100	34 252	840	1 332	223		194	
福建	122 770	143 317	8 986	125 044	4 258	5 029	438	6 890	22 631	3 132
江西	48 293	34 793	4 041	26 520	3 396	836	38		3 601	292
山东		62 090		62 090						
河南	887	45 658	5 060	8 465	17 080	15 053	1 956		7 913	
湖北	4 312	123 259	1 985	103 643	17 599	32	2 069	2000	1 980	566
湖南	30 644	89 693	24 916	51 068	7 893	5 816	4 039	3 494	32 893	573
广东	28 891	33 421	19 227	2 584	597	11 013	4 881	300	3 728	
广西	56 335	65 326	9 518	42 531	13 271	6	131	25 370	41 174	678
海南	3 726	6 654	6 373	22	240	19			730	
重庆	74	846	30	816			36			
四川	438	38 439	2 141	30 665	2 312	3 321		6 526	966	2 867
贵州	6 820	9 303	3	8 880		420			156	
云南	20 662	33 818	3 360	28 204	2 254		260		14 407	7 795
西藏										
陕西	133	8 711	10	8 278	423		77		1 342	2 882
甘肃		1 327		1 327						
青海										
宁夏										
新疆	4 916	514	28	365	121		140	93		
新疆兵团										
大兴安岭	97 224	56 262	5 769	5 477	45 016					463

表 86　林业系统国有独立核算大、中型工业企业主要工业产品生产能力（2002）

产品名称	单　位	年初生产能力	本年新增生产能力			本年减少生产能力	年末生产能力
			合计	其中			
				基建新增	更新改造新增		
一、木材	万 m^3	2 377	1			47	2 331
二、锯材	万 m^3	366.9				17.7	349.2
三、胶合板	万 m^3	106.5	10.6		10.6	12.8	104.3
四、木质纤维板	万 m^3	170.8	16.3	12.3	4.0	5.1	182.0
五、刨花板	万 m^3	151.4	7.2	0.7	5.0	6.3	152.3
六、松香	t	227 569	3			848	256 754
七、栲胶	t	18 320					18 320
八、紫胶	t	3 850					3 850

表 87　林业系统各地区国有独立核算大、中型工业企业主要工业产品生产能力（2002）

单位：万 m^3、t

地　区	木　材	锯　材	胶合板	木质纤维板	刨花板	松　香	栲　胶	紫　胶
全国总计	**2 331**	**349.2**	**104.3**	**182.0**	**152.3**	**256 754**	**18 320**	**3 850**
北　京								
天　津								
河　北								
山　西								
内蒙古	480	64.7	0.9	4.9	14.7		8 000	
内蒙古集团	480	64.7	0.9	4.9	14.7		8 000	
辽　宁								
吉　林	425	108.7	12.3	27.3	27.5			
吉林集团	186	57.7	8.1	13.8	21.0			
黑龙江	496	52.5	4.2	15.9	35.4			
龙江集团	496	52.5	4.2	15.9	35.4			
上　海								
江　苏								
浙　江		3.0		5.3				
安　徽			0.3	4.4	4.0	1 500		
福　建	67	34.6	26.9	33.9	8.8	93 579	1 000	250

(续)

地　区	木　材	锯　材	胶合板	木质纤维板	刨花板	松　香	栲　胶	紫　胶
江　西	53		2.0	0.6				
山　东			4.1	8.0	9.1			
河　南		0.7	3.0	3.3	5.6	985		
湖　北	8	11.9	23.5	12.4	21.3	5 147	500	
湖　南			8.4	16.4	6.1			
广　东								
广　西			4.0	21.0	6.6	85 000		
海　南	24	0.2	0.6			6 000		
重　庆								
四　川	46	7.1	0.3	11.1	2.4	5 893		100
贵　州								
云　南	149	42.7	11.8	13.5	5.8	58 650	8 820	3 500
西　藏								
陕　西				0.2				
甘　肃	32	8.1		0.3				
青　海								
宁　夏								
新　疆	7	1.0		2.0	5.0			
大兴安岭	544	14.0	2.0	1.5				

表 88　全国水产行业第二、第三产业总产值（2001）　单位：万元

指　　标	按现行价格计算
第二产业（工业和建筑业）总产值	8 764 454.46
其中：水产品加工产值	6 224 119.22
渔船渔机仪器修造产值	434 276.72
渔用绳网制造产值	331 127.92
建筑业产值	414 632.69
其他工业产值	1 360 297.91
第三产业（流通和服务业）总产值	6 839 814.11

资料来源：表中数据由农业部渔业局提供。

表 89 我国水产品加工能力、产量及产值（2000—2002）

年份	加工企业数（个）	加工能力（万 t/年）	总产量（万 t）	较上年增长率（%）	折合水产品原料（万 t）	占水产品总产值比率（%）	总产值（亿元）
2000	6 922	933.90	651.50	4.37	1 277.50	29.9	533.90
2001	7 648	1 061.02	690.09	6.04	1 354.09	30.1	622.04
2002	8 140	1 224.68	704.46	2.08		25.6	761.11

表 90 我国沿海省份水产品加工状况（2002）

项 目	全国	山东	浙江	福建	广东	辽宁	江苏	广西	海南	河北	上海	天津	11 个省市合计	占全国比例（%）
水产品总产量（万 t）	4 565.2	695.0	480.7	558.7	628.1	374.8	334.4	255.1	109.3	87.1	32.7	28.6	3 584.5	78.52
加工品产量（万 t）	704.5	257.4	109.6	50.8	94.7	88.5	29.30	22.3	24.6	3.7	2.1	0.8	683.9	97.09
加工品折合成原料（万 t）	1 380.7	504.4	214.9	99.5	185.5	173.5	57.5	43.8	48.3	7.3	4.2	1.6	1 340.5	97.09
加工原料占总产量比例（%）	30.24	72.58	44.70	17.81	29.54	46.29	17.19	17.16	44.18	8.35	12.71	5.7		29.35
加工产值（亿元）	761.1	217.2	146.30	136.7	95.70	61.20	9.50	9.50	8.8	8.7	4.6	0.67	739.6	71.02
加工企业（个）	8 140	1 871	1 763	1 326	1 107	528	523	159	212	221	17	23	7 750	95.21
加工企业平均产值（万元）	935.02	1 161.13	829.98	1 030.84	864.3	1 159.62	960.37	599.01	413.99	392.65	2 684.12	292.17	954.34	比全国平均值多 2.07

资料来源：表 89、表 90 数据由中国水产流通与加工协会提供。

表 91　我国国有水产企业基本情况（2001）　单位：个、人、万元

指　　标	企业数	亏损企业		盈利企业		年末职工人数
		亏损企业	亏损总额	盈利企业	利润总额	
水产捕捞企业	86	37	22 251	47	3 359	33 639
其中：海洋捕捞企业	42	30	19 664	9	2 875	39 346
水产养殖企业	1 039	363	14 298	668	11 545	72 854
其中：海水养殖企业	122	54	5 342	65	2 525	9 053
水产加工企业	392	200	9 253	186	13 638	30 749
其中：水产品加工企业	343	178	7 579	159	12 503	27 400
船网机具修造企业	82	39	4 219	43	2 729	11 722
其中：造船修船企业	46	26	3 048	20	2 163	8 886
水产建筑企业	12	4	51	9	162	641
水产流通服务企业	542	368	18 599	157	9 228	44 975
其中：水产供销企业	393	299	13 082	98	7 088	24 788
总　　计	**2 153**	**1 011**	**68 672**	**1 110**	**40 661**	**194 580**

资料来源：《中国渔业年鉴》2002 年版。

表 92　我国水产品加工业增减情况（2000—2001）

项　　目	单　位	2000 年	2001 年	2001 年比上年增减（%）
水产品加工企业	个	6 922	7 648	10.5
水产品加工能力	kt/年	9 339	10 610	13.6
水产品冷库	座	4 617	5 772	25.0
冻结能力	kt/日	135	154	14.1
冷藏能力	kt/次	1 278	1 396	9.2
制冰能力	kt/日	106	78	-35.9
冷藏总量	kt/日	108 639	115 358	6.2
制冰总量	kt	6 978	7 172	2.8
水产加工品总量	kt	6 515	6 909	6.0
其中：冷冻水产品	kt	3 425	3 812	11.3
干制品	kt	739	778	5.3
腌、熏制品	kt	206	213	3.4
罐制品	kt	29	52	79.3
鱼糜及鱼糜制品	kt	108	92	-14.8
动物蛋白饲料（鱼粉等）	kt	806	723	-10.3
助剂和添加剂	kt	22	29	31.8
水产动物内脏制品	kt	11	9	-18.2
水产调制品	kt	44	48	9.1
水产医药品	kt	16	18	12.5
其他水产品加工品	kt	1 110	1 134	2.2

资料来源：《中国渔业年鉴》2002 年版。

表 93　全国乡镇集体企业农产品加工业现状（2001）

行　　业	企业单位数（个）	平均职工数（人）	工业增加值（万元）	工业总产值（万元）	工业销售产值（万元）
小　　计	**152 479**	**8 156 675**	**25 096 151**	**108 573 525**	**104 556 081**
1. 木材及竹材采运业	2 701	50 964	85 958	367 523	334 303
2. 食品加工业	51 592	1 134 791	4 519 203	20 266 797	19 244 770
3. 食品制造业	7 780	405 829	1 356 757	6 127 257	6 200 756
4. 饮料制造业	11 345	353 448	1 053 756	4 341 541	4 136 466
5. 烟草加工业	71	5 408	26 810	116 576	116 549
6. 纺织业	12 067	1 518 569	5 029 500	22 743 758	21 867 904
7. 服装及其他纤维制品制造业	17 610	1 776 492	4 352 695	17 943 910	17 419 017
8. 皮革、毛皮、羽绒及其制品业	5 171	605 193	1 659 511	6 874 826	6 630 069
9. 木材加工及竹、藤、棕、草制品业	12 256	475 090	1 215 021	5 543 990	5 351 632
10. 家具制造业	9 050	379 385	887 853	3 989 080	3 809 907
11. 造纸及纸制品业	9 845	670 087	2 050 430	8 393 206	8 054 183
12. 印刷及记录媒介复制业	6 041	245 115	762 045	3 103 302	2 977 426
13. 橡胶制品业	2 933	254 112	861 565	3 626 056	3 516 552
14. 专用机械设备制造业	4 287	282 192	1 235 047	5 135 703	4 899 547

表 94　轻工业系统农产品加工业分行业主要经济指标完成情况（2001）

单位：亿元

行　　业	企业单位数（个）	工业总产值（当年价）	工业增加值（当年价）	工业销售产值（当年价）	其中：出口交货值（人民币）	利税总额	资产合计
轻工业总计（不含烟草）	**55 322**	**21 525**	**5 653**	**20 855**	**4 856**	**1 663**	**22 056**
有关农产品加工行业小计	33 266	12 694	3 400	12 320	2 354.2	1 023.3	13 249
1. 造纸及纸制品业	5 025	1 804	475	1 760	127	142	2 710
2. 制盐	241	84	38	81	2.2	14	230
3. 食品加工业	10 333	4 087	940	3 965	450	187	3 111
4. 食品制造业	4 563	1 628	452	1 579	143	144	1 799
5. 饮料制造业	3 307	1 824	642	1 778	54	328	2 853
6. 皮革、毛皮、羽绒及其制品业	3 539	1 573	391	1 526	890	83	1 006
7. 木材加工及竹藤棕草制品业	594	123	30	119	65	8.3	75
8. 家具制造业	1 625	435	117	422	159	32	398
9. 工艺美术品制造业	2 922	732	205	705	429	49	501
10. 轻工机械	1 117	404	110	385	35	36	566

注：1. 表中数字出自中国轻工信息统计中心。

2. 本表统计范围为轻工业系统全部国有和年产品销售收入 500 万元以上非国有工业企业。

表 95　轻工业系统食品工业分行业主要经济指标（2001）　单位：亿元

行　业	企业单位数（个）	工业增加值	工业总产值	产品销售收入	利税总额	固定资产净值年平均余额	全员劳动生产率[万元/(人·年)]
食品工业合计							
1. 食品加工业	10 333	940	4 087	3 813	187	1 192	24.67
粮食及饲料加工业	5 021	304	1 416	1 405	39	364	29.40
植物油加工业	1 270	160	803	765	20	191	43.89
其中：食用植物油	1 228	159	795	760	20	190	44.16
制糖业	353	86	258	249	39	209	13.03
屠宰及肉类蛋类加工业	1 808	198	842	825	41	242	18.02
水产品加工业	970	120	506	431	30	100	30.94
盐加工业	48	3.9	11	10	1.7	9	8.45
其他食品加工业	911	71	263	237	17	85	16.17
2. 食品制造业	4 563	452	1 628	1 519	144	692	18.08
糕点、糖果制造业	1 441	145	510	498	50	229	17.74
乳制品制造业	434	80	292	272	32	84	26.45
罐头食品制造业	497	29	135	126	6	62	12.90
发酵制品业	264	49	173	147	14	89	18.85
调味品制造业	717	41	132	121	12	56	13.81
其他食品制造业	1 210	108	387	356	29	172	18.38
3. 饮料制造业	3 307	642	1 824	1 727	328	1 073	19.20
酒精及饮料酒制造业	2 045	455	1 155	1 092	254	781	15.45
软饮料制造业	816	142	514	488	53	235	35.10
制茶业	332	12	49	45	2.6	19	12.57
其他饮料制造业	114	33	106	103	19	37	62.72
4. 烟草加工业							

表 96　我国食品工业焙烤食品糖制品工业主要经济指标（2001）

行　业	产品产量（万 t）		销售收入（亿元）		利润总额（亿元）		税金总额（亿元）	
	累计	同比（%）	累计	同比（%）	累计	同比（%）	累计	同比（%）
糖果业	39.11	11.62	99.8	18.34	8.57	30.6	7.06	37.22
糕点业	(58)	(20)	49.6	18.69	1.15	11.7	2.76	4.62
饼干业	62.02	9.75	98.4	11.58	4.33	2.36	5.06	12.8
方便主食品业	262.76	7.21	218.1	9.10	7.67	−17.30	9.57	−2.13
蜜饯业			32.7	58.6	0.72	−8.9	1.14	42.09
冷冻饮品业	53.24	5.20	38.2	−1.85	−2.69	−8.19	1.80	−1.77

表 97　我国饮料行业主要经济指标完成情况（2000—2001）

项　　目	单　位	2000 年	2001 年	2001 年比上年增减（%）
企业数	个	790	816	3.3
工业总产值（当年价）	亿元	446	514	15.2
工业总产值（1990 年不变价）	亿元	446	522	17.0
产品销售收入	亿元	411	488	15.8
固定资产原价合计	亿元	289	328	13.5
固定资产净值	亿元	210	231	10.0
利税总额	亿元	43	53	23.3
饮料总产量	万 t	1 491	1 680	12.7
职工人数	万人	14	15	7.1

表 98　我国乳制品行业主要经济指标完成情况（2001）

指　标　名　称	计量单位	全部乳品企业	其中:1. 国有企业	2. 集体企业	3. 外商投资企业
企业单位数	个	434	162	44	51
其中：亏损企业	个	110	53	6	18
工业总产值（当年价）	万元	2 916 841	1 178 236	181 668	890 493
工业销售产值（当年价）	万元	2 811 331	1 140 863	171 568	852 215
工业增加值（当年价）	万元	801 673	307 725	46 239	217 499
产品销售率	%	96.38	96.83	94.44	95.70
产品销售收入	万元	2 718 897	1 132 399	156 483	824 043
利润总额	万元	171 209	54 272	6 268	71 110
亏损企业亏损总额	万元	36 027	13 413	185	22 685
利税总额	万元	319 675	111 863	12 237	130 251
本年应付工资总额	万元	123 855	66 655	5 079	39 219
全部从业人员平均人数	人	110 410	57 905	7 696	15 979

注：1.“全部乳品企业”指全部国有及年产品销售收入 500 万元以上非国有乳品企业。

表 99 各地区乳制品制造业产值（2001—2002） 单位：万元

地 区	2001	2002
全国总计	**2 916 841**	**3 621 446**
北 京	121 517	154 392
天 津	64 952	61 623
河 北	363 291	486 678
山 西	31 494	36 901
内 蒙 古	342 426	534 948
辽 宁	48 035	55 788
吉 林	7 702	7 007
黑 龙 江	456 874	625 252
上 海	343 767	394 449
江 苏	221 533	202 013
浙 江	93 953	109 563
安 徽	15 667	20 725
福 建	26 070	42 270
江 西	32 755	31 638
山 东	253 268	253 262
河 南	19 013	30 789
湖 北	16 757	23 350
湖 南	44 881	62 316
广 东	192 217	185 513
广 西	6 131	8 699
海 南		1 542
重 庆	21 476	28 669
四 川	13 391	39 424
贵 州	5 521	9 674
云 南	12 683	25 925
西 藏	67	30
陕 西	84 140	86 616
甘 肃	25 035	22 862
青 海	1 146	1 446
宁 夏	34 289	60 199
新 疆	16 793	17 882

表 100 轻工业系统机械行业重点企业分类主要经济指标（2001）

产品分类	企业数（个）	工业总产值（万元）（1990 年不变价）	产品销售产值（万元）	出口交货值（万元）	利税总额（万元）
造纸机械	32	150 778	111 746	899	6 554
酿酒、饮料、乳品机械	18	93 094	81 985	4 253	8 864
制革制鞋机械	11	12 769	11 188	1 156	707
糖、盐及食品包装机械	37	195 602	164 354	16 169	18 950
织物加工及洗涤机械	6	34 182	35 952	2 554	6 926
其他机械	28	130 137	130 495	13 302	7 712

表 101 轻工业系统造纸与其他轻工业行业独立核算企业工业总产值、工业增加值比较（2000—2001）

单位：亿元、%

行业	2000 年				2001 年			
	工业总产值	造纸与其他行业相比较	工业增加值	造纸与其他行业相比较	工业总产值	造纸与其他行业相比较	工业增加值	造纸与其他行业相比较
制浆造纸	1 090	1.00	292	1.00	1 239	1.00	333	1.00
1. 纸浆制造业	27.3		8.3		34.3		7.7	
2. 造纸业	1 063		284		1 204		325	
日用化学产品	777	1.40	217	1.34	891	1.39	263	1.26
食用加工制造业	5 165	0.21	1 251	0.23	4 087	0.30	940	0.35
饮料制造业	1 752	0.62	619	0.47	1 824	0.70	642	0.52
塑料制品	1 900	0.57	464	0.63	2 137	0.58	541	0.61
日用电器	1 736	0.63	435	0.67	1 996	0.62	472	0.70
轻工机械	675	2.91	102	2.87	404	3.06	110	3.03

注：表中 2000、2001 年数据为全国轻工行业（不含烟草）全部国有和年产品销售收入 500 万元以上非国有工业企业数据。

表 102 全国造纸工业职工人数及劳动生产率（机制纸）（1999—2001）

单位：万人、元/人

行业	1999 年		2000 年		2001 年	
	职工人数	劳动生产率	职工人数	劳动生产率	职工人数	劳动生产率
造纸及纸制品业	119.24	29 817	113.41	36 384	113.80	41 707
纸浆制造业	1.94	19 807	1.92	43 094	2.45	31 188
造纸业	86.42	28 464	80.67	35 148	78.35	41 484
机制纸及纸板制造业	83.05	27 796	77.52	34 310	75.16	41 159
手工纸制造业	0.46	37 730	0.39	21 622	0.29	20 172
加工纸制造业	2.91	46 065	2.77	60 505	2.91	52 025
纸制品			30.82	39 203	33.00	43 019

表 103　各地区造纸工业主要经济指标（机制纸）（2001）　　单位：万元

地　区	企业单位数	工业总产值	工业增加值	资产合计	利税总额	从业人员	劳动生产率（元/人）
全国总计	**2 568**	**12 044 265**	**3 250 375**	**20 756 159**	**1 029 667**	**783 528**	**41 484**
北　京	22	91 919	33 619	103 928	21 919	4 219	79 685
天　津	67	129 331	19 497	426 277	290	9 574	20 365
河　北	181	754 931	212 177	809 532	79 317	58 421	36 319
山　西	25	36 609	11 664	96 548	1 217	5 069	23 010
内蒙古	9	54 000	19 078	76 346	6 109	5 949	32 069
辽　宁	52	198 278	40 694	681 615	13 797	29 490	13 799
吉　林	36	170 546	52 179	660 180	5 531	23 449	22 252
黑龙江	40	303 729	64 476	1 264 765	18 226	31 835	20 253
上　海	59	358 151	90 598	500 866	39 420	10 302	87 942
江　苏	117	1 459 829	313 765	3 145 473	40 996	41 254	76 057
浙　江	329	1 399 808	325 873	1 760 462	133 693	59 536	54 735
安　徽	60	183 818	51 075	317 633	12 197	17 907	28 522
福　建	119	436 138	125 503	871 831	47 390	21 665	57 929
江　西	51	126 772	41 468	367 633	－1 052	13 874	29 889
山　东	218	2 215 637	672 302	3 833 730	263 697	159 003	42 282
河　南	389	914 782	295 159	860 383	83 687	89 441	33 000
湖　北	103	364 224	121 248	372 238	31 512	22 836	53 095
湖　南	122	432 584	129 396	632 282	39 289	31 033	41 696
广　东	235	1 422 324	346 320	1 955 258	108 144	41 270	83 916
广　西	59	200 095	48 829	366 945	12 435	20 510	23 807
海　南	3	4 648	1 364	9 011	－1 902	436	31 284
重　庆	22	42 901	9 898	54 410	2 302	4 278	23 137
四　川	91	322 018	95 306	547 022	27 016	31 855	29 919
贵　州	16	18 661	5 515	38 047	1 023	3 283	16 799
云　南	35	136 424	52 813	291 983	22 493	9 222	57 268
西　藏							
陕　西	56	104 571	27 288	219 668	4 466	13 029	20 944
甘　肃	27	30 898	9 161	51 673	1 253	6 218	14 733
青　海	1	3 178	185	7 843	245	500	3 700
宁　夏	14	100 884	24 233	299 897	11 305	13 037	18 588
新　疆	10	26 580	9 694	132 681	3 652	5 033	19 261

表 104 我国部分制浆造纸机械企业主要经济指标完成情况（2000—2001）

企业名称	总产量（t）		工业总产值（万元）		产品销售收入（万元）		实现利润总额（万元）		实现利税总额（万元）	
	2000 年	2001 年	2000 年	2001 年	2000 年	2001 年	2000 年	2001 年	2000 年	2001 年
辽阳造纸机械股份有限公司	7 215	8 725	16 758	18 753	13 953	15 169	287	353	1 986	2 353
沙市轻工机械有限公司	2 459	2 462	8 201	8 400	8 115	8 371	178	206	454	502
宜宾造纸机械厂	2 767	2 190	3 122	2 386	2 654	2 188	−197	0.5	−15	182
天津轻工机械厂	1 863	2 801	2 603	4 600	5 871	6 248	50	8	50	8
上海轻工机械二厂	2 135	2 437	6 896	5 913	6 400	6 000	50	27	62	59
上海麦建造纸机械有限公司			3 760	3 890	3 619	3 647	108	71	250	199
福建省轻工机械设备有限公司	1 018	1 060	1 072	1 193	1 028	1 150	80	100	160	180
湖南零陵轻机厂	3 820	3 974	4 365	4 571	4 184	4 432	408	424	259	276
贝诺西贝胶辊有限公司	180 混炼胶	225 混炼胶	1 564	2 064						
山东淄博轻工机械股份有限公司	1 430	1 800	4 291	5 380	3 750	5 020	156	251	411	517
山东济宁华一轻工机械有限公司	3 728	5 363	4 916	7 617	5 863	8 460	213	366	571	833
山东安丘汶瑞机械制造有限公司	3 481	3 841	5 069	7 620	5 069	6 285	856	862	442	558
山东昌华造纸机械有限公司	6 290	6 675	7 247	8 241	7 940	8 444	60	151	506	585
山东章丘造纸机械厂	2 800	3 000	2 000	2 300	1 800	2 000	140	150	210	230

表 105 纺织工业农产品加工行业（国有及国有控股企业）主要经济指标（2001）

行　业	工业总产值（亿元）	工业增加值（亿元）	利税总额（亿元）	职工总数（万人）	企业单位数（个）
有关农产品加工行业小计	1 667	454	6.03	227.6	2 734
棉纺织业	1 101	300	7	150	1 145
毛纺织业	125	32	−0.71	16	249
麻纺织业	45	13	−0.7	8.6	95
丝绢纺织业	109	26	−1.24	14	250
针织品业	81	22	−0.34	11	303
服装及其他	129	39	−0.58	20	533
专用设备制造业	77	22	2.6	8	159

注：表中数据为全国纺织工业中国有及国有控股企业分行业经济指标。

表 106　纺织工业农产品加工行业（全国纺织工业企业）主要经济指标（2001）

行　业	工业总产值（亿元）	工业增加值（亿元）	利税总额（亿元）	职工总数（万人）	企业单位数（个）
有关农产品加工行业小计	7 835	1 966	227.65	697.5	18 939
棉纺织业	2 887	734	61	276	5 000
毛纺织业	613	145	16.5	46	1 133
麻纺织业	76	21	0.15	12.5	228
丝绢纺织业	771	165	20	54	1 852
针织品业	671	172	19	55	2 192
服装及其他	2 581	667	100	237	7 997
专用设备制造业	236	62	11	17	537

注：表中数据为全国纺织工业企业分行业经济指标。

表 107　纺织工业棉纺行业主要经济指标完成情况（2000—2001）

指　标	单　位	2000 年	2001 年	2001 年比上年增减（%）
企业个数	个	2 692	2 935	9.03
工业总产值	亿元	1 800	1 863	3.50
工业增加值	亿元	449	509	13.36
出口交货值	亿元	420	413	-1.70
产品销售收入	亿元	1 392	1 736	24.71
利税总额	亿元	68	97	42.65
资产合计	亿元	2 112	2 169	2.80

表 108　纺织工业毛纺行业主要经济指标完成情况（2001）

指　标	单位	全国毛纺工业			国有毛纺企业		
		合　计	毛纺织行业	毛针织行业	合　计	国　有 毛纺织企业	国　有 毛针织企业
企业数	个	1 881	1 133	748	304	249	55
工业总产值	亿元	807	613	194	141	125	16
产品销售收入	亿元	749	571	178	139	123	16
利税总额	亿元	44	34	10	2.8	3.2	-0.4
出口交货值	亿元	259	159	100	39	33	6
资产负债率	%	69.96	65.27	60.37	68.23	70.38	66.07
职工人数	万人	66	46	20	19.14	16.50	2.64

表 109　纺织工业丝绸行业主要经济指标完成情况（2001）

指　标	单　位	2001 年	2001 年比上年增减（%）
企业个数	个	2 062	
工业总产值(1990 年不变价)	亿元	955	14.17
工业增加值	亿元	183	13.76
产品销售收入	亿元	801	13.85
出口交货值	亿元	193	14.79
利润总额	亿元	23	4.71
资产合计	亿元	794	7.80
职工人数	万人	59	-0.4

表 110　纺织工业丝绸行业主要经济指标完成情况（2002）　　单位：亿元

行　业		合　计	丝绸纺织	缫丝	绢纺	丝织	丝印染	丝针织	全国总计
企业数（家）		2 055	1 844	482	109	898	190	211	23 600
亏损数（家）		435	404	194	23	119	27	31	4 652
亏损面（%）		21.17	21.91	40.25	21.10	13.25	14.21	14.69	19.71
产品销售收入	全　年	883.4	808.8	109.7	59.20	474.1	115.3	74.7	10 024.3
	同比%	16.03	16.9	1	1.8	21.3	29.3	7.5	15.2
利润总额	全　年	28.7	24.8	−0.73	1.4	16.7	5.6	3.9	336.6
	同比%	5.4	4.4	−1.3	−0.2	4.3	1	1	66.8
亏损企业亏损总额	全　年	7.2	6.9	3	0.32	2	0.8	0.3	90
	同比%	25.5	31.9	108.3	−8.3	0.4	45.1	−38.9	−1.6
资产合计	全　年	840.6	763.5	106.7	54.2	443.2	113.8	77	10 655.5
	同比%	15.0	15.3	1.1	14.2	20.5	12.9	11.9	10
负债合计	全　年	552.8	509.3	85.6	35.3	289.9	70	43.4	6 744.5
	同比%	13.4	13.9	1.1	14.1	18.1	14.3	7.8	9.4
工业总产值（1990年不变价）	全　年	985.6	905.4	123.1	64.2	454.7	117.6	80.2	10 195.1
	同比%	18.5	19.4	9.5	2.8	23.1	29.4	8.8	15.5
工业增加值	全年	199.3	180	28.9	13.5	98.4	27.3	19.3	2 646.2
	同比%	15.7	16.4	3.1	0.2	20.9	26.9	9.9	13.4
销售产值	全年	906.8	827.6	118.7	61.2	482.7	112.1	79.3	10 380.4
	同比%	16.1	16.9	3.9	1.3	21.2	28	8.7	14.1
出口交货值	全年	229.5	192.5	27.8	17.6	98.7	25.9	36.9	3 404.4
	同比%	17.2	21.1	−2.2	−1.6	28.5	82.8	0.3	13.6
从业人员（万人）	全年	55.7	51.3	16.4	4.9	21.4	5.7	4.4	788.9
	同比%	0.32	0.18	−4.3	0.2	2.2	3.2	1.9	2.8

表 111　纺织工业麻纺织行业主要经济指标完成情况（2001）

指　　标	单　　位	2001 年	2001 年比上年增减（%）
工业总产值	亿元	76	2.75
工业增加值	亿元	21	2.75
产品销售收入	亿元	60	−5.82

注：表中数据为中国纺织工业协会统计中心对 228 户麻纺织工业企业统计的数据。

表 112 纺织工业针织品行业主要经济指标完成情况（2001）

指 标	单 位	2001 年	2001 年比上年增减（%）
企业个数*	个	1 444	
工业总产值*（现）	亿元	477	9.82
工业增加值*	亿元	118	9.80
产品销售收入*	亿元	437	9.64
利润总额**	亿元	14	
资产负债率**	%	63.18	下降 3.15 个百分点
劳动生产率**	元/人	31 490	5

注：*为全国规模以上针织企业，不含毛针织企业。

**为全国针织行业的统计数据。

表 113 纺织工业服装及其他纤维制品制造业主要经济指标完成情况（2001）

指 标	单 位	2001 年	2001 年比上年增减（%）
产品销售收入	亿元	2 406	13.20
利润总额	亿元	100	84.50
应交增值税	亿元	61	15.08
资产总计	亿元	1 920	9.52
流动资产净值平均余额	亿元	1 110	11.34
固定资产净值平均余额	亿元	529	8.23
产成品	亿元	203	8.96
职工人数	万人	237	8.42

注：表中数据为国家统计局统计规模以上服装工业企业的数据。

表 114 纺织工业服装及其他纤维制品制造业主要经济指标完成情况（2002）

指标名称	2001 年	2001 年比上年增减（%）
资产总计	2 060.3	11.19
负债合计	1 175.3	11.02
流动资产净值平均余额	1 164.6	9.08
固定资产净值平均余额	576.9	11.87
产品销售收入	2 687.6	12.14
产品销售成本	2 313.2	12.54
产品销售费用	96.4	15.18
产品销售税金及附加	11.9	19.96
利润总额	106.2	7.57
亏损企业亏损额	17.04	5.43
产成品	209.60	6.78
全部从业人员平均人数（万人）	257.50	7.16
应交增值税	65.20	5.78

注：表中数据为国家统计局统计的规模以上服装企业的数据。

表 115 纺织工业纺机行业主要经济指标完成情况（2001）

指标	单位	2001	2001 年比上年增减（%）
工业总产值	亿元	236	13.41
产品销售收入	亿元	224	12.86
生产总量	万 t	28	-6
利润总额	亿元	11	33

注：表中数据为国家统计局对纺机行业中 537 家企业的统计数据。

表 116 国家定点书刊印刷企业主要经济指标完成情况（2000）

类别	企业单位数（个）	工业增加值（万元）	产品销售收入（万元）	利润总额（万元）	固定资产净值平均余额（万元）	年职工人数（人）
全国总计	**298**	**317 742**	**675 370**	**45 093**	**839 467**	**141 473**
其中：直属厂	84	148 721	267 124	8 236	378 739	59 668
非直属厂	214	169 021	408 246	36 857	460 728	81 805
中央	36	33 372	63 809	3 211	116 326	14 201
其中：直属厂	5	7 498	9 160	100	27 494	3 818
非直属厂	31	25 873	54 649	3 111	88 833	10 383
地方	262	284 370	611 562	41 882	723 141	127 272
其中：直属厂	79	141 223	257 964	8 137	351 245	55 850
非直属厂	183	143 147	353 597	33 745	371 895	71 422

表 117 全国书刊印刷企业工业总产值及印刷用纸总量（2000）

类别	企业单位数（个）	工业总产值（万元）		工业销售产值（万元）	全年印刷用纸总量（万令）
		合计	其中：书刊产品		
全国总计	**1 152**	**1 686 338**	**1 059 540**	**1 598 970**	**9 263**
国家定点厂	301	774 688	511 403	749 123	4 610
其中：直属厂	84	291 550	243 278	281 804	1 906
非直属厂	217	483 138	268 125	467 319	2 704
省级定点厂	856	911 650	548 137	849 847	4 652
中央	82	128 273	92 241	124 651	1 242
国家定点厂	38	87 575	58 563	86 671	1 032
其中：直属厂	5	12 225	11 596	13 182	100
非直属厂	33	75 350	46 967	73 489	932
省级定点厂	44	40 698	33 678	37 980	210
地方	1 070	1 558 065	967 299	1 474 318	8 021
国家定点厂	263	687 114	452 839	662 452	3 579
其中：直属厂	79	279 326	231 682	268 622	1 807
非直属厂	184	407 788	221 157	393 829	1 772
省级定点厂	812	870 952	514 460	811 867	4 442

表 118　全国 150 家书刊印刷企业完成的主要经济指标（2002）

工业总产值（亿元）	工业销售产值（亿元）	工业增加值（亿元）	产品销售收入（亿元）	利税（亿元）	利润（亿元）	人均利税（元/年）	人均工资（元/年）
54.9	54	26.5	52.5	6.5	1.45	8 649	14 071

说明：在统计的 150 家企业中，盈利企业 112 家占全部的 79%；其中：100 万元以上的 48 家，200 万元以上的 29 家，300 万元以上的 21 家，完成 500 万元以上的 49 家，实现利税千万元以上的 13 家。

表 119　全国百家包装印刷企业经济效益统计情况*（2002）

工业总产值（万元）	比 2001 年增减（%）	销售收入（万元）	比 2001 年增减（%）	利税总额（万元）	比 2001 年增减（%）	利润（万元）	比 2001 年增减（%）
590 639	4	580 121	5	80 677	2	49 202	2

注：* 上述数字为 112 家调查统计数字。

表按人均创利税统计：万元以上 56 家，占 50%；千元以上 40 家，占 36%；千元以下 4 家，占 4%；未实现利税 12 家，占 10%。

表 120　全国 66 家印刷机械企业主要经济指标完成情况（2000）

企业名称	工业总产值（万元）	工业增加值（万元）	产品销售收入（万元）	利润总额（万元）	平均资产净值（万元）	全员劳动生产率（元/人）
上海电气印刷包装机械公司	104 882	33 040	106 437	11 818	27 205	70 871
威海滨田印刷机械有限公司	7 267	2 436	7 113	1 000	6 573	171 549
威海印刷机械有限公司	6 812	4 027	4 481	1 101	4 258	94 089
营口冠华胶印机有限公司	11 184	5 295	10 018	1 838	3 840	77 526
上海紫光机械有限公司	15 372	5 771	15 540	2 463	3 229	98 649
景德镇印刷机械有限公司	17 783	8 536	14 991	1 845	5 215	87 102
曲阜海惠印刷技术发展公司	1 064	719	1 002	179	705	13 167
上海高斯印刷设备有限公司	20 794	8 114	21 112	2 652	7 204	101 935
温州印刷机械厂	3 931	2 015	3 572	226	2 251	80 600
河南午阳县印刷机械厂	7 610	2 833	7 930	570	8 139	59 021
山东菏泽生建机械厂	4 568	1 801	4 420	480	3 128	16 066
上海申威达机械有限公司	21 638	5 455	19 152	1 653	4 001	83 029
上海亚华印机有限公司	13 390	2 881	12 879	1 404	3 894	59 772
上海紫明机械有限公司	7 958	2 865	7 888	423	1 317	75 197
中江利通印刷机械有限公司	1 907	941	2 068	145	2 043	47 050
武进永盾机械制造有限公司	1 180	386	921	49	360	44 884
温州神力集团有限公司	7 228	1 979	5 303	563	13 231	43 590

（续）

企业名称	工业总产值（万元）	工业增加值（万元）	产品销售收入（万元）	利润总额（万元）	平均资产净值（万元）	全员劳动生产率（元/人）
温州瑞龙机械成套有限公司	450	138	389	38	530	34 500
北人集团公司	55 488	22 643	54 483	5 396	51 612	53 848
上海紫宏机械有限公司	903	531	3 170	304	5 070	23 812
福建广宇集团南平机械公司	707	173	671	31	390	20 595
北京北人富士印刷机械公司	3 173	1 323	3 657	81	758	98 731
上海光华印机有限公司	10 799	3 192	11 540	653	2 640	47 429
河北装潢印刷机械股份公司	2 514	1 086	2 425	38	1 134	17 745
无锡中策机电设备有限公司	2 045	1 022	2 051	100	653	38 134
河南新机（集团）责任公司	26 020	13 001	26 385	236	10 061	61 969
陕西黄工集团印机责任公司	13 516	5 744	13 420	242	3 844	32 270
北京实时激光全息制品厂	543	265	500	2	55	55 208
天津轻工装潢机械厂	898	374	854	84	2 823	14 667
温州群英印刷机械有限公司	1 723	817	1 759	53	709	3 106
江苏昌升集团公司	12 681	5 230	11 994	199	5 397	38 036
江西通达印刷机有限公司	1 996	757	2 100	16	2 302	24 263
长春印机有限责任公司	3 554	1 491	3 023	81	2 640	17 750
上海利达刀片有限公司	3 023	416	2 804	−16	675	36 814
湖南机械刀片厂	836	401	679	4	604	12 152
汕头韩江实业（集团）公司	2 311	1 130	2 098	18	3 586	20 887
宜昌印机有限责任公司	1 191	379	1 004	5.3	1 663	14 805
上高县印刷机械厂	1 377	348	803	1	809	15 467
平凉普业印机有限责任公司	1 698	688	1 521	6	2 137	12 486
浙江德清天兴机械有限公司	1 553	459	1 517	10	1 109	15 828
湖南第二人机厂	1 464	956	1 306	1	2 845	18 931
广东汕头通用机械厂	950	540	860	2	1 971	16 875
泰兴预涂感光版材厂	849	187	621	−6	282	49 211
镇江里其乐机械有限公司	2 150	1 083	2 080	−52	1 572	28 575
湖南印刷机器有限责任公司	3 342	1 404	3 437	22	7 542	8 598
太行印机有限责任公司	1 922	1 036	1 607	0.2	2 296	10 769
泰兴兴达印刷器材有限公司	1 232	137	956	−12	475	16 118
郴州通用路桥工程机械厂	845	380	703		1 798	6 463
无锡市长城机器总厂	1 492	631	935	−15	4 449	9 198

（续）

企业名称	工业总产值（万元）	工业增加值（万元）	产品销售收入（万元）	利润总额（万元）	平均资产净值（万元）	全员劳动生产率（元/人）
温州市通用机械厂	104	41	106		18	13 667
五台县八一机械厂			12		170	
唐山玉印印刷机械有限公司	6 940	2 503	2 490	－160	3 536	43 455
新会印刷机械厂	199	59	240	－30	906	4 958
泰兴泰仪印刷机械有限公司	385	81	328		1 378	1 961
深圳特发机械工贸有限公司	2 470	827	2 255	－370	1 293	38 645
哈尔滨市印刷包装机械厂	63	21	70	－4	36	3 387
长春市第二印刷机械制造厂	91	－21	100	－2	44	－2 143
海门北人印刷机械有限公司	1 698	500	1 522	－265	2 173	8 306
城步县印刷机械有限公司	156	45	127	－48	219	3 879
咸阳铸字机械厂	476	79	338	－201	2 913	1 176
泰兴泰仪桓泰印刷版材厂	516	93	446	－279	507	5 109
哈尔滨印包机械有限公司	1 536	－774	1 470	－1 463	9 268	－3 560
抚州印刷机械厂	110	49	69	－76	846	7 101
营口印刷设备厂	181	－10	140	－166	2 335	－7.41
浚县印刷机械厂	557	170	66	－82	357	15 455
广西金牛集团公司	938	－318	561	－887	4 532	－7 361
上海通亚印刷机械有限公司	1 360	411	1 224	－148	－66	25 061
总　计	**330 711**	**128 224**	**311 508**	**19 482**	**224 284**	**34 518**

表 121　我国橡胶工业总产值、增加值、销售收入（1998—2000）

单位：亿元

项　目	1998 年	1999 年	2000 年
全国工业总产值（1990 年不变价）	57 574.6	64 776.8	75 710.6
其中：橡胶制品业（1990 年不变价）	769.7	823.0	870.2
化工系统工业总产值（1990 年不变价）	2 814.7		
其中：橡胶行业（1990 年不变价）	501.1		
全国工业增加值	19 421.9	21 564.7	25 394.8
其中：橡胶制品业	203.1	202.6	218.8
化工系统工业增加值	744.9		
其中：橡胶行业	131.5		
全国工业产品销售收入	64 148.9	69 851.7	82 314.3
其中：橡胶制品业	692.1	690.7	731.8
化工系统产品销售收入	2 725.4		
其中：橡胶行业	395.9		

表 122　我国橡胶工业全部独立核算工业企业主要经济指标（1998—2000）

单位：万元

行　业	企业单位数（个）			工业总产值		
	1998 年	1999 年	2000 年	1998 年	1999 年	2000 年
橡胶制品业	1 785	1 805	1 783	7 655 759	7 803 008	8 127 003
轮胎制造业	188	202	200	3 451 704	3 658 325	3 925 304
力车胎制造业	85	82	79	565 150	495 990	462 449
橡胶板、管、带制造业	363	357	357	976 291	978 274	994 622
橡胶零件制品业	212	242	254	388 156	481 187	521 597
再生橡胶制造业	82	88	83	154 012	123 419	117 693
橡胶靴鞋制造业	429	410	390	1 303 220	1 226 328	1 206 639
日用橡胶制品业	127	119	113	344 267	338 524	376 098
其他橡胶制品业	245	257	259	427 504	459 753	477 874
橡胶制品翻修业	54	48	48	45 455	41 207	44 725
轮胎翻新业	48	42	41	38 330	30 743	35 207
其他橡胶制品翻新业	6	6	7	71 258	10 464	9 518
橡胶工业专业设备制造业	58	60	61	130 600	150 781	175 527

行　业	工 业 增 加 值			新 产 品 产 值		
	1998 年	1999 年	2000 年	1998 年	1999 年	2000 年
橡胶制品业	2 031 038	2 026 065	2 189 810	484 876	696 145	779 872
轮胎制造业	948 632	915 111	1 030 453	293 333	521 996	591 353
力车胎制造业	133 864	149 231	118 454	15 304	24 270	14 795
橡胶板、管、带制造业	264 785	261 976	281 573	56 630	76 251	52 982
橡胶零件制品业	145 955	126 265	169 794	15 850	15 925	33 301
再生橡胶制造业	31 359	35 568	34 320	445	103	1 417
橡胶靴鞋制造业	302 061	310 808	312 469	41 252	52 509	44 250
日用橡胶制品业	88 071	83 866	92 584	7 850	3 631	7 721
其他橡胶制品业	133 765	99 583	138 808	36 673	18 854	34 052
橡胶制品翻修业	11 095	15 110	11 353	147		
轮胎翻新业	7 953	2 771	8 975	147		
其他橡胶制品翻新业	3 141	2 339	2 378			
橡胶工业专业设备制造业	41 714	31 899	49 641	16 294	10 763	27 666

（续）

行业	工业销售产值			出口交货值		
	1998年	1999年	2000年	1998年	1999年	2000年
橡胶制品业	7 348 469	7 510 727	7 804 670	1 501 465	1 601 535	1 853 072
轮胎制造业	3 319 853	3 515 528	3 778 206	483 635	666 828	837 312
力车胎制造业	551 822	481 307	452 057	141 458	94 941	95 180
橡胶板、管、带制造业	920 628	939 062	954 755	67 228	84 792	109 461
再生橡胶制造业	147 047	118 449	110 938	21 598	1 032	2 844
橡胶靴鞋制造业	1 260 609	1 183 976	1 133 810	467 941	478 156	468 884
日用橡胶制品业	335 301	331 147	366 598	112 821	81 551	110 431
其他橡胶制品业	402 943	442 798	462 190	115 610	99 141	128 150
橡胶制品翻修业	42 837	38 792	42 009	23	866	2 966
轮胎翻新业	35 933	38 399	33 493	23		
其他橡胶制品翻新业	6 904	10 393	8 516		866	2 966
橡胶工业专业设备制造业	123 511	141 267	171 853	21 634	23 342	16 508

表 123　我国中药行业生产经营情况（2002）

中药企业（个）	中成药产量		工业总产值(按2001年可比价格)		工业销售产值	
	万t	同比（%）	亿元	同比（%）	亿元	同比（%）
1 283	52.3	21.72	637.4	16.39	598.5	15.75

表 124　我国中药行业经济效益情况（2002）

工业销售收入		利润总额		工业销售利润率	
亿元	同比（%）	亿元	同比（%）	当年（%）	同比（%）
598.12	17.25	63.1	19.40	10.55	-0.35

表 125　我国中药行业实现销售收入和利润前 50 家企业经济效益占中药工业比重（2002）

年份	销售收入（%）	实现利润（%）
2000	51.12	50.85
2001	53.17	57.12
2002	53.01	61.03

农产品加工业主要产品产量

表 126　全国农产品加工业主要产品产量（2000—2002）

产品名称	单位	2000 年	2001 年	2002 年
纱	万 t	657	761	850
布	亿 m	277	290	322.39
其中：纯棉布	亿 m	139	154	172.54
针绵织品折用纱线量	万 t	63	117	116.52
绒线（毛线）	万 t	42	46	51.50
丝	万 t	7	9	9.82
呢绒	万 m	27 832	34 303	32 691.21
机制纸及纸板	万 t	2 487	3 777	4 666.99
原盐	万 t	3 128	3 411	3 602.43
糖	万 t	700	653	926
卷烟	万箱	3 397	3 402	3 467.08
罐头	万 t	178	290	375.17
白酒	万 t	476	817	739.57
啤酒	万 t	2 231	2 289	2 402.70
食用植物油	万 t	835	1 383	1 531.22
中成药	万 t	39	66	94.32
轮胎外胎	万条	12 158	13 573	16 306.59
木材	万 m^3	4 724	4 552	4 436.07

注：1. 纱包括纯棉纱、绵混纺纱、纯化纤纱，不包括棉线、代用纤维纱和手工纺纱。
　　2. 布包括纯棉布、棉混纺布、纯化纤布，不包括代用纤维布、手工织布。
　　3. 针棉织品为折用棉纱量。
　　4. 表中数据由国家统计局提供。

表 127　机械工业系统主要农产品加工机械产品产量、销售量及库存（2002）

产品名称	单位	2001 年产品产量	2002 年产品产量	2002 年比上年增减（%）	2002 年销售实物量	2002 年末库存实物量
一、农副产品加工机械	台	159 293	33 991	−78.66	33 765	15 611
粮食加工机械	台	132 048	16 953	−87.16	17 875	2 989

（续）

产品名称	单位	2001年产品产量	2002年产品产量	2002年比上年增减（%）	2002年销售实物量	2002年末库存实物量
其中：碾米机	台	101 205	4 993	-95.07	5 736	839
磨粉机	台	23 758	7 212	-69.64	7 367	1 693
棉花加工机械	台	1 910	2 611	36.70	2 259	715
油料加工机械	台	8 825	10 056	13.95	8 763	7 384
茶叶加工机械	台	4 809	3 863	-19.67	3 146	2 372
薯类加工机械	台				20	
其他加工机械	台	11 651	503	-95.68	1 716	2 131
二、饲（草）料加工机械	台,(套)	101 194	3 871	-96.17	3 508	3 047
其中：大、中型成套设备	套		12		12	
机动饲料粉碎机	台	27 161	3 139	-88.44	2 818	2 960
三、奶制品采集加工机械	台					
四、机动伐木锯	台					
五、渔业机械	台	3 017				

资料来源：表中数据由中国农业机械工业协会提供。

表128　机械工业系统全国农机公司农产品加工机械商品销售、库存统计（2002）

单位：万元

地区	农机商品		其中：农副产品加工机械类	
	全年销售额	年末库存量	全年销售额	年末库存量
全国总计	**1 173 746**	**157 974**	**16 887**	**6 946**
华北地区	210 474	23 765	973	1 203
北　京	63 191	3 121	341	53
天　津	6 415	3 382	85	116
河　北	107 950	9 704	225	160
山　西	32 918	7 558	322	874
内蒙古				
东北地区	156 348	21 386	2 737	908
辽　宁	60 640	403	400	-3
吉　林	51 645	9 884	507	545
黑龙江	44 063	11 099	1 830	366
华东地区	508 765	37 004	5 280	818

（续）

地　　区	农机商品		其中：农副产品加工机械类	
	全年销售额	年末库存量	全年销售额	年末库存量
上　　海	15 410	2 903		
江　　苏	178 452	15 317	673	233
浙　　江				
安　　徽	40 912	4 433	2 206	263
福　　建	6 382	1 093	152	26
江　　西				
山　　东	267 609	13 258	2 249	296
中南地区	215 088	44 238	5 520	1 865
河　　南	55 401	9 496	2 880	－306
湖　　北				
湖　　南	21 034	6 787	1 439	742
广　　东	88 246	5 971	322	112
广　　西	50 407	21 984	879	1 317
海　　南				
西南地区	49 752	14 818	1 646	784
重　　庆				
四　　川				
贵　　州	4 040	598	277	81
云　　南	33 963	10 545	1 327	662
西　　藏	11 749	3 675	42	41
西北地区	33 319	16 763	731	1 368
陕　　西	9 882	10 832	237	1 236
甘　　肃				
青　　海	15 572	2 809	424	132
宁　　夏	7 865	3 122	70	
新　　疆				
新疆兵团				
总直公司				

资料来源：表中数据由中国农业机械总公司提供。

表 129　全国饲料工业产量（1998—2002）

年　份	饲料产量（万 t)	其中:1. 配(混)合饲料(万 t)	2. 浓缩饲料(万 t)	3. 添加剂预混料(万 t)
1998	6 599	5 574	887	138
1999	7 160	6 000	1 000	160
2000	7 429	5 912	1 249	253
2001	7 806	6 087	1 419	301
2002	8 319	6 239	1 764	316

资料来源：由农业部全国饲料工作办公室提供。

表 130　2002/2003 年制糖期糖料与食糖生产情况

单位：万 hm^2、万 t

地　区	2001/2002 年制糖期			2002/2003 年制糖期		
	糖料收获面积	收购糖料量	产　糖　量	糖料收获面积	收购糖料量	产　糖　量
全国总计	**133.9**	**7 812**	**862.4**	**150.43**	**9 228**	**1 063.7**
甘蔗糖小计	103.03	7 002.5	760.1	116.50	8 243	940.6
广　东	13.33	1 030	104.4	13.93	1 203	116.5
其中：湛江	10.67	820	82.4	10.87	917.8	87
广　西	55.30	4 197	456	64.60	4 783	561
云　南	25.33	1 270	143.5	27.33	1 586	189
海　南	5.33	262.5	30.5	6	379	42
福　建	0.57	55.9	6.4	1.07	87	9.6
江　西	0.47	20	2	0.60	20	2
四　川	0.90	71.1	7.3	1.03	80	9
湖　南	1.30	76	7.9	1.40	85	8.5
其　他	0.50	20	2	0.53	20	2
甜菜糖小计	30.87	809.5	102.7	33.93	985	124.1
黑 龙 江	14.20	239*	31.2	14.87	303	40.5
新　疆	8.47	384	48.6	8.53	430	52.4
内 蒙 古	4.67	91.5*	11.5	5.93	153	19.9
吉　林	1.33	20	2.6	1.87	16	1.9
山　西	0.47	7	1			
甘　肃	1	36	3.1	1	26	2.8
辽　宁	0.40	20	2.8	1.07	35	4
河　北	0.33	12	1.9	0.67	22	2.6

注：1. 表中数据由中国糖业协会提供。

2. * 表中内蒙古、黑龙江两省区收购了部分吉林省的甜菜。

表 131 食用菌产量、产值、出口情况（2002）

地　区	产量（t）	产值（万元）	出口量（t）	创汇（万美元）	主要品种产量（t）		
					香　菇	平　菇	双孢蘑菇
全国总计	**8 764 873**	**4 088 986**			**2 214 444**	**2 646 626**	**923 058**
北　京	23 770	14 243	1 920	418	3 025	14 454	851
天　津	5 925	2 742	960	14	700	3 000	600
河　北	400 000	250 000	58 000	7 000	46 060	122 900	35 564
山　西	45 000	25 000	2 300	360	31 000	281 000	205
内蒙古	37 070	13 640	90	1	3 964	20 386	3 242
辽　宁	286 000	121 000			85 000	90 000	15 000
吉　林	69 050	11 267			1 200	20 000	300
黑龙江	411 583	918 404			25 000	155 500	
上　海	35 567	20 934			6 550	2 834	16 011
江　苏	680 024	193 728	2 333	79	7 852	391 614	98 419
浙　江	609 427	304 713	200 000	20 000	378 000		46 767
安　徽	284 515	53 585	28 565		31 399	21 170	30 700
福　建	1 658 800	480 000		42 000	620 000	250 000	280 000
江　西	313 000	11 500	4 150	1 780	110 000	40 000	5 000
山　东	787 365	256 850	74 300	10 770	133 200	335 600	154 200
河　南	1 465 126	515 865	31 890	3 098	303 893	514 235	45 056
湖　北	366 760	146 704	13 000	3 700	187 000	98 000	13 200
湖　南	351 400	238 000	4 000	2 000	68 000	67 000	27 000
广　东	70 523	62 090	22 500	2 662	12 000	20 000	600
广　西	120 310	50 012			11 000	11 000	90 000
重　庆	30 556	9 777			2 631	8 572	8 143
四　川	408 800	143 080			40 820	77 600	43 200
贵　州	27 000	67 700			3 000	15 000	2 000
云　南	17 089	69 828	5 367	5 461	900	2 101	4 480
陕　西	244 550	97 820	2 000	500	101 150	78 560	
宁　夏	5 928	2 371			800	3 000	1 000
新　疆	9 735	8 133			300	3 100	1 520

（续）

地　区	主　要　品　种　产　量　(t)							
	金针菇	草　菇	黑木耳	银　耳	毛木耳	滑　菇	猴头菇	鸡腿菇
全国总计	**505 543**	**151 002**	**525 552**	**138 025**	**715 972**	**84 561**	**12 591**	**156 843**
北　京	2 526	230	11					108
天　津	200	20						
河　北	40 997					12 550		28 740
山　西	4 100	180	30 500	1 780			1 050	
内蒙古			16 760					
辽　宁	5 000		4 000			60 000		20 000
吉　林	200		20 000			1 000		10
黑龙江	20 000		210 000			10 000		15
上　海	4 321	2 707						63
江　苏	94 711	13 636	3 924	11 034	15 735		53	27 337
浙　江	69 300	44	87 019				6 000	1 530
安　徽	14 345	160	14 500	2 300	6 800			2 300
福　建	40 000	25 000		120 000	200 000	1 000	1 000	3 000
江　西	20 000	40 000						
山　东	44 170	26 320	12 470	36	724	11	37	32 120
河　南	40 438	4 883	41 274	2 075	339 034			26 907
湖　北	11 000	150	41 600		2 500			1 200
湖　南	38 000	12 000	9 000	800	20 000		2 000	12 000
广　东	10 500	24 000			100		400	
广　西		1 000	1 000		4 000			20
重　庆	7 920				779		2 011	450
四　川	32 900	670	1 840		126 100			
贵　州	1 000		3 000					
云　南	600		800				40	833
陕　西	2 000		27 840					
宁　夏	700	2	14		200			210
新　疆	615							

（续）

地区	主要品种产量（t）							
	白灵菇	杏鲍菇	茶薪菇	小平菇	灰树花	竹荪	姬松茸	牛肝菌
全国总计	**34 325**	**72 366**	**48 422**	**189 647**	**36 623**	**13 180**	**14 734**	**17 631**
北京	1 222	649	277	40	5			
天津	700	200		50				
河北	10 500	14 236		70 000	8 180			
山西				190	9 200			
内蒙古								
辽宁		1 560						
吉林								1 000
黑龙江	8	28					50	
上海		227						
江苏	381	973	241	50			10	
浙江		9 714			7 500		158	
安徽	110	450	100	500				20
福建	1 000	30 000	40 000		500	8 000	3 000	
江西								
山东	398	360	290	45 320	238		786	34
河南	15 226	3 959	284	16 397			610	
湖北	20			800			20	150
湖南	500	10 000	7 000	5 000	1 000	2 000	5 000	12 000
广东				3 000		30		
广西		10	30	100		50	100	
重庆								
四川				48 200				
贵州						3 000		
云南	60		200			100		4 427
陕西					10 000		5 000	
宁夏								
新疆	4 200							

（续）

地区	主要品种产量（t）			
	灵芝	天麻	茯苓	其他菇
全国总计	**36 708**	**248 525**	**74 060**	**217 983**
北京	11			354
天津	50			
河北				10 000
山西				3 270
内蒙古				
辽宁	500			4 940
吉林	5 000			20 340
黑龙江	12			
上海				2 153
江苏	47			14 732
浙江	1 750			1 645
安徽	16 550	117 900	48 000	1 200
福建	3 000		2 500	30 800
江西	800			50 000
山东	816	217		18
河南	2 272	101 108	10	7 464
湖北	1 100	7 000	3 000	20
湖南	4 000	2 000	20 000	26 500
广东	50		50	
广西	500		500	1 000
重庆	50			2 011
四川				37 470
贵州				3 000
云南	200	300		1 066
陕西		20 000		
宁夏				
新疆				

注：1. 资料来源：由省、自治区、直辖市食用菌协会、农业、供销及科研部门提供。由于多方面原因，资料不够完整、准确，仅供参考。

2. 白灵菇包含阿魏菇；小平菇包含姬菇；其他菇包含松茸、羊肚菌、鲍鱼姑、秀珍菇、块菌、金耳等。

3. 据国家海关总署统计资料：2002 年出口数量 382 081 726kg，出口金额 463 476 355 美元，比 2001 年分别下降 16.11%、17.95%。

4. 天津、山西、内蒙古、吉林、江西、贵州、新疆等省、自治区、自治区参照 2001 年数据。

5. 产量全部按鲜品折算（按 1:10）。

表 132 我国淀粉产量及品种情况（2002）

品 种	产量（万 t）	占总淀粉（%）	2002 年比上年增减（%）
玉米淀粉	545.00	86.64	7.12
木薯淀粉	41.73	6.63	-4.26
马铃薯淀粉	14.80	2.35	27.72
甘薯淀粉	3.04	0.48	528.67
小麦淀粉	24.43	3.88	723.97
其他淀粉	0.096	0.02	-36.05
合 计	**629.10**	**100**	**10.73**

表 133 我国淀粉深加工品产量（2002）

主要品种	产量（万 t）	占深加工（%）	2002 年比上年增减（%）
变性淀粉	37.68	13.50	120.83
结晶葡萄糖	45.17	16.17	22.55
其中：一水注射葡萄糖	(5.34)		137.98
无水注射葡萄糖	(3.97)		174.89
口服葡萄糖	(29.38)		15.39
液体淀粉糖	196.35	70.33	54.86
合 计	**279.16**	**100**	**54.51**

表 134 我国淀粉产量分布及生产规模情况（2002）

省 份	淀粉产量（万 t）	占总产量（%）	生产规模情况	
			企业数（3 万 t/年）	企业最大淀粉产量（万 t/年）
山 东	245.20	38.97	9	105
吉 林	128.22	20.38	4	80
河 北	91.17	14.49	10	30
河 南	31.80	5.05	3	20
广 西	29.00	4.61		
甘 肃	28.78	4.58	2	19
陕 西	21.43	3.41	2	13
广 东	14.83	2.36	1	4
其他 14 个省、自治区、直辖市	38.86	6.15	3	5
合 计	**629.26**	**100**	**34**	

注：其他 14 个省、自治区、直辖市为：北京、山西、内蒙古、辽宁、黑龙江、江苏、浙江、安徽、四川、贵州、云南、宁夏、新疆、海南。

表135 我国玉米淀粉生产规模情况（2001—2002）

项　　目	2001年	2002年	增长情况（%）
年产10万t以上企业（个）	12（其中最高年产量89.2万t）	14（其中最高年产量105.6万t）	16.7
年产10万t以上企业总产量(万t)	351.45	434.84	23.7
占全国玉米淀粉总产量（%）	69.05	79.76	15.5
年产5万t以上企业（个）	19	20	5.3
年产5万t以上企业总产量（万t）	402.56	474.83	18.0
占全国玉米淀粉总产量（%）	79.09	87.10	10.1
年产3万t以上企业（个）	30	33	10.0
年产3万t以上企业总产量（万t）	442.65	521.63	17.8
占全国玉米淀粉总产量（%）	86.97	95.68	10.0

表136 我国部分淀粉深加工品生产规模（2002）

项　　目	2001年	2002年	增长情况（%）
变性淀粉			
年产万t以上企业（个）	4（其中最高年产量4.35万t）	12（其中最高年产量5万t）	200.0
年产万t以上企业总产量（万t）	10.91	31.24	186.3
占全国总产量（%）	64.00	82.90	29.5
年产0.5万t以上企业（个）	9	16.00	77.8
年产0.5万t以上企业总产量(万t)	14.10	34.00	141.1
占全国总产量（%）	82.63	90.26	9.2
结晶葡萄糖			
年产3万t以上企业（个）	5（其中最高年产量4.7万t）	5（其中最高年产量6.8万t）	持平
年产3万t以上企业总产量（万t）	18.72	27.86	48.8
占全国总产量（%）	50.83	61.74	21.5
年产2万t以上企业（个）	7	9	28.6
年产2万t以上企业总产量(万t)	22.82	37.10	62.6
占全国总产量（%）	61.97	82.20	32.6
年产万t以上企业（个）	10	13	30.0
年产万t以上企业总产量（万t）	27.72	43.16	55.7
占全国总产量（%）	75.28	95.63	27.0
液体葡萄糖			
年产10万t以上企业（个）	3（其中最高年产量40万t）	6（其中最高年产量40万t）	100.0
年产10万t以上企业总产量(万t)	78.24	133.20	70.2
占全国总产量（%）	61.71	67.84	9.9
年产5万t以上企业（个）	4	9	125.0
年产5万t以上企业总产量（万t）	85.79	152.43	66.6
占全国总产量（%）	67.66	77.63	14.7

表 137　全国农垦系统农产品加工业主要产品产量（2001—2002）

产　　品	单　位	产　　量		2002 年比上年增减（%）
		2001 年	2002 年	
粮食商品量	万 t	1 147.50	1 149.21	0.15
粮食商品率	%	77.52	76.67	-1.10
食用植物油	万 t	36.93	37.30	1.00
机制糖	万 t	74.64	103.28	38.37
乳制品	万 t	10.63	12.12	14.02
消毒液体奶	万 t	96.11	101.24	5.34
饮料酒	万 t	95.79	97.70	1.99
其中：葡萄酒	万 t	3.90	4.40	12.82
混、配合饲料	万 t	162.80	203.79	25.18
纱	万 t	18.53	19.95	7.66
布	亿 m	2.66	2.41	-9.40
机制纸及纸板	万 t	63.10	57.03	-9.62

表 138　农垦系统各地区农产品加工业主要产品产量（2002）

地　　区	机制纸及纸板（t）	纱（万 t）	布（万 m）	机制糖（t）	饮料酒（t）	乳制品（t）	食用植物油（t）
全国总计	**570 289**	**19.95**	**24 127**	**1 032 826**	**977 023**	**121 191**	**373 040**
北　　京	2 911					5 719	
天　　津					29 690	2 277	
河　　北	352 346	0.04	296		515	22 404	
山　　西					10	902	
内 蒙 古				5 214	798	11 377	3 835
辽　　宁	6 673		36		118 716	5 692	36
吉　　林	10 543				5	3 331	
黑 龙 江	21 627			48 841	23 710	52 087	105 701
上　　海		0.45				3 511	
江　　苏		1.80	520		45		13 946

（续）

地　　区	机制纸及纸板（t）	纱（万 t）	布（万 m）	机制糖（t）	饮料酒（t）	乳制品（t）	食用植物油（t）
浙　　江	1 159		5 322		230 889	468	
安　　徽		0.41			1 863	1 586	1 459
福　　建	2 480				1 062		
江　　西	31 622	0.90		376	15 452	607	681
山　　东					120	512	120
河　　南	575	0.22	405		12 649		125
湖　　北	21 262	3.22	4 147	12 704	265 924	20	62 981
湖　　南	40 749	1.57	360	65 752	2 265	21	1 517
广　　东	10 048			246 714	1 161		832
广　　西	9 888			428 563			
海　　南				36 848	106		39
重　　庆	577					1 288	
四　　川					1 385	148	
贵　　州					314	441	6
云　　南	251			52 390	11		
陕　　西		0.34	3 987			106	14 074
甘　　肃					140 240	312	
青　　海					4	2	239
宁　　夏					76 701		45
新疆（兵团）	56 600	10.64	8 913	135 424	53 304	4 422	157 100
新疆（农业）	299		140				7 883
新疆（畜牧）	679	0.26			84	868	2 421
热作两院							
广　　州						1 661	
南　　京							
昆　　明						1 429	
哈 尔 滨							

表 139　全国森林工业主要工业产品产量（2001—2002）

主 要 产 品	单位	2001 年	2002 年	2002 年比上年增减（%）
木材产量	万 m^3	4 552.03	4 436.07	-2.55
原木	万 m^3	4 197.03	4 127.21	-1.66
薪材	万 m^3	355	308.86	-13.00
竹材	万根	58 146.46	66 810.93	14.90
毛竹	万根	42 954.38	49 444.06	15.11
蒿竹	万根	15 192.08	17 366.87	14.32
锯材	万 m^3	763.83	851.61	11.49
木片	万 m^3	356.68	417.83	17.14
人造板	万 m^3	2 111.27	2 930.18	38.79
胶合板	万 m^3	904.51	1 135.21	25.51
纤维板	万 m^3	570.11	767.42	34.61
刨花板	万 m^3	344.53	369.31	7.19
其他人造板	万 m^3	292.12	658.24	125.33
胶合木	万 m^3	5.34	9.70	81.65
木地板	万 m^2	4 849.06	4 976.99	2.64
卫生筷子	标准箱	3 042 322	4 194 372	37.87
人造板表面装饰板	万 m^2	3 453.82	2 131.37	-38.29
非固性树脂装饰层压板	万 m^2	309.74	261.18	-15.68
单板	万 m^2	36 972.32	71 236.71	92.68
林产化学产品				
松香类产品	t	439 859	464 223	5.54
松节油类产品	t	56 258	59 235	5.29
樟脑	t	5 808	11 211	93.03
冰片	t	578	674	16.61
栲胶类产品	t	4 863	9 583	97.06
紫胶类产品	t	432	561	29.86
木材热解产品				
木炭	t	55 993	56 441	0.80
活性炭	t	50 392	56 514	12.15
软木制品				
软木砖	m^3	1 354		
软木纸	m^3	4 676	5 103	9.13

表 140　各地区森林工业主要工业产品产量（2002）

地　区	木　材（万 m^3）	竹　材（万根）	锯　材（万 m^3）	人造板（万 m^3）				松　香（t）	栲　胶（t）	紫　胶（t）
				合　计	其　中					
					胶合板	纤维板	刨花板			
全国总计	**4 436.07**	**66 810.93**	**851.61**	**2 930.18**	**1 135.21**	**767.42**	**369.31**	**395 272**	**9 583**	**561**
北　京	7.16									
天　津										
河　北	40.92		41.23	912.07	343.59	76.56	101.32		650	
山　西	4.20		0.45	0.42		0.23	0.19			
内蒙古	304.32		4.48	19.11	0.61	5.74	11.64		871	
内蒙古集团	243.04		2.85	14.36	0.04	4.84	8.36		871	
辽　宁	116.62		31.44	24.17	5.47	8.39	4.95			
吉　林	389.13		24.19	57.63	7.28	14.88	30.20			
吉林集团	100.82		9.57	36.01	3.33	5.90	24.88			
黑龙江	511.95		10.35	44.85	1.39	15.02	25.76			
龙江集团	409.82		5.26	43.88	0.92	15.02	25.76			
上　海										
江　苏	32.00	286.09	25.48	199.35	65.35	65.86	20.96			
浙　江	218.67	9 835.81	158.06	338.07	241.10	63.07	13.49	429		
安　徽	246.14	3 829.22	30.40	48.41	14.24	21.48	7.11	1 037		
福　建	459.12	12 817.13	60.95	145.72	47.77	67.44	10.54	23 422		
江　西	279.87	4 086.50	31.69	88.99	21.11	35.50	10.11	26 980		
山　东	45.00		82.95	454.62	176.03	138.54	72.17			
河　南	180.71	237.15	33.79	60.13	22.19	22.38	5.34	177		
湖　北	77.04	4 370.28	5.42	59.53	8.79	38.09	5.75	1 412	28	16
湖　南	427.77	13 012.07	106.34	114.22	66.67	24.05	7.80	12 928		
广　东	253.88	7 037.82	65.29	176.20	92.95	55.99	10.76	72 132	212	334
广　西	376.80	341.10	56.73	80.31	10.80	53.15	8.40	197 417	6 796	
海　南	22.42	419.74	7.34					2 248		
重　庆	9.85	110.85	21.69	5.56	0.81	3.45	0.30			
四　川	3.19	336.90	0.02	28.85	0.83	12.00	12.02	2 003		21
贵　州	17.45	201.00	2.43	12.09	1.40	3.54	4.60	3 881		
云　南	161.17	9 098.00	35.13	46.37	6.51	32.70	4.65	51 206	876	181
西　藏	17.00	500.00	5.00							
陕　西	6.44	291.27	0.12	7.30		7.30			150	9
甘　肃				1.25		1.25				
青　海	2.29									
宁　夏	0.17									
新　疆	8.65		0.01	0.30		0.07	0.23			
大兴安岭	216.14		10.43	4.66	0.32	0.74	1.02			

表 141 林业系统主要工业产品产量（2001—2002）

主要产品	单位	2001 年	2002 年	2002 年比上年增减（%）
木材	万 m^3	2 419.35	2 445.1	1.06
竹材	万根	5 222.81	9 934.6	90.22
锯材	万 m^3	129.21	140.0	8.35
木片	万实积 m^3	160.82	161.2	0.26
人造板	万 m^3	545.74	601.2	10.15
胶合板	万 m^3	67.71	88.2	30.25
纤维板	万 m^3	315.59	331.6	5.07
刨花板	万 m^3	130.49	144.1	10.41
松香	t	169 076	184 650	9.21
栲胶	t	3 474	9 178	164.19
紫胶	t	403	90	-77.67
木地板	万 m^2	1 193.26	1 531.5	28.34

表 142 林业系统各地区主要工业产品产量（2002）

地区	木材（万 m^3）	竹材（万根）	锯材（万 m^3）	木片（万实积 m^3）	人造板（万 m^3）				松香（t）	栲胶（t）	紫胶（t）	木地板 万 m^2
					合计	胶合板	纤维板	刨花板				
全国总计	**2 445.1**	**9 934.6**	**140.0**	**161.2**	**601.2**	**88.2**	**331.6**	**144.1**	**184 650**	**9 178**	**90**	**15 315**
北京												
天津												
河北	15.1		0.01	0.1	14.6		9.5	5.1				0.3
山西	1.5				0.24		0.24					
内蒙古	270.9		3.9	0.14	15.2	0.6	4.8	8.6		871		2.5
内蒙古集团	243.0		2.9	0.13	14.4	0.04	4.8	8.4		871		2.5
辽宁	44.9		15.3	1.3	10.4	1.7	7.9	0.3				198.2
吉林	346.7		19.5	12.8	55.4	5.1	14.9	30.2				403.4
吉林集团	100.8		9.6	4.8	36.0	3.4	5.9	24.9				205.3
黑龙江	493.8		10.4	28.3	44.9	1.4	15.0	25.8				137.4
龙江集团	409.8		5.3	26.5	43.9	0.9	15.0	25.8				58.2

（续）

地　区	木材（万 m^3）	竹材（万根）	锯材（万 m^3）	木片（万实积 m^3）	人造板（万 m^3）				松香（t）	栲胶（t）	紫胶（t）	木地板 万 m^2
					合计	胶合板	纤维板	刨花板				
上　海												
江　苏	13.0	162.1	8.0	0.32	42.8	15.2	15.9	9.2	10			15.5
浙　江	21.6	127.9	5.9	0.3	35.7	0.9	34.6					6.2
安　徽	36.7	271.3	5.4	0.7	26.8	2.1	18.9	5.8	585			
福　建	260.3	464.0	8.5	17.7	86.1	11.6	59.0	8.7	14 715			163.3
江　西	93.0	600.4	1.4	0.2	23.0	4.6	12.6	4.4	10 599			0.7
山　东	0.9		0.03	1	26.2	1.3	13.6	10.6				24.0
河　南	27.3	209.7	2.5	1.6	8.7	5.1	1.3	0.9	151			
湖　北	77.0	807.5	5.4	1.4	49.1	10.5	33.1	5.5	789	28	16	0.06
湖　南	141.9	4 916.5	28.1	1.2	48.5	21.0	20.8	3.6	9 476			71.0
广　东	93.2	360.8	1.4	49.8	2.5	0.7	0.5	1.3	9 240	212		
广　西	165.6	28.7	2.8	29.8	39.1	1.9	29.3	7.3	77 124	3 162		114.6
海　南	18.3	26.7	5.1	12.0					8 652			
重　庆		0.01			0.23	0.23						
四　川	3.2	336.9	0.02		28.9	0.8	12.0	12.0	2 003		21	355.3
贵　州	9.5	98.5	1.6	0.08	8.6	0.2	3.5	2.6	3 531			4.5
云　南	84.8	1 523.0	4.3	0.98	20.8	3.2	14.7	1.1	47 775	4 905	44	7.0
西　藏												
陕　西	0.95	0.7	0.04		7.3		7.3				9	
甘　肃					1.3		1.3					
青　海												
宁　夏	0.10											
新　疆	8.7		0.01		0.3		0.07	0.23				
大兴安岭	216.1		10.4	2.5	4.7	0.32	0.74	1.02				27.6

表 143　我国水产品加工产品的主要种类与产量（1999—2002）

单位：万 t

年　份	冷冻制品	干制品	腌熏制品	鱼糜及其制品	动物蛋白饲料	罐制品	其　他
1999	325.81	64.28	23.49	9.31	70.74	2.05	117.56
2000	342.50	73.90	20.50	10.80	80.60	2.90	153.80
2001	381.22	77.80	21.31	9.22	72.32	5.18	123.80
2002	447.82	54.25	23.16	10.24	48.43	4.25	107.05

表 144 轻工系统农产品加工业完成的主要产品产量（2000—2001）

产　品	单　位	2000 年	2001 年	2001 年比上年增减（%）
大米	万 t	2 109	2 093	－0.75
面粉	万 t	2 759	2 327	－15.64
配、混合饲料	万 t	3 741	3 776	0.95
食用植物油	万 t	835	1 383	65.59
方便主食品	万 t	253	263	3.85
机制糖	万 t	700	653	－6.70
鲜冻畜肉	万 t	380	382	0.42
水产加工品	万 t	257	254	－0.88
乳制品	万 t	83	74	－10.41
罐头	万 t	178	290	62.95
食品添加剂	万 t	180	200	11.11
淀粉	万 t	614	602	－1.95
饮料酒	万 t	2 846	2 803	－1.51
其中：白酒	万 t	476	817	71.64
啤酒	万 t	2 231	2 289	2.60
葡萄酒	万 t	20	25	25.00
软饮料	万 t	1 491	1 674	12.27
精制茶	万 t	31	28	－9.68
皮鞋	万双	146 838	133 600	－9.02
家具	万件	9 212	10 923	18.57
原盐	万 t	3 128	3 411	9.05
其中：食盐	万 t			
机制纸	万 t	1 483	1 647	11.06
其中：新闻纸	万 t	146	173	18.49
凸板纸	万 t	67	73	8.96
机制纸板	万 t	1 004	1 193	18.82
卷烟	万箱	3 397	3 402	0.15
轻工机械	万 t			

表 145 全国饮料行业各地区主要产品产量（2001）

地 区	软饮料	碳酸饮料	果汁及果汁饮料	瓶（罐）装饮用水
全国总计	**1 669**	**536.7**	**146.1**	**679.4**
北 京	78.3	38.7	19.2	19.5
天 津	51.1	28.4	0.4	4.4
河 北	92.6	58.1	1.0	22.2
山 西	9.0	4.9	3.7	0.2
内蒙古	3.3	0.08	0.009	2.3
辽 宁	56.8	23.6	1.2	20.7
吉 林	29.0	14.6	0.5	13.9
黑龙江	12.5	5.1	0.064	5.5
上 海	155.6	71.7	5.8	67.6
江 苏	98.8	27.5	14.4	22.9
浙 江	341.9	81.2	3.2	201.9
安 徽	13.6	3.1	0.03	8.5
福 建	46.1	16.1	12.6	5.7
江 西	11.8	2.8	2.2	5.3
山 东	52.9	22.7	12.2	14.5
河 南	30.1	6.3	6.0	7.5
湖 北	75.0	17.3		30.8
湖 南	16.4	0.27	0.35	12.0
广 东	331.6	82.3	44.2	157.7
广 西	24.0	4.2	0.2	5.3
海 南	25.5	7.6	3.7	13.6
重 庆	31.2	5.7	5.0	5.2
四 川	45.7	7.7	0.35	17.2
贵 州	3.2	0.1	0.42	0.76
云 南	4.7	0.14	0.37	2.1
西 藏	0.4	0.001		0.39
陕 西	20.6	6.5	7.7	5.8
甘 肃	0.85	0.16	0.53	0.15
青 海	1.2		0.18	0.98
宁 夏	0.08			
新 疆	5.6		0.63	3.8

表 146 全国奶类、牛奶、乳制品产量（2001—2002）

产 品 名 称	单 位	2001 年	2002 年	2002 年比上年增减（%）
奶 类	万 t	1 122.90	1 400.40	24.71
其中：牛奶	万 t	1 025.50	1 299.80	26.75
乳制品	万 t	74.29	93.23	25.49

表 147 各地区乳制品产量（2000—2002）

单位：t

地 区	2000 年	2001 年	2002 年	地 区	2000 年	2001 年	2002 年
全国总计	**829 158**	**742 900**	**932 260**	河 南	8 086	400	1 699
北 京	20 579	37 364	13 869	湖 北	10 044	1 700	3 672
天 津	6 732	2 900	4 665	湖 南	5 577	7 182	12 446
河 北	99 908	119 207	142 845	广 东	12 873	12 496	14 141
山 西	12 655	13 000	28 001	广 西	2 471	1 993	213
内蒙古	66 517	47 494	99 162	海 南	2 313		
辽 宁	16 041	3 900	11 291	重 庆	1 551	1 542	1 295
吉 林	990	1 465	720	四 川	18 754	8 529	18 573
黑龙江	184 812	204 401	192 499	贵 州	1 108	400	451
上 海	13 982	17 076	19 842	云 南	5 394	5 633	5 726
江 苏	74 619	33 200	58 576	西 藏	412	154	
浙 江	47 432	27 500	28 318	陕 西	45 763	43 970	74 393
安 徽	14 970	13 791	11 341	甘 肃	22 590	6 588	24 640
福 建	1 587	1 155	9	青 海	1 152	106	324
江 西	5 991	4 480	6 562	宁 夏	29 091	11 100	11 093
山 东	82 965	111 275	142 723	新 疆	12 201	2 900	3 170

注：统计范围为全部国有及年产品销售额 500 万元以上非国有企业。

表 148 纺织工业主要产品产量（2001）

产　品　名　称	单　位	2001	2001 年比上年增减（%）
纱	万 t	670	7.60
布	亿 m	270	4.81
纯棉布	亿 m	102	5.49
化纤布	亿 m	44	10.19
印染布	亿 m	178	13.27
帘子布	万 t	23	7.22
绒线	万 t	39	5.36
呢绒	亿 m	3	0.19
丝	万 t	9	23.08
丝织品	亿 m	47	13.47
印染丝品	亿 m	19	5.75
非织造布	万 t	6	20.80
服装	亿件	78	13.19
梭织服装	亿件	39	11.63
针织服装	亿件	36	14.14
纺织机械	万 t	28	-6

资料来源：出自 2001/2002 年中国纺织工业发展报告。

表 149 全国机制纸及纸板主要品种产量（2000—2001）

单位：万 t、%

品　种	2000 年		2001 年		2001 年比上年增减（%）
	产量	比例	产量	比例	
纸及纸板合计	**3 050**	**100**	**3 200**	**100**	**4.9**
（一）纸	1 565	54.1	1 643	53.0	2.7
1. 新闻纸	145	4.8	173	5.4	19.3
2. 印刷书写纸	770	25.2	800	25.0	3.9
其中：（1）书刊印刷纸	290	9.5	300	9.4	3.4
（2）书写纸	140	4.6	140	4.4	
（3）涂布纸	110	3.6	130	4.1	18.2
其中：铜版纸	88	2.9	110	3.4	25.0
3. 生活用纸	250	8.2	270	8.4	8.0
4. 包装用纸	400	13.1	400	12.5	
（二）纸板	1 485	43.9	1 557	45.0	7.5
1. 白纸板	280	2.6	300	1.6	-37.5
2. 涂布白纸板	200	6.6	250	7.8	25.0
3. 箱纸板	400	13.1	460	14.4	15.0
其中：牛皮箱纸板	170	5.6	220	6.9	29.4
4. 瓦楞原纸	570	18.7	600	18.8	5.3
其中：高强瓦楞原纸	160	5.2	180	5.6	12.5
（三）特种纸及纸板	60	2.0	65	2.0	8.3

表 150　各地区纸浆及重点纸品产量（2001）　单位：万 t

地　区	纸　浆	机制纸	新闻纸	胶印书刊纸	机制纸板
全　国	**1 013.8**	**1 646.8**	**172.9**	**27.1**	**1 193.1**
北　京		3.2			5.6
天　津	1.8	14.7	1.0		5.9
河　北	103.4	111.6	6.0	0.7	113.8
山　西	4.7	9.7	0.7		2.8
内蒙古	17.0	5.0			6.2
辽　宁	20.1	45.6	5.4	8.6	17.3
吉　林	20.7	26.1	18.6		11.1
黑龙江	25.5	41.4	12.6		7.5
上　海	11.3	17.5	12.8		23.9
江　苏	29.1	143.7	1.8		101.4
浙　江	33.9	88.3	2.0	1.9	282.9
安　徽	18.2	20.5		0.8	36.9
福　建	32.4	63.1	28.5		39.9
江　西	6.9	18.8	7.2	0.3	6.6
山　东	154.1	334.6	12.0	11.5	167.3
河　南	202.1	159.5	1.1	0.4	145.2
湖　北	18.8	42.8	5.5		15.4
湖　南	34.9	69.2	10.2	0.4	8.4
广　东	197.4	225.6	27.0	1.6	126.0
广　西	20.1	78.6	8.5	0.3	4.3
海　南	0.6	1.6			0.6
重　庆		5.5		0.1	8.3
四　川	28.7	53.7	10.1		25.1
贵　州	3.4	4.1			1.5
云　南	10	6.7	0.02	0.1	6.8
西　藏					
陕　西	0.4	22.0	2.1	0.06	6.3
甘　肃	3.2	4.0		0.4	5.2
青　海	0.4				
宁　夏	1.8	21.9			5.7
新　疆	12.8	7.1			5.2

注：本表统计范围基本为全部国有和年产品销售收入 500 万元以上非国有工业企业产品产量。

表 151　我国纸和纸板消费结构情况（2000—2001）　　单位：万 t

产品名称	2000 年					2001 年				
	生产量	进口量	出口量	消费量	比重（%）	生产量	进口量	出口量	消费量	比重（%）
机制纸及纸板	3 050	597.1	71.8	3 575		3 200	558.7	76.2	3 683	
一、机制纸	1 565	229	55.7	1 738	48.6	1 643	214	65.4	1 792	48.6
1. 新闻纸	145	21.1	0.24	166	4.6	173	15.4	1.9	187	5.1
2. 印刷书写纸	770	133.1	44.9	858	24.0	800	124.5	45.4	879	23.9
其中：凸版纸										
胶印书刊纸	290					300				
双面胶版纸										
铜版纸	110	107.2	9.2	208	5.8	130	100.1	17.6	213	5.8
书写纸	140			140		140				
3. 技术配套用纸										
其中：卷烟纸		1.63	0.6				1.34	0.5		
4. 包装用纸	400	71.5	0.7	471	13.2	400	67	1.2	466	12.6
其中：纸袋纸										
牛皮纸										
5. 生活用纸	250	3.37	9.8	244	6.8	270	2.98	12.5	261	7.1
其中：卫生纸										
6. 其他										
二、纸板	1 485	368	13	1 840	51.4	1 557	345	11	1 891	51.3
1. 技术配套纸板										
2. 包装纸板										
白纸板	280	104.5	0.8	384	11	300	99	2.6	396	10.8
其中：涂布白纸板	200					250				
箱纸板	400			511	14.3	460			545	14.8
其中：牛皮箱纸板	170	112		282	7.9	220	86.3	0.8	306	8.3
瓦楞原纸	570	104	5.2	669	18.7	600	118	3.1	715	19.4
3. 其他纸板	60	43.7	5.4	98.3		65	42	4.4		

表 152　全国书刊印刷企业主要产品产量（2000）

类　　别	企业数（个）	书刊排字（万字）		书刊印刷（万令）		胶印印刷（万色令）	零件印刷（万千印）	书刊装订（万令）
		合　计	其中：照相排字	合　计	其中：胶印印书			
全国总计	**1 152**	**1 770 219**	**1 492 758**	**5 789**	**4 953**	**11 935**	**1 836**	**4 575**
国家定点厂	301	706 225	645 061	2 942	2 715	6 131	508	2 716
其中：直属厂	84	243 672	235 928	1 306	1 268	3 108	172	1 478
非直属厂	217	462 553	409 133	1 636	1 447	3 023	335	1 238
省级定点厂	856	1 063 994	847 696	2 847	2 238	5 804	1 328	1 859
中　　央	82	245 122	213 160	600	552	770	68	287
国家定点厂	38	164 450	145 521	437	434	496	36	235
其中：直属厂	5	7 542	7 542	73	73	87	6	75
非直属厂	33	156 908	137 979	364	361	409	30	160
省级定点厂	44	80 672	67 640	163	118	275	32	52
地　　方	1 070	1 525 097	1 279 597	5 189	4 401	11 165	1 768	4 288
国家定点厂	263	541 774	499 541	2 505	2 281	5 636	471	2 481
其中：直属厂	79	236 130	228 386	1 233	1 195	3 021	166	1 403
非直属厂	184	305 644	271 154	1 272	1 086	2 616	305	1 079
省级定点厂	812	983 322	780 057	2 684	2 120	5 529	1 297	1 807

表 153　我国橡胶工业主要产品产量、生产能力（1998—2000）

产品名称	单　位	1998 年		1999 年		2000 年	
		产　量	能　力	产　量	能　力	产　量	能　力
轮胎外胎	万条	9 513 (7 978)	(12 488)	10 970 (8 457)	(13 531)	12 158	(13 890)
其中：子午胎		(1 741)	(2 915)	2 468 (2 249)	(3 443)	3 188	(3 443)
载货胎		(4 024)	(5 973)	(3 909)	(6 134)		(6 134)
轿车胎		(1 300)	(2 303)	(1 816)	(2 463)		(2 463)
工程胎		(69)	(77)	(59)	(88)		(88)
工业车辆		(761)	(875)	(744)	(881)		(1 948)
农业胎		(1 732)	(3 213)	(1 928)	(3 965)		(4 101)
畜力车				(1.1)			
轮胎内胎	万条	(5 302)	(9 160)	(5 354)	(9 367)		(10 195)
其中：货车		(2 734)	(4 534)	(2 570)	(4 284)		(4 284)
轿车		(304)	(546)	(374)	(916)		(1 529)
工程胎		(30)	(74)	(32)	(71)		(71)

（续）

产品名称	单 位	1998年		1999年		2000年	
		产 量	能 力	产 量	能 力	产 量	能 力
工业车辆		(650)	(793)	(523)	(793)		(1 942)
农业胎		(1 581)	(3 079)	(1 855)	(3 303)		(3 484)
畜力车				(0.7)			
摩托车外胎	万条	(2 011)	(4 042)	(2 070)	(4 122)		(5 634)
摩托车内胎	万条	(2 292)	(3 842)	(2 271)	(4 241)		(6 202)
力车胎外胎	万条	20 799 (18 492)	(28 179)	22 799 (15 851)	(27 813)	23 257	(31 508)
其中：手推车		(704)	(2 838)	(741)	(2 704)		(3 948)
自行车		(17 238)	(24 559)	(14 500)	(24 015)		(30 328)
三轮车		(550)		(411)			
力车胎内胎	万条	(16 208)	(29 209)	(17 724)	(32 387)		(33 284)
其中：手推车		(1 337)	(3 885)	(1 512)	(3 825)		(4 468)
自行车		(14 079)	(24 325)	(15 890)	24 912		(26 456)
三轮车		(792)		(323)			
轮送带	万 m^2	6 630 (72 731)	(15 689)	6 264 (5 156)	(15 483)	6 404	(16 182)
其中：普遍输送带		(70 440)	(6 831)				(7 061)
钢丝绳输送带		(350)	(1 391)	(332)	(1 397)		(2 096)
钢缆输送带		(29)	(151)	(30)	(151)		(151)
尼龙输送带		(976)	(3 613)	(896)	(3 634)		(3 634)
难燃输送带		(935)	(3 703)	(1 237)	(3 240)		(3 240)
普通平带	万 m^2	(481)	(3 546)	(3 889)	(2 827)		(2 827)
普通V带	万 Am	70 265 (40 113)	(70 677)	57 771 (38 625)	(90 920)	62 096	(90 920)
汽车V带	万条	(1 395)	(4 715)	(945)	(3 807)		(3 807)
橡胶胶管	万标 m	14 140 (8 854)	24 430	12 250 (5 615)	(22 641)	25 240	(22 642)
其中：排吸胶管	万标 m	(1 573)	(5 632)	(953)	(5 187)		(5 187)
钢丝编织胶管		(714)	(1 788)	(678)	(1 686)		(1 686)
夹布胶管		(2 480)	(9 866)	(2 024)	(9 156)		(9 156)
其他胶管		(4 086)	(7 144)	(1 961)	(6 613)		(6 613)
胶鞋	万双	83 287 (30 310)	(90 399)	85 084 (25 359)	(93 109)	84 669	(93 109)
其中：橡塑鞋		(2 078)	(2 887)	(1 701)	(2 420)		(2 780)
布面胶鞋		(22 222)		(19 784)			
胶面胶鞋		(6 009)		(3 784)			
橡胶导风筒	km			(747)	(7 630)		16 000
胶辊	t	(1 121)		(1 213)			

（续）

产品名称	单位	1998年		1999年		2000年	
		产量	能力	产量	能力	产量	能力
橡胶零件	t	(11 348)		(45 556)			
再生胶	万t	(9)	(17)	(8)	(17)		(16)
钢丝帘子线	t	(779)		(3 490)	(1 000)		(1 000)
橡胶加工专用设备	t	19 545		(19 634)			
炭黑	万t	55 (44)	(71)	62 (44)	(69)	69	(66)
橡胶助剂	t	91 151 (83 588)		80 982 (70 453)		113.65	(114 200)
其中：促进剂		48 526	(81 097)	(43 795)			
防老剂		25 162	(55 486)	(21 540)			
合成橡胶	万t	58.9	79.6	76.1	93.4	83.57	
其中：丁苯	万t	26.2	28.9	32.4	43.4	32.45	
丁腈	万t	0.96	1.4	0.9	1.4	1.08	
顺丁	万t	22.5	34.1	29.3	34.1	31.34	
氯丁	万t	2.58	3.2	2.65	2.5	2.45	
SBS		4.87		8.77		13.36	
乙丙		1.09	2	0.73	2	0.75	
天然橡胶	万t	46.2		49		48.02	

资料来源：括号内数字为化工系统统计数字。

表154 全国人均主要工农业产品产量（1998—2002）

产品名称	单位	1998年	1999年	2000年	2001年	2002年
粮食	kg	412	406	366	356	357
棉花	kg	3.6	3.1	3.5	4.2	3.8
油料	kg	18.6	20.8	23.4	22.5	22.6
糖料	kg	78.8	66.5	60.5	68.1	80.4
茶叶	kg	0.54	0.54	0.54	0.55	0.58
水果	kg	43.9	49.8	49.3	52.3	54.3
猪牛羊肉	kg	37.02	37.99	38.3	39.5	40.7
水产品	kg	31.4	32.9	33.9	34.4	35.6
布	m	19.4	19.9	21.9	22.8	25.2
机制纸及纸板	kg	6.6	6.9	5.5	5.1	7.2
纱	kg	4.36	4.52	5.18	5.48	6.6
糖	kg	6.6	6.90	5.50	4.90	7.2
木材	m^3	0.048	0.042	0.037	0.036	0.039

农产品加工业主要产品出口创汇情况

表 155 全国海关出口农产品及加工品数量与金额（2001—2002）

单位：万美元

产品名称	单位	2001年		2002年	
		数量	金额	数量	金额
活猪	万头	196	21 969	188	21 337
活家禽	万只	4 195	7 771	4 280	8 207
鲜冻牛肉	万t	2	3 251	1	1 902
鲜冻猪肉	万t	10	13 578	16	20 946
冻鸡	万t	35	52 522	28	36 015
鲜冻兔肉	t	32 998	5 408	9 081	1 135
鲜蛋	百万个	614	1 796	1 001	2 224
水产品	万t	154	258 861	163	287 202
谷物及谷物粉	万t	876	109 812	1 482	171 745
稻谷和大米	万t	187	33 295	199	38 501
玉米	万t	600	62 599	1 167	116 710
大豆	万t	25	7 713	28	7 668
花生及花生仁	万t	49	26 294	52	26 371
干豆	万t	72	27 979	86	31 895
蔬菜	万t	317	191 432	360	188 771
鲜或冷藏蔬菜	万t	176	60 121	240	73 727
桔、柑、橙	t	149 781	3 574	196 635	5 110
鲜苹果	t	303 558	10 065	438 738	14 942
核桃仁	t	9 376	2 636	6 721	1 987
栗子	t	31 272	5 633	33 412	5 166
松子仁	t	6 497	3 047	7 015	4 642
食糖	万t	20	5 594	33	7 971
天然蜂蜜	t	106 666	9 583	76 450	7 794
茶叶	t	249 645	34 203	252 272	33 189
辣椒干	t	67 944	4 239	70 870	4 860
猪肉罐头	t	45 049	6 574	49 060	7 059
蘑菇罐头	t	195 750	16 172	210 285	22 212
啤酒	万L	8 345	4 061	13 046	6 813
烤烟	t	133 978	16 661	135 138	18 185
猪鬃	t	10 741	6 907	11 313	6 387
肠衣	t	51 368	28 086	55 013	28 957
填充用羽毛、羽纸	t	36 147	24 666	41 792	25 684
药材	t	161 012	19 718	143 537	21 538
未硝整张毛皮	t	120	368	176	454

（续）

产品名称	单位	2001年		2002年	
		数量	金额	数量	金额
水貂皮	t		1		6
锯材	m^3	433 134	19 494	430 756	19 009
棉花（原棉）	t	52 366	8 002	149 538	16 959
生丝	t	11 265	24 269	14 701	24 296
山羊绒	t	2 383	18 463	4 196	23 248
兔毛	t	4 069	4 706	4 722	4 672
苎麻	t	1 049	387	1 848	633
食用植物油	t	134 538	6 976	97 443	5 821
中式成药	t	12 396	9 572	11 739	10 302
烟花、爆竹	t	196 614	24 885	223 475	27 647
松香及树脂酸	t	302 279	14 175	356 334	15 953
轮胎	万条	11 073	100 262	13 391	121 835
纸及纸板	万t	68	52 159	74	57 325
棉纱线	t	246 056	72 175	388 409	100 676
亚麻及苎麻纱线	t	31 447	10 661	39 356	12 236
棉布	万m	333 915	321 124	457 949	425 694
亚麻及苎麻机织物	万m	20 515	32 373	22 061	35 173
合成短纤与棉混纺机织物	万m	219 453	103 753	196 890	84 954
人造纤维短纤机织物	万m	46 091	20 010	50 248	21 240
丝绸	万m	12 665	35 238	15 281	34 746
塑料编织袋	万条	123 274	15 833	136 680	17 484
地毯	万m^2	4 943	49 072	6 553	55 744
棉浴巾	万条	22 927	26 696	26 745	29 282
缝纫机（包括工业用）	万架	563	32 823	1 120	39 059
纺织机械			27 732		35 652
家具			395 849		536 055
服装（针织、钩织的除外）			1 774 867		1 925 228
针织钩织服装			1 239 657		1 463 681
皮鞋	万双	86 784	434 287	95 666	481 596
橡胶或塑料底布鞋	万双	72 831	138 339	77 652	140 631
竹编织品	t	79 491	12 250	76 892	13 812
藤编织品	t	24 546	4 637	31 727	7 355
草编织品	t	25 866	5 117	34 612	7 124
柳编织品	t	73 532	11 810	89 007	15 624
鬃刷	万把	39 808	5 552	45 893	6 666
人造花	t	172 076	48 480	217 363	53 509

表 156　全国海关进口农产品及加工品数量与金额（2001—2002）

单位：万美元

产品名称		2001 年		2002 年	
		数量	金额	数量	金额
谷物及谷物粉	万 t	344	63 426	285	49 350
小麦	万 t	74	13 854	63	11 271
稻谷和大米	万 t	29	10 677	24	8 031
大豆	万 t	1 394	280 952	1 132	248 298
食用植物油	万 t	165	47 758	319	130 965
其他植物油	万 t	36	11 367	25	10 153
食糖	万 t	120	31 330	118	23 845
配制的动物饲料	t	81 984	10 553	95 870	9 106
天然橡胶（包括胶乳）	万 t	98	59 195	96	69 375
合成橡胶（包括胶乳）	万 t	75	79 411	92	93 944
原木	万 m^3	1 686	169 398	2 433	213 841
纸浆	万 t	490	207 594	526	216 767
锯材	m^3	4 016 051	98 674	5 395 957	155 907
棉花（原棉）	万 t	6	7 586	18	18 644
羊毛及条	t	309 141	104 917	237 264	103 777
纺织用合成纤维	万 t	92	96 284	104	106 281
聚酯纤维	t	524 042	43 092	600 213	46 576
聚丙烯腈纤维	t	374 334	49 514	423 051	55 416
合成纤维纱线	t	663 920	135 952		
聚酰胺长丝	t	156 371	31 609		
聚酯纤维长丝	t	290 266	39 060		
纸及纸板（未切成形）	万 t	557	305 723	633	354 013
制冷压缩机	万台	1 006	55 612	1 274	66 156

表 157 机械工业系统农产品加工机械进出口海关统计（2001—2002）

商品编号	商品名称	单位	出口 数量 2001 年	出口 数量 2002 年	出口 金额（美元）2001 年	出口 金额（美元）2002 年	进口 数量 2001 年	进口 数量 2002 年	进口 金额（美元）2001 年	进口 金额（美元）2002 年
	小　计				**24 888 896**	**37 879 466**			**85 377 122**	**82 071 368**
84211100	奶油分离器	台	62	138	46 215	52 836	149		417 533	
84336000	蛋类、水果或其他产品的清洁分选、分级机器	台	201	78	741 132	224 276	410	333	7 848 000	8 208 652
84341000	挤奶机	台	6		3 479		859	45	1 080 654	3 190 857
84342000	乳品加工机器	台	60	85	595 573	3 220 915	268	145	15 724 804	27 908 082
84349000	挤奶机及乳品加工机器的零件	kg	397 231	546 275	5 196 230	6 230 055	300 652	375 093	7 883 652	6 903 380
84361000	动物饲料配制机	台	7 412	1 591	3 266 471	6 672 854	128	128	9 759 452	3 200 168
84371000	种子、谷物或干豆的清洁、分选或分级机器	台	5 048	4 452	2 239 518	3 639 964	775	631	13 513 630	19 219 404
84378000	谷物磨粉业加工机械或谷物、干豆加工机器	台	71 415	105 797	12 800 278	17 838 566	999	772	29 149 397	13 440 825

资料来源：表中数据由中国机电产品进出口商会工程农业机械分会提供。

表 158 全国乡镇企业主要农产品加工业产品出口创汇情况（2001—2002）

单位：万元

类　　别		2001 年	2002 年	2002 年比上年增减（%）
按产品类别分出口交货值	**小　　计**	**64 168 048**	**74 757 041**	**16.50**
	轻 工 类	24 150 607	26 869 913	11.26
	食 品 类	5 452 124	6 534 629	19.85
	土畜产类	3 397 980	3 466 872	2.03
	纺织服装类	23 881 840	28 877 163	20.92
	工艺品类	7 285 497	9 008 464	23.65

表 159　我国林产品进出口数量（2000—2001）

产品名称			单位	2000年	2001年
原木	**合计**	**出口**	m^3	**26 711**	**17 739**
		进口		**13 611 746**	**16 863 751**
	针叶原木	出口	m^3	1 135	646
		进口		6 400 661	9 142 210
	阔叶原木	出口	m^3	25 576	17 093
		进口		7 211 085	7 721 541
锯材		出口	m^3	414 336	449 748
		进口		3 613 693	4 034 120
单板		出口	m^3	53 430	62 324
		进口		649 488	335 736
特形材		出口	t	8 277	78 006
		进口		11 548	13 000
胶合板		出口	m^3	686 991	965 361
		进口		1 001 808	650 859
纤维板		出口	m^3	35 308	26 815
		进口		1 014 513	1 070 243
刨花板		出口	m^3	26 273	24 958
		进口		343 773	447 559
家具		出口	件	91 340 898	93 611 649
		进口		624 847	576 391
木片		出口	t	1 854 972	1 771 351
		进口		1 202	3 596
木浆		出口	t	12 829	5 776
		进口		3 294 418	4 873 085
纸和纸制品		出口	t	263 340	352 519
		进口		5 049 529	4 693 795
木炭		出口	t	81 540	97 690
		进口		24 852	31 279
松香		出口	t	281 420	302 279
		进口		1 556	836

（续）

产品名称			单位	2000年	2001年
水果	柑橘属	出口 进口	t	200 271 61 861	171 240 67 860
	鲜苹果	出口 进口	t	297 651 25 475	303 558 39 371
	鲜　梨	出口 进口	t	146 425 633	182 270 622
坚果	核　桃	出口 进口	t	21 399 789	24 560 583
	板　栗	出口 进口	t	30 768 2 132	27 884 3 041
	松子仁	出口 进口	t	3 528 604	6 497 668
干果	梅干及李干	出口 进口	t	4 364 1 629	5 296 2 647
	龙眼干、肉	出口 进口	t	261 45 260	280 32 652
	柿　饼	出口 进口	t	7 777	6 549 16
	红　枣	出口 进口	t	11 241	9 024 16
果汁	柑橘属果汁	出口 进口	t	2 920 9 554	7 372 37 269
	苹果汁	出口 进口	t	142 315 531	456 788 1 603

资料来源：表中2000—2001年数据由海关总署信息中心提供；

1. 表中数据体积与重量按刨花板650kg/m^3、纤维板700kg/m^3、单板750kg/m^{3}的标准换算；
2. 木浆中未包括从回收纸和纸板中提取的木浆；
3. 纸和纸制品进出口量按纸和纸产品中木浆比例折算，进口量的折算系数为0.8出口量折算系数2000年为0.18、2001年为0.23；
4. 纸和纸制品中未包括回收的废纸和纸板、印刷品手稿等；
5. 表中核桃的数据是未去壳的核桃数，计算时将核桃仁以40%出仁率进行折算；
6. 柑橘属水果中包括橙、柚、蕉柑、其他柑橘、柠檬、酸橙等水果。

表 160 我国林产品进出口金额（2000—2001） 单位：千美元

产品名称			2000 年	2001 年
原木	**合计**	**出口**	**7 937**	**5 553**
		进口	**1 655 641**	**1 693 977**
	针叶原木	出口	231	178
		进口	378 859	541 914
	阔叶原木	出口	7 706	5 375
		进口	1 276 781	1 152 063
锯材		出口	179 143	196 860
		进口	982 031	988 518
单板		出口	55 669	69 746
		进口	192 257	95 889
特形材		出口	99 777	94 361
		进口	7 723	9 236
胶合板		出口	188 958	242 272
		进口	436 784	254 445
纤维板		出口	10 213	9 280
		进口	282 882	279 101
刨花板		出口	8 879	6 063
		进口	65 595	83 714
木制品		出口	1 456 783	1 578 047
		进口	46 957	28 190
家具		出口	1 668 491	1 852 066
		进口	23 078	28 567
木片		出口	120 365	105 358
		进口	1 466	3 873
木浆		出口	6 081	2 704
		进口	2 093 664	2 061 438
纸和纸制品		出口	309 266	415 259
		进口	3 170 537	2 919 600
木炭		出口	42 570	54 710
		进口	1 553	2 731

（续）

产品名称			2000年	2001年
松香		出口	138 772	141 747
		进口	2 296	1 377
水果	柑橘属	出口	47 102	40 367
		进口	28 802	30 868
	鲜苹果	出口	96 560	100 648
		进口	11 679	17 074
	鲜梨	出口	35 799	40 826
		进口	336	287
坚果	核桃	出口	23 278	27 693
		进口	352	372
	板栗	出口	61 311	52 196
		进口	2 848	3 625
	松子仁	出口	18 660	30 468
		进口	607	636
干果	梅干及李干	出口	5 141	5 240
		进口	1 410	1 745
	龙眼干、肉	出口	1 012	731
		进口	22 639	13 930
	柿饼	出口	10 980	10 389
		进口		23
	红枣	出口	6 356	6 276
		进口		7
果汁	柑橘属果汁	出口	3 066	7 833
		进口	10 132	33 972
	苹果汁	出口	116 385	295 343
		进口	283	918
其他		出口	2 576 822	2 615 781
		进口	1 484 776	1 571 199
总计		**出口**	**7 295 465**	**8 007 819**
		进口	**10 526 328**	**10 125 312**

资料来源：表中2000—2001年数据由海关总署信息中心提供；

1. 木浆中未包括从回收纸和纸板中提取的木浆；
2. 纸和纸制品中未包括回收纸和纸板及印刷品等；
3. 将从回收的纸与纸板中提取的纤维浆，回收纸与纸板折算为木制林产品价值的系数为：进口额取0.8，出口额2000年取0.18、2001年取0.23。

表 161　全国食用菌产品出口情况（2001—2002）

商品名称	2001年			2002年			同比增减（%）		
	数量（t）	金额（万美元）	平均换汇（美元/t）	数量（t）	金额（万美元）	平均换汇（美元/t）	数量（t）	金额（万美元）	平均换汇（美元/t）
全国总计	**455 477**	**56 429**	**1 240.19**	**382 100**	**46 300**	**1 213.03**	**-16.11**	**-17.95**	**-2.19**
其中：蘑菇罐头	195 764	16 173	1 226.18	184 100	15 200	825.36	-5.96	-6.02	32.69
盐水蘑菇	31 904	2 715	850.87	11 200	10 700	958.60	-64.89	294.11	12.66

资料来源：表中数据由中国食用菌协会提供。

表 162　轻工业系统农产品加工业主要出口产品创汇情况（2001）

主要产品名称	单位	出口产品		2001年比上年增减（%）	
		数量	金额（万美元）	数量	金额
轻工产品出口总额	万美元		7 450 142		5.08
有关农产品加工业产品	万美元		2 674 258		
皮革及其制品	万美元		1 714 268		6.58
毛皮及其制品	万美元		49 508		27.87
抽纱刺绣工艺品	万美元		27 544		-3.62
地毯	万 m^2	4 955	49 325	29.65	3.88
天然植物编织工艺品	万 t	24	40 647	12.98	2.33
刷子	万把	345 889	20 972	-24.76	5.85
猪鬃	万 t	1.07	6 912	-13.36	17.67
家具	万美元		248 187		12.28
糖	万 t	20	5 596	-52.84	-33.06
罐头	万 t	116	80 128	19.51	8.17
巧克力食品	万 t	0.51	1 124	12.09	2.06
味精	万 t	1.5	1 450	-29.16	-43.20
冷冻饮品	万 t	0.26	325	51.30	23.76
酒	万 L	38 046	21 454	32.67	29.27
其他食品	万 t	40	25 353	9.70	4.98
饮料	万美元		51 704		11.63
香料香精	万 t	1	6 656	-2.57	5.13
木竹藤棕草制品	万美元		144 673		8.29
制纸浆	万 t	1.26	825	-39.74	-18.97
纸张	万 t	89	72 524	5.90	3.75
轻工机械	万美元		30 907		24.32
制盐	万 t	91	2 220	65.70	42.72
纸制品	万 t	42	49 839	1.35	6.44
羽绒制品	万美元		22 117		5.95

资料来源：来自中国轻工业信息统计中心。

表 163 我国乳品及乳制品进口情况（2000—2001）

商品名称	2000 年		2001 年	
	数量（t）	金额（万美元）	数量（t）	金额（万美元）
0401 鲜奶	14 910	887	9 599	488
0402 奶粉	72 769	11 532	58 506	11 440
炼乳	647	36	1 347	106
0403 酸奶	2 254	152	2 856	170
0404 乳清制品	122 903	7 996	119 781	8 807
0405 奶油	3 088	475	1 452	202
0406 干酪	1 968	392	2 030	398
合计		21 470		21 611
其中液体奶（0401、0403）	17 464	1 039	12 455	658
乳制品	201 375	204 308	183 116	20 953

表 164 我国乳品及乳制品进口情况（2002） 单位：t、万美元

商品编号	商品名称	2002 年		同比增长（%）	
		数量	金额	数量	金额
	乳品合计	**263 827**	**26 818**	**34.90**	**24.10**
04011000	未浓缩及未加糖或其他甜物质的乳及奶油（含脂量<=1%）	464	39	1.64	-37.58
04012000	未浓缩及未加糖或其他甜物质的乳及奶油（含脂量>1%，<=6%）	2 843	106	-34.04	-46.09
04013000	未浓缩及未加糖或其他甜物质的乳及奶油（含脂量>6%）	1 529	121	-68.36	-46.71
04021000	浓缩及加糖或其他甜物质的粉状、粒状或其他固状乳及奶油（含脂量<=1.5%）	35 022	5 134	95.21	39.32
04022100	浓缩及未加糖或其他甜物质的粉状、粒状或其他固状乳及奶油（含脂量>1.5%）	56 476	8 186	137.11	83.96
04022900	浓缩及加糖或其他甜物质的粉状、粒状或其他固状乳及奶油（含脂量>1.5%）	19 300	2 746	15.25	-16.91
04029100	浓缩及未加糖或其他甜物质的非固状乳及奶油	509	52	-42.27	-31.10

（续）

商品编号	商品名称	2002年		同比增长（%）	
		数量	金额	数量	金额
04029900	浓缩及加糖或其他甜物质的非固状乳及奶油	379	35	-18.63	15.02
04031000	酸乳	1 554	94	-40.89	-22.84
04039000	其他酪乳、结块的乳及奶油、酸乳酒及其他发酵或酸化的乳和奶油	108	22	-52.17	-55.62
04041000	乳清及改性乳清（不论是否浓缩、加糖或其他甜物质）	137 927	9 027	15.20	2.54
04049000	未列名含天然乳产品（不论是否加糖或其他甜物质）	27	9	-48.78	179.12
04051000	黄油	3 004	388	244.15	237.36
04052000	乳酱	0.056	0.0414		
04059000	其他从乳中提取的脂和油	2 151	285	271.11	227.35
04061000	鲜乳酪（未熟化或未固化的），包括乳清乳酪、凝乳	337	77	-8.48	-5.84
04062000	各种磨碎或粉化的乳酪	112	43	-35.81	-36.97
04063000	经加工的乳酪（但磨碎或粉化的除外）	477	130	239.03	180.36
04064000	蓝纹乳酪	0.702	0.3431		
04069000	未列名的乳酪	1 606	323	19.31	60.57

表165　我国乳品及乳制品出口情况（2000—2001）

商品名称	2000年		2001年	
	数量（t）	金额（万美元）	数量（t）	金额（万美元）
0401 鲜奶	29 417	2 012	26 433	1 907
0402 奶粉	10 162	2 088	5 043	1 036
炼乳	7 253	705	10 303	859
0403 酸奶	162	20	74	6
0404 乳清制品	334	30	338	23
0405 奶油	223	35	0.083	0.0015
0406 干酪	407	118	514	131
合计		5 007		3 962
其中液体奶（0401、0403）	29 579	2 032	26 507	1 913
乳制品	18 379	2 975	16 198	2 049

表 166 我国乳品及乳制品出口情况（2002）

单位：t、万美元

商品编号	商品名称	2002 年		同比增长（%）	
		数量	金额	数量	金额
	乳品合计	**51 031**	**5 524**	**19.50**	**39.44**
04011000	未浓缩及未加糖或其他甜物质的乳及奶油（含脂量＜＝1%）	0.020	0.001 2	－20.00	－73.33
04012000	未浓缩及未加糖或其他甜物质的乳及奶油（含脂量＞1%，＜＝6%）	27 786	2 076	5.12	8.93
04013000	未浓缩及未加糖或其他甜物质的乳及奶油（含脂量＞6%）	0.053	0.002 7	－95.09	－99.69
04021000	浓缩及加糖或其他甜物质的粉状、粒状或其他固状乳及奶油（含脂量＜＝1.5%）	324	94	－36.01	－50.49
04022100	浓缩及未加糖或其他甜物质的粉状、粒状或其他固状乳及奶油（含脂量＞1.5%）	7 438	1 835	244.85	341.26
04022900	浓缩及加糖或其他甜物质的粉状、粒状或其他固状乳及奶油（含脂量＞1.5%）	2 537	444	6.60	3.25
04029100	浓缩及未加糖或其他甜物质的非固状乳及奶油	4 858	240	－11.43	－40.14
04029900	浓缩及加糖或其他甜物质的非固状乳及奶油	6 482	583	34.50	27.23
04031000	酸乳	93	7.4	145.53	125.04
04039000	其他酪乳、结块的乳及奶油、酸乳酒及其他发酵或酸化的乳和奶油	58	3.6	62.28	25.48
04041000	乳清及改性乳清（不论是否浓缩、加糖或其他甜物质）	19	1.5	371.55	42.55
04049000	未列名含天然乳产品（不论是否加糖或其他甜物质）	325	21	－3.86	－11.04
04051000	黄油	5	1	59.39	725.00
04059000	其他从乳中提取的脂和油	500	58		
04061000	鲜乳酪（未熟化或未固化的），包括乳清乳酪、凝乳	581	157	15.72	23.24
04062000	各种磨碎或粉化的乳酪	0.250	0.000 6	－88.47	－99.78
04063000	经加工的乳酪（但磨碎或粉化的除外）				
04069000	未列名的乳酪	25	3	460.68	138.62

表 167 我国酒类产品进出口海关统计（2001）

单位：万 L、万美元

类别	产品	累计数量	同比增长（%）	累计金额	同比增长（%）
出口	酒	3 804 625	32.67	21 454.0	29.27
	酒精及白酒	26 921	55.59	14 101.0	56.82
	啤酒	8 345	-1.15	4 060.5	2.54
	葡萄酒	416	-18.13	630.8	-7.71
	其他酒	2 364	-2.50	2 661.7	-10.10
进口	酒	9 736	-16.90	14 025.2	-10.10
	酒精及白酒	812	36.48	688.4	38.29
	啤酒	5 376	-24.96	6 942.8	-25.29
	葡萄酒	3 135	-14.77	5 025.2	4.45
	其他酒	413	48.08	1 368.8	37.07

表 168 我国食品添加剂主要产品出口统计（2001—2002）

产品名称	2001 年		2002 年		
	数量（t）	金额（万美元）	数量（t）	数量比上年增减（%）	金额（万美元）
柠檬酸	242 499	17 640	26 264	107.3	17 695
柠檬酸盐	35 877	2 773	25 875	72.1	1 860
乳酸及盐	4 704	478	6 280	133.5	713
酒石酸	4 963	1 264	4 022	81	632
葡萄糖酸及盐	3 868	1 386	4 925	111	1 237
味精	15 896	1 534	36 068	226.9	3 118
甘露醇	1 515	186	1 872	117.6	228
苯甲酸及钠盐	20 067	2 093	23 033	114.78	2 394
糖精	17 298	4 067	18 839	108.9	4 303
维生素 C	39 026	15 370	43 969	112.66	14 604
维生素 E	10 167	7 017	14 017	137.86	8 883
甜蜜素	9 384	1 181	12 593	134.2	1 407
活性酵母	8 415	1 607	9 131	108.5	1 845
肌醇	1 912	1 329	1 586	82.94	895
CMC	3 535	333	6 012	170	577
合计	**419 126**	**58 258**	**468 486**	**111.77**	**60 391**

表 169　我国淀粉及部分深加工品进出口情况（2002）

产品名称	进口量（t）	2002 年比上年增减（%）	出口量（t）	2002 年比上年增减（%）
玉米淀粉	1 772	-48.80	96 293	56.03
木薯淀粉	328 979	84.13	298	-24.75
马铃薯淀粉	20 035	24.53	5 560	27.23
小麦淀粉	2 629	5.71	7 528	39.10
化学纯果糖	404	-11.60	7 022	556.26
山梨醇	63 743	-21.12	2 699	-48.29
甘露糖醇	346	-17.81	1 872	23.56
肌醇	3	持平	1 586	-17.05
糊精及变性淀粉	144 974	28.00	6 970	29.72

资料来源：表中数据由中国淀粉工业协会提供。

表 170　我国水产品进出口贸易情况（2000—2002）

年　份	出口量（万 t）	出口额（亿美元）	进口量（万 t）	进口额（亿美元）
2000	153.4	38.3	252.0	18.5
2001	195.2	41.8	231.5	18.8
2002	208.5	46.9	249.1	22.7

资料来源：摘自《中国渔业报》2003 年 3 月。

注：2002 年我国水产品出口份额约占全球的 7%左右，出口额首次超过泰国，位居世界第一。

表 171　我国乳品进出口贸易情况（2001—2002）

年　份	出口量（万 t）	出口额（亿美元）	进口量（万 t）	进口额（亿美元）
2001	21.7	2.35	17.7	1.98
2002	28.3	2.92	23.6	2.4

资料来源：摘自农民日报 2003 年 1 月 28 日 7 版。

表 172　我国鲜鸡蛋、加工蛋出口贸易情况（2001—2002）

年　份	鲜鸡蛋出口情况		加工蛋（包括皮蛋、咸蛋）出口情况	
	出口量（亿枚）	出口额（万美元）	出口量（亿枚）	出口额（万美元）
2001	5.17	1 505.7	2.19	1 626.9
2002	8.85	1 954.5	2.35	1 641.1

资料来源：摘自《农民日报》2003 年 1 月 28 日 7 版。表中 2002 年数据为当年 1～11 月份数据。

表 173　我国蔬菜进出口贸易情况（2001—2002）

年　份	出口量（万 t）	出口额（亿美元）	进口量（万 t）	进口额（亿美元）
2001	394	23.4	9.6	0.80
2002	378.2	21.2	7.7	0.62

资料来源：摘自《农民日报》2003 年 1 月 28 日 7 版。表中 2002 年数据为当年 1－10 月份数据。

表 174　我国鲜蜂王浆（粉）出口情况（2001—2002）

主要产品	2002	2001	同比增减（%）
鲜蜂王浆（t）	567	519	9.25
蜂王浆冻干粉（t）	203	193	5.12
浆粉合计（t）	1 176	1 098	7.10
蜂王浆制剂（t）	889	902	－1.44
出口总值（万美元）	2 355	2 290	2.84

资料来源：中国农业科学院蜜蜂研究所。

表 175　我国蜂蜜出口主要国家和地区数量与金额（2002）

国家或地区	出口数量（kg）	出口金额（美元）	平均单价（美元/kg）	国家或地区	出口数量（kg）	出口金额（美元）	平均单价（美元/kg）
合　计	**76 449 886**	**77 940 051**	**1.019**	荷　兰	240 120	202 437	0.843
日　本	47 565 040	50 332 570	1.058	南　非	138 040	120 273	0.871
美　国	7 613 532	8 087 054	1.062	沙特阿拉伯	138 041	107 876	0.781
德　国	3 840 470	3 472 959	0.904	摩洛哥	138 040	89 891	0.651
中国香港	2 575 893	2 674 720	1.038	瑞　士	40 600	48 862	1.203
马来西亚	2 157 992	2 032 129	0.942	澳大利亚	39 820	37 015	0.930
印　度	2 099 600	1 535 140	0.731	毛里求斯	41 760	34 520	0.827
新加坡	1 531 789	1 438 205	0.939	印度尼西亚	39 630	33 680	0.850
韩　国	1 001 250	1 356 651	1.355	捷　克	38 570	30 856	0.800
英　国	1 230 180	1 138 835	0.926	约　旦	15 810	23 715	1.500
加拿大	1 064 300	1 001 179	0.950	阿拉伯联合酋长国	12 600	20 679	1.641
波　兰	1 227 860	988 078	0.805	塞浦路斯	19 720	18 323	0.929
墨西哥	1 028 920	809 224	0.786	巴拿马	19 720	16 137	0.818
比利时	865 070	773 064	0.894	阿　曼	20 300	15 705	0.774
越　南	608 420	506 590	0.833	斯里兰卡	9 860	9 894	1.003
西班牙	518 810	484 647	0.934	黎巴嫩	200	986	4.930
泰　国	260 832	254 481	0.976	中国澳门	3 558	8 861	2.490
俄罗斯	303 340	223 904	0.738	中国台湾省	200	925	4.625

资料来源：中国农业科学院蜜蜂研究所。

表 176 我国卷烟出口主要国家和地区（2000—2001）

国家或地区	2000 年			2001 年		
	数量（亿支）	金额（万美元）	占出口百分比（%）	数量（亿支）	金额（万美元）	占出口百分比（%）
合 计	**84.1**	**12 539**	**100.00**	**138.59**	**17 543**	**100.00**
香 港	30.2	5 733	45.72	38.32	6 815	38.85
新加坡	2.8	629	5.02	5.78	556	8.16
缅 甸	2.6	169	1.35	14.22	1 543	8.80
马来西亚	11.3	1 369	10.92	7.69	993	5.66
日 本	2.7	428	3.41	4.38	478	2.72
意大利	2.2	454	3.62	2.08	460	2.62
加拿大	2.3	592	4.72	2.77	691	3.94
美 国	4.27	273	0.18	22.62	1 186	6.76

表 177 我国进口卷烟主要国家和地区（2000—2001）

国家或地区	2000 年			2001 年		
	数量（亿支）	金额（万美元）	占出口百分比（%）	数量（亿支）	金额（万美元）	占出口百分比（%）
合 计	**20.9**	**3 892**	**100.00**	**17.86**	**3 323**	**100.00**
香 港	1.7	240	6.17	2.21	254	7.64
英 国	12.6	2 491	64.00	9.36	1 861	56.00
美 国	3.7	671	17.24	2.43	457	13.75
日 本	1.5	231	5.94	2.01	365	10.98

表 178　我国食品加工和包装机械进出口情况（2002）

单位：亿美元、%

进出口总额		其中：进口		其中：出口		贸易逆差	食品机械				包装机械			
总额	同比增长(%)	进口额	同比增长(%)	出口额	同比增长(%)		进口额	同比增长(%)	出口额	同比增长(%)	进口额	同比增长(%)	出口额	同比增长(%)
21.4	10.6	15.4	4.4	6	30.2	9.4	5.2	-0.3	4.6	31.8	10.2	7	1.4	25

说明：1.食品机械出口金额最多的是食品研磨机、搅拌器、榨汁器，累计达 32 579 万美元，同比增长 36.8%；其次是食品饮料工业用生产加工设备，出口达 1 873 万美元同比增长 84.7%；处于第三位的是谷物磨粉业加工机器或谷物、干豆加工机器，出口达 1 779 万美元，同比增长 39.7%。从增长幅度看，增长最快的是乳品加工机器为 440.3%；其次是酿酒机器，为 210.8%。包装机械出口金额最多的是包装或打包机器（包括收缩包装机）出口金额达 2 886 万美元，同比增长 32.6%；其次是灌装机、包装机达 1 581 万美元同比增长 73.5%；第三位是制造纸箱、盒、管、桶等容器的机器达 1 320 万美元，同比增长 30.2%。从增力幅度看，增长最快的是非全自动水泥灌装机，为 583.3%，其次是纸塑铝复合罐生产设备，为 474.5%，输送带上连续称货秤为 446.5%。

2.食品机械进口金额最多的是非家用型水的过滤、净化机器及装置为 13 946 万美元，同比增长 22.4%；其次是食品、饮料工业用生产加工机器，为 6 824 万美元，但同比下降 29.7%；其三是加热饮料或烹调加热食品的加工机器进口额也是较多的，分别为 3 079 万美元和 2 790 万美元，同比增长 3.1% 和 77.4%。增长最快的是奶油分离机和挤奶机，分别为 292.3% 和 195%；下降最多的是制糖机器为 90.4%；动物配料机为 68.3%。包装最多的是纸或纸板的制造机器为24 014万美元同比增长 175.6%；其次是包装或打包机器（包括收缩包装机）为 18 891 万美元，同比增长 10.3%，其三是罐装机、包装机，为 10 985 万美元，同比下降 3.6%。从增幅看，增长最快的是纸或板制造机器为 175.6%，其次是电子皮带秤，为 138.9%；水泥灌装机为 95.6%。

表 179　纺织工业纺织品服装进出口贸易情况（1998—2001）

单位：亿美元

年　度	项　目	进出口金额	出　口	进　口	贸易差额	累计比上年同期增减（%）		
						进出口	出　口	进　口
1998	全国	3 239	1 838	1 402	436	0.38	0.50	-1.50
	纺织	549	429	121	308	-6.71	-6.00	-9.38
	占全国（%）	1 696	23.32	8.62	70.60			
1999	全国	3 606	1 949	1 657	292	11.30	6.10	18.20
	纺织	552	431	121	310	0.40	0.52	0.08
	占全国（%）	15.29	22.09	7.29	106.03			
2000	全国	4 743	2 492	2 251	241	31.50	27.80	35.80
	纺织	660	521	139	382	19.61	20.94	14.90
	占全国（%）	13.91	20.90	6.17	158.37			
2001	全国	5 098	2 662	2 436	225	7.50	6.80	8.20
	纺织	670	533	137	396	1.57	2.30	-1.20
	占全国（%）	13.14	20.02	5.63	175.49			

资料来源：海关总署。

表 180 我国纺织品进口统计（2002）

单位：千美元

产 品 名 称	单 位	2002 年		2002 年比上年增减（%）	
		数 量	金 额	数 量	金 额
羊毛	t	192 200	814 602	−23.0	3.1
毛条	t	45 064	223 170	−24.1	−13.8
棉花	万 t	18	186 436	196.2	145.8
二醋酸纤维丝束	t	93 482	304 891	2.5	2.7
纺织用合成纤维	万 t	104	1 062 811	13.8	10.4
其中：					
聚酯纤维	t	600 213	465 760	14.5	8.1
聚丙烯腈纤维	t	423 051	554 158	13.0	11.9
纺织用人造纤维	t	46 843	74 235	−4.2	10.1
其中：					
人造纤维短纤	t	46 631	73 658	−4.1	10.2
毛纱线	t	43 230	232 775	−5.6	4.3
棉纱线	t	613 812	1 322 311	15.0	17.7
合成纤维纱线	t	790 725	1 581 081	19.1	16.3
其中：					
聚酰胺长丝（缝纫线除外）	t	205 546	377 912	31.4	19.5
聚酯纤维长丝（缝纫线除外）	t	351 651	452 470	21.1	15.8
丝织物	万 m	3 179	84 529	−11.5	−9.3
绵机织物	万 m	157 648	1 875 199	6.8	5.5
合成纤维长丝机织物	万 m	246 822	2 014 607	−0.7	−9.4
合成短纤与棉混纺机织物	万 m	31 016	304 211	−3.6	−7.7
化学纤维起绒、绳绒及毛圈机织物	万 m	4 206	70 149	−6.6	7.4
涂覆或浸渍塑料的织物	t	364 131	958 866	−4.7	0.5
针织或钩编织物	t	412 834	1 432 004	1.6	7.1
纺织机械及零件			3 518 634		39.9
其中：					
纺织纤维的预处理机器	台	2 096	133 416	−8.5	12.8
纺织纱线生产及预处理机器	台	6 072	429 655	5.6	23.3
织机	台	37 086	921 663	78.0	82.3
针织机及缝编机	台	32 709	443 621	28.1	77.4
花边绣品饰带机	台	12 652	176 057	103.1	43.7
簇绒机					
纱线织物等后整理机器	台	26 306	663 965	3.4	34.9
工业用缝纫机	台	278 867	233 298	53.2	25.1

资料来源：海关总署。

表 181 我国纺织品出口统计（2002）

单位：千美元

产品名称	单位	2002年		2002年比上年增减（%）	
		数量	金额	数量	金额
生丝	t	14 701	242 959	30.5	0.1
山羊绒	t	4 196	232 484	76.1	25.9
兔毛	t	4 722	46 722	16.1	-0.7
原棉	t	149 538	169 594	185.6	111.9
苎麻	t	1 848	6 326	76.2	63.7
纺织纱线、织物及制品			20 583 298		22.2
其中：					
棉纱线	t	388 409	1 006 759	57.9	39.5
亚麻及苎麻纱线	t	39 356	122 358	25.1	14.8
含合成短纤85%及以上的纱线	t	115 072	245 376	5.8	-1.1
合成短纤与棉混纺纱	t	41 155	96 670	-6.1	-16.7
人造短纤纱线（缝纫线除外）	t	16 480	51 749	17.8	15.6
丝织物	万m	15 281	347 464	20.7	-1.4
坯绸	万m	12 493	247 037	22.3	-4.2
其他丝织物	万m	2 789	100 427	13.7	6.2
毛纺机织物	万m	5 077	241 122	21.0	12.4
棉机织物	万m	457 949	4 256 943	37.1	32.6
棉坯布	万m	107 083	575 352	18.4	12.3
棉与化纤混纺坯布	万m	9 476	43 785	122.0	92.9
其他棉机织物	万m	341 390	3 637 806	42.7	35.9
亚麻及苎麻机织物	万m	22 061	351 732	7.5	8.6
合成短纤与绵混纺机织物	万m	196 890	849 540	-10.3	-18.1
聚酯短纤与棉混纺坯布	万m	70 917	242 262	-9.6	-17.5
其他合成短纤与棉混纺机织物	万m	125 973	607 278	-10.7	-18.4
人造纤维短纤机织物	万m	50 248	212 397	9.0	6.1
地毯	万m^2	6 553	557 444	32.6	13.6
棉浴巾	万条	26 745	292 824	16.7	9.7
针织或钩编的台布、盘垫	万件	3 915	30 310	0.3	-0.4
塑料编织袋（周转除外袋）	万条	136 680	174 840	10.9	10.4
纺织机械			356 522		28.6
普通缝纫机	万台	899	174 016	122.2	28.4
工业用缝纫机	万台	221	216 569	39.2	12.4
服装及衣着附件			41 190 085		12.7
其中：					
织物制服装			33 889 091		12.4
非针织或钩编织物制服装			19 252 281		8.5
针织或钩编的服装			14 636 810		18.1
皮革服装	万件	6 291	1 925 616	8.2	-3.8
裘皮服装	t	2 872	173 919	0.1	21.5
皮革手套	万双	81 648	1 027 383	21.9	42.6
织物制手套	万双	210 233	501 710	26.4	17.2
织物制袜子	万双	275 881	647 935	28.4	29.5
手帕	万条	54 378	62 396	3.1	-6.9
帽类	万个	290 107	721 147	30.6	21.6

资料来源：海关总署。

表 182　纺织工业纺织品服装进出口额（2002）

单位：亿元、%

项　　目	出口						进口					
	小　计		纺织品		服　装		小　计		纺织品		服　装	
	当年	同比	当年	同比	当年	同比	当年	同比	当年	同比	当年	同比
一、贸易方式	617.00	15.8	205	22.51	412	12.73	143	4.35	130	4.19	13	5.94
1. 一般贸易	386.00	27.28	140	32.85	246	24.32	9	51.64	8	50.96	1.34	55.81
2. 进料加工	123.00	1.18	53	5.18	70	-1.62	65	5.72	60	5.50	5	8.41
3. 来料加工	97.00	-3.18	10	6.76	87	-4.26	65	-2.04	59	-1.83	6.32	-3.95
二、主要类型企业												
1. 国有企业	300.0	6.83	97	7.21	203	6.65	40	-3.63	35	-4.38	5	1.80
2. 集体企业	60.00	34.45	25	52.36	35	24.09	6	13.94	5	12.02	0.5	38.89
3. 三资企业	220.00	13.03	69	25.71	151	8.03	95	6.27	88	6.42	7.4	4.51
三、主要国家地区												
1. 亚洲地区	370.00	13.23	135	21.79	235	8.84	135	3.48	122	3.43	12	3.98
(1)香港	128.00	20.16	58	18.53	71	21.52	20	3.08	13	4.47	7	0.45
(2)澳门	5	29.17	1.61	17.52	3.35	35.63	1.2	25.25	0.54	-5.26	0.7	66.67
(3)台湾	4	13.79	1.55	61.46	2.41	-4.37	31	9.06	31	9.16	0.44	2.33
(4)日本	131	-4.39	20	3.71	112	-5.69	28	-6.64	26	-6.24	2.45	-10.58
(5)韩国	34	28.27	12	10.07	22	40.44	24	-7.10	23	-7.85	0.78	21.88
(6)土耳其	1.86	64.6	1.56	69.57	0.3	42.86	0.13	62.5	0.11	37.5	0.02	
(7)东盟	24	37.84	15	28.47	10	54.47	5	11.32	4.6	10.63	0.24	26.32
2. 欧洲	105	22.65	24	21.03	81	23.15	6	17.96	5	15.55	0.80	35.59
(1)欧盟	64	23.71	18	20.63	46	24.95	6	17.87	5	15.66	0.74	34.55
3. 非洲	19	13.4	12	6.24	7	29.76	0.08	100.0	0.06	50.0	0.02	
4. 大洋洲	15	15.79	3.4	27.61	12	12.73	0.38	22.58	0.22	22.22	0.16	23.08
(1)澳大利亚	13	15.63	3	26.91	10	12.85	0.36	24.14	0.20	25.00	0.16	23.08
5. 北美自由贸易区	89	21.69	22	42.35	67	16.09	2.3	20.74	2.2	20.79	0.12	20.0
(1) 美国	71	15.43	17	43.14	53.4	8.6	2.1	21.14	2	21.56	0.09	12.5
(2) 加拿大	10	24.94	2.3	27.62	7.3	24.11	0.08	33.33	0.07	40.0	0.01	
(3) 墨西哥	9	105.36	2.6	52.33	6.2	140.86	0.06	-14.29	0.04	33.33	0.02	100.0
6. 设限国家	146	20.01	39	31.75	107	16.23	8	19.45	7	18	0.85	32.81
7. 非设限国家	471	14.56	166	20.52	305	11.55	135	3.58	123	3.5	13	4.42
四、分原料加工												
1. 棉制产品	214	26.0	81.4	35.7	133	20.17	46.3	20.58	41.2	21.3	5.1	15.09
2. 毛制产品	39	-6.25	14	-3.5	25	-7.74	11.3	-3.99	8	-3.05	3.4	-6.13
3. 麻制产品	5.4	9.26	5.4	9.26			2.1	34.19	2.1	34.19		
4. 丝制产品	15.3	-6.53	5.6	-8.6	9.7	-5.28	1.1	-9.02	0.91	-11.65	0.2	5.26
5. 人纤制产品	15	5.99	7	15.44	7.5	-1.58	4.2	-3.47	4.1	-3.54	0.08	
6. 合纤制产品	197	15.71	72	16.22	126	15.42	66	-6.86	63.4	-7.63	2.3	20.21
7. 未列名其他材料	122	22.25	54	28.30	68	17.85	7.6	-1.04	7	-3.37	0.7	29.63

资料来源：原国家经贸委经济运行局。

表 183　纺织工业服装出口香港特区、日本、美国情况（1998—2001）

单位：%

年　份	服装出口香港、日本、美国变化情况			
	三大市场占出口比重	其中：香港地区占比重	日本占比重	美国占比重
1998	63.6	30.0	24.2	9.5
1999	60.1	21.9	28.6	9.6
2000	57.8	17.6	31.0	9.2
2001	55.6	15.1	31.3	9.2

资料来源：海关总署。

表 184　纺织工业主要毛纺产品进出口数量比较（1997—2001）

项　目	单　位	1997 年	1998 年	1999 年	2000 年	2001 年
毛纱线出口	t	58 632	46 841	47 468	55 742	63 287
毛纱线进口	t	68 420	51 267	36 040	43 656	45 807
出口比进口		1:1.17	1:1.09	1:0.76	1:0.78	1:0.72
毛织物出口	万 m	3 329	3 034	2 617	3 521	4 137
毛织物进口	万 m	4 973	4 184	4 804	5 868	7 154
出口比进口		1:1.49	1:1.38	1:1.84	1:1.67	1:1.73
毛针织服装出口	万件	17 875	18 340	20 115	24 802	26 008
毛针织服装进口	万件	1 261	1 084	1 464	2 046	2 476
出口比进口		1:0.07	1:0.06	1:0.07	1:0.08	1:0.10
毛梭织服装出口	万件	3 899	3 691	4 139	4 299	5 806
毛梭织服装进口	万件	68	70	79	124	167
出口比进口		1:0.02	1:0.02	1:0.02	1:0.03	1:0.03

资料来源：海关总署。

表 185　纺织工业针织物及针织服装出口情况（2001）

产　品	数量	同比（%）	金额（亿美元）	同比（%）
针织物	39.63 万 t	3.4	13.61	5.7
针织服装及附件			134.34	0.06
其中：针织服装			119.37	-0.97
其中：棉针织服装	38.39 亿件	9.6	47.82	11.10
化纤针织服装	28.50 亿件	11.4	43.05	-5.0
其中：男内衣	7.25 亿件	4.38	3.77	-4.23
女内衣	18.62 亿件	4.85	7.81	-20.29
T 恤衫	17.56 亿件	2.20	22.33	-1.89
套头衫	16.84 亿件	13.68	48.14	5.17
婴儿服装及附件	5.47 万 t	8.86	4.37	9.27
运动服装	1.35 亿件	-10.48	3.32	-9.12
袜子	20.53 亿双	9.51	4.90	11.32

资料来源：海关总署。

表186 纺织工业毛纺行业原料及主要产品出口情况（2002）

产品	单位	出口					
		数量	金额	平均价格*	数量同比（%）	金额同比（%）	价格同比（%）
山羊绒	t、万元	3 697	20 589	55.69	73.28	21.03	-30.16
毛纱线	t、万元	56 381	46 450	8.24	-6.78	-13.99	-7.73
毛织物	万m、万元	4 641	22 189	4.78	21.96	11.84	-8.25
毛针织服装	万件、万元	24 091	95 831	3.98	-1.43	-4.3	-2.93
其中:羊绒衫	万件、万元	659	17 332	26.31	-6.76	-22.27	-16.63
羊毛衫	万件、万元	12 140	45 780	3.77	-4.44	1.38	6.2
兔毛衫	万件、万元	464	1 649	3.55	-33.54	-42.10	-12.99
毛梭织服装	万件、万元	4 934	99 473	20.16	-8.50	-1.69	7.46
羊毛毯	万条、万元	52	734	14.22	-8.81	-15.75	-7.60
合纤制毯子	万条、万元	4 964	25 037	5.04	74.96	46.88	-16.14

* 平均价格指每千克、每米、每件、每条单件价格。

表187 纺织工业毛纺行业原料及主要产品进口情况（2002）

产品	单位	进口					
		数量	金额	平均价格*	数量同比（%）	金额同比（%）	价格同比（%）
羊毛	t、万元	206 797	89 054	4.31	-24.9	-4.63	27.14
毛纱线	t、万元	41 927	22 694	5.41	-6.1	4.71	11.55
毛织物	万m、万元	6 568	49 451	7.53	0.88	-2.92	-3.71
毛针织服装	万件、万元	2 291	4 657	2.03	-4.13	-0.30	4.10
其中:羊绒衫	万件、万元	34	188	5.59	11.33	-40.93	-46.96
羊毛衫	万件、万元	2 035	3 743	1.84	-4.23	-1.35	2.79
兔毛衫	万件、万元	101	144	1.43	2.07	-3.40	-5.30
毛梭织服装	万件、万元	192	2 477	12.88	26.76	25.68	-0.85
羊毛毯	万条、万元	2	22	10.38	163.09	27.76	-51.45

* 平均价格指每千克、每米、每件、每条单件价格。

表188 全国羽绒行业产品出口数量、出口金额情况（2000—2001）

产品	2000年		2001年		2001年比上年增减（%）	
	数量	金额（万美元）	数量	金额（万美元）	数量	金额
全行业		96 382		80 954		-16.01
原毛（t）	36 882	30 710	36 132	24 616	-2.03	-19.75
寝具（t）	33 272	22 449	31 924	21 539	-4.05	-4.10
服装（万件）	2 743	42 157	2 262	34 191	-17.54	-19.00
睡袋（万只）	42	1 066	31	578	-26.19	-45.77

表 189　纺织工业纺织机械进出口情况（2001）

产　品	进口情况		出口情况	
	金额（万美元）	同比（%）	金额（万美元）	同比（%）
化纤机械	3.77	236.33	0.021	-72.94
纺纱机械	4.67	48.21	0.795	-15.62
织　机	5.00	17.65	0.100	-20.00
针织机械	3.75	-9.33	0.400	-3.61
纺机配件	2.55	7.60	0.625	4.00
毡呢制造整理机	0.25	-3.85		
印染和后整理机	5.13	28.25	0.865	15.33
合　计	**25.14**	**31.42**	**2.78**	**-4.31**

表 190　纺织工业纺织机械进口情况（2002）

产　品	数量（台）	同比（%）	金额（万美元）	同比（%）	占总进口（%）
织　机	37 086	77.95	92 166	82.18	26.19
印染和后整理机械			68 152	32.99	19.37
针织机械	45 361	42.88	61 968	66.41	17.61
纺纱机械	8 168	1.55	56 307	20.62	16.00
化纤机械	3 694	-15.59	40 564	7.71	11.53
纺机零配件			28 745	12.37	9.30

表 191　纺织工业纺织机械出口情况（2002）

产　品	数量（台）	同比（%）	金额（万美元）	同比（%）	占总出口（%）
纺纱机械	4 818	10.76	7 401	-6.91	20.76
针织机械	140 951	21.02	6 896	72.80	19.34
化纤机械	1 871	168.44	694	230.60	1.95
织　机	7 075	17.39	1 254	44.79	3.52
印染和后整理机械			11 356	34.22	31.85
纺机零配件			7 947	28.20	22.58

表 192　纺织工业纺织机械出口国内各类企业所占比重（2002）

企业类别	出口金额（万美元）	占全部出口比重（%）
国有企业	17 300	11.44
中外合作	319	55.70
中外合资	2 774	21.16
外商独资	11 896	45.77
集体企业	1 677	113.66
个体企业	1 665	581.05

表 193　我国纸及纸板、纸制品进出口情况（2000—2001）

单位：万 t、亿美元

产品名称	2000 年				2001 年			
	进口		出口		进口		出口	
	数量	金额	数量	金额	数量	金额	数量	金额
纸及纸板、纸制品合计	631.2	39.6	146.3	14.1	586.7	36.5	153.3	14.8
一、纸及纸板	597.2	33.3	71.8	5.9	558.7	30.9	76.2	6.2
1. 新闻纸	21.1	1.2	0.2	0.01	15.4	0.9	1.9	0.1
2. 印刷书写纸	23.9	1.7	34.0	2.4	24.4	1.7	27.8	1.9
3. 轻量涂布纸	2.1	0.2	1.7	0.2	2.4	0.2	5.1	0.4
4. 铜版纸	107.1	6.7	9.2	0.7	97.7	6.0	12.5	0.8
5. 卷烟纸	1.6	0.3	0.6	0.06	1.3	0.3	0.5	0.1
6. 羊皮纸、描图纸、半透明纸	1.7	0.3	1.7	0.2	1.9	0.3	1.8	0.2
7. 复写纸、无碳复写纸、拷贝纸	1.1	0.2	1.8	0.2	1.0	0.2	2.2	0.2
8. 卫生纸及生活用纸	3.4	0.4	9.8	3.0	0.4	12.5	1.5	
9. 牛皮纸及纸袋纸	71.5	2.9	0.7	0.05	67.0	2.6	1.2	0.09
10. 牛皮卡纸及牛皮箱纸板	111.7	4.8	0.7	0.03	86.3	3.6	0.8	0.03
11. 涂布白纸板	86.4	6.2	0.8	0.05	89.5	5.9	2.5	0.20
12. 未涂布白纸板	18.1	1.0	0.03	0.002	9.2	0.5	0.07	0.001
13. 瓦楞原纸	103.9	2.9	5.2	0.2	117.9	3.2	3.1	0.1
14. 其他纸及纸板	43.7	4.6	5.4	0.6	41.8	5.0	4.4	0.6
二、纸制品	34.0	6.3	74.5	8.1	28.1	5.6	77.1	8.6

表 194　我国纸浆及废纸进出口情况（2000—2001）

单位：万 t、亿美元

产品名称	2000 年				2001 年			
	进口		出口		进口		出口	
	数量	金额	数量	金额	数量	金额	数量	金额
纸浆及废纸合计	**706.0**	**26.8**	**2.6**	**0.1**	**1 132**	**27.4**	**1.3**	**0.08**
一、纸浆	335.0	21.2	2.1	0.1	490	20.8	1.3	0.08
1. 机械木浆	17.0	0.8		0.001	22.4	0.9	0.01	0.000 8
2. 化学溶解浆	15.0	1.2			22.0	1.6	0.005	0.0001

（续）

产品名称	2000年				2001年			
	进口		出口		进口		出口	
	数量	金额	数量	金额	数量	金额	数量	金额
3.硫酸盐木浆	262	16.9	0.9	0.05	417	17	0.5	0.02
其中：未漂针叶浆	25	1.3			42	1.5	0.03	0.001
未漂非针叶将	0.05	0.003			0.3	0.02		
漂白针叶浆	108.3	7.3			117	7.7	0.4	0.02
漂白非针叶浆	129	8.3	0.9	0.04	198	7.8	0.08	0.003
4.亚硫酸盐木浆	10.2	0.7	0.3	0.01	6.3	0.3	0.07	0.003
其中：未漂针叶浆	0.7	0.04	0.2	0.008	0.3	0.01	0.05	0.002
未漂非针叶浆	0.07	0.004			0.1	0.007		0.000 04
漂白针叶浆	6.7	0.5		0.002	3.8	0.2	0.008	0.000 4
漂白非针叶浆	2.7	0.2		0.004	2.1	0.09	0.007	0.000 4
5.半化学木浆	2.6	1.4			19.6	0.9		
6.其他纸浆	5.1	0.3	0.8	0.04	3.1	0.2	0.7	0.06
二、废纸	371.4	5.6	0.5	0.004	642	6.6	0.09	0.000 8
1.未漂牛皮纸、瓦楞纸废纸	96.1				222			
2.漂白印刷纸废纸	33				50.1			
3.含机木浆废纸（旧报纸）	180.1				293			
4.其他废纸	63.0				77			

表195　我国中药行业进出口情况（2002）　　单位：亿美元、%

类别	总额		其中：1.中药材总额		2.中成药总额	
	亿美元	同比（%）	亿美元	同比（%）	亿美元	同比（%）
进出口	8.84	5.2	2.72	16.2	6.12	-5.7
进口	5.26	7.71	4.67	-6.25	0.59	7.71
出口	3.58	19.30	1.45	-4.11	2.13	19.70

表 196　我国橡胶工业制品出口量与出口额(1998—2000)

产品名称	单位	1998 年		1999 年		2000 年	
		出口量	出口额	出口量	出口额	出口量	出口额
1. 新轮胎外胎 (40111000－40119900)	万条、万美元	7 237	57 109	8 635	72 195	11 091	99 268
2. 轮胎内胎 (40131000－40139090)	万条、万美元	7 814	5 070	9 113	5 462	11 753	7 443
3. 翻新轮胎 (40121010－40121090)	万条、万美元	8.24	39	13	56	1.82	29
4. 汽车用旧轮胎 (40122010－40121090)	万条、万美元	10.33	2 939	2.31	12.05	0.24	3.14
5. 实心或半实心轮胎,可互换橡胶胎面及衬带(40129010－40129090)	万条、万美元	1 160	1 432	931	1 118	374	1 062
6. 橡胶输送带、三角带、传送带 (40101100－40102900)	t、万美元	6 938	2 171	10 994	2 915	18 537	5 063
7. 橡胶卫生医疗用品 (40141000－40149000)	t、万美元	2 748	1 152	3 961	1 542	4 751	1 704
8. 外科手套及其他手套 (40151100－40151900)	万双、万美元	863 903	6 228	83 828	5 444	97 104	6 358
9. 橡胶杂件(40161010－40169990)	t、万美元	56 146	19 094	71 987	20 239	79 744	21 662
10. 橡胶管(4009100－4009500)	t、万美元	8 429	1 680	9 362	1 808	11 977	2 315
11. 橡胶医疗用衣着用品	t、万美元	747	236	383	151	1 037	421
12. 橡胶板、片、带、线、绳 (54005100－40082900)	t、万美元	17 485	1 899	21 951	2 353	32 793	3 495
13. 硬质橡胶(40170010－40170020)	t、万美元	3 195	381	4 826	629	6 272	781
14. 再生胶等(40030000－40040000)	t、万美元	5 349	154	9 777	237	9 202	271
15. 胶鞋							
①防水靴鞋 (64011000－64019900)	万双、万美元	2 858	11 341	2 761	10 764	3 103	11 910
②滑雪靴、防护鞋等 (64021200)	万双、万美元	160 921	289 853	181 779	300 491	201 810	343 969
③运动鞋、篮球鞋、网球鞋 (64041100－64041900)	万双、万美元	58 619	97 641	63 766	100 502	73 625	11 769

表 197 我国橡胶工业制品进口量与进口额（1998—2000）

产品名称	单位	1998 年		1999 年		2000 年	
		进口量	进口额	进口量	进口额	进口量	进口额
1. 新轮胎外胎(40111000－40119900)	万条、万美元	321.65	2 051.11	638.73	4 138.02	773.88	4 448.83
2. 轮胎内胎(40131000－40139090)	万条、万美元	128.34	105.13	486.39	336.68	580.81	376.96
3. 翻新轮胎(40121010－40121090)	万条、万美元	70.97	781.51	1.81	20.1	1.74	13.67
4. 汽车用旧轮胎(40122010－40122090)	万条、万美元	7.80	23.63	1.04	7.71	0.16	3.46
5. 实心或半实心轮胎,可互换橡胶胎面及衬带(40129010－40129090)	万条、万美元	159.87	587.32	79.19	224.38	132.54	453.65
6. 橡胶输送带、三角带、传送带(40101100－40102900)	t、万美元	4 501.32	2 969.95	4 760.48	4 661.41	4 999.9	4 937.79
7. 橡胶卫生医疗用品(40141000－40151900)	t、万美元	725.52	1 649.53	1 975.64	12 803.97	810.02	1 037.59
8. 外科手套及其他手套(40151100－40151900)	万双、万美元	3 111.53	239.88	9 296.07	299.03	12 136.63	480.82
9. 橡胶杂件(40161010－40169990)	t、万美元	16 280.14	10 871.24	17 085.90	16 409.96	33 060.74	22 907.77
10. 橡胶管(40091000－40095000)	t、万美元	2 356.14	1 610.95	2 882.98	2 200.00	6 076.97	4 732.38
11. 橡胶医疗用衣着用品(40159010－40159090)	t、万美元	335.11	180.16	262.61	199.52	363.81	320.54
12. 橡胶板、片、带、线、绳(40051000－40082900)	t、万美元	42 700.06	10 592.76	103 401.10	14 969.58	87 522.83	18 018.66
13. 硬质橡胶(40170010－40170020)	t、万美元	2 769.83	786.43	1 879.81	826.85	2 078.45	804.46
14. 再生胶等(40030000－40040000)	t、万美元	8 471.48	361.84	42 795.88	1 448.31	33 591.83	1 436.72
15. 胶鞋	万双、万美元	115.58	209.16	119.61	236.57	201.99	615.62
①防水靴鞋(64011000－64019990)	万双、万美元	4.42	9.32	2.20	13.73	2.88	12.41
②滑雪靴、防护鞋等(64021200－64029900)	万双、万美元	93.20	122.50	99.99	103.86	154.91	225.48
③运动鞋、网球鞋、篮球鞋等(64041100－64041900)	万双、万美元	17.97	777.34	17.42	118.98	44.20	377.73

表 198 我国天然橡胶、合成橡胶进口情况（1998—2000）

产品名称	1998 年		1999 年		2000 年	
	数量（万 t）	金额（万美元）	数量（万 t）	金额（万美元）	数量（万 t）	金额（万美元）
天然橡胶	43	31 928	43	28 189	85	58 432
合成橡胶	51	46 552	65	60 201	71	72 184

农产品加工业部分行业与企业排序

表 199　2001 年轻工业系统农产品加工业分行业主要经济指标排序

序号	按工业总产值排序			序号	按工业增加值排序		
	行　业	绝对值（亿元）	行业占总计比重（%）		行　业	绝对值（亿元）	行业占总计比重（%）
	轻工行业合计	**21 525**	**100**		**轻工行业合计**	**5 653**	**100**
1	食品加工业	4 087	18.99	1	食品加工业	940	13.63
2	饮料制造业	1 824	8.48	2	饮料制造业	642	11.36
3	造纸及纸制品业	1 804	8.38	3	造纸及纸制品业	452	7.99
4	食品制造业	1 628	7.56	4	食品制造业	475	8.40
5	皮革、毛皮、羽绒	1 573	7.31	5	皮革、毛皮、羽绒	391	6.92
6	家具	435	2.02	6	家具	117	2.08
7	轻工机械	404	1.88	7	轻工机械	110	1.94
8	木竹藤棕草	123	0.57	8	制盐	38	0.67
9	制盐	84	0.39	9	木竹藤棕草	30	0.53
序号	按工业销售产值排序			序号	按出口交货值排序		
	行　业	绝对值（亿元）	行业占总计比重（%）		行　业	绝对值（亿元）	行业占总计比重（%）
	轻工行业合计	**20 855**	**100**		**轻工行业合计**	**4 856**	**100**
1	食品加工业	3 965	19.01	1	皮革、毛皮、羽绒	890	18.32
2	饮料制造业	1 778	8.53	2	食品加工业	450	9.27
3	造纸及纸制品业	1 760	8.44	3	家具	159	3.28
4	食品制造业	1 579	7.57	4	食品制造业	143	2.95
5	皮革、毛皮、羽绒	1 526	7.32	5	造纸及纸制品业	127	2.61
6	家具	422	2.02	6	木竹藤棕草	65	1.34
7	轻工机械	385	1.85	7	饮料制造业	54	1.11
8	木竹藤棕草	119	0.57	8	轻工机械	35	0.73
9	制盐	81	0.39	9	制盐	2	0.05

资料来源：本表数据为 2001 年全国轻工行业全部国有和年产品销售收入 500 万元以上非国有工业企业的统计指标。

（续）

序号	按利税总额排序			序号	按利润总额排序		
	行　业	绝对值（亿元）	行业占总计比重（%）		行　业	绝对值（亿元）	行业占总计比重（%）
	轻工行业合计	**1 663**	**100**		**轻工行业合计**	**761**	**100**
1	饮料制造业	328	19.75	1	饮料制造业	103	13.55
2	食品加工业	187	11.22	2	食品加工业	96	12.64
3	食品制造业	144	8.68	3	食品制造业	66	8.69
4	造纸及纸制品业	142	8.53	4	造纸及纸制品业	62	8.15
5	皮革、毛皮、羽绒	83	4.96	5	皮革、毛皮、羽绒	41	5.41
6	轻工机械	36	2.19	6	家具	18	2.33
7	家具	32	1.91	7	轻工机械	18	2.31
8	制盐	14	0.86	8	木竹藤棕草	4	0.53
9	木竹藤棕草	8	0.50	9	制盐	3	0.34

序号	按产品销售收入排序			序号	按资产合计排序		
	行　业	绝对值（亿元）	行业占总计比重（%）		行　业	绝对值（亿元）	行业占总计比重（%）
	轻工行业合计	**20 126**	**100**		**轻工行业合计**	**22 056**	**100**
1	食品加工业	3 813	18.95	1	食品加工业	3 111	14.10
2	饮料制造业	1 727	8.58	2	饮料制造业	2 853	12.93
3	造纸及纸制品业	1 685	8.37	3	造纸及纸制品业	2 710	12.29
4	食品制造业	1 519	7.55	4	食品制造业	1 799	8.16
5	皮革、毛皮、羽绒	1 428	7.09	5	皮革、毛皮、羽绒	1 006	4.56
6	家具	410	2.04	6	轻工机械	566	2.56
7	轻工机械	377	1.87	7	家具	398	1.80
8	木竹藤棕草	116	0.57	8	制盐	230	1.04
9	制盐	78	0.39	9	木竹藤棕草	75	0.34

表200 2001年我国白酒制造业销售收入前10名企业排序

单位：万元

序 号	企 业 名 称	销售收入
1	四川省宜宾五粮液集团有限公司	818 912
2	中国贵州茅台酒厂（集团）有限责任公司	174 732
3	泸州老窖集团有限责任公司	134 667
4	四川剑南春集团有限责任公司	118 101
5	四川省成都全兴酒厂	116 113
6	四川沱牌集团有限公司	97 826
7	山西省杏花村汾酒集团公司	85 313
8	安徽古井贡酒股份有限公司	84 048
9	江苏风鸣集团股份有限公司	65 860
10	安徽省金种子集团有限公司	62 266

表201 2001年全国白酒创利税前10名企业

序 号	企 业 名 称	利税总额（万元）
1	四川省宜宾五粮液集团公司	286 869
2	中国贵州茅台酒厂（集团）有限责任公司	128 365
3	四川剑南春集团有限责任公司	53 619
4	四川泸州老窖集团有限责任公司	41 784
5	四川省成都全兴酒厂	32 030
6	安徽古井贡酒股份有限公司	29 032
7	湖南湘泉集团有限公司	25 566
8	山西省杏花村汾酒集团公司	24 953
9	四川沱牌集团有限公司	20 029
10	北京红星股份有限公司	19 310

表 202　2001 年全国啤酒产量前 10 名企业

序　号	企　业　名　称	产量（t）
1	青岛啤酒股份有限公司	2 511 922
2	燕京啤酒集团股份有限公司	1 700 346
3	珠江啤酒集团公司	751 135
4	四川华润蓝剑啤酒有限责任公司	683 838
5	金星啤酒集团有限公司	609 168
6	哈尔滨啤酒有限公司	549 194
7	重庆啤酒（集团）有限责任公司	531 683
8	沈阳华润雪花啤酒有限公司	413 456
9	惠泉啤酒集团股份有限公司	400 796
10	金龙泉集团股份有限公司	398 069

注：2001 年全国啤酒产量前 10 名企业总产量 8 549 607t，占全国啤酒总产量(国家统计局数)22 738 100t 的 37.6%；占全国啤酒总产量(行业统计数字)23 007 615t 的 37.16%。

表 203　2001 年全国啤酒创利税前 10 名企业

序　号	企　业　名　称	利税总额（万元）
1	青岛啤酒股份有限公司	127 201
2	燕京啤酒股份有限公司	100 403
3	广州市珠江啤酒集团公司	64 643
4	四川华润蓝剑啤酒有限责任公司	37 252
5	哈尔滨啤酒有限公司	34 913
6	沈阳华润雪花啤酒有限公司	30 427
7	惠泉啤酒集团股份有限公司	29 904
8	重庆啤酒集团有限责任公司	26 774
9	百威（武汉）国际啤酒有限公司	22 865
10	金星啤酒集团有限公司	21 003

表 204　2001 年我国年产万吨以上葡萄酒企业（产量增速较快的厂家）

企业名称	年产量（t）	比上年增长（%）
张　裕	35 964	13.4
威　龙	25 900	8.3
王　朝	24 690	16.4
长　城	20 530	10.0
华　夏	15 314	69.1

表 205　2001 年我国干红、干白葡萄酒免检产品品牌与规格

企业名称	省份	品牌	规格型号
中国长城葡萄酒有限公司	河北	长城	750ml、650ml 500ml、375ml 187ml、干红（白）
华夏葡萄酿酒有限公司	河北	长城	750ml、干红（白）
北京丰收葡萄酒有限公司	北京	丰收	375ml、500ml 750ml
安徽古井集团有限公司	安徽	古井	干红（白）
烟台威龙葡萄酒股份公司	山东	威龙	750ml（V/V） 11.5% 干红（白）
宁夏西夏王葡萄酒有限公司	宁夏	西夏王	750ml、干红（白）
新天国际葡萄酒业有限公司	新疆	新天	375ml、750ml 干红（白）
烟台张裕集团有限公司	山东	张裕	750ml（V/V） 12% 干红（白）
天津王朝葡萄酒有限公司	天津	王朝	干红（白）

表 206 2002 年我国蜂蜜出口排名前 20 位地区

地区	出口数量（kg）	占全国百分比（%）	出口金额（美元）	占全国百分比（%）	平均单价（美元/kg）
全国（总计）	**76 449 886**		**77 940 051**		
湖　北	16 184 159	21.17	15 849 726	20.34	0.979
河　南	14 053 250	18.38	15 509 642	19.90	1.104
安　徽	8 466 239	11.07	8 220 022	10.55	0.971
浙　江	7 689 628	10.06	7 828 868	10.04	1.018
辽　宁	6 148 292	8.04	5 966 533	7.66	0.97
江　苏	4 618 286	6.04	4 334 729	5.56	0.939
山　东	3 965 158	5.19	4 301 306	5.52	1.085
四　川	3 597 420	4.71	3 416 025	4.38	0.95
黑龙江	2 403 076	3.14	2 790 303	3.58	1.161
陕　西	2 050 300	2.68	2 302 181	2.95	1.123
北　京	1 905 880	2.49	1 613 777	2.07	0.847
上　海	1 058 233	1.38	1 409 336	1.81	1.332
内蒙古	930 900	1.22	902 121	1.16	0.969
吉　林	835 096	1.09	901 029	1.16	1.079
湖　南	656 093	0.86	600 993	0.77	1.007
广　东	310 652	0.41	431 126	0.55	1.388
江　西	357 420	0.47	386 716	0.50	1.082
天　津	386 600	0.51	360 279	0.46	0.932
河　北	354 380	0.46	317 320	0.41	0.895
福　建	320 360	0.42	257 180	0.33	0.803

资料来源：中国农业科学院蜜蜂研究所。

表 207　2001 年我国乳制品制造业销售收入前 10 名企业排序

单位：万元

序　号	企　业　名　称	销售收入
1	上海光明乳业股份有限公司	305 290
2	内蒙古伊利集团股份有限公司	268 545
3	石家庄三鹿集团股份有限公司	235 722
4	黑龙江省完达山乳品有限公司	98 506
5	北京三元食品股份有限公司	80 556
6	内蒙古蒙牛乳业有限公司	72 355
7	黑龙江乳业集团	65 700
8	西安银桥实业股份有限公司	55 226
9	均瑶集团乳业有限公司	53 186
10	哈尔滨金星乳业集团公司	49 464

表 208　2001 年我国乳制品制造业创税利总额前 10 名企业排序

单位：万元

序　号	企　业　名　称	税利总额
1	上海光明乳业股份有限公司	39 611
2	内蒙古伊利集团股份有限公司	36 843
3	石家庄三鹿集团股份有限公司	27 650
4	黑龙江省完达山乳品有限公司	13 816
5	内蒙古蒙牛乳业有限公司	10 644
6	黑龙江乳业集团	7 127
7	山西古城乳业集团有限公司	5 824
8	西安银桥实业股份有限公司	5 607
9	南京奶业集团公司	5 079
10	哈尔滨金星乳业集团公司	4 650

表 209　2001 年我国乳制品制造业乳制品产量前 10 名企业排序

单位：t

序　号	企　业　名　称	产　量
1	石家庄三鹿集团股份有限公司	52 128
2	内蒙古伊利集团股份有限公司	34 515
3	黑龙江省完达山乳品有限公司	33 375
4	青岛圣元乳业有限公司	25 796
5	山西古城乳业集团有限公司	23 091
6	西安银桥实业股份有限公司	20 300
7	哈尔滨金星乳业集团公司	19 840
8	黑龙江乳业集团	18 903
9	上海光明乳业股份有限公司	15 737
10	北京三元食品股份有限公司	14 149

表 210　2001 年我国乳制品制造业液体乳产量前 10 名企业排序

单位：t

序号	企业名称	产量
1	上海光明乳业股份有限公司	434 484
2	北京三元元食品股份有限公司	207 513
3	内蒙古伊利集团股份有限公司	178 532
4	内蒙古蒙牛乳业有限公司	104 625
5	石家庄三鹿集团股份有限公司	96 885
6	黑龙江乳业集团	94 517
7	南京奶业集团公司	86 904
8	沈阳乳业有限公司	63 373
9	均瑶集团乳业有限公司	56 076
10	济南佳宝乳业有限公司	52 563

表 211　2001 年我国纺织工业分地区经济效益排序

单位：亿元

增利地区		减利地区		亏损地区	
地区	增利额	地区	减利额	地区	亏损额
浙江	16.19	上海	10.55	新疆	3.74
山东	1.93	河南	4.06	陕西	1.43
广东	0.14	湖北	3.17	辽宁	1.30
青海	0.41	四川	1.55	云南	0.78
		天津	1.55	江西	0.72
		安徽	1.41	甘肃	0.54
		江苏	1.32	广西	0.45
		河北	0.92	贵州	0.44
		海南	0.91	黑龙江	0.27
		北京	0.78	吉林	0.25
		内蒙古	0.77	重庆	0.03
		福建	0.77	西藏	0.008
		山西	0.54		
		湖南	0.15		
		宁夏	0.08		

表 212 2002 年全国棉纺色织行业企业销售收入前 50 名排序

排序	企 业 名 称	排序	企 业 名 称
1	山东魏桥纺织集团有限责任公司	26	江苏泰清集团有限公司
2	上海申达（集团）有限公司	27	广东湛江纺织集团
3	华芳集团有限公司	28	江苏裕纶纺织有限公司
4	石家庄常山纺织集团有限责任公司	29	武汉一棉集团有限公司
5	山东德棉集团有限公司	30	山东临沂巨灵集团有限公司
6	无锡庆丰集团有限公司	31	山东凤凰纺织集团公司
7	邯郸发达纺织集团有限公司	32	潍坊四棉纺织有限公司
8	黑牡丹（集团）股份有限公司	33	无锡太平洋集团有限公司
9	江苏大生集团有限公司	34	新疆罗布淖尔纺织（集团）有限责任公司
10	无锡市第一棉纺织厂	35	徐州中天棉业集团有限公司
11	河南新野纺织股份有限公司	36	江苏太仓利泰纺织厂有限公司
12	河南嵩岳集团	37	江苏省丹棉集团有限公司
13	山东樱花纺织集团有限公司	38	江西江纺有限责任公司
14	山东鲁泰股份有限公司	39	山东临清市鲁西棉纺织厂
15	河南南阳纺织集团有限公司	40	浙江杭州得力纺织有限公司
16	山东泰丰纺织集团	41	江苏长帆集团有限公司
17	安徽华茂集团有限公司	42	浙江宇海华联纺织有限公司
18	江苏银宇三联集团有限公司	43	山东华乐实业集团公司
19	江阴红星集团公司	44	山东冠县冠星纺织集团总公司
20	山东东营市天信纺织有限公司	45	江苏大成纺织集团有限公司
21	山东泰安岱银纺织股份有限公司	46	北京京棉集团有限责任公司
22	淄博兰雁纺织（集团）股份有限公司	47	广西柳州立宇集团有限责任公司
23	河南洛阳白马企业集团公司	48	广东恩平广联泰纺织企业有限公司
24	新疆纺织工业（集团）公司	49	浙江金威集团公司
25	无锡市第三纺织厂	50	山东省枣庄万泰纺织有限公司

资料来源：1. 由中国纺织信息中心、中国纺织工业协会统计中心、中国棉纺织行业协会、中国色织行业协会于 2003 年在中国纺织报联合发布。

2.2002 年前 50 名企业销售收入合计为 5 071 098 万元，比去年的前 50 名合计数增长了 25.3%，其中最高的 519 618 万元，最低的也在 4 亿元以上。

表 213　2002 年全国棉纺色织行业主要经济指标前 5 位地区排序

销售增长率（%）			产销率（%）		
排名	省市	指标值	排名	省市	指标值
1	湖南	44.32	1	北京	107.61
2	福建	33.41	2	天津	102.67
3	江西	31.06	3	广西	101.52
4	浙江	24.97	4	陕西	101.45
5	山东	24.20	5	湖南	101.26
资产负债率（%）			流动资产周转率（次）		
排名	省市	指标值	排名	省市	指标值
1	上海	47.09	1	江苏	2.70
2	福建	47.47	2	浙江	2.55
3	陕西	57.79	3	山西	2.26
4	浙江	60.62	4	上海	2.24
5	北京	61.94	5	湖北	2.02
总资产报酬率（%）			积累率（%）		
排名	省市	指标值	排名	省市	指标值
1	浙江	8.63	1	浙江	34.49
2	福建	6.45	2	广东	30.95
3	山东	6.43	3	陕西	21.68
4	江苏	5.57	4	山东	20.67
5	上海	4.54	5	江西	18.07

表 214　2002 年全国麻纺织行业企业销售收入前 30 名排序

序号	企业名称
1	湖南华升工贸进出口集团公司
2	安徽铜陵华源麻业有限公司
3	江苏无锡天元实业有限公司
4	湖南益鑫泰纺织印染有限公司
5	湖南洞庭苎麻纺织印染厂
6	湖北银家纺织股份有限公司
7	浙江金鹰集团有限公司
8	浙江金达创业股份有限公司
9	哈尔滨亚麻集团有限公司
10	重庆市涪陵金帝工业集团有限公司
11	湖北咸宁精华苎麻纺织有限公司
12	黑龙江齐齐哈尔亚麻纺织厂
13	湖北咸宁天化麻业股份有限公司
14	江西苎麻纺织集团有限公司
15	黑龙江佳木斯佳鹏亚麻有限责任公司
16	黑龙江肇融亚麻纺织有限公司
17	新疆伊犁天一实业有限公司
18	江苏苏州南亚企业集团有限公司
19	山东烟台新潮实业有限公司
20	吉林延边金龙亚麻纺织股份有限公司
21	黑龙江克山金鼎亚麻纺织有限责任公司
22	江苏泛佳亚麻纺织厂有限公司
23	湖南株洲苎麻纺织印染厂
24	深圳新龙亚麻纺织漂染有限公司
25	山西绿洲纺织有限责任公司
26	黑龙江延寿继嘉亚麻纺织厂
27	江苏南京金海苎麻纺织有限公司
28	四川大竹金桥麻业有限责任公司
29	山西朔芳亚麻纺织有限公司
30	包头市苏蒙特亚麻纺织合营有限公司

资料来源：由中国纺织工业协会统计中心、中国纺织行业协会 2002 年在中国纺织报联合发布。

表 215 2002 年纺织工业服装出口贸易额居前 10 位的国家（地区）

梭织服装				针织服装			
序号	国家（地区）	金额（亿美元）	同比（%）	序号	国家（地区）	金额（亿美元）	同比（%）
1	日本	63.90	−7.45	1	日本	44.05	−3.34
2	中国香港	37.22	15.70	2	中国香港	30.34	33.32
3	美国	23.07	8.20	3	美国	14.16	14.06
4	韩国	10.98	26.01	4	韩国	10.72	57.39
5	德国	5.51	28.30	5	澳大利亚	4.98	14.28
6	澳大利亚	4.63	11.66	6	匈牙利	3.20	21.60
7	俄罗斯	4.47	−0.58	7	新加坡	2.87	29.93
8	加拿大	3.98	16.08	8	阿联酋	2.81	49.20
9	英国	3.69	25.99	9	俄罗斯	2.79	55.76
10	墨西哥	3.43	117.36	10	墨西哥	2.61	191.73

表 216 2002 年纺织工业梭织、针织服装出口前 10 名的地区

梭织服装				针织服装			
序号	地区	出口金额（亿美元）	同比（%）	序号	地区	出口金额（亿美元）	同比（%）
1	广东	47.22	13.10	1	广东	40.86	15.83
2	江苏	35.72	6.79	2	浙江	28.77	15.10
3	上海	33.77	5.22	3	上海	22.08	12.10
4	浙江	31.15	14.90	4	江苏	19.32	14.14
5	山东	11.43	7.89	5	山东	13.55	19.34
6	辽宁	9.80	4.02	6	福建	12.14	62.88
7	福建	7.14	25.29	7	北京	3.45	−1.38
8	北京	6.38	−4.65	8	辽宁	3.14	9.67
9	天津	4.62	−10.51	9	天津	2.23	−2.17
10	湖北	4.05	0.41	10	河北	1.82	17.81

表 217　2000—2001 年我国销售收入 10 亿元以上的造纸企业　单位：亿元

2000 年			2001 年		
序　号	企　业　名　称	销售收入	序　号	企　业　名　称	销售收入
1	金东纸业（江苏）有限公司	45.00	1	金东纸业（江苏）有限公司	52.09
2	宁波中华纸业有限公司	26.93	2	山东晨鸣纸业集团有限公司	27.43
3	山东晨鸣纸业集团有限公司	25.42	3	宁波中华纸业有限公司	23.34
4	岳阳纸业集团有限公司	18.28	4	广州造纸集团有限公司	17.78
5	芬欧汇川（苏州）有限公司	15.50	5	珠海经济特区红塔仁恒纸业有限公司	17.50
6	广州造纸有限公司	12.50	6	芬欧汇川（苏州）有限公司	17.11
7	山东太阳纸业集团有限公司	10.79	7	岳阳纸业集团有限公司	15.88
8	株海经济特区红塔仁恒纸业有限公司	10.01	8	金华盛纸业(苏州工业园区)有限公司	14.57
			9	山东太阳纸业集团有限公司	13.66
			10	华泰集团有限公司	10.97
			11	福建南纸股份有限公司	10.41

表 218　2000—2001 年我国利税总额超亿元的造纸企业　单位：亿元

2000 年			2001 年		
序号	企　业　名　称	销售收入	序号	企　业　名　称	销售收入
1	山东晨鸣纸业集团有限公司	5.34	1	山东晨鸣纸业集团有限公司	5.21
2	宁波中华纸业有限公司	4.92	2	宁波中华纸业有限公司	3.41
3	上海泛亚潜力纸业有限公司	2.67	3	珠海经济特区红塔仁恒纸业有限公司	3.10
4	广州造纸有限公司	2.40	4	广州造纸集团有限公司	2.95
5	山东华泰集团有限公司	2.24	5	山东华泰集团有限公司	2.56
6	山东太阳纸业集团有限公司	2.06	6	山东太阳纸业集团有限公司	2.29
7	福建南纸股份有限公司	1.95	7	岳阳纸业集团有限公司	2.12
8	福建青山纸业股份有限公司	1.95	8	山东博汇实业股份有限公司	1.96
9	山东博汇实业股份有限公司	1.51	9	福建南纸股份有限公司	1.63
10	珠海经济特区红塔仁恒纸业有限公司	1.43	10	福建青山纸业股份有限公司	1.61
11	山东泉林纸业有限公司	1.01	11	上海泛亚潜力纸业有限公司	1.50
12	山东(临清)银河纸业集团有限公司	1.00	12	山东泉林纸业有限责任公司	1.32
			13	山东鲁南纸业（集团）公司	1.03

表 219　2001 年我国年产 20 万吨以上制浆造纸企业基本情况

单位：万 t/年

序　号	企　业　名　称	生产能力	主　导　产　品
1	镇江金东纸业有限公司	100	美术铜版纸、高级文化用纸
2	宁波中华纸业有限公司	50	高级涂布白纸板
3	山东晨鸣纸业集团有限公司	50	胶版纸、轻涂纸、铜版纸、新闻纸
4	山东华泰纸业集团公司	40	胶版纸、书写纸、铜版纸、涂布白纸板、轻涂纸等
5	芬欧汇川纸业（苏州）有限公司	35	高级书写纸、胶版纸、镭射纸、印刷纸、复印纸等
6	湖北帅倫纸业股份有限公司	30	牛皮卡纸、胶版纸、瓦楞原纸
7	广州造纸集团有限公司	30	胶印新闻纸、瓦楞原纸
8	福建南纸股份有限公司	30	新闻纸
9	福建青山纸业集团公司	26	牛皮纸、纸袋纸、未漂针叶木浆
10	金华盛业苏州有限公司	25	无碳复写纸、高级文化用纸
11	山东太阳纸业集团公司	25	牛皮箱纸板、涂布白纸板、铜版原纸、复印纸
12	珠海经济特区红塔仁恒纸业有限公司	20	涂布白卡纸、液体饮料包装纸和口杯纸
13	吉林造纸股份有限公司	20	新闻纸、纸袋纸
14	广东东莞玖龙纸业有限公司	20	牛皮卡纸、箱纸板

表 220　2002 年全国 150 家书刊印刷企业完成经济指标排序情况

经济效益综合指数前 5 名企业	资产总额前 5 名企业
天津高教出版社印刷厂	湖南新华印刷集团
扬中市印刷厂	人民日报社印刷厂
保定地质图制印厂	保定地质图制印厂
人民日报印刷厂	沈阳新华印刷厂
长春第二新华印刷厂	山西新华印业有限公司
实现利税前 5 名企业	**人均利税前 5 名企业**
保定地质图制印厂	新华社印刷厂
人民日报社印刷厂	人民日报社印刷厂
新华社印刷厂	保定地质图制印厂
湖南新华印刷集团	利丰雅高长城印刷公司
山西新华印业有限公司	解放年报社印刷厂
利税总额前 5 名企业	**人均工资前 5 名企业**
保定地质图制印厂	上海三印时报印刷厂
人民日报社印刷厂	保定地质图制印厂
新华社印刷厂	北京长缨印刷有限公司
江苏新华印刷厂	广东新华印刷厂
中华印刷有限公司	新华社印刷厂
工业增加值前 5 名企业	**胶印对开色令数前 5 名企业**
保定地质图制印厂	湖南新华印刷集团
湖南新华印刷集团	利慧雅高长城印刷公司
江西新华印刷厂	中华印刷有限公司
新华社印刷厂	山西新华印业有限公司
山西新华印业有限公司	山东新华印刷厂临沂厂
产品销售收入前 5 名企业	**书刊印刷印量前 5 名企业**
湖南新华印刷集团	湖南新华印刷集团
保定地质图制印厂	沈阳新华印刷一厂
山西新华印业有限公司	河北新华印刷一厂
中华印刷有限公司	湖北省新华印刷厂
浙江印刷集团公司	山西新华印业有限公司

表 221 2002 年全国人均创利税 2 万元以上的包装印刷企业

福建三华彩印有限公司	金坛市胶粘剂厂
杭州伟成印刷有限公司	上海外贸界龙彩印厂
浙江爱迪尔包装集团公司	福州晚报印刷厂
湖州印刷厂	武汉诚成文化投资集团股份有限公司
石狮市富兴包装材料有限公司	浙江曙光印业有限公司
四川宜宾五粮液精美印务有限公司	浙江富康包装印刷有限公司
桐乡印刷有限公司	北京轻联富诚彩色印刷有限公司
余姚港舜现代印务有限公司	西安环球印务有限公司
北京双燕商标印刷厂	杭州人民印刷有限公司
通化金源印刷厂	青州新华包装制品有限公司
杭州中粮美特容器有限公司	通化创新彩印有限公司
上海界龙捷达包装印刷分公司	北京德宝商三包装印刷有限公司
苏州印刷总厂有限公司	杭州杭松印刷有限公司
厦门签叶印务有限公司	青岛益青印刷包装厂
天津环球磁卡股份有限公司	浙江广博集团股份有限公司
上海中药三厂宁波江北联营厂	福安市黄金源包装有限公司
中山市金田包装印务有限公司	四川印刷制版中心有限公司
舟山东升印刷有限责任公司	北京市京华印刷厂
上海界龙永发凹印公司	联盛（厦门）彩印有限公司
昆明彩印有限责任公司	

表 222 2000 年全国书刊印刷企业工业增加值、利润总额等排序前 10 名企业

单位：万元

工业增加值前 10 名企业			产品销售收入前 10 名企业		
排 序	企 业 名 称	工业增加值	排 序	企 业 名 称	产品销售收入
1	新华通讯社印刷厂	6 515.0	1	上海印刷（集团）本部	12 981.2
2	保定五四三印刷厂	5 919.0	2	保定五四三印刷厂	10 882.0
3	河南第一新华印刷厂	4 716.5	3	陕西省印刷厂	10 621.0
4	沈阳新华印刷厂	4 659.0	4	浙江印刷集团公司	10 004.2
5	人民日报社印刷厂	4 301.9	5	人民日报社印刷厂	9 566.6
6	广东省新华印刷厂	4 180.0	6	新华通讯社印刷厂	8 746.0
7	河北新华印刷一厂	3 566.0	7	沈阳新华印刷厂	7 912.0
8	河北新华印刷二厂	3 513.0	8	上海中华印刷厂	7 577.4
9	河南第二新华印刷厂	3 438.0	9	安徽新华印刷厂	7 032.0
10	湖南省新华印刷三厂	3 436.1	10	河北新华印刷一厂	7 013.0
利润总额前 10 名企业			实现利税前 10 名企业		
排 序	企 业 名 称	利润总额	排 序	企 业 名 称	实现利税
1	人民日报社印刷厂	1 859.8	1	人民日报社印刷厂	3 150.0
2	新华通讯社印刷厂	1 351.0	2	新华通讯社印刷厂	2 521.0
3	解放军七二一五工厂	1 201.0	3	保定五四三印刷厂	1 908.0
4	江苏新华印刷厂	1 139.0	4	江苏新华印刷厂	1 753.0
5	保定五四三印刷厂	1 034.0	5	解放军七二一五工厂	1 607.0
6	广西民族印刷厂	635.0	6	沈阳新华印刷厂	1 454.3
7	南京爱德印刷有限公司	488.0	7	广西民族印刷厂	1 301.0
8	解放军报印刷厂（2230）	482.0	8	河南第一新华印刷厂	1 196.3
9	沈阳新华印刷厂	435.1	9	解放军报印刷厂（2230）	1 094.0
10	上海市印刷三厂	373.3	10	安徽新华印刷厂	1 046.0

人均利税前 10 名企业　　单位：元/人

排 序	企 业 名 称	人均利税	排 序	企 业 名 称	人均利税
1	新华通讯社印刷厂	58 628	6	江苏新华印刷厂	23 981
2	人民日报社印刷厂	58 442	7	北京京华印刷总厂	21 977
3	解放军报印刷厂（2230）	32 271	8	福建彩色印刷有限公司	21 908
4	南京爱德印刷有限公司	27 807	9	辽宁美术印刷厂	19 103
5	解放军七二一五工厂	25 753	10	保定五四三印刷厂	18 206

表 223　2002 年我国中药企业销售金额前 100 位排序

排序	企业名称	排序	企业名称
1	四川太极集团	51	云南的药集团
2	西安杨森制药有限公司	52	武汉健民集团
3	北京同仁堂集团	53	天津天士力制药公司
4	葛兰素威康制药公司	54	东盛科技盖天力药业
5	三九医药股份有限公司	55	重庆科瑞药业
6	上海罗氏制药有限公司	56	广州光华药业有限公司
7	上海施贵宝制药公司	57	瑞士诺华制药有限公司
8	惠氏一百宫（苏州）药业	58	黑龙江五常葵花药业
9	诺和诺德（天津）生物技术有限公司	59	广东深圳海王药业
10	福建厦门东风制药厂	60	北京生命之星临江药厂
11	中美天津史克制药公司	61	北京巨能集团
12	哈药集团制药六厂	62	北京紫竹药业有限公司
13	香港京都念兹奄总厂	63	哈药集团制药总厂
14	哈药集团制药六厂	64	贵州益佰制药股份公司
15	云南盘龙云海药业	65	广州星群药业
16	默沙东制药公司	66	广州敬修堂药业
17	广州白云山制药集团	67	广州潘高寿药业
18	可斯利康制药有限公司	68	广州羊城药业
19	广东珠海联邦制药厂	69	哈尔滨北极神生物药业
20	广东深圳太太药业	70	福建漳州片仔瘦集团公司
21	哈尔滨世一堂制药厂	71	浙江亚东制药厂
22	上海强生有限公司	72	江苏海慈药业有限公司
23	吉林修正药业	73	广州奇星药业
24	山东东阿阿胶集团	74	重庆希尔安药业有限公司
25	广东珠海丽珠集团	75	广州侨光制药厂
26	美国矿维公司	76	杭州赛诺菲民生制药公司
27	北京双鹤药业	77	山东青岛国风集团
28	西安利君制药有限公司	78	西南药业股份有限公司
29	内蒙古库伦蒙药有限公司	79	武汉红桃 K 金泉药业
30	江西汇仁制药集团	80	广东华南制药厂
31	广西金嗓子有限责任公司	81	广东深圳月之韵药业
32	广州中一药业有限公司	82	上海莱士血制品有限公司
33	郑州华夏医药公司	83	杭州中美华东制药公司
34	吴太集团吉林感康制药厂	84	石家庄以岭制药厂
35	山西德元堂药业	85	贵州神奇制药有限公司
36	江西宜春海尔思药业	86	山东鲁南制药厂
37	拜耳药业公司	87	先灵葆雅制药有限公司
38	广西桂林三金药业	88	山西桂龙医药公司
39	成都地奥集团	89	吉林涌源药业有限公司
40	辽宁大连辉瑞制药公司	90	成都恩威制药有限公司
41	石家庄制药集团	91	广州番禺市桥制药厂
42	广东珠海康奇药业	92	河南宛西制药股份公司
43	曼秀雷敦（中山）药业	93	广东顺德顺峰药业
44	江西江中制药厂	94	青海晶珠藏药有限公司
45	西藏林芝奇正藏药厂	95	山西仁源堂药业
46	陕西咸阳步长药业	96	昆明贝克诺顿制药
47	哈尔滨大中药业	97	广州陈李济药厂
48	山东正大福瑞制药	98	浙江康恩贝集团
49	济南东风制药	99	上海克隆生物技术
50	北京诺华制药有限公司	100	西安绿谷制药有限公司

表224 2000年全国橡胶工业协会会员企业按销售收入排序

轮 胎 行 业

排序	企业名称	销售收入（万元）
1	上海轮胎股份公司	260 098
2	三角集团有限公司	193 128
3	山东成山股份公司	144 330
4	青岛橡胶有限公司	137 379
5	安徽佳通有限公司	131 372
6	青岛华春有限公司	131 050
7	杭州中策有限公司	118 725
8	贵州轮胎股份公司	101 340
9	河南轮胎股份公司	77 125
10	山东玲珑集团公司	71 754

力车胎行业

排序	企业名称	销售收入（万元）
1	杭州中策橡胶公司	42 589
2	广州第一橡胶厂	23 547
3	江苏飞驰股份公司	20 030
4	万达摩托车胎厂	13 644
5	山东锦轮股份有限公司	12 831
6	许昌中州轮胎公司	10 618
7	昆明三叶轮胎公司	8 351
8	上海飞轮橡胶总厂	7 991
9	厦门海燕实业公司	7 881
10	徐州橡胶厂	7 318

管 带 行 业

排序	企业名称	销售收入（万元）
1	青岛胶带集团有限公司	18 606
2	三力士橡胶有限公司	16 828
3	阜新橡胶有限公司	14 548
4	尉氏橡胶厂	10 428
5	桐乡双箭集团有限公司	9 774
6	安泰橡胶有限责任公司	9 375
7	沈阳长桥胶带有限公司	9 315
8	上海橡胶制品有限公司	8 049
9	沈阳第四橡胶厂	6 796
10	中南橡胶集团有限公司	6 181

胶 鞋 行 业

排序	企业名称	销售收入（万元）
1	青岛双星集团公司	105 221
2	温州荣光集团公司	39 372
3	解放军三五三七工厂	16 295
4	常州市友谊胶鞋厂	13 305
5	江苏双穗鞋业有限公司	11 997
6	浙江省余杭县橡胶厂	11 055
7	沈阳橡胶厂	9 312
8	沈阳胶鞋总厂	9 280
9	许昌骆驼鞋业有限公司	9 044
10	上海回力鞋业有限公司	8 562

乳 胶 行 业

排序	企业名称	销售收入（万元）
1	张家港大裕橡胶制品有限公司	10 920
2	青岛双蝶集团股份有限公司	9 741
3	桂林南方橡胶（集团）公司乳胶厂	8 240
4	广州第十一橡胶厂	8 095
5	北京乳胶厂	7 757
6	上海乳胶厂	7 383
7	大连乳胶厂	5 503
8	苏州嘉乐威企业发展有限公司	5 044
9	天津乳胶厂	3 986
10	安徽省蚌埠市进出口公司	3 150

炭 黑 行 业

排序	企业名称	销售收入（万元）
1	天津海豚炭黑有限公司	21 564
2	青岛德固萨化学有限公司	17 784
3	茂名永业股份有限公司	12 925
4	青州化工股份有限公司	12 893
5	景德镇焦化总厂炭黑分厂	11 436
6	温州三维集团公司	10 024
7	苏州宝化炭黑有限公司	8 990
8	沙河炭黑厂	7 882
9	宜兴炭黑厂	7 349
10	上海立事化工实业公司	6 963

再生胶行业

排序	企业名称	销售收入（万元）
1	南通回力橡胶有限责任公司	6 295
2	北方橡胶有限责任公司	1 986
3	东北橡塑材料有限公司	1 422
4	北京化工集团橡塑厂	1 400
5	黄石第二橡胶厂	1 237
6	衡水橡胶股份有限公司	1 157
7	邵武再生胶厂	1 069
8	莱芜市再生胶厂	1 038
9	玉田县鑫达再生胶厂	969
10	仙桃市第二橡胶厂	950

制 品 行 业

排序	企业名称	销售收入（万元）
1	中国人民解放军第3517厂	28 217
2	宜昌中南橡胶集团公司	24 558
3	沈阳第四橡胶厂	20 535
4	中鼎股份有限公司	20 247
5	铁岭华晨橡塑制品有限公司	11 969
6	中国人民解放军第3531厂	11 814
7	上海橡胶制品有限公司	11 395
8	中国人民解放军第7425厂	9 556
9	西北橡胶总厂	6 546
10	北京化学集团橡塑制品厂	6 001

表 225　2002 年我国第二批农业产业化国家重点龙头企业

北京汇源饮料食品集团有限公司
北京御香苑畜牧有限公司
北京锦绣大地农业股份有限公司
北京华都华团有限责任公司
北京大发正大有限公司
北京大北农饲料科技有限责任公司
北京八里桥农产品中心批发市场有限公司
天津挂月集团有限公司
天津科润农业科技股份有限公司
康地万达（天津）有限公司
天津海河乳业有限公司
天津市金钟农副产品有限公司
河北裕丰实业股份有限公司
三河汇福粮油食品制作有限公司
河北华龙食品集团有限公司
唐山天申贸易企业（集团）公司
秦皇岛骊骅淀粉股份有限公司
秦皇岛正大有限公司
中国长城葡萄酒有限公司
邯郸市（馆陶）金凤禽蛋农贸批发市场
山西屯玉种业科技股份有限公司
山西恒康乳业科技股份有限公司
山西粟海集团有限公司
山西忠民集团有限公司
太原六味斋实业有限公司
内蒙古金河实业集团有限公司
包头华资实业股份有限公司
内蒙古蒙牛乳业股份有限公司
内蒙古盘古集团有限责任公司
内蒙古塞飞亚集团有限责任公司
内蒙古鹿王羊绒（集团）公司
内蒙古呱呱叫实业（集团）有限公司
内蒙古科尔沁牛业股份有限公司
沈阳副食集团公司
辽宁鲁冰花集团有限公司
辽宁省大连海洋渔业集团公司
辽宁亚洲红企业集团
辽宁富虹油品集团有限公司
营口大正（集团）有限公司
吉林省吉发实业集团有限公司
通化葡萄酒股份有限公司
吉林敖东药业集团股份有限公司
吉林吉农高新技术发展股份有限公司
吉林华正农牧业开发股份有限公司
长春苗苗豆乳（集团）有限公司
吉林天景食品有限公司
黄龙食品工业有限公司
吉林粮食集团有限公司
黑龙江农垦九三制粉有限公司
黑龙江省北大荒米业有限公司
哈慈望奎绿色实业有限公司
大庆市银螺乳业有限公司
黑龙江省穆棱富邦集团有限公司
黑龙江红星集团股份有限公司
黑龙江省桦南白瓜子集团公司
黑龙江省金秋企业集团有限责任公司
黑龙江龙风玉米开发有限公司
黑龙江华润酒精有限公司
牡丹江绿特食品批发市场有限公司
上海高榕食品有限公司
上海海丰米业有限公司
上海曹安菜篮子股份有限公司
上海农工商超市有限公司
南京老山药业股份有限公司
江苏宝宝集团公司
江苏恒顺醋业股份有限公司
江苏玖久丝绸股份有限公司
江苏富安茧丝绸股份有限公司
江苏民康油脂有限公司
江苏晨风集团股份有限公司
徐州维维食品饮料股份有限公司
江苏荷仙食品集团
无锡朝阳股份有限公司
浙江金大地生物工程股份有限公司

（续）

浙江花神丝绸（集团）公司	郑州亚卫实业总公司
浙江黄岩罐头食品厂	重庆市天友乳业有限公司
浙江天子果业有限公司	河南思念食品股份有限公司
瑞安市华盛水产品加工厂	商丘农产品中心批发市场
浙江华发出口茶厂	湖北天种畜牧股份有限公司
浙江省义乌农贸城	湖北莉楚种业股份有限公司
桐城市鸿润集团公司	湖北天颐科技股份有限公司
安徽省福润肉类加工有限公司	湖北省种子集团公司
安徽和威农业开发股份有限公司	湖北仝鑫工贸股份有限公司
安徽丰原生物化学股份有限公司	湖北万宝粮油股份有限公司
含山县华阳牧业有限责任公司	中商湖北麻城农业开发有限公司
安徽丰大股份有限公司	孝感云南大批发市场
安徽省粮油食品进出口（集团）公司	袁隆平农业高科技股份有限公司
福州超大现代农业发展有限公司	湖南喜阳食品工业集团股份有限公司
福建省圣农实业有限公司	湖南洞庭水殖股份有限公司
福建省运洋渔业集团公司	湖南盛湘粮食购销有限公司
福建长富集团股份有限公司	湖南油中王实业股份有限公司
福建省闽中蔬菜食品工业总厂	湖南益阳粒粒晶粮食购销有限公司
江西英雄乳业股份有限公司	长沙红星农副产品大市场
江西正邦集团有限公司	湖南亚华种业股份有限公司
江西猕猴桃酒业股份有限公司	湖南新五丰股份有限公司
江西省宁红集团公司	广东恒兴集团有限公司
南昌深圳农产品中心批发市场有限公司	广东民昌果业有限公司
好当家集团有限公司	广东省丰收粮业发展有限公司
山东新昌肉良有限责任公司	广州从玉菜业发展有限公司
莱阳鲁花浓香花生油有限公司	广州市江丰实业有限公司
山东金海缘股份有限公司	潮州市华海集团有限公司
淄博得益乳业有限公司	广东肇庆康蓝中密板企业集团公司
山东大王农茂集团股份有限公司	广东康辉集团有限公司
泰安泰山亚油亚食品有限公司	广东翼龙实业集团有限公司
烟台中粮葡萄酿酒有限公司	广州花卉博览园有限公司
烟台山村果园绿色生物股份有限公司	广西风糖生化股份有限公司
肥城银宝食品有限公司	广西美通食品有限公司
山东六合饲料股份有限公司	桂林莱茵生物制品有限公司
山东西集团有限公司	贵港扬翔饲料有限公司
济南圣泉集团股份有限公司	海南东方大慧淀粉制品有限公司
河南省龙云集团有限公司	海南种农大丰种业科技股份有限公司
河南省北徐集团有限公司	海口农工贸（罗牛山）股份有限公司
河南省淇县永达食业有限公司	海南裕泰科技饲料有限公司
河南邦杰（集团）有限责任公司	海南欣商贸易有限公司
郑州三奎食品股份有限公司	重庆市涪陵榨菜（集团）有限公司

（续）

重庆万州鱼家泉榨菜有限公司	青海雪舟三绒集团
青海青稞酒业（集团）有限责任公司	青海省绿宝实业集团有限公司
重庆市三峡牧业集团有限公司	宁夏回族自治区西夏王葡萄酒业（集团）公司
重庆大正畜牧科技股份有限公司	宁夏香山酒业集团有限公司
重庆三江羽绒有限公司	宁夏塞北雪面粉有限公司
重庆市开县星星建材有限责任公司	新疆四方实业股份有限公司
重庆三峡建设集团有限公司	新疆科纺制业股份有限公司
四川新希望集团有限公司	新疆天山面粉（集团）有限责任公司
成都大业国际投资股份有限公司	新疆屯河投资股份有限公司
四川迪康产业控股集团股份有限公司	新疆西域农业科技集团有限责任公司
四川省井研县食品有限责任公司	新疆纵横股份有限公司
四川峨眉山竹叶青茶业有限公司	乌鲁木齐北园春（集团）有限责任公司
四川华侨凤凰集团股份有限公司	新疆麦趣尔集团有限责任公司
绵阳市游仙茧丝绸有限公司	新疆中基实业股份有限公司
四川绿科高技术农业有限公司	新天国际葡萄酒业有限公司
四川禾嘉股份有限公司	新疆赛里木现代农业股份有限公司
四川国基实业有限公司	大连韩伟企业集团有限公司
四川隆生集团有限公司	大连善岛食品有限公司
贵州信邦制药股份有限公司	大连双兴商品城有限公司
领先食品股份有限公司	大连三寰集团有限公司
贵州家诚药业有限责任公司	大连天宝绿色食品股份有限公司
贵州贵宝（集团）股份有限公司	青岛万福集团股份有限公司
贵州仙灵药业股份有限公司	山东大洋食品集团有限公司
贵阳三联乳业有限公司	青岛康大外贸集团有限公司
大理州四方集团有限责任公司	青岛九联集团股份有限公司
昆明雪兰牛奶有限责任公司	青岛润德粮油制品有限公司
潞西市宏天实业开发有限公司	宁波五洲星集团有限公司
云南龙城农产品经营股份有限公司	徐龙食品集团有限公司
西藏高原之宝牦牛股份有限公司	浙江水产城象山渔贸发展有限公司
陕西海升果业发展股份有限公司	厦门银鹭集团有限公司
陕西石羊（集团）股份有限公司	厦门惠尔康集团有限公司
西安银桥股份有限公司	厦门涌泉集团有限公司
陕西神果股份有限公司	深圳市光明集团有限公司
陕西恒兴果汁饮料有限公司	深圳天俊实业股份有限公司
杨陵秦丰农业科技股份有限公司	深圳市农牧实业有限公司
兰州好为尔生物科技股份有限公司	中国种子集团公司
甘肃亚盛实业（集团）股份有限公司	中牧实业股份有限公司
甘肃省敦煌种业股份有限公司	中国粮油食品进出口（集团）有限公司
甘肃省临洮县腾胜蔬菜土特产购销有限责任公司	中华棉花有限公司
甘肃银河食品集团有限责任公司	

资料来源：《农民日报》2003 年 1 月 11 日第 6 版。

我国西部地区综合统计

表 226 我国西部地区农村劳动力数（2001—2002）

单位：万人

	2001 年	2002 年	2002 年比上年增减（%）
一、农村人口数	28 095.1	28.199.7	0.37
二、农村劳动力	14 824.3	15.004.4	1.21
其中：男劳力	7 869.0	7.956.0	1.11
女劳力	6 955.3	7 048.4	1.34
1. 农林牧副渔业	10 984.3	10 933.6	−0.46
2. 工业	562.2	600.4	6.79
3. 建筑业	652.1	711.0	9.04
4. 交通运输、仓储及邮电通信业	255.8	270.3	5.67
5. 批发零售贸易、餐饮业	399.8	434.9	8.78
6. 其他非农行业	1 970.1	2 054.4	4.28

表 227 我国西部地区耕地面积及占全国比重（2002）

地 区	耕 地 面 积（khm^2）	比重（%）
全国总计	**130 039.2**	**100.00**
西部地区小计	49 573.4	38.12
内 蒙 古	8 201.0	6.31
广 西	4 407.9	3.39
重 庆		
四 川	9 169.1	7.05
贵 州	4 903.5	3.77
云 南	6 421.6	4.94
西 藏	362.6	0.28
陕 西	5 140.5	3.95
甘 肃	5 024.7	3.86
青 海	688.0	0.53
宁 夏	1 268.8	0.98
新 疆	3 985.7	3.07

表 228 我国西部地区农村电力建设情况（2001—2002）

	单 位	2001 年	2002 年	2002 年比上年增减（%）
1. 乡村办水电站	个	9 410.0	7 908.0	−15.96
装机容量	万 kw	182.7	186.9	2.30
发电量	亿 kw	65.2	65.8	0.92
2. 农村用电量	亿 kw·h	342.3	365.9	6.89

表 229　我国西部地区各种运输线路长度（2001—2002）

单位：km

年　　份	铁路营业里程	公　路　里　程	内河航道里程
2001	25 873.3	698 926	23 520
2002	26 719.7	725 724	26 332

表 230　我国西部地区货运量情况（2001—2002）

单位：万 t

年　　份	合　　计	铁　　路	公　　路	水　　运
2001	313 547	44 373	262 290	6 884
2002	355 151	47 882	275 534	7 551

表 231　我国西部地区主要农作物播种面积及构成（2001—2002）

单位：khm^2

	2001 年	2002 年	2002 年比上年增减（%）	2002 年占全国比重（%）
农作物总播种面积	**48 895.3**	**48 878.7**	**-0.03**	**31.61**
一、粮食作物	33 823.2	33 294.0	-1.56	32.05
（一）谷物	24 718.5	24 443.6	-1.11	30.00
稻谷	7 513.7	7 441.2	-0.96	26.39
小麦	7 407.8	7 169.6	-3.22	29.99
玉米	7 662.3	7 765.8	1.35	31.52
谷子	310.2	315.1	1.58	27.65
高粱	207.2	257.6	24.32	30.54
（二）豆类	3 995.2	3 868.3	-3.18	30.84
大豆	1 955.0	1 768.8	-9.52	20.29
杂豆	2 440.2	2 099.5	-13.96	54.90
（三）薯类	5 109.2	4 982.0	-2.49	50.42
马铃薯	2 952.6	2 995.3	1.45	64.19
二、油料作物	4 029.3	4 067.1	0.94	27.54
花生	672.7	674.9	0.33	13.71
油菜籽	2 354.7	2 354.1	-0.03	32.96
芝麻	50.3	49.4	-1.79	6.51
胡麻籽	285.7	318.7	11.55	70.38
向日葵籽	497.2	531.3	6.86	46.98
三、棉花	1 309.8	1 065.7	-18.64	25.47
四、麻类	32.3	89.4	176.78	26.45
黄红麻	10.9	9.8	-10.09	17.82
五、糖料	1 051.5	1 186.3	12.82	65.25
甘蔗	896.2	1 021.8	14.01	73.35
甜菜	155.3	164.5	5.92	38.80
六、烟叶	750.7	766.5	2.10	57.72
烤烟	660.6	688.8	4.27	57.79
七、药材	343.0	392.2	14.34	40.74
八、蔬菜、瓜类	4 167.7	4 024.8	-3.43	23.19
九、其他农作物	3 358.1	3 616.8	7.70	47.34

表 232　我国西部地区主要农产品产量（2001—2002）

单位：万 t

	2001 年	2002 年	2002 年比上年增减（%）	2002 年占全国比重（%）
一、粮食作物	12 273.2	12 682	3.33	27.75
（一）谷物	10 299.8	10 510	2.04	26.41
稻谷	4 462.7	4 372.7	－2.02	25.05
小麦	2 132.4	2 165.9	1.57	23.99
玉米	3 298.3	3 543.5	7.43	29.21
谷子	36.9	47.8	29.54	21.97
高粱	59.6	83.0	39.26	24.93
（二）豆类	511.4	569.1	11.28	25.39
大豆	252.7	270.6	7.09	16.39
杂豆	258.7	298.5	15.38	50.54
（三）薯类	1 462.4	1 602.9	9.61	43.72
马铃薯	783.7	858.3	9.52	57.05
二、油料作物	601.1	667.6	11.06	23.04
花生	123.0	134.2	9.11	9.06
油菜籽	339.9	375.4	10.44	35.58
芝麻	4.7	4.2	－10.64	4.69
胡麻籽	23.9	33.6	40.59	82.17
向日葵籽	94.1	107.4	14.13	55.19
三、棉花	164.2	161.9	1.40	32.93
四、麻类	12.6	24.7	96.03	25.62
黄红麻	2.0	1.9	5.00	11.95
五、糖料	6 001.3	7 278.5	21.28	70.72
甘蔗	5 367.0	6 584.5	22.68	73.07
甜菜	634.3	694.0	9.41	54.13
六、烟叶	125.2	138.6	10.70	56.64
烤烟	109.8	120.6	9.84	56.48
七、茶叶	19.7	20.5	4.06	27.52
八、水果	1 705.2	1 865.5	9.40	26.83

表 233 我国西部地区主要农产品单位面积产量（2001—2002）

单位：kg/hm²

	2001 年	2002 年	2002 年比上年增减（%）
一、粮食作物	3 628.6	3 849	6.07
（一）谷物	4 166.8	4 237	1.68
稻谷	5 939.5	5 832	-1.81
小麦	2 878.6	3 041	5.63
玉米	4 304.6	4 887	13.54
谷子	1 190.0	1 373	15.39
高粱	2 874.9	2 363	-17.80
（二）豆类	1 280.0	1 675	30.86
大豆	1 292.6	1 615	24.93
杂豆	1 268.0	1 735	36.83
（三）薯类	2 862.1	3 252	13.62
马铃薯	2 654.4	3 264	22.97
二、油料作物	1 491.7	1 608.5	7.83
花生	1 828.6	2 171.3	18.74
油菜籽	1 443.0	1 541.3	6.81
芝麻	932.6	820.4	-12.03
胡麻籽	838.5	1 117.0	33.21
向日葵籽	1 893.1	1 642.8	-13.22
三、棉花	1 253.6	1 161.6	-7.34
四、麻类	2 032.1	2 305.3	13.44
黄红麻	1 913.8	1 461.8	-23.62
五、糖料	57 074.0	45 254	-20.71
甘蔗	59 883.5	46 125.8	-22.97
甜菜	40 856.1	29 677.5	-27.36
六、烟叶	1 667.7	1 988.3	19.22
烤烟	1 662.6	1 757.8	5.73

表 234 我国西部地区茶叶产量（2001—2002）

单位：t

年 份	茶 叶	其中				
		红毛茶	绿毛茶	乌龙茶	紧压茶原料	其他茶
2001	197 209	14 487	152 855	7	7 495	22 365
2002	204 822	14 253	157 047	6	6 599	26 917

表 235　我国西部地区水果产量（2001—2002）

单位：kt

品　种	2001 年	2002 年
地区总计	**13 893**	**14 875**
苹　果	5 404	5 454
柑　橘	3 693	4 007
梨	1 836	2 025
葡　萄	1 019	1 334
菠　萝	112	99
香　蕉	1 275	1 220
红　枣	140	223
柿　子	414	513

表 236　我国西部地区主要林产品产量（2001—2002）

单位：t

	2001 年	2002 年	2002 年比上年增减（%）
一、主要林产品产量			
生　漆	3 580	3 978	11.12
油桐籽	269 962	251 789	-6.73
油茶籽	155 218	134 374	-13.43
乌桕籽	10 439	13 824	32.43
五倍子	4 685	5 301	13.15
棕　片	29 575	28 752	-2.78
松　脂	287 957	296 999	3.14
竹笋干	36 691	53 290	45.24
核　桃	137 224	224 106	63.31
板　栗	69 475	91 530	31.75
紫胶（原胶）	869	1 148	32.11
二、村及村以下竹木采伐			
木材（万 m^3）	794	742	-6.55
竹材（万根）	94 964	90 079	-5.14

表 237 我国西部地区热带、亚热带作物面积和产量（2001）

项　　目	单　位	全国总计	西部地区小计	西部地区占全国比重（%）
一、橡胶（按干胶片计算）				
收获面积	khm^2	416.67	117.77	28.26
产　　量	t	477 437.00	174 294	36.51
二、咖啡豆（按干咖啡豆计算）				
收获面积	khm^2	14.60	14.20	97.26
产　　量	t	17 202.00	16 814.00	97.74
三、椰子（按果实计算）				
收获面积	khm^2	20.97		
产　　量	万个	22 009.00	22.00	0.10
四、腰果（按干果计算）				
收获面积	khm^2	2.30		
产　　量	t	1 118.00	3.00	0.27
五、香料作物（折香料油计算）				
收获面积	khm^2	6.43	5.68	88.34
产　　量	t	688.00	606.00	88.08
其中：香茅草				
收获面积	khm^2	5.39	4.88	90.54
产　　量	t	566.00	524.00	92.58
六、剑（番）麻（折纤维）				
收获面积	khm^2	10.08	3.11	30.85
产　　量	t	38 593.00	11 220.00	29.07

表 238 我国西部地区主要畜产品产量（2001—2002）

	单 位	2001 年	2002 年	2002 年比上年增减（%）	2002 年占全国比重（%）
一、肉类总产量	万 t	1 750.5	1 805.9	3.18	27.42
猪牛羊肉产量	万 t	1 556.1	1 594.5	2.47	30.50
猪肉产量	万 t	1 278.3	1 300.6	1.74	30.06
牛肉产量	万 t	141.4	148.5	5.02	25.40
羊肉产量	万 t	136.4	145.5	6.67	45.94
禽肉产量	万 t	161.6	175.4	8.54	
兔肉产量	万 t	12.8	15.3	19.53	36.05
二、其他畜产品产量					
奶类产量	万 t	416.7	521.0	25.03	37.20
牛奶产量	万 t	372.7	472.7	26.83	36.37
山羊毛产量	t	13 185.0	14 792.0	12.19	41.72
绵羊毛产量	t	185 091.0	189 293.0	2.27	61.54
细羊毛	t	70 631.0	71 584.0	1.35	63.80
半细羊毛	t	42 395.0	44 654.0	5.33	43.60
羊绒产量	t	7 383.0	8 177.0	10.75	69.50
蜂蜜产量	万 t	5.4	6.04	11.85	22.83
禽蛋产量	万 t	283.2	308.6	8.97	12.53

表 239 我国西部地区水产品产量（2001—2002）

单位：kt

	2001 年	2002 年	2002 年比上年增减（%）	2002 年占全国比重（%）
水产品总产量	3 754.27	4 133.00	10.09	9.05
按海水、内陆分				
海水产品产量	1 639.81	1 846.0	12.57	6.98
内陆产品产量	2 114.46	2 287.0	8.16	11.92
按生产性质分				
捕捞产量	1 124.63	1 284.0	14.17	3.48
养殖产量	2 629.64	2 846.0	8.23	9.79
按品种分				
鱼 类	2 648.08	2 907.0	10.55	10.64
虾蟹类	200.81	220.0	9.56	5.08
贝 类	848.10	867.0	2.23	7.37
藻 类		2.0		0.15
其他类	57.28	134.0	133.94	14.94

表 240　我国西部地区人均主要农产品、畜产品、水产品产量（2001）

单位：kg/人

	人均产量	西部人均产量占全国人均产量比重（%）
一、主要农产品		
（一）粮食	341.0	95.81
1.谷物	286.2	92.13
稻谷	124.0	89.12
小麦	59.3	80.63
玉米	91.6	102.47
谷子	1.0	64.94
高粱	1.7	80.57
2.豆类	14.2	88.31
大豆	7.0	58.00
杂豆	7.2	179.55
3.薯类	40.6	145.42
马铃薯	21.8	215.42
（二）油料	16.7	74.22
花生	3.4	30.08
油菜籽	9.4	105.86
芝麻	0.1	15.87
胡麻籽	0.7	350.00
向日葵	2.6	224.14
（三）棉花	4.6	109.52
（四）麻类	0.4	75.47
黄红麻	0.1	120.48
（五）糖料	133.4	195.89
甘蔗	149.1	251.52
甜菜	17.6	206.33
（六）水果	47.2	90.25
（七）烟叶	3.5	190.22
烤烟	3.1	193.75
二、畜产品		
（一）猪牛羊肉	43.2	109.37
猪　肉	35.5	108.26
牛　肉	3.9	90.70
羊　肉	3.8	165.94
（二）奶类	11.6	131.82
牛　奶	10.4	128.40
（三）禽蛋	7.9	43.17
三、水产品	10.4	30.23
鱼　类	7.4	35.71
虾蟹类	0.6	18.99

表 241 我国西部地区国民经济和社会发展主要指标（2002）

主要指标		全国总计	西部地区	所占比重（%）
土地	（万 hm^2）	96 000	68 670	71.5
人口	（万人）	128 453	36 690	28.6
劳动就业人数	（万人）	73 740	18 539	25.1
年末城镇登记失业率	（%）	4.0	4.0	
国内生产总值	（亿元）	104 790.6	20 080.9	19.2
人均国内生产总值	（元）	8 184.0	5 514.6	
国家资产投资	（亿元）	43 499.9	8 515.4	19.6
基本建设投资	（亿元）	17 666.6	4 235.7	24.0
更新改造投资	（亿元）	6 750.6	1 278.3	18.9
进出口总额	（亿美元）	6 207.7	206.2	3.3
进口	（亿美元）	3 256.0	117.8	3.6
出口	（亿美元）	2 951.7	88.3	3.0
粮食产量	（万 t）	45 705.8	12 682.0	27.7
棉花产量	（万 t）	491.6	161.8	32.9
油料产量	（万 t）	2 897.2	667.7	23.0
布产量	（亿 m）	322.4	19.5	6.0
铁路	（km）	71 898.0	26 720.0	37.2
公路	（km）	1 765 222.0	725 724.0	41.1
高速公路	（km）	25 130.0	5 753.0	22.9
货物周转量	（亿 tkm）	50 542.9	6 385.9	12.6
城镇居民可支配收入	（元）	7 702.8	6 675.2	86.66
农村居民人均收入	（元）	2 475.6	1 854.9	74.93

表 242　我国西部地区农林牧渔业总产值、增加值及构成（2001—2002）

	总产值		增加值	
	2001 年	2002 年	2001 年	2002 年
一、绝对数（亿元）				
合　计	5 970.58	6 341.38	3 798.2	4 025.0
1. 农业	3 525.26	3 677.17	2 351.3	2 460.6
2. 林业	238.79	269.07	175.1	189.5
3. 牧业	2 012.71	2 190.71	1 133.6	1 231.3
4. 渔业	193.83	204.50	136.3	143.6
二、构成（%）				
农林牧渔业合计	100.00	100.00	100.00	100.00
1. 农业	59.04	57.99	61.96	61.13
2. 林业	4.00	4.24	4.61	4.71
3. 牧业	33.71	34.55	29.84	30.59
4. 渔业	3.25	3.22	3.59	3.57
三、西部占全国的比重（%）				
农林牧渔业总产值合计	22.81	23.15	24.64	24.97
1. 农业	24.37	24.63	25.77	25.95
2. 林业	25.44	26.03	26.52	26.66
3. 牧业	25.28	25.91	28.70	29.55
4. 渔业	6.89	6.88	8.16	8.17

资料来源：表中数据来自国家统计局农村社会经济调查总队。

表 243 我国西部地区林业产业总产值（2002）

单位：万元

地区	总计	第一产业	第二产业	第三产业
全国总计	**46 342 420**	**29 117 206**	**14 856 912**	**2 368 302**
地区小计	9 032 044	7 284 164	1 455 774	292 106
地区占全国比重（%）	19.49	25.02	9.80	12.33
内蒙古	956 285	367 810	488 772	99 703
广西	1 852 913	1 383 618	440 326	28 969
重庆	405 546	328 896	26 511	50 139
四川	1 465 720	1 262 089	159 465	44 166
贵州	360 221	293 607	63 257	3 357
云南	1 084 700	866 211	200 295	18 194
西藏	14 083	10 003	4 080	
陕西	927 978	871 223	43 154	13 601
甘肃	428 479	401 186	19 609	7 684
青海	36 253	35 294		959
宁夏	106 238	104 618	1 322	298
新疆	1 393 628	1 359 609	8 983	25 036

表 244 我国西部地区林业系统森工固定资产投资完成情况（2002）

单位：万元

地区	总计	其中：基本建设	更新改造	其他投资
全国总计	**175 986**	**101 037**	**39 574**	**35 375**
地区小计	38 960	17 629	17 777	3 554
地区占全国比重（%）	22.14	17.45	44.92	10.05
内蒙古	6 184	1 823	2 281	2 080
广西	16 218	2 103	14 115	
重庆				
四川	778	748		30
贵州				
云南	12 869	10 044	1 381	1 444
西藏				
陕西	2 551	2 551		
甘肃				
青海				
宁夏				
新疆	360	360		

表 245　我国西部地区以农产品为原料的轻工业情况（2001—2002）

单位：亿元

年　份	企业数	工业总产值	增加值	销售收入	利润总额	应交增值税
2001	6 841	2 707.5	1 105.3	2 557.89	148.98	169.36
2002	6 808	3 125.0	1 261.3	2 920.40	162 90	183.10

表 246　我国西部地区林业系统农产品加工业总产值（2002）

单位：万元

地　　区	木材及竹材采运业	木材加工及竹、藤、棕、草制品业				
		小　计	锯材木片加工业	人造板制造　业	木制品业	竹藤棕草制品业
全国总计	**1 087 329**	**1 498 343**	**192 911**	**879 198**	**357 165**	**69 069**
地区小计	328 749	214 938	19 804	144 244	44 934	5 956
地区占全国比重（%）	30.23	14.35	10.27	16.41	12.58	8.62
内蒙古	230 900	60 810	5 080	30 335	24 583	812
广　西	56 234	65 343	9 253	40 092	15 992	6
重　庆	69	706		701	5	
四　川	756	38 173	2 138	29 757	1 683	4 595
贵　州	6 911	10 497	3	9 951		543
云　南	28 238	28 521	3 309	23 047	2 165	
西　藏						
陕　西	224	9 234	12	8 851	371	
甘　肃		1 236		1 236		
青　海						
宁　夏						
新　疆	5 417	418	9	274	135	

资料来源：表中数据由国家林业局提供。

（续）

地　　区	家具制造业	造纸及纸制品业	林产化学产品制造业	机械制造及修理业
全国总计	**59 919**	**76 258**	**165 089**	**39 927**
地区小计	1 796	47 329	67 214	14 958
地区占全国比重（%）	3.00	62.06	40.71	37.46
内蒙古	715	15 710	575	407
广　西	137	25 314	41 840	716
重　庆	5			
四　川	450	6 305	911	2 147
贵　州			156	
云　南	191		22 338	8 946
西　藏				
陕　西	156		1 394	2 742
甘　肃				
青　海				
宁　夏				
新　疆	142	93		

表 247　我国西部地区林业系统农产品加工业销售产值（2002）

单位：万元

地　　区	木材及竹材采运业	木材加工及竹、藤、棕、草制品业				
		小　计	锯材木片加工业	人造板制造　业	木制品业	竹藤棕草制品业
全国总计	**1 020 204**	**1 448 438**	**187 905**	**867 406**	**326 897**	**66 230**
地区小计	308 550	217 201	19 449	152 289	40 752	4 490
地区占全国比重（%）	30.24	15.00	10.35	17.57	12.47	6.78
内蒙古	219 172	58 917	4 359	31 323	22 492	743
广　西	56 335	65 326	9 518	42 531	13 271	6
重　庆	74	846	30	816		
四　川	438	38 439	2 141	30 665	2 312	3 321
贵　州	6 820	9 303	3	8 880		420
云　南	20 662	33 818	3 360	28 204	2 254	
西　藏						
陕　西	133	8 711	10	8 278	423	
甘　肃		1 327		1 327		
青　海						
宁　夏						
新　疆	4 916	514	28	365	121	

资料来源：表中数据由国家林业局提供。

（续）

地　　区	家具制造业	造纸及纸制品业	林产化学产品制造业	机械制造及修理业
全国总计	**53 968**	**66 291**	**151 959**	**39 069**
地区小计	1 044	47 707	58 983	14 637
地区占全国比重（%）	1.93	71.97	38.82	37.46
内蒙古	400	15 718	938	415
广　西	131	25 370	41 174	678
重　庆	36			
四　川		6 526	966	2 867
贵　州			156	
云　南	260		14 407	7 795
西　藏				
陕　西	77		1 342	2 882
甘　肃				
青　海				
宁　夏				
新　疆	140	93		

表 248　我国西部地区林业系统国有独立核算大、中型工业企业主要工业产品生产能力（2002）

单位：万 m^3

地　　区	木材	锯材	胶合板	木质纤维板	刨花板	松香（t）	栲胶（t）	紫胶（t）
全国总计	**2 331**	**349.2**	**104.3**	**182.0**	**152.3**	**256 754**	**18 320**	**3 850**
地区小计	714	123.6	17.0	53.0	34.5	149 543	16 820	3 600
地区占全国比重（%）	30.63	35.4	16.30	29.12	22.65	58.24	91.81	93.51
内蒙古	480	64.7	0.9	4.9	14.7		8 000	
广　西			4.0	21.0	6.6	85 000		
重　庆								
四　川	46	7.1	0.3	11.1	2.4	5 893		100
贵　州								
云　南	149	42.7	11.8	13.5	5.8	58 650	8 820	3 500
西　藏								
陕　西				0.2				
甘　肃	32	8.1		0.3				
青　海								
宁　夏	7	1.0		2.0	5.0			
新　疆								

表 249　我国西部地区乡镇规模以上农产品加工企业主要经济指标（2001）

地　区	企业单位数（个）	平均职工数（人）	工业增加值（现价、万元）	工业总产值（现价、万元）	工业销售产值（现价、万元）
全国总计	**35 759**	**5 716 074**	**21 128 742**	**93 983 153**	**88 490 770**
地区小计	2 068	344 052	1 213 171	4 899 539	4 708 893
地区占全国比重（%）	5.78	6.02	5.74	5.21	5.32
内蒙古	223	44 566	215 757	715 915	654 752
广　西	229	45 209	70 880	390 546	387 812
重　庆	151	13 356	79 287	369 998	340 507
四　川	697	106 445	415 248	1 602 455	1 573 585
贵　州	88	12 861	77 522	369 102	299 763
云　南	143	26 481	72 629	301 494	309 145
西　藏					
陕　西	214	38 837	115 960	424 216	471 496
甘　肃	133	23 813	77 296	342 002	290 663
青　海	30	1 620	2 787	14 467	12 161
宁　夏	81	9 030	30 617	156 906	142 452
新　疆	79	21 834	55 188	212 438	226 557

表 250　我国西部地区食品工业分行业工业总产值（2001）

单位：亿元

地　区	食品工业分行业工业总产值				
	合　计	食品加工业	食品制造业	饮料制造业	烟草加工业
全国总计	**9 244.64**	**4 097.88**	**1 627.70**	**1 824.34**	**1 694.72**
地区小计	1 769.58	549.09	161.86	370.46	688.17
地区占全国比重（%）	19.14	13.40	9.94	20.31	37.72
内蒙古	124.46	55.56	39.62	22.38	6.90
广　西	218.42	154.12	20.38	19.87	24.05
重　庆	80.71	21.07	10.74	19.19	29.71
四　川	418.21	134.12	25.76	199.25	59.08
贵　州	143.51	16.17	5.22	27.64	94.48
云　南	490.91	58.28	4.76	11.22	416.65
西　藏	2.16	0.54	0.04	1.58	
陕　西	129.04	38.94	23.54	28.93	37.63
甘　肃	67.94	22.25	10.57	18.57	16.55
青　海	6.36	3.05	0.42	2.89	
宁　夏	16.36	2.74	9.02	3.92	0.68
新　疆	71.50	42.25	11.79	15.02	2.44

表 251　我国西部地区纺织工业主要经济指标完成情况（2001）

地　区	企业单位数（个）	从业人员（人）	工业总产值（万元）	工业增加值（万元）	产品销售收入（万元）	利润总额（万元）	出口交货值（万元）
全国总计	**21 412**	**7 708 512**	**95 980 435**	**28 400 611**	**89 464 700**	**2 689 995**	**29 672 104**
地区小计	1 135	627 751	4 000 728	1 192 491	3 771 533	17 316	745 210
地区占全国比重（%）	5.30	8.14	4.17	4.20	4.22	0.64	2.51
内蒙古	121	66 459	803 334	242 607	856 513	52 598	205 591
广　西	118	51 635	284 965	82 070	256 005	－4 535	32 005
重　庆	109	65 608	410 676	141 930	375 548	－282	72 962
四　川	254	154 321	977 953	263 460	920 413	1 392	141 144
贵　州	41	18 616	53 665	15 166	42 707	－4 390	6 518
云　南	37	26 116	74 585	24 837	66 390	－7 829	15 783
西　藏	14	465	1 483	635	617	－82	122
陕　西	147	113 859	561 094	169 899	489 789	－14 322	165 181
甘　肃	164	31 820	216 164	79 548	161 963	－5 411	2 860
青　海	15	4 499	19 408	5 207	20 709	2 251	
宁　夏	9	4 301	55 473	11 599	92 899	659	21 523
新　疆	106	90 052	541 928	155 533	487 980	－37 365	81 521

资料来源：表中数据出自中国纺织工业协会统计中心。

表 252　我国西部地区印刷业基本情况（2001）

地　区	印刷总产值**（万元）	人均印刷产值（元）	印刷企业总数**（家）	书刊印刷总产值（万元）	包装印刷总产值（万元）	报纸印刷总产值（万元）	印刷从业人数**（人）
地区小计	**1 381 539***	**38.76***	**11 909**	**434 617**	**718 245**	**135 581***	**330 000**
内蒙古	52 400	22.80	1 082	30 000	22 400		30 000
广　西	182 000	38	1 273	52 000	78 000	23 000	40 129
重　庆	77 981	25.5	1 290	26 084	24 683	27 216	34 876
四　川	217 547	25.9	3 334	90 281	106 316	20 950	86 132
云　南	329 281	77.1	756	40 700	274 300	14 281	32 435
贵　州	93 574	25.3	589	34 825	37 574	8 105	16 757
西　藏			26	2 029	2 620	690	1 201
陕　西	314 573	87	1 531	100 097	154 985	17 567	41 550
甘　肃	66 439	25.8	889	37 445	8 972	5 913	20 000
青　海	8 746	16.9	169	5 264	5 346	2 260	5 398
宁　夏	3 150	5.6	324	1 500	1 050	600	10 310
新　疆	31 393	17.0	646	14 393	2 000	15 000	13 165

资料来源：*为 11 省、自治市、直辖市数据；**为不含三印数据。

表 253 我国西部地区森林工业主要产品产量（2002）

地　　区	木　材（万 m^3）	竹　材（万根）	锯　材（万 m^3）	人造板（万 m^3）	松香（t）	栲胶（t）	紫胶（t）
全国总计	**4 436.1**	**66 810.9**	**851.6**	**2 930.2**	**464 223**	**9 583**	**561**
地区小计	1 150.6	10 879.2	128.5	215.7	270 077	8 693	211
地区占全国比重（%）	25.94	16.28	15.1	7.36	58.18	90.71	37.61
内蒙古	547.4		7.3	33.5		871	
广　西	376.8	341.1	56.7	80.3	212 987	6 796	
重　庆	9.9	110.9	21.7	5.6			
四　川	3.2	336.9	0.02	28.9	2 003		21
贵　州	17.5	201.0	2.4	12.1	3 881		
云　南	161.2	9 098.0	35.1	46.4	51 206	876	181
西　藏	17	500.0	5.0				
陕　西	6.4	291.3	0.3	7.3		150	9
甘　肃				1.3			
青　海	2.3						
宁　夏	0.2						
新　疆	8.7		0.01	0.3			

表 254 我国西部地区农垦系统主要农产品加工企业产品产量（2001）

地　　区	机制纸及纸板（t）	纱（万 t）	布（万 m）	机制糖（t）	饮料酒（t）	乳制品（t）	食用植物油（t）
全国总计	**570 289**	**19.95**	**24 127**	**1 032 826**	**977 023**	**121 191**	**373 040**
地区小计	68 294	11.24	13 040	621 591	272 841	22 054	185 603
地区占全国比重（%）	11.98	56.34	54.05	60.18	27.93	18.20	49.75
内蒙古				5 214	798	11 377	3 835
广　西	9 888			428 563			
重　庆	577					1 288	
四　川					1 385	148	
贵　州					314	441	6
云　南	251			52 390	11		
西　藏							
陕　西		0.34	3 987			106	14 074
甘　肃					140 240	312	
青　海					4	2	239
宁　夏					76 701		45
新疆（兵团）	56 600	10.64	8 913	135 424	53 304	4 422	157 100
新疆（农业）	299		140				7 883
新疆（畜牧）	679	0.26			84	868	2 421
昆　明						1 429	
广　州						1 661	

表 255 我国西部地区轻工系统农产品加工业产品产量（2001）

地 区	纸 浆（万 t）	机制纸（万 t）	机制纸板（万 t）	纸制品（万 t）	原 盐（万 t）	机制糖（万 t）	糖果（万 t）	方便主食品（万 t）
全国总计	**1 013.82**	**1 646.78**	**1 193.09**	**713.80**	**3 108.55**	**619.19**	**39.11**	**262.76**
地区小计	97.34	209.23	74.52	78.90	596.29	462.38	3.69	25.35
地区占全国比重(%)	9.60	12.71	6.25	11.05	19.18	74.67	9.43	9.65
内蒙古	17.01	5.05	6.17	2.88	135.33	18.18	0.02	0.54
广 西	20.09	78.65	4.26	13.85	5.39	274.95	0.29	8.78
重 庆		5.47	8.29	12.70	48.13	0.10	1.87	3.10
四 川	28.68	53.74	25.09	27.51	246.52	6.06	1.17	3.22
贵 州	3.41	4.09	1.46	1.13		1.18	0.16	0.70
云 南	10.00	6.70	6.82	10.03	48.23	122.91	0.02	
西 藏								0.01
陕 西	0.37	22.02	6.28	3.98	6.00			8.65
甘 肃	3.15	3.97	5.20	2.01	3.76	0.15	0.14	0.16
青 海		0.45		0.12	77.07			
宁 夏	1.82	21.94	5.73	0.26			0.02	
新 疆	12.81	7.15	5.22	4.43	25.86	38.85		0.19

地 区	乳制品（t）	罐 头（t）	味 精（t）	淀 粉（t）	发酵酒精（万 t）	饮料酒（万 t）	软饮料（万 t）	冷冻饮品（万 t）
全国总计	**742 900**	**1 736 981**	**912 835**	**6 014 887**	**200.83**	**2 803.16**	**1 680.28**	**53.24**
地区小计	130 409	291 369	47 889	598 901	46.54	457.80	140.71	19.35
地区占全国比重(%)	17.55	16.77	5.25	9.96	23.17	16.33	8.37	36.34
内蒙古	47 494	871		46 659	0.79	49.53	3.25	14.47
广 西	1 993	106 187	15 913	294 797	14.83	70.11	24.02	1.30
重 庆	1 542	17 804	15 743			43.02	31.20	0.17
四 川	8 529	17 444	11 637	10 920	14.03	138.34	45.69	1.63
贵 州	400	1 472		8 335	0.12	21.59	3.18	0.54
云 南	5 633	5 295	340	11 993	11.12	19.79	4.65	0.05
西 藏	154					2.91	0.39	
陕 西	43 970	1 966	664	40 292	1.84	54.20	20.61	0.25
甘 肃	6 588	384		85 233	0.67	23.71	0.85	0.27
青 海	106					2.05	1.16	
宁 夏	11 100		3 592	92 256	0.47	6.62	0.08	0.03
新 疆	2 900	139 946		8 416	2.67	25.93	5.63	0.64

（续）

地　　区	液体乳（万 t）	轻　革（万 m^2）	皮　鞋（万双）	革皮服装（万件）	生活用木制品（万元）	家　具（万件）
全国总计	**213.32**	**41 771.78**	**133 586.35**	**7 086.82**	**615 603**	**10 922.95**
地区小计	54.42	2 397.69	567.42	140.39	66 264	795.11
地区占全国比重（%）	25.51	5.74	0.42	1.98	10.76	7.28
内蒙古	39.19	18.97	3.84	0.20	5 408	5.24
广　西	1.59	1 104.93	172.27	7.76	39 874	522.07
重　庆	4.02	2.06	204.13		1 008	47.58
四　川	2.10	960.94	68.95	122.94	13 271	68.30
贵　州	0.64		4.13		2 986	10.27
云　南	0.37	80.86	46.00	2.05	775	13.46
西　藏			2.40	0.07		0.73
陕　西	1.92	70.18	42.64	2.29	1 915	15.36
甘　肃	2.03	24.02	10.67	4.88	98	22.71
青　海		6.73	4.14	0.01		0.02
宁　夏	1.92					3.17
新　疆	0.64	129.00	8.25	0.19	929	86.20

表 256　我国东、中、西部地区乡镇企业产品按类别分出口交货值比较（2002）

项　　目	单位	总　计	东部地区		中部地区		西部地区	
			合　计	比重（%）	合　计	比重（%）	合　计	比重（%）
轻工类	万元	26 869 913	25 869 002	96.27	798 278	2.97	202 633	0.75
食品类	万元	6 534 629	5 908 157	90.41	426 713	6.53	199 759	3.06
土畜产类	万元	3 466 872	2 977 971	85.90	343 077	9.9	145 824	4.21
纺织、服装类	万元	28 877 163	27 980 350	96.89	736 237	2.55	160 576	0.56
工艺品类	万元	9 008 464	8 157 557	90.55	681 800	7.57	169 107	1.88

表 257 我国西部地区纺织工业纺织品、服装进出口额（2001）

单位：亿美元

地 区	出口			进口		
	小 计	纺织品	服 装	小 计	纺织品	服 装
全国总计	**532.67**	**167.38**	**365.29**	**137.21**	**124.56**	**12.65**
地区小计	13.47	7.31	6.16	0.51	0.39	0.12
地区占全国比重（%）	2.53	4.37	1.69	0.37	0.31	0.95
内蒙古	2.24	0.57	1.67	0.07	0.06	0.01
广 西	0.92	0.33	0.59	0.15	0.14	0.01
重 庆	0.32	0.24	0.08	0.01	0.01	
四 川	3.96	2.11	1.85	0.17	0.07	0.10
贵 州	0.09	0.03	0.06	0.01	0.01	
云 南	0.80	0.64	0.16	0.04	0.04	
西 藏	0.36	0.24	0.12			
陕 西	2.20	1.64	0.56	0.04	0.04	
甘 肃	0.47	0.23	0.24			
青 海	0.09	0.07	0.02			
宁 夏	0.32	0.03	0.29	0.01	0.01	
新 疆	1.70	1.18	0.52	0.01	0.01	

资料来源：海关总署。

表 258 2001 年农村居民按三个经济地区分类的主要指标

主 要 指 标	单 位	全国合计	东部地区	中部地区	西部地区
一、常住人口	人/户	4.15	4.04	4.08	4.42
整、半劳动力	人/户	2.73	2.72	2.73	2.77
平均每个劳动力负担人口	人	1.52	1.49	1.49	1.59
整、半劳动力占常住人口比重	%	65.78	67.33	66.91	62.22
二、年末生产性固定资产原值	元/户	4 883.80	5 217.93	4 615.46	4 772.88
三、年内新建房屋面积	m^2/人	0.84	0.91	0.91	0.66
砖木结构	m^2/人	0.34	0.37	0.36	0.27
钢筋混凝土	m^2/人	0.45	0.52	0.54	0.26
楼房	m^2/人	0.44	0.45	0.55	0.27
四、年末住房面积	m^2/人	25.73	28.75	25.09	22.55
砖木结构	m^2/人	13.82	16.87	14.83	8.46
钢筋混凝土	m^2/人	6.94	9.59	6.89	3.45
五、总收入	元/人	3 306.92	4 262.29	3 115.59	2 469.74
纯收入	元/人	2 366.40	3 232.75	2 163.52	1 662.71
现金收入	元/人	2 534.70	3 560.49	2 278.38	1 687.05
六、总支出	元/人	2 779.96	3 355.51	2 646.96	2 185.14
生产费用支出	元/人	738.10	849.32	755.58	697.78

（续）

主 要 指 标	单 位	全国合计	东部地区	中部地区	西部地区
1. 家庭经营费用支出	元/人	659.97	771.98	671.29	626.55
2. 购置生产性固定资产支出	元/人	78.13	77.34	84.29	71.23
生活消费支出	元/人	1 741.09	2 210.80	1 580.91	1 321.94
现金支出	元/人	2 284.62	2 940.85	2 133.03	1 605.79
七、主要食品消费量					
粮食	kg/人	237.98	230.79	250.34	231.61
蔬菜	kg/人	109.30	104.39	123.78	97.15
食用油	kg/人	7.03	7.22	7.37	6.33
肉禽及其制品	kg/人	18.21	19.38	15.49	20.16

表 259　2002 年农村居民按三个经济地区分类的主要指标

主 要 指 标	单 位	全国合计	东部地区	中部地区	西部地区
一、常住人口	人/户	4.13	4.02	4.05	4.40
整、半劳动力	人/户	2.76	2.74	2.76	2.77
平均每个劳动力负担人口	人	1.50	1.47	1.47	1.59
整、半劳动力占常住人口比重	%	66.83	47.76	50.37	46.59
二、年末生产性固定资产原值	元/户	5 221.33	5 534.56	5 047.76	5 008.22
三、年内新建房屋面积	m^2/人	0.86	0.91	0.88	0.76
砖木结构	m^2/人	0.30	0.30	0.34	0.24
钢筋混凝土	m^2/人	0.51	0.60	0.52	0.38
楼房	m^2/人	0.48	0.53	0.52	0.36
四、年末住房面积	m^2/人	26.53	29.65	25.83	23.01
砖木结构	m^2/人	13.88	16.63	15.01	8.78
钢筋混凝土	m^2/人	7.69	10.64	7.57	3.91
五、总收入	元/人	3 448.62	4 472.39	3 258.58	2 598.04
纯收入	元/人	2 475.63	3 404.19	2 274.78	1 765.60
现金收入	元/人	2 712.95	3 873.62	2 412.01	1 822.69
六、总支出	元/人	2 923.60	3 543.73	2 779.97	2 284.85
生产费用支出	元/人				
1. 家庭经营费用支出	元/人	731.01	804.87	715.27	653.09
2. 购置生产性固定资产支出	元/人	85.50	73.20	97.78	86.01
生活消费支出	元/人	1 834.31	2 344.01	1 659.66	1 381.78
现金支出	元/人	2 437.72	3 150.02	2 263.31	1 715.49
七、主要食品消费量					
粮食	kg/人	236.50	230.31	247.97	229.93
蔬菜	kg/人	110.55	104.55	126.06	98.53
食用油	kg/人	7.53	7.84	7.80	6.78
肉禽及其制品	kg/人	18.60	19.44	16.09	20.71

表260 我国西部地区农村居民收入及构成（2001—2002）

项 目		2001年	2002年	2002年比上年增减（%）
收入				
一、总收入	（元/人）	2 581.71	2 718.14	5.42
1. 工资性收入		429.67	483.87	12.61
2. 家庭经济收入		2 010.67	2 076.21	3.26
3. 转移性和财产性收入		141.37	158.05	11.80
二、纯收入	（元/人）	1 721.19	1 820.87	5.79
1. 工资性收入		429.67	483.87	12.61
2. 家庭经济收入		1 195.34	1 230.52	2.94
3. 转移性和财产性收入		96.06	106.47	10.84
三、现金收入	（元/人）	1 796.46	1 928.17	7.33
1. 工资性收入		429.06	483.44	12.67
2. 家庭经济收入		1 233.15	1 293.51	4.89
3. 转移性和财产性收入		134.25	151.23	12.65
收入构成				
一、总收入构成	（%）	100.0	100.0	100.00
1. 工资性收入		16.6	17.8	7.23
2. 家庭经济收入		77.9	76.4	-1.93
3. 转移性和财产性收入		5.5	5.8	5.45
二、纯收入构成	（%）	100.0	100.0	100.00
1. 工资性收入		25.0	26.6	6.40
2. 家庭经济收入		69.4	67.6	-2.59
3. 转移性和财产性收入		5.6	5.9	5.36
三、现金收入构成	（%）	100.0	100.0	100.00
1. 工资性收入		23.9	25.1	5.02
2. 家庭经济收入		68.6	67.1	-2.19
3. 转移性和财产性收入		7.5	7.9	5.33

表 261　我国西部地区农村居民支出及构成（2001—2002）

项　　目	2001 年	2002 年	2002 年比上年增减（%）
支出			
一、总支出（元/人）	2 291.10	2 412.10	5.28
1. 家庭经营费用支出	670.60	707.20	5.46
2. 购置生产性固定资产支出	77.83	93.43	20.04
3. 税费支出	69.55	57.36	－17.53
4. 生活消费支出	1 367.75	1 433.90	4.84
5. 转移性和财产性支出	105.37	115.22	9.35
二、现金支出（元/人）	1 715.81	1 833.06	6.83
1. 家庭经营费用支出	512.09	532.83	4.05
2. 购置生产性固定资产支出	77.83	93.43	20.04
3. 税费支出	65.18	53.98	17.18
4. 生活消费支出	957.44	1 039.43	8.56
5. 转移性和财产性支出	103.27	113.39	9.80
支出构成			
一、总支出构成（%）	100.0	100.00	100.00
1. 家庭经营费用支出	29.3	29.30	
2. 购置生产性固定资产支出	3.4	3.90	14.71
3. 税费支出	3.0	2.40	－20.00
4. 生活消费支出	59.7	59.70	
5. 转移性和财产性支出	4.6	4.80	4.35
二、现金支出构成（%）	74.9	100.00	100.00
1. 家庭经营费用支出	22.4	29.80	33.04
2. 购置生产性固定资产支出	3.4	3.90	14.71
3. 税费支出	2.8	4.60	64.29
4. 生活消费支出	41.8	55.90	33.73
5. 转移性和财产性支出	4.5	5.70	26.67

其　他

表 262　2002 年我国绿色食品环境质量定点监测机构

监测机构名称	地　址	联系电话
农业部农业环境质量监督检验测试中心（北京）	北京市西城区裕民中路 6 号	010-62057660
农业部环境质量监督检验测试中心（天津）	天津市复康路 31 号	022-23003801
天津市劳动卫生职业病研究所	天津市河东区华龙道 76 号	022-26022898
河北科技大学分析测试中心	河北省石家庄市裕华东路 186 号	0311-8633204
石家庄市环境监测中心	石家庄市体育南大街槐岭路 32 号	0311-5814980
山西农业大学环境监测中心	山西省太谷山西农业大学	0354-6288399
内蒙古自治区农业能源环境监测站	呼和浩特市新城西街 5 号	0471-6931425
呼伦贝尔市环境监测中心站	呼伦贝尔市海拉尔区	0470-8224630
国家海洋环境监测中心	辽宁省大连市沙河口区凌河街 42 号	0411-4783296
农业部农业环境质量监督检验测试中心（沈阳）	沈阳市于洪区长江北街 39 号	024-86800536
吉林省农业环境保护监测站	长春市红旗街 23 号	0431-5958741
地质矿产部吉林省中心实验室	长春市宽平大路三十号	0431-5952765
黑龙江省环境监测中心站	哈尔滨市太平区卫星路 2 号	0451-2423422
黑龙江省农垦环境监测站	黑龙江省佳木斯市安庆路 156 号	0454-8359147
山东省环境监测中心站	山东省济南市历山路 50 号	0531-6994272
农业部农业环境质量监督检验测试中心（济南）	山东省济南市闵子骞路 17 号	0531-8545254
烟台市环境监测中心站	烟台市青年路 118 号	0535-6243168
青岛市农业环保能源工作站	青岛市燕儿路 8 号	0532-5717542
淮安市环境监测中心站	淮安市健康西路 77 号	0517-3650145
江苏省扬州市环境监测中心站	江苏省扬州扬子江北路 446 号	0514-7931540-8602
南京大学现代分析中心	江苏省南京市汉口路	025-3592290
上海市环境科学研究院环境检测实验室	上海市钦州路 508 号	021-64758279
安徽省六安市环境监测中心站	六安市人民路 96 号	0564-3337719
安徽省地质实验研究所	合肥市芜湖路 239 号	0551-2888501
地质矿产部浙江省中心实验室	杭州市体育场路 508 号	0571-85157210
宁波市农业环境监测站	宁波市柳汀街 398 号	0574-87112560
浙江省丽水市环境监测中心站	浙江省丽水市城东路 188	0578-2135449
江西省地矿局实验测试中心	南昌市迎宾路北大道 754 号	0791-5210149
江西省农业科学院绿色食品环境检测中心	江西省南昌县莲塘镇	0791-5739057
福建省测试技术研究所	福建市北环中路 61 号	0591-7837352
漳州市环境监测站	胜利西路湖 10 号	0596-2035251
新乡市环境保护监测站	新乡市和平路 236 号	0373-3051278

（续）

监测机构名称	地址	联系电话
农业部渔业环境及水产品质量监督检验测试中心（武汉）	湖北省武汉市东湖路96号	027-87832001
长沙市环境监测中心站	长沙市解放东路120号	0731-4164670
地质矿产部湖南省中心实验室	湖南省长沙市城南中路312号	0731-5161981
广西壮族自治区环境监测中心站	南宁市教育局5号	0771-5331429
华南热带农业环境保护监测站	广东省湛江市霞山人民大道南48号	0759-2286814
四川省农业环境保护监测站	四川省成都市武侯祠大街48号	028-85541189
贵州省环境科学研究设计院	贵州省贵阳市新华路70号	0851-5503802
贵州省环境监测站	贵州省贵阳市遵义路40号	0851-5578070
海南省农垦环境监测站	海南省海口市海垦路15号	0898-68912684
海南省环境监测中心站	海南省海口市龙昆南路12号	0898-66703558
农业部农业环境质量监督检验测试中心（昆明）	昆明市益康路87号	0871-4155449
农业部农业环境质量监督检验测试中心（西安）	西安市习武园27号	029-7343384
陕西省国防科学技术工业环境监测站	西安市翠华南路107号	029-5265127
地质矿产部甘肃省中心实验室	兰州市兰工坪南街118号	0931-2757705-3001
青海省测试计算中心站	西宁市虎台东巷三号	0971-6306151
银川市环境监测中心站	宁夏银川市凤凰南大街9号	0951-4108756
农业部食品质量监督检验测试中心（石河子）	新疆石河子市农垦科学院检测中心	0993-2553527
农业部农业环境质量监督检验测试中心（重庆）	重庆市江北区华新村325号	023-67867336

表263　2002年我国绿色食品产品质量定点监测机构

监测中心名称	地址	联系电话
农业部蔬菜品质监督检验测试中心（北京）	北京中关村南大街12号	010-68919546
农业部乳品质量监督检验测试中心	天津市南开区津盐公路宁家房子	022-23919229
农业部食品质量监督检验测试中心（佳木斯）	佳木斯市安庆街156号	0545-8356447
绿色食品中国科学院沈阳食品监测中心	沈阳市文化路72号	024-23843218
农业部谷物及制品质量监督检验测试中心（哈尔滨）	哈尔滨市南岗区学府路368	0451-6665716
农业部动物及动物产品卫生质量监督检验测试中心	山东省青岛市南京路269号	0532-5643564
农业部食品质量监督检验测试中心（济南）	济南市桑园路28号	0531-5199161
农业部食品质量监督检验测试中心（武汉）	武昌市南湖瑶苑3号农科院	027-87389457
农业部食品质量监督检验测试中心（成都）	成都市东静居寺20号	028-84504677
农业部食品质量监督检验测试中心（上海）	上海市彭联路101号	021-56036625
农业部蔬菜品质监督检验测试中心（广州）	广州市天河区五山路省农科院大丰基地	020-38469579
农业部食品质量监督检验测试中心（湛江）	广东省湛江市霞山人民大道南48号	0759-2228505
农业部食品质量监督检验测试中心（石河子）	新疆石河子市农垦科学院	0993-2553527
农业部肉及肉制品质量监督检验测试中心	南昌莲塘省农科院	0791-5738013
农业部茶叶质量监督检验测试中心	浙江省杭州市去云栖路1号	0571-86650226

注：表262、表263来源于中国绿色食品发展中心发出的确定我国环境及食品质量监测单位为绿色食品定点监测机构的公告，摘自《中国食品报》2003年5月22日。

6 第六部分

中、东部地区农产品加工业发展情况

山西省农产品加工业

山西省农业产业化办公室

山西省以农业产业化经营为突破口，全面推进农产品加工业发展，使全省农产品加工业呈现出良好的发展态势。2001年全省有一定规模以上的农产品加工企业320家，按乡及乡以上的农产品加工企业统计，总产值近70亿元，各类农产品的加工转化率达25%以上，已逐步发展成为一个行业门类齐全、加工层次多样化、具有相当经济规模和市场竞争力的重要产业。

一、发展概况

1. 农产品加工业的框架体系开始凸现　目前已形成了食品加工业、食品制造业、饮料制造业和烟草加工业共四大类、21个中类和70多个小类的较为完整的农产品加工业体系。农产品加工企业遍布全省所有的县区以及广大的农村乡镇，现在全省乡及乡以上的独立核算的农产品加工企业1 200家，从业人员15万多人，村办的农产品加工业有7 000家，20多万农民从事这一产业。

2. 农业产业化经营支持了农产品加工业的快速发展　全省各地把大力发展农业产业化经营放在农村经济工作的突出位置，奋力建设农产品加工龙头企业。到2001年底，农业产业化龙头企业或组织发展到4 200家，实现销售收入146亿元。其中年销售收入1亿元以上的龙头企业8家，年销售收入5 000万元以上的38家，年销售收入2 000万元以上的120家，带动农户260万户，户均增收800元。其中80%的龙头企业都搞农产品加工。

3. 多种经济成分共同发展的新格局初步形成　乡镇和民营经济已成为农产品加工业的主力军，非国有经济的比例已占到70%。

4. 山西特色的农产品、食品开始在国内外市场上占有一席之地　全省农业产业化龙头企业的总产值占全国的2.25%。全省开发的近百种小杂粮系列食品、杂豆系列食品走在全国的前列。蔬菜、水果、干果、牛羊肉等产品的市场占有率更是依靠特色和优质顺势上扬。

二、主要做法

1. 积极培育壮大主导产业，奠定农产品加工业的坚实基础　山西省按照“依托主导产业，进行系列开发，壮大重点企业，形成大型龙头，创造名牌产品，占领国内外市场”的发展思路，大力发展特色农业，主攻优质杂粮、草食畜、干鲜果和反季节蔬菜四大特色产业。截止到目前，全省以谷子、薯类为主的优质杂粮发展到146.7万 hm^2，产量占到粮食产量的1/3，达到300万t；以牛、羊为主的草食畜规模养殖稳定增长，在畜牧业中所占比重明显增加，牛、羊肉产量达到15.5万t，占到肉类总产的1/4，其中奶类总产量达到43万t；以红枣、苹果为主的干鲜果经济林面积发展到133.3万 hm^2，总产量达到400万t；以反季节精细菜、茄果类秋菜为主的蔬菜种植突破26.7万 hm^2，总产量达到1 000万t。其中小杂粮、干鲜果不仅成为山西省农业的优势产业和农村经济的重要支柱，而且在全国也占有重要位置。

2. 加大扶持农产品加工龙头企业力度，开辟龙头企业的投融资渠道　一是从主导产业布局内的重点龙头企业中筛选具有山西特色、市场前景好、机制好、效益好的小米、红枣、马铃薯和玉米变性淀粉、牛羊肉加工等龙头企业项目，积极上报国家农业部及有关部委，或者推荐到金融部门和大型财团，争取项目投资。二是结合山西省贫困面较大的实际，采取有效措施，鼓励农产品加工龙头企业到贫困县注册基地公司，直接带动生产基地。对符合贷款条件的龙头企业，集中规模和资金给予重点支持，满足其生产、经营的正常资金需求，扶贫贷款向龙头企业在贫困地区建立的生产基地重点倾斜。三是省财政和省计委每年各安排2 000万元预算和3 000万元的煤炭资金，用于扶持壮大农产品加工龙头企业。2002年对4个国家级和20个省级龙头企业的项目贷款给予一定的贴息补助。

3. 组织实施“百龙工程”计划，努力打造农产品加工业的优势群体　省委、省政府根据全省优势产业和农产品加工业发展的实际情况，“十五”期间，在全省组织实施“百龙工程计划”，到2005年建成100个重点龙头企业，年销售收入达到150亿元。其中集中力量建设20个省级大型农产品加工企业，每个企业年销售收入达到5亿元以上；建设30个地市骨干农产品加工企业，每个企业年营业收入达到1亿元以上；建设50个县区重点农产品加工企业，每个企业年销售收入达到5 000万元以上。在贫困地区，加大帮扶力度，积极鼓励非贫困地区百龙企业到贫困县建基地、连农户，山上搞开发，山下搞加工。积极扶持少数具有国际贸易基础、具备发展外向型经济条件的企业，不断增强创汇能力，通过鼓励扩大出口，2001年全省农业产业化龙头企业出口创汇达4 200万美元。

4.实施科技创新，全面提高农产品及其加工品的质量水平 农产品的市场竞争，形式上是质量和效益的竞争，但最终取决于科技含量。我们把龙头企业作为科技创新的主体。一是由百龙企业引导基地农户推广优良品种和先进农业技术的应用，建设标准化的种养基地。如屯玉种业科技公司由农技人员分别承包1.1万 hm^2 制种基地，一包到底，全程提供技术服务。二是积极引导龙头企业增加科技投入，引进、开发新技术，开展与科研单位的联合与合作，加强科研攻关和新产品开发，加速科技成果的转化速度，扩大先进技术的覆盖面。如古城集团2001年投资300万美元新上三条进口学生奶生产线。三是鼓励龙头企业推行内部质量体系认证，按照标准组织生产和加工，努力与国际、国内市场接轨。目前已有20多家龙头企业通过ISO9000系列国际质量认证，1家企业通过美国FDA认证。

吉林省农产品加工业

吉林省农业委员会、乡镇企业局、农垦局、牧业局

2001年，在省委、省政府的正确领导下，吉林省依托资源优势，用工业化思维谋划大农业，用农业产业化带动农业和农村经济发展，农产品加工业迅速兴起，已进入了快速发展、优化升级的新阶段。农产品加工业已由数量扩张型向质量效益型转变，由原料生产型向精品加工型转变，初步形成了以粮食和畜禽为主的农产品加工业格局，发展势头强劲，在解决农民增收、农村剩余劳动力转移等方面发挥越来越重要的作用。下面介绍我省农业、乡镇企业、农垦和畜牧业系统农产品加工业。

一、农业系统农产品加工业

截止到2001年底，全省农业系统有各类农产品加工企业403家，粮食加工转化能力达700万t，其中，玉米设计加工能力为400万t，水稻设计加工能力为75万t，大豆设计加工能力为273万t；畜产品加工转化能力达1.5亿头（只），其中，生猪设计加工能力为407.5万头，肉牛设计加工能力为45.6万头，肉鸡设计加工能力为12 600万只。2001年，规模以上加工企业共加工转化玉米320万t，加工转化大豆150万t，加工转化水稻50万t；屠宰加工肉鸡8 700万只，屠宰加工生猪120万头，屠宰加工肉牛14万头；实现产值170亿元，实现销售收入210亿元。

随着经济的发展，农产品加工企业的投资主体也呈多样化发展趋势。2001年企业总资本为83.5亿元，其中国有资本29.1亿元，占总资本的34.8%；集体资本6.3亿元，占总资本的7.6%；个人资本24亿元，占总资本的28.7%；外资1.8亿美元，占总资本的17.8%；省外资本3.5亿元，占总资本的4.2%；其他资本5.7亿元，占总资本的6.8%。打破了公有制经济成分一枝独秀的局面，形成了公有制经济、个体私营经济和外资三分天下的格局，探索了公有制多种实现形式，为突破农业资本聚集难找到了有效途径。

二、乡镇企业系统农产品加工业

2001年末，我省乡镇企业以农产品为原料的加工企业达6 300多家，产值428.5亿元，占全省乡镇企业总产值的29.5%。总的看，农产品加工业在我省乡镇企业中占相当重要的位置，其企业实现的产值和收入等主要指标均占我省乡镇工业企业产值的30%左右，并展示出广阔的发展前景。同时围绕粮食转化，建设了一批重点农产品加工龙头企业，形成了肉牛、生猪等龙头型产业。仅长春市就形成了以皓月等一批肉牛加工龙头企业，年屠宰加工能力达40万头；形成了以华正、古港等一批生猪加工龙头企业，其中超百万头屠宰能力的3家企业，年屠宰加工能力达400万头。

在推进科技进步方面，主要是对原有企业进行技

术改造，每年新上项目中技术改造项目占30%以上。同时，企业购置的加工生产线和产品质量检测与国际先进水平接轨，产品高质量、外销型定位。如长春市农产品加工企业已投产的85条自动化生产线中，有57条引自美、法、德等12个国家，其中82家企业实现了生产自动化。我省乡镇企业农产品加工企业生产的产品中，植物油、淀粉、肉类加工等主要行业中的多项产品达到了国内先进水平。

三、农垦系统农产品加工业

我省农垦系统现有农产品加工企业57户（其中一级企业4户），主要加工的产品有精制大米、羽绒、填鸭、中成药、果汁、人参、鹿茸等。已形成省级农业产业化龙头企业的有吉林敖东药业股份有限公司、四平市绿野集团、延边华龙集团、靖宇西洋参集团等。其产品在国际、国内市场占有一定份额。农产品加工企业年均实现农产品加工产值8亿元，实现利润1.5亿元。

四、畜产品加工业

我省畜产品规模加工始于20世纪90年代初期，经过10多年的发展，现在畜牧业龙头加工企业已经初步形成了肉鸡、肉牛、生猪、肉鹅和肉羊屠宰加工等5条龙头型经济。全省规模化的畜牧业龙头加工企业100多个，其中：

1. *肉鸡屠宰加工*　我省有肉鸡屠宰加工企业11个，屠宰加工能力已达1.5亿只，其中德大公司经过扩产改造年加工能力达1亿只，柳河华龙公司3 000万只，辉南卓越公司1 000万只，其他肉鸡屠宰企业1 000万只。2001年，全省肉鸡实际屠宰7 200万只，比2000年同期增长15.7%；生产分割肉15.9万t，同比增长31.8%；加工熟食2万t，同比增长19.7%；实现产值33.1亿元，同比增长10.9%；产品国内销售量10.8万t，同比增长2.9%；出口数量4.5万t，同比增长45.6%；销售收入36.4亿元，同比增长23.9%；创汇收入实现9 000万美元，同比增长47.6%；实现利税2.1亿元，同比增长31.2%；带动农户9 700户，同比增长14.5%；为社会创造就业岗位15.5万个，同比增长21.1%。

2. *肉牛屠宰加工*　我省有肉牛加工龙头企业14家，年屠宰加工能力45万头，其中皓月公司20万头、德惠鹊源公司15万头、辽源金昌公司和敦化敖氏公司5万头，其他肉牛屠宰场5万头。2001年，屠宰加工肉牛14.2万头，比2000年同期增长53.7%；生产分割肉2.94万t，同比增长141%；加工熟食6 320t，同比增长56.5倍；实现产值7.83亿元，同比增长167%；产品国内销售2.18万t，同比增长170%；出口肉品为8 000t，同比增长119%；销售收入7.44亿元，同比增长173.7%；创汇收入1 760万美元，同比增长151.4%；实现利税5 249万元，同比增长191.3%。

3. *生猪屠宰加工*　我省有生猪屠宰加工龙头企业42家，屠宰加工能力500万头，其中吉港公司150万头，公主岭华正公司120万头，九台金锣公司100万头，长春东旭公司80万头，其他屠宰场50万头。2001年，屠宰加工103.6万头，比2000年同期增长70.6%；生产分割肉3.6万t，同比增长75.6%；加工熟食2.8万t，同比增长55.6%；实现产值4.8亿元，同比增长62.1%；产品内销量9.83万t，同比增长81.2%；实现利税4 300万元，同比增长5.6倍。

4. *肉鹅屠宰加工*　我省现有肉鹅龙头企业6家，屠宰加工能力2 500万只，其中辉南正方鹅业公司1 000万只，公主岭五洲禽业公司1 000万只，舒兰翱翔鹅业公司200万只，其他企业300万只。2001年，实际屠宰351.6万只，比2000年同期增长219.6%；加工熟食5 000t，同比增长233%；实现产值9 754万元，同比增长195.5%；销售产品11 449t，同比增长201.3%；销售收入实现10 049万元，同比增长204.5%；实现利税872.4万元，同比增长276%。

5. *肉羊屠宰加工*　我省肉羊屠宰能力已达50万只，其中草原兴发公司40万只（草原兴发已买断长岭鹊源公司），皓月10万只。

黑龙江省农产品加工业

黑龙江农业委员会、乡镇企业局、畜牧局、农垦总局

黑龙江省是个农业大省，发展农产品加工业有着得天独厚的条件。为了加快黑龙江省农村经济结构的

战略性调整和提高农民收入，我们大力发展农产品加工业，拉动农业产业化经营水平的不断提高。围绕乳、稻、豆、麦等优势产业，以延伸产、加、销产业链为手段，发挥龙头企业的牵动作用，加快农产品的加工转化，提高了农产品的科技含量和附加值，涌现出一大批科技含量高、牵动力强、辐射面广的骨干龙头企业，我省农产品加工业已经形成了一定的产业规模和基础。从我省整个行业看，2002 年工业总产值同比增幅较高的行业主要有：饮料制造业（57.8%）、食品制造业（35.0%）、皮革毛皮羽绒及其制品业（27.4%），同比下降的行业有：橡胶制品业（-21.8%）；产品产量同比增长幅度较大的有：啤酒（27.5%）、机制纸（26.7%）、乳制品（21.8%）。在全省工业中，2002 年造纸及纸制品业利润增长15 134 万元、食品制造业增长 8 630 万元、饮料制造业增长 4 267 万元、木材加工业增长 2 592 万元。下面介绍我省农业、乡镇企业、畜牧业和农垦系统农产品加工业以及绿色食品加工业。

一、农业系统农产品加工业

近年来，黑龙江省把实施农业产业化经营作为调整农业结构、增加农民收入的一项重要战略措施来抓，以增强农业竞争力为目标，精心组织，扎实推进，使全省农业产业化经营出现了快速、健康发展的好势头。全省龙头企业数量增加，规模扩大，开拓市场以及带动基地和农户的能力明显增强。截止到 2002 年 6 月末，全省各级农业产业化龙头企业已发展到 770 家，资产总额达到 458 亿元，分别比 2001 年同期增长 28% 和 12%。2002 年上半年实现销售收入 165 亿元，利润 10.5亿元，税金 6 亿元，分别比 2001 年同期增长 12.5%、17.9%、14%。全省龙头企业带动种植业基地面积 290.5 万 hm^2，带动农户 130 万户，分别比 2001 年同期增长 21%、26%。省级重点龙头企业发展到 70 家，资产总额达到 185 亿元，分别比 2001 年同期增长 32%和 17.8%。70 个省级重点龙头企业带动种植业基地面积 145.3 万 hm^2，带动农户 69 万户，分别比 2001 年同期增长 45%、26%。

二、乡镇企业系统农产品加工业

截止到 2001 年底，我省乡镇企业中从事农产品加工的企业 5.8 万家，占全省乡镇工业企业总数的 56.3%；从业人员 41.5 万人，占全省乡镇工业企业从业人员的 44.9%；完成工业增加值 109.3 亿元，占乡镇工业增加值的 44%；农产品加工产量已达 700 万 t。农产品加工业的发展，已经成为乡镇企业重要的增长点，为延长农业产业链，增加农产品附加值，带动农业产业化经营，转移农村劳动力，实现农业增效和农民增收发挥了重要作用。其主要特点是：

1. *发展速度增长较快* 2001 年，全省农产品加工业增加值较 2000 年增长 23.86%，比全部工业增长率高 9.04 个百分点；农产品加工业增加值占全部工业增加值的比重由 2000 年的 40.77% 上升到 43.98%，提高了 3.21 个百分点。在 11 个大行业中，食品加工业增长 10.57%，食品制造业增长 77.26%，饮料制造业增长 24.77%，烟草加工业增长 6.54%，纺织业增长 33.36%，服装业增长 46.07%，皮革毛皮羽绒制品业增长 76.10%，家具制造业增长 83.14%，造纸及纸制品业增长 17.21%，印刷业增长 36.12%。

2. *区域特色初步形成* 农产品加工业正在成为乡镇企业的优势产业，许多农产品加工业的专业乡、专业村应运而生，大量从事农产品加工的专业户遍布全省各地，一些地方在一定区域内形成了众多农产品加工企业组成的特色块状经济格局。例如绥化市、齐齐哈尔市的清洁米加工业；大兴安岭地区、齐齐哈尔市的马铃薯制品加工业；黑河市、绥化市的油脂加工业；大庆市的肉类加工业；伊春市、七台河市的家具制造业；牡丹江市、大兴安岭地区的山产品加工业；绥化市的亚麻制品加工业等，都已形成特色鲜明的产业体系。

3. *龙头企业的带动作用不断增强* 按照农业产业化经营的思路，涌现出一大批不仅规模大、效益好，而且带动能力强、辐射面广，具有著名品牌的农产品加工的龙头企业。如黑龙江富华集团、黑龙江黑宝药业集团、黑龙江省绿洲乳业集团、大庆金锣食品股份有限公司、大兴安岭丽雪精淀粉公司、黑龙江金秋米业集团有限公司、龙拱集团、鸡西市爱蓓特食品有限公司等。在省政府规划建设的 70 多户省级龙头企业中，乡镇企业就有 20 户。各地市也都把农产品龙头企业作为重点来抓，如绥化市实施了龙头企业升级工程，已确定了宋站乳品、先锋亚麻、庆安天然绿色食品公司等 10 家市级龙头企业。依安县从县情出发，围绕肉鹅、马铃薯、甜菜、肉牛等资源建成农产品加工企业 1 000 多家，其中有天鹅集团、冰山集团等 10 家被确定为县级龙头企业。通过龙头牵动，初步形成了大豆、玉米、马铃薯、乳品、北药、亚麻、畜产品等 8 个产业化链条。

三、畜产品加工业

据统计，2002 年全省畜牧业的资金投入达 45 亿元，比2001年增长61%，带动了畜牧业的全面、快速发展。2002年畜牧业总产值252.1亿元，比2001年增长10.6%，占农林牧渔业总产值的比重也由2001年的31.6%提高到32.4%，增加了0.8个百分点。农民人均出售畜产品的现金收入462.6元，比2001年增加63.8元，增长了16%。2002年末，肉类总产量190万t、牛奶产量235.8万t，比2001年分别增长了11%和24.7%。其中猪肉产量110.9万t、牛肉产量32.3万t、羊肉产量4.7万t，增长了9.4%、11.2%、20.6%；禽肉产量40万t，禽蛋产量84.6万t，增长了15.9%和5.3%。行业基本情况如下：

1. *乳制品加工业*　全省现有乳品加工企业66家，拥有产品品牌68个，日处理鲜奶能力达7 180t。其中"完达山"、"红星"为中国驰名品牌，国家级名牌有龙丹、金星、绿洲等12个；省级名牌有华丹、黑乳王、鹤王等15个；地方名牌有绿乐尔、妙士一品、齐梅等27个。这些品牌的乳粉产量为16万t，液体奶产量为32万t，产品的绝大部分都销往省外，覆盖全国30个省、直辖市、自治区，其中双城雀巢、富裕光明等品牌打入了国际市场。2001年全省乳制品销售收入超30亿元，饲养奶牛农民收入30多亿元，国家税收近3亿元。完达山集团近年又成功并购省内22家乳品企业，鲜奶日加工能力由400t扩大到1 000t。双城雀巢乳业公司2001年上缴财政税金1.4亿元，日处理鲜奶能力达1 500t。富裕光明松鹤公司在投资1.3亿元对原生产线进行了改造和扩建后，2002年又投资1 695万元新上了先进的超高温灭菌生产线，日处理能力由350t扩大到650t。

2. *畜禽屠宰及肉类加工业*　目前全省有104家屠宰厂，年产鲜肉160万t。日屠宰能力在100头以上的生猪加工厂有90家，年可加工生猪1 000万头以上。2001年全省以白条猪和分割肉形式向省外售出商品猪约200万头，主要销往上海、北京、江西、安徽、大连、天津等地，少量分割肉还销往香港、澳门。在生猪屠宰加工企业中，以大庆金锣最大，年屠宰生猪可达120万头，加上齐齐哈尔、牡丹江、佳木斯和兴隆林业局四个分厂，年屠宰加工能力为250万头。哈市大众食品公司、正阳楼肉类加工厂、佳木斯希波食品公司、绥芬河肉联厂以及海伦粮联肉类加工厂等也都具有较大规模，许多厂家获得了自营出口权，产品开始打入国际市场。随着肉牛市场的好转，我省肉牛屠宰加工能力和冷藏能力也随之增强，产品档次提高，年外销牛肉达2.7万t，连续数年向我国香港、中东、俄罗斯国家和地区出口牛肉，并创有"木兰达"、"绿都"、"绿丹"等9个品牌。

3. *禽、蛋类加工业*　目前全省有51家禽类屠宰厂，年加工禽肉30万t，肉鸡除正大、伊春友好、讷河大兴等7个厂家规模较大外，其余都属小型企业。每年约有3万t白条鸡或分割鸡销往东南亚、中东地区，伊春友好是肯德基的主要供给厂家。相对来讲，肉鹅的品牌较多，有依安的依鹤牌肉鹅、兰西冰美牌冻光鹅、海伦通肯牌肉鹅等15个品牌。其中依鹤牌为省级名牌，每年约有5万t白条鹅销往上海、浙江、江苏、福建、安徽、四川等地。2001年全省共生产鲜蛋78万t，其中有20万t销往省外。与此同时，根据市场需求变化开发了不少特色品牌，如哈尔滨综合牧场的富硒蛋，牡丹江"山林"小笨鸡，五大连池"石龙牌"矿泉鸭等。依安天鹅食品（集团）有限责任公司集种鹅养殖、孵化、饲料加工、商品鹅收购、屠宰加工和销售为一体，依鹤牌白条鹅和分割鹅被国家绿色食品发展中心评为绿色食品，已取得商检卫生注册，并享有进出口经营权。

4. *饲料加工业*　我省已基本形成了与养殖业发展相适应的饲料工业体系。至2001年底，全省有各类饲料加工企业619家，其中万吨以上大型企业40家，年双班生产能力600万t，饲料年销售量达327万t，其中配合饲料187万t，浓缩料117万t，添加剂预混料23万t，饲料添加剂2万t，销售额达87.6亿元。目前预混料、浓缩料、配合饲料产品品种已发展到10多个系列80多个品种，涌现出美龙牌、微维牌等一批知名饲料品牌，其省内市场占有率已达85%，有力地促进了我省畜牧养殖业的发展。

四、农垦系统农产品加工业

2001年，农垦系统农产品加工业实现国内生产总值162.3亿元，实现企业利税8.4亿元，重点龙头企业和骨干企业实现利润8 982万元，占垦区规模以上企业利润的66.2%。垦区重点龙头企业现已形成水稻加工能力210万t，小麦加工能力80万t，大豆加工能力200万t，大麦加工能力20万t，鲜奶日加工能力1 080t。其中，水稻加工转化率达到42%，大豆、小麦、大麦加工转化率达100%。做强做大了乳、米、豆、麦、种、北药和麦芽等七大产业化龙头企业，截止到2002年上半年，累计重组垦区内外企业60余家，新增农产品加工能力390万t，到2002年末新增产值近百亿元。完达山乳业靠名牌辐射，重组了垦区内外28家乳品加工企业。北大荒麦业、九三丰缘麦业小麦年加工能力分别由原来的2万t和6万t，跃到26万t和36万t，成为省内麦业最大的龙头企业群体。到2002年末，九三油脂有限公司年大豆加工能力达到200万t，固定资产将达到5亿元，年产值将突破45亿元，成为全国最大的地产非转基因大豆加工企业。北大荒米业集团年稻谷加工能力达到210万t,加工量占垦区水稻总产量的42%以上,成为我国规模最大、牵动力和竞争力最强的稻米加工龙头企业。

垦区积极进行绿色加工企业的认证，延伸产业链。到2003年上半年，垦区已有27家企业生产的大米、乳制品、豆制品、面粉、挂面、麦芽、白糖、白酒、饮料、食用菌、肥料等11类109个加工产品有效使用绿色食品标志，培育出了“完达山”、“北大荒”、“九三”、“丰缘”、“北珠”“御绿”、“雁窝岛”、“长乐”等近40个绿色品牌；生产的绿色产品产量达到41.5万t，同比增长70.5%，实现利税为8 014万元，同比增长28.8%，增加值1.8亿元，占垦区全部工业增加值的22.1%。绿色产品加工企业中，大米加工企业5家，乳制品加工企业3家，大豆制品加工企业6家，面粉加工企业5家，其绿色产品产值分别占垦区绿色产品产值的48.8%、43.7%、3.2%和2.4%；资产超过1亿元的企业有10家，其绿色产品产值占垦区绿色产品产值的95%。在垦区21家大中型工业企业中，有13家是绿色加工企业，其绿色产品产值占垦区绿色产品产值的95.8%。

五、绿色食品加工业

2002年末，黑龙江省绿色食品认证数达470个，比上年增加189个，占全国认证总数的17%，居全国首位。牵动农户92.2万户，占黑龙江省乡村总户数的19.6%，比上年提高了2.4个百分点。2002年绿色食品种植业和养殖业共实现产值92.9亿元，比上年增长28.5%，占农林牧渔业总产值的12.0%，提高了1.8个百分点；实现增加值63.0亿元，增长31.8%，占第一产业增加值的14.1%，提高了2.4个百分点。绿色食品加工企业共实现产值84.0亿元，增长56.4%；实现增加值24.9亿元，增长56.6%；实现利税11.6亿元，增长52.6%。

我省的牛奶、大豆、水稻生产在国内具有较强的比较优势，相应的绿色食品加工企业得到了快速发展。2002年我省绿色乳品企业实现销售收入15.8亿元，增长75.6%；以大豆为原料的绿色食品加工企业实现销售收入8.2亿元，增长51.9%；绿色大米加工企业实现销售收入17.9亿元，增长17%。以上几类绿色食品加工企业的销售收入占全部绿色食品加工企业销售收入的47.5%。

2002年，我省通过培植名牌产品，引进知名品牌，推进品牌延伸等整合形式，以资本为纽带，以品牌为核心，大力推进了绿色食品加工企业的战略性重组，先后有哈尔滨啤酒有限公司、黑乳集团等大型企业加盟，完达山乳业成功并购了省内22家乳品企业，大大提升了绿色食品加工企业的规模效益和竞争力。据统计，绿色食品股份制加工企业发展最快，截止到2002年末，总数已达83家，占全部的42.1%；其次是国有绿色食品加工企业为47家，占23.9%；私营39家，占19.8%；其他企业28家，占14.2%。

安徽省乡镇农产品加工业

安徽省乡镇企业局

安徽省有着丰富的农产品资源，发展农产品加工业是乡镇企业的重要优势。在省委、省政府的重视和推动下，我省乡镇企业农产品加工业呈现出较快的增长势头，初步形成了具有一定规模和水平的主导产业和骨干企业，地位作用日趋明显，发展潜力巨大，前景广阔。

1. *发展速度较快，开始成为乡镇企业新的增长点* 到2001年底，全省年营业收入500万元以上乡镇农产品加工企业共有797家，从业人员10.9万人，分别占乡镇规模工业企业总数和职工人数的45.3%和34%；实现增加值28.1亿元，利税8.7亿元，分别占乡镇规模工业增加值和利税总额的31.7%和32.7%；出口产品交货值28.9亿元，占乡镇规模工业出口交货值总额的53.6%。桐城市、岳西县、霍邱县、寿县等一些县（市）农产品加工业在乡镇企业中的比重已经达到40%以上。

2. *逐步形成具有区域特色的加工业结构* 我省乡镇企业依托当地资源，建立与资源相适应的加工体系，初步形成特色较为明显的产业优势，有效地优化了农村经济结构，丰富了城乡市场。如阜阳、亳州等皖北地区的白酒、牛羊肉和中药材加工，黄山、六安等皖南山区和大别山区的山林作物、茶叶、丝制品加工，芜湖、巢湖、安庆等沿江地区的优质粮油和水禽产品加工等，都具有一定的特色和规模。

3. 涌现出一批骨干企业和名牌产品 目前，全省乡镇农产品加工企业中有288家营业收入超过千万元，超5千万元的企业有50家，19家企业超亿元。全省各地涌现出一批不仅规模大、效益好，而且带动能力强、辐射面广，具有知名品牌的农产品加工骨干企业，如安徽丰大集团及其“丰大”牌色拉油、“双墩”牌面条、安徽鸿润集团及其“鸿润”牌羽绒系列产品、芜湖金田集团及其“鸠兹”牌优质大米等。全省81个“安徽省名牌农产品”中有28个是乡镇农产品加工企业生产的，占总数的1/3以上。安徽鸿润集团是全国最大的羽绒床上用品出口生产基地，2001年销售收入达2.7亿元，其中自营出口3千万美元。安徽丰大集团现已发展成为拥有3.7亿元总资产，辖11个分公司的大型粮油加工企业，产品有大米、面粉、面条、色拉油等，是深受消费者欢迎的“放心粮油”。

4. 已经成为全省农产品加工业的重要组成部分，具有巨大的潜力和优势 2001年底，我省乡镇规模以上农产品加工企业个数、从业人员、增加值和出口交货值分别占全省国有及规模以上非国有农产品加工业的57%、31.7%、18%和39.5%，在全省农产品加工业中占有很大的份额。从规模以上农产品加工业的行业结构看，乡镇企业农产品加工业中的皮革毛皮羽绒业、木材加工及竹藤棕草制品业、食品加工业、造纸、服装等5个行业实现的增加值分别占全省各相应行业总量的85.2%、66%、42.2%、39.8%、34.5%，在全省农产品加工业中占有重要位置。

5. 为推进农业产业化经营和农民增收做出了积极的贡献 很多乡镇农产品加工企业建立和完善与基地、农户间的利益连接机制，以工业的理念办农业，龙头联基地，基地带农户，把一家一户的分散经营与大市场衔接起来，延长了农业产业链，有效地促进了农业产业化经营和农民增收。芜湖金田集团、东源集团、桐城霞珍集团和霍邱庆发湖工艺品公司等4家乡镇企业列入全国首批151家农业产业化示范龙头企业；还有31家乡镇企业列入省政府重点扶持的73家农业产业化龙头企业。

6. 深化农产品加工企业改革，增强企业的发展活力 积极推进乡镇集体农产品加工企业的产权制度改革，鼓励私有个体企业发展，加快民营化步伐。目前全省95%以上的乡镇集体农产品加工企业实行了改制，明晰了产权，激发了活力，引发了潜力，增加了动力。安徽金钟纸业股份有限公司改制前仅是一个年产1万t的小造纸厂，改制后企业每年都要进行技术改造，现已发展到有6条生产线、8万t生产能力，能生产4个系列品种产品的骨干企业。2001年底，该企业又成功兼并了国有企业合肥造纸厂，实现了新的跨越。改制进程中，我省鼓励和支持乡镇农产品加工骨干企业发挥品牌、技术优势，积极参与国有和城镇集体农产品加工企业的改革。安徽丰大集团兼并了国有面粉厂、色拉油厂、饲料厂，亳州市白酒集团托管了国有酒厂，安徽井中集团买断华佗国药厂。这些都成功地实现了企业的低成本扩张，壮大了企业的规模和实力。

江西省农产品加工业

江西省农业厅、乡镇企业局、水产局

江西是一个农业和农村经济比重较大的内陆农业省份。在推进农业产业化经营中，我省着眼于农业和农村经济结构战略性调整，大力发展农产品加工业，积极培植龙头企业，推动产业化经营，把种养业、加工业与特色农业有机地结合起来，使农产品加工业呈现良好发展势头，成为农业增效、农民增收的重要途径。下面介绍我省农业、乡镇企业系统农产品加工业和水产品发展概况。

一、农业系统农产品加工业

2001年，我省的粮食、棉花、油料、肉类和水产品等主要农产品有了较大幅度的增长，生产总量分别为1 600万t、8.05万t、90.5万t、193万t、132万t，农产品商品率显著提高，建立了粮油果茶、畜禽、水产、林茶、药材等支柱产业。目前全省已形成了一批各具特色的农业产业化雏形，初步建立了以粮油、畜禽等原料为基础的食品加工系列；以棉、麻、蚕丝、羽绒等原料为基础的轻纺服装加工系列；以木竹为原料的林产品加工系列；以烟草、中药材等特种原料为基础的其他加工系列。

通过农产品加工和产业化开发，使各类农产品多次增值，不仅增加了农民收入，而且发展了工业，增加了县、乡财政收入。2001年全省以农产品为原料的加工企业（规模以上，下同）1 067家，拥有固定资产117.7亿元，当年实现工业总产值（当年价格，下同）219.6亿元，销售收入190亿元。其中食品加工及制造业61亿元，纺织及其他纤维制品业36.7亿元，饮料制造业15亿元，烟草加工业37.6亿元，羽绒等制品业4亿元，木竹加工业12亿元，其他加工业23.7亿元。2001年全省以农产品为原料的加工业利税总额达到26.5亿元，占全省工业利税总额的29.4%。

从我省大宗农产品加工情况看，粮油加工业是我省农产品加工特别是食品工业的主要组成部分，现有年加工1 200万t大米、60万t植物油、20万t油脂精炼、30万t粮油食品的生产能力。2001年加工大米912.48万t，出口大米70多万t；加工植物油14.6万t；米面副食品近20万t。实现工业总产值（现行价、含饲料业）62.6亿元，占当年全省食品工业总产值的43.9%，占全省粮油总产值的29.3%。2001年畜禽加工产值5.2亿元，家禽加工量约3 500万只，占家禽总量的16%，加工产值3亿元，占畜禽加工总产值的60%。水产品加工产量近4万t。果蔬加工产值约8亿元，其中果蔬罐头1.5亿元，蜜饯加工7 800万元，果蔬汁饮料2 900万元，果露酒5 000万元，酱腌菜5 000万元，各种干菜制品及食用菌4亿元。2001年，全省共有年销售收入500万元以上的农产品加工企业200多家，建立各种基地800多家，种养面积6.67多万hm^2，辐射乡镇900多个，带动农户60多万户，农民人均增收240多元。

二、乡镇企业系统农产品加工业

1. 粗具规模，态势良好　到2001年底，我省乡镇企业系统共有农产品加工企业13.4万家，从业人员66.32万人，实现增加值122.33亿元，实现利税总额34.06亿元，分别占全省乡镇工业企业的56%、40%、40.6%和40%。从农产品加工业的行业分布情况看，属于食品工业的食品加工业、食品制造业、饮料制造业共实现增加值63.67亿元，占乡镇企业农产品加工业增加值的52%。

2. 突出重点，培植龙头　2001年我省已有粗具规模的农产品加工、营销龙头企业209家，其中国家重点扶持的龙头企业4家，上市公司1家。通过龙头企业带动，建立各类基地1 281家，种养面积6.3万hm^2，带动关联企业1 200多家，辐射乡镇989家，带动农户55.2万户，建立各类农产品专业批发市场247个，年交易额77.9亿元，初步形成了“市场牵龙头、龙头带基地、基地连农户”的农业产业化经营格局，促进了乡镇企业和当地经济的发展。如吉水县八都粮油集团，利用本地盛产优质稻米的优势，由54家粮油加工企业联合组成，年加工大米15万t。昌顺集团是国家级农业产业化龙头企业之一，昌顺牌米粉、香菇、竹笋、白莲、腐竹等12个系列200多个品种的农产品，畅销京、津、沪等20多个省、直辖市、自治区的3 000多个网点，2001年实现销售收入1.2亿元，其产品打入韩国、日本等市场。

3. 建立基地，形成规模　全省充分发挥良好的生态环境和资源优势，打好绿色牌、生态牌，着力培植具有比较优势的主导产业，确立生产基地，形成了一批具有浓郁地方特色的产业化基地。如拥有“板鸭之乡”的赣县，年产板鸭300万只；“甜柚之乡”的南康市，甜柚基地面积0.93万hm^2；“毛竹之乡”的铜鼓县，丰产毛竹基地1万hm^2，年加工毛竹量300万株，年产值达2.6亿元，农民人均竹业纯收入619元；大余县发挥“中国瑞香之乡”的优势，小花做成了大市场，已形成年产200万盆花卉的生产能力。

4. 拓展市场，搞活流通　以优质名牌拓市场、以物美廉价争市场、以特色夺市场。随着市场化程度的不断提高，订单农业发展势头良好，2001年，全省订单农业占农产品总量的20%，农业效益好转，农民人均增收。形成了一批专业市场和土特产品集散地，如赣州市已有各种民间、集体销售联合体近5 000个，专门从事贩运人员达15万人。樟树市通过抓中药材的区域化经营，以中药材市场为龙头，带动中药材系列产品开发，全市种植药材面积达0.67万hm^2，每年药交会交易额都在10亿元以上，中药材市场常年交易额在1.5亿元以上。

三、水产品发展概况

2002年全省水产品总量继续保持平稳增长，总量达到138.2万t，比2001年同期增加5.94万t，增长4.5%。其中：养殖产量115.22万t，同比增加5.83万t，增长5.3%；捕捞产量22.98万t，同比增加0.11万t。养殖与捕捞之比为83.4∶16.6。特种水产继续保持两位数增长，产量达到36.62万t，同比增加 4.92 万 t，增长 15.5%。2002 年全省渔业产值（现行价）达到 110 亿元，同比增加 6 亿元，增长 5.8%。渔业产值占农业总产值比重为 13.3%。

据江西省进出口商品检疫检验局和海关的资料显示：2002 年，我省水产品出口创汇突破 3 000 万美元，达到 3 065.8 万美元，较 2001 年增加 738.28 万美元，增长 31.7%。其中：烤鳗3 166t，创汇2 765.5 万美元；鲜鳗 90t，创汇 45 万美元；克氏鳌虾等虾类加工品出口 46.6t，创汇 98 万美元；养殖珍珠及珍珠加工品 0.54t，创汇 88.7 万美元；河蟹出口 10.3t，创汇 15.17 万美元；螺类及其他水产品出口 335.9t，创汇 53.43 万美元。2002 年我省水产品出口贸易的主要特点：一是水产品出口创汇额连续五年稳居内陆省份第一，特别是在内陆省份出口不同程度地出现下降的情况下，我省却以 31.7% 的增幅高速发展；二是以烤鳗出口为拳头产品。烤鳗出口创汇占总创汇额 90.2%，其他水产品加工产品出口创汇占总创汇额 4.9%，鲜销水产品出口创汇占总创汇额 2%，珍珠及珍珠加工品创汇占总创汇额 2.9%。仅瑞金市红都水产食品有限公司的烤鳗出口创汇额就达 2 100 万美元，占全省创汇额的 68.5%；三是出口市场过于集中。日本仍是我省烤鳗出口的最大市场，烤鳗产品几乎全部进入日本市场，其他出口产品零星散落在欧美、东南亚以及港、澳地区。

河南省农产品加工业

河南省乡镇企业局、畜牧局、农业厅

河南是一个农业大省，粮食、棉花和油料产量名列全国前茅，有充足的农产品加工业的原料资源。农产品加工业一直是我省重点支持发展的行业，也是河南省“十五”重点扶持发展的支柱产业。下面介绍我省乡镇企业农产品加工业、畜产品加工业和粮食加工业。

一、乡镇企业农产品加工业

到 2001 年底，全省有农产品加工乡镇集体工业企业 9 273 个，职工人数 41.9 万人，完成总产值 486.3 亿元，完成增加值 121.3 亿元，分别占全省乡镇集体工业企业总数的 30.81%、职工总数的 23.7%、总产值的 29.48% 和增加值的 28.3%。农产品加工业在我省乡镇企业的发展中占有非常重要的地位。

1. *形成了以粮食、畜禽加工为主的优势产业* 依托粮食和畜禽业资源优势，形成了面粉、食用油、食品、酿酒、皮革、畜产品加工等优势产业。全省乡镇企业的粮食加工企业的年产量已达 1 200 万 t。南街村集团年加工粮食 40 万 t，成为全省规模较大的粮食加工骨干企业之一。啤酒年产量 80 万 t。河南省金星企业集团年产啤酒 35 万 t，占全省啤酒产量的 30% 以上，加上在外省的几个分厂，年产量达到 60 万 t，已进入全国五强行列。皮革年产量 56 051 万张（标准牛皮）。河南鞋城皮革集团公司年加工牛皮 130 万张，实现营业收入 11.68 亿元，纳税 2 035 万元，出口创汇 1 984 万美元，成为全国最大的牛皮加工企业。食用油 261 596t，机制纸及纸板 318.7 万 t。

2. *培育了一批名牌产品和名牌企业* 如河南南街村集团的“南街村”牌食品；河南金星集团的“金星”牌啤酒，郑州奥克啤酒厂的“奥克”牌啤酒，焦作月山啤酒厂的“月山”牌啤酒；商丘科迪集团的“科迪”牌食品；周口鞋城集团的“龙凤”牌皮革；金丝猴集团的“金丝猴”牌糖果；赛潮集团的“赛潮”牌皮鞋；驻马店的“王守义十三香”等一批名牌产品和名牌企业。

3. *形成了一批农产品加工基地和示范区* 通过培育龙头企业，带动建立了一大批基地，形成了公司＋农户＋基地的产业格局，促进了示范区发展和小城镇建设。南街村、科迪、龙云、北徐四大企业集团的发展，带动以食品为主导产业的基地建设，形成了各具特色的示范区。鹿邑县的鞋城皮革、赛潮皮鞋集团，形成了以皮革加工为主的示范区。临颍的食品、鹿邑的皮革、长垣的卫生材料、尉氏的棉短绒、孟州的皮毛、虞城的肠衣、叶县的牛羊肉加工等，形成了各具特色农产品加工基地。有的还形成了专业市场，引来了全国各地的客商，带动了示范区的发展。目前我省以农产品加工为主导产业的示范区就有 45 个。

4. *提高农产品加工深度，拉长了产业链条* 我省农产品加工制品中，粮食加工产品有专用粉、饺子粉、自发粉、面包粉、面筋粉、全营养素面粉以及方便食品、膨化食品、营养食品、保健食品、高档休闲食品等系列产品；油料加工产品有精炼油、色拉油；玉米加工产品有淀粉、变性淀粉、葡萄糖、饴糖、巧克力糖和糖果；啤酒行业有生啤、黑啤、老板啤、女士啤酒和小麦啤；畜产品加工产品有肉类加工系列、骨加工系列、皮加工系列和毛加工系列等几十个产品。如肉类加工的产品有熟肉制品、软包装食品；骨加工的产品有骨粒、骨粉、骨饲料；皮革加工的产品有服装革、鞋面革、沙发革、皮装和皮件、蛋白饲料等；毛加工的产品有毛笔、毛刷、羽绒及服装等；植物秸秆加工的产品有高档纸和纸板、纸箱，以及胶合板、刨花板、中密度板、家具和饲料等。

二、畜产品加工业

据不完全统计，目前全省各类畜牧产业化龙头企业达300多家，其中肉、蛋、奶、皮、绒等畜产品加工企业200多家。2001年，我省共加工肉类109万t，奶类加工13万t，累计实现销售收入300亿元，畜产品加工产值约占食品工业产值的44.1%。

1. *畜产品加工基地粗具规模* 畜牧产业化经营水平不断提高，辐射带动能力进一步增强，形成了双汇集团、华英集团、花花牛股份有限公司等众多畜产品深加工龙头企业。漯河“双汇”集团年加工生猪达1 000万头，实现销售收入80多亿元，已成为全国最大的肉食品加工企业。双汇系列产品200多种，其中火腿肠产品国内市场占有份额达到47%。信阳“华英”集团年加工肉鸭2 400万只，实现销售收入6亿元，成为“世界鸭王”。产品远销日本、韩国、新加坡、马来西亚、香港等20多个国家和地区，占据了国内乃至国外同行业的主导地位。华英集团是国内仅有两家指定对韩出口厂家之一，市场占有率占韩国同类进口产品的70%以上。河南花花牛实业股份有限公司日加工鲜奶200t，产品覆盖全省各地及周边省份，占郑州液态奶市场份额的70%。龙头企业的发展，带动了我省种植、养殖、饲料生产、屠宰加工、包装、运输等相关产业的发展，形成了“以大市场为前提，以大工业作基础，以大基地为后盾，贸工农为一体，产加销一条龙”的发展格局。

2. *区域化加工格局初步形成* 受龙头企业和资源优势的双重选择，我省畜产品加工业区域优势渐显，逐渐凸现为本地的优势产业、主导产业，初步形成以豫北鹤壁的肉鸡加工区（永达、大用）；中部漯河、许昌的猪肉加工区（双汇、汇通、众品）；沿黄河滩区郑州、洛阳、商丘的奶类加工区（花花牛、山盟、巨尔、生生、科迪）；豫南信阳的水禽加工区（华英）；中原肉牛带南阳、周口肉牛加工区（南阳清真、光达、唐河肉联、邦杰）的区域化加工格局。

3. *产品结构进一步优化* 几年来，为加快畜产品加工业的发展，我省不断增加投入，加大技术改造力度，加强科技开发，大力调整产品结构，增加花色品种，增加科技含量，以适应市场的需求，提高产品竞争力。如双汇集团肉制品生产，过去以火腿肠为主，现在已调整为火腿肠、熟肉制品、低温制品、预冷分割肉等4大系列产品；郑州花花牛股份有限公司三期工程扩建，引进芬兰、瑞典先进设备，生产UHT系列产品，延长了产品的货架期，克服了产品“腿短”的缺陷；漯河汇通公司成功开发中高档强化保健熟肉制品；一些传统老字号、地方特色如五香熏兔、五香牛肉等手工作坊转向现代工业化生产，也开始走向全国。

三、粮食加工业

近年来，我省以发展小麦精深加工为重点，按照“多方筹资，重点扶持，扩大规模，培育名牌，抢占市场”的思路发展粮食加工业，集中抓了3项工作：

1. *突出重点，搞好扶持* 省政府把粮食精深加工业放到全省“十五”培育改造提升的五大支柱产业的首位，明确指导思想和政策措施，并要求工业结构调整、农业结构调整、高新技术产业化、新产品开发、科技进步等五项专项资金都向粮食加工项目倾斜。银行信贷资金优先支持粮食加工业，多途径扩大融资规模。近期已筹措18亿元资金，重点扶持了40家大中型粮食加工企业，新增小麦加工能力760万t。

2. *在粮食深加工上做文章，拉长产业链条* 坚持用先进的科学技术武装粮食加工企业，鼓励支持引进国际具有先进水平的加工技术和设备，提高产品的科技含量和附加值。如运用先进的小麦分离技术，提取小麦蛋白生产谷朊粉，并将其添加到普通面粉中，提高湿面筋度和蛋白质含量，代替进口面粉；利用小麦胚芽榨油和提取维生素E；以小麦代替玉米生产味精，用小麦原料生产酒精、液体二氧化碳、车用乙醇汽油等。目前，全省已有高科技、高附加值的粮食加工企业10多家，开发车用乙醇汽油、小麦谷朊粉等近百个新品种，有的已实现产业化经营。

3. *走“品牌加规模经营”之路，扩大市场占有份额* 通过跨地区、跨行业、跨所有制的兼并、联合，全省形成了85个规模较大的粮食加工企业，创出了一批名牌产品，“莲花”味精、“白象、南街村、期美特”方便面、“科迪、澶都”水饺、“三全、思念”水饺、汤圆等，已成为全国叫得响的知名品牌，产品供不应求。“丹菊、白菊”馒头和“蓼风”挂面，也成了在本省一些城市畅销的大众化食品品牌。我省的味精、方便面、速冻食品等产品年总产量达到30万t、45万t和60万t，国内市场占有率分别为46%、25%和60%，均居全国首位。周口莲花集团年产味精30万t，并已形成年产小麦谷朊粉3.5万t的生产能力；用小麦代替玉米生产味精的技改项目2001年8月投产后，年加工转化小麦100万t，2002年再次技改后年加工转化小麦200万t。南阳天冠集团年生产20万t燃料乙醇的项目已于2001年4月正式投产，年加工转化小麦70万t。2002年再次技改后可达到年加工转化小麦170万t。郑州金苑面粉厂年加工小麦70万t，成为全国加工规模最大、企业经济实力最强的制粉企业。河南方便面年产量约占全国总量的1/4；速冻食品国内市场占有率达60%左右。

湖北省农产品加工业

湖北省乡镇企业管理局、畜牧局

在省委、省政府的领导下，我省坚持把农产品加工业作为推进农业产业化、产业结构战略性调整的重要任务，按照“以调整促发展，在发展中调整”的原则，努力把农产品加工业培植成为我省农业发展和农村经济新的增长点，在农业增效、农民增收中发挥重要作用。下面介绍我省乡镇企业和畜牧业系统农产品加工业概况。

一、乡镇企业系统农产品加工业

2001年全省乡镇集体工业企业中农产品加工企业总数达15 886家，从业人员达39.74万人，实现增加值97.3亿元，分别占全省乡镇工业企业的比重为43.8%、31.5%和32.4%。目前，我省乡镇企业农产品加工业已发展到新的水平。一是加工领域逐步拓宽。乡镇企业由过去单一的传统大米和农产品初级加工向精深加工发展，拓展到配合饲料加工、食用植物油、水产品和肉禽蛋精加工等行业。食品工业分化出保健饮料、营养食品，化工行业分化出医药化工、精细化工、生物化工等。二是龙头企业发展迅速。截止到2001年，规模以上农产品加工企业856家，实现增加值52.3亿元，销售收入200.7亿元，利润8.31亿元。稻花香集团、银欣集团等一批省级龙头企业迅速崛起，成为全省乃至全国具有较高知名度的农产品精、深加工企业。三是专业加工园区初步形成。以产品的区域聚集为特点，发展一乡一品、一村一品，形成了专业化加工的区域特色。武汉市食品工业加工区、随州市浪河食品工业园、蕲春县药材工业园等一批以农产品加工为主体各具特色的工业园区快速发展，活跃和拉动了一方经济。四是精品名牌产品增多。通过实施“精品名牌”战略，打造了一批像“稻花香”酒、“天天好”肽类保健食品、“福娃”牌膨化食品等市场占有率较高的品牌。五是出口创汇能力增强；目前我省外向型农产品加工企业发展到100多家，2001年完成出口交货值24.3亿元。主要做法为：

1. 积极引导扶持农产品加工业发展　我们把深化农产品加工业的发展摆在突出的位置，把它作为加快乡镇企业发展的主攻方向，以此为切入点，积极引导乡镇企业把工作重点转向农产品加工业，加快培植一批名副其实、真正带动一方经济和产业发展的龙头企业。省政府每年拨出5 000万元调度资金，用于扶持重点乡镇企业、省级农业产业化龙头企业，以及高新技术企业。2002年，我们选择了6个农产品加工成长型企业，进行重点跟踪服务，重点扶持、培育和形成一批销售收入过10亿元的农产品加工龙头企业。

2. 依靠科技，提高产品的精深加工能力　一是坚持合作与引进，走科技型企业发展的路子。监利县银欣集团先后筹措资金4 000万元购置国内一流的设备，建起了粮食加工生产线，将粗加工的大米，加工为免淘米，再进一步转化膨化食品，其附加值成倍增长。二是加强与大专院校的联合，走科工贸一体化的路子。2002年我们继续开展送科技下乡活动，组织16所大专院校30多位教授专家，赴各地开展科技咨询服务，并举办农产品加工项目推介会。三是加大技改投入，推广科学技术。到2002年中旬，襄樊市农产品加工企业累计投入技改资金15亿元，开发新产品85个。其中12个产品获得国家级精品名牌称号，42个获得省部级名优产品称号，形成了各具特色的农产品精深加工企业群。随州市曾都区已有香菇精加工企业100家，年加工香菇3 000t，收购额1.82亿元，加工外销额2.34亿元，加工增值率70%。

3. 发挥比较优势，发展特色经济，大力培植龙头企业 一是依托资源发展壮大龙头。全省一大批粮食加工、茶叶、水产、禽畜、山野菜、魔芋、黄姜、中药材等农字号企业，发展成为当地经济的特色和龙头。鹤峰县长友现代农业股份公司是鄂西大山的一个企业，突出鹤峰生态环境优越、特色产品丰富且富硒含量高、绿色无污染的特点，紧扣市场消费时尚，抓住在国际、国内市场上叫得响的有机茶、薇菜、香菇、稀有珍品葛仙米、箬叶等山野富硒特色资源进行深度开发。二是加强原料基地建设。通过市场导向，以“公司加农户”、“订单农业”等多种形式组织农业生产，优化了农产品结构，收益共享，风险共担，既有效地解决了农户经营与市场对接的问题，增加了农民收入，又使企业获得稳定的原料供应。监利银欣集团与10万农户签订了优质稻产销合同，签约面积达3.3万hm^2，并在资金投入、良种供应、技术服务、信息交流等方面进行配套服务。如万宝粮油集团每年与襄阳区12个乡镇签订2万hm^2小麦、2万hm^2油菜籽合同；宜城宜河丝绸有限公司建设桑园基地800hm^2，带动农户1 867户。三是实施“走出去”战略。在发展农产品加工业中，我们非常重视发展外向型龙头企业，鼓励企业大胆走出去，开拓国际市场。湖北长友公司围绕出口实行两手抓，一手抓企业品牌。2001年经国家商标局批准，将公司32类100多个品种进行了注册，将“长友”商标在韩国、日本、香港等国家和地区进行了商标注册；一手抓产品结构调整。公司不断开发新产品，目前该公司已发展有薇菜、香菇、箬叶和茶叶四大主导绿色出口产品，2001年出口创汇430万美元，累计出口2 000多万美元。

二、畜产品加工业

2001年全省肉类总产量288.56万t，其中猪肉228.78万t，牛肉14.01t，羊肉3.56万t，禽肉39.62万t；禽蛋108.18万t，奶类8.83万t（其中牛奶8.80万t）。

1. 猪肉加工 除仅从事生猪屠宰的企业外，现有加工企业20家，主要加工企业有武汉飘飘集团肉食品加工企业（年加工0.5万t）、武汉台湾长固集团肉食品加工企业（年加工0.5万t），2001年加工猪肉约10万t，作坊式加工约10万t。主要产品有恩施火腿、金通火腿等。

2. 禽肉加工 2001年加工禽肉8万t，主要企业有：武汉正大畜牧有限公司，年加工肉鸡2 000万只，一百多个品种；荆门市沙洋县的仙羽禽业公司开发的“十里牌”风干土鸡年加工量达150万只，呈现供不应求之势；武汉奥巴食品公司，年加工肉鸭20万只。

3. 禽蛋加工 2001年加工禽蛋6万t，主要企业有：湖北神丹健康食品有限公司，采用公司+基地+农户的农业产业化发展模式，以“健康蛋”作为品牌经营理念，应用现代食品加工技术对传统的鸭皮蛋、咸鸭蛋、鹌鹑皮蛋、茶香蛋、咸蛋黄等蛋制品进行科学加工，使这一中华民族的传统食品得到合理开发。2001年，加工神丹健康蛋7 000余t，畅销全国20多个省、直辖市、自治区，销售产值达到4 800万元，产品市场占有率和知名度不断上升，成为全国品牌蛋中的佼佼者，深受消费者好评。在蛋品行业走上了快速发展的道路。湖北九珠集团公司，2001年加工销售禽蛋3 000余t。

4. 牛羊肉加工 2001年加工2 000t。

5. 奶类加工 我省上规模的奶类加工企业有10家，2001年加工鲜奶10万t。

6. 蜂产品加工 2001年加工销售蜂蜜3万t，其中出口1.8万t，蜂王浆300t。主要企业有：湖北省扬子江蜂业公司、武汉葆春蜂王浆有限公司、湖北省医保进出口公司、华农康思农蜂产品公司等。

湖南省农产品加工业

湖南省农业厅、农垦局、农村社会经济调查队

湖南是以农业经济为主要特征的省份，粮、棉、油等农产品在全国一直占据着重要的地位。近年来，我省坚持以农业产业化的思路来发展农产品加工业，通过大力扶持和发展龙头企业，加大农产品精深开发

力度，使农产品加工业得到了快速发展，涌现了如亚华、金健、黄花集团等具有一定规模的农产品加工龙头企业和“芙蓉王”、“酒鬼酒”、“旺旺”、“正虹饲料”等知名品牌，农产品加工业已成为农村经济中的一个重要支柱。

一、省农村社会经济调查队的调查

2002年全省国家和省级农产品加工龙头企业由2001年的23家增加到60家，市州级龙头企业发展到457家。60家国家和省级龙头企业实现销售收入180亿元，利税11.7亿元，分别比2001年增长18.4%和8.3%。全省517家市州及以上龙头企业共连接基地近200万 hm^2，辐射连接农户500万户，直接带动农户300万户，收购省内农产品原值188.64亿元，占全省农林牧渔业总产值比重的14%。在龙头企业的带动下，农产品加工业进一步发展，粮食、竹木、油脂、果蔬、肉类、茶叶和特种养殖等7大加工业初步形成，全省农产品加工增值率达到78%，农产品产加销一体化进程明显加快。

农产品加工业的发展，促进了农产品市场体系不断完善，农产品商品率逐步提高。全省已有各类农产品市场976个，其中年交易额在1亿元以上的有49个，现货成交金额150多亿元。我省重点抓了10大农产品批发市场的建设，特别是突出湘粤市场和长沙红星市场的建设与配套，并利用这两个主要窗口加大农产品营销推介的力度，先后在这两个市场成功举办了多次农产品展销会和农博会。各市州在巩固完善乡村集贸市场的基础上，扶持了1～2个专业批发市场，在全国各地增设了一批营销窗口。农产品营销体系已突破计划经济条件下的单一模式，初步建立起了多渠道、多层次、多元化的农产品市场网络。会展农业、网上农业、订单农业等多层次的流通形式得到应用和发挥。2002年全省农产品商品率达到61%。

全省各地瞄准市场变化，依托资源优势和传统习惯，进一步优化了农产品及加工区域布局。湘东、湘中重点发展了蔬菜、时鲜瓜果、花卉苗木、畜禽产品和水产品的生产和加工；湘北突出“湖”字特色，重点发展了稻米、优质棉花、油菜、水果、蔬菜和特种水产、水禽养殖和加工；湘南利用“天然温室”优势，重点发展了蔬菜、时鲜瓜果、油茶、烤烟、养殖等名特优农产品生产和加工；湘西突出“山”字特色，重点发展了草食畜禽产品、优质水果、优质名茶、反季节蔬菜、药材等生产和加工。蔬菜、水果、花卉苗木、药材、草食牲畜和特种水产等种养业的区域化、专业化、规模化生产格局正在逐步形成。农产品基地建设由过去的“一村一品”，逐步转向按气候资源条件、区域、流域连片发展。

二、农业系统农产品加工业

到2001年底，全省共有农产品加工企业3.9万多个，其中国有和500万元产值以上的非国有加工企业646家，从业人员11.28万人，总资产303.65亿元，完成工业总产值248.82亿元，初步形成了股份制企业、中外合资（独资）企业、乡镇企业（包括民营企业）同时发展的局面。这些企业覆盖食品加工、粮油加工、种子加工、饲料加工、畜禽水产养殖与加工等行业。特别是乡镇企业农产品加工业迅速崛起。据统计，2001年全省从事农产品加工的乡镇企业3万多家，约占乡镇工业企业总数的1/4。乡镇集体工业中，有农产品加工企业15 400家，从业人员29.76万人，完成产值339.97亿元，增加值72.32亿元。

我省按产业化经营的思路来发展农产品加工业，初步形成加工企业连基地，基地连农户的产业发展格局。部分加工企业，如金健米业、秀龙米业等已经建立了自己的生产基地，开展了产前、产中、产后服务，形成稳定的产销关系。2001年共收购、加工、销售黄花菜1.87万t，出口创汇560万美元，实现销售收入2.2亿元，完成税收超过1 000万元，带动农户55 960户，户平均增收3 600多元；岳阳市以湘阴三塘酱厂为龙头组建莒头加工企业集团，2001年生产加工甜酸盐渍莒头200多品种规格的产品3.8万t，实现加工产值3亿多元，实现利税2 500多万元，产品远销日本、韩国、新加坡、马来西亚、加拿大等30多国家和地区。农产品加工业已形成我省区域化的特色经济，如湘潭的生猪养殖及加工业，祁东的黄花、香芋、席草加工业，桃江、安化、会同的竹制品加工业，湘阴的莒头、麻油加工业，洞口的柑橘加工业，城步的牛奶加工业，临武板鸭加工业，永州异蛇加工业，洞庭湖区特种水产加工业等，都具有明显的地方特色，并都开发出具有一定知名度的品牌产品，加工企业也粗具规模，成为地方经济的主力军。

三、农垦系统农产品加工业

湖南农垦大力调整产业和产品结构，走农业集约化和产业化的道路，农产品加工业发展迅速，主导产品的商品率达到95%以上，农产品一次加工率达85%，二次加工率达30%，三次加工率达15%；农产品加工增值达80%以上。农产品加工产业形成的增加值约占全垦区国民生产总值的35%。已经形成了多个优势农产品加工业齐头并进的良好局面，带动了整个垦区经济的发展。

湖南农垦系统现有农产品加工企业101家，其中大中型企业15家。初步建成了粮、棉、油、菜、猪、鱼、奶、果、茶、糖料十大农产品生产基地以及食品、纸品、棉麻、饲料等四大农产品加工系列。在食品加工方面：农垦系统有粮食加工企业14家，年加工能力5万t，2001年加工精制大米23 284t，产值350万元；罐头食品制造企业12家，年生产能力1.2万t，2001年生产量2 613t，产值1 913万元；制糖企业9家，年生产能力12万t，2001年生产71 886t，产值30 538万元；食用植物油生产企业7家，年生产能力为5 000t，2001年生产量2 192t，产值900万元；精制茶加工企业8家，年加工能力10 000t，2001年生产1 842t，产值3 800万元；乳制品生产企业2家，年生产能力10 000t，2001年生产奶粉和酸奶2 500t，产值9 477万元；饮料生产企业13家，年生产能力2 000t，2001年生产1 110t，产值508万元。在棉麻加工方面：纺织企业11家，二纱锭12万锭，2001年纺纱7 700t，织布430万m，产值9 982万元。在纸品加工方面：造纸企业7家，年生产能力50 000t，2001年生产机制纸及纸板41 018t，产值18 257万元。在饲料加工方面：饲料企业18家，年生产能力150万t，2001年生产饲料57万t，产值142 798万元。

北京京郊乡镇农产品加工业

北京市乡镇企业局

2002年，北京郊区乡镇企业认真贯彻落实北京市委、市政府“关于大力推进乡镇企业二次创业的意见”的文件精神，以农民致富增收为主线，因地制宜，加强指导，改革和完善管理制度，加大政策扶持力度，有力地推动了京郊农产品加工业的快速发展。现状和主要特点如下：

1. 快速发展，成为乡镇企业新的经济增长点 到2002年底，北京京郊乡镇企业农产品加工企业共有527家，拥有职工46 259人，完成销售收入96.49亿元，利润总额5.0亿元，增加值19.54亿元，税金总额4.52亿元。比2001年同期分别增长14.8%、18.9%、115.6%、193.8%、112.2%和197.6%。带动农户20万户。

2. 形成了一批符合首都特点的龙头企业 2002年年销售收入500万元以上的农产品加工企业共有288家，从业人员36 384人，拥有资产64.84亿元，分别比2001年同期增长21%、16.9%、43.5%。全年共计完成总产值89.65亿元，增加值18.98亿元，销售收入88.2亿元，利润总额8.58亿元，上缴税金4.29亿元，出口产品交货值9.25亿元，分别比2001年同期增长44.1%、55.2%、46.9%、54.9%、57.1%、72.2%。目前，已形成朝阳玉雪阿魏菇、海淀锦绣大地、丰台花乡花木、通州雨润食品、顺义汇源果汁、大兴顺兴葡萄酒、怀柔大北农饲料、房山卓辰肥牛、平谷荣兴果脯、密云神菌长效微生物肥、昌平日晨奶制品、门头沟石龙汇利核桃乳和延庆泰利康出口净菜等一批辐射能力强、带动农户多的农产品加工龙头企业。

3. 带动种养殖业基地发展 目前已初步建立了以牧草、中药材、出口菜、果品、畜禽、奶业、花卉等16个种养殖原料生产基地。如顺义区北京汇源食品饮料有限公司3 333 hm^2的水果、蔬菜生产基地；大兴区北京丰收葡萄酒有限公司的采育镇1 333hm^2葡萄种植基地，北京市宝金龙食品厂的青云店1 333 hm^2大豆生产基地，北京宜生园酱菜制品厂万亩蔬菜种植基地，北京兴起食品有限公司喜达2万头奶牛养殖基地；通州区北京琪景中药饮片厂的200 hm^2中药材种植基地；平谷区北京华邦食品有限公司万亩水果种植基地；怀柔区北京天惠参业股份有限公司万亩西洋参种植基地；房山区北京卓辰畜牧有限公司万头育肥牛养殖基地；延庆县北京庆和食品有限责任公司2 000 hm^2黄豆种植基地，延庆县北京泰利康蔬菜产销服务中心6 667 hm^2出口蔬菜种植基地；昌平区北京卉隆干花有限公司200hm^2花卉种植基地。

4. 食品加工园区建设稳步推进 顺义北小营宏大工业区、大兴青云店农业加工园区、通州区潞城镇北京通州食品工业园区、怀柔区统一富乐食品工业园区、延庆县永宁镇食品加工园区等26个食品加工园区已粗具规模并健康发展。如统一富乐食品工业园区2002年实现销售收入10亿多元，利税8 000万元，同2001年相比，效益翻番。

5. 行业结构得到优化，支柱行业初步显现　符合首都经济特点的果品加工业、食品加工业、畜禽加工业、蔬菜加工业和工艺品加工业发展迅速，食品加工业、果品加工业、畜禽加工业、饲料加工业等支柱行业初步显现。2002年果品加工业、食品加工业、畜禽加工业、蔬菜加工业和工艺品加工业实现的增加值分别比2001年同期增长78%、63%、62%、42%和41%。

6. 新增农民就业岗位突出　到2002年年底，已发展到577家乡镇农产品加工企业，比2001年增加142家，增长36.9%；拥有职工46 259人，比2001年增加24 189人，增长109.6%。可见农产品加工业在吸纳农村富裕劳动力，促进农民增收致富方面起到了重要作用。

7. 农业产业化推动了农业资源的整合　京郊农业在向商品农业和现代农业阶段过渡中，土地、劳力和自然资源通过重组，形成了系列化、产业化趋势。以花卉为例，平谷县圣林工艺品厂以当地的1 000多个花色品种的野生植物为原料，生产天然干燥花卉。昌平区沙河镇松兰堡村建立了卉隆干燥花、鲜花生产加工基地，为农民开拓了一条增收渠道，以此为业的农民年人均收入达到6 000多元。卉隆公司在沙河镇建立了113hm^{2}野生植物以及花卉种植生产基地，并把种植基地扩散到延庆等气候条件较好的地区，产品走向国际市场。怀柔区统一富乐食品工业园区2002年安排本区1 100个农民就业。大兴区97家农产品加工企业职工总数达8 000人。农产品加工业成为安排农民就业的良好载体。

8. 以价格优势、品种优势和品牌优势进入市场　目前，京郊农产品加工业以价格优势、品种优势和品牌优势行销国内外市场。出口农产品品种繁多，有花卉、蔬菜、水果、禽畜、果汁、葡萄酒等，还不断引进和培育了一些新的优良品种，品种选育、加工、仓储、销售体系都紧跟国际市场。延庆县的孔化营蔬菜服务中心引进了日本的白萝卜、意大利的生菜、甜豆、西芹、甘蓝等40多个品种，既满足了国内市场的需要，又把产品返销到国际市场。京郊各区县都有一批在国内外市场叫得响的品牌，如顺兴葡萄酒、丰收牌葡萄酒、房山卓辰肥牛、密云神菌长效微生物肥、昌平日晨奶制品、门头沟石龙汇利核桃乳和延庆泰利康出口净菜等。

天津市农产品加工业

天津市农业局、乡镇企业局、畜牧局

我市作为沿海东部地区的老工业基地，属农产品资源匮乏的地区，因此农产品加工业一直处于弱项地位。近年来随着农村产业结构的调整，逐步加快了农业产业化的进程，在农产品加工方面大做文章。通过典型引路、分类指导，突出农产品加工龙头企业建设，形成了具有一定规模以龙头企业为代表的农产品加工业格局，发展势头较好。其发展现状和主要特点如下：

一、发展现状

（一）农业系统农产品加工业

据我市农业部门2001年统计，全市种植业产品加工企业或组织有1 121家，其中生产加工型有761家，加工贸易型有360家，年加工销售优质粮、蔬菜等农产品271万t，年销售收入15亿元，出口创汇550万美元。可带动农户31万户、生产基地4万hm^2，可增加农民收入3亿多元。这些企业加工、经营范围主要是粮食、饲料、油料、蔬菜、果品等。其中从事粮食生产加工的企业390家，年加工能力70万t，加工基地面积1.3万hm^2，带动农户22万户；从事蔬菜生产加工的共228家，年加工能力114万t，加工基地面积1.13万hm^2，带动农户20万户；从事饲料生产加工的247家，年加工能力40万t，加工基地面积0.2万hm^2，带动农户2万多户；从事果品生产加工的117家，年加工能力6万t，加工基地面积0.33万hm^2，带动农户0.6万多户。其中，粮食加工企业以津南区优质小站稻开发公司尤为突出，公司生产的“日思”牌小站稻，以其特有名牌，产品已占领全国许多城市，年产值3 500万元，市场前景良好。蔬菜加工企业以宝坻谦德、益农食品有限公司生产的蔬菜腌制产品较好，产品全部出口日本，两个企业年出口创汇450万美元。果品生产加工以汉沽的“玫瑰香葡萄”为主，年创产值4 500万元。

（二）乡镇企业系统农产品加工业

我市乡镇企业农产品加工业主要涉及食品（含饮料）、纺织、地毯、中药、木制家具、造纸及纸制品、皮革、鬃毛加工及制刷业、木材加工及竹藤棕草制品等农产品加工行业。到2001年底，我市乡镇企业系统农产品加工企业1 046家，从业人员11.16万人，拥有固定资产56.7亿元。2001年实现工业年产值175.66亿元，年销售收入153.5亿元，工业增加值32.76亿元，上交利税18.48亿元，出口交货值43.05亿元，分别占全市乡镇工业的19.48%、19.08%、20%、20.67%、28.37%。农产品加工企业年产值超亿元的企业有27家，出口交货值超5 000万元的企业有14家，有14个产品获得市级名牌产品称号。其中，食品工业企业有344家，从业人员2.67万人，实现工业年产值52.86亿元，年销售收入47.49亿元，工业增加值8.95亿元，上交利税4.66亿元，出口交货值7.21亿元；年产值超亿元的企业有10家，出口交货值超5 000万元的企业有5家，有4个产品获得市级名牌产品称号。

（三）畜牧业系统农产品加工业

1. *牛奶加工* 我市现有乳品加工厂38个，设计加工能力达日处理鲜奶1 500t，通过对乳品业的产品结构调整，新增日处理150t以上的液态奶生产厂3个，使我市乳品工业的布局和产品结构趋向合理。海河、子母、中芬、帕玛拉特、梦思得露、娃哈哈等乳品厂形成了我市乳品加工业的主体。乳品工业的改组和改造也推动了奶业产业化经营的进程，目前奶业集团公司在原有的基础上，一方面与津联公司合作，建设海河乳业集团，一方面组织与国有奶牛场搞紧密联营扩大实力。中芬乳品研究培训中心与乡镇联营建立了股份公司，实力也在不断扩大，实现了跨地区、跨部门、跨所有制的产、加、销一体化经营。一些民营企业也在积极探索与牛场及大企业的合作，向产、加、销一体化方面调整。目前，以乳品加工业为龙头，连接各区县奶牛饲养业的产业化经营链已经初步形成，为加快天津奶业走向一体化奠定了基础。

2. *生猪加工* 目前已形成了现代化大型屠宰加工企业5家，猪肉食品加工厂128家。天津顺利实业发展有限公司是我市新建的特大型、现代化、高科技生猪产加销一体化屠宰加工龙头企业，该公司引进德国BANSS公司先进屠宰加工设备，年屠宰加工生猪180万头，总投资近3亿元；天津宝迪食品加工有限公司、天津肉联厂年屠宰加工能力都在百万头；天津通汇集团以及天河集团等加工企业屠宰加工能力也在不断提高。

3. *肉鸡加工* 集种鸡饲养、雏鸡孵化及放养、屠宰加工、饲料生产一体化的大成集团康地万达（天津）食品有限公司经过扩建后，年屠宰加工能力达4 500万只，种鸡存栏规模近30万只，年饲料加工能力达40万t，该公司计划在3～5年内将生产规模扩大到5 000万至1亿只，形成全国最大的肉鸡产加销一条龙企业。东丽区也建成了年屠宰加工量在1 000万只的肉鸡屠宰加工厂。

4. *肉鸭加工* 形成了武清龙泰、蓟县绿益、西青南河三足鼎立的格局，3个加工厂年屠宰加工量1 300万只。

与此同时，在肉鸽、鹿、鸵鸟等方面也都形成了不同规模的畜产品加工企业。

二、主要特点

（一）发挥产学研优势，搞好农产品加工

我市农产品加工业为提高产品的科技含量，加大了产学研合作的力度，取得了明显进展。如汉沽区通汇集团借助中国农业大学雄厚的科研力量，从瘦肉型种猪入手，对生猪生产、产品加工、饲料营养、有机肥加工、科研与人才培育等方面进行全面合作。中国农业大学在该集团成立了研发中心，目前已建成哺、养、存、储、加工、销售连动配套的生态型农场养殖基地，初步形成了“小规模、大群体、基地化”的农产品深加工的模式。我市北辰区新星兽药厂以玉米、豆粕为原料生产的饲料添加剂杆菌肽锌，在国内市场占有较高份额。该企业与天津化工研究设计院联合对原生产工艺进行了技术改造，使产品质量和收益率明显提高，2001年生产杆菌肽锌6 000t，实现年产值4 500万元，上交利税390万元，产品已获天津市名牌产品称号，在国内市场占有率达45%，并获得了20多个国家和地区的认可。

（二）发展强强联合，带动养殖业发展

我市农产品加工业加快了强强联合的步伐，发挥各自的优势，抢占市场制高点，从而带动了区域养殖业的发展。如武清区冠芳可乐饮料公司与娃哈哈公司联合生产奶类制品，由娃哈哈公司提供商标和技术，利用武清区冠芳食品厂的厂房、设备和该区奶牛饲养集中的优势，形成了较大规模。在该产品的带动和影响下，武清区已建成21个奶牛养殖小区，饲养奶牛2.5万头。2002年冠芳集团又投资5 430万元，新建年产10 000t二合一果汁奶生产线，年销售收入可新增1.18亿元，利税2 600万元。该条生产线建成投产后，增加奶牛饲养量1万头，新增奶牛饲养专业户500家。

（三）利用地产资源，发展农产品深加工

我市农产品加工企业利用本地的蔬菜资源和传统工艺，采取订单方式，大力发展蔬菜深加工产品。目前全市已基本形成了以静海县、蓟县、宁河县为主的蔬菜深加工基地，现有蔬菜加工型企业40余家，年产值达4.83亿元，出口交货值3.23亿元，其中年产值1 000万元以上的企业10家，产品主要出口日本、韩国及东南亚地区。天津市庆洋土特产有限公司作为蔬菜加工的龙头企业，腌制菜和脱水菜年产5万t，实现产值1.76亿元，产品100%出口，基本形成企业带农户的经营方式。汉沽区充分利用本地0.53万hm^2葡萄园优势，加工生产葡萄酒取得明显效益。

（四）加大技改投入，培育农产品加工龙头企业

我市农产品加工业根据市场发展的需要，加大了固定资产的投入，累计投入近10亿元左右。特别是去年，市政府加大了对工业技改项目扶持的力度，通过技改投入，我市初步形成了饲料、肉类加工、乳制品、蔬菜加工等一批具有带动作用的企业。如武清区龙泰冷冻厂、食友食品厂、冠芳可乐饮料公司、汉沽区通汇集团、北辰区新星兽药厂、大海肉联厂、蓟县盘山啤酒厂等。

河北省农产品加工业

河北省农业厅、乡镇企业局、畜牧局、农垦局、渔业局

我省是农业大省，农产品资源丰富，多种经营比较活跃。随着农业结构调整的深入和农业产业化经营的大力推进，农产品加工业的发展越来越成为促进农业增效、农民增收的重要领域。在省委、省政府的领导下，我省积极引导，突出重点，狠抓基地建设，积极推动农产品加工业的快速发展。下面介绍我省主要分布在农业、乡镇企业、畜牧业、农垦和渔业系统的农产品加工业，其发展情况如下：

一、农业系统农产品加工业

据省统计局统计，2001年我省492家农业产业化龙头企业（集团），共加工消耗农产品价值144.8亿元，实现销售总额301.6亿元，农产品加工增值率达到108.3%；龙头企业共联系农户208.9万户，联系农户户均产业化收入3 262元。

1. *蔬菜加工业* 全省蔬菜采后加工企业352家，出口企业101家，年加工量190万t。其中脱水菜加工企业34家，年加工能力30万t；速冻菜加工企业20家，年加工能力20万t；淹渍菜加工企业258家，年加工能力137万t；新兴包装净菜配送中心（公司）22家，年加工量147万t。加工出口量36.9万t，创汇2.1亿美元，占全国出口总量的1/10。2002年上半年我省蔬菜业实现销售额56.7亿元。全省规模较大的蔬菜加工出口企业有遵化广野物产集团、盐山裕农蔬菜加工股份有限公司、青县外贸有限公司、保定麦可集团、武邑冠龙蔬菜制品厂、大名脱水菜集团等。广野物产集团公司年加工能力1.2万t，2001年加工的腌渍菜、脱水菜、速冻等七大类56个品种的产品90%出口到日本、韩国、蒙古国及俄罗斯，实现产值5 300多万元。国家级龙头企业——冀东果菜批发市场2001年实现果菜成交量180万t，共实现成交额15亿元。

2. *种子产业* 全省现有种子加工流水线60套，种子经营单位160余家。其中棉花种子加工流水线11套，加工能力1.2万t，2001年加工0.41万t，占用种量的86%；玉米种子加工流水线17套，加工能力达15万t。2001年加工玉米种子10.5万t，精选6.52万t，占生产用种量的71%，包衣率57%，统一供种达到95%；小麦种子加工设备15套，加工能力达5万t，2001年精选4.705万t，占销售量的89%。

3. *食用菌产业* 我省逐步形成8个常规品种生产区和10个珍稀品种生产基地，已培育和扶持建成了河北省食用菌服务中心、绿源食用菌公司、栗栗菌业集团、国宾食品有限公司等十几家食用菌加工龙头企业，带动我省食用菌栽培总面积发展到5 333hm^2，品种15个，年产32万t，创产值约16亿元。河北国宾食品有限公司生产的“孟都牌”蘑菇王系列产品，主要销往日本、韩国、新加坡、德国、意大利、法

国、加拿大、美国等29个国家和地区，2001年公司实现销售收入4 125万元，创利税328万元。

4. *绿色食品业* 截止到2002年5月底，全省共有32家企业的92个食品产品已使用绿色食品标志，其中AA级绿色食品产品7个，全省建成绿色食品生产或原料生产基地15.3万hm^2。2001年绿色食品销售额达19.6亿元，利税2.17亿元。我省已划定无公害蔬菜生产区域727家，面积50万hm^2，制定了黄瓜、番茄、茄子等18个主要蔬菜品种无公害生产技术规程和化肥、农药使用准则，28个单位获得了无公害蔬菜生产资质证书，认证的无公害蔬菜品种达30个；11个市和100个县配备了蔬菜产品残留检测设备。我省的净菜加工，分别占京、津市场的50%和40%，承德、张家口反季菜占广东市场的90%等。

此外，2001年全省有粮食及饲料加工企业290多家，碾米业15家，磨粉业119家，面、米制品业11家，糕点业35家，饼干业20家，方便主食品业27家，淀粉及淀粉制造业56家，调味品制造业39家，白、黄、啤酒及酒精制造业共101家；初级加工的轧花企业70家，植物油加工企业46家；还有数家甘薯、苜蓿加工企业。

二、乡镇企业系统农产品加工业

我省乡镇企业把发展农产品加工业作为结构调整的突破口和经济增长的新领域，加大工作力度，使农产品加工业获得了较快发展。到2001年底，全省以农产品为原料的加工型乡镇企业发展到66 000家，完成增加值163.6亿元。其中，年营业收入500万元以上的农产品加工企业665家，从业人员15.4万人，完成增加值70.6亿元，出口产品交货值46.5亿元，上缴税金57.5亿元；年营业收入超千万元的459家，亿元以上的48家。农产品加工业的发展，带动种植业基地20多万hm^2，农户200多万户。主要特点是：

1. *大力扶持龙头企业发展* 到2001年底，省政府认定了100多家农业产业化经营省级重点龙头企业，在项目建设、投融资、土地使用、税收等方面予以重点倾斜。在这100多家农业产业化经营省级重点龙头企业中，乡镇企业农产品加工企业占了65家。结合“龙头工程”建设，省政府筛选了142个规模大、效益好、关联度高、带动力强的重点项目，列入全省“十五”重点项目建设规划。

农产品加工龙头企业的发展已成为全省农业、农村经济增长的一个新亮点，涌现出一批带动力强的龙头企业。三鹿集团是一家奶制品生产加工龙头企业，年产奶粉4.5万t，日产鲜奶800t，液态奶300t。目前带动奶牛饲养业发展到39个县、1 370个村，1万多农户，5万多奶农，奶牛数量达7万头。华龙集团是一家生产方便面的乡镇企业，目前总资产达到30亿元，年产值15亿元，成为全国三大方便面生产企业之一，有力地带动了周边地区的小麦生产和蔬菜业发展。

2. *大力发展农产品加工特色产业* 各地从当地实际出发，发挥优势，培育和发展具有明显竞争优势的农产品加工特色产业，全省1/3的县在农产品加工方面形成了特色化。如赵县的淀粉加工、隆尧的方便面、三河的肉牛屠宰、兴隆的果品加工、卢龙的甘薯加工、遵化的板栗加工、清河的羊绒加工、容城的服装加工、辛集的皮革加工、蠡县的皮毛加工、高阳的纺织业、石家庄的制药、安国的中药材生产、香河的家具生产、文安的胶合板生产、南宫的羊剪绒生产等，在全国有一定的知名度。2002年，省政府命名的全省十大县域特色产业，农产品加工业占了5个。

3. *大力培育名牌产品* 在农产品加工业发展中，全省各地普遍重视企业的科技进步，依靠科技开发新产品，培育名牌产品，增强市场竞争力。一大批农产品加工企业通过抓科研开发，兴办研发中心，加大研发投入，开发了一批具有自主知识产权的新产品；通过抓科技推广，使一批科研新成果、新技术转化为现实生产力；环京、津市、县和企业，注意发挥地域优势，借助北京、天津两市的科研力量，面向京、津市场，发展了一批各具特色的农产品加工企业。在此基础上,大力实施名牌战略,积极培育知名品牌,提高了企业的知名度和产品竞争力。如“三鹿”、“妙士”、“天香”等品牌,带动了我省乳业的快速发展;“长城”、“野力”等几个葡萄酒的品牌,只有短短几年时间就拉动起一个酿酒葡萄的新兴产业。为提高产品质量,在农产品加工企业中大力推行ISO 9000和ISO 14000体系认证,目前认证企业已经达到100多家。

三、畜牧系统农产品加工业

目前，我省畜牧系统的畜产品加工企业发展较快，涌现了像秦皇岛正大有限公司、大厂华安肉类有限公司、唐山中红普林肉鸡有限公司、承德天辰乳业公司、邯郸牛奶公司等大中型畜产品加工企业，对促进我省畜产品流通、推动畜牧业生产、服务人民生活都起到了积极作用。据统计，2001年全省较大型畜产品加工企业有63家，拥有固定资产29.14亿元，流动资金10.12亿元，职工人数3万多人，年创产值39.46亿元，利税5.22亿元。其中全省畜牧系统的畜产品加工企业20个，固定资产3.43亿元，流动资金2.9亿元，职工人数1万多人，年创产值3亿元，利税750万元。

全省畜牧系统生猪肉类加工厂6家，年加工能力2.3万t，2001年实际加工0.22万t，产品以分割肉为主；奶类加工厂6家，年处理鲜奶能力2.8万t，2001年实际生产奶制品1.8万t（以酸奶、乳酸钙奶为主）、液态奶400t、奶粉6 250t，其中承德天辰乳业公司生产的天辰牌奶制品在当地供不应求；蛋品加工厂1家，即廊坊胜芳养殖场，年加工能力2 000t，2001年实际加工1 000t，皮蛋、咸鸭蛋等产品深受消费者欢迎，销往全国各地；肉鸡加工厂2家，即秦皇岛正大公司、唐山中红公司，年加工能力9.3万t，2001年实际加工8.9万t，产品以分割肉为主，主要销往日本、韩国等地；牛、羊肉加工厂5家，年加工能力4.5万t，2001年实际加工1万t。我国加入WTO后，畜产品加工业的发展速度更为迅猛。2002年各类畜产品加工企业发展到63家，年屠宰生猪90多万头，肉牛30多万头，肉羊200万只，肉兔630万只。

目前我省拥有全国驰名的“三鹿”奶粉、“妙士”一品乳、“福成”肥牛、“胜芳”松花蛋、“华安”牛肉、“福喜”牛肉饼等畜产品品牌，销往全国各地。随着畜产品加工业的不断发展，科研开发不断被各加工企业所重视，许多企业与大专院校、科研单位联合，开发研制新产品。承德天辰乳业公司和承德农专在开发乳酸钙奶的基础上，2002年引进上海酸奶生产线一条，通过科学配方，研制出了口味好、成本低的“天辰”牌酸奶制品。为加快畜产品加工业建设，我省广开渠道筹集资金，利用农业开发、银行贷款等资金支持畜产品加工企业，多渠道、多层次、多形式招商引资。唐山市和河南双汇集团联合投资1亿元，新建玉田双汇食品有限公司，年加工生猪100万头，2002年9月底完工。伊利乳业集团在廊坊开发区投资7 240万元，新上液态奶生产线，年产4.1万t。邯郸峰峰矿区肉联厂与南京雨润食品集团合作，投资3 000万元建设生猪屠宰生产线，年屠宰生猪50万头。

四、农垦系统农产品加工业

截止到2001年底，我省农垦系统以乳制品加工、机米加工、酿酒、食用油加工为主的食品加工业和造纸业实现利税8 538万元，占整个工业产值的三分之一以上。农产品加工业已成为农垦经济发展的支柱产业之一，具体情况如下：

（一）食品工业

现有食品工业企业32家，2001年实现销售收入15.7亿元，增加值3.15亿元，利润6 103万元。

1. *乳制品加工* 乳制品加工是农垦的传统优势行业，现有3.9万头奶牛和8家乳品加工厂，主要产品有：奶粉、消毒牛奶、乳饮料等。年产鲜奶11万t。乳制品加工企业资产总额2.3亿元，其中固定资产1.4亿元。2001年共生产全脂奶粉和配方奶粉25 170t，生产纯鲜奶和发酵奶等液体奶近50 000t，实现总产值4.8亿元，增加值7 603万元，利润2 840万元，税金1 440万元。乳制品总产量近8万t，居全国农垦系统第4位，占全省总产量的15.3%。

2. *机米加工* 机米加工是农垦的一个特色行业，现有较大规模加工厂5家。2001年农垦系统水稻的播种面积为2.8万hm^2，总产量为27万t，共加工机米9.7万t，完成产值2.29亿元，实现利润1 923万元。其中，柏各庄农场的“格绿”牌绿色食品米，汉沽农场的“风雨顺”牌绿色小站米，芦台农场的“冠”牌免淘小站米及杂粮系列在国内市场上均享有一定的声誉。

3. *酿酒及食用油生产* 全系统共有白酒酿造厂2家，年生产白酒8 000t；葡萄酒酿造厂1家，年产量1 500t；色拉油生产厂1家，2001年生产20 000t，目前正在进行技术改造，年底生产能力预计达到50 000t。

4. *冷冻食品加工* 全系统共有冷冻加工企业7家，年产各类冷冻加工食品2 401t，其中以肉鸡养殖、加工为主的柏各庄京东养鸡场年出栏肉鸡157万只，年产各类冷冻鸡肉产品近200t，年产各类水产冷冻食品1 427t；以畜产品深加工为主的察北牧场冷冻厂，年产各种牛肉精细肉、分割肉370多t，主要供应京、津等地市场。

（二）造纸工业

河北农垦省属9场中6个场有造纸加工业，原材料主要是稻草和麦秸，多年来使农作物秸秆得到有效的利用和转化，不仅大大增加了农民的收入，也为农场创造了良好的经济和社会效益。其中柏各庄农场的造纸业已成为全场的主要经济支柱。目前全系统共有造纸企业24家，总资产7亿元，年生产能力达63万t，主要生产黄板纸、涂布白板纸、瓦楞纸、灰板纸、书写纸、包装纸、双胶纸、复合纸板等十多个系列，50多个规格。2001年实现销售收入13.21亿元，增加值1.75亿元，利润3 345万元，产量46万t，占全省造纸总产量的14.2%，居全国农垦第一位。

五、水产品加工业

2001年我省水产品总产量达到84.9万t，渔业总产值63亿元，水产品加工产量4万t，加工产值8亿元，水产品出口1.26万t，创汇5 000多万美元。

全省共有加工企业198家（冷库189座），加工品种主要是冷冻水产品、干制品、腌熏制品、水产调味品、罐制品、动物蛋白饲料等。主要的生产情况为：

1. 海水鱼虾类、贝类加工　其中贝类加工发展较快，带动了贝类养殖的大发展，2001年贝类加工出口约1 500万美元。另外，加工出口的品种还有河豚鱼、章鱼、沙蚕、毛虾、杂色蛤、毛蚶、玉螺、江鳐贝柱、鲜活赤贝、丰年虫等。比较好的加工企业有北戴河广厦公司和山海关的斌扬冷冻厂。

2. 淡水鱼加工　池沼公鱼、大银鱼、鲤鱼、泥鳅、青虾、三文鱼经速冻出口销售，效益较好。在国内市场销售的产品有：白洋淀熏鱼和永年县的广府酥鱼均为方便食品，开袋即食。

3. 藻类加工　故城县螺旋藻养殖场，年生产30t螺旋藻，原用于保健品和饲料，现正在此基础上提炼藻兰素、藻兰蛋白、多糖等高附加值产品。

4. 河豚毒素加工　河北省水产研究所的河豚毒素提取技术居世界领先水平，获国家科技进步二等奖，每克出口销售3万美元。

5. 鱼粉、鱼油生产　河北省鱼粉产量居全国第四位，另有7万t鱼干、鱼子粉。鱼油生产有所突破，沧州海源生物制品公司及其生产的精炼鱼油分别被国家命名为高新科技企业和重点新产品、保健食品。

6. 鱼饲料的生产　河北淡水鱼年产量30多万t，吃食性的占20万t，年需饲料40万t。我省有较大的水产饲料生产厂18家，年产饲料17万t，约占饲料需求量的1/2。黄骅英伟公司是生产卤虫卵的外资企业，产品年加工能力800t，主要外销，固定资产2 000万元。

辽宁省农产品加工业

辽宁省乡镇企业局、农业产业化办公室、海洋与渔业局

近年来，辽宁省在贯彻执行中央关于农业和农村经济结构战略性调整的重大决策中，始终把发展农产品加工业放在突出的位置，充分发挥农产品加工业在农村经济结构调整中的重要作用，在政策上积极引导，资金上重点倾斜，在发展规模、加工能力、装备水平、技术含量、产品档次、行业素质等方面都有很大的提高，使我省农产品加工业日益活跃和快速发展。

一、乡镇企业系统农产品加工业

截止到2001年底，全省以农产品为加工原料的乡镇企业达到6 547家，占全省集体、私营乡镇工业企业总数的20%。职工人数达到28万人，实现增加值93亿元，完成产值422亿元。其中以农产品为加工原料的私营乡镇企业达到4 690家，职工人数达到15万人，比2000年增长18%；实现增加值56亿元，比2000年增15%；完成产值256亿元，比2000年增长22%。我省加大对农产品加工业的扶持力度，2001年省财政乡镇企业贷款贴息总额的90%投向64家重点农产品加工企业，贴息资金930万元，贷款额度7亿元。

我省以大连为龙头的辽东半岛四个市，区位优势明显，发展的速度比较快，在全省100家重点扶持的农产品加工重点企业中，仅大连、鞍山、营口、辽阳四市就占农产品加工重点企业总数的60%。我们把全省699家年营业收入在500万元以上的农产品加工企业分为四个层次，作为全省掌握的重点农产品加工企业。第一层次是大连华农集团公司、大连础明公司、沈阳隆迪粮食制品公司、锦州华顺集团公司这四家国家级农产品加工重点企业；第二层次是省里扶持的100家农产品加工重点企业；第三层次是各市重点扶持的160家；第四层次是435家作为省局掌握，各县区重点扶持的农产品加工企业。按照分层次抓重点的思路，省乡镇企业局2002年下发了《辽宁省乡镇企业系统农业产业化经营重点龙头企业认定和运行监测暂行办法》和《关于扶持乡镇企业系统农业产业化经营重点龙头企业的意见》，极大地推动了我省农产品加工业的发展。根据全省各地农产品加工企业的发展水平和区域特色，我们把辽宁全省分为四个区域，不同的区域，树立不同的典型。例如地处辽宁省西部的凌源市杏仁加工厂年营业收入仅有1 200万元，但是产品是为全国知名的农业产业化龙头企业承德露露公司提供原料，这家企业也被列入了省级重点扶持的农产品加工重点企业。丹东市位于辽宁东部，依山临海又沿江，特色明显，生态环境好，实施农业产业化经营得天独厚，因此确定“十五”期末在丹东市建成10家年营业收入超亿元的农产品加工企业。

二、农业系统农产品加工业

全省农业系统现有各类农产品加工企业约有5 200多家，以不同方式联系着170多个生产基地，分布在粮食、畜牧、蔬菜、水果、水产、林木、特产等7大类40多种加工行业中，生产的品种多达上万种。加工产值已拥有一定规模，全省以农产品为原料的加工产值约有500亿元。涌现出一批实力较强、效益较好的重点加工企业，全省现有年销售收入亿元以上的企业超过70家，其中年销售收入1.5亿元以上、固定资产规模5 000万元以上、总资产负债率低于60%、银行信用等级在A级以上、带动农民3 000户以上的企业超过20家。对农民增收的带动作用明显，这些企业共带动基地农民52万户，2001年使农民增加收入8亿元，平均每户农民增收1 500多元。

由于受传统产业分类及行政区划的影响，各地农产品加工结构趋同。目前多数地区的加工企业集中在粮食、畜产品方面，如在全省5 200多家加工企业中，粮食、畜产品加工的就有4 000家。而涉及果品、蔬菜、特产行业的加工企业很少。农产品综合加工比重大约在20%～25%之间，其中水果加工转化率只有13%，蔬菜更低，精深加工率低则带有普遍性。销售收入亿元以上的重点企业只占全部加工企业的1.3%，其中销售收入10亿元以上的企业只有3家，而众多弱小的加工企业还基本处于单打独斗的状态。全省各种龙头组织带动农户总量150万户，加工性龙头企业占其中的40%左右。在我省全部农产品加工企业中，和农户建立合同关系的为30%左右。

三、水产品加工业

2001年,全省水产品总产量达到350万t,水产冷库370座;年内完成水产加工成品86.2万t,比1990年增长3倍;用于加工的水产原料量140万t,占全省水产品总产量的40%;水产品加工业创产值52.8亿元,占渔业总产值的16.3%。目前全省有各类水产加工企业485家,其中国有企业28家、三资企业170家、民营企业287家,分别占6%、35%和59%,与1996年相比,国有企业减少32家、三资企业增加90家、民营企业增加57家。2001年我省水产加工制品中,内销占70%,外销占30%,与1990年相比外销份额增加了8个百分点。加工产品由各简单的冷冻初级加工产品逐步向高附加值的精深加工产品发展,产品种类呈现多样化,加工品种200多个,创汇品种增加到114个。如大连市作为全省水产品加工业的龙头,不断加大对传统创汇品种的挖掘,在对虾深加工上新开辟了凤尾虾、蝴蝶虾、虾裹球等10余个产品,一尾虾卖出多种价。近年来,对虾年创汇均在1 500万美元以上,对虾这个品种始终保持着出口创汇拳头产品的地位。同时对裙带菜、海带、扇贝等新产品已加工出30多个花样,2001年这3大产品占全市创汇额的30%。

随着市场经济的发展和全球一体化进程的加快,我省对水产品加工业的质量要求越来越高。目前,全省已有54家水产加工企业获得欧盟注册,80多家通过对美HACCP认证,取得进入欧美市场的通行证。2001年全省加工各种境外水产品原料12万t以上,加工成品达6.5万t,创汇2亿美元。全省46家鱼粉生产企业达到国家标准,取得国家颁发的生产许可证。水产加工品档次不断提高,扩大了我省水产加工产品的知名度,辽渔集团的“远洋”,大连的“雁鸣”、“善岛”、“兴叶”、“金山”,丹东的“元一”、“福宽”,锦州的“笔架山”,葫芦岛的“渤海”鱼粉等品牌在国内外市场上享有较高的声誉。

我省外向渔业促进水产加工快速发展。2001年全省渔业出口35.5万t，出口创汇5.9亿美元，比2000年增加了24%和19%。其中水产加工制品出口26.3万t，创汇4.4亿美元，各占出口量和创汇额的74%。2001年全省在日本、韩国组织两次大型境外经贸洽谈会，落实招商项目21个，50余个加工品种签约额2 364万美元。大连的雁鸣、善岛、金山、凌井，丹东的三友、椅新、富海等数十家三资企业都已成为水产品出口创汇的重点企业。

上海市农产品加工业

上海市农业委员会、统计局

2002年，根据我市“十五”期间推进农业产业化经营的总体目标，紧紧围绕都市型现代农业建设，把加快培育具有竞争优势和带动能力的加工型龙头企业作为工作重点，采取切实措施，加强分类指导，大力扶持多种经营加工型龙头企业，提高加工型龙头企业的自身素质和市场竞争力，发展多样化的农户与加工型龙头企业的利益联结机制，落实农产品加工业的有关扶持政策，极大地促进了我市农产品加工业的快速发展，提升了上海农业的市场化和组织化程度和综合竞争力。发展现状和主要特点如下：

一、发展现状

2002年，上海市农产品加工业企业数为2 814个，从业人员73.89万人，工业总产值1 448.01亿元，年末资产总计1 636.47亿元，产品销售收入1 452.03亿元，利润总额94.39亿元，税金总额126.63亿元。其中服装及其他纤维制品制造业和纺织业为上海市农产品加工业的主体，企业数分别为1 457个和1 231个，分别占农产品加工业企业数的52%和44%；从业人员分别为22.79万人和18.51万人，分别占农产品加工业从业人员的31%和25%；工业总产值分别为286.47亿元和257.42亿元，分别占农产品加工业工业总产值的20%和18%；产品销售收入分别为273.81亿元和280.61亿元，均占农产品加工业产品销售收入的19%；利润总额分别为12.99亿元和11.31亿元，分别占农产品加工业利润总额的14%和12%；税金总额分别为7.29亿元和8.57亿元，分别占农产品加工业税金总额的5.8%和6.8%。上海市农产品加工业各分行业的主要经济指标见表1，其中规模以上工业企业主要经济指标见表2。

表1　上海市农产品加工业各分行业的主要经济指标

分　类	单位数（个）	从业人员（万人）	工业总产值（亿元）	产品销售收入（亿元）	利润总额（亿元）
食品加工业	212	2.78	98.10	98.61	-0.77
食品制造业	371	5.72	159.50	155.37	3.99
饮料制造业	107	1.46	74.41	75.00	1.62
烟草加工业	3	0.62	147.00	145.45	46.99
纺织业	1 231	18.51	257.42	280.61	11.31
服装及其他纤维制品制造业	1 457	22.79	286.47	273.81	12.99
皮革毛皮羽绒及其制品业	265	5.23	69.37	66.26	1.30
木材加工及竹藤棕草制品业	255	2.83	73.59	77.08	1.89
家具制造业	297	2.38	41.61	41.03	1.61
造纸及纸制品业	450	3.35	83.85	83.36	3.94
印刷业记录媒介的复制	604	4.37	86.28	85.14	8.65
橡胶制品业	250	3.85	70.41	70.31	0.87

表2　上海市农产品加工业规模以上分行业主要经济指标

分　类	单位数（个）	从业人员（万人）	工业总产值（亿元）	产品销售收入（亿元）	利润总额（亿元）
食品加工业	132	2.46	88.36	90.22	-0.74
食品制造业	224	5.07	153.09	149.97	4.47
饮料制造业	55	1.32	73.46	74.18	1.59
烟草加工业	3	0.62	147.00	145.45	46.99
纺织业	686	15.58	235.53	259.94	10.69
服装及其他纤维制品制造业	886	18.44	251.45	243.31	12.55
皮革毛皮羽绒及其制品业	162	4.56	65.05	62.07	1.25
木材加工及竹藤棕草制品业	134	2.24	66.66	69.86	1.71
家具制造业	134	1.77	35.19	35.02	1.72
造纸及纸制品业	206	2.55	76.40	76.20	3.92
印刷业记录媒介的复制	250	3.05	74.10	73.63	8.07
橡胶制品业	152	3.40	66.95	67.10	0.77

二、主要特点

2002年，上海郊区围绕都市型现代农业建设和率先实现农业现代化的奋斗目标，坚持以市场为导向，以科技为依托，大力发展加工带动型龙头企业，取得了一定的成效。纵观上海农产品加工业的发展，呈现以下四方面的新态势。

1. 原料基地区域化　农产品生产基地建设是农产品加工业的重要原料保证，也是推进农业产业化经营的基础保证。上海郊区结合新一轮农业结构调整，按照区域化布局、专业化生产的要求，建设了一批富有特色的新型农副产品生产基地，从而为上海郊区农产品深加工打下了较为扎实的基础。如松江浦南地区形成4个千亩以上的出口蔬菜生产基地；南汇区已形成1.2万 hm^2 的西、甜瓜、近3 333 hm^2 水蜜桃的种植规模，同时形成8 000 hm^2 鲜食玉米、667 hm^2 青扁豆的种植基地；嘉定区形成万亩葡萄基地和百万只乌骨鸡、百万只肉鸽养殖基地；奉贤区拥有2 000多万只特种珍禽，种植蔬菜4 000多 hm^2，养殖水产面积6 667多 hm^2；崇明县种优质大米9 333 hm^2、花菜6 667hm^2，养殖河蟹2.33万 hm^2，其中岛内养殖6 667hm^2，岛外养殖1.7万 hm^2；宝山区建成柑橘生产基地2 333 hm^2；青浦区形成3 333 hm^2 青虾、3 333hm^2 茭白、1 000万只白鸭的多种“三水”生产基地和1 000 hm^2 草莓的种植基地；金山区拥有精品西瓜4 333 hm^2，出口蔬菜为2 000 hm^2；奉贤、金山、农工商集团、上海现代农业园区等建成出口蔬菜基地4 667多 hm^2。目前，上海郊区规模经营的农副产品生产基地，占耕地面积的60%，养殖业规模经营单位占85%左右。

2. 投资主体多元化　上海农产品加工的投资主体由过去的政府投资为主转变为民间投资为主，并呈现多元化投资格局。有国有（集体）、外资、民营、合资等多种形式，尤其是社会资本、民间资本投资农业产业化经营不断升温。在2002年上半年的4亿元农产品加工业投资总额中，社会资本、民间资本达3.24亿元，占投资总额的80%以上。崇明县民营企业主施欢，依托中国林业科学院的科研、技术和信息优势，组建上海松外松实业有限公司，投资6 200万元，租用新海农场万亩耕地营造经济林，已经栽植果桑477 hm^2。民间古生物化石收藏家吕焕皋，投资5 000多万元，在浦东机场镇新建了一个集出口蔬菜生产、加工和休闲观光于一体的现代农业大观园。私营企业主周雪良在原上海青西禽蛋生产联合社的基础上，今年又组建上海青西禽蛋食品有限公司，通过“订单农业”的方式，在青浦及邻近地区联结农户200多户，建立了年产10 000t的优质鲜蛋生产基地，形成了禽蛋生产、收购、腌制、加工、包装、销售的产业链。产品辐射全国30多个大中型城市，年收购、加工、销售各类蛋品0.365万t。

3. 企业经营外向化　上海农产品加工企业在经营上呈现经营外向化趋势。主要表现为两个方面：一是生产基地由原来立足上海郊区转变为利用全国资源。“用全国资源做大全国市场”是光明乳业的一个重要经营理念。公司坚持走全国战略，最大限度优化国内各地资源配置。除了上海、内蒙古呼伦贝尔和黑龙江富裕三地外，公司又在陕西泾阳县建立了大型奶源基地，使得光明乳业10万t以上奶源基地增加到4个。公司还先后在西安、北京、武汉、无锡、南京、杭州等市建立了销地产的城市型保鲜奶生产基地，推动了当地乳品业的发展，并辐射周边市场。目前，光明乳业在上海以外地区的销售额已占公司总量的50%左右。光明品牌在全国重点大中城市的知名度已达33.6%（位居第一）。二是产品销售由内销转向外销。农业产业化经营加工带动型龙头企业带动出口蔬菜生产基地可达6 667 hm^2，出口的农产品已发展到蔬菜、食用菌、肉禽、河蟹、鲜蛋、特色点心等10多个大类的百余个品种。上海新星天然食品有限公司以开发中华传统食品为企业特色，将健康、卫生、方便的理念引入中华传统食品的开发，在国内外市场重点推出了糟醉水产品、年糕制品、腌渍蔬菜等30多个品种。

4. 企业产品标准化　随着农产品市场供求关系的变化和人们生活质量的提高，农产品的标准化建设逐步提上议事日程，农产品深加工企业的标准化意识逐步增强。许多企业对基地场和农户采取统一供种（苗）、统一技术、统一用药、统一加工销售的方法，从而确保了产品质量。不少企业积极与国际标准接轨。上海孙桥现代农业联合开发有限公司在全国首次通过ISO 1400认证；上海大盈肉禽联合总公司、上海新星天然食品有限公司、上海星辉蔬菜有限公司等通过了ISO 9000、ISO 9002认证。许多农产品深加工企业还积极申报国家绿色食品，争当市安全卫生优质农产品。据有关资料，目前全市共有25家单位的65种产品荣获国家绿色食品证书，12家企业的33个产品获得上海市安全卫生优质农产品认可。与此同时，众多企业大打品牌战略，光明乳业、新成名厨、阿强蛋品、一只鼎食品、良元冰鲜鸡、伟国肉鸭、宝杨黄瓜、东泰鳖、大瀛鸭、爱森肉食、海丰大米、上花花卉、小农玉玉米、多利升西瓜、联峰蜂产品、团凤蜜露等在市场上都有较大的知名度。

江苏省农产品加工业

江苏省农林厅、渔业局

江苏属沿海经济发达省份，农业生产水平较高，农产品加工业比较发达，加工能力较强，农产品加工业在江苏经济中占有重要的地位。发展农产品加工业，增加农业附加值，是当前我省农业、农村经济发展中的热点问题。近年来，江苏农产品加工业得到了一定发展，但是农产品加工业滞后仍然是制约全省农业和农村经济发展的瓶颈因素，需要进一步加强政策扶持，促进农产品加工业快速健康发展。据对全省以农产品为原料的国有及产品销售收入500万元以上的非国有工业企业统计，2001年全省农产品加工企业数6 254个，占全省工业企业总数的31.8%；资产总额2 651.67亿元，占22.5%；销售收入2 977.36亿元，占26.5%；利税250.27亿元，占26.6%；从业人员数171.65万人，占33.3%；工业增加值802.08亿元，占27.2%。农产品加工业以较少的资金占用，解决了较多的就业，做出了较大的税收贡献。可从以下几个方面看我省农产品加工企业的现状和特点。

一、粮、棉、油加工业

近年来，粮油价格下跌，加工能力过剩，国有粮油加工企业开工不足，效益不高。

1. *稻米加工*　我省年加工能力2万t以上的企业有200多家，约有500多万t的加工能力，以加工普通大米为主。这些大型加工企业大都开工不足，有的企业开工率只有6～7成。高邮珠米集团、如东宝宝集团、锡山粮油实业总公司等企业运行情况相对较好。江苏江南春米业有限责任公司集结各方力量，形成了农业科研、生产、推广、经营一体化链式开发新模式，显示出较强的发展后劲。目前小型个体、私营稻米加工企业经营比较活跃。

2. *面粉加工*　我省粮食系统有加工制粉能力430万t，约占全国的1/10，其中近50个面粉加工骨干企业具有345万t的面粉加工能力，占全省加工能力的3/4。徐州六朝松集团有限公司、宜兴荆元面粉股份有限公司、江苏三零面粉有限公司等企业年加工能力已超过10万t，位居全国制粉行业前30强。

3. *食用植物油加工*　主要加工本省油菜籽和进口大豆，年加工量在100万t左右。江都天一油脂集团有限公司、江苏珠光集团、淮安民康油脂有限公司、溧阳市正昌油厂、通州广德油脂有限公司、东海油脂厂等企业规模较大，效益较好。

4. *棉花加工*　全省棉花加工企业220多家，年加工能力为50万t以上。其中江苏绿魁集团、江苏彭城集团有限公司等企业规模较大，效益较佳。

二、畜产品加工业

据不完全统计，目前全省规模较大的畜产品加工企业有110家左右，年共加工肉类26万t，蛋品3 500t，奶制品15万t，畜产品加工产值占食品加工业产值的比重达到了20%左右。近年来，畜产品加工龙头企业在激烈的市场竞争中发展壮大，涌现出了许多在省内外具有一定影响力的规模化企业。

1. *肉制品加工方面*　南京雨润食品公司年加工量已超过10万t，2002年上半年销售超过18亿元，低温食品市场占有率居全国第一。南京桂花鸭集团公司已在国内外开设16家分公司，16座加工厂，300多家连锁店，鸭加工量在1 000万只以上。徐州苏盟肉兔集团产品远销日本、西欧及东南亚等国家和地区，年肉兔加工量达到400万只。

2. *蛋品加工方面*　江苏高邮鸭集团建有3个蛋品加工厂，年销售“红太阳”牌再制鸭蛋近亿枚，与农户合作养鸭60万只。

3. *奶类加工方面*　南京奶业集团液态奶生产量5万t，年销售额2.5亿元，日销量已居全国第五位。徐州乳制品公司液态奶生产量也达到了2万t，销售额1.2亿元，目前发展势头良好。

三、果、蔬、茶加工业

1. *蔬菜加工方面*　据不完全统计，目前我省蔬菜加工企业260多家，加工能力164万t，实际加工量73.5万t，出口创汇1.88亿美元，主要产品为速冻保鲜、脱水和腌制蔬菜。

2. 果品加工方面　全省现有果品加工能力仅3万多t，主要产品有蜜饯、罐头、果酒、果汁四大类。2001年蜜饯产量6 000t，其中出口日本盐渍梅2 000t；黄桃罐头3 000t；葡萄酒、山楂酒和青梅酒9 300t；果汁7 000t，其中东海果汁厂出口2 000t。

3. 茶叶加工方面　全省茶叶产量1.3万t，产值5.5亿元，其中名优茶3 300t，产值3.26亿元。一般茶叶加工已全部实行机械化，名特茶有碧螺春、太湖翠竹、茅山青锋、金山翠芽、雨花茶等30多种，其机械加工率已达70%以上，居国内领先地位。超微粉和茶多酚等主要销往欧美、日本的茶叶深度加工产品已经面市。

四、绿色食品生产、加工

近年来，江苏绿色食品生产规模不断扩大，产品档次不断提高，发展速度很快。目前全省共有97个企业的137个产品拥有绿色食品标志有效使用权（曾经使用67个），比1998年增长60%；绿色食品产地面积已达13.3多万 hm^2，产量60多万t，企业产值70多亿元。产品种类开始从初级产品向深加工产品、名特优新产品发展，其中粮油类占35.8%，蔬菜、茶叶、果品类占20%，饮料类占10.9%，畜禽蛋奶类占12.4%，酒类占7.3%，几乎涉及农产品所有产品领域。

五、林产品加工业

全省已初步形成了以木材加工、名特优经济林果加工、林产品市场流通和森林、旅游为主的林业产业体系，逐步形成了全省“小林业、大产业”的发展格局。全省有各类木材加工企业5 600多个；银杏果产量9 800t，叶产量15 000t，生产及加工年产值达12亿元。全省依靠杨树资源兴办的各类木材加工厂5 600个，年产值78亿元，加工总产值占全省林业总产值的48%。从区域上看，已初步形成淮北地区以“三板”初级产品为主、“三泰”及邳州地区以银杏果叶生产加工为主、苏南沿江以高档板材加工为主的区域性林产品加工产业发展的格局。

六、水产品加工业

2001年，全省用于水产品养殖面积为88万 hm^2，比1995年扩大了近33.3万 hm^2；水产品总产量320.85万t，位居全国第六，比1995年增加了约100万t，增长了46.1%；全省人均占有水产品43.5kg。全省渔业总产值达326.78亿元，比1995年增加123亿元。全年实现水产品进出口量6.57万t，进出口值1.14亿美元。据不完全统计，2001年全省共有水产加工企业483个，年加工能力达201万t。水产品加工总量23.45万t，耗用原料水产品约50多万t，占全省水产品总量的15.6%。全省水产品加工产值39.3亿元，占全省水产品总产值的12%。我省水产品加工产品的出口量和创汇值分别约占全省水产品总出口量、值的50%和70%左右。

1. 我省水产品加工企业为了尽快适应国际、国内市场对水产品质量的要求，纷纷加大资金投入力度，多次进行技改、扩能、新品开发和基地建设等，企业内部全面实施HACCP管理，从而形成了一批在技术装备、管理和产品开发等方面达到较高水平的水产品加工企业。2001年，以生产速冻龙虾制品为主的盐城海马公司已投入1 500万元新上海水鱼、贝类加工项目。射阳颖川水产品有限公司新上两条年加工能力均为1 000t的鱼糜生产线。台商独资的启东好搭档食品公司、南通市水产品加工中试基地等一批具有较高起点和科技含量的企业投入运营，提升了水产品加工档次。我省螯虾、条斑紫菜、鳗鱼等品种的加工产业已具规模，加工产值均超亿元以上；珍珠、泥螺等品种加工规模、产值也相当可观。

2. 我省各地注重水产品加工技术的开发研究，努力改变以往仅靠鲜活冷冻初级加工为主的局面，逐步向加强保活、保鲜，提高产品质量和附加值以及低值产品的精深加工与综合利用方向发展。首先突破海产品加工和出口创汇产品加工，引进、开发海、淡水产品加工新技术、新产品。淮安市洪泽县引资兴建的江苏洪泽湖有限公司，推出了“洪泽湖”鳄肉。南通双林生物制品公司与加拿大一家公司合作开发成功新型医药中间体，按美国安斯康公司提供的配方，生产出功能性食品添加剂MSM产品。江苏中洋集团与科研院所合作，积极实施生态工程、生物工程、生命工程，攻克了暗纹东方豚的全人工繁殖、养殖技术，并在河豚毒素检测方法上取得了重大进展。随着水产品加工技术、质量的提高，涌现“海腾”牌龙虾制品、“长江”牌银鱼、“长青”牌珠宝等多个无公害水产加工品和水产食品名牌。

3. 我省河蟹养殖业在全国具重要位置，以醉蟹加工为基础的开发河蟹系列加工产品项目备受关注，加工品种和产量的扩大，为河蟹养殖的稳定和提高起到了推动作用。我省珍珠工艺品、美容品、药品等系列加工制品，约占全国珍珠养殖总产量的50%以上。据不完全统计，全省水产品加工配送量达5 000t以上，品种达100余种。盱眙县经营“十三香”手抓螯虾特色菜肴的大小菜馆有400多家，旺季日消费螯虾达5t以上。此外，为保证加工有安全、优质的原料，我省许多加工企业加强基地建设。南通海达水产食品有限公司拥有紫菜育苗室2 000m^2和海上养殖基地133.3hm^2。我省新沂正康食品有限公司2002年建成稻田养殖等各具特色的基地2 667hm^2以上，联结带动农户2.8万户。

浙江省农产品加工业

浙江省农业厅、乡镇企业局、海洋与渔业局、农调队

浙江省农产品加工具有悠久的历史，许多农产品加工品在国内外具有较好的声誉，如杭州的丝绸、龙井茶叶、金华火腿、绍兴黄酒、东阳木雕、宁波汤团、嘉兴粽子、湖州湖笔、舟山的水产、温州的炼乳、丽水的食用菌等。目前我省农产品加工业产值约占全省工业总产值的1/3，占全国农产品加工业总量的10.6%，利税占全国总量的10.4%，利润占全国的15.3%。纺织、皮革、羽绒、竹木制品、造纸等行业的规模、效益、出口均位居全国前列，食品工业中的软饮料、黄酒、啤酒、精制茶叶、乳制品、罐头、味精、冷冻食品、水产加工品、食用植物油、食用菌、蜂制品、食品添加剂、一类卷烟等产品的产量也位居全国1～4位。涌现了像黄岩罐头厂、浙江海通集团、金华爱斯曼食品有限公司、浙江丰岛物产集团、徐龙鳗业集团等一批加工水平较高、市场竞争优势较强的企业。下面介绍我省农业、乡镇企业、海洋与渔业系统农产品加工业以及省农调队的调查。

一、农业系统农产品加工业

据统计，2001年全省农业系统有各类农产品加工龙头企业6 000多家，其中年销售收入500万元以上的有1 857家，比2000年增加310家；销售总额614亿元，增加161亿元。省级认定的和国家有关部门认定的31家国家级、省级骨干龙头企业实现销售收入97.77亿元，带动农户113万户，建立原料生产基地18.7万hm^2，分别比2000年增长6.3%、94%和11%。其发展呈现以下特点：

1. 具有区域特色的农产品加工产业进一步明确　全省粮油、水产品、茧丝绸、果品、竹木、畜禽、蔬菜、茶叶、食用菌、花卉等十大主导产业已呈现出区域化布局、集约化经营、专业化生产的格局。如杭州、嘉兴、湖州的蚕桑，衢州、丽水的柑橘，杭州、绍兴的茶叶，湖州的竹笋，沿海地区的蔬菜等。粮食、畜禽蛋奶、水产品、果蔬、林特产品等一批加工产业迅速崛起，水产、茶叶、蜂产品、罐头、乳制品、啤酒、软饮料等行业的产量名列全国前茅。

2. 培育发展了一大批农产品加工业龙头企业　目前，全省已有农业产业化国家重点龙头企业8家，省级骨干龙头企业23家，市级各类龙头企业534家。通过培育和扶持，涌现出了一批有竞争力和带动力的农产品加工企业，如浙江黄岩罐头食品厂、宁波甬兴集团有限公司、浙江丰岛物产有限公司、浙江徐龙食品集团有限公司等一批企业正在成为全国同行业的龙头；形成了一批具有出口竞争优势的农产品加工企业和品牌产品，全省有67家企业出口额超1 000万美元。

二、乡镇企业系统农产品加工业

全省乡镇企业系统现有农产品加工企业35.87万家，职工342.08万人，年创产值5 918.27亿元，占全部乡镇工业总产值的1/3以上，已成为我省工业的支柱产业。其中食品工业企业4.43万家，职工30.13万人，产值574.46亿元。发展农产品加工业，为我省农民增收、农业增效、农村繁荣做出了突出贡献，主要有以下四个特点：

1. 企业“蛋糕”逐渐做大　在一些地方已涌现了一批农产品加工龙头企业，全省年销售收入为500万元以上的农产品加工企业年创利润总额70.36亿元，上交税金68亿元。瑞安市33家农产品加工龙头企业，联系种养基地7 800hm^2，使3.3万农户户均增收1 700多元。全省乡镇企业从事农产品加工已涉及水产、畜禽、蚕丝、棉麻、油料、蔬菜、水果、谷物、蜂乳、牛奶、竹笋、食用菌等12大类1 300多个品种。

2. 进入园区企业增多　在 2001 年命名培育的 122 个省级乡镇工业专业园区中，9 个为农产品加工园区。其中在 6 个食品类工业园区内，共有入园企业 3 600 余家，规模以上企业 280 余家。通过园区建设，把众多的加工企业集聚起来，培育龙头骨干企业，提升农产品加工业层次，提高产品档次。

3. 农民收入明显增长　通过发展农产品加工业，为农民增收开辟了更为广阔的渠道。现在全省农民人均年收入中来自二三产业的收入已占到 75%。如余姚市从事二三产业的农民已有 29.6 万人，占全市农村劳动力的 70.14%，比前两年提高了 11.85 个百分点。2001 年人均收入达到 5 900 元，其中 78% 来自农产品加工业。

三、水产品加工业

2001 年，全省水产品总产量 473 万 t，渔业产值 314 亿元，渔业已成为我省农业、农村经济发展的一大支柱产业和大农业产业结构调整的一个重要方向。主要表现在以下几方面：

1. 水产品加工行业整体实力明显增强　截止到 2001 年底，全省共有水产品加工企业 1 672 家，拥有水产冷库 1 076 座，年水产品加工能力超过 140 万 t。2001 年水产加工品产量 92.7 万 t，水产品加工率达到 39%，加工产值 97.68 亿元。水产品及其加工品畅销全国各地，远销日本、韩国、美国和西欧以及港澳台地区，2001 年全省出口水产品约 27 万 t，创汇 7 亿美元，居全国第二位。先后从国外引进了大型自动化鱿鱼加工生产线、鱼糜及制品生产线、湿法鱼粉生产线、烤鳗生产线及单体冻结等生产技术和设备，使我省水产品加工技术和生产工艺不断走向成熟。

2. 培育发展了一批水产品加工龙头企业，涌现出一批名特优新产品　全省现有 154 家水产品加工企业在国外注册，其中欧盟 27 家、韩国 81 家，有 39 家企业通过了美国 HACCP 认证，涌现出了像舟山兴业、瑞安华盛、舟山港明、宁波徐龙鳗业、萧山北极品等一批水产品加工出口龙头企业。如瑞安华盛水产品加工厂 2001 年产品销售收入 3 035 多万元，出口创汇 1 533 万美元，创利税 1 518 万元。企业与本地 600 多艘捕捞渔船、7 家水产品初级加工企业、全国 32 个水产资源基地建立起了比较稳固的产销关系，直接或间接联系渔户 5 300 多户，起到了很好的龙头带动和辐射作用。相继研制开发了烤鱼片、鱿鱼丝、汉堡鱼排、鱼糜、模拟蟹肉、鱼香肠、蝴蝶虾、重叠虾等加工品和多烯康、角鲨烯、鲨鱼软骨胶囊、甲壳素、壳聚糖等海洋药物，有一大批产品在全国或省内的渔业博览会、农业博览会上获奖，或被授予浙江名牌产品、浙江绿色农产品称号。

四、省农调队的调查

2003 年，省农调队对全省 16 个县（市、区）、39 家农业加工龙头企业、144 户农业龙头企业所联结的农户进行专题调查，调查显示：

1. 经营态势普遍良好　调查的 39 家农产品加工龙头企业中，2002 年与 2001 年相比，销售收入和利润分别增长 5% 和 7.2%。其中销售收入和利润均保持增长的有 30 家企业，占调查企业数（可比企业为 38 家）的 78.9%。从销售收入的总量构成上看，2002 年销售收入在亿元以上的企业有 8 家，占调查企业数的 20%；5 000 万元至亿元的企业有 6 家，占 15%；1 000～5 000万元的企业有 19 家，占 50%；1 000万元以下的企业有 6 家，占 15%。从分行业看，2002 年与 2001 年相比，水产品加工企业（4 家）的利润增长 37.8%，畜产品加工企业（9 家）利润增长 22.3%，种植业加工企业（24 家）利润增长 5.7%。从内、外销企业的经营状况上看，2002 年与 2001 年相比，内销企业（14 家）销售收入增长 23.5%，利润增长 44.4%；外销企业（25 家）销售收入增长 2.4%，利润增长 0.3% 。

2. 企业规模不断扩大　调查的 39 家农业龙头企业，2002 年与 2001 相比，年末固定资产原值增加的有 35 家企业，占调查企业数的 89.7%，持平的有 4 家企业，占 10.3%。从企业年末固定资产原值的变动情况看，年末固定资产原值在 1 000 万元以上的企业数由 2001 年的 15 家上升到 2002 年的 17 家（占调查企业数的 43.6%），比重提高了 13 个百分点；5 000万元以上的企业数由 2001 年的 3 家上升到 2002 年的 5 家（占 12.8%），比重提高了 67 个百分点；500～1 000 万元的企业数，2001 年与 2002 年均为 11 家（占 28.2%）；500 万元以下的企业数由 2001 年的 13 家下降到 2002 年 11 家（占 28.2%），比重下降了 15 个百分点。

3. 带动能力显著增强　调查的 16 个县（市、区），联结农户数量在 3 000 户以上的农业龙头企业数，由 2001 年的 84 家上升到 2002 年的 126 家，提高了 50%。被调查的 39 家农业龙头企业联结农户的数量，2002 年比 2001 年提高了 18.2%，其中 2002 年联结农户数量在 3 000 户以上的企业有 16 家，占调查企业数的 41%，联结农户数量在 1 万户以上的企业有 10 家，占 25.6%。2002 年与 2001 年相比（可比企业 32 家），企业联结农户数量增加的有 23

家企业，占调查企业数的71.9%。从分行业看，畜产品加工企业联结农户数量为最多，2002年平均每家企业联结农户13 668户；其次是种植业，为6 745户；第三是渔业，为3 914户。调查的9家省级骨干农业龙头企业，2002年平均每家企业联结农户11 602户，其中浙江华发出口茶厂联结农户60 000户。农产品加工出口企业，联结农户数量较多，39家企业中的25家为加工出口企业，2002年联结农户数量在1万户以上的有7家企业，占加工出口企业数的28%。平均每家企业联结农户11 826户，比非加工出口企业平均每家联结农户3 800户增加了2.1倍。

福建省农产品加工业

福建省乡镇企业局、海洋与渔业局

2001年，我省水产品总产量为542万t，水果为468万t，肉类146万t，蔬菜1 099万t，茶叶13万t，食用菌147万t，其中水产品、水果、食用菌等总产量居全国领先地位。丰富的农产品资源为福建的农产品加工业的发展提供了极为有利的条件，一批具有国内外竞争实力的大中型农产品加工企业已成为福建省农业产业化的核心龙头企业，为拉动我省农业结构调整、产业升级和农民增收等发挥了积极的重要作用。下面介绍我省乡镇企业和渔业系统农产品加工业，其基本情况如下：

一、乡镇企业系统农产品加工业

2001年全省乡镇企业农产品加工业的总产值已突破600亿元，是全省农村经济最具潜力的新亮点，也是调整优化农业经济结构最具活力的推动力。福建省乡镇企业农产品加工业的基本特点是：

1. 涌现一批规模企业　据统计，全省乡镇企业农产品加工企业已达16 000余家。2001年实现总产值约600亿元，年产值超千万元的企业600余家，年产值超3 000万元的企业100余家，年产值超亿元的企业为30家。一批大型农产品加工企业正在迅速崛起，如厦门银鹭集团、莆田香江集团年产值均突破8亿元大关，漳州紫山集团、漳州海新集团、厦门如意集团年产值也超4亿元。这些规模以上农产品加工企业已成为我省农业产业化龙头企业的中坚力量。以食用菌、果、蔬、笋为原料的食品罐头已成为我省的特色拳头产品，2001年产量超50万t，出口40万t，其产量及出口量均占全国首位。其中乡镇企业食品罐头产量及出口量分别占全省的80%和70%，居全省主导地位。

2. 龙头企业带动面广　我省积极培育农产品加工业龙头企业，2002年省政府确认的全省100家农业产业化龙头企业中，乡镇企业农产品加工类龙头企业占45家，可带动基地2.67万hm^2，带动农户40余万户，年可增加农民收入10亿元以上。如厦门银鹭集团年可带动农户1万余户，为农户发放农产品货款达1.2亿元。

3. 大力推进技术进步　依靠技术创新，产品的技术含量不断提高，如漳州龙海市数家省级农业产业化龙头企业，加强与科研部门密切结合，引进当今世界先进的单体流态速冻及真空低温脱水新工艺和新设备共25条生产线，既提高了产品质量，又降低了生产成本。这几家龙头企业年加工速冻、脱水食品10余万t，产品全部出口，年可为当地农民增收近亿元。莆田市的香江集团与科研部门结合，共同研发成功膨化鱼饲料，可直接采用马铃薯淀粉生产鱼饲料，每吨可降低成本近400元。

4. 加强闽台合作　累计到2001年，福建从台湾引进水果、蔬菜、粮食类的优良品种2 700多种。台湾方面以订单农业的形式在福建发展农产品生产基地，并以此形成闽台合资式的闽台食品加工业示范区。如漳州市至2002年共批办农业台资企业635家，合同台资9.76亿美元，引进先进生产设备1 500多台套。尤为突出的是龙海、漳浦的乡镇企业与台湾合作，形成果蔬闽台加工示范区，在加工区内分布着近20家台资企业、闽台合资企业。闽台食品加工示范区的开发成功，对推进我省农业产业化具有十分重要的意义。

二、水产品加工业

2001年我省认真贯彻中央和省委、省政府关于调整渔业结构的精神，积极开展“水产品加工与流通年”活动，通过引进国内外水产加工新技术、新设备、新方式，大力拓展多方位、多层次的水产品加工，推动了水产加工业持续、健康、快速发展。2001年，全省水产加工业产值达到112亿元，加工水产品总量达114万t，分别占水产业总产值和水产品总产量的17.1%和21%。主要特点为：

1. *加强质量管理*　我们把加强质量管理作为推动我省渔业与国际接轨的重要措施来抓。一是加强加工产品源头管理，积极拓展生态渔业，每年划拨1 000万元以上扶持大型抗风浪网箱养殖、放流增殖、人工渔礁等健康养殖模式。同时，大力扶持无公害水产品基地建设，每年划拨100万元用于全省10大无公害水产品基地建设。二是通过水产饲料监督检验站，定期对全省渔用饲料进行抽检，使我省渔用饲料的合格率保持在93%以上。三是积极开展HACCP、ISO9000族、欧盟等各种质量体系认证工作。截止到2001年，全省有60家企业通过ISO9000族、HACCP等国际质量体系认证，有41家企业61种产品获得省、部级名牌产品。

2. *结合本省优势，加速鳗业发展*　我省利用水文、气象适合养鳗的优势，积极发展鳗业生产和加工业，以流通促加工，以加工拓市场，开发不同风味、不同包装的烤鳗产品以适应不同区域、不同层次的消费者的需求。截止到2001年，全省共开发内外销烤鳗新产品20多种，其中常温切丝、真空包装和手工炭火蒲烧鳗和冻鳗产品出口欧、美、加、大洋洲等国家的出口量近5 000t，占全省烤鳗出口量的10%以上，内销烤鳗也达5%以上。目前全省烤鳗厂基本上都通过HACCP或ISO9002质量体系认证，烤鳗质量上乘，出口单价比全国市场高出2.22%。目前全省拥有烤鳗企业26家，生产线33条，时产能力达6.6t（年产8万～10万t）。2001年出口量4.35万t，创汇3.5亿美元，分别占全省加工产值和渔业创汇的26%和62.5%，占全国烤鳗出口量和出口创汇的72.5%和67.3%。

3. *坚持技术创新，开发水产加工新产品*　一是引进日本冷冻调理食品加工技术。例如与台商合资在厦门成立的华顺食品工业有限公司，开发花枝丸、虾饼、鱼糕、豆竹卷、人造蟹肉等冷冻调理食品20多种，投放市场取得轰动效果。“安井”牌花枝丸、虾饼等多次荣获省、部级金奖和中国名牌产品称号，“安井”商标获得省著名商标。二是充分利用我省海捕虾、低值鱼、丁香鱼、毛虾、紫菜等资源丰富的优势，鼓励并大力扶持加工企业开发出鲜烤虾、香酥鳗片、冻半干丁香鱼、各种风味的干虾皮、香酥鱼干、烤紫菜等适销对路的精深加工品。三是紧跟国际市场发展趋势，引进先进的IQF单冻机、平板速冻机、章鱼深加工等先进设备，开发冻蟹肉、冻鱿鱼系列、章鱼系列、单冻鱼、虾、贝系列等数十种出口创汇品种，成为我省渔业创汇的生力军。四是重点开发以养殖产品为原料的深加工品。目前已开发糟香大黄鱼、半咸干黄鱼、冻罗非鱼片、海带卷、丝、结等一批新产品。五是开发海洋生物制品，如甲壳素及其衍生物、深海鱼油、海狗油、螺旋藻制品等高附加值、高技术含量的加工品。

4. *培育龙头企业，促进精深加工*　培育发展壮大龙头企业是渔业产业化经营和可持续发展的关键。2001年，全省有海洋与渔业龙头企业40多家，其中加工企业32家，这32家加工企业产值约45亿元，占全省水产加工产值的40.2%。为了充分发挥龙头企业的带动作用，我们积极鼓励、扶持并督促龙头企业积极开展HACCP、欧盟、ISO9000族等国际质量体系认证和创省部级名牌活动，积极开展进、来料加工业务，着力开发满足社会需求的海洋生物制品以及科技含量高、附加值高的精深加工品，目前这些企业已基本通过HACCP或欧盟或ISO9000族等国际质量体系认证，大部分企业的主导产品获得省部级名牌产品。

山东省农产品加工业

山东省农业厅、畜牧业办公室、海洋与渔业厅

山东农产品加工业的发展，一直是全省农业产业结构调整和农业产业化的主体力量，带动着几百万农户进军国内外市场，直接参与国内外市场竞争。2001年，我省以农业产业结构调整为动力，引导全省农产品加工企业转换经营机制，紧紧依靠科技进步发展新产品，不断调整产品结构，加工规模进一步扩大，花

色品种进一步增多，精深加工比例进一步增加，努力提高产品的质量、档次，积极拓展国内外市场，使水产加工业保持了持续、稳定、健康发展。下面介绍我省农业、畜牧业及渔业系统农产品加工业。

一、发展现状

1. *农业系统* 截至到2001年底，全省农业系统农产品加工业达到24万多家，从业人员276万人，年销售收入3 039亿元，工业增加值754亿元，出口交货值436亿元。其中，食品加工业达到8.6万家，完成工业增加值304亿元，实现年销售收入1 302亿元，出口交货值182亿元；食品制造业达到2.5万家，实现工业增加值60亿元，年销售收入245亿元，出口交货值31亿元。龙头企业是我省农产品加工业的主力军，到2001年底，我省农业产业化经营规模以上农产品加工龙头企业发展到2 628家，其中年销售收入为500万～5 000万元的企业1 946家，0.5亿～1亿元的企业459家，1亿～10亿元的企业201家，10亿元以上的企业22家。农产品加工业龙头企业资产总额达到810亿元，固定资产总值达到534亿元。2001年龙头企业实现销售收入1 077亿元，创汇28亿美元，创利润68亿元，上缴税金36亿元。龙头企业通过合同、契约等各种方式带动农户710万户，占全省农户总数的35.5%；带动种植基地212.6万hm^2，占全省耕地面积的32.2%；带动养殖牲畜1 644万头，占全省牲畜出栏量的26.6%；带动养殖禽类77 296万只，占全省禽类出栏量的74.9%；带动水产养殖水面20.7万hm^2，占全省水产养殖水面的39.3%。龙头企业吸纳农业富余劳动力216万人，占全省农村劳动力总数的5.3%；龙头企业带动农户新增收入68.9亿元，户均增收972元，占农户新增收入的73%。

2. *畜牧业系统* 山东省作为畜牧业大省，为畜产品加工发展提供了坚实的物质基础。2001年，全省肉类产量703万t，同比增长1.99%；禽蛋430万t，同比下降1.44%；奶类106万t，同比增长16.89%；畜牧业产值达到627.5亿元，同比增长7.4%。全年肉类出口29万t，增长52.6%。其中禽肉出口26万t，增长52.9%，均占全国出口总量的50%以上；畜产品及其加工制成品出口创汇达23亿美元。在全省农民人均现金收入中畜牧业约占1/4，畜牧业总产值、肉蛋奶产量等十几项指标位居全国前列。

3. *渔业系统* 到2001年底，全省共有水产品加工企业1 819家，年加工能力达336万t，水产品加工总量达241万t，产值达190亿元，其中出口水产品74.2万t，创汇14亿美元。已基本形成了保活保鲜、冷冻调理、食品加工、海洋化工、鱼粉、鱼糜、海带食品、药物保健、来料加工等9大产业，有力地促进了渔业经济的发展，为渔业增效、渔民增收做出了应有的贡献。

二、主要特点

1. *农产品加工规模大* 我省农产品加工一是加工总量大，如年肉蛋奶加工能力达到406万t以上，实际加工畜产品320万t以上，约占全省产量的40%左右。另外，我省的生物制品加工、特种动物产品加工、蜂产品加工也获得了很大发展。二是龙头企业规模大。诸城外贸集团拥有固定资产12亿元，带动了7 000多农户，2001年实现产值39亿元，利税1.6亿元，出口创汇1.08亿美元。

2. *加工龙头企业多* 如全省民营龙头企业已发展到1 531个，占龙头企业总数的58%，主要集中在蔬菜（33%）、粮食（13%）、肉鸡（8%）、油料（8%）等行业。据不完全统计，我省肉类加工企业近1 200家，禽蛋加工企业20家、乳品加工企业100家、皮毛加工企业500家。涌现了诸城外贸、得利斯、临沂金锣、阳谷凤祥、莱阳春雪、山东六合、济南佳宝、淄博得益、文登鹏城、莱西九联、青岛万福、滕州牧工商等一批辐射面广、带动能力强、出口创汇数额大、产品附加值高的大型畜牧业龙头企业。2001年5月25日，欧盟正式对我国部分禽兔肉加工出口企业开关，全国开关的14家禽肉企业和14家兔肉企业中，我省分别占到10家和11家。

3. *精深加工发展快* 为应对入世后国际市场对我国农产品设置的绿色壁垒，满足人们对食品安全性的要求，我省加快发展农产品精深加工，以适应不断变化的市场需求。一是增加熟制品的生产。一方面利用我省劳动力资源丰富的优势，扩大熟制品的生产；另一方面积极开展来方加工，根据客户提供的配方，按他们的标准组织生产，同时大力研发新产品，增加花色品种，提高加工产品的附加值和科技含量，培育在市场上叫得响的产品品牌。二是食品加工向快餐业进军，开辟了肉蛋奶消费的新渠道。三是利用国外先进技术，生产高科技含量、高附加值的精深加工产品、生物制品。淄博桓台与美国一家公司兴建了以提取溶菌酶为主的蛋制品加工厂；烟台祥和生化制品有限公司生产的硫酸软骨素产品全部出口美国、日本、加拿大等国家，年出口创汇额达3 000万美元。

4. *产业化经营程度高* 农产品加工业已成为农

产品从生产走向市场的重要环节，在调整农业和农村经济结构，实现农业增效、农民增收中的作用日益突出。产业化经营在我省率先起步并迅速发展，对全省农业、畜牧业和渔业的发展起到了积极的带动和促进作用。按产业化要求组织发展农产品加工业，改变传统的、封闭单一、产销脱节的生产方式，建立了与市场经济相适应的生产组织和经营形式。近年来，按照省委、省政府发展农业产业化的总体要求和全省农业产业化发展规划，各地立足市场、资源、经济发展的实际，按产业化生产的运行机制组织发展农业、畜牧业和渔业，充分发挥龙头企业的带动作用，取得了明显的成效。如全省有60%以上县市畜牧业已基本实现了产业化生产经营。全省肉鸡生产基本实现了产业化，蛋鸡、生猪、肉牛、肉羊、兔等主要畜禽生产的产业化程度分别达到55%、50%、40%、30%、60%。

5. **市场覆盖面宽**　立足国内市场，瞄准国际市场，增加出口创汇，是我省农产品加工业得以发展壮大的根本所在。我省农产品除满足本省需要外，历来就是供应京、津、沪及东北地区的重要基地。我省出口的畜产品主要有肉鸡、肉兔、猪肉、兔毛、山羊绒，还有部分供港活牛、活猪等。禽肉出口量占到全国出口总量的54%左右。畜产品及其加工制成品出口额占全省外贸出口总额的10%左右。

广东省农产品加工业

广东省农业局、统计局

2002年，我省各级党委、政府在指导农村经济发展的过程中，把发展农产品加工业作为推动农业产业化、发展农村经济的重要环节来抓，切实加强领导，实行政策扶持。因地制宜，坚持多形式、多渠道和外向带动的发展路子，根据各地不同优势发展各具特色的农产品加工业。有规划、有重点、有措施地扶持一批基础好、规模大、有发展前景的农产品加工龙头企业，以品牌、销路、技术为纽带，把分散的、初级加工企业联结起来，推进农产品加工业向深层次发展，逐步形成龙头连基地带农户的产业化经营格局。发展现状和主要特点如下：

一、发展现状

到2002年底，全省农产品加工业企业单位数为7 662个，亏损企业数为1 828个，比上年同期减少8.3%；从业人员为209万人，比上年同期增长3.7%；工业总产值为3 578亿元，比上年同期增长12%；出口产品产值为1 454亿元，比上年同期增长16.4%；应收账款净额为498亿元，比上年同期增长7.3%；产成品存货为265亿元，比上年同期增长7.4%；流动资产平均余额为1 590亿元，比上年同期增长8%；固定资产净值平均余额为1 133亿元，比上年同期增长3%；资产总计为3 149亿元，比上年同期增长6.9%；负债总计为1 831亿元，比上年同期增长2.8%；产品销售收入为3 325亿元，比上年同期增长11.7%；产品销售成本为2 781亿元，比上年同期增长10.3%；利润总额为95亿元，比上年同期增长44.6%；亏损企业亏损额为3亿元，比上年同期减少19%；产品销售费用为145亿元，比上年同期增长18%；产品销售税金及附加为54亿元，比上年同期增长9.4%；管理费用为152亿元，比上年同期增长9.9%；财务费用为35亿元，比上年同期减少8%。2002年我省农产品加工业主要行业经济指标分别见表1、表2。

表1　2002年主要行业经济指标

类　别	企业数（个）	从业人员（人）	工业总产值（万元）	产品销售收入（万元）	利润总额（万元）
食品加工业	577	93 276	3 937 063	3 750 535	43 763
食品制造业	455	100 186	2 473 115	2 259 271	164 750
饮料制造业	226	48 376	2 133 054	2 017 719	160 122
烟草加工业	20	8 645	1 027 988	1 015 152	131 732
纺织业	1 215	326 589	6 632 988	5 974 077	85 583

（续）

类　　别	企业数（个）	从业人员（人）	工业总产值（万元）	产品销售收入（万元）	利润总额（万元）
服装及其他纤维制品制造业	2 018	627 964	6 647 721	6 141 317	81 375
皮革毛皮羽绒及其制品业	931	464 585	4 264 384	4 030 301	53 058
木材加工及竹藤棕草制品业	288	53 104	1 440 352	1 286 298	20 618
家具制造业	435	91 906	1 353 030	1 307 352	28 887
造纸及纸制品业	771	124 430	3 234 516	3 046 776	81 397
印刷业记录媒介的复制	516	97 266	1 802 571	1 655 283	80 287
橡胶制品业	210	56 035	829 856	764 337	18 442

表 2　2002 年主要行业经济指标

类　　别	资产总计（万元）	负债总计（万元）	产品销售成本（万元）	出口产品产值（万元）	产品销售费用（万元）
食品加工业	2 823 799	1 816 002	3 431 126	505 084	119 163
食品制造业	2 617 167	1 422 983	1 627 981	285 668	254 111
饮料制造业	2 518 493	1 309 201	1 249 993	85 998	339 937
烟草加工业	879 070	303 630	443 454	21 105	28 848
纺织业	6 313 075	3 958 734	5 296 430	3 808 363	117 041
服装及其他纤维制品制造业	4 348 550	2 446 881	5 316 852	3 797 580	209 250
皮革毛皮羽绒及其制品业	3 082 979	1 951 150	3 640 968	3 165 096	91 580
木材加工及竹藤棕草制品业	1 108 756	711 466	1 107 899	445 043	52 018
家具制造业	977 006	619 544	1 103 078	786 467	52 759
造纸及纸制品业	3 497 958	2 159 520	2 615 444	733 910	107 986
印刷业记录媒介的复制	2 439 599	1 169 832	1 341 616	507 469	50 609
橡胶制品业	885 699	446 048	637 166	397 737	27 698

二、发展特点

1．*就地取材，与当地农业开发紧密结合起来*　如地处广东省粤西南亚热带、有“全国水果第一县”之称的高州市，近几年来大搞农业开发，大力发展种养业，形成了优质水稻、优质水果、蔬菜、生猪、淡水养殖、禽蛋、橡胶等七个商品生产基地，丰富的农产品为加工业提供了充裕的原材料。该市采取吸引外资和鼓励各种所有制成分经济一齐上的办法，大力兴办农产品加工企业，全市先后办起各类农产品加工企业为 1 800 多家，年产值近 10 亿元。形成了以粮油制品、果菜制品、竹木器制品、橡胶制品等为主的 10 多个加工系列 100 多个品种。单是“龙眼”加工产品就有桂圆干、桂圆肉、桂圆珍茶、桂圆宝饮料、“生命一号”桂圆口服液等，仅“生命一号”桂圆口服液年产销值就超亿元。2002 年，该市源丰食品有限公司又投资 130 多万元新上一条荔枝汁和芒果汁生产线，可新增年产值 1 600 多万元。

2．*利益互惠，与农户关联紧密*　近年来，我省注意提倡因地制宜，以市场为导向，按照农业产业化经营的理念去发展农产品加工业，大力推广和逐步建立、完善企业与基地和农户的利益联结机制，走公司＋基地＋农户＋市场的发展路子，通过创建农业龙头企业（1999 年全省已创建第一批农业龙头企业共 51 家，拟“十五”期间再增加 100 家），把千家万户的分散经营与千变万化的大市场连结起来，并以契约加服务的方式，通过种苗投放、保护价收购、让农户以劳力或资源参股分红和返还利润等多种方式与广大农户结成利益共同体，有效地调动了广大农户的积极性，增加了农民收入。如高州市云潭镇粤奇食品有限公司利用当地的良种番薯，采取“公司＋农户”的形式，由公司提供种苗和技术，并以每千克 1 元的保底价向农户收购番薯加工成“粤奇薯片”，产品畅销全国，年产值达 1 500 多万元，创税利 120 多万元。信宜市万事利实业有限公司是一家集竹、芒、藤、柳、木等工艺品的生产、收购、储运、出口、销售于一体的外向型私营企业，该公司以国际市场为导向，以销定产，以产促销，也采取“公司＋农户”的形式，实行产供销一条龙、贸工农一体化经营。

3．*逐步向规模化、高档次和高科技方向发展*　各地乡镇企业因地制宜，依靠科技进步，利用优势农产品发展加工业，创造出一大批拳头产品，并通过以拳头产品为龙头、以资产为纽带的生产要素重组，走规模化经营的路子。一批有一定规模、产品有一定档次的农产品加工企业如潮州市庵埠镇的“佳宝凉果系列”、“康辉食品系列”、“汾煌食品和饮料”、“泰祺八宝粥”、“雅士利薄饼”等，均以农产品为原料加工，产品在国内外市场小有名气，不仅大量消化当地农产品，增加农民收入，还丰富了市场供应。目前，该镇已发展以农产品为主要原料的食品加工业700多家，从业人员2.5万人。产品从原来的腌菜、凉果、肉脯三大类发展到凉果、糖果、饼干、饮料、冰淇淋、膨化食品、炒货、肉脯、奶制品、豆制品、面制品、鱼制品、果蔬腌制、调味品和保健食品等15大类2 000多个品种，产品畅销海内外。湛江廉江市横山镇的广东陈虾集团有限公司，是一家跨行业、以食品深加工为主导产业，集原材料生产、供应及产品生产、经营一体化的大型私营企业，下设实业有限公司、水果罐头有限公司、泡沫有限公司等多家子公司（企业），走公司+农户的经营模式，业务遍布华南、华东、华北等地的主要城市，年产值超2亿元。茂名化州市的广东化州中药厂是集橘红种植、加工、科研于一体的乡镇骨干企业，成功地推出了液、膏、颗粒、片剂和其他中药制剂22种。曾多次荣获国家和省的优质产品奖。其产品遍布全国186个销售网点，并远销港、澳、台和东南亚、欧美等20多个国家和地区。汕头澄海市的广东宜华企业集团公司是从事木制品加工的企业，该集团下属有宜华道格拉斯木制品有限公司、宜华装饰木制品有限公司、广东省宜华木业股份有限公司等20家具有独立法人资格的经济实体和跨地区驻外机构，广泛分布于国内主要省份，是目前我国最大的木制品加工企业之一，该集团获“中国驰名商标”称号。

4. *具有较好的创汇能力* 在市场驱动和政策的指导下，我省农产品加工业坚持“眼睛向外”、“两腿跑外”的原则，大力开拓国内、外两个市场，使许多产品打入了国际市场，为国家赚取外汇。如湛江廉江市安铺镇的一品木业有限公司，取用本地丰富的木材资源生产各种中、高档家具，全部销往国外，其睡房系列、厨房系列家具远销欧美等60多个国家和地区，出口总额达700多万美元。汕头市铭丰速冻厂和汕头市粤兴企业总公司均是从事海产品加工、保鲜、速冻和运售于一体的外向型企业，加工对虾、鱿鱼、梭子蟹等，产品畅销美国、日本、法国、瑞典、加拿大及港、澳、台等20多个国家和地区，出口创汇分别为4 000万美元和1 000万美元左右。

海南省农产品加工业

海南省乡镇企业局、农垦局

我省根据农业产业化发展要求，大力发展农产品加工业，努力实现农产品的转化增值，满足和扩大农产品的市场需求，促进农业和农村经济结构调整和优化升级，成为我省国民经济增长的新亮点。下面介绍我省乡镇企业和农垦系统农产品加工业。

一、乡镇企业系统农产品加工业

据不完全统计，2001年全省农产品加工企业3 092个，其中规模以上企业（指年销售收入500万元以上的企业，下同）202个，占6.5%；实现增加值223 319万元，占全省农业增加值的11%，占全省工业增加值的25%；完成产值905 642万元，实现产品销售收入825 660万元，实现净利润27 438万元，实交税金63 633万元，固定资产原值761 574万元，从业人员65 981人。主要发展特点是：

1. *食品工业占主导地位* 从全省农产品加工业就业结构和经济结构看，食品工业占有较大比重。2001年全省食品企业（含食品加工业和食品制造业）1 414个，占农产品加工业的46%；从业人员29 307人，占44%；实现增加值87 506万元，占39%；实现产品销售收入386 185万元，占47%；固定资产原值275 770万元，占36%。各项指标均排在第一位。

2. *乡镇企业发挥重要作用* 到2001年底，乡镇企业中从事农产品加工企业2 928家，占全省农产品加工企业的95%，其中食品工业1 359个，饮料制造业172个，木材加工业484个；从业人员27 316人，占全省农产品加工业的41%；实现增加值72 729万元，占全省农产品加工业的33%；销售收入261 343万元，占32%。

3. *农产品加工出口初见成效* 2001年全省农产品加工业商品出口交货值为62 248万元，占全省商品出口交货值的10%，占全省工业产品出口交货值的57%。其中食品工业商品出口交货值20 831万元，饮料制造业出口交货值1 185万元，木制品出口交货值13 874万元。文昌南椰实业有限公司生产的椰蓉、椰棕垫等产品畅销欧美市场，2001年出口创汇1 020万美元。

4. *农产品供求的平衡器作用逐渐增强* 多数农产品都具有季节性生产和常年消费的特点，这是导致农产品交替出现短缺和过剩的原因之一。从椰子加工来看，目前全省椰子加工企业300多家，椰子年加工约2亿多个，其中本地椰子约9 000万个，占全省椰子产量的42%，有效地缓解了椰子价格的大幅度波动。

5. *促进农业产业化经营成效显著* 农产品加工业在市场开拓、引进先进技术、农业规模化建设中的作用十分突出。如海南诚利集团有限公司，以乳鸽加工带动养殖业的发展，采取统一提供种苗、统一技术培训、统一技术服务、统一供应饲料、统一回收乳鸽"五个统一"的模式，带动全省4 200余个专业户和农户发展养鸽业，年产乳鸽800万只，使乳鸽养殖业从分散的家庭养殖发展成为亚洲最大的乳鸽产业化养殖基地。目前全省农产品加工龙头企业32家（非国有企业），连接基地6.1万hm^2，带动农户121 593户。

6. *促进农业增效、农民增收效果明显* 如万宁市大茂镇农民创办橡胶木及杂木加工企业40家，年加工木材6.2万m^3，年创产值1.2亿元，吸收农村富余劳力703人，受益农民增加工资性收入492万元。屯昌县南坤淀粉厂带动当地少数民族农民发展木薯种植基地1 333.3hm^2，带动农户3 000户，户均增收3 300元。

二、农垦系统农产品加工业

1. *天然橡胶加工* 海南垦区现有橡胶加工厂84座，其中浓乳加工厂15座。生产能力为浓缩胶乳每班200t，标准胶每日1 200t。2001年垦区天然橡胶产量为（按干胶计）20.5万t，其产品结构大致为：5号标准胶（SCR5）占总量的65%，10号标准胶（SCR10）占总量的10%，浓缩胶乳（按干胶计）占总量的20%，专用胶及其他占总量的5%。

2. *橡胶木材加工* 现有木材加工（生产）企业53家，其中锯材、人造板（刨花板、纤维板、胶合板）、指榫接板及家具半成品加工企业50家，家具制造企业3家。主要产品年生产能力为：板方材（锯材）37万m^3，胶合板16万m^3，指榫接板3.8万m^3，刨花板3万m^3，中密度纤维板4.5万m^3，木制家具100万件。2001年木材工业产值为36 401万元。

3. *食品饮料加工* 海南垦区现有的食品饮料工业主要是食糖、茶叶和少量的调味食品等加工。目前有"八一"和"红华"两座甘蔗糖加工厂，日处理糖蔗能力分别为2 300t和1 200t，年产机制糖3万t左右，主要产品是白砂糖，2001年工业产值为7 734万元。现有茶叶加工厂21家，其中具有一定规模且产品有市场的仅为南海、白沙、通什、岭头、新伟等农场的5家茶厂，其日加工能力2～5t，产品品种主要是绿茶和红碎茶。2001年全垦区产干毛茶1 924t，工业产值3 045万元。

海南垦区盛产胡椒，面积达4 667多hm^2，在职工自营经济总量比重中居于芒果、荔枝之后，与香蕉相当，排序第四位。但以胡椒为主要原料的调味品制造企业惟有东平食品加工厂，且生产规模相当小，产品只是胡椒粉，年工业产值仅200万元左右。

7

第七部分

农产品加工业标准、专利

农产品加工业部分国家标准（2002—2003）

标准号	标准名称	代替标准
GB 18650—2002	原产地域产品　龙井茶	
GB/T 18796—2002	蜂蜜	
GB/T 18885—2002	生态纺织品技术要求	
GB/T 18928—2002	托盘缠绕裹包机	
GB/T 12464—2002	普通木箱	GB/T 12464—1990
GB/T 4122.4—2002	包装术语　木容器	GB/T 7285—1993
GB/T 4122.5—2002	包装术语　检验与试验	
GB/T 18925—2002	滑木箱	
GB/T 18926—2002	包装容器　木构件	
GB/T 5462—2003	工业盐	GB/T 5462—1992
GB 19048—2003	原产地域产品　龙口粉丝	
GB 19050—2003	原产地域产品　高邮鸭蛋	
GB 19111—2003	玉米油	
GB 19112—2003	米糠油	
GB 11765—2003	油茶籽油	GB/T 11765—1989
GB 10464—2003	葵花籽油	GB 10464—1989
GB 1537—2003	棉籽油	GB 1537—1986
GB 18966—2003	原产地域产品　烟台葡萄酒	
GB 19049—2003	原产地域产品　昌黎葡萄酒	
GB/T 18963—2003	浓缩苹果清汁	
GB 18965—2003	原产地域产品　烟台苹果	
GB 19051—2003	原产地域产品　南丰蜜橘	
GB 18957—2003	原产地域产品　洞庭（山）碧螺春茶	
GB 19086—2003	原产地域产品　文山三七	
GB 19087—2003	原产地域产品　庆元香菇	
GB 19088—2003	原产地域产品　金华火腿	
GB 19265—2003	原产地域产品　沙城葡萄酒	
GB 19266—2003	原产地域产品　五常大米	
GB/T 19164—2003	鱼粉	
GB/T 12945—2003	熟黄麻	GB/T 12945—1991
GB/T 12946—2003	熟红麻	GB/T 12946—1991
GB 2023—2003	食品添加剂　乳酸	GB 2023—1980
GB/T 19080—2003	食品与饮料行业 GB/T 19001—2000 应用指南	
GB/T 19063—2003	液体食品包装设备验收规范	
GB/T 18962—2003	制盐工业通用试验方法　铅离子的测定（原子吸收分光光度法）	
GB/T 18979—2003	食品中黄曲霉毒素的测定　免疫亲和层析净化高效液相色谱法和荧光光度法	
GB/T 18980—2003	乳和乳粉中黄曲霉毒素 M_1 的测定　免疫亲和层析净化高效液相色谱法和荧光光度法	

（续）

标 准 号	标 准 名 称	代替标准
GB/T 4789.1—2003	食品卫生微生物学检验　总则	GB/T 4789.1—1994
GB/T 4789.2—2003	食品卫生微生物学检验　菌落总数测定	GB/T 4789.2—1994
GB/T 4789.3—2003	食品卫生微生物学检验　大肠菌群测定	GB/T 4789.3—1994
GB/T 4789.4—2003	食品卫生微生物学检验　沙门氏菌检验	GB/T 4789.4—1994
GB/T 4789.5—2003	食品卫生微生物学检验　志贺氏菌检验	GB/T 4789.5—1994
GB/T 4789.6—2003	食品卫生微生物学检验　致泻大肠埃希氏菌检验	GB/T 4789.6—1994
GB/T 4789.7—2003	食品卫生微生物学检验　副溶血性弧菌检验	GB/T 4789.7—1994
GB/T 4789.8—2003	食品卫生微生物学检验　小肠结肠炎耶尔森氏菌检验	GB/T 4789.8—1994
GB/T 4789.9—2003	食品卫生微生物学检验　空肠弯曲菌检验	GB/T 4789.9—1994
GB/T 4789.10—2003	食品卫生微生物学检验　金黄色葡萄球菌检验	GB/T 4789.10—1994
GB/T 4789.11—2003	食品卫生微生物学检验　溶血性链球菌检验	GB/T 4789.11—1994
GB/T 4789.12—2003	食品卫生微生物学检验　肉毒梭菌及肉毒毒素检验	GB/T 4789.12—1994
GB/T 4789.13—2003	食品卫生微生物学检验　产气夹膜梭菌检验	GB/T 4789.13—1994
GB/T 4789.14—2003	食品卫生微生物学检验　蜡样芽孢杆菌检验	GB/T 4789.14—1994
GB/T 4789.15—2003	食品卫生微生物学检验　霉菌和酵母计数	GB/T 4789.15—1994
GB/T 4789.16—2003	食品卫生微生物学检验　常见产毒霉菌的鉴定	GB/T 4789.16—1994
GB/T 4789.17—2003	食品卫生微生物学检验　肉与肉制品检验	GB/T 4789.17—1994
GB/T 4789.18—2003	食品卫生微生物学检验　乳与乳制品检验	GB/T 4789.18—1994
GB/T 4789.19—2003	食品卫生微生物学检验　蛋与蛋制品检验	GB/T 4789.19—1994
GB/T 4789.20—2003	食品卫生微生物学检验　水产食品检验	GB/T 4789.20—1994
GB/T 4789.21—2003	食品卫生微生物学检验　冷冻饮品、饮料检验	GB/T 4789.21—1994
GB/T 4789.22—2003	食品卫生微生物学检验　调味品检验	GB/T 4789.22—1994
GB/T 4789.23—2003	食品卫生微生物学检验　冷食菜、豆制品检验	GB/T 4789.23—1994
GB/T 4789.24—2003	食品卫生微生物学检验　糖果、糕点、蜜饯检验	GB/T 4789.24—1994
GB/T 4789.25—2003	食品卫生微生物学检验　酒类检验	GB/T 4789.25—1994
GB/T 4789.26—2003	食品卫生微生物学检验　罐头食品商业无菌的检验	GB/T 4789.26—1994
GB/T 4789.27—2003	食品卫生微生物学检验　鲜乳中抗生素残留量检验	GB/T 4789.27—1994
GB/T 4789.28—2003	食品卫生微生物学检验　染色法、培养基和试剂	GB/T 4789.28—1994
GB/T 4789.30—2003	食品卫生微生物学检验　单核细胞增生李斯特氏菌检验	GB/T 4789.30—1994
GB/T 4789.31—2003	食品卫生微生物学检验　沙门氏菌、志贺氏菌和致泻大肠埃希氏菌的肠杆菌科噬菌体检验方法	GB/T 4789.31—1994
GB/T 4789.32—2003	食品卫生微生物学检验　乳酸菌饮料中乳酸菌检验	GB/T 16347—1996
GB/T 4789.33—2003	食品卫生微生物学检验　粮谷、果蔬类食品检验	
GB/T 4789.34—2003	食品卫生微生物学检验　双歧杆菌检验	
GB/T 5009.1—2003	食品卫生检验方法 理化部分　总则	GB/T 5009.1—1996
GB/T 5009.2—2003	食品的相对密度的测定	GB/T 5009.2—1985
GB/T 5009.3—2003	食品中水分的测定	GB/T 5009.3—1985
GB/T 5009.4—2003	食品中灰分的测定	GB/T 5009.4—1985
GB/T 5009.5—2003	食品中蛋白质的测定	GB/T 5009.5—1985
GB/T 5009.6—2003	食品中脂肪的测定	GB/T 5009.6—1985
GB/T 5009.7—2003	食品中还原糖的测定	GB/T 5009.7—1985

（续）

标准号	标准名称	代替标准
GB/T 5009.8—2003	食品中蔗糖的测定	GB/T 5009.8—1985
GB/T 5009.9—2003	食品中淀粉的测定	GB/T 5009.9—1985
GB/T 5009.10—2003	植物类食品中粗纤维的测定	GB/T 5009.10—1985
GB/T 5009.11—2003	食品中总砷及无机砷的测定	GB/T 5009.11—1996
GB/T 5009.12—2003	食品中铅的测定	GB/T 5009.12—1996
GB/T 5009.13—2003	食品中铜的测定	GB/T 5009.13—1996
GB/T 5009.14—2003	食品中锌的测定	GB/T 5009.14—1996
GB/T 5009.15—2003	食品中镉的测定	GB/T 5009.15—1996
GB/T 5009.16—2003	食品中锡的测定	GB/T 5009.16—1996
GB/T 5009.17—2003	食品中总汞及有机汞的测定	GB/T 5009.17—1996
GB/T 5009.18—2003	食品中氟的测定	GB/T 5009.18—1996
GB/T 5009.19—2003	食品中六六六、滴滴涕残留量的测定	GB/T 5009.19—1996
GB/T 5009.20—2003	食品中有机磷农药残留量的测定	GB/T 5009.20—1996
GB/T 5009.21—2003	粮、油、菜中甲萘威残留量的测定	GB/T 5009.21—1996
GB/T 5009.22—2003	食品中黄曲霉毒素 B_1 的测定	GB/T 5009.22—1996
GB/T 5009.23—2003	食品中黄曲霉毒素 B_1、B_2、G_1、G_2 的测定	GB/T 5009.23—1996
GB/T 5009.24—2003	食品中黄曲霉毒素 M_1 与 B_1 的测定	GB/T 5009.24—1996
GB/T 5009.25—2003	植物性食品中杂色曲霉素的测定	GB/T 5009.25—1996
GB/T 5009.26—2003	食品中 N-亚硝胺类的测定	GB/T 5009.26—1996
GB/T 5009.27—2003	食品中苯并（a）芘的测定	GB/T 5009.27—1996
GB/T 5009.28—2003	食品中糖精钠的测定	GB/T 5009.28—1996
GB/T 5009.29—2003	食品中山梨酸、苯甲酸的测定	GB/T 5009.29—1996
GB/T 5009.31—2003	食品中对羟基苯甲酸酯类的测定	GB/T 11672—1989
GB/T 5009.32—2003	油脂中没食子酸丙酯（PG）测定	GB/T 5009.32—1996
GB/T 5009.33—2003	食品中亚硝酸盐与硝酸盐的测定	GB/T 5009.33—1996
GB/T 5009.34—2003	食品中亚硫酸盐的测定	GB/T 5009.34—1996
GB/T 5009.35—2003	食品中合成着色剂的测定	GB/T 5009.35—1996
GB/T 5009.36—2003	粮食卫生标准的分析方法	GB/T 5009.36—1996
GB/T 5009.37—2003	食用植物油卫生标准的分析方法	GB/T 5009.37—1996
GB/T 5009.38—2003	蔬菜、水果卫生标准的分析方法	GB/T 5009.38—1996
GB/T 5009.39—2003	酱油卫生标准的分析方法	GB/T 5009.39—1996
GB/T 5009.40—2003	酱卫生标准的分析方法	GB/T 5009.40—1996
GB/T 5009.41—2003	食醋卫生标准的分析方法	GB/T 5009.41—1996
GB/T 5009.42—2003	食盐卫生标准的分析方法	GB/T 5009.42—1996
GB/T 5009.43—2003	味精卫生标准的分析方法	GB/T 5009.43—1996
GB/T 5009.44—2003	肉与肉制品卫生标准的分析方法	GB/T 5009.44—1996
GB/T 5009.45—2003	水产品卫生标准的分析方法	GB/T 5009.45—1996
GB/T 5009.46—2003	乳与乳制品卫生标准的分析方法	GB/T 5009.46—1996
GB/T 5009.47—2003	蛋与蛋制品卫生标准的分析方法	GB/T 5009.47—1996
GB/T 5009.48—2003	蒸馏酒与配制酒卫生标准的分析方法	GB/T 5009.48—1996
GB/T 5009.49—2003	发酵酒卫生标准的分析方法	GB/T 5009.49—1996

（续）

标 准 号	标 准 名 称	代替标准
GB/T 5009.50—2003	冷饮食品卫生标准的分析方法	GB/T 5009.50—1996
GB/T 5009.51—2003	非发酵性豆制品及面筋卫生标准的分析方法	GB/T 5009.51—1996
GB/T 5009.52—2003	发酵性豆制品卫生标准的分析方法	GB/T 5009.52—1996
GB/T 5009.53—2003	淀粉类制品卫生标准的分析方法	GB/T 5009.53—1996
GB/T 5009.54—2003	酱腌菜卫生标准的分析方法	GB/T 5009.54—1996
GB/T 5009.55—2003	食糖卫生标准的分析方法	GB/T 5009.55—1996
GB/T 5009.56—2003	糕点卫生标准的分析方法	GB/T 5009.56—1996
GB/T 5009.57—2003	茶叶卫生标准的分析方法	GB/T 5009.57—1996
GB/T 5009.58—2003	食品包装用聚乙烯树脂卫生标准的分析方法	GB/T 5009.58—1996
GB/T 5009.59—2003	食品包装用聚苯乙烯树脂卫生标准的分析方法	GB/T 5009.59—1996
GB/T 5009.60—2003	食品包装用聚乙烯、聚苯乙烯、聚丙烯成型品卫生标准的分析方法	GB/T 5009.60—1996
GB/T 5009.61—2003	食品包装用三聚氰胺成型品卫生标准的分析方法	GB/T 5009.61—1996
GB/T 5009.62—2003	陶瓷制食具容器卫生标准的分析方法	GB/T 5009.62—1996
GB/T 5009.63—2003	搪瓷制食具容器卫生标准的分析方法	GB/T 5009.63—1996
GB/T 5009.64—2003	食品用橡胶垫片（圈）卫生标准的分析方法	GB/T 5009.64—1996
GB/T 5009.65—2003	食品用高压锅密封圈卫生标准的分析方法	GB/T 5009.65—1996
GB/T 5009.66—2003	橡胶奶嘴卫生标准的分析方法	GB/T 5009.66—1996
GB/T 5009.67—2003	食品包装用聚氯乙烯成型品卫生标准的分析方法	GB/T 5009.67—1996
GB/T 5009.68—2003	食品容器内壁过氯乙烯涂料卫生标准的分析方法	GB/T 5009.68—1996
GB/T 5009.69—2003	食品罐头内壁环氧酚醛树脂涂料卫生标准的分析方法	GB/T 5009.69—1996
GB/T 5009.70—2003	食品容器内壁聚酰胺环氧树脂涂料卫生标准的分析方法	GB/T 5009.70—1996
GB/T 5009.71—2003	食品包装用聚丙烯树脂卫生标准的分析方法	GB/T 5009.71—1996
GB/T 5009.72—2003	铝制食具容器卫生标准的分析方法	GB/T 5009.72—1996
GB/T 5009.73—2003	粮食中二溴乙烷残留量的测定	GB 4790—1984
GB/T 5009.74—2003	食品添加剂中重金属限量试验	GB 8451—1987
GB/T 5009.75—2003	食品添加剂中铅的测定	GB 8449—1987
GB/T 5009.76—2003	食品添加剂中砷的测定	GB 8450—1987
GB/T 5009.77—2003	食用氢化油、人造奶油卫生标准的分析方法	
GB/T 5009.78—2003	食品包装用原纸卫生标准的分析方法	GB 3561—1989
GB/T 5009.79—2003	食品用橡胶管卫生检验方法	GB 11332—1989
GB/T 5009.80—2003	食品容器内壁聚四氟乙烯涂料卫生标准的分析方法	GB 11679—1989
GB/T 5009.81—2003	不锈钢食具容器卫生标准的分析方法	GB 11681—1989
GB/T 5009.82—2003	食品中维生素 A 和维生素 E 的测定	GB 12388—1990
GB/T 5009.83—2003	食品中胡萝卜素的测定	GB 12389—1990
GB/T 5009.84—2003	食品中硫胺素（维生素 B_1）的测定	GB 12390—1990
GB/T 5009.85—2003	食品中核黄素的测定	GB 12391—1990
GB/T 5009.86—2003	蔬菜、水果及其制品中总抗坏血酸的测定（荧光法和 2，4-二硝基苯肼法）	GB 12392—1990
GB/T 5009.87—2003	食品中磷的测定	GB 12393—1990
GB/T 5009.88—2003	食物中不溶性膳食纤维的测定	GB 12394—1990

（续）

标准号	标准名称	代替标准
GB/T 5009.89—2003	食品中烟酸的测定	GB 12395—1990
GB/T 5009.90—2003	食品中铁、镁、锰的测定	GB 12396—1990
GB/T 5009.91—2003	食品中钾、钠的测定	GB 12397—1990
GB/T 5009.92—2003	食品中钙的测定	GB 12398—1990
GB/T 5009.93—2003	食品中硒的测定	GB 12399—1996
GB/T 5009.94—2003	植物性食品中稀土的测定	GB 13108—1991
GB/T 5009.95—2003	蜂蜜中四环素族抗生素残留量的测定	GB 13110—1991
GB/T 5009.96—2003	谷物和大豆中赭曲霉毒素 A 的测定	GB 13111—1991
GB/T 5009.97—2003	食品中环已基氨基磺酸钠的测定	GB 13112—1991
GB/T 5009.98—2003	食品容器及包装材料用不饱和聚酯树脂及其玻璃钢制品卫生标准分析方法	GB 13117—1991
GB/T 5009.99—2003	食品容器及包装材料用聚碳酸酯树脂卫生标准的分析方法	GB 13118—1991
GB/T 5009.100—2003	食品包装用发泡聚苯乙烯成型品卫生标准的分析方法	GB 13119—1991
GB/T 5009.101—2003	食品容器及包装材料用聚酯树脂及其成型品中锑的测定	GB/T 13120—1996
GB/T 5009.102—2003	植物性食品中辛硫磷农药残留量的测定	GB 14875—1994
GB/T 5009.103—2003	植物性食品中甲胺磷和乙酰甲胺磷农药残留量的测定	GB 14876—1994
GB/T 5009.104—2003	植物性食品中氨基甲酸酯类农药残留量的测定	GB 14877—1994
GB/T 5009.105—2003	黄瓜中百菌清残留量的测定	GB 14878—1994
GB/T 5009.106—2003	植物性食品中二氯苯醚菊酯残留量的测定	GB 14879—1994
GB/T 5009.107—2003	植物性食品中二嗪磷残留量的测定	GB/T 14929.1—1994
GB/T 5009.108—2003	畜禽肉中己烯雌酚的测定	GB/T 14931.2—1994
GB/T 5009.109—2003	柑橘中水胺硫磷残留量的测定	GB/T 14929.3—1994
GB/T 5009.110—2003	植物性食品中氯氰菊酯、氰戊菊酯和溴氰菊酯残留量的测定	GB/T 14929.4—1994
GB/T 5009.111—2003	谷物及其制品中脱氧雪腐镰刀菌烯醇的测定	GB/T 14929.5—1994
GB/T 5009.112—2003	大米和柑橘中喹硫磷残留量的测定	GB/T 14929.6—1994
GB/T 5009.113—2003	大米中杀虫环残留量的测定	GB/T 14929.7—1994
GB/T 5009.114—2003	大米中杀虫双残留量的测定	GB/T 14929.8—1994
GB/T 5009.115—2003	稻谷中三环唑残留量的测定	GB/T 14929.9—1994
GB/T 5009.116—2003	畜禽肉中土霉素、四环素、金霉素残留量的测定（高效液相色谱法）	GB/T14931.1—1994
GB/T 5009.117—2003	食用豆粕卫生标准的分析方法	GB/T14932.2—1994
GB/T 5009.118—2003	小麦中 T-2 毒素的酶联免疫吸附测定（ELISA）	GB/T 14933—1994
GB/T 5009.119—2003	复合食品包装袋中二氨基甲苯测定	GB/T 14937—1994
GB/T 5009.120—2003	食品中丙酸钠、丙酸钙的测定	GB/T 14940—1994
GB/T 5009.121—2003	食品中脱氢乙酸的测定	GB/T 14941—1994
GB/T 5009.122—2003	食品容器、包装材料用聚氯乙烯树脂及成型品中残留量 1,1-二氯乙烷的测定	GB/T 14943—1994
GB/T 5009.123—2003	食品中铬的测定	GB/T 14962—1994
GB/T 5009.124—2003	食品中氨基酸的测定	GB/T 14965—1994
GB/T 5009.126—2003	植物性食品中三唑酮残留量的测定	GB/T 14973—1994
GB/T 5009.128—2003	食品中胆固醇的测定	GB/T 15206—1994

（续）

标 准 号	标 准 名 称	代 替 标 准
GB/T 5009.130—2003	大豆及谷物中氟磺胺草醚残留量的测定	GB/T 16337—1996
GB/T 5009.131—2003	植物性食品中亚胺硫磷残留量的测定	GB/T 16335—1996
GB/T 5009.132—2003	食品中莠去津残留量的测定	GB/T 16336—1996
GB/T 5009.133—2003	粮食中氯麦隆残留量的测定	GB/T 16338—1996
GB/T 5009.134—2003	大米中禾草敌残留量的测定	GB/T 16339—1996
GB/T 5009.135—2003	植物性食品中灭幼脲残留量的测定	GB/T 16340—1996
GB/T 5009.136—2003	植物性食品中五氯硝基苯残留量的测定	GB/T 16341—1996
GB/T 5009.137—2003	食品中锑的测定	GB/T 16342—1996
GB/T 5009.138—2003	食品中镍的测定	GB/T 16343—1996
GB/T 5009.139—2003	饮料中咖啡因的测定	GB/T 16344—1996
GB/T 5009.140—2003	饮料中乙酰磺胺酸钾的测定	GB/T 16345—1996
GB/T 5009.141—2003	食品中诱惑红的测定	GB/T 16346—1996
GB/T 5009.142—2003	植物性食品中吡氟禾草灵、精吡氟禾草灵残留量的测定	GB/T 17328—1998
GB/T 5009.143—2003	蔬菜、水果、食用油中双甲脒残留量的测定	GB/T 17329—1998
GB/T 5009.144—2003	植物性食品中甲基异柳磷残留量的测定	GB/T 17330—1998
GB/T 5009.145—2003	植物性食品中有机磷和氨基甲酸酯类农药多种残留的测定	GB/T 17331—1998
GB/T 5009.146—2003	植物性食品中有机氯和拟除虫菊酯类农药多种残留的测定	GB/T 17332—1998
GB/T 5009.147—2003	植物性食品中除虫脲残留量的测定	GB/T 17333—1998
GB/T 5009.148—2003	植物性食品中游离棉酚的测定	GB/T 17334—1998
GB/T 5009.149—2003	食品中栀子黄的测定	GB/T 17335—1998
GB/T 5009.150—2003	食品中红曲色素的测定	GB/T 17336—1998
GB/T 5009.151—2003	食品中锗的测定	GB/T 17337—1998
GB/T 5009.152—2003	食品包装用苯乙烯—丙烯腈共聚物和橡胶改性的丙烯腈—丁二烯—苯乙烯树脂及其成型品中残留丙烯腈单体的测定	GB/T 17338—1998
GB/T 5009.153—2003	植物性食品中植酸的测定	GB/T 17406—1998
GB/T 5009.154—2003	食品中维生素 B_6 的测定	GB/T 17407—1998
GB/T 5009.155—2003	大米中稻瘟灵残留量的测定	GB/T 17408—1998
GB/T 5009.156—2003	食品用包装材料及其制品的浸泡试验方法通则	GB/T 17409—1998
GB/T 5009.157—2003	食品中有机酸的测定	
GB/T 5009.159—2003	食品中还原型抗坏血酸的测定	
GB/T 5009.161—2003	动物性食品中有机磷农药多组分残留量的测定	
GB/T 5009.162—2003	动物性食品中有机氯农药和拟除虫菊酯农药多组分残留量测定	
GB/T 5009.163—2003	动物性食品中氨基甲酸酯类农药多组分残留高效液相色谱测定	
GB/T 5009.164—2003	大米中丁草胺残留量的测定	
GB/T 5009.165—2003	粮食中2,4-滴丁酯残留量的测定	
GB/T 5009.166—2003	食品包装用树脂及其制品的预试验	
GB/T 5009.167—2003	饮用天然矿泉水中氟、氯、溴离子和硝酸根、硫酸根含量的反相高效液相色谱法测定	
GB/T 5009.169—2003	食品中牛磺酸的测定	

（续）

标　准　号	标　准　名　称	代替标准
GB/T 5009.170—2003	保健食品中褪黑素含量的测定	
GB/T 5009.171—2003	保健食品中超氧化物歧化酶（SOD）活性的测定	
GB/T 5009.172—2003	大豆、花生、豆油、花生油中的氟乐灵残留量的测定	
GB/T 5009.174—2003	花生、大豆中异丙甲草胺的测定	
GB/T 5009.176—2003	茶叶、水果、食用植物油中三氯杀螨醇残留量的测定	
GB/T 5009.177—2003	大米中敌稗残留量的测定	
GB/T 5009.178—2003	食品包装材料中甲醛的测定	
GB/T 5009.179—2003	火腿中三甲胺氮的测定	GB 2731—1988 部分
GB/T 5009.180—2003	稻谷、花生仁中恶草酮残留量的测定	
GB/T 5009.181—2003	猪油中丙二醛的测定	GB 10146—1988 部分
GB/T 5009.182—2003	面制食品中铝的测定	GB 15202—1994 部分
GB/T 5009.183—2003	植物蛋白饮料中脲酶的定性测定	GB 16322—1996 部分
GB/T 5009.184—2003	粮食、蔬菜中噻嗪酮残留量的测定	GB 14970—1994 部分
GB/T 5009.185—2003	苹果和山楂制品中展青霉素的测定	GB 14974—1994 部分
GB/T 5009.186—2003	乳酸菌饮料中脲酶的定性测定	GB 16321—1996 部分
GB/T 5009.187—2003	干果（桂圆、荔枝、葡萄干、柿饼）中总酸的测定	GB 16325—1996 部分
GB/T 5009.188—2003	蔬菜、水果中甲基托布津、多菌灵的测定	GB/T 5009.38—1996 部分
GB/T 5009.189—2003	银耳中米酵菌酸的测定	GB/T 11675—1989 部分
GB/T 5009.190—2003	海产食品中多氯联苯的测定	GB/T 9675—1988
GB/T 5009.191—2003	食品中 3-氯-1,2 - 丙二醇含量的测定	
GB/T 5009.192—2003	动物性食品中克伦特罗残留量的测定	
GB/T 5009.193—2003	保健食品中脱氢表雄甾酮（DHEA）的测定	
GB/T 5009.194—2003	保健食品中免疫球蛋白 IgG 的测定	
GB/T 5009.195—2003	保健食品中吡啶甲酸铬含量的测定	
GB/T 5009.196—2003	保健食品中肌醇的测定	
GB/T 5009.197—2003	保健食品中盐酸硫胺素、盐酸吡哆醇、烟酸、烟酰胺和咖啡因的测定	
GB/T 5009.199—2003	蔬菜中有机磷和氨基甲酸酯类农药残留量快速检测	
GB/T 5009.200—2003	小麦中野燕枯残留量的测定	
GB/T 5009.201—2003	梨中烯唑醇残留量的测定	
GB/T 5009.202—2003	食用植物油煎炸过程中的极性组分（PC）的测定	GB/T 7102．2—1994
GB/T 5009.203—2003	植物纤维类食品容器卫生标准中蒸发残渣的分析方法	
GB/T 18969—2003	饲料中有机磷农药残留量的测定　气相色谱法	
GB 19081—2003	饲料加工系统粉尘防爆安全规程	
GB/T 19113—2003	桑蚕鲜茧分级（干壳量法）	

（续）

标准号	标准名称	代替标准
GB/T 18938—2003	家用和类似用途的面包片电烘烤器　性能测试方法	
GB 4706.33—2003	家用和类似用途电器的安全　商用电深油炸锅的特殊要求	GB 4706.33—1996
GB 4706.34—2003	家用和类似用途电器的安全　商用电强制对流烤炉、蒸汽炊具和蒸汽对流炉的特殊要求	GB 4706.34—1996
GB 4706.35—2003	家用和类似用途电器的安全　商用电煮锅的特殊要求	GB 4706.35—1996
GB 4706.37—2003	家用和类似用途电器的安全　商用单双面电热铛的特殊要求	GB 4706.37—1997
GB 4706.38—2003	家用和类似用途电器的安全　商用电动饮食加工机械的特殊要求	GB 4706.38—1997
GB 4706.39—2003	家用和类似用途电器的安全　商用电烤炉和烤面包炉的特殊要求	GB 4706.39—1997
GB 4706.40—20039	家用和类似用途电器的安全　商用多用途电平锅的特殊要求	GB 4706.40—1997
GB/T 741—2003	纸浆分析试样水分的测定	GB/T 741—1989
GB/T 742—2003	纸、纸板和纸浆残余物（灰分）的测定（900℃）	GB/T 463—1989 GB/T 742—1989
GB/T 743—2003	纸浆乙醚抽出物的测定	GB/T 743—1989
GB/T 745—2003	纸浆多戊糖的测定	GB/T 745—1989
GB/T 747—2003	纸浆酸不溶木素的测定	GB/T 747—1989
GB/T 9881—2003	橡胶　术语	GB/T 9881—1988
GB/T 18959—2003	木材保管规程	
GB/T 4897.1—2003	刨花板　第 1 部分：对所有板型的共同要求	GB/T 4897—1992
GB/T 4897.2—2003	刨花板　第 2 部分：在干燥状态下使用的普通用板要求	GB/T 4897—1992
GB/T 4897.3—2003	刨花板　第 3 部分：在干燥状态下使用的家具及室内装修用板要求	GB/T 4897—1992
GB/T 4897.4—2003	刨花板　第 4 部分：在干燥状态下使用的结构用板要求	GB/T 4897—1992
GB/T 4897.5—2003	刨花板　第 5 部分：在潮湿状态下使用的结构用板要求	GB/T 4897—1992
GB/T 4897.6—2003	刨花板　第 6 部分：在干燥状态下使用的增强结构用板要求	GB/T 4897—1992
GB/T 4897.7—2003	刨花板　第 7 部分：在潮湿状态下使用的增强结构用板要求	GB/T 4897—1992
GB/T 5459—2003	纺织机械与附件　环锭细纱机和环锭捻线机　锭距	GB/T 5459—1985
GB/T 6002.6—2003	纺织机械术语 第 6 部分：卷纬机	GB/T 6002.6—1986
GB/T 6002.7—2003	纺织机械术语　第 7 部分：转杯纺纱机	GB/T 6002.7—1987
GB/T 6975.2—2003	纺织机械与附件　化学短纤维包　尺寸	
GB/T 8456—2003	纺织机械　针织机　圆机的公称直径	GB/T 8456—1987
GB/T 8457—2003	纺织机械　针织机　大公称直径圆机的针数	GB/T 8457—1987
GB/T 8458—2003	纺织机械与附件　针织机距	GB/T 8458—1987
GB/T 8461—2003	纺织机械与附件　圆锥滚筒分条整经机　最大有效宽度	GB/T 8461—2003
GB/Z 19091.1—2003	纺织工艺监控用数据元素的定义和属性　第 1 部分：纺、纺前准备及相关工艺	

农产品加工业农业行业标准（2002—2003）

标　准　号	标　准　名　称	代 替 标 准
NY 476—2002	调味奶	
NY 477—2002	AD钙奶	
NY 478—2002	软质干酪	
NY 479—2002	人造奶油	
NY 480—2002	棉花　长绒棉	
NY/T 482—2002	敬亭绿雪茶	
NY/T 483—2002	香荚兰	
NY/T 484—2002	毛叶枣	
NY/T 485—2002	红毛丹	
NY/T 486—2002	腰果	
NY/T 487—2002	槟榔干果	
NY/T 488—2002	杨桃	
NY/T 489—2002	木菠萝	
NY/T 490—2002	椰子果	
NY/T 491—2002	西番莲	
NY/T 492—2002	芒果	
NY/T 493—2002	胡萝卜	
NY/T 494—2002	魔芋粉	
NY/T 495—2002	东北地区大豆生产技术规程	
NY/T 509—2002	秸秆揉丝机	
NY/T 510—2002	葵花籽剥壳机	
NY/T 578—2002	黄瓜	
NY/T 579—2002	韭菜	
NY/T 580—2002	芹菜	
NY/T 581—2002	茄子	
NY/T 582—2002	莴苣	
NY/T 583—2002	结球甘蓝	
NY/T 584—2002	西瓜（含无籽西瓜）	
NY/T 585—2002	库尔勒香梨	
NY/T 586—2002	鲜桃	
NY/T 587—2002	常山胡柚	
NY/T 588—2002	玉环柚（楚门文旦）鲜果	NY153—1989
NY/T 589—2002	椪柑	
NY/T 591—2002	切花　石斛兰	
NY/T 592—2002	切花　小苍兰	
NY/T 594—2002	食用粳米	
NY/T 595—2002	食用籼米	
NY/T 596—2002	香稻米	
NY/T 597—2002	高淀粉玉米	
NY/T 598—2002	食用绿豆	

（续）

标 准 号	标 准 名 称	代 替 标 准
NY/T 599—2002	红小豆	
NY/T 600—2002	富硒茶	
NY/T 601—2002	油葵籽	
NY/T 654—2002	绿色食品　白菜类蔬菜	
NY/T 655—2002	绿色食品　茄果类蔬菜	
NY/T 288—2002	绿色食品　茶叶	NY/T288—1995
NY/T 273—2002	绿色食品　啤酒	NY/T273—1995
NY/T 658—2002	绿色食品　包装通用准则	
NY/T 604—2002	生咖啡	
NY/T 605—2002	焙炒咖啡豆	
NY/T 606—2002	小粒种咖啡初加工技术规范	
NY/T 611—2002	农作物种子定量包装	
NY/T 515—2002	荔枝	
NY/T 516—2002	龙眼	
NY/T 517—2002	青香蕉	
NY/T 518—2002	番石榴	
NY/T 519—2002	食用玉米	
NY/T 520—2002	优质蛋白玉米	
NY/T 521—2002	高油玉米	
NY/T 522—2002	爆裂玉米	
NY/T 523—2002	甜玉米	
NY/T 524—2002	糯玉米	
NY/T 629—2002	蜂胶	
NY/T 630—2002	羊肉质量分级	
NY/T 631—2002	鸡肉质量分级	
NY/T 632—2002	冷却猪肉	
NY/T 633—2002	冷却羊肉	
NY/T 140—2002	苜蓿干草粉质量分级	NY/T140—1989
NY/T 637—2002	蜂花粉生产技术规范	
NY/T 638—2002	蜂王浆生产技术规范	
NY/T 639—2002	蜂蜜生产技术规范	
NY 644—2002	饲料粉碎机安全技术要求	
NY/T 646—2002	螺旋输送机质量评价技术规范	
NY/T 647—2002	钢板筒仓质量评价技术规范	
NY 659—2003	茶叶中铬、镉、汞、砷及氟化物限量	
NY 660—2003	茶叶中甲萘威、丁硫克百威、多菌灵、残杀威和抗蚜威的最大残留限量	
NY 661—2003	茶叶中氟氯氰菊酯和氟氰戊菊酯的最大残留限量	
NY 662—2003	花生中甲草胺、克百威、百菌清、苯线磷及异丙甲草胺的最大残留限量	
NY/T 676—2003	牛肉质量分级	
NY/T 685—2003	饲料用玉米蛋白粉	

农产品加工业轻工行业标准（2002—2003）

标 准 号	标 准 名 称	代 替 标 准
QB/T 2570—2002	贴标机	QB/T 3688—1999
QB/T 2571—2002	饮料混合机	QB/T 3674—1999
QB/T 2574—2002	涂布刮刀	
QB/T 2579—2002	普通陶瓷烹调器	QB/T 3567—1999 QB/T 3732.2—1999
QB/T 2580—2002	精细陶瓷烹调器	QB/T 3567—1999 QB/T 3732.2—1999
QB 2581—2003	低聚果糖	
QB 2582—2003	酵母抽提物	
QB 2583—2003	纤维素酶制剂	
QB/T 1161—2003	梗枝筛选机	QB/T 1161—1991
QB/T 1162—2003	旋刨机	QB/T 1162—1991
QB/T 2588—2003	卸箱机	QB/T 3681—1999
QB/T 2589—2003	装箱机	QB/T 3686—1999
QB/T 2591—2003	抗菌塑料——抗菌性能试验方法和抗菌效果	
QB/T 2594—2003	纸和纸板表面强度的测定（蜡棒法）	
QB/T 2595—2003	热封型茶叶滤纸	
QB/T 2596—2003	工艺礼品纸	
QB/T 2597—2003	造纸纤维长度的测定（光栅法）	
QB/T 2598—2003	造纸纤维寻化率的测定	
QB/T 2599—2003	农业羊皮纸	
QB/T 2600—2003	棕纤维弹性床垫	
QB/T 2603—2003	木制宾馆家具	
QB/T 1952.1—2003	软体家具　沙发	QB/T 1952.1—1999

农产品加工业纺织行业标准（2003）

标 准 号	标 准 名 称	代 替 标 准
FZ/T 32002—2003	苎麻本色纱	FZ/T 32002—1992
FZ/T 32006—2003	苎麻本色线	FZ/T 32006—1999
FZ/T 33002—2003	苎麻本色布	FZ/T 33002—1992
FZ/T 34001—2003	苎麻印染布	FZ/T 34001—1992
FZ/T 34004—2003	涤麻（苎麻）混纺印染布	FZ/T 33007—1999
FZ/T 70001—2003	针织和编结绒线试验方法	FZ/T 70001—1991
FZ/T 71001—2003	精梳毛针织绒线	FZ/T 71001—1991 FZ/T 71003—1991
FZ/T 71002—2003	粗梳毛针织绒线	FZ/T 71002—1991
FZ/T 71004—2003	精梳编结绒线	FZ/T 71004—1991
FZ/T 43016—2003	蚕丝被	
FZ/T 43017—2003	桑蚕丝/氨纶弹力丝织物	
FZ/T 62005—2003	被、被套	FZ/T 62005—1993
FZ/T 62007—2003	床单	FZ/T 62007—1994
FZ/T 62009—2003	枕、垫类产品	
FZ/T 62010—2003	配套床上用品	
FZ/T 64001—2003	机织树脂黑碳衬布	FZ/T 64001—1991
FZ/T 81003—2003	儿童服装　学生服	FZ/T 81003—1991
FZ/T 81004—2003	连衣裙、裙套	FZ/T 81004—1991
FZ/T 81007—2003	单、夹服装	FZ/T 81007—1994
FZ/T 93060—2003	非织造布梳理机	
FZ/T 93061—2003	非织造布铺网机	
FZ/T 93062—2003	针刺法非织造布生产联合机	

农产品加工业水产行业标准（2002—2003）

标准号	标准名称	代替标准
SC/T 1024—2002	草鱼配合饲料	SC/T 1024—1997
SC/T 1026—2002	鲤鱼配合饲料	SC/T 1026—1998
SC/T 1056—2002	蛙类配合饲料	
SC/T 1066—2003	罗氏沼虾配合饲料	
SC/T 2002—2002	对虾配合饲料	SC/T 2002—1994
SC/T 2012—2002	大黄鱼配合饲料	
SC/T 3012—2002	水产品加工术语	
SC/T 3013—2002	贝类净化技术规范	
SC/T 3014—2002	干紫菜加工技术规程	
SC/T 3015—2002	水产品中土霉素、四环素、金霉素残留量的测定	
SC/T 3113—2002	冻虾	
SC/T 3114—2002	冻螯虾	
SC/T 3211—2002	盐渍裙带菜	SC/T 3211—1987
SC/T 3213—2002	干裙带菜叶	
SC/T 3305—2003	烤虾	
SC/T 3601—2003	蚝油	
SC/T 3701—2003	冻鱼糜制品	
SC/T 6012—2002	平模颗粒饲料压制试验方法	SC/T 6012—1987
SC/T 6013—2002	单螺杆挤压式饲料膨化机	SC/T 6013—1987
SC/T 6015—2002	鱼肉采取机	SC/T 6015—1983
SC/T 6020—2002	环模颗粒饲料压制机	
SC/T 6023—2002	投饲机	

农产品加工业内贸行业标准（2002—2003）

标准号	标准名称	代替标准
SB/T 10226—2002	月饼类糕点通用技术要求	SB/T 10226—1994
SB 10350—2002	月饼馅料	
SB/T 10351.1—2002	月饼　广式月饼	
SB/T 10351.2—2002	月饼　京式月饼	
SB/T 10351.3—2002	月饼　苏式月饼	
SB/T 10352—2003	畜禽屠宰加工厂实验室检验基本要求	
SB/T 10353—2003	生猪屠宰加工职业技能岗位标准、职业技能岗位鉴定规范	
SB/T 10359—2003	肉品品质检验人员技能要求	
SB/T 10360—2003	低温肉制品安全产品质量认证评审准则	
SB/T 10361—2003	高温肉制品安全产品质量认证评审准则	
SB/T 10362—2003	中式肉制品安全产品质量认证评审准则	
SB/T 10363—2003	猪屠宰分割安全产品质量认证评审准则	
SB/T 10364—2003	牛屠宰分割安全产品质量认证评审准则	
SB/T 10365—2003	羊屠宰分割安全产品质量认证评审准则	
SB/T 10366—2003	鸡屠宰分割安全产品质量认证评审准则	
SB/T 10367—2003	牛干制品安全产品质量认证评审准则	
SB/T 10371—2003	鸡精调味品	

农产品加工业商检行业标准（2002—2003）

标准号	标准名称	代替标准
SN/T 0548.1—2002	出口酱油中1,3-二氯-2-丙醇和2,3-二氯-1-丙醇的检验方法	
SN/T 0626.8—2002	出口速冻蔬菜检验规程　瓜类	
SN/T 1017.3—2002	出口粮谷和蔬菜中戊菌隆残留量检验方法	
SN/T 1017.4—2002	出口粮谷及油籽中哒菌清残留量检验方法	
SN/T 1017.5—2002	出口粮谷及油籽中快杀稗残留量检验方法	
SN/T 1017.6—2002	出口粮谷中叶枯酞残留量检验方法	
SN/T 1017.7—2002	出口粮谷中涕灭威、西维因、杀线威、恶虫威、抗蚜威残留量的检验方法	
SN/T 1034—2002	出口冻面包渣鱼片检验规程	
SN/T 1035—2002	出口食品中主要产毒真菌检验方法	
SN/T 1036—2002	出口番茄酱检验规程	
SN/T 1042—2002	出口焦枣检验规程	
SN/T 1046—2002	出口冷冻草莓检验规程	
SN/T 1047—2002	出口冻兔副产品检验规程	
SN/T 1051—2002	出口食醋检验鉴定规程	
SN/T 1052—2002	进出口阻燃帆布检验规程	
SN/T 1058—2002	进出口纺织品耐唾液色牢度试验方法	
SN/T 1059.1—2002	进出口食品中沙门氏菌滤膜筛选法	
SN/T 1059.2—2002	进出口食品中大肠菌群、大肠杆菌计数滤膜/MUG法	
SN/T 1059.3—2002	进出口食品平板菌落计数　滤膜法	
SN/T 1062—2002	进出口纱线及织品中山羊绒含量的检验方法	
SN/T 1073—2002	出口瓶装酱菜检验规程	
SN/T 1074—2002	出口冻熟蟹制品检验规程	
SN/T 1075—2002	出口冰鲜鱼及制品检验规程	
SN/T 1077—2002	进出口无梭织造棉本色布/精梳　涤棉混纺本色布检验规程	
SN/T 1078—2002	进出境藤、柳、草制品检疫操作规程	
SN/T 1082—2002	出口电烤炉、面包烘烤器及类似用途器具安全检验规程	
SN/T 1113—2002	进出口螺旋藻粉中藻蓝蛋白、叶绿素含量的测定方法	
SN/T 1124—2002	集装箱熏蒸规程	
SN/T 1126—2002	进出境木材检疫规程	
SN/T 1133—2002	进出口肉及肉制品中持久霉素残留量检验方法　打孔法	
SN/T 1134—2002	进出口肉及肉制品中维吉尼霉素残留量检验方法　杯碟法	
SN/T 1143—2002	简易熏蒸库熏蒸操作规程	
SN/T 1150—2002	南芥菜花叶病毒检疫鉴定方法	
SN/T 1151.2—2002	对虾白斑病毒（WSV）聚合酶链式反应（PCR）检测方法	
SN/T 1151.3—2002	斑节对虾杆状病毒（MBV）诊断方法	
SN/T 1155—2002	玉米霜霉病菌检疫鉴定方法	
SN/T 1156—2002	进出境瓜果检疫规程	
SN/T 1157—2002	进出境植物苗木检疫规程	
SN/T 1158—2002	进出境植物盆景检疫规程	
SN/T 0068—2003	进出口毛皮服装检验规程	SN 0068—1992

（续）

标 准 号	标 准 名 称	代替标准
SN/T 0069—2003	进出口皮革服装检验规程	SN/T 1009—2001
SN/T 0070—2003	进出口皮帽检验规程	SN 0070—1992
SN/T 0076—2003	进出口毛皮褥子检验规程	SN 0076—1992
SN/T 0473—2003	进出口含脂毛检验规程	S/T 0473—1995
SN/T 0479—2003	进出口羊毛条检验规程	SN/T 0479—1995
SN/T 1183—2003	进出口皮箱、皮包、皮夹检验规程	
SN/T 1194—2003	植物及其产品转基因成分检测抽样和制样方法	
SN/T 1195—2003	大豆中转基因成分定性 PCR 检测方法	
SN/T 1196—2003	玉米中转基因成分定性 PCR 检测方法	
SN/T 1197—2003	油菜籽中转基因成分定性 PCR 检测方法	
SN/T 1198—2003	马铃薯中转基因成分定性 PCR 检测方法	
SN/T 1199—2003	棉花中转基因成分定性 PCR 检测方法	
SN/T 1200—2003	烟草中转基因成分定性 PCR 检测方法	
SN/T 1201—2003	植物性饲料中转基因成分定性 PCR 检测方法	
SN/T 1202—2003	食品中转基因植物成分定性 PCR 检测方法	
SN/T 1203—2003	食用油脂中转基因植物成分定性 PCR 检测方法	
SN/T 1204—2003	植物及其加工产品中转基因成分实时荧光 PCR 定性检测方法	
SN/T 1205—2003	纺织品　羊毛、腈纶、锦纶和氨纶定量化学分析方法	
SN/T 1206—2003	纺织品　氨纶/胶乳定量化学分析方法	
SN/T 1303—2003	蜂王浆中苯甲酸、山梨酸、对羟基苯甲酸酯类检验方法液相色谱法	

农产品加工业其他行业标准（2002—2003）

标 准 号	标 准 名 称	代替标准
LY/T 1603—2002	木材干燥室（机）型号编制方法	
HY/T 060—2002	中空纤维超滤装置	
HY/T 061—2002	中空纤维微滤膜组件	
HY/T 062—2002	中空纤维超滤膜组件	
HY/T 063—2002	管式陶瓷微孔滤膜元件	
HY/T 064—2002	管式陶瓷微孔滤膜测试方法	
HY/T 065—2002	聚偏氟乙烯微孔滤膜	
HY/T 066—2002	聚偏氟乙烯微孔滤膜折叠式过滤器	
HY/T 067—2002	水处理用玻璃钢罐	
HY/T 068—2002	饮用纯净水制备系统 SRO 系列反渗透设备	
LS/T 1202—2002	储粮机械通风技术规程	
LS/T 1203—2002	粮情测控系统	
LS/T 1204—2002	谷物冷却机低温储粮技术规程	
LS/T 1205—2002	粮食烘干机操作规程	
LS/T 6101—2002	谷物黏度测定　快速黏度仪法	
YC/T 148—2002	卷烟、雪茄烟　基本计量单位	
YC/T 149—2002	烟草及烟草制品　转基因的测定	
YC/T 159—2002	烟草及烟草制品　水溶性糖的测定　连续流动法	

（续）

标准号	标准名称	代替标准
YC/T 160—2002	烟草及烟草制品　总植物碱的测定　连续流动法	
YC/T 161—2002	烟草及烟草制品　总氮的测定　连续流动法	
YC/T 162—2002	烟草及烟草制品　氯的测定　连续流动法	
YC/T 16.1—2002	再造烟叶　第1部分：辊压法	YC/T 16—1994
YC/T 16.2—2002	再造烟叶　第2部分：稠浆法	YC/T 16—1994
YC/T 16.3—2003	再造烟叶　第3部分：造纸法	YC/T 16—1994
YC/T 37.4—2003	滤棒物理性能的测定　第4部分：硬度	YC/T 37.4—1996
YC/T 145.10—2003	烟用香精　抽样	
YC/T 163—2003	卷烟　膨胀梗丝填充值的测定	
YC/T 164—2003	烟用香精和料液	
YC/T 165—2003	烟草—水分的测定　卡尔费休法	
YC/T 166—2003	烟草及烟草制品　总蛋白质含量的测定	
YC/T 167—2003	烟丝膨胀率检测方法	
YC/T 168—2003	膨胀叶丝　二氧化碳法	
YC/T 173—2003	烟草及烟草制品　钾的测定　火焰光度法	
YC/T 174—2003	烟草及烟草制品　钙的测定　原子吸收法	
YC/T 175—2003	烟草及烟草制品　镁的测定　原子吸收法	
YC/T 176—2003	烟草及烟草制品　石油醚提取物的测定	
YC/T 177—2003	卷烟企业标准体系的构成及指南	
YC/T 178—2003	烟丝整丝率、碎丝率的测定方法	

农产品加工业发明专利（2002—2003）

[2002—2003年农产品加工业（含加工制品、加工技术与设备）部分专利选摘]

申请或批准号	发明名称	申请人	通讯地址	发明人
02255902.7	石花菜凉粉袋装食品	孙维江	(266229) 山东省青岛市即墨大信镇碾子头村	孙维江 王金明
02275023.1	胶囊盐	陈以国	(110032) 辽宁省沈阳市皇姑区崇山东路79号	陈以国、 成泽东
02208802.4	具有核—壳结构的食品粉末油脂微胶囊	王　申	(100081) 北京市海淀区车道沟10号院1塔1056室	王　申、 任红卫等
02137328.0	全营养保健蛋白质粉	任传谦、任家渊	(200081) 上海市虹口区四川北路1953弄150号	任传谦、 任家渊
02125385.4	五香松花皮蛋	周国平	(336000) 江西省宜春市环城东路178号	周国平
03111195.5	一种复合蛋白保健食品	孙　亮	(125017) 辽宁省葫芦岛市连山区虹螺岘团山村葫芦岛爱克生物工程有限公司	孙　亮
02153002.5	一种果脯蜜饯肠或中药保健疗效果蔬杂粮蜜饯肠	沈根林	(322006) 浙江省义乌市上溪镇吴店上店村	沈根林
02108374.6	一种脂肪酸比例合理的植物调和油	南海油脂工业（赤湾）有限公司	(518068) 广东省深圳市蛇口赤湾右炮台路15号	杨波涛、 谢黔岭

（续）

申请或批准号	发明名称	申请人	通讯地址	发明人
02150058.4	营养牛奶豆制品	蒋才国	（214171）江苏省无锡市惠山区西漳镇新街村张巷115号	蒋才国
02124020.5	中老年功能营养组合速溶咖啡	马占田	（467000）河南省平顶山中兴北2号兴达公司专利部	马占田
02124014.0	中老年功能营养组合可可花生奶	马占田	（467000）河南省平顶山中兴北2号兴达公司专利部	马占田
03109069.9	新生婴儿奶粉	石家庄三鹿集团股份有限公司	（050071）河北省石家庄和平西路539号	田文华、王玉良等5人
02139467.9	一种以可食性材料制备的分子膜果蔬保鲜剂	杨陵四元生物科学技术有限公司	（710049）陕西省杨陵纬一路一号创业大厦309	王刃锋
02151198.5	一种果品保鲜剂	郭丽娅	（317000）浙江省临海市巾山东路农村信用联社人教科	郭丽娅
02111171.5	一种果蔬生物保鲜剂	上海宇盛科技有限公司	（200433）上海市国定路335号	陈新宇、翁清清等5人
02110264.3	加工松花蛋的料液	李毅力	（271500）山东省东平县县城东山路国丹松花蛋厂	李毅力
01128434.X	利用鱼粉厂排放的新鲜无污染鱼汁制取海鲜精	黄　磊	（330008）江西省南昌市经堂巷25号南昌福斯特生物技术研究所	黄　磊
02109132.3	健身解毒茶	王明礼	（113006）辽宁省抚顺市顺城区临江派出所26委4组宁远街17楼4单元104号	王明礼
02122945.7	一种黄芩茎叶袋泡茶	承德市滦河源中药材种植园	（067000）河北省承德市冯营子镇三道弯村	张云鹏
02152150.6	银杏桑叶茶	广东益万家食品有限公司	（510240）广东省广州市宝岗大道昌盛里32号之3	林绍文
02267573.6	多功能香烟	何晓泉	（277600）山东省微山县水利电力部十三局	何晓泉
02288023.2	一种新型保健香烟	李贵金	（155100）黑龙江省双鸭山市尖山区一马路春光胡同119号	李贵金
02272339.0	一种防污染香烟	苏国会	（121600）辽宁省兴城市宁远街道办事处铁西居委1组	苏国会
02228185.1	一种能过滤有害物质的香烟	宋春海	（323400）浙江省松阳县紫荆路127号	宋春海
02243247.7	安全环保烟嘴	方伟泽	（518026）广东省深圳市福田区福中路莲花三村紫玉花园18D	方伟泽
02253944.1	具有防伪性能的印刷纸	扈　竣	（300071）天津市南开大学西南村54号楼1单元402室	扈竣、张刚等4人
02275433.4	四层转移印色纸	贺朝富	（110013）辽宁省沈阳市和平区二纬路9号第六印刷厂	贺朝富

（续）

申请或批准号	发明名称	申请人	通讯地址	发明人
02280709.8	水稻全植物纤维地膜纸	黑龙江省造纸工业研究所	（157013）黑龙江省牡丹江市光华街5号	王连科、杨金玲等5人
02283038.3	双面织锦提花织物	杭州万事利丝绸科技有限公司	（310021）浙江省杭州市机场路195号	伏兵、马廷方
02106720.1	织物印花的方法及其所制得的印花织物	福懋兴业股份有限公司	中国台湾	廖义鸿
02273542.9	亚麻双层电脑提花色织装饰织物	黑龙江省北方亚麻研究所	（150036）黑龙江省哈尔滨市香坊区赣水路12号3211	蒋裕生
02246897.8	复合式纺织品	曜良实业股份有限公司	中国台湾	黄建文
02234053.X	复合防滑编织布	宏投包装（杭州）有限公司	（311100）浙江省杭州市余杭区洪丰路超峰路口	吕发炫
02155036.0	大豆蛋白纤维专用锡林金属针布	东华大学	（200051）上海市长宁区延安西路1882号	王　兟
02235456.5	一种弹力裘皮面料	李长松	（062350）河北省肃宁县尚村天龙皮草有限公司	李长松
02264776.7	抗皱防缩新型衬衫	凯诺科技股份有限公司	（214426）江苏省江阴市新桥镇	徐锡芳
02260792.7	抗皱真丝针织T恤衫	陈伯根	（311818）浙江省诸暨市陈蔡镇浙江省诸暨市梦薇娜T恤有限公司	陈伯根
02217182.7	天然抗菌内裤	余钢纲、上海五金矿产进出口公司	（200020）上海市淮海中路927弄85号	余钢纲
02289736.4	防静电毛针织服	宝应县恒安针纺织品有限公司	（225800）江苏省宝应县城叶挺路东首	沈茂宏、吴正祥
02138514.9	天然彩色棉纺纱加工工艺	刘小珍	（213161）江苏省常州市武进高新技术产业开发区古方中路1号	邵楠、俞春兰
02222416.5	便携式棕纤维卧具	南方汇通股份有限公司	（550017）贵州省贵阳市白云区都拉营南方汇通股份有限公司	刘楚贤等4人
02265346.5	多功能写字台低柜床	庄兴华	（200080）上海市虹口区东余杭路541弄109号	庄兴华
02110225.2	粉丝废水回收蛋白工艺	陈利民	（265400）山东省招远市初山路103号环境保护局	陈利民
02133554.0	白色无异味交联蚕蛹分离蛋白粉制造工艺	重庆大学	（400044）重庆市沙坪坝区沙坪坝正街174号	周小华
02151189.6	一种低热量荸荠纤维营养片及其制备工艺	南昌大学	（330047）江西省南昌市南京东路235号	曹凯光
03118448.0	一种食用调和油及其生产工艺	薛国顺	（455141）河南省安阳市矿务局红岭煤矿	薛国顺

(续)

申请或批准号	发明名称	申请人	通讯地址	发明人
02136801.5	一种净菜加工保鲜工艺	浙江省农业科学院	(310021) 浙江省杭州市新石桥路198号食品研究所	郜海燕、陈文烜
02136800.7	板栗贮藏保鲜工艺	浙江省农业科学院	(310021) 浙江省杭州市新石桥路198号食品研究所	郜海燕、陈文烜
02114942.9	一种桑树叶茶叶的加工工艺	苏坤成	(528415) 广东省中山市小榄镇基头大街六巷5号	苏坤成
02160199.2	改性甲壳素—壳聚糖和粘胶纤维纺丝原液共混材料的制造工艺及制品	上海士林纺织有限公司	(201100) 上海市沪闵路6269号银霄大厦1105室	吴学东、何汉宏
02115321.3	半干型荔枝干、龙眼干的焙制保存方法	广东省农业科学院果树研究所	(510640) 广东省广州市天河区五山省果树所	蔡长河、袁沛元等5人
02120506.X	特种无铅皮蛋系列及其加工方法	夏泽湘	(410001) 湖南省长沙市五里牌南湖市场附45号	夏泽湘
02108381.9	从脱脂棉粕中提取分离蛋白质的方法	新疆科赛生物工程有限公司	(832014) 新疆维吾尔自治区石河子市经济技术开发区71号小区	李树贤、孙雪玲、惠向斗
02157955.5	一种以大豆为原料酶法生产植物蛋白胨的方法	范铁生	(472000) 河南省三门峡市文明路中段市直综合楼512室三门峡市华润生物制品有限责任公司	范铁生
02115240.3	用天然酶水解鱼贝蛋白的方法	章超桦、潘大兴等4人	(510000) 广东省广州市开发区青年路7号利丰大厦1706房	章超桦等4人
02159426.0	油橄榄叶食品及其制备方法和应用	北京华源生命科贸发展有限公司	(100027) 北京市东三环北路辛2号迪阳大厦17层	江天、徐纬英等4人
02144965.1	一种含有植物精华素的奶制品及其生产方法	钟惠伦、何东慧	(110043) 辽宁省沈阳市东陵区万柳塘路103号	钟惠伦、何东慧
02149605.6	一种全营养型早餐奶及其制备方法	华南理工大学	(510640) 广东省广州市天河区五山路381号	吴晖等4人
02151741.X	一种冻干枣及其制备方法	山西省吕梁地区食品研究所	(033000) 山西省吕梁地区兴隆街111号	曹有福等4人
03102411.4	一种醉枣的制备方法	吴　伟	(100071) 北京市丰台区丰泽街8号城市经典E座410号	吴　伟
02134870.7	脱水荔枝果肉的加工方法	华南农业大学	(501642) 广东省广州市天河区五山华南农业大学	李远志等4人
02141704.0	龙眼保鲜剂及其制作方法	钱倚剑、林昭华	(570203) 海南省海口市海府路89号海南省科技厅	钱倚剑、林昭华
03103627.9	葡萄促干剂及其制备方法	克热木·司马义	(838011) 新疆维吾尔自治区吐鲁番市胜金乡胜金村村委会9村11号	克热木·司马义
02110149.3	一种脱水葡萄的生产方法	莱阳市远洋食品有限公司	(265226) 山东省莱阳市大夼镇驻地	宋述孝、王官德、刘芳

（续）

申请或批准号	发明名称	申请人	通讯地址	发明人
02134343.8	一种荔枝贮藏、运输保鲜方法	钟楚杰	516000 广东省惠州市云山西路 6 号江北行政中心 5 号楼 1 楼	钟楚杰
02108636.2	纳米果蔬保鲜剂及其制备方法	汪景山	（650216）云南省昆明市大树营大营新村一幢一单元 501 号	汪景山
02150916.6	水果蔬菜的生物保鲜剂及其制备方法	浙江大学	（310027）浙江省杭州市西湖区玉古路 20 号	茅林春
02115148.2	一种以红景天、灵芝为主料的保健茶及其制备方法	章　浩	（231334）安徽省舒城县舒茶镇街道 61 号	章　浩
02109899.9	松茸保健茶及其加工方法	孙平光	（133100）吉林省图们市口岸大街 31 号	孙平光
02116430.4	一种芦荟保健茶及其生产方法	深圳市润邦实业发展有限公司	（518067）广东省深圳市蛇口花果山大厦 A 座 1604	宇文军利
03104027.6	实用菊的保鲜方法	陈明华	（310001）浙江省杭州市中山中路 279 弄 6 号 712 室	陈明华
02114156.8	一种增加茶叶中 r－氨基丁酸含量的方法	湖南省茶叶研究所	(410125)湖南省长沙市芙蓉区马坡岭省农业科学院内湖南省茶叶研究所	黄亚辉等 3 人
02147896.1	用于生产改性烟用丝束的改性聚丙烯烟用丝束专用切片及其工艺	湖北玉阳化纤科技股份有限公司	（444100）湖北省当阳市广州路 77 号	叶兆清、方　斌
03112902.1	叶丝快速膨化干燥方法	江苏智思机械制造有限公司	（213161）江苏省常州市武进区湖塘镇人民西路 99 号	杜爱祥、马铁兵
03108139.8	一种降低烟草焦油中有害成分的方法	中国科学院山西煤炭化学研究所	（030001）山西省太原市 165 信箱	侯相林等 4 人
02113825.7	烟草等物品在线检测中的异物识别方法	重庆大学	（400044）重庆市沙坪坝区沙正街 174 号	钟先信、陈文涛、李　涛
02116594.7	一种促进打叶复烤烟叶自然醇化的生物酶处理方法	中国农业大学	（100083）北京市海淀区清华东路 17 号食品学院	孙君社、马　林
02114094.4	一种复烤片烟烟包真空降温的方法	常德卷烟厂	（415000）湖南省常德市洞庭大道西段 199 号	朱效群等 4 人
03116832.9	精纺羊毛织物及成衣形态持久稳定整理工艺	上海工程技术大学	（200336）上海市长宁区仙霞路 350 号	沈勇、丁颖等 4 人
02151225.6	溶剂法纤维素纤维的纺丝原液的制备工艺	东华大学	（200051）上海市延安西路 1882 号	邵惠丽、胡学超等 4 人
02115721.9	蛋白质合成纤维脱甲醛的方法	胡宗善、宋惠远	（450007）河南省郑州市工商银行建设路支行胡世红转	胡宗善、宋惠远

（续）

申请或批准号	发明名称	申请人	通讯地址	发明人
02115722.7	动物毛蛋白质再生纤维纺丝原液及其生产方法	胡宗善、宋惠远	（450007）河南省郑州市工商银行建设路支行胡世红转	胡宗善、宋惠远
02139906.9	分段式苎麻脱胶生产方法	戴伟华	（414000）湖南省岳阳市洞庭苎麻纺织厂一区9栋106	戴伟华
02144623.7	加工处理亚麻棉设备及工艺方法	于长江	（150086）黑龙江哈尔滨市南岗区学府路哈铁南站小区13栋3单元3楼2号	于长江
02151265.5	竹材成纤的制备方法	东华大学	（200051）上海长宁区延安西路1882号	俞建勇等5人
02125205.X	一种生产高支纱线的方法及其设备	天津工业大学	（300160）天津市河东区程林庄路63号	滑钧凯等4人
02268473.5	多功能食品机	孟祥懂	（276005）山东省临沂市临沂第十中学	孟凡信等4人
02200648.6	全封闭自动米皮制作机	孙金生	（130011）吉林省长春市绿园区汽车厂二区四十九街区11栋4门3楼68中门	孙金生
02224893.5	高效包饺子机	廖林如	（730070）甘肃省兰州市兰州铁道学院机械99级城市轻轨车辆专业34号信箱	廖林如
02249374.3	自动煮饭机	李海林	（537312）广西壮族自治区平南县寺面镇六合村下三组	李海林
02234196.X	高效菜馅机	侯朝佐	（163113）黑龙江省大庆市采油三厂拥军区2－12－2－302室	侯朝佐
02206871.6	自动连续炒菜机	李林增	（264000）山东省烟台市芝罘区福华街24－2	李林增
02231375.3	自动水晶粉条加工机	通许县丽星粉皮淀粉设备厂	（475400）河南省通许县城北开发区丽星粉皮淀粉设备厂	孙德胜、孙庆新
02278226.5	保温自熟式粉丝自动挤丝机	黄安全	（336000）江西省宜春市考棚路12号2栋4号	黄安全
02222388.6	一种直热式高效豆浆机	肖培荣	（650000）云南省昆明市圆通大桥东侧（昆明菲特机械设备公司）	肖培荣
02235106.X	家用压制豆腐机	周　正	（110011）辽宁省沈阳市沈河区承德路3号沈阳同泽高级中学1.9班	周正、王涛等4人
02273512.7	自动豆花机	金哲洙	（133414）吉林龙井市东盛涌镇兴南村	金哲洙
02262431.7	自动豆芽机	刘茂金	（214062）江苏省无锡市蠡溪路金都厨房设备厂	刘茂金
02262416.3	薯条切割机	东台市食品机械厂	（224237）江苏省东台市弶港镇浪港路1号	何贤用

（续）

申请或批准号	发明名称	申请人	通讯地址	发明人
02223805.0	雪米饼膨化成型机	肖志敏、黄卓士	（410002）湖南省长沙市黄兴南路216号	肖志敏等2人
02266517.X	罐装、瓶装或纸盒装食物加热机	上海富申冷机有限公司	（200436）上海市沪太路1856号	顾云峰
02224564.2	多功能真空冷冻干燥机主机	张恕修	（730000）甘肃省兰州市城关区南昌路258号	张恕修
02203898.1	一种咖啡豆的脱壳、分瓣、脱膜机	慈霖机械股份有限公司	台湾省彰化县	陈国枝
02267420.9	一种挤奶机	张　军	（261011）山东省潍坊市潍城区安顺路20号潍坊塑料一厂	张 军
02269844.2	卧式水果蔬菜洗净机	王宝民	（250021）山东省济南市天桥区制锦市街13号东单元102室	王宝民
02282039.6	芦荟去皮机	北京工商大学	（100037）北京市海淀区阜成路11号芦荟中心	董银卯、赵华等4人
02206407.9	核桃青皮剥离清洗机	新疆农业科学院农业机械化研究所	（830091）新疆维吾尔自治区乌鲁木齐市南昌南路一号	梁勤安、杨军等4人
02214380.7	蔬菜水果削皮机	温永林	（265400）山东省招远市河东路811号	温永林
02237916.9	蒜头剥粒机	吴秀凉	中国台湾	吴秀凉
02259384.5	一种干鲜果蔬榨取冷热汁饮一体机	赵增新	（063000）河北省唐山市路北71号小区26楼1门503室	赵增新
02263117.8	移动式冰淇淋机	刘瑞光	（221009）江苏省徐州市解放南路187号	刘瑞光
02272394.3	家用冰淇淋机	顾金福	（528305）广东省顺德市容桂区高黎工业区凯地电器有限公司	顾金福
02216186.4	食用造雪机	徐光启	（321306）浙江省永康市芝英街道办事处下徐店村	徐光启
02248350.0	多功能榨汁刨冰机	陈明开	（528305）广东省顺德市容桂区上佳市五村九万巷13号	陈明开
02215942.8	剥敲机构及利用该机构的自动剥蛋壳机	张敏雄	台湾省台中县潭子乡头家村大通街93巷88号	张敏雄
02236613.X	打瓜取籽机	王克仁、赵毅兵、杜春华	（832028）新疆维吾尔自治区石河子一四一团暖风机厂	王克仁等3人
02234207.9	瓜籽分离机	李景令	（156601）黑龙江省宝清县夹信子镇向山村	李景令
02269738.1	板栗苞剥离机	吴德华	（233020）安徽省蚌埠市淮河公路桥北首淮丰农业机械有限责任公司	吴德华等5人
02284595.X	板栗刺壳脱壳机	陆华灵	（547400）广西壮族自治区东兰县县城五峰路华林农机厂	陆华灵

（续）

申请或批准号	发明名称	申请人	通讯地址	发明人
02216436.7	板栗脱壳去衣机	浙江大学	（310027）浙江省杭州市西湖区玉古路20号	郑传祥
02207847.9	芡实种子剥壳机	苏州市水利农机科学研究所	（215128）江苏省苏州市吴中区宝带东路231号	成永芳等3人
02277121.2	网眼凹凸式莲子剥壳机	谷正明	（415000）湖南省常德市武陵区皂果小区三岔路办事处院内李晓玲收转	谷正明
02267521.3	新型山茱萸去核分离机	姚贵成	（474550）河南省西峡县二郎坪乡大庙村	姚贵成
02267895.6	一种新式花生米脱皮机	庄会全	（276600）山东省莒南县相邸镇徐家相邸村	庄会全
02206829.5	一种全自动剥皮机	林新发	（351264）福建省仙游县龙华镇上运村	林新发
02229396.5	一种自动剥麻机	武汉红桥苎蔴科技发展有限公司	（430010）湖北省武汉市江岸区井南路特2号	魏新荣等3人
02238460.X	茶叶微波杀青机	陈广德、吕少沛等3人	（321200）浙江省武义县武阳镇武阳东路39号	陈广德等3人
02215481.7	新型龙井茶机	王贤昌	（312530）浙江省新昌县澄潭开发区昌通名茶机械厂	王贤昌
02262922.X	碧螺春茶叶成形机	南京市机械研究所	（210005）江苏省南京市中山路韩家巷34号	董伯凡等3人
02204989.4	气搅拌浸烫机	北京有色金属研究总院	（100088）北京市新街口外大街2号	周新明、杨汝禄
02224904.4	秸秆颗粒饲料膨化机	西北农林科技大学机械与电子工程学院	（712100）陕西省杨陵区西北农林科技大学（西农校区）	薛少平、阎勤劳等4人
02217229.7	棉籽膨化机	周殿英	（200062）上海市中山北路2410号1801－1803号	周殿英
02210564.6	一次性植物纤维餐饮具成型机	榆树市鑫拓有限责任公司	（130400）吉林省榆树市红佰都宾馆303室	唐云彪
02268470.0	果蔬真空预冷降解残留双效成套设备	顾严亮	（264001）山东省烟台市芝罘区二马路45－6号	顾严亮、刘川林
02238117.1	输送式蔬菜清洗、风干设备	农业部规划设计研究院	（100026）北京市朝阳区麦子店街41号	王莉
02261875.9	可移动鲜果蔬原汁加工设备	孙学义	（710000）陕西省西安市北关草滩路34号	孙学义
02230082.1	瓶装食品微波灭菌设备	吴能福、吴琦、吴京	（550018）贵州省贵阳市新添大道北段302号	吴能福、吴琦、吴京
02253500.4	发芽糙米的一体化生产设备	刘刚、杨春华、杨明毅	（100083）北京市朝阳区德外北沙滩1号	杨明毅、杨春华、刘刚
02218674.3	茶叶微波杀青干燥设备	农业部南京农业机械化研究所	（210014）江苏省南京市柳营100号	肖宏儒等4人

（续）

申请或批准号	发明名称	申请人	通讯地址	发明人
02242777.5	冲泡式饮料的淬取设备	慈霖机械股份有限公司	台湾省彰化县	陈国枝
02235713.0	包子成型装置	蔡金源	（100018）北京市733信箱五号楼	蔡金源
02228986.0	履带式肉、鱼丸成型加工装置	张志标	（364116）福建省龙岩市永定县湖雷镇罗陂村	张志标
02206131.2	多功能挤压膨化装置	东北农业大学	（150030）黑龙江省哈尔滨市香坊区木材街59号	申德超
02139881.X	颗粒状复合植物蛋白晶制造方法及其装置	舒永兴	（410007）湖南省长沙市雨花区东塘牛角塘五栋东二门一楼103室	舒永兴
02270096.X	高盐稀态高档酱油专用炒麦生产装置	李洪昌	（250117）山东省济南市渔场南邻（位里4号）济南市槐荫区食品酿造机械厂	李洪昌
02213222.8	花生米脱皮装置	孙公鑫	（266200）山东省青岛即墨市经济开发区后庵村11号	迟俊德、孙公鑫
02263430.4	冷藏真空保鲜装置	陈金贵	（213123）江苏常州市龙虎塘南街36号	陈金贵
02276706.1	柿子、山楂果快速脱涩温度自动控制装置	李进洪	（542500）广西壮族自治区桂林市恭城县冶炼厂	李进洪
02229523.2	从茶叶中提取咖啡因的实验装置	武汉大学	（430072）湖北省武汉市武昌珞珈山	丁强、姜照慈、封孝华
02224451.4	生猪屠宰用的柔性脱毛装置	史忠信	（710300）陕西省西安市户县玉蝉乡陂头村	史忠信
02204990.8	一种用于禽类脱羽机上的脱羽装置	北京有色金属研究总院	（100088）北京市新街口外大街2号	郑杰、邹正烈、周新明
02202374.7	多槽型节能制茶锅	封晓峰	（324000）浙江省衢州市北门外航头街绿峰茶机有限公司	封晓峰
02294067.7	带有锁定保险机构的食品搅拌器	刘丽玲	（528427）广东省中山市南头镇升辉南路中山市好妈咪电器厂	刘丽玲
02231347.8	管道式牛奶直接冷却器	王彦彪	（014030）内蒙古自治区包头市青山区钢铁大街40号	王彦彪
02223635.X	食用空心、带馅粉线加工机模具	沈哲明	（410075）湖南省长沙市中南大学铁道校区梅岭村16栋105号	沈哲明
02228487.7	肉、鱼丸生产专用模具	张国中	（361000）福建省龙岩市永定县湖雷罗波村	张国中
02246601.0	新型夹瓜子用具	王逊扬	（110005）辽宁省沈阳市和平区和平南大街94号沈阳市铁路第二中学1.1班	王逊扬、龙云舟
02257133.7	一种烟叶装箱包装机	颐中烟草（集团）有限公司	（266021）山东省青岛市市北区华阳路20号颐中烟草（集团）有限公司	蒲强、孙佐

（续）

申请或批准号	发 明 名 称	申请人	通 讯 地 址	发明人
02239058.8	刮板式烟梗回潮机	秦皇岛烟草机械有限责任公司	(066000)河北省秦皇岛市海港区海阳路266号	许礼春、张春兰等4人
02241945.4	水槽式烟梗回潮机	秦皇岛烟草机械有限责任公司	(066000)河北省秦皇岛市海港区海阳路266号	王浩杰、张殿兴等4人
02206714.0	滚筒式叶片回潮机	中国烟草总公司秦皇岛烟草工业机械厂	(066000)河北省秦皇岛市海港区海阳路266号	王立春、赵艳玲、李彪
02230194.1	烟草薄片微波烘烤设备	云南昆船第一机械有限公司	(653100)云南省昆明市502信箱一分箱	常殿英、张俊荣
02130917.5	烤烟温湿度自动控制方法及其装置	北京普照机电有限公司	(100093)北京市海淀区香山门头村612号	郭倞阊、张小并
02276693.6	烟叶烤房湿度控制装置	贵州省烟草公司松桃苗族自治县公司	(554100)贵州省烟草公司松桃县公司	李万扬、聂平
02247603.2	烟草膨胀浸渍器	秦皇岛烟草机械有限责任公司	(066000)河北省秦皇岛市海港区海阳路266号	朴燕南、罗秀芬等4人
02234503.5	香烟滤嘴连接器	徐慧如	台湾省台南市	徐慧如
02276746.0	滚刀式烟草切丝机的切丝机构	昆明烟机集团二机有限公司	(650216)云南省昆明市东郊金马寺	张中伟
02200175.1	烟叶烘烤监控仪	河南农业大学	(450002)河南省郑州市文化路95号	宫长荣、潘建斌
02224638.X	浆料废水循环造纸机	赵君福	(726208)陕西省丹凤县棣花镇西街村6组	赵君福
02253118.1	多圆网不排污水箱板瓦楞纸造纸机	宋大兴	(300222)天津市河西区灰堆风致里40门301	宋大兴
02246111.6	潜水圆网不排污的板纸、瓦楞纸和夹筋纸造纸机	宋大兴	(300222)天津市河西区灰堆风致里40门301	宋大兴
02233439.4	干煸分离草浆机	朱杰、朱晓平	(100055)北京市莲花池东路116-2号瑞尔威饭店417房间	朱杰、朱晓平
02269383.1	高效转鼓辊筒式水力碎浆机	淄博国信轻工机械有限公司	(256403)山东省淄博市桓台县新城镇城西村	王秉华
02214392.0	纸浆浓缩机	张新华	(250108)山东省淄博市周村区东塘村10号楼1单元301号	张新华
02237747.6	纸浆油墨分离装置	李永政	(264005)山东省烟台市莱山区烟台大学学术交流中心311室	李永政
02238364.6	纸餐盒餐具成型加热储能箱	韩景光	(150046)黑龙江省哈尔滨市动力区林机街12号楼3门5-3	韩景光
02218750.2	并、捻、摇联合制股机	商桂芬	(224700)江苏省建湖县建湖镇镇南巷29号	商桂芬
02226601.1	布料缩水机	东莞石碣伟利达制衣整烫机械厂	(523306)广东省东莞市石碣镇崇焕路东祠路段	黄宗伟、黄锐华
02207957.2	复合式染布机	亚伦	台湾省台北市	亚伦

（续）

申请或批准号	发明名称	申请人	通讯地址	发明人
02241233.6	改良的花式毛、棉纺花式捻纱机	萧家亮	台湾省桃园县龙潭乡黄塘村2邻16之3号	萧家亮
02238837.0	高速编织机	黎日佳	（528315）广东省顺德市乐从镇大罗工业区佳美五金厂	黎日佳
02212875.1	高速无梭宽幅织带机	李呈祥	（273600）山东省成武县田集工业开发区绝缘材料厂	李呈祥
02140846.7	滚刀式浮动皮辊轧花机	邯郸棉机有限公司	（056003）河北省邯郸市复兴区铁西南大街21号	赵明山等5人
02215028.5	捻织机	陈玉强	（313302）浙江省安吉县经济开发区水口村	陈玉强
02231069.X	可连续作业的全自动织布样品机	硕奇实业股份有限公司	中国台湾	钟日隆等3人
02200278.2	精梳机	山西经纬合力机械制造公司总厂	（030601）山西省晋中市榆次区经纬路150号	梁玉虎等4人
02221134.9	细纱机	刘树元、周中华	（214423）江苏省江阴市周庄镇长寿	刘树元等2人
02214897.3	气流式棉纤维清理机	李桂山	（250031）山东省济南市天桥区区政府成人教育局	李桂山
02235569.3	全自动汽蒸热力喷射植物纤维处理装置的预浸机	张礼松	（332000）江西省九江市三里街172号	张礼松
02282231.3	苇帘编织机	杨云利	（064100）河北省玉田县板桥镇西杨家套村	杨云利、杨云仓
02212335.0	原棉拣杂机	山东济宁樱花纺织集团有限责任公司	（272000）山东省济宁市市中区太白东路30号	徐广宁、王鲁民等4人
02215645.3	花式捻线机用快速打结装置	浙江精工科技股份有限公司	（312030）浙江省绍兴县柯桥街道柯西工业区鉴湖路	王妙娟等3人
02247631.8	花式纱线机用起花控制装置	浙江精工科技股份有限公司	（312030）浙江省绍兴县柯桥街道柯西工业区鉴湖路	郑光明等3人
02278276.1	铅布织机布边控制装置	武汉科技学院	（430073）湖北省武汉市武昌关山纺织路1号武汉科技学院科研处	冯昌、余伟等4人
02215646.1	花式纱线假捻成型装置	浙江精工科技股份有限公司	（312030）浙江省绍兴县柯桥街道柯西工业区鉴湖路	张鹏铭等3人
02155182.0	新型双轴向纬编针织物及其编织方法和专用横机经纬纱喂入装置	东华大学	（200051）上海市长宁区延安西路1882号	胡红、陈南梁、张佩华、王文祖
02260200.3	一种紧密纱纺纱装置	倪远	（200434）上海市闸北区临汾路135弄36号302室	倪远、倪笑天
02263272.7	一种织物的磨毛起绒装置	连云港鹰游纺机有限责任公司	（222004）江苏省连云港市盐河南路65号	张国良等3人
02112467.1	喷气涡流纺复式加捻器	东华大学	（200051）上海市长宁区 延安西路1882号	程隆棣等6人
02220451.2	皮革切条机	周青标	（325406）浙江省平阳县南雁镇雁东路99号	周青标

8

第八部分

农产品加工业大事记

大 事 记

1月

1日 经国务院批准，自2003年1月1日起，海关总署对《中华人民共和国海关进出口税则》的税目、税率进行调整。调整后关税算术平均总水平由12%下降至11%；进口税则普通税率维持不变。继续对冻鸡、啤酒等51个税目的商品实行从量税或复合税，其税率较2002年有不同程度的降低。继续对小麦、豆油等10种农产品和尿素等3种化肥实行关税配额管理，其配额外税率较2002年有不同程度的降低，配额内税率未作调整。

10日 农业部、国家计委、国家经贸委、财政部、外经贸部、中国人民银行、国家税务总局、中国证监会、全国供销合作总社等九部门在北京联合举行新闻发布会，宣布了北京汇源饮料食品集团有限公司等235家企业被认定为第二批农业产业化国家重点龙头企业，在第一批151家国家重点龙头企业中有14家被取消国家重点龙头企业称号。目前，农业产业化国家重点龙头企业已达372家。

13日 全国农业工作会议在北京闭幕，会议确定了将重点抓好的7项主要工作：一是大力推进优势农产品区域布局，重点实施好高油大豆和优质专用小麦等区域布局规划。二是加快农业科技进步，突出重点产业和优势产品，加强农业科研、引进、推广和高新技术产业化。三是努力提高农业产业化经营水平，促进龙头企业有一个大的发展，鼓励和支持发展多种形式的农民专业合作组织。四是建立健全农产品质量安全体系、农产品市场体系和农业社会化服务体系，提高农产品市场竞争力。五是加强农业基础设施建设和生态建设，积极争取投资，研究吸引社会资金投入农业的新办法。六是积极促进农村富余劳动力转移，大力发展农产品加工业和农村服务业。七是认真落实党的农村政策，稳定家庭承包经营，深化农村改革。

14日 全国烟草工作会议在北京隆重召开。这次会议全面总结了2002年工作，安排了2003年任务，重点分析了当前行业形势，研究确定了今后一个时期改革与发展的基本思路。国家烟草专卖局局长姜成康、副局长潘必兴、杨传德、张保振等领导出席会议。中组部、中纪委、国家经贸委、国家计委、财政部、国家税务总局、国家质检总局、海关总署、审计署、公安部等有关单位的负责同志也应邀出席会议。

19日 国家营养与发展中心在北京发出第一张“营养强化食品”证明标识。据国家营养与发展中心负责人称，得此证书“家乐牌铁强化酱油”的生产企业联合利华（中国）有限公司，是第一批通过HACCP（食品安全体系）认证的酱油生产企业。

2月

10日 在北京举行了《农业质量标准》首发式，这是我国目前惟一有关农业质量标准、食品安全及检验检测技术的综合指导性刊物。该刊物由农业部主管，中国农业科学院主办。《农业质量标准》集综合性、法规性、权威性、指导性和服务性于一体，将成为各级农业行政管理、科研教学、检验检测、技术推广、生产企业等部门和相关人员的益友。

18日 近日从国家计委了解到，我国将重点实施六类现代农业高技术产业化示范工程，以促进农业结构调整和优化升级，推动先进技术向农业生产转移。这六类示范工程主要包括：高效种植业、养殖业优良新品种繁育及良种产业化示范；具有品牌优势、出口创汇能力的农产品种植、养殖技术产业化示范；设施农业技术集成产业化示范；农副产品深加工技术产业化示范；绿色环保型农业投入品的产业化示范；农业信息化示范。

27～28日 “中国食用菌协会第三届四次常务理事扩大会议”在北京裕龙大酒店召开，会议由顾二熊会长主持。会议总结了2002年工作，布置了2003年工作重点，审议了中国食用菌协会《关于实施食用菌标准化生产的意见》和《我国入世后食用菌产业的应对措施》。会议讨论了农业部《食用菌菌种管理办法》（征求意见稿）和中国食用菌协会《关于实施标准化生产的意见》。

3月

3日 根据原国家经贸委公告2003年第23号《关于国家储备糖储存仓库布局有关事项的通知》，确定顺德糖库等51家储存仓库和中国糖业酒类集团公司等35家代储单位作为国家储备糖定点储存仓库和代储单位。

7日 为期3天的“2003年亚洲食品配料及技术展览会”在上海光大会展中心举行。中外著名企业云集参展，他们来自日本、马来西亚、荷兰、美国、新加坡、法国、丹麦、芬兰、德国、韩国、以色列、比利时、土耳其、印度、菲律宾、英国、中国（包括香港、台湾地区在内）的22个国家的中外著名食品配料企业参加。展会同期举办了以“食品安全的现状和技术”为主题的研讨会，分“现代加工技术”、“卫生和微生物问题”、“清洁与消毒”和“快速检验法”四大版块。

20日 国家粮食局标准质量管理办公室下发通知（质检办便函［2003］1号），2003年度早晚籼、晚粳大米和南北方小麦粉加工精度标准样品已经全国审定会通过，于2003年7月1日起执行。大米和小麦粉加工精度标准样品，一经发布即为行业强制性标准。标准样品定点生产厂家为：江苏省宜兴粮油集团大米有限公司（早籼米、晚籼米标样）、江苏省吴江市卢墟米业有限公司（粳米标样）、江苏省张家港市面粉食品有限公司（南方小麦粉标样）、河南省新乡面粉厂（北方特一粉、北方标准粉标样）、河南省新乡市新良粮油加工有限公司（北方特二粉标样）。

22日 “首届中国果菜产业论坛”在北京人民大会堂开幕。主题为“走向世界的中国果菜产业”，旨在对加入WTO一年后的中国果菜产业进行总结，展示最新技术成果，交流投资贸易信息，传播经营管理经验，进一步提升中国果菜的质量和品牌优势，拓展产品营销渠道，推进中国果菜产业的市场化和国际化。开幕式上，举行了第三届“中国果菜产业十大杰出人物”颁奖仪式、“中国果菜10强县（市、区）”授牌仪式和《中国果菜产业大全（名录卷）》首发式。九届全国人大常委会副委员长布赫、农业部副部长张延喜、中华全国供销合作总社理事会副主任李春生、中国果品流通协会会长刘洪禄等领导出席了开幕式。

24～25日 国家粮食局粮食行政管理司在山东济南市召开“粮油深加工龙头企业座谈会”。会议围绕“以高技术带动传统粮食产业，促进粮油深加工产业化发展”的主题进行了研讨，对企业经营、管理情况、发展思路、产品技术、市场及存在的困难和问题等情况进行了交流，对国家粮食局如何加强粮油加工市场的管理、指导产业化发展以及政策扶持等方面提出了意见和建议。

4月

2～4日 由中国食品添加剂生产应用工业协会和中国贸促会轻工行业分会主办的“第七届中国国际食品添加剂展览会暨第十三届全国食品添加剂生产应用技术展示会”，在广州中国出口商品交易会展览馆落下帷幕。来自20个国家和地区的792家国内外食品添加剂、食品配料企业参展，展出面积27000m^2，参展商数量和展出面积均创历届之最。短短3天的展出，共接待了来自国内外的专业贸易人士达26000多人次。展会同期举行了3场专题学术交流会和10场新产品新技术介绍会。展览会期间公布了第二批中国食品添加剂百强企业名单。本届展览会以“发展食品添加剂工业，推动食品工业技术创新”为主题，为参展商与国内外食品用户架设一个超大型的国际性贸易和技术交流的平台。

20日 “首届中国罐头交易会”在海南省海口市开幕。中国罐头工业协会向国内外罐头经销商、贸易商广泛征求意见，并通过各种渠道邀请境外从事罐头贸易的商社来参加本次交易会，组织了国内百家有信誉和质量保证的优秀罐头生产企业参加本次交易会，在向商家推介中国罐头行业的优秀企业和名优产品的同时，力求起到促进行业之间交流，提高我国罐头产品的品牌知名度，推动内外销市场进一步发展。

21日 国家科技部发布了《国家“十五”重大科技专项“奶业重大关键技术研究与产业化技术集成示范”实施管理细则》，从组织管理、检查、考核、经费管理、验收与成果管理等方面制定了26条措施。旨在通过奶业重大关键技术的研究攻关与产业化技术集成示范，突破制约我国奶业发展的关键技术瓶颈，构建我国奶业科技创新体系与现代奶业产业化生产模式，大幅度提升我国奶业科技创新能力，推动我国奶业优质、高效发展，增强奶产品国际竞争力，促进奶业成为新时期我国农业及农村经济发展新的增长点及支柱产业。

5月

12日 根据《中华人民共和国标准化法》和《中华人民共和国标准化法实施条例》的有关规定，国家粮食局对2001年12月31日之前发布的粮食行业标准进行了清理整顿，并进行重新编号。公布了126项粮食行业现行标准代号，废止了23项行业标准。

19日 为尽快建立健全农产品质量安全检验检测体系，提高农产品质量安全检验检测水平，根据中共中央、国务院关于建立健全农产品质量安全检验检测体系的要求，结合农业和农村经济发展，农业部组织制定了《关于加强农产品质量安全检验检测体系建设的意见》，该意见已经2003年4月14日农业部常务会议审议通过，于今日发布实施。

20日 为期三天的“第六届中国普洱茶叶节”在思茅降下帷幕，参展的茶叶企业为72家，茶叶品种300多个，是历届茶叶节中最多的一次。商品交易额达到5.6亿元。茶叶节还推介102个招商引资项目，有19项签订合作合资协议。

27～29日 由湖南省经贸委、中国国际贸易促进委员会湖南省分会、长沙好博展览策划服务有限公司联合举办的“2003年（第二届）湖南全国纺织机械及缝制设备展览会”，在长沙湖南省展览馆举办。展出内容包括棉纺纺纱机械、织机机械、化纤机械、印染机械、针织机械、丝绸和绢纺机械、纺织机械器材及配件、缝纫机械及配件、洗涤整烫设备等。

30日 2001年至2002年国家粮食局组织粮食系统申报了原国家计委“农产品深加工食品工业专项”有关立项工作,共有6个项目批复立项。目前山东香驰粮油有限公司年产大豆分离蛋白2万t及副产品综合利用、中粮(江西)米业有限公司年加工处理稻谷37.5万t生产蒸谷米及副产品综合利用、辽宁鞍山市第五粮库年加工转化稻米30万t等3个项目,已通过国家粮食局组织的项目初步设计批复,并开工建设。

6月

2日 农业部和国家认监委联合公布了首批获得无公害农产品认证证书的产品目录。全国155家单位的214个产品通过了农业部农产品质量安全中心首批全国统一标志的无公害农产品认证，其中种植业产品115个，畜牧业产品15个，渔业产品84个。

10日 农业部召开全面推进“无公害食品行动计划”电视电话会议，农业部副部长范小建做了题为《全面推进“无公害食品行动计划”，大力提高农产品质量安全水平和市场竞争力》的报告。国家质量监督检验检疫总局、国家食品药品监督管理局、国家认证认可监督管理委员会、国家标准化管理委员会有关领导出席了会议。会议由农业部副部长齐景发主持。

18日 中国商务部部长吕福源和泰国商务部部长阿蒂赛分别代表两国政府在北京签署了《加速取消关税的协议》，中泰两国将自2003年10月1日起，在中泰之间提前实现蔬菜和水果产品的零关税。蔬菜和水果贸易共涉及188项产品（8位税号），其中，蔬菜产品为食用蔬菜、根及块茎（如萝卜、甜菜根等）等，共计108项；水果产品为食用水果及坚果等，共计80项。这两类产品在中泰贸易中占有较重要地位。

30日 国际食品法典委员会（CAC）第26届会议于2003年6月30日～7月7日在意大利罗马联合国粮农组织总部举行。我国派出了由农业部、卫生部、国家质检总局和香港特别行政区食品与环境卫生署的18名代表组成的中国代表团参加会议。

7月

7日 国家质检总局公布的肉类食品质量国家监督抽查结果显示，熏煮香肠、熏煮火腿、酱卤类肉制品、腌腊制品、中式香肠等五类肉制品产品抽样合格率为70%。国家质检总局共抽查了广东、山东、天津、四川、河南和湖南等6个省（市）39家企业生产的40种产品，合格28种。

8日 温家宝总理主持召开了国务会议。会议决定的内容包括：推进农业和农村经济结构调整，扩大优质农产品的生产，增加安全无公害绿色农副产品的供应，扶持畜牧业和水产养殖业的发展；做好农产品促销工作，抓紧建立农产品流通营销体系，努力扩大农产品出口；全面落实扶持发展乡镇企业的各项政策措施，大力推进农业产业化，支持重点龙头企业实施现代农业高技术产业化示范工程。

9日 为了从源头上确保学生奶的质量安全，国家“学生饮用奶计划”部际协调小组办公室正式启动“学生奶奶源升级计划”。该计划预计用3年的时间，实现的目标是：借鉴国内外先进经验，探索、建立一套与国际接轨、符合中国国情的奶源管理体系和生产规范，建立示范基地，提高奶牛养殖者的技术素质、奶源管理水平和原料奶质量，为学生饮用奶提供充足的优质奶源和产品质量安全保证，对全国奶业生产发挥示范和辐射作用。

8月

1日 从即日起，米、面、油、酱油、醋五类食品未加贴（印）食品市场准入标志，将不得出厂、不得销售，我国将全面实施食品质量安全市场准入制度。按规定，从事上述食品生产加工的企业必须具备相应的生产设备、检测手段、计量仪器、内部质量管理制度等，并获得《食品生产许可证》；食品出厂必须检验合格；必须加贴（印）食品市场准入标志，即QS（Quality Safety）质量安全标志。

17日 从今天闭幕的“2003年中国（昆明）食用菌商品展销会暨野生资源保护新产品开发会”上获悉：中国食用菌产业已发展成为全球食用菌生产第一大国，食用菌产业已成为农民增收最具潜力的一项新兴产业，去年年产干鲜混计的食用菌385万t，比上一年增长28%，直接产值超过了400多亿元人民币，已成为中国一些地区农民增加收入、脱贫致富奔小康的支柱性产业。目前，中国食用菌出口量已占全球贸易量的40%，占亚洲出口量的80%。中国的野生食用菌的驯化技术、遗传育种技术等都已达到国际领先水平。

21日 商务部召开“实施食品放心工程”电视电话会议。张志刚副部长强调，各地流通主管部门要在商品流通工作中全面实施食品放心工程，为人民群众创建放心购物、安全消费的环境，使人民群众吃上放心食品，改善生活质量。只有努力提高食品安全水平，进一步提高上市销售食品和出口农产品的卫生安全质量，才能保障扩大内需政策的落实，打破国外技术壁垒的封锁，让更多的农产品走出去。会议由商务部部长助理黄海主持，国家食品药品监督管理局局长郑筱萸、国家认监委副主任程方、国家标准化管理委员会副主任孙晓康出席了会议并发表了讲话。

26日 “2003第二届中国肉类行业大会”在北京隆重召开。大会对中国肉类产业10年来的成就及今后发展进行了总结和展望。大会还举行了“中国肉类产业10大功勋企业家颁奖仪式”，河南漯河双汇实业集团有限公司董事长万隆、内蒙古草原兴发股份有限公司总经理方武等10位当选为“中国肉类行业发展做出突出贡献的企业家”。中国肉类协会会长李水龙在会议上指出，中国肉类和禽蛋类产量已跃居世界首位。

9月

4日 经国家标准化管理委员会批准，全国粮油标准化技术委员会正式批准成立。全国粮油标准化技术委员会（国内编号为SAC/TC270），负责全国粮油领域标准化工作，主要承担原粮、油料、成品粮油及复制品、饲料原料和饲料产品、粮油机械、仪器设备等国家标准和行业标准的制修订和宣贯工作；对口国际标准化组织食品技术委员会谷物和豆类分会ISO/TC34/SC4、国际标准化组织食品技术委员会动植物油脂分会ISO/TC34/SC11和国际食品法典委员会(CAC)。

11日 中国家具协会第三届理事会第五次会议在上海举行。来自全国的理事单位、常务理事单位、副理事长单位和各省市家具协会的秘书长近三百余人出席会议。会议由上海家具协会理事长、中国家具协会副理事长黄莅国主持，中国家具协会理事长贾清文做工作报告。本次会议的议程是：听取和审议中国家具协会的工作报告；汇报美国家具反倾销案的应对情况；讨论加强协会的组织建设和通过调整、增补理事、常务理事和副理事长单位事宜；研究当前协会工作。

12日 由中国食品工业协会主办的首届中国食品安全年会在北京开幕，大会的主题为“食品安全与社会进步”，旨在探寻切实可行的食品安全保障措施，共筑全球化背景下的中国食品安全防护网。此次年会是在农业部、卫生部、工商总局、质检总局、食品药品监督管理局的联合支持下举办的，本次年会围绕食品安全是关系生命健康和国计民生的重大问题，围绕行业信用体系的建设与规划、加强食品质量卫生安全的保障管理、食品市场安全准入，建立健全食品安全检验检测体系，建立食品安全信息收集、评价、发布机制等进行专题研讨，探讨切实可行的食品安全发展和防护措施。

16日 中国饮料工业协会于16日～20日在北京举行了“中国饮料工业协会10周年庆典、2003年年会”及“2003中国国际饮料节”活动。该活动由“2003中国饮料业高层论坛”、“2003中国国际饮料品牌文化活动”、“2003中国国际饮料科技报告会”以及“2003中国国际饮料科技展”四个部分组成。潘蓓蕾同志出席了庆典年会、高层论坛、饮料节开幕式以及科技展的剪彩仪式。

18日 国家发改委、农业部、供销总社、工商总局、质检总局和农业发展银行六部门联合召开全国棉花工作电视电话会议，部署2003年度棉花工作。国家发改委副主任李盛霖、农业部副部长刘坚、供销总社党组成员赵显人、工商总局副局长刘凡、质检总局副局长蒲长城和农业发展银行副行长刘梅生分别作了讲话。会议提出2003年度棉花工作的重点，即调整结构，提高质量；深化改革，促进流通；加强调控，保证供应；强化监管，保持稳定。

22～25日 中国菌物学会第三届会员代表大会暨全国第六届菌物学学术讨论会于9月22日至25日在北京举行。来自全国26个省、直辖市、自治区及加拿大和美国的227位代表出席了大会。中国科学技术协会学会部杨文志副部长，中国食用菌协会林彩民副会长、蒋润浩副会长等出席了开幕式，理事长魏江春院士代表第二届理事会就理事会主要工作、学会改革方案等向大会作了工作报告。本次学术讨论会采用大会报告、学术论坛等形式进行了学术交流。

10月

1日 《农副产品绿色批发市场标准》和《农副产品绿色零售市场标准》正式实施。《农副产品绿色批发市场标准》适用于综合农副产品批发市场和蔬菜、水果、肉禽蛋及水产品等专业农副产品批发市场，《农副产品绿色零售市场标准》适用于经营农副产品的零售场所。

13～17日 食品法典委员会（CAC）鱼及鱼制品分委会（CCFFP）第26届会议于2003年10月13日至17日在挪威阿德松市举行，来自53个国家、地区和组织的139名代表出席了会议。我国由农业部市场与经济信息司组团，派出了由渔业系统有关人员组成的中国代表团参加了会议。会议对盐渍大西洋鲱鱼和其他鲱科鱼类等9项标准草案逐项进行了审议，并讨论了2项标准讨论稿。中国代表团提出了“允许使用多聚磷酸盐”的建议，得到大会秘书处的采纳。

22～25日 由中国包装和食品机械总公司和中国食品和包装机械工业协会主办的“第八届中国国际食品加工和包装机械展览会”在北京中国国际展览中心举行。全国人大常委会副委员长顾秀莲、中国机械工业联合会会长于珍、国家国有企业监视会主席贾成炳、中国机械工业管理协会会长孙祖梅等领导出席了开幕式。开幕式由中国包装和食品机械总公司总经理李惠主持，中国食品和包装机械工业协会副理事长李树君代表组委会致开幕词。本届展会来自国外10多个国家、国内18个省市共300多家企业参展，展示面积两万平方米，展会期间接待专业人士达2万多人。

29日 第八届中国国际渔业博览会和中国国际水产养殖展览会于2003年10月29～31日在上海光大国际会展中心举办，来自25个国家和地区的600家国内外企业参展，展位700多个，来自世界50个国家和地区的两万余名贸易和专业人士与会参观。

由中国羽绒工业协会主办的第九届中国羽绒制品及服装服饰博览会，于2003年10月29日在北京民族文化宫降下帷幕。展出面积3 800多m^2，参展企业100多家，设置摊位220多个。

11月

4～5日 蜂产品国家标准审定会在秦皇岛国际宾馆召开。参加审定会的有国家标准化研究院、中国标准出版社、中国商检技术研究所、农业部农药检定所、卫生部食品监督检验所、中国蜂产品协会、国家蜂产品质量监督检验中心等20个单位的23名专家参加评审。这次提交会议审定的13项蜂产品国家标准划分为4部分：一是农药残留量测定项目；二是蜂蜜质量指标测定项目；三是蜂药残留量测定项目；四是蜂胶中8种类黄酮化古物标准检测项目。通过审定，与会专家对蜂产品13项国家标准给予了很高的评价，并一致通过了审定。这些标准为破解欧、美、日对我国设置的技术壁垒，提供了有力的武器。

7～8日 由国家质检总局、农业部、国家标准化管理委员会联合发起的第四次全国农业标准化工作会议在京召开，会议由农业部副部长齐景发同志主持。回良玉副总理，农业部范小建副部长，质检总局李长江局长，国家标准化管理委员会李忠海主任到会并作了重要讲话。来自全国各省（直辖市、自治区）及计划单列市的农业行政主管领导，质量技术监督部门领导以及“无公害食品行动计划”定点监测城市的农业、畜牧厅局领导共400余人参加了会议，国家发改委、科技部、财政部等15个部委和协会的领导出席了会议。

16日 首届中国国际农产品交易会在北京全国农业展览馆落下帷幕。本届交易会共有500多家企业参展，其中有154家农业产业化国家重点龙头企业，125家获无公害农产品、绿色食品和有机食品认证的企业。参展的农产品有11大类3000多个品种，其中，无公害、绿色、有机农产品成为了这次交易会的亮点，粮食、油料、水果、蔬菜、畜产品等精深加工产品，国内外市场知名品牌以及适合国际市场的名特优新农产品成为主流，充分展示了我国农业结构战略性调整所取得的新成果。

25日 美国国际贸易法院就中国浓缩苹果汁企业对美国反倾销税上诉一案签署并公布了最终的裁定：中国烟台源通、山东中鲁、陕西海升、青岛南南和三门峡湖滨等5家上诉企业最终获得“零税率”，历时4年多的对美反倾销上诉案由此画上了圆满的句号。今后，我国获得零税率的6家企业（含在美国商务部一审裁决中就获得“零税率”的烟台安得利公司）对美出口浓缩苹果汁时无需任何复审，也不需要支付反倾销税。并且，在某一时间内，我们已经支付的反倾销税将被退还。据悉，这是我国加入WTO以来，农产品行业在应对反倾销方面最成功的一个典型案例。

12月

9日 以“柑橘商品化与国际贸易”为主题的柑橘商品化国际论坛暨中国柑橘年会在广东中山市沙溪镇隆重开幕。来自12个国家和港澳台地区的柑橘业专家、学者和进出口商、24个省市柑橘行业的嘉宾等共一千多人出席了大会。农业部种植司副司长叶贞琴表示，中国柑橘年生产量接近1200万t，位居世界第二位。这次年会为期3天，吸引了美国仙农有限公司等近30家国内外柑橘知名企业参展，沙糖橘、甜橙、蜜橘等各类柑橘产品纷纷亮相展场。

10日 国务院办公厅发出《关于进一步做好农业标准化工作的通知》明确指出，在近3年内，农业标准化工作的主要目标是：建立结构合理的农业标准体系，制定（修订）农业标准10 000项，其中国家标准、行业标准2 880项，采标率（采用国际标准和国外先进标准的比例）达到50%；加强农业标准化示范区建设；农业标准化示范区累计达到6 000个，其中国家级示范区累计达到2 000个；强化流通领域标准化管理，培育2 000个实行标准化、规范化管理的农产品批发市场，销售的农产品质量安全达标率达到95%以上；推进优势农产品区域化种植（养殖）的标准化生产，优势农产品标准化生产覆盖率达到80%；培养一支具备专业技术和标准化知识的农业标准推广队伍（80 000人），建立农业标准化信息服务体系。

11日 据海关出口统计，前9个月我国罐头平均出口价格比去年同期上涨3.13%，继续保持回升势头。中国罐头工业协会最新发布的《2002年我国罐头进出口贸易分析报告》显示，2002年我国罐头平均出口吨价为745.99美元，比上年上涨8.22%，首次扭转多年来价格一路下滑的局面。中罐协理事长梁仲康分析认为，价格回升局面的出现，表明现阶段我国罐头产业正逐步打破低价竞争，开始从“价格战”转向“技术升级战”。

18日 中国食品工业协会在首届中国食品企业峰会上公布了食品工业前100强企业，中粮集团、北京燕京啤酒集团公司、内蒙古伊利实业集团股份有限公司、可口可乐（中国）饮料有限公司、天津顶益国际食品有限公司等100家食品工业企业榜上有名。据了解，这100强企业的产值约占行业总产值的40%左右，与会者一致认为，我国食品工业企业今后的主要目标是做大、做强。

25日 农业部和国家质量监督检验检疫总局发布“关于暂行禁止来自美国的牛及其相关产品入境的紧急通知”。为防止疯牛病传入我国，自本通知发布之日起暂行禁止来自美国的牛及其产品（不包括牛奶和奶制品、皮张、照相用明胶）入境。对近年来从美国进口的牛（包括胚胎）及其后代（包括杂交后代）进行重点监测。发现异常情况，要立即向农业部畜牧兽医局和国家质检总局动植物检疫监管司报告，对疑似病例要立即采样送农业部动物检疫所国家外来动物疫病诊断中心或北京出入境检验检疫局疯牛病检测实验室确诊。

29日 农业部决定从2004年起开展农产品加工推进行动，该行动与优势农产品区域布局规划相结合，用3～5年的时间，依靠科技进步推进农产品精深加工和结构调整，积极引导和指导农产品加工业持续快速健康发展。农产品加工推进行动以农业部和农口系统各部门为主，重点是农业部所管的食品加工业，包括粮食加工、肉蛋奶制品加工、饲料加工、果品加工、水产品加工、蔬菜加工、茶叶冷藏加工及特色农产品加工等。农产品加工推进行动主要包括农产品加工产业优先发展行动、重大关键技术联合攻关行动、优势农产品精深加工行动、农产品加工业外向型行动、农产品加工业振兴行动、农产品加工业布局优化行动、农产品加工业质量安全行动、农产品加工业教育培训行动、农产品加工业兴县富民行动、协调落实政策行动。

9 第九部分

附　录

表 1 部分国家（地区）土地利用情况（2001）

单位：khm^2

国家或地区	总面积	土地面积	耕地面积	多年生作物面积	永久性牧场面积
世界总计	**13 431 258**	**13 067 666**	**1 401 667**	**130 423**	**3 489 834**
埃 及	100 145	99 545	2 858	480	
南 非	122 104	122 104	14 753	959	83 928
加拿大	997 061	922 097	45 740	140	29 000
美 国	962 909	915 896	175 209	2 050	234 000
巴 西	854 740	845 651	58 865	7 600	197 000
中 国	956 100	929 100	143 000	11 420	400 000
印 度	328 726	297 319	161 750	8 150	10 910
日 本	37 780	36 450	4 445	349	405
韩 国	9 926	9 873	1 696	193	54
法 国	55 150	55 010	18 447	1 138	10 046
德 国	35 703	34 895	11 813	207	5 018
意大利	1 707 540	1 688 850	123 860	1 858	91 143
俄罗斯	30 134	29 411	8 172	2 804	4 379
英 国	24 291	24 088	5 652	51	11 251
澳大利亚	774 122	768 230	50 304	296	404 900

资料来源：联合国粮农组织数据库。

表 2 香港特区土地利用情况和人口情况（1999—2002）

项 目	1999 年	2000 年	2001 年	2002 年
总面积（km^2）	1 098	1 098	1 100	1 103
已发展土地（km^2）	184	189	190	192
未建设土地（km^2）	914	909	916	911
耕地（km^2）	59	57	55	54
林地（km^2）	220	190	190	190
草地和灌木地（km^2）	519	551	549	549
其他（km^2）	116	111	122	118
总人口（千人）	6 607	6 665	6 725	6 787
劳动力人口（千人）	3 320	3 374	3 427	3 488
就业人口（千人）	3 112	3 207	3 252	3 232
失业人口（千人）	207	167	175	256
失业率（%）	6.2	4.9	5.1	7.3

表 3　澳门特区土地利用情况和人口情况（1998—2002）

项　　目	1998 年	1999 年	2000 年	2001 年	2002 年
总面积（km^2）	23.6	23.8	25.4	25.8	26.8
总人口（千人）	422	427	431	434	439
劳动力人口（千人）	206	209	209	217	214
就业人口（千人）	197	196	195	203	201
失业人口（千人）	9	13	14	14	13
失业率（%）	4.6	6.3	6.8	6.4	6.3

表 4　我国台湾省土地利用情况和人口情况（1998—2002）

项　　目	1998 年	1999 年	2000 年	2001 年	2002 年
总面积（万 km^2）	3.6	3.6	3.6	3.6	3.6
总人口（千人）	21 929	22 092	22 277	22 406	22 521
劳动力人口（千人）	9 546	9 668	9 784	9 832	9 969
就业人口（千人）	9 289	9 385	9 491	9 383	9 454
失业人口（千人）	257	283	293	450	515
失业率（%）	2.7	2.9	3.0	4.6	5.2

资料来源：表 2、表 3、表 4 数据由国家统计局提供。

表 5　部分国家（地区）农业生产指数和人均农业生产指数（2002）

（1989－1991＝100）

国家或地区	种植业		谷　物		畜牧业		食　品	
	农业生产指数	人均农业生产指数	农业生产指数	人均农业生产指数	农业生产指数	人均农业生产指数	农业生产指数	人均农业生产指数
世界总计	**124.1**	**105.0**	**107.9**	**91.2**	**125.6**	**106.3**	**128.4**	**108.7**
埃　及	153.1	122.5	159.7	127.9	142.2	113.8	150.0	120.0
南　非	108.9	89.5	94.6	77.7	104.6	86.1	109.9	90.4
加拿大	86.7	76.9	63.8	56.6	143.8	127.4	114.0	101.0
美　国	112.1	99.0	102.3	90.4	125.4	110.7	120.6	106.5
巴　西	142.5	120.6	132.5	112.1	177.5	150.4	160.7	136.0
中　国	158.6		101.5		233.1		191.7	
印　度	120.5	97.8	114.1	92.6	151.5	122.9	129.3	104.9
日　本	87.2	84.5	88.3	85.5	92.8	89.9	91.5	88.6
韩　国	116.2	105.1	94.8	85.7	167.2	151.3	136.6	123.5
法　国	110.1	104.7	120.3	114.4	106.2	101.0	105.9	100.7
德　国	111.6	108.1	118.2	114.6	88.6	85.9	95.8	92.8
意大利	101.7	100.5	123.7	122.2	103.9	102.6	101.4	100.1
俄罗斯	90.7	93.5	87.9	90.6	53.9	55.6	69.1	71.2
英　国	98.2	94.7	102.2	98.6	93.1	89.9	92.8	89.5
澳大利亚	115.9	100.2	88.6	76.5	115.5	99.9	127.6	110.3

资料来源：本表数据来源于《世界农业》2003.3（总 287），由国家统计局国际统计信息中心提供。

表 6　我国台湾省农业生产指数（1998—2001）　1996 年＝100

年　份	总指数	种植业	林　业	畜牧业	渔　业
1998	93.3	93.2	142.5	85.7	102.1
1999	94.3	99.5	119.7	82.6	99.9
2000	96.4	94.9	118.1	87.3	109.2
2001	95.2	90.6	97.8	87.6	111.4

表 7　部分国家国民生产总值和人均国民生产总值（2000—2001）

国家或地区	国民生产总值（10 亿本币）		人均国民生产总值（美元）	
	2000 年	2001 年	2000 年	2001 居世界位次
世界总计			**5 170**	
埃　及			1 490	92
南　非	8 511		3 020	65
加拿大	10 426	10 679	21 130	19
美　国	98 608	102 028	34 100	5
巴　西	10 523	11 383	3 580	57
中　国	88 190	94 346	840	109
中国香港	12 884	12 987	25 920	9
中国澳门			14 580	28
印　度	207 057		450	128
日　本	5 182 560		35 620	3
韩　国	5 192 270	5 438 750	8 910	37
法　国	14 050①		24 090	17
德　国	20 180①		25 120	12
意大利	11 562①	12 110	20 160	21
俄罗斯			1 660	87
英　国	9 504	9 968	24 430	16
澳大利亚	6 333	6 702	20 240	20

注：①从 1999 年起以欧元为货币单位。

②表中数据来自《国际经济统计年鉴》2002 年版。

表 8　香港特区工业生产指数（1998—2002）　2000 年＝100

工业组别/组别内选定工业	1998 年	1999 年	2000 年	2001 年	2002 年
所有制造行业	107.4	100.5	100.0	95.6	86.2
食品、饮料及烟草制品业	104.9	103.2	100.0	98.4	106.4
服装制品业（除鞋类）	97.2	97.1	100.0	99.9	93.3
纺织制品业（包括针织）	101.9	96.3	100.0	99.7	92.5
纸品及印刷业	108.5	98.0	100.0	98.8	98.6
化学产品、橡胶制品、塑胶制品及非金属矿产制品业	137.3	116.8	100.0	92.2	76.3
塑胶制品业	137.9	112.2	100.0	84.8	75.7
基本金属及金属制品业	140.2	112.6	100.0	84.6	64.5
金属制品业（机械及设备除外）	155.7	122.7	100.0	89.8	63.4
电器及电子制品、机械、专业设备及光学用品制造业	101.1	99.2	100.0	92.1	71.7
电器及电子制品制造业	104.0	101.1	100.0	100.0	76.4
机械、设备、仪器及零件制造业	92.6	93.5	100.0	91.5	76.1
其他产品制造行业	108.7	95.9	100.0	94.9	98.5

表 9　我国台湾省工业生产指数（1998—2002）　1996 年＝100

年　份	总指数	矿　业	制造业	电、煤气、水	建筑业
1998	110.26	77.99	111.25	114.23	84.17
1999	118.76	77.28	120.29	118.48	89.73
2000	127.52	72.12	129.87	130.32	76.21
2001	118.19	77.79	119.50	132.60	66.82
2002	125.74		128.40	137.47	51.38

资料来源：表 8、表 9 数据由国家统计局提供。

表 10 部分国家（地区）主要粮食收获面积、单产、总产量（2002）

国家或地区	谷物 收获面积（khm^2）	谷物 单产（kg/hm^2）	谷物 总产量（kt）	稻谷 收获面积（khm^2）	稻谷 单产（kg/hm^2）	稻谷 总产量（kt）
世界总计	**633 540**	**3 062**	**2 031 749**	**146 029**	**3 968**	**579 477**
埃 及	2 710	7 252	19 652	613	9 304	5 700
南 非	4 516	2 642	11 929	1	2 308	3
加拿大	15 509	2 248	34 868			
美 国	54 306	5 510	299 211	1 298	7 410	9 617
巴 西	18 060	2 808	50 714	3 175	3 304	10 489
中 国	82 083	4 895	401 808	28 360	6 262	177 589
印 度	95 050	2 345	222 840	40 000	3 075	123 000
日 本	2 011	6 097	12 261	1 700	6 626	11 264
韩 国	1 164	6 775	7 885	1 050	7 075	7 429
法 国	9 304	7 429	69 120	19	5 526	105
德 国	6 949	6 228	43 277			
意大利	4 285	5 203	22 294	219	6 393	1 400
俄罗斯	41 664	2 025	84 375	154	4 221	650
英 国	3 236	7 006	22 675			
澳大利亚	15 767	1 201	18 932	160	8 069	1 291

国家或地区	小麦 收获面积（khm^2）	小麦 单产（kg/hm^2）	小麦 总产量（kt）	粗粮 收获面积（khm^2）	粗粮 单产（kg/hm^2）	粗粮 总产量（kt）	玉米 收获面积（khm^2）	玉米 单产（kg/hm^2）	玉米 总产量（kt）
世界总计	**210 785**	**2 695**	**568 108**	**306 725**	**2 883**	**884 163**	**138 897**	**4 334**	**602 027**
埃 及	1 030	6 006	6 183	1 068	7 276	7 769	873	7 837	6 842
南 非	941	2 551	2 400	3 574	2 666	9 526	3 350	2 724	9 123
加拿大	8 897	1 741	15 494	6 611	2 930	19 374	1 199	6 804	8 156
美 国	18 542	2 373	43 992	34 466	7 126	245 602	28 547	8 011	228 696
巴 西	2 114	1 515	3 203	12 771	2 899	37 021	11 871	2 989	35 479
中 国	23 631	3 780	89 330	30 092	4 483	134 889	24 529	5 062	124 166
印 度	26 200	2 728	71 470	28 850	983	28 370	6 200	1 936	12 000
日 本	206	3 583	738	105	2 464	259			2 466
韩 国	1	3 279	3	113	4 008	453	14	4 286	60
法 国	5 243	7 444	39 031	4 042	7 418	29 984	1 808	8 850	16 000
德 国	3 017	6 890	20 786	3 932	5 720	22 491	395	9 117	3 601
意大利	2 470	3 036	7 500	1 596	8 395	13 394	1 060	10 943	11 600
俄罗斯	22 400	2 232	50 000	19 110	1 765	33 725	580	1 552	900
英 国	1 989	7 951	15 814	1 247	5 500	6 861			
澳大利亚	10 300	984	10 130	5 307	1 415	7 511	93	5 602	521

资料来源：表 10～表 26 数据，来源于联合国粮农组织数据库。

表 11 部分国家（地区）主要油料收获面积、单产、总产量（2001）

国家或地区	大豆 收获面积（khm^2）	大豆 单产（kg/hm^2）	大豆 总产量（kt）	花生 收获面积（khm^2）	花生 单产（kg/hm^2）	花生 总产量（kt）
世界总计	**76 297.0**	**2 324.1**	**177 324**	**25 510.0**	**1 360.3**	**34 702.0**
埃及	3.9	2 719.9	10.5	60.3	3 102.5	187.2
南非						
加拿大	1 087.0	2 766.3	3 007.0			
美国	30 002.5	2 637.0	79 116.7	562.7	3 119.4	1 755.3
巴西	13 934.9	2 703.7	37 675.2	102.5	1 931.1	198.0
中国	8 700.1	1 724.1	15 000.2	4 631.0	3 149.0	14 583.0
印度	6 000.0	933.3	5 600.0	8 200.0	756.1	6 200.0
日本	125.0	1 920.0	240.0	12.0	2 333.3	28.0
韩国						
法国	118.0	2 610.2	308.0			
德国	0.5	2 000.0	1.0			
意大利	240.0	3 625.8	870.2			
俄罗斯	408.0	642.2	262.0			
英国						
澳大利亚	55.0	1 909.1	105.0	21.0	1 952.4	41.0

国家或地区	芝麻 收获面积（khm^2）	芝麻 单产（kg/hm^2）	芝麻 总产量（kt）	油菜籽 收获面积（khm^2）	油菜籽 单产（kg/hm^2）	油菜籽 总产量（kt）	向日葵 收获面积（khm^2）	向日葵 单产（kg/hm^2）	向日葵 总产量（kt）
世界总计	**7 811.9**	**781 193.0**	**3 160.8**	**24 058.9**	**1 505.3**	**36 215.7**	**18 402.0**	**1 158.8**	**21 323.9**
埃及	30.4	3 040.1	36.8				11.7	2 343.0	27.5
南非									
加拿大				3 828.9	1 250.7		68.8	1 734.0	119.3
美国				634.3	1 604.3		1 076.5	1 477.4	1 590.4
巴西	25.0	2 500.0	16.0	25	1 720.0		110.0	1 254.5	138.0
中国	701.5	70 150.0	790.8	8 000.0	1 470.0	11 760.0	1 160.0	1 724.1	2 000.0
印度	2 180.0	218 000.0	730.0	4 626.0	883.7	4 088.0	1 270.0	606.3	770.0
日本				0.6	1 273.5				
韩国									
法国				1 085.0	2 666.4		695.0	2 421.6	1 683.0
德国				1 139.8	3 517.8		24.9	2 482.7	61.8
意大利		28.0	2.2	40.0	500.0	20.0	230.0	2 000.0	460.0
俄罗斯				165.0	678.8	1 138.0	3 800.0	710.5	2 700.0
英国				405.0	2 809.9				
澳大利亚				1 500.0	1 266.7		135.0	1 333.3	180.0

表 12 部分国家（地区）主要油料收获面积、单产、总产量（2002）

国家或地区	大豆			花生		
	收获面积（khm²）	单产（kg/hm²）	总产量（kt）	收获面积（khm²）	单产（kg/hm²）	总产量（kt）
世界总计	**79 168**	**2 273**	**179 976**	**25 864**	**1 334**	**34 500**
埃 及	5 331	2 792	15	63	3 237	205
南 非	124	1 630	202	94	1 420	134
加拿大	971	2 323	2 255			
美 国	29 056	2 519	73 201	551	2 891	1 592
巴 西	16 314	2 569	41 903	94	2 052	192
中 国	9 420	1 794	16 900	5 025	2 897	14 556
印 度	5 550	973	5 400	8 300	771	6 400
日 本	150	1 867	280	10	2 243	23
韩 国	76	1 447	110	5	2 729	13
法 国	76	2 724	207			
德 国	0.5	2 000	1			
意大利	200	2 400	480			
俄罗斯	390	923	360			
英 国						
澳大利亚	33	2 121	70	21	1 952	41

国家或地区	油菜籽			向日葵		
	收获面积（khm²）	单产（kg/hm²）	总产量（kt）	收获面积（khm²）	单产（kg/hm²）	总产量（kt）
世界总计	**22 855**	**1 424**	**32 550**	**19 568**	**1 162**	**22 736**
埃 及				19	2 280	44
南 非				646	1 353	873
加拿大	3 163	1 050	3 320	90	1 222	110
美 国	558	1 289	720	939	1 253	1 176
巴 西	24	1 745	41	65	1 462	95
中 国	13 402	1 166	15 632	4 572	971	4 438
印 度	5 400	861	4 650	1 670	599	1 000
日 本	0.3	721	217			
韩 国	1.4	3 171	5			
法 国	1 034	3 213	3 322	625	2 450	1 531
德 国	1 297	2 966	3 847	26	2 192	57
意大利	30	1 118	33	180	1 667	300
俄罗斯	150	733	110	3 900	872	3 400
英 国	405	3 210	1 300			
澳大利亚	1 000	650	650	65	969	63

表 13 部分国家（地区）籽棉、黄麻收获面积、单产、总产量（2002）

国家或地区	籽棉			黄麻		
	收获面积（khm^2）	单产（kg/hm^2）	总产量（kt）	收获面积（khm^2）	单产（kg/hm^2）	总产量（kt）
世界总计	**30 051**	**1 788**	**53 732**	**1 385**	**2 037**	**2 820**
埃及	309	2 654	820	0.95	2 316	2.2
南非	58	1 638	95			
孟加拉国	50	900	45	457	1 880	859
美国	5 026	1 902	9 556			
巴西	764	2 843	2 172	0.98	1 501	1.5
中国	3 710	3 978	14 760	34.70	1 729	60
印度	7 400	754	5 580	820	2 182	1 789
缅甸	300	508	153	44	953	42
巴基斯坦	2 700	1 867	5 040	0.02	1 050	0.021
泰国	42	1 461	61	3	1 586	4.6
尼日利亚	611	560	403			
阿根廷						
俄罗斯						
伊朗	160	2 000	320			
澳大利亚	192	3 297	633			

表 14 部分国家（地区）烟叶、茶叶产量（2002）

国家或地区	烟叶			茶叶		
	收获面积（khm^2）	单产（kg/hm^2）	总产量（kt）	收获面积（khm^2）	单产（kg/hm^2）	总产量（kt）
世界总计	**3 998**	**1 589**	**6 352**	**2 353**	**1 318**	**3 100**
印度尼西亚	175	827	145	121	1 350	163.4
南非	16	2 124	34	6.7	1 891	12.7
加拿大	25	2 600	65			
美国	174	2 317	404			
巴西	335	1 955	654	4.5	2 000	9
中国	1 400	1 704	2 385	890	832	740
印度	425	1 353	575	430	1 921	826
日本	24	2 530	60	50.1	1 697	85
韩国	24	2 326	55.6	1.7	941	1.6
法国	9	2 755	24.8			
德国	4.8	2 389	11.4			
意大利	39.4	3 310	130.4			
土耳其	193	798	154	76.7	1 956	150
巴基斯坦	45.6	1 866	85			

表 15　部分国家（地区）甘蔗、甜菜收获面积、单产、总产量（2002）

国家或地区	甘蔗			甜菜		
	收获面积（khm^2）	单产（kg/hm^2）	总产量（kt）	收获面积（khm^2）	单产（kg/hm^2）	总产量（kt）
世界总计	**1 958**	**65 802**	**1 288 403**	**6 041**	**40 798**	**246 476**
埃　及	131.1	119 838	15 706	64.6	49 028	3 168
南　非	325	68 766	22 349			
加拿大				11.7	46 154	540
美　国	415.3	78 500	32 597	551	45 377	24 993
巴　西	5 062	71 235	360 556			
中　国	1 240	66 353	82 278	400	28 905	11 562
印　度	4 100	68 049	279 000			
日　本	24	58 333	1 400	67	61 164	4 098
法　国				438	76 097	33 331
德　国				459.4	58 307	26 786
意大利				242	47 521	11 500
俄罗斯				711	21 800	15 500
英　国				169	55 828	9 435
澳大利亚	417	77 362	32 260			

表 16　部分国家（地区）蔬菜、水果和坚果产量（2002）　单位：kt

国家或地区	蔬菜和瓜类	水　果	坚　果
世界总计	**787 363**	**475 504**	**7 669**
埃　及	13 851	7 405	33
南　非	2 155	4 766	10.5
加拿大	2 273	726	
美　国	37 884	30 406	1 290
巴　西	7 788	34 516	214.4
中　国	368 470	70 389	970.2
印　度	78 187	46 641	492
日　本	12 421	4 105	30.1
韩　国	12 235	2 814	108.7
法　国	7 621	10 679	58.9
德　国	3 602	4 627	16.9
意大利	14 407	16 978	305
俄罗斯	13 441	3 450	48
英　国	2 824	295	
澳大利亚	1 897	3 401	51.6

表 17 部分国家（地区）甘蓝、番茄收获面积、单产、总产量（2002）

国家或地区	甘蓝			番茄		
	收获面积（khm^2）	单产（kg/hm^2）	总产量（kt）	收获面积（khm^2）	单产（kg/hm^2）	总产量（kt）
世界总计	**3 016**	**20 714**	**62 474**	**3 988.6**	**27 202.4**	**108 499**
埃及	19.7	28 519	562.4	180.7	35 019.3	6 328.7
南非	6	28 134	168.8	15	29 741.3	446.1
加拿大	8.8	18 118	160	8.5	81 176.5	690
美国	104	22 115	2 300	176.7	69 409.9	12 267
巴西				62.3	56 479.5	3 518.2
中国	1 450	18 069	26 200	970	26 134	25 350
印度	280	21 786	6 100	520	14 269.2	7 420
日本	61	40 984	2 500	13.5	59 259.3	800
韩国	55.5	61 592	3 420	3.3	59 737.2	200
法国	10.5	22 857	240	6.6	123 393	810.8
德国	12.9	48 966	632	0.35	142 857	50
意大利	13.2	21 650	286	122.9	49 284.4	6 054.7
俄罗斯	180	23 333.3	4 200	142	12 817	180
英国	9.4	28 404	267	0.24	424 564	102.3
澳大利亚	2	30 000	60	8.5	47 058.8	400

表 18 部分国家（地区）茄子、青椒和辣椒收获面积、单产、总产量（2002）

国家或地区	茄子			青椒和辣椒		
	收获面积（khm^2）	单产（kg/hm^2）	总产量（kt）	收获面积（khm^2）	单产（kg/hm^2）	总产量（kt）
世界总计	**1 588**	**18 218**	**28 926**	**1 596**	**13 888**	**22 168**
埃及	31	22 721	703	26	14 950	386.7
墨西哥	2	29 500	59	138	12 873	1 776
加拿大				2	24 000	48
美国	2	34 872	68	34	25 428	865
荷兰	0.1	350 000	35	1.2	241 667	290
中国	815	18 896	15 400	553	19 045	10 534
印度	510	17 255	8 800	5.5	9 182	50.5
日本	13	34 615	450	4	40 404	160
韩国	0.3	16 667	5	76	4 983	380
法国	0.49	40 360	19.7	0.76	36 068	27.6
印度尼西亚	40	7 500	300	185	5 405	1 000
意大利	12.5	28 800	360	13.8	25 038	344
以色列	0.65	70 769	46	2	50 500	101
英国				0.06	220 000	13.2
澳大利亚				2.5	18 000	45

表 19 部分国家（地区）西葫芦和南瓜、黄瓜收获面积、单产、总产量（2002）

国家或地区	西葫芦和南瓜			黄瓜		
	收获面积（khm^2）	单产（kg/hm^2）	总产量（kt）	收获面积（khm^2）	单产（kg/hm^2）	总产量（kt）
世界总计	**1 368**	**12 366**	**16 912**	**2 011**	**18 095**	**36 397**
埃及	39	18 063	707	17	20 871	355
南非	18	18 778	338	1.1	13 636	15
加拿大	4.3	10 233	44	4.4	40 000	174
美国	36.7	20 436	750	70.6	15 241	1 076
墨西哥	39	14 359	560	16	26 250	420
中国	240	16 667	4 000	1 250	18 280	22 850
印度	360	9 722	3 500	18	6 667	120
日本	17	12 941	220	15	49 333	740
韩国	8.5	28 235	240	7.2	62 500	450
法国	3.3	48 212	159	0.9	147 001	135
德国				3.1	62 131	191
意大利	15	28 667	430	2	30 000	60
俄罗斯				58	10 603	615
英国				0.2	367 500	73.5
澳大利亚	12	10 417	125	1.1	15 455	17

表 20 部分国家（地区）干洋葱、大蒜收获面积、单产、总产量（2002）

国家或地区	干洋葱			大蒜		
	收获面积（khm^2）	单产（kg/hm^2）	总产量（kt）	收获面积（khm^2）	单产（kg/hm^2）	总产量（kt）
世界总计	**2 972**	**17 469**	**51 914**	**1 126**	**10 756**	**12 107**
埃及	23	27 700	628	9.3	23 173	215
南非	18	18 673	336			
加拿大	5.6	33 929	190			
美国	65	47 125	3 056	13.3	13 313	256
巴西	67	16 988	1 132	15.1	7 519	113
中国	771	20 271	15 622	630	13 802	8 694
印度	520	12 500	6 500	120	4 140	497
日本	27	47 037	1 270			
韩国	19	56 526	1 074	37.1	10 949	406
法国	10.5	39 891	419	3.9	7 958	31
德国	6.9	42 348	293			
意大利	13.8	30 848	425	3.5	9 219	32
俄罗斯	112	10 491	1 175	30	6 600	198
英国	9	32 760	293			
澳大利亚	5.3	47 170	250			

表 21　部分国家（地区）西瓜、胡萝卜收获面积、单产、总产量（2002）

国家或地区	西瓜			胡萝卜		
	收获面积（khm^2）	单产（kg/hm^2）	总产量（kt）	收获面积（khm^2）	单产（kg/hm^2）	总产量（kt）
世界总计	**3 241**	**25 255**	**81 840**	**992**	**21 188**	**21 020**
埃　及	57	25 557	1 447	4	28 168	111
南　非	4.5	10 299	46.3	4	27 645	111
加拿大	0.12	10 000	1.2	8.7	33 333	290
美　国	61	29 315	1 778	45.7	36 706	1 676
巴　西	82	7 561	620			
中　国	1 807	31 840	57 530	373	17 731	6 612
印　度	20	12 750	255	24	14 583	350
日　本	16	35 625	570	23	30 435	700
韩　国	28.5	29 876	850	4.3	34 900	150
法　国	0.16	32 266	5.1	12.2	39 428	482
德　国				9	46 307	415
意大利	14	35 714	500	14	45 868	639
俄罗斯	155	2 839	440	90	16 111	1 450
英　国				11	68 027	752
澳大利亚	5	17 200	86	7.1	40 141	285

表 22　部分国家（地区）樱桃、葡萄收获面积、单产、总产量（2002）

国家或地区	樱桃			葡萄		
	收获面积（khm^2）	单产（kg/hm^2）	总产量（kt）	收获面积（khm^2）	单产（kg/hm^2）	总产量（kt）
世界总计	**364**	**4 905**	**1 787**	**7 406**	**8 239**	**61 018**
埃　及				64	17 187	1 104
南　非	0.23	3 861	0.89	115	11 739	1 350
加拿大	1.1	5 199	5.5	7.9	8 861	70
美　国	29.6	5 535	164	386	16 785	6 479
巴　西				65.3	16 840	1 099
中　国	3.5	3 714	13	353	10 850	3 830
印　度	1.7	4 706	8	40	30 000	1 200
日　本	4	5 300	21.2	19.5	11 882	232
韩　国				26.8	16 938	454
法　国	12.2	5 738	70	859	7 912	6 794
德　国	33	3 333	110	99	14 427	1 425
意大利	28.6	4 919	141	836	9 413	7 872
俄罗斯	26	3 385	88	65	4 615	300
英　国	0.43	3 023	1.3	0.82	1 825	1.5
澳大利亚	1.33	4 211	5.6	143.4	12 233	1 754

表 23 部分国家（地区）橙、芒果等产量（2002）

单位：t

国家或地区	橙	柑 橘	柠檬、酸橙	芒 果	菠 萝	香 蕉
世界总计	**64 128 523**	**104 505 157**	**11 227 173**	**25 754 509**	**14 853 339**	**69 832 378**
埃 及	1 725 000	2 527 028	296 776	326 063		849 293
南 非	1 082 330	1 612 149	149 647	48 803	162 060	280 001
墨西哥	3 843 960	6 164 852	1 680 323	1 412 980	584 590	2 076 729
美 国	11 378 820	14 865 140	751 150	3 000	290 301	8 618
巴 西	18 694 412	20 251 412	580 000	542 000	1 468 890	6 369 450
中 国	3 675 639	12 276 476	375 328	3 342 875	1 273 691	5 651 724
印 度	2 980 000	4 580 000	1 370 000	11 400 000	1 100 000	16 450 000
日 本	105 000	1 731 000			10 500	500
韩 国		780 000			1 800	
泰 国	325 000	1 081 800	80 000	1 700 000	1 978 822	1 750 000
印度尼西亚	411 863	411 863		844 229	450 000	3 696 073
马来西亚	12 000	27 391	4 000	19 570	85 800	500 000
法 国	556	27 673	600			
意大利	1 916 568	3 138 202	565 009			400
澳大利亚	437 000	575 000	31 000	28 000	140 000	250 000

表 24 部分国家（地区）苹果、草莓等产量（2002）

单位：t

国家或地区	苹 果	梨	桃、油桃	草 莓	栗 子	核 桃
世界总计	**57 094 939**	**17 115 205**	**13 815 213**	**3 237 533**	**954 188**	**1 300 578**
埃 及	484 132	41 567	256 997	68 137		26 680
南 非	579 257	280 557	208 690	4 535		
加拿大	460 000	14 000	35 000	23 800		
美 国	3 857 000	909 000	1 439 438	893 670		255 826
巴 西	857 824	18 000	184 000	2 700		2 500
中 国	20 434 763	9 090 565	4 174 267	10 137	599 077	285 000
印 度	1 420 000	200 000	150 000			32 000
日 本	911 900	375 500	175 100	210 000	30 100	
韩 国	403 583	417 160	166 000	185 000	94 130	1 064
法 国	2 477 790	267 880	464 583	48 700	14 075	32 995
德 国	1 600 000	590 000	16 600	110 000		16 900
意大利	2 222 191	923 041	1 631 670	153 962	50 000	15 000
俄罗斯	1 800 000	75 000	32 000	130 000	16 000	12 000
英 国	176 700	33 200		39 200		
澳大利亚	295 000	165 000	90 000	15 000		85

表 25 部分国家（地区）天然橡胶面积、单产、总产量（2001—2002）

国家或地区	收获面积（khm^2）		单 产（kg/hm^2）		总 产 量（kt）	
	2001	2002	2001	2002	2001	2002
世界总计	**7 492**	**7 680**	**907**	**907**	**6 792**	**6 965**
中 国	417	417	1 146	1 146	477	477
印 度	390	400	1 616	1 625	630	650
印度尼西亚	2 300	2 500	673	640	1 547	1 600
越 南	415	429	752	773	313	331
缅 甸	62	62	575	575	36	36
柬埔寨	34	30	1 151	1 084	39	32
泰 国	1 577	1 580	1 537	1 557	2 424	2 460
斯里兰卡	157	158	549	552	86	87
马来西亚	1 220	1 183	448	498	547	589
菲律宾	78	78	938	938	73	73
巴 西	95	102	961	961	88	96
尼日利亚	333	330	324	339	108	112
喀麦隆	40	40	1 375	1 375	55	55
科特迪瓦	70	70	1 827	1 757	128	123
利比利亚	110	110	991	991	109	109

表 26 部分国家（地区）生咖啡、可可豆收获面积、单产、总产量（2002）

国家或地区	生 咖 啡			可 可 豆		
	收获面积（khm^2）	单产（kg/hm^2）	总产量（kt）	收获面积（khm^2）	单产（kg/hm^2）	总产量（kt）
世界总计	**10 829**	**680**	**7 365**	**7 081**	**397**	**2 809**
尼日利亚	4.3	901	3.9	1 030	330	340
墨西哥	752	425	320	83	553	46
利比利亚	16	200	3.2	23	130	3
美 国	2.5	1 538	3.9			
巴 西	2 368	1 010	2 390	569	304	173
中 国	14.6	1 178	17.2			
印 度	308	1 029	317	7.5	800	6
越 南	470	1 465	689			
印度尼西亚	891	423	377	360	967	348
泰 国	66.6	895	59.5	0.8	500	0.4
缅 甸	4.1	487	2			
马来西亚	24	833	20	48	993	47.7
菲律宾	137	964	132	12	551	6.6
古 巴	72	208	15	6	453	2.8
加 纳	10	200	2	1 250	304	380

表 27 我国台湾省主要农产品产量（1998—2001） 单位：万 t

年份	稻谷	小麦（t）	玉米	花生	香蕉	茶叶	甘蔗	烟叶
1998	148.9	66	24.4	6.8	21.6	2.3	355.9	1.0
1999	155.9	88	20.1	6.7	21.3	2.1	325.6	0.9
2000	154.0	127	17.8	7.9	19.8	2.0	289.4	1.2
2001	139.6			5.6	20.5	2.0	218.0	

表 28 部分国家（地区）牲畜、禽类的存栏数（2002）

国家或地区	牛（千头）	绵羊（千头）	猪（千头）	鸡（千只）	鸭（千只）	火鸡（千只）
世界总计	**1 366 664**	**1 034 008**	**941 022**	**15 853 857**	**1 065 701**	**250 662**
埃及	3 810	4 672	30	92 000	9 100	1 850
乌克兰	9 421	963	8 370	146 000	20 000	1 000
加拿大	13 700	994	14 367	160 000	1 150	5 900
美国	96 700	6 685	59 074	1 940 000	6 650	88 000
墨西哥	30 600	6 700	17 000	520 800	8 100	5 850
中国	106 175	136 972	464 695	3 923 600	661 250	250
印度	221 900	58 800	18 000	823 500	107 000	
日本	4 564	11	9 612	283 102		3
法国	20 281	9 327	15 290	240 000	25 000	42 000
德国	14 227	2 702	25 958	109 993	2 185	9 471
荷兰	4 050	1 300	13 000	98 000	1 020	1 523
俄罗斯	27 107	13 035	16 048	339 500	900	2 500
英国	10 343	35 832	5 588	155 800	4 000	8 500
澳大利亚	30 500	113 000	2 912	93 000	540	1 400

资料来源：表 28～表 36 数据，来源于联合国粮农组织数据库。

表29　部分国家（地区）肉牛、绵羊、猪屠宰头数、单头胴体重和肉产量（2002）

国家或地区	肉牛			绵羊			猪		
	屠宰头数（千头）	胴体重（kg）	肉产量（kt）	屠宰头数（千头）	胴体重（kg）	肉产量（kt）	屠宰头数（千头）	胴体重（kg）	肉产量（kt）
世界总计	**283 277**	**204**	**57 883**	**812 624**	**14.2**	**11 549**	**1 205 659**	**78.1**	**94 186**
埃　及	1 427	173	247	4 850	22.2	108	73	42.5	3
加拿大	3 700	349	1 290	720	18.1	13	21 500	85.3	1 835
美　国	36 969	336	12 438	3 321	30.2	100	100 378	89	8 937
墨西哥	6 725	216	1 451	4 981	16	80	13 162	82.5	1 086
中　国	38 778	137	5 320	223 197	13.6	3 044	576 208	77.4	44 599
印　度	14 200	103	1 463	66 200	10.6	700	17 500	35	613
日　本	1 264	423	535	10	27	0.27	16 183	76.4	1 236
乌克兰	4 690	145	680	1 465	13.7	20	6 810	91.5	623
荷　兰	2 250	206	464	840	26.6	22	15 701	90.4	1 420
法　国	6 070	270	1 640	8 270	16.8	139	26 900	87.4	2 350
德　国	4 272	308	1 316	2 071	21.3	44	44 293	93.1	4 123
俄罗斯	11 980	155	1 858	7 109	17.9	127	20 800	76.7	1 595
英　国	2 326	296	692	15 219	19.6	299	10 398	74.4	774
澳大利亚	8 615	236	2 034	32 360	19.8	642	5 402	73.1	395

表30　部分国家（地区）肉鸡、鸭、火鸡屠宰只数、单只胴体重和肉产量（2002）

国家或地区	鸡肉			鸭肉			火鸡肉		
	屠宰只数（千只）	胴体重（kg）	肉产量（kt）	屠宰只数（千只）	胴体重（kg）	肉产量（kt）	屠宰只数（千只）	胴体重（kg）	肉产量（kt）
世界总计	**45 556 152**	**1.39**	**63 400**	**2 197 104**	**1.46**	**3 207**	**661 022**	**7.8**	**5 171**
埃　及	361 000	1.49	539	1 500	2.60	39	2 000	5	10
乌克兰	165 000	1.52	250						
加拿大	644 000	1.51	975	3 600	2.06	7.4	22 400	6.7	150
美　国	8 850 000	1.66	14 723	27 000	2.15	58	274 000	9.3	2 550
墨西哥	1 147 000	1.75	2 012	8 100	2.50	20	8 255	3.3	27
中　国	7 041 500	1.35	9 476	1 597 558	1.32	2 116	500	9.7	4.9
印　度	1 400 000	0.90	1 260	108 500	1.30	141			
日　本	623 696	1.96	1 221				4	3	0.012
法　国	940 000	1.27	1 190	82 000	2.93	240	110 350	6.3	700
德　国	412 000	1.16	477	21 100	2.16	46	42 000	8.7	366
荷　兰	559 000	1.25	701	7 000	2.00	14	8 500	4.9	42
俄罗斯	809 000	1.22	987						
英　国	808 000	1.55	1 255	20 000	2.20	44	23 000	10.1	232
澳大利亚	416 000	1.60	667	4 500	2.04	9	7 400	3.5	26

表 31 部分国家（地区）肉类产量（2001—2002） 单位：kt

国家或地区	2001 年	2002 年	2002 年比上年增减（%）
世界总计	**237 526**	**245 047**	**3.17**
埃 及	1 435	1 436	0.07
南 非	1 557	1 577	1.28
加拿大	4 118	4 290	4.18
美 国	37 811	39 027	3.22
巴 西	15 167	16 605	9.48
中 国	65 264	67 849	3.96
印 度	5 575	5 743	3.01
日 本	2 926	3 001	2.56
韩 国	1 597	1 671	4.63
法 国	6 534	6 564	0.46
德 国	6 470	6 503	0.51
意大利	4 141	4 087	−1.30
俄罗斯	4 451	4 648	4.43
英 国	3 255	3 307	1.60
澳大利亚	3 847	3 794	−1.38

表 32 部分国家（地区）牛奶产量（2001—2002） 单位：kt

国家或地区	2001 年	2002 年	2002 年比上年增减（%）
世界总计	**494 075**	**502 325**	**1.67**
埃 及	1 870	1 900	1.60
南 非	2 464	2 646	7.39
加拿大	8 106	8 130	0.30
美 国	74 980	77 021	2.72
巴 西	21 146	22 635	7.04
中 国	10 255	12 998	26.75
印 度	34 400	35 700	3.78
日 本	8 301	8 380	0.95
韩 国	2 339	2 390	2.18
法 国	24 903	25 197	1.18
德 国	28 191	28 012	0.63
意大利	11 275	11 365	0.80
俄罗斯	32 600	33 100	1.53
英 国	14 709	14 918	1.42
澳大利亚	10 875	11 610	6.76

表 33　部分国家（地区）黄油、奶酪、奶油产量（2002）　　单位：kt

国家或地区	黄　油	奶　酪	奶　油
世界总计	**8 040**	**17 081**	**1 944**
埃　及	97	490	
南　非	12	36	1.2
加拿大	93	338	45
美　国	614	4 239	506
巴　西	70	39	
中　国	88	218	
印　度	2 400		
日　本	86	123	
韩　国	57		
法　国	450	1 781	611
德　国	435	1 672	262
意大利	128	1 095	3
俄罗斯	295	498	
英　国	141	396	56
澳大利亚	164	431	60

资料来源：《世界农业》2003.8（总 292）。

表 34　部分国家（地区）鸡蛋产量（2001—2002）　　单位：kt

国家或地区	2001	2002	2002 年比上年增减（%）
世界总计	**52 822**	**53 758**	**1.77**
埃　及	200	200	
南　非	333	366	9.91
加拿大	387	390	0.78
美　国	5 083	5 128	0.89
巴　西	1 539	1 550	0.71
中　国	20 230	20 616	1.91
印　度	1 906	2 000	4.93
日　本	2 514	2 512	-0.08
韩　国	522	510	-2.30
法　国	1 016	1 010	-0.59
德　国	887	870	-1.92
意大利	722	717	-0.69
俄罗斯	1 962	2 017	2.80
英　国	632	665	5.22
澳大利亚	180	171	5.00

表 35 部分国家（地区）蜂蜜产量（2001—2002） 单位：kt

国家或地区	2001 年	2002 年	2002 年比上年增减（%）
世界总计	**1 255**	**1 270**	**1.20**
埃　及	8.5	8.5	
南　非	0.9	0.9	
加拿大	35	33	-5.71
美　国	84	90	7.14
巴　西	22	22	
中　国	255	258	1.18
印　度	52	52	
日　本	3.3	3.3	
韩　国	19	20.5	7.89
法　国	15.4	15	-2.60
德　国	26	22	-15.38
意大利	10	10	
俄罗斯	52.7	55	4.36
英　国	3	2.8	-6.67
澳大利亚	21.5	21.5	

表 36 部分国家（地区）羊毛产量（2001—2002） 单位：kt

国家或地区	2001 年	2002 年	2002 年比上年增减（%）
世界总计	**2 263**	**2 211**	**-2.30**
埃　及	7.6	7.6	
南　非	56.7	56.7	
加拿大	1.5	1.5	
美　国	19.5	19.5	
巴　西	12.1	13	7.44
中　国	298	305	2.35
印　度	53.7	53.7	
蒙　古	19.8	19.2	-3.03
新西兰	237	232	-2.11
法　国	22	22	
德　国	15	15	
意大利	11	11	
俄罗斯	40	40	
英　国	55	60	9.09
澳大利亚	645	607	-5.89

表 37 部分国家（地区）水产品产量（2000） 单位：kt

国家或地区	水产品总产量	其中：1. 淡水鱼	2. 海 洋 鱼
世界总计	**130 433.8**	**26 852.8**	**72 292.1**
埃 及	724.4	457.7	243.6
印度尼西亚	4 928.5	710.9	3 319.3
加拿大	1 116.9	25.6	498.5
美 国	5 173.6	297.9	3 303.1
泰 国	3 630.6	469.1	2 241.4
中 国	43 069.2	15 881.9	11 190.9
印 度	5 689.5	2 775.9	2 293.5
日 本	5 752.2	30.0	3 656.7
挪 威	3 191.3		2 632.7
法 国	864.7	12.7	509.3
德 国	265.6	33.4	163.9
墨西哥	1 368.0	117.8	964.8
俄罗斯	4 047.7	180.2	3 303.2
英 国	898.8	0.009	606.9
澳大利亚	251.3	0.80	141.6

注：数据来自 2002 年《中国农业年鉴》。

表 38 部分国家（地区）纸浆制造业纸浆产量（2001—2002） 单位：kt

国家或地区	2001 年	2002 年
世界总计	**183 499**	**185 213**
芬 兰	11 168	11 729
印度尼西亚	5 587	5 587
加拿大	24 909	25 543
美 国	53 052	52 914
中 国	18 381	18 381
印 度	2 603	2 603
日 本	10 735	10 735
瑞 典	11 386	11 740
法 国	2 461	2 561
德 国	2 103	2 148
挪 威	2 273	11 740
俄罗斯	6 022	6 284
英 国	492	492
澳大利亚	2 644	2 644

资料来源：表 38～表 40 数据，出自联合国粮农组织数据库。

表 39 部分国家（地区）纸浆制造业木浆产量（2002） 单位：kt

国家或地区	木浆总量	机制木浆	半化学制木浆	化学制木浆	可溶解木浆
世界总计	**168 245**	**35 427**	**8 412**	**121 608**	**2 798**
芬 兰	11 729	4 087	500	7 142	
印度尼西亚	5 482		277	5 205	
加拿大	25 744	11 591	520	13 392	241
美 国	53 568	4 245	3 224	45 199	900
中 国	4 075	565	1 710	1 785	15
印 度	1 590	223		1 112	255
日 本	10 792	1 394	75	9 245	78
瑞 典	11 382	3 021	281	8 080	
法 国	2 560	616	133	1 811	
德 国	2 148	1 252		896	
挪 威	2 303	1 616	42	516	129
俄罗斯	6 414	1 202	390	4 692	130
英 国	492	429	63		
澳大利亚	1 074	538	124	412	

表 40 部分国家（地区）机制纸及纸板制造业产量（2002） 单位：kt

国家或地区	机制纸与纸板总产量	新闻纸产量	印刷纸+书写纸产量	包装纸+包装板产量	再生纸产量	家庭用纸+卫生纸产量	其他纸张+纸板产量
世界总计	**634 046**	**37 533**	**96 545**	**149 667**	**139 403**	**21 501**	**189 397**
芬 兰	16 830	1 007	8 072	3 203	703	148	3 697
印度尼西亚	11 830	511	2 697	3 497	1 163	175	3 787
埃 及	970		100	240	380	90	360
加拿大	26 970	8 465	6 345	4 574	1 478	692	5 416
美 国	177 301	5 248	20 964	47 465	41 597	6 447	55 580
中 国	74 938	2 029	8 310	18 144	16 344	2 521	27 590
印 度	6 557	700	1 530	1 694	850	40	1 743
日 本	59 656	3 464	11 163	12 387	14 841	1 711	16 090
瑞 典	17 586	2 423	2 808	5 082	1 483	297	5 493
法 国	20 611	994	3 334	4 462	5 705	646	5 470
德 国	38 803	2 027	7 043	7 204	12 038	1 035	9 456
挪 威	3 007	804	819	409	458	26	491
俄罗斯	10 298	1 713	659	2 494	1 760	140	3 532
英 国	15 139	1 048	1 478	2 470	5 365	823	3 955
澳大利亚	5 899	465	554	1 409	1 634	204	1 633

表 41　部分国家（地区）按人口平均的食物产量（2002）　　单位：kg

国家或地区	谷　物	油　料	糖　料	蔬　菜	水　果	肉　类	蛋　类	奶　类
世界平均	**326.7**	**18.3**	**251**	**126.8**	**76.6**	**39.5**	**8.7**	**96.4**
埃　及	277.0	3.43	273	197.1	105.4	20.4	2.8	57.8
南　非	270.5	10.3	510	48.8	107.8	35.7	8.3	59.9
加拿大	1 133.4	65	17.4	72.7	23.2	137.2	12.5	260.0
美　国	1 035.4	54.6	201	131.3	105.4	135.3	17.8	266.4
巴　西	288.7	48.9	2 089	44.6	197.6	95.1	8.9	130.4
墨西哥	272.3	2.7	458	92.1	133.9	46.7	18.6	95.7
中　国	309.8	11.8	72.6	404.8	54.1	51.3	16.0	10.9
印　度	205.2	7.3	272	75.1	44.8	5.5	1.9	81.6
日　本	95.5	0.45	40.4	97.4	32.2	23.5	19.7	65.7
匈牙利	1 184.0			207.9	134.7	114.7	18.8	232.2
丹　麦	1 669.9			56.5	10.3	399.9	15.2	859.1
荷　兰	99.1	0.19	446	229.9	36.0	166.6	40.8	678.1
法　国	1 159.0	32.8	538	127.7	179.0	110.0	16.9	435.4
德　国	529.2	18.2	317	43.9	56.4	79.3	10.6	342.0
意大利	381.0	14.4	200	250.8	295.5	71.1	12.5	216.0
俄罗斯	589.4	10.6	96	93.5	24.0	32.3	14.0	232.8
英　国	386.0	8.4	157	47.2	4.9	55.2	11.1	249.1
澳大利亚	903.7	21.5	1 668	97.1	174.1	194.2	8.8	594.3
瑞　典	620.1			30.4	3.7	63.0	10.7	365.6

表 42　国家（地区）人均每天食物热值、蛋白质和脂肪含量（2000—2001）

国家或地区	食物热值（J）		蛋白质（g）		脂肪含量（g）	
	2000 年	2001 年	2000 年	2001 年	2000 年	2001 年
世界平均	**11 741**	**11 751**	**75.7**	**76.0**	**76.3**	**76.3**
埃　及	14 133	14 171	96.2	96.5	62.5	62.2
南　非	12 174	12 229	76.6	75.1	73.0	79.0
加拿大	13 306	13 296	104.4	102	126.8	128.6

（续）

国家或地区	食物热值（J）		蛋白质（g）		脂肪含量（g）	
	2000 年	2001 年	2000 年	2001 年	2000 年	2001 年
美 国	15 970	15 766	114.9	114.5	154.3	152.7
巴 西	12 570	12 571	79.9	79.6	88.8	87.9
中 国	12 465	12 397	84.8	85.8	81.8	83.2
印 度	10 423	10 413	58.0	58.4	54.2	51.6
日 本	11 525	11 496	91.1	90.3	83.0	82.5
韩 国	12 948	12 792	89.9	88.4	76.7	75.8
法 国	15 059	15 195	117.2	118.4	167.4	168.3
德 国	14 677	14 935	96.5	98.2	152.9	156.7
意大利	15 336	15 407	113.3	112.9	154.7	156.5
俄罗斯	12 217	12 619	86.1	88.6	77.5	81.0
英 国	13 866	14 101	98.0	100.7	139.8	141.5
澳大利亚	13 022	13 089	106.1	106.3	134.8	136.0
中国香港	12 985	12 997	101.0	95.2	139.3	135.6

资料来源：表 41、表 42 数据出自联合国粮农组织数据库。

表 43 我国农业主要产品产量居世界位次（1949—2002）

项 目	1949 年	2000 年	2001 年	2002 年
谷 物		1	1	1
肉 类	3	1	1	1
棉 花	4	1	1	1
大 豆	2	4	4	4
花 生	2	1	1	1
油菜籽	2	1	1	1
甘 蔗		3	3	3
茶 叶	3	2	2	2
水 果		1	1	1

表 44 主要农畜产品最大生产国（2002）

农畜产品	第一位国家	产量（kt）	第二位国家	产量（kt）	第三位国家	产量（kt）
谷　物	中国	402 000	美国	298 745	印度	213 590
小　麦	中国	91 290	印度	71 814	俄罗斯	50 557
稻　谷	中国	176 553	印度	116 580	印度尼西亚	51 604
玉　米	美国	228 805	中国	123 175	巴西	35 479
小　米	印度	6 150	尼日利亚	6 100	中国	2 071
高　粱	美国	9 392	尼日利亚	7 704	印度	7 060
马铃薯	中国	65 052	俄罗斯	31 900	印度	24 000
大　豆	美国	74 290	巴西	41 903	中国	16 900
甘　蔗	巴西	360 556	印度	279 000	中国	82 278
甜　菜	法国	33 331	德国	26 786	美国	24 993
可可豆	科特迪瓦	1 000	加纳	380	印度尼西亚	348
茶　叶	印度	826	中国	760	斯里兰卡	310
烟　叶	中国	2 394	巴西	654	印度	575
肉　类	中国	67 849	美国	39 027	巴西	16 605
鸡　蛋	中国	20 616	美国	5 128	日本	2 512
奶　类	印度	85 000	美国	77 021	俄罗斯	33 468

资料来源：表中数据出自联合国粮农组织数据库。

表 45 部分国家国内生产总值的产业构成（2000） 单位：%

国家或地区	第一产业（农业）	第二产业（工业）	第三产业（服务业）
埃　及	13.9	32.0	47.9
南　非	3.9	29.5	58.1
巴　西	8.0	30.9	45.9
中　国	15.9	50.9	33.2
印　度	22.0	24.8	44.0
日　本	1.0	32.0	66.0
韩　国	5.2	44.8	49.9
法　国	3.0	23.7	62.8
德　国	1.2	28.3	61.2
意大利	3.0	27.5	59.0
俄罗斯	5.9	33.2	51.5
美　国	1.7*	26.2*	72.0*
加拿大			
英　国	1.5	25.9	61.6
澳大利亚	3.0	26.0	71.0

注：* 为 1997 年数据。

资料来源：世界银行《世界发展指标》2002 年版。

表 46 世界按行业划分的工业生产指数（1999—2001） 单位：%

主要工业部门	1999 年	2000 年	2001 年
世界工业总计	**113.2**	**121.0**	**118.5**
采矿业	103.0	106.7	107.4
制造业	114.4	123.0	119.8
食品、饮料、烟草	104.9	106.9	106.8
纺织	94.9	95.2	90.3
服装、皮革、制鞋	88.0	85.6	81.0
木制品	103.4	104.1	98.8
造纸、出版、印刷等	99.1	108.3	106.6
化学、石油、塑料、橡胶制品	113.5	116.9	116.6

资料来源：联合国数据库。

表 47 发达国家与发展中国家部分农产品加工业生产指数（2000—2001）

单位：%

工业部门	世界总计		发达国家		发展中国家	
	2000 年	2001 年	2000 年	2001 年	2000 年	2001 年
世界工业总计	**121.0**	**118.5**	**120.5**	**117.1**	**123.0**	**123.8**
采矿业	106.7	107.4	102.1	102.1	111.3	112.8
制造业	123.0	119.8	122.6	118.6	125.0	125.2
食品、饮料、烟草	106.9	106.8	105.8	105.3	110.3	111.3
纺织	95.2	90.3	90.8	84.9	102.1	98.4
服装、皮革、制鞋	85.6	81.0	80.1	75.2	100.4	96.8
木制品及家具	104.1	98.8	106.4	100.6	91.3	88.4
造纸、印刷、出版	108.3	106.6	107.3	103.9	118.5	133.5
化学、石油、塑料、橡胶制品	116.9	116.9	114.7	114.5	124.7	124.4

资料来源：联合国数据库。

表 48 美国农产品加工业主要指标（1997—1999）

按国际标准产业分类（第三版分类）	雇员数（千人）	产 值（百万美元）	增加值（百万美元）	固定资本形成（百万美元）
	1997 年	1997 年	1997 年	1997 年
制造业合计	**26 799**	**6 019 220**	**2 872 303**	
肉类、鱼类、水果蔬菜、油类等	667	179 754	54 229	
乳制品	132	58 670	17 622	

（续）

按国际标准产业分类（第三版分类）	雇员数（千人）	产　值（百万美元）	增加值（百万美元）	固定资本形成（百万美元）
	1997年	1997年	1997年	1997年
谷物、淀粉及制品牲畜精饲料	102	60 653	23 385	
其他食品	569	122 310	68 529	
饮　料	140	62 469	29 881	
烟草制品	34	36 075	26 690	
纺织品	296	44 863	17 714	
服　装	611	58 418	29 150	
皮革制品	43	6 666	3 188	
木材制品	332	43 366	18 061	
纸及纸制品	566	148 214	69 456	
印　刷	834	97 485	58 393	
橡胶制品	202	34 716	18 068	

按国际标准产业分类（第三版分类）	雇员数（千人）		产　值（百万美元）		增加值（百万美元）		固定资本形成（百万美元）	
	1998年	1999年	1998年	1999年	1998年	1999年	1998年	1999年
制造业合计	**27 075**	**26 728**	**6 005 093**	**6 165 844**	**2 975 379**	**3 064 163**	**237 420**	**235 041**
肉类、鱼类、水果蔬菜、油类等	669	668	177 222	177 561	57 417	58 907	3 867	4 622
乳制品	133	131	62 479	62 327	18 873	18 999	1 492	1 478
谷物、淀粉及制品牲畜精饲料	99	106	59 113	57 112	23 782	24 281	1 770	2 114
其他食品	601	587	129 508	131 980	73 439	75 680	4 355	4 999
饮　料	139	136	63 757	63 517	31 214	30 597	2 331	2 346
烟草制品	34	28	39 977	45 321	31 473	38 059	344	310
纺织品	285	271	43 648	41 555	17 678	16 768	1 820	1 611
服　装	560	494	56 406	55 228	27 891	27 048	754	773
皮革制品	43	40	6 422	5 898	3 180	2 682	90	101
木材制品	339	340	46 235	50 000	19 791	22 089	1 355	1 662
纸及纸制品	564	553	152 823	155 575	71 979	73 790	8 490	6 986
印　刷	843	838	100 297	102 404	60 248	62 428	4 883	4 834
橡胶制品	205	211	35 076	35 524	18 578	19 163	1 556	1 629

资料来源：联合国工发组织《国际工业统计年鉴》2002年版。

表 49 日本农产品加工业主要指标（1999）

按国际标准产业分类（第三版分类）	机构数（家）	雇员数（千人）	产 值（十亿日元）	增加值（十亿日元）	固定资本形成（十亿日元）
制造业合计	**345 401**	**9 283**	**291 387**	**107 824**	**11 085**
肉类、鱼类、水果、蔬菜、油类等	13 339	332	7 833	2 488	158
乳制品	770	43	2 312	725	83
谷物、淀粉及制品牲畜精饲料	1 714	33	2 561	532	48
其他食品	25 855	737	13 187	5 886	354
饮 料	3 183	81	6 682	2 470	260
烟草制品	31	7	2 533	511	27
纺织品	8 778	141	2 186	956	61
服 装	13 787	251	1 839	968	16
毛皮制品	58	1	11	5	
皮革制品	2 332	25	456	178	7
木材制品	12 161	136	2 484	977	30
纸及纸制品	9 700	247	7 834	2 898	317
印 刷	22 657	396	7 914	3 737	242
橡胶制品	3 268	118	2 927	1 358	162

资料来源：联合国工发组织《国际工业统计年鉴》2002 年版。

表 50 德国农产品加工业主要指标（1998—1999）

按国际标准产业分类（第三版分类）	机构数（家）	雇员数（千人）	产 值（亿马克）		增加值（亿马克）	
			1998	1999	1998	1999
制造业合计	**38 205**	**6 402.5**	**20 808**	**21 369**	**6 872**	**6 939**
肉类、鱼类、水果、蔬菜、油类等	1 492	157.7	579	593	114	123
乳制品	191	41.5	349	357	45.5	49.5
谷物、淀粉及制品牲畜精饲料	187	22.3	136	130	29.1	28.8
其他食品	2 627	298.2	651	661	203	217
饮 料	621	74.3	379	370	104	104
烟草制品	22	12.6	264	279	29.9	33.7
纺织品	368	52.4	134	121.1	43.1	40.2
服 装	606	71.3	203	196	54.6	51.8
毛皮制品	6	0.4	0.67	0.56	0.3	0.27
皮革制品	112	8.3	19.7	20.4	6.4	5.9
木材制品	1 053	92.7	235	239.4	80.2	83.7
纸及纸制品	861	150.9	505	524.4	170	177
印 刷	1 728	135.6	297	310	134	138
橡胶制品	244	76.7	190	194	79.5	82.4

资料来源：联合国工发组织《国际工业统计年鉴》2002 年版。

表 51　英国农产品加工业主要指标（1999）

按国际标准产业分类（第三版分类）	机构数（家）	雇员数*（千人）	产　值（百万英镑）	增加值（百万英镑）	固定资本形成（百万英镑）
制造业合计	**170 196**	**4 068**	**425 424**	**149 123**	**20 516**
肉类、鱼类、水果、蔬菜、油类等	2 317	156	23 509	4 452	691
乳制品	637	37	6 654	1 234	286
谷物、淀粉及制品牲畜精饲料	727	29	6 214	1 677	204
其他食品	3 606	208	17 399	7 040	924
饮　料	816	47	11 992	3 882	709
烟草制品	21	5	6 108	1 170	125
纺织品	1 479	59	3 018	1 116	102
服　装	6 942	143	5 832	2 241	211
毛皮制品	35		20	4	1[c]
皮革制品	680	12	688	253	23
木材制品	7 428	73	4 186	1 631	253
纸及纸制品	2 895	107[a]、99[b]	11 107	3 889	582
印　刷	19 306	200	14 771	7 493	1 106
橡胶制品	761	50	3 106	1 441	173

资料来源：联合国工发组织《国际工业统计年鉴》2002 年版。

注：*为 1997 年的雇员数 a 为 1998 年雇员数，b 为 1999 年雇员数，c 为 1998 年固定资本形成数。

表 52　法国农产品加工业主要指标（1999）

按国际标准产业分类（第三版分类）	机构数（家）	雇员数（千人）	产　值（百万法郎）	增加值（百万法郎）	固定资本形成（百万法郎）
制造业合计	**36 250**	**4 093.1**	**5 220 223**	**1 548 200**	**209 421**
纺织品	665	49.6	45 875	11 666	1 651
服　装	1 300	86.0	61 230	17 774	1 047
毛皮制品	12	0.6	420	79	8
皮革制品	169	13.7	8 407	3 849	272
木材制品	599	39.4	36 989	10 511	1 693
纸及纸制品	635	84.0	105 061	29 713	5 611
印　刷	1 187	73.0	58 172	21 477	3 104
橡胶制品	169	67.6	55 841	21 648	2 749

资料来源：联合国工发组织《国际工业统计年鉴》2002 年版。

表 53 意大利农产品加工业主要指标（1995—1998）

按国际标准产业分类（第三版分类）	机构数（家）		雇员数（千人）		产 值（十亿里拉）		增加值（十亿里拉）		固定资本形成（十亿里拉）	
	1995 年	1996 年	1995 年	1996 年	1995 年	1996 年	1995 年	1996 年	1995 年	1996 年
制造业合计	**538 726**	**568 523**	**3 980.3**	**3 991.1**		**1 321 356**	**350 321**	**351 640**		
肉类、鱼类、水果蔬菜、油类等	10 504	10 663	84.7	83.5		48 972	7 345	7 762		
乳制品	6 240	6 602	50.4	48.4		30 755	5 323	4 799		
谷物、淀粉及制品牲畜精饲料	2 987	3 062	19.3	17.4		19 536	2 386	2 451		
其他食品	44 149	46 325	123.8	118.4		41 378	12 228	11 841		
饮 料	3 221	3 290	35.4	35.8		24 432	4 298	4 581		
烟草制品	31	69	14.8	13.6		15 050	1 332	1 164		
纺织品	11 386	11 614	156.6	157.6		44 209	13 920	12 989		
服 装	47 379	48 629	295.2	290.4		51 153	15 688	15 453		
毛皮制品	2 971	3 262	3.8	3.5		749	235	224		
皮革制品	9 296	9 735	54.5	55.8		18 747	4 180	4 401		
木材制品	43 591	46 845	93.1	89.4		20 780	6 555	6 926		
纸及纸制品	4 327	4 758	75.1	76.1		30 218	8 827	8 552		
印 刷	19 327	19 355	96.0	92.8		19 102	7 257	7 900		
橡胶制品	1 588	1 581	41.0	42.3		11 529	3 795	3 948		

按国际标准产业分类（第三版分类）	机构数（家）		雇员数（千人）		产 值（十亿里拉）		增加值（十亿里拉）		固定资本形成（十亿里拉）	
	1997 年	1998 年	1997 年	1998 年	1997 年	1998 年	1997 年	1998 年	1997 年	1998 年
制造业合计	**547 496**	**563 893**	**3 992.6**	**4 034.2**	**1 344 722**	**1 362 773**	**357 162**	**371 444**	**59 945**	**67 289**
肉类、鱼类、水果蔬菜、油类等	10 942	11 384	82.2	85.4	48 341	50 222	7 620	8 303	1 772	2 292
乳制品	5 552	6 464	45.6	49.9	25 744	26 443	4 570	5 481	1 008	1 639
谷物、淀粉及制品牲畜精饲料	2 867	2 911	17.2	17.8	15 313	17 510	2 135	2 364	522	453
其他食品	42 662	47 014	128.1	129.8	41 237	42 140	11 822	13 370	2 022	3 140
饮 料	3 182	3 294	35.2	34.6	23 097	24 056	4 201	4 471	1 179	1 004
烟草制品	97	74	12.4	11.1	15 684	14 992	1 080	1 085	59	73
纺织品	11 302	11 177	155.6	156.9	43 831	42 676	13 060	13 076	2 065	2 362
服 装	47 210	47 741	272.7	267.0	49 265	52 438	14 642	14 996	1 645	1 703
毛皮制品	2 715	2 527	3.3	3.6	930	499	210	205	21	9
皮革制品	9 704	9 883	53.5	52.2	19 947	19 063	3 973	3 832	502	595
木材制品	45 267	45 161	85.7	92.6	21 970	22 021	6 713	7 257	1 396	1 448
纸及纸制品	4 764	4 841	75.5	75.4	29 974	28 923	8 037	8 632	2 154	2 245
印 刷	19 292	19 924	91.1	92.4	19 272	21 276	7 605	7 732	1 315	1 890
橡胶制品	1 709	1 736	44.0	45.5	11 771	11 817	3 968	4 061	549	661

资料来源：联合国工发组织《国际工业统计年鉴》2002 年版。

表 54 加拿大农产品加工业主要指标（1996—1998）

按国际标准产业分类（第三版分类）	机构数（家）	雇员数（千人）	产值（百万加元）	增加值（百万加元）
	1996 年	1996 年	1996 年	1996 年
制造业合计	**34 747**	**1 729**	**462 084**	**165 194**
肉类、鱼类、水果、蔬菜、油类等	1 260	96	25 963	6 931
乳制品	280	21	9 950	2 433
谷物、淀粉及制品牲畜精饲料	573	18	8 389	2 311
其他食品	1 020	64	12 616	5 927
饮料	242	25	8 002	4 322
烟草制品	16	4	4 166	1 753
纺织品	263	17	2 318	1 057
服装	1 504	66	6 104	2 836
毛皮制品	144	2	252	109
皮革制品	133	4	369	144
木材制品	1 132	38	6 549	2 707
纸及纸制品	696	102	33 196	13 453
印刷	3 625	77	9 083	4 799
橡胶制品	209	24	7 716	2 592

按国际标准产业分类（第三版分类）	机构数（家）		雇员数（千人）		产值（百万加元）		增加值（百万加元）	
	1997 年	1998 年	1997 年	1998 年	1997 年	1998 年	1997 年	1998 年
制造业合计	**33 079**	**32 153**	**1 784**	**1 874**	**477 412**	**505 397**	**177 327**	**186 344**
肉类、鱼类、水果蔬菜、油类等	1 258	1 193	99	98	27 257	28 165	7 319	7 728
乳制品	271	261	21	21	9 876	12 502	2 487	3 221
谷物、淀粉及制品牲畜精饲料	571	547	17	18	8 460	9 359	2 551	3 096
其他食品	941	1 663	63	63	11 806	13 043	5 518	5 830
饮料	230	216	25	27	8 339	8 848	4 561	4 812
烟草制品	18	18	4	4	4 376	5 299	1 898	2 131
纺织品	263	269	18	19	2 570	2 909	1 179	1 386
服装	1 384	1 288	68	70	6 374	6 771	3 071	3 129
毛皮制品	133	126	2	2	255	283	117	134
皮革制品	126	120	3	3	383	368	152	149
木材制品	1 091	1 074	42	45	7 208	8 238	2 786	3 461
纸及纸制品	659	669	102	99	32 192	31 484	12 699	13 395
印刷	3 333	2 914	79	81	9 493	10 033	5 069	5 135
橡胶制品	212	212	26	27	8 362	8 837	2 798	2 651

资料来源：联合国工发组织《国际工业统计年鉴》2002 年版。

表 55 澳大利亚农产品加工业主要指标（1998—1999）

按国际标准产业分类(第三版分类)	机构数（家）		雇员数（千人）		产 值（百万澳元）		增加值（百万澳元）		固定资本形成（百万澳元）	
	1998 年	1999 年	1998 年	1999 年	1998 年	1999 年	1998 年	1999 年	1998 年	1999 年
制造业合计	**60 349**	**55 199**	**1 119 054**	**1 267 633**	**257 074**	**264 905**	**115 862**	**119 645**	**12 910**	**11 360**
肉类、鱼类、水果、蔬菜、油类等	1 028	1 019	67 085	67 666	15 167	15 937	5 508	5 649	544	480
乳制品	220	207	17 330	16 860	7 304	7 825	2 380	2 501	452	312
谷物、淀粉及制品、牲畜精饲料	413	414	11 373	12 594	5 699	5 823	2 314	2 426	133	218
饮料	452	476	17 023	17 733	7 941	8 768	4 049	4 436	396	532
烟草制品	5	5	1 262	1 181	1 009	999	686	676	36	34
纺织品	237	254	12 193	11 618	2 141	2 016	983	912	174	76
服装	4 605	3 128	34 094	28 428	3 356	3 314	1 628	1 728	31	38
毛皮制品	111	84	2 836	2 407	679	593	189	168	4	4
橡胶制品	273	219	8 442	7 575	1 555	1 461	787	748	49	52

资料来源：联合国工发组织《国际工业统计年鉴》2002 年版。

表 56 印度农产品加工业主要指标（1998）

按国际标准产业分类（第三版分类）	机构数（家）	雇员数（千人）	产 值（亿卢比）	增加值（亿卢比）	固定资本形成（亿卢比）
制造业合计	**124 098**	**8 469.7**	**7 611 768**	**1 431 266**	**667 234**
肉类、鱼类、水果、蔬菜、油类等	4 234	187.4	407 695	31 220	5 352
乳制品	737	75.8	158 570	17 693	3 506
谷物、淀粉及制品牲畜精饲料	12 164	301.7	313 075	21 972	−5 780
其他食品	5 676	775.3	401 070	75 355	16 466
饮 料	1 029	47.5	83 414	20 880	393
烟草制品	2 353	452.0	97 497	30 170	2 501
纺织品	10 341	1 274.4	658 761	101 870	49 326
服 装	3 145	279.4	132 875	29 480	3 315
毛皮制品	59	3.5	1 074	190	334
皮革制品	1 254	57.4	36 501	4 820	958
木材制品	1 643	36.8	14 209	2 226	2 076
纸及纸制品	3 271	172.1	128 182	19 903	16 625
印 刷	2 525	63.9	29 230	6 627	1 780
橡胶制品	2 011	122.9	119 538	23 815	7 493

资料来源：联合国工发组织《国际工业统计年鉴》2002 年版。

表 57 韩国农产品加工业主要指标（1999）

按国际标准产业分类（第三版分类）	机构数（家）	雇员数（千人）	产 值*（十亿元）	增加值*（十亿元）	固定资本形成（十亿元）
制造业合计	**91 156**	**2 432.3**	**425 007*** **479 733**	**176 730*** **200 935**	**48 218**
肉类、鱼类、水果、蔬菜、油类等	1 945	59	6 891* 7 711	2 354* 2 781	424
乳制品	99	9	3 728* 3 468	1 499* 1 389	127
谷物、淀粉及制品牲畜精饲料	893	15.6	8 718* 8 574	2 232* 2 492	272
其他食品	2 989	67.9	9 624* 10 060	4 335* 4 852	742
饮 料	438	16.7	4 891* 6 410	2 635* 4 046	358
烟草制品	14	3.4	3 728* 3 314	2 661* 2 193	83
纺织品	4 693	148.1	16 452* 17 431	6 894* 7 906	1 293
服 装	7 403	132.3	6 928* 7 595	3 449* 3 737	235
毛皮制品	103	1.7	282* 244	135* 106	5
皮革制品	1 005	19.5	3 149* 3 087	1 034* 954	121
木材制品	1 093	17.3	1 831 2 213	815* 912	237
纸及纸制品	2 548	53.9	10 402* 11 747	4 348* 4 580	1 209
印 刷	3 298	32.5	2 085* 2 505	1 133* 1 338	179
橡胶制品	880	32.7	4 696* 4 712	2 196* 2 218	444

资料来源：联合国工发组织《国际工业统计年鉴》2002 年版。

注：* 为 1998 年统计数据。

表 58 部分国家（地区）进口、出口商品构成（2000） 单位：%

国家或地区	农业原材料		食 品		燃 料		制成品	
	进口	出口	进口	出口	进口	出口	进口	出口
世界总计	**2.0**	**1.8**	**7.0**	**6.8**	**10.2**	**8.0**	**74.5**	**77.8**
埃 及①	4.4	7.9	22.8	8.9	6.1	36.9	59.0	37.1
南 非	1.5	3.4	4.7	8.5	14.4	10.1	69.7	54.3

（续）

国家或地区	农业原材料		食品		燃料		制成品	
	进口	出口	进口	出口	进口	出口	进口	出口
加拿大	1.3	6.2	5.0	6.4	5.2	13.2	84.1	63.8
美 国	1.4	2.3	4.1	7.4	11.1	1.9	77.2	83.1
巴 西	2.0	4.7	6.8	23.3	15.1	1.6	72.9	58.5
中 国②	4.7	1.1	4.0	5.4	9.2	3.1	75.7	88.2
中国香港	1.2	0.4	4.3	1.6	2.1	0.5	90.5	95.3
印 度①	3.4	1.4	7.2	14.5	30.8	0.2	50.7	79.2
日 本	3.1	0.5	12.8	0.5	20.4	0.4	56.7	93.9
韩 国	3.2	1.0	4.9	1.6	23.9	5.5	62.2	90.7
法 国	1.9	1.1	7.9	11.0	9.9	2.8	77.3	81.1
德 国	1.7	0.9	6.6	4.2	8.6	1.5	68.7	85.3
意大利	4.1	0.7	8.6	6.1	9.9	2.0	69.1	88.5
俄罗斯	1.6	3.1	15.1	1.2	3.3	51.3	42.2	22.1
英 国	1.7	0.5	7.9	5.5	4.5	8.6	82.3	82.2
澳大利亚	1.4	5.7	4.6	20.7	8.4	21.9	83.8	29.5

注：①为1999年数据。②为世界银行数据。

资料来源：《国际统计年鉴》2002年版。

表59 农产品加工业初级品出口价格指数（1999—2001）

单位：1980年＝100

项目内容	1999年	2000年	2001年
初级品			
世界	63	81	73
发达国家	76	80	79
发展中国家	57	82	70
食品			
世界	74	69	69
发达国家	80	75	77
发展中国家	60	55	52
肉类	97	89	94
牛肉	66	60	63
羊肉	108	96	103
猪肉	127	119	129
家禽肉	172	152	164
咸肉	89	94	96
奶产品	87	79	77
牛奶	64	58	56
黄油	100	90	86
奶酪	111	100	99
蛋	63	57	56
谷物	65	63	65
小麦	64	67	72
稻谷	93	74	62

（续）

项目内容	1999年	2000年	2001年
大麦	58	59	61
玉米	58	54	59
燕麦	54	54	56
蔬菜	63	59	60
土豆	50	41	46
木薯	36	36	36
干菜豆	100	109	109
干豌豆	115	107	102
西红柿	55	43	45
洋葱	36	34	33
饮品	56	46	36
咖啡	53	44	30
可可	47	35	40
茶	88	84	70
水果	126	105	140
柑橘类	147	97	155
柠檬	118	99	100
葡萄柚	54	53	51
其他水果	119	116	146
香蕉	111	122	162
苹果	128	111	129
动物饲料	64	73	70
油粕	68	80	77
鱼饲料	48	43	43
胡椒	289	249	120
鱼	118	116	110
糖	23	28	30
葡萄酒	156	138	134
非食用农产品			
世界	73	72	66
发达国家	75	77	70
发展中国家	70	66	60
油料、油及脂肪	74	66	62
花生	57	58	59
大豆	67	70	65
豆油	72	57	59
棉籽油	113	99	83

（续）

项目内容	1999 年	2000 年	2001 年
花生油	93	84	80
橄榄油	98	94	90
棕榈油	74	53	49
椰子油	105	64	46
葵花籽油	81	62	77
动物油脂	76	67	74
林产品	72	74	67
木材	73	69	67
木材制纸浆	71	88	70
纺织原料	59	58	48
羊毛	51	47	37
棉花	61	62	51
黄麻	76	72	94
烟草	141	141	141
兽皮	138	149	153
天然橡胶	44	48	41

资料来源：《国际统计年鉴》2002 年版。

表 60　部分国家（地区）农产品进口额和出口额（2000—2001）

单位：亿美元

国家或地区	进　口　额		出　口　额	
	2000 年	2001 年	2000 年	2001 年
世界总计	**4 418**	**4 475**	**2 168**	**4 106**
埃　及	35	36	6	5
南　非	14	14	22	22
加拿大	109	114	147	157
美　国	433	450	527	565
巴　西	41	43	138	128
中　国	129	154	118	131
印　度	40	29	46	50
日　本	353	362	17	16
韩　国	73	83	17	15
法　国	252	232	368	334
德　国	372	345	236	242
意大利	220	216	159	156
俄罗斯	79	72	6	11
英　国	285	259	157	167
澳大利亚	31	30	146	147

表 61 部分国家（地区）林产品进口额和出口额（2001—2002）

单位：万美元

国家或地区	2001 年		2002 年	
	进口金额	出口金额	进口金额	出口金额
世界总计	**14 215 450**	**13 160 457**	**14 142 010**	**13 331 915**
埃　及	75 423	1 665	75 423	1 665
加拿大	384 942	2 436 223	405 274	2 250 618
美　国	2 430 492	1 439 125	2 343 169	1 403 479
墨西哥	203 427	18 685	203 427	18 685
巴　西	78 043	264 086	78 043	264 086
中　国	1 457 089	369 771	1 457 089	369 771
印　度	94 258	9 622	94 258	9 622
日　本	1 126 030	159 312	1 126 030	159 312
荷　兰	424 703	268 205	448 149	283 160
法　国	693 540	521 240	698 364	529 245
德　国	1 147 970	1 008 198	1 111 085	1 116 476
意大利	50 357	387 552	71 065	429 814
俄罗斯	686 770	234 522	635 519	151 998
英　国	904 479	188 242	877 618	173 719
澳大利亚	130 896	78 450	130 896	78 450

资料来源：联合国粮农组织数据库，2003 年 9 月查询。

表 62 部分国家（地区）牲畜进口数和出口数（2000）

单位：头

国家或地区	肉　牛		绵　羊		猪	
	进口数	出口数	进口数	出口数	进口数	出口数
世界总计	**8 343 580**	**9 517 363**	**15 966 008**	**16 526 303**	**15 297 700**	**16 051 623**
埃　及	136 577	16	317 639			
印度尼西亚	309 673	15			39	377 734
加拿大	352 884	968 750	2 802	51 700	7 748	4 359 682
美　国	2 191 199	481 584	51 546	381 809	4 359 355	69 342
巴　西	53 777	790	175 427		288	
中　国	581	64 770	817	7 214	3 542	2 038 930
印　度	2 015				9 754	
日　本	14 920	3	2		431	
荷　兰	393 871	96 446	226 630	311 717	466 764	2 863 424
法　国	211 166	1 561 374	796 963	715 747	545 640	254 136
德　国	182 697	580 826	72 580	102 051	3 188 092	1 086 761
意大利	1 562 202	68 171	1 773 414	8 454	1 068 955	9 471
俄罗斯	4 049	6 677	4 878	3 339	5 302	1 077
英　国	6 133	14	153 355	224 353	267 511	142 368
澳大利亚	4	895 982	317 639	5 421 408		373

表 63 部分国家（地区）禽畜进口数和出口数（2000）

单位：千只

国家或地区	鸡		鸭		火 鸡	
	进口数	出口数	进口数	出口数	进口数	出口数
世界总计	**750 740**	**685 817**	**15 353**	**16 559**	**31 906**	**49 497**
埃 及	1 130	93	397	16	428	
马来西亚	9 680	54 001	2 656	8 409		
加拿大	26 407	4 024	256	880	5 715	7 071
美 国	3 867	44 253	396	744	7 425	8 235
巴 西	1 764	7 228	3		3	
中 国	1 250	47 579	37	851	2	237
印 度		1 348		4 598		
日 本	916	124				
荷 兰	73 052	115 824	69	2	62	1 126
法 国	13 072	83 360	167	358	738	14 610
德 国	91 853	86 364			611	8 357
意大利	14 344	6 929	129	3	2 748	346
俄罗斯	2 931	804				
英 国	5 082	30 987			2 575	5 824
澳大利亚		2 332				

表 64 部分国家（地区）牛肉进口数量与金额（2000—2001）

单位：kt、万美元

国家或地区	进 口 数 量		进 口 金 额	
	2000 年	2001 年	2000 年	2001 年
世界总计	**7 000**	**6 655**	**1 535 563**	**1 365 428**
埃 及	199	98	24 084	13 010
印度尼西亚	36	22	4 202	2 411
加拿大	264	300	52 347	56 561
美 国	1 308	1 352	255 111	284 035
巴 西	57	38	10 020	5 828
中 国	87	78	21 435	20 714
印 度		19	0.3	5.6
日 本	964	906	266 710	236 578
荷 兰	152	200	42 233	42 321
法 国	325	248	85 266	59 540
德 国	206	112	64 260	30 565
意大利	434	301	136 992	87 559
俄罗斯	329	536	36 133	51 919
英 国	295	363	68 594	79 023
澳大利亚	5	4	932	786

表 65 部分国家（地区）牛肉出口数量与金额（2000—2001）

单位：kt、万美元

国家或地区	出口数量		出口金额	
	2000 年	2001 年	2000 年	2001 年
世界总计	**7 297**	**6 836**	**1 538 330**	**1 362 991**
埃及	0.24	0.27	40	41
印度尼西亚	0.03	0.10	6.2	17.4
加拿大	492	542	118 168	133 883
美国	1 165	1 010	325 236	269 635
巴西	411	645	78 319	100 868
中国	46	53	6 643	7 662
印度	288	244	30 650	25 514
日本	0.98	0.71	1 127	690
荷兰	359	287	108 802	73 604
法国	309	176	79 713	41 430
德国	410	574	86 528	90 148
意大利	158	113	25 423	16 908
俄罗斯	7	6.4	764	656
英国	9.9	10.6	3 629	3 534
澳大利亚	1 208	1 266	211 144	234 404

表 66 部分国家（地区）绵羊肉进口数量与金额（2000—2001）

单位：kt、万美元

国家或地区	进口数量		进口金额	
	2000 年	2001 年	2000 年	2001 年
世界总计	**951**	**848**	**229 594**	**231 616**
埃及	0.9	2.0	245	358
印度尼西亚	0.6	0.7	66	81
加拿大	16	17	4 757	4 922
美国	60	67	23 730	26 331
巴西	8.5	3.6	1 273	647
中国	39	47	4 949	6 319
印度	0.006	0.004	8	4
日本	27	27	6 840	7 125
荷兰	7.5	10.4	3 240	4 339
法国	170	121	49 776	44 830
德国	41	40	15 821	17 482
意大利	25	28	8 504	10 838
俄罗斯	3.5	3.4	362	351
英国	109	9.3	30 199	27 920
澳大利亚	0.5	0.3	70	45

表 67 部分国家（地区）绵羊肉出口数量与金额（2000—2001）

单位：kt、万美元

国家或地区	出口数量		出口金额	
	2000 年	2001 年	2000 年	2001 年
世界总计	**960**	**873**	**211 607**	**223 079**
埃　及	0.01	0.03	2.5	7.6
印度尼西亚	0.04	0.09	13	23
加拿大	0.40	0.31	139	136
美　国	2.5	3.60	579	732
巴　西	0.009	0.015	3.1	5
中　国	4.2	2.9	568	447
印　度	12	3.5	1 741	654
日　本	12.3			
荷　兰	12.3	6.5	1 607	2 319
法　国	10.5	10.4	4 301	4 623
德　国	4.3	7.7	1 840	3 272
意大利	2.5	2.0	730	653
俄罗斯	0.015		1.4	
英　国	89	30	27 395	11 154
澳大利亚	311	307	50 200	57 792

表 68 部分国家（地区）猪肉进口数量与金额（2000—2001）

单位：kt、万美元

国家或地区	进口数量		进口金额	
	2000 年	2001 年	2000 年	2001 年
世界总计	**5 045**	**5 275**	**1 031 151**	**1 123 113**
埃　及				
印度尼西亚	0.26	0.16	31	26
加拿大	40	54	9 350	11 973
美　国	321	325	70 964	78 254
巴　西	0.017	0.012	10	6
中　国	171	104	9 821	5 208
印　度	0.001	0.001	0.4	0.4
日　本	651	709	322 533	337 604
荷　兰	60	67	9 673	13 035
法　国	320	301	54 886	58 586
德　国	713	613	118 094	116 619
意大利	737	818	123 237	157 126
俄罗斯	213	370	21 267	32 415
英　国	245	239	41 830	48 160
澳大利亚	34	30	7 960	7 627

表 69　部分国家（地区）猪肉出口数量与金额（2000—2001）

单位：kt、万美元

国家或地区	出口数量		出口金额	
	2000 年	2001 年	2000 年	2001 年
世界总计	**5 103**	**5 250**	**960 521**	**1 086 192**
埃　及				
印度尼西亚	0.55	0.33	45.5	26.3
加拿大	441	500	93 276	112 438
美　国	462	487	125 193	128 290
巴　西	116	247	16 276	34 640
中　国	53	103	6 862	13 580
印　度	0.003	0.191	0.2	19.5
日　本	0.2	0.37	93.6	157
荷　兰	635	559	99 458	98 463
法　国	403	364	68 801	67 532
德　国	326	394	51 770	71 070
意大利	50	38	8 610	8 108
俄罗斯	0.046	0.016	3.7	2.4
英　国	186	36	21 147	5 443
澳大利亚	39	53	9 319	12 254

资料来源：表 62～表 69 数据出自联合国粮农组织数据库。

表 70　部分国家（地区）水产品进、出口情况（2001）

单位：kt、万美元

国家或地区	出口		进口	
	数　量	金　额	数　量	金　额
加拿大	19	5 189	41	6 551
美　国	186	56 476	191	16 285
中　国	1 953	418 550	2 314	187 574
中国香港	122	21 823	1.9	337
中国澳门	9.2	763		
中国台湾	56	4 180	32	1 768
印　度	0.72	284	114	7 808
日　本	731	202 765	82	11 784
马来西亚	15	1 979	8.5	574
泰　国	12	1 497	30	2 841
印度尼西亚	5.2	707	37	2 821
韩　国	498	63 280	48	4 886
丹　麦	2.8	1 185	11	1 201
荷　兰	14	3 296	46	2 502
西班牙	34	8 849	11	2 601
菲律宾	9	322	10	623

（续）

国家或地区	出口		进口	
	数量	金额	数量	金额
意大利	12	2 784	0.05	40
俄罗斯	21	3 012	582	53 455
英国	22	6 227	7	689
法国	19	3 596	1.4	902
德国	83	13 708	2.6	255
澳大利亚	5.2	1 383	8.1	1 985

资料来源：《中国渔业年鉴》，(2002)。

表 71 世界糖产量及消费量（1999—2003） 单位：万 t

年份	产糖量			消费糖量	
	甘蔗糖	甜菜糖	合计	年度	消费量
1999—2000	10 004	3 746	13 750	2000	12 865
2000—2001	9 486	3 659	13 145	2001	13 181
2001—2002	10 279	3 349	13 628	2002	13 729
2002—2003	11 027	3 729	14 756	2003	14 129

资料来源：The Czarnikow Sugar REVIEWLONDON 2003 年 5 月 14 日。

表 72 主要林业国家与我国森林资源比较（2002）

国家	森林面积（亿 hm^2）	森林覆盖率（%）	人均森林面积（hm^2）
世界	38.69	29.6	0.6
中国	1.59	16.55	0.12
分兰	0.22	72.0	4.20
瑞典	0.27	65.9	3.10
巴西	5.44	64.3	3.20
日本	0.24	64.0	0.20
马来西亚	0.19	58.7	0.90
印度尼西亚	1.05	58.0	0.50
俄罗斯	8.51	50.4	5.80
德国	0.11	30.7	0.13
加拿大	2.46	26.5	7.90
美国	2.26	24.7	0.80
澳大利亚	1.55	20.1	8.30

资料来源：《人民日报》2003 年 2 月 25 日第 7 版。

表 73 世界蜂蜜人均消费情况（1998—2001） 单位：kg/人、年

国家或地区	1998 年	1999 年	2000 年	2001 年
伊 朗	0.3	0.3	0.3	0.3
以色列	0.5	0.6	0.5	0.5
意大利	0.4	0.3	0.3	0.3
印 度	0.1		0.1	
英 国	0.5	0.4	0.4	0.5
中 国			0.2	0.2
中国香港	0.2	0.2	0.3	0.2
发达国家	0.5	0.5	0.5	0.5
发展中国家	0.1	0.1	0.1	0.1
欧 洲	0.6	0.6	0.6	0.6
澳大利亚	0.6	0.5	0.7	0.7
巴 西	0.1	0.1	0.1	0.1
白俄罗斯	0.3	0.3	0.3	0.3
丹 麦	1.0	0.4	0.6	0.8
德 国	1.2	1.1	1.1	1.2
古 巴	0.1	0.1	0.1	0.1
韩 国	0.2	0.2	0.4	0.4
荷 兰	0.4	0.5	0.4	0.3
加拿大	1.2	0.8	0.6	0.9
美 国	0.6	0.6	0.7	0.5
摩洛哥	0.1	0.1	0.1	0.1
墨西哥	0.2	0.3	0.3	0.4
日 本	0.3	0.3	0.3	0.3
瑞 典	0.4	0.5	0.4	0.4
瑞 士	1.4	1.3	1.3	1.5
土耳其	1.0	0.9	0.9	0.8
乌克兰	1.2	1.1	1.1	1.2
西班牙	0.8	1.0	0.9	1.0
希 腊	1.6	1.5	1.4	1.5
新西兰	1.7	1.8	1.8	1.5
也 门	0.5			

表 74 主要养蜂国家（地区）蜂群数（1998—2002） 单位：万群

国家或地区	1998 年	1999 年	2000 年	2001 年	2002 年
世界总计	**5 640.95**	**5 779.55**	**5 819.14**	**5 850.36**	**5 810.47**
中 国	660.86	675.26	681.50	689.84	689.84
土耳其	419.90	432.20	426.71	411.54	411.54
俄罗斯	357.90	352.10	345.80	349.90	344.10
伊 朗	330.00	330.00	330.00	340.00	340.00
阿根廷	210.00	270.00	280.00	280.00	290.00
坦桑尼亚	250.00	255.00	260.00	265.00	265.00
美 国	263.00	268.80	262.00	251.30	251.50
西班牙	189.00	208.50	210.00	210.20	190.00
墨西哥	210.00	180.00	194.50	200.00	180.00
韩 国	94.68	108.09	124.05	130.00	135.00
波 兰	140.00	130.00	130.00	130.00	130.00
希 腊	126.32	128.40	125.00	125.00	125.00
法 国	113.80	115.30	115.00	115.00	115.00
德 国	91.70	89.90	90.20	95.00	93.00
意大利	100.00	90.00	90.00	90.00	90.00
巴 西	82.40	82.40	82.40	82.00	82.00
罗马尼亚	62.60	62.00	61.40	64.90	74.50
加拿大	56.36	58.88	59.99	60.23	58.57
摩洛哥	57.00	57.00	57.00	57.00	57.00
匈牙利	57.00	58.00	58.72	59.00	56.00
捷 克	54.22	56.50	53.48	53.72	53.45
智 利	49.00	49.00	49.50	50.00	50.00
新西兰	30.00	32.07	34.75	33.99	33.99
澳大利亚	39.60	33.90	33.90	33.90	33.90
保加利亚	29.63	31.10	33.50	34.95	33.35
葡萄牙	24.70	29.80	29.80	30.00	30.00
斯洛伐克	28.00	28.00	25.00	25.00	25.00
日 本	19.54	18.86	18.50	18.30	18.30
越 南	16.00	17.00	17.00	17.50	17.50
古 巴	15.08	14.32	14.80	15.00	15.00
巴基斯坦	12.50	13.50	14.40	12.50	12.50
立陶宛	8.02	7.95	7.30	7.48	7.61
以色列	7.00	7.20	7.20	7.20	7.20
瑞 典	4.89	5.12	5.25	5.25	5.25
芬 兰	4.20	3.90	4.20	4.40	4.40
利比亚	3.55	3.60	3.65	3.70	3.70
缅 甸	0.65	0.66	0.60	0.60	0.60
卢旺达	0.19	0.24	0.24	0.24	0.24

资料来源：表 74、表 75 数据出自联合国粮农组织数据库。

表 75　主要国家（地区）蜂蜜生产情况（2000—2002）　　单位：t、%

国家或地区	2000	百分比	2001	百分比	2002	百分比
世界总计	**1 246 432**		**1 255 271**		**1 270 002**	
中　国	251 839	19.83	254 758	20.06	257 800	20.30
美　国	99 945	7.87	84 335	6.64	90 000	7.09
阿根廷	93 000	7.32	80 000	6.30	85 000	6.69
土耳其	61 091	4.81	60 190	4.74	60 190	4.74
乌克兰	52 439	4.13	60 043	4.73	60 000	4.72
墨西哥	58 935	4.73	59 069	4.71	55 189	4.35
俄罗斯	53 900	4.24	52 700	4.15	55 000	4.33
印　度	52 000	4.17	52 000	4.14	52 000	4.09
加拿大	31 875	2.51	35 388	2.79	33 297	2.62
西班牙	31 000	2.49	31 000	2.47	32 000	2.52
坦桑尼亚	26 000	2.09	26 500	2.11	26 500	2.09
肯尼亚	24 940	2.00	24 940	1.99	24 940	1.96
安哥拉	23 000	1.85	23 000	1.83	23 000	1.81
巴　西	21 865	1.75	22 220	1.77	22 000	1.73
德　国	20 409	1.61	25 951	2.04	22 000	1.73
澳大利亚	21 381	1.68	21 500	1.71	21 500	1.69
韩　国	17 741	1.40	19 000	1.50	20 500	1.61
越　南	5 661	0.45	10 000	0.80	18 147	1.43
法　国	15 691	1.24	15 383	1.21	15 000	1.18
匈牙利	15 165	1.22	16 000	1.27	15 000	1.18
希　腊	13 734	1.08	14 036	1.11	14 000	1.10
罗马尼亚	11 746	0.94	12 598	1.00	12 600	0.99
意大利	10 000	0.80	10 000	0.80	10 000	0.79
乌拉圭	5 000	0.39	10 000	0.80	10 000	0.79
奥地利	8 700	0.69	9 000	0.72	9 000	0.71
波　兰	8 623	0.68	9 528	0.75	9 000	0.71
土库曼斯坦	8 000	0.64	8 000	0.64	8 000	0.63
智　利	5 000	0.39	6 800	0.54	6 800	0.54
古　巴	6 900	0.55	6 600	0.53	6 600	0.52
新西兰	9 609	0.77	9 144	0.73	6 300	0.50
埃　及	8 267	0.66	8 545	0.68	8 545	0.67

资料来源：表中数据出自联合国粮农组织数据库。

表 76　我国台湾省出口与进口商品分类（1998—2002）　　单位：亿美元

年 份	出口				进口			
	出口额	农产品	农产加工品	工业产品	进口额	原材料	资本货物	消费品
1998	1 105.8	3.2	16.3	1 086.3	1 046.7	667.7	243.0	135.9
1999	1 215.9	3.8	15.7	1 196.4	1 106.9	709.8	292.4	104.7
2000	1 483.2	3.6	17.5	1 462.2	1 400.1	897.8	392.6	109.8
2001	1 228.7	3.0	16.6	1 209.1	1 072.4	704.8	268.6	98.9
2002	1 306.0	3.5	17.0	1 285.5	1 125.3	761.7	259.2	104.3

表 77 全球纺织品进出口国家（地区）前 15 名排序（2000） 单位：亿美元

排 序	出 口			进 口		
	国家或地区	金 额	占总（%）	国家或地区	金 额	占总（%）
	世 界	1 575	100.0	世 界	1 671	100.0
1	中 国	161	10.2	美 国	157	9.4
2	中国香港	134	8.5	中国香港	137	8.2
3	韩 国	128	8.1	中 国	128	7.7
4	意大利	120	7.6	德 国	93	5.6
5	中国台湾	117	7.4	英 国	69	4.1
6	德 国	110	7.0	法 国	68	4.0
7	美 国	110	7.0	意大利	61	3.7
8	日 本	70	4.5	墨西哥	61	3.6
9	法 国	68	4.3	日 本	49	2.9
10	比利时	64	4.1	加拿大	41	2.5
11	印 度	51	3.4	比利时	36	2.2
12	巴基斯坦	45	2.9	西班牙	33	2.0
13	英 国	42	2.7	韩 国	30	1.9
14	土耳其	37	2.3	荷 兰	26	1.6
15	印度尼西亚	35	2.2	波 兰	24	1.5
	以上 15 国（地区）合计	1 292	74.5	以上 15 国（地区）合计	1 016	60.8

资料来源：WTO Annual Report。

注：中国香港数据中含转口，进口额以 F、O、B 计。

表 78 全球成衣进出口国家（地区）前 15 名排序（2000） 单位：亿美元

排 序	出 口			进 口		
	国家或地区	金 额	占总（%）	国家或地区	金 额	占总（%）
	世 界	1 989	100.0	世 界	2 101	100.0
1	中 国	361	18.1	美 国	664	31.6
2	中国香港	242	12.3	日 本	197	9.4
3	意大利	132	6.6	德 国	193	9.2
4	墨西哥	87	4.4	中国香港	143	6.8
5	美 国	87	4.3	英 国	130	6.2
6	德 国	68	3.4	法 国	115	5.5
7	土耳其	65	3.3	意大利	61	2.9
8	法 国	54	2.7	荷 兰	48	2.3
9	印 度	52	2.6	比利时	48	2.3
10	韩 国	50	2.5	西班牙	38	1.8
11	印度尼西亚	47	2.4	加拿大	37	1.8
12	英 国	41	2.1	墨西哥	34	1.6
13	泰 国	40	2.0	瑞 士	32	1.5
14	比利时	39	2.0	俄罗斯	30	1.4
15	中国台湾	30	1.5	奥地利	25	1.2
	以上 15 国（地区）合计	1 396	70.2	以上 15 国（地区）合计	1 794	85.5

资料来源：WTO Annual Report。

注：中国香港数据中含转口，进口额以 F、O、B 计。

表 79 羊毛和细动物纤维毛衫出口大国和地区（2000—2001）

（含量 50%以上）

单位：t

国家或地区	2000 年	2001 年
中国香港	68 592	74 813
意大利	22 263	23 385
泰　国	6 077	5 310
突尼斯	4 744	5 310
印　度	4 080	4 100
匈牙利	1 130	3 505
罗马尼亚	2 562	3 433
土耳其	3 531	3 254
英　国	2 172	2 473
克罗地亚	1 730	2 325
毛里求斯	2 449	2 319
马达加斯加	2 402	2 300
孟加拉国	2 039	2 150
法　国	2 307	1 959
西班牙	1 608	1 727
其他国家和地区	22 750	25 000
世　界	150 436	163 140

表 80 羊毛和细动物纤维毛衫进口大国和地区（2000—2001）

（含量 50%以上）

单位：t

国家或地区	2000 年	2001 年
美　国	21 686	2 281
日　本	23 403	2 121
意大利	13 849	1 602
德　国	10 228	900
英　国	6 555	847
法　国	9 448	816
比利时—卢森堡	2 649	297
韩　国	1 639	293
荷　兰	2 828	287
西班牙	2 662	272
加拿大	1 572	177
葡萄牙	1 440	165
丹　麦	1 525	152
澳大利亚	1 146	118
俄罗斯	1 218	101

资料来源：表 79、表 80 数据来自《中国纺织报》(2003.1.6)。

表 81 世界纸浆分类产量（1999—2001） 单位：万 t

类 别	1999 年	2000 年	2001 年
化学浆	13 502	12 540	11 835
机械浆	3 475	3 701	3 472
其他浆	1 161	2 114	1 107
合 计	**18 138**	**18 355**	**16 414**

资料来源：PPL 杂志。

表 82 非木材纤维浆生产国及产量（1999—2001） 单位：万 t

国 家	1999 年	2000 年	2001 年	国 家	1999 年	2000 年	2001 年
中 国	1 125	1 182	1 190	西班牙	1.2	1.2	
印 度	124	138	143.3	匈牙利	1.7	2.4	2.1
巴基斯坦	2.1	2.6	2.6	巴 西	7.1	7.2	7.8
越 南	9.3	11.3		阿根廷	10.7	11.0	10.9
土耳其	2.9	2.4	5.6	墨西哥	19.5	20.0	17.3
南斯拉夫	0.5	0.5	0.4	哥伦比亚	14.4	15.3	14.9
奥地利	0.1	0.1	0.1	阿尔及利亚	0.3	0.5	0.2

资料来源：表 81、表 82 数据出自联合国粮农组织数据库。

表 83 主要产纸国家废纸利用情况（2000—2001） 单位：kt

国家或地区	回收量		消耗量		进口量		出口量	
	2000 年	2001 年	2000 年	2001 年	2000 年	2001 年	2000 年	2001 年
加拿大	3 332	3 080	5 065		2 282	1 926	564	357
美 国	43 370	42 509	35 908		552	298	9 580	9 555
巴 西	2 612	2 622	2 632		24	12	4	5
墨西哥	2 023	2 174	3 522		1 369	1 348		
中 国	12 240	12 720	15 749		3 714	6 418	5	1
日 本	18 066	17 692	18 237		278	214	372	1 466
印 度	399	281	1 550		910	1 075		
韩 国	5 004	5 251	6 959		1 963	1 517	7	1
澳大利亚	1 615	1 797	1 366		49	41	301	79
印度尼西亚	1 978	1 870	4 301		2 345	2 648		
法 国	5 299	5 350	5 778		1 363	1 086	887	870
德 国	13 677	13 947	10 992		1 359	1 599	4 045	4 020
意大利	4 534	4 680	4 619		741	667	218	258
瑞 典	1 467	1 444	2 217		553	57	197	170
英 国	5 302	5 244	4 882		135	20	555	652

表 84 我国台湾省主要纸类产销量情况（2000—2001） 单位：t

主要纸类		2000年						2001年					
		生产量	同比增减（%）	销售量	同比增减（%）	其中：外销量	同比增减（%）	生产量	同比增减（%）	销售量	同比增减（%）	其中：外销量	同比增减（%）
印刷书写用纸	铜版纸	347 166	1.7	344 673	0.8	75 270	−2.0	340 137	−2.0	350 537	1.7	92 729	23.2
	道林纸	251 916	−8.8	245 085	−14.6	21 784	14.4	233 498	−7.3	246 535	0.6	24 667	13.2
	模造纸	80 162	−15.6	79 370	−20.5	7 330	−39.7	72 545	−9.5	78 216	−1.5	17 257	135.4
印刷书写用纸合计		706 938	−4.3	694 695	−8.2	104 700	−3.2	681 283	−3.6	713 975	2.8	135 880	29.8
新闻用纸		86 725	10.2	87 332	15.7			38 364	−55.8	42 841	−50.9		
生活用纸		217 683	17.6	215 838	16.7	867	−88.4	275 019	−10.6	277 365	−9.1	32 417	6.5
纸箱用纸	牛皮纸板	1 164 384	1.9	1 148 504	0.3	147 937	31.5	1 093 614	−6.1	1 095 534	−4.6	168 270	13.7
	瓦楞芯纸	1 093 827	11.4	1 085 037	8.1	209 192	31.0	1 054 698	−3.6	1 049 985	−3.2	270 135	29.1
纸箱用纸合计		2 351 998	6.3	2 326 349	4.0	370 006	31.7	2 234 152	−5.0	2 230 552	−4.1	451 120	21.9
白纸板类合计		649 061	−2.8	641 133	−4.2	238 347	8.2	641 003	−1.2	633 140	−1.2	269 358	13.0
纸张总计		1 260 292	0.4	1 240 234	−2.4	140 416	−4.7	1 128 042	−10.5	1 172 870	−5.4	172 314	22.7
纸板总计		3 233 864	4.5	3 200 095	2.9	641 029	22.5	3 082 605	−4.7	3 069 246	−4.1	745 130	16.2
纸与纸板总计		**4 494 156**	**3.3**	**4 440 329**	**1.3**	**781 445**	**16.5**	**4 210 647**	**−6.3**	**4 242 116**	**−4.5**	**917 444**	**17.4**

表 85 我国香港商品浆、废纸进口及转口情况（2000—2001） 单位：t

项目	2000年		2001年	
	进口	转口	进口	转口
商品浆	8 909	12 921	4 116	1 166
其中：针叶木化学浆	1 282	10 849	872	881
阔叶木化学浆	576	794	3 018	266
棉短绒浆	212	25	12	17
机械木浆	7 051	1 253	214	2
废纸	49 216	204 834	72 341	185 919
其中：废旧纸箱（OCC）	22 483	197 277	45 707	184 919
白色废纸	7 096	5 842	8 654	683
混合废纸	19 637	1 715	17 980	317

表 86 我国香港纸、纸板进口及转口情况（2000—2001）

单位：kt

项目	2000 年		2001 年	
	进口	转口	进口	转口
纸和纸板总量	**2 852**	**1 828**	**2 108**	**1 238**
其中：新闻纸	406	12	339	6
印刷纸、书写纸	777	360	413	219
低定量涂布纸（LWC）	38	2	25	2
香烟纸	19	10	11	7
防油纸、描图纸半透明纸等	2	1	2	2
复写、复印纸	17	7	13	7
生活用纸	16	11	17	12
牛皮纸、纸袋纸	60	117	3	6
纸板	343	346	722	585
涂布纸板	62	49	419	252
白色纸板	422	394	7	15
瓦楞纸板	26	57	26	28
糊墙纸	8	5	9	6
其他	656	457	101	93

表 87 纸、纸板产量及消费量排序（2001）

纸浆产量（万 t）				纸和纸板产量（万 t）			
排序	国家	产量	年增长率(%)	排序	国家	产量	年增长率(%)
1	美国	5 280	−8.0	1	美国	8 025	−5.9
2	加拿大	5 492	−6.0	2	中国	3 200	4.9
3	中国	1 757	2.4	3	日本	3 073	−3.5
4	芬兰	117	−6.6	4	加拿大	1 969	−4.9
5	瑞典	1 100	−4.7	5	德国	1 788	−1.7
纸和纸板消费量（万 t）				**纸和纸板人均消费量（kg/年）**			
排序	国家	产量	年增长率(%)	排序	国家	人均消费	年增长率(%)
1	美国	8 792	−5.5	1	美国	324	1.4
2	中国	3 683	3.0	2	比利时	295	14.3
3	日本	3 084	−2.9	3	丹麦	270	
4	德国	1 854	−2.9	4			
5	英国	1 252	−3.0	5	中国	29	17.4

资料来源：表 83～表 87 数据出自《中国造纸年鉴》2002 年版。

表 88　主要国家天然橡胶产量（1998—2002）　　单位：kt

国家或地区	1998 年	1999 年	2000 年	2001 年	2002 年
世界总计	**6 840**	**6 810**	**6 810**	**6 792**	**6 965**
泰　国	2 076	2 155	2 346	2 424	2 460
印度尼西亚	1 714	1 599	1 556	1 547	1 600
印　度	591	620	629	630	650
马来西亚	886	769	615	547	589
中　国	450	460	445	477	477
越　南	218	230	269	313	331
尼日利亚	93	58	63	108	112
科特迪瓦	109	120	113	128	123
利比利亚	75	100	127	109	109
斯里兰卡	96	97	88	86	87
菲律宾	68	65	67	73	73
巴　西	66	70	72	88	96
危地马拉	32	36	38	47	50
喀麦隆	56	60	62	55	55
柬埔寨	39	40	45	39	32
加　纳	11	10	13	12	12
刚　果	6	7	8	8	8
巴布亚新几内亚	7	7.2	7.2	7.3	7.3
孟加拉国	3	3	3.2	5.7	5.2

表 89　主要国家合成橡胶产量（1998—2000）　　单位：kt

国家或地区	1998 年	1999 年	2000 年
世界总计	**9 880**	**10 300**	**10 840**
加拿大	191	180	188
美　国	2 600	2 354	2 382
阿根廷	54	53	51
巴　西	310	363	372
墨西哥	173	171	188
奥地利	5	5	5
比利时	95	100	104
芬　兰	39	40	40
法　国	606	592	669
德　国	619	720	849
意大利	290	279	285
荷　兰	184	185	188
西班牙	96	88	90

（续）

国家或地区	1998 年	1999 年	2000 年
瑞　典	27	38	40
英　国	252	283	286
保加利亚	28	23	24
捷　克	82	84	88
波　兰	94	97	102
罗马尼亚	22	16	20
俄罗斯	621	737	784
土耳其	48	43	44
南斯拉夫	34	12	15
其他欧洲国家	3	4	4
南　非	63	52	64
澳大利亚	35	31	30
中　国	589	754	836
中国台湾	472	495	459
印　度	66	66	60
印度尼西亚	17	35	48
伊　朗	62	65	68
日　本	1 520	1 577	1 592
韩　国	547	655	680
泰　国	30	100	120

表 90　世界天然橡胶和合成橡胶产量、消费量、库存（1998—2000） 单位：kt

年　份	天然橡胶			合成橡胶		
	产　量	消费量	库　存	产　量	消费量	库　存
1998	6 840	6 540	2 410	9 880	9 880	2 370
1999	6 810	6 660	2 560	10 300	10 180	2 490
2000	6 810	7 340	2 030	10 820	10 730	2 580

表 91　主要国家轮胎产量（1997—1999） 单位：千条

国家或地区	1997 年	1998 年	1999 年
加 拿 大	33 359	33 979	36 532
美　　国	263 660	270 905	267 652
墨 西 哥	11 700	17 478	17 400
法　　国	65 242	67 458	66 870
德　　国	53 551	57 315	59 429
意 大 利	31 497	34 352	32 645
英　　国	32 139	34 517	
波　　兰	11 939	14 410	14 600

（续）

国家或地区	1997 年	1998 年	1999 年
罗马尼亚	2 342	2 191	2 222
俄罗斯	22 900	23 400	24 200
土耳其	12 000	13 700	10 400
印　度	11 948	13 780	12 995
阿根廷	8 138	9 190	8 085
智　利	2 509	2 350	2 582
匈牙利	49	464	415
斯洛伐克	4 603	3 983	3 500
斯洛文尼亚	6 311	6 591	6 500
乌克兰	6 936	7 644	7 480
南斯拉夫	4 211	4 958	3 847
埃　及	1 460	1 714	
南　非	6 338	6 804	7 608
宾尼斯	565	552	547
中　国	98 635	95 135	108 756
巴基斯坦	394		890

资料来源：中国的数据自 1996 年后，包括其他轮胎，如部分摩托车胎和小轮径胎等。

表 92　主要国家自行车胎与摩托车胎产量（1995—1997）　　单位：千条

国家或地区	1995 年	1996 年	1997 年
非　洲	3 550	2 900	2 742
埃　及	657	238	257
肯尼亚	212	15	
宾尼斯	337	378	291
北　美	2 436	2 337	2 238
南　美	3 688	3 850	3 779
哥伦比亚	514		605
亚　洲	106 747	137 372	139 036
阿塞拜疆	11	7	96
印　度	18 270	18 240	20 030
日　本	20 638	19 806	18 545
巴基斯坦	3 523	3 988	4 112
泰　国		40 901	43 489
欧　洲	16 078	14 054	12 509
欧　盟	4 993	4 738	4 882
德　国	4 244	4 039	3 500
东　欧	7 585	5 978	5 696

（续）

国家或地区	1995 年	1996 年	1997 年
保加利亚	220	195	138
波　　兰	5 919	4 407	
罗马尼亚	435	436	349
俄 罗 斯	835	681	878
乌 克 兰	176	259	257
斯洛文尼亚	2 946	2 635	2 396
南斯拉夫	554	703	
中　　国			

表 93　主要国家胶鞋产量（1995—1997）　　单位：千双

国家或地区	1995 年	1996 年	1997 年
墨 西 哥	19 573	27 009	21 464
巴　　西	95 117	94 312	100 749
中　　国	1 832 450	1 521 910	1 247 094
印　　度	27 819	28 334	27 899
日　　本	29 777	28 348	22 598
马来西亚	17 068	16 947	12 832
土 耳 其	6 608	8 545	11 078
欧　　盟	35 092	37 528	39 723
白俄罗斯	2 180	3 054	4 376
捷　　克	2 793	2 924	2 815
俄 罗 斯	22 667	20 184	20 447
乌 克 兰	7 288	4 706	3 045

资料来源：表 88～表 93 数据出自《中国橡胶工业年鉴》2002 年版。

表 94　我国中草药出口数量与金额（2000）

国家或地区	单　位	出口数量	出口金额
新 加 坡	t、万美元	20 000	7 000
马来西亚	t、万美元	8 000	3 000
泰　　国	t、万美元		5 000
日　　本	t、万美元		12 600
韩　　国	t、万美元		5 000
德　　国	t、万美元		2 600
英　　国	t、万美元		1 050
美　　国	t、万美元		4 080
中国香港	t、万美元		20 000

注：我国中药出口已遍及世界 130 多个国家和地区，表中所示为重点国家和地区。中国香港特别行政区约有 60%的人使用中医药进行保健与治疗，市面上出售的中药材约为 2 000 种，其中 90%是从内地输入，中成药有 3 300 种，75%从内地输入。

表 95　按营业额排序的世界最大 500 家企业中农产品加工业企业（2001）

企 业 名 称	国家或地区	营业额位次	营业额（百万美元）
食品			
雀巢	瑞士	55	50 192
联合利华	英、荷	68	46 131
康尼格拉	美国	156	27 194
阿彻－丹尼尔斯－米德兰公司	美国	240	20 051
萨拉·李公司	美国	282	17 747
蒙特爱迪生	意大利	353	14 140
达能集团	法国	394	12 958
农场工业公司	美国	434	11 763
泰森食品公司	美国	468	10 751
饮料业			
百事可乐公司	美国	159	26 935
可口可乐公司	美国	239	20 092
迪阿吉奥	英国	262	18 605
可口可乐企业	美国	322	15 700
安霍伊泽－布施公司	美国	397	12 912
三得利	日本	485	10 445
森林和纸制品			
国际造纸公司	美国	163	26 363
惠好公司	美国	344	14 545
金佰利－克拉克有限公司	美国	345	14 524
斯达拉恩索	芬兰	423	12 097
出版和印刷			
贝特尔斯曼公司	德国	276	17 887
拉加代尔集团	法国	429	11 906
凸版印刷公司	日本	489	10 367
橡胶和塑料			
布里奇斯通轮胎公司	日本	285	17 566
米其林公司	法国	342	14 566
固特异轮胎和橡胶公司	美国	352	14 147
烟草			
菲利普·莫里斯	美国	24	72 944
英美烟草公司	英国	271	18 144
日本烟草公司	日本	307	16 331
肥皂与化妆品			
宝洁	美国	93	39 244
欧莱雅	法国	415	12 305

资料来源：《国际经济统计年鉴》2002 年版。

（续）

图书在版编目（CIP）数据

中国农产品加工业年鉴.2003/科学技术部农村与社会发展司，中国农业机械化科学研究院，中国包装和食品机械总公司编．—北京：中国农业出版社，2004.6
ISBN 7-109-09070-1

Ⅰ.中… Ⅱ.①科…②中…③中… Ⅲ.农产品加工-加工工业-中国-2003-年鉴 Ⅳ.F326.5-54

中国版本图书馆CIP数据核字（2004）第034329号

ISBN 7-109-09070-1

9 787109 090705 >

中国农业出版社出版
（北京市朝阳区农展馆北路2号）
（邮政编码 100026）
出版人：傅玉祥
责任编辑 孟令洋 赵立山

中国农业出版社印刷厂印刷 新华书店北京发行所发行
2004年5月第1版 2004年5月北京第1次印刷

开本：787mm×1092mm 1/16 印张：35
字数：1200千字
定价：240.00元